西方美學史

20世紀（當代篇）

金惠敏 主編

數位時代的浪潮
科技社會的衝擊
西方美學的嶄新視野

U0078416

HISTORY OF WESTERN AESTHETICS

從「圖像美學」到「媒體生態」，從符號消費到感知重構，釐清藝術背後的發展脈絡

學者將目光投向「第三世界國家」，分析權力位階背後的美學意義，
不只深化了傳統美學的研究領域，更為冷硬的學術概念增添人文關懷。

布希亞、西蘇、伊瑞葛來、詹明信、威廉斯、薩依德、麥克魯漢……
且看各大名家如何豐富美學研究，將「美」融入日常生活中！

目錄

目錄

第一章

圖像美學

概論

自 15 世紀古騰堡發明現代印刷術以來，科學技術不斷地從時間和空間維度推動著資訊傳播領域的發展。當人類社會進入 20 世紀，電影、收音機、電視、網路等大眾媒體的出現和發展引發了新的資訊傳播變革，推動了大眾再生產和新型消費文化的氾濫，並對當代社會文化造成深刻的影響，建構了新的日常生活形態和以影像為中心的審美文化特徵。而在 21 世紀，「我們已經進入一個受模擬技術和大眾傳媒支配的『色彩』和『線條』盛行的時代。我們會發現，21 世紀的問題是影像的問題」[001]。

無可否認，圖像和語言是人類認識世界和溝通交流最主要的方式，因為在人類所有的感官經驗中，視覺是最為簡單和直接的經驗。因此，在成熟的語言體系產生之前，圖像是展現和記錄人類觀看體驗，以及進行最基本的交流和溝通的方式，古老的岩石壁畫就證明了這點。即便在成熟的語言和文字體系形成之後的很長一段時間裡，視覺體驗也一直享有很高的地位。歐洲自古希臘以來所湧現出的大量傑出的繪畫、建築、雕塑作品展現著對視覺體驗的重視。在那裡，視覺被看作是最高貴的感官，如笛卡兒所稱，視覺是「最普遍最敏捷的器官」[002]。與此同時，圖像被看作是最能直接而生動地表達視覺經驗的途徑。

到了希臘時期，西方哲學觀念中邏各斯中心主義的盛行把語言標舉為最重要的理性範疇。在這樣的哲學觀念中，自我被當作理性主體的存在，如亞里斯多德有關人是「邏各斯的動物」的觀念以及笛卡兒「我思故我在」的哲學理念等。在將語詞看作是人類智性活動的最高形式的同時，視覺表象同時

---

[001] Nicholas Mirzoeff, *An Introduction to Visual Culture*, London: Routledge, 1999, p. 1.
[002] 阿萊斯·艾爾雅維茨：《圖像時代》，胡菊蘭等譯，吉林人民出版社 2003 年版，第 17 頁。

也被看作是觀念闡釋的次等形式。因為依據邏各斯主義，語言更接近理性，而形象更趨近於直覺和感性，如同柏拉圖的「洞穴之喻」所指，依據影像理解現實是非理性的，是不可靠的直覺和經驗。在從古典文化向現代文化過渡的過程中，深受歐洲文藝復興和啟蒙運動的影響，語言的核心地位得到了進一步的保證和強化，如理查·羅蒂在對哲學史的論述中指出的那樣：

　　古代與中世紀的哲學圖景與「物」（things）相關，17 至 19 世紀的哲學與「思想」（ideas）相關，而將啟蒙的當代哲學與「詞語」（words）連繫在一起似乎更為合理。[003]

　　理查·羅蒂指出，在哲學史上，每一個新問題的出現都伴隨著一個舊問題的消退，他稱之為轉向，並認為哲學史的最後一個轉向是「語言學轉向」。米切爾（W. J. T. Mitchell, 1942- ）借用理查·羅蒂的轉向概念提出，繼「語言學轉向」之後，伴隨著大眾文化的興起和發展，在哲學、公共文化以及其他的人類學科領域正在發生著「圖像轉向」，圖像已經取代語言成為當代文化的主要表現方式。當然，按照理查·羅蒂的解釋，轉向絕非是語言和圖像之間以此代彼的結果，而是哪一方為主導的問題。米切爾也指出，「圖像轉向」只是意味著對語言中心地位的反動。

　　事實上，縱觀人類和文化的發展史，詞語和圖像始終在為爭取表達的支配地位進行爭鬥：

　　詞語和圖像的爭辯似乎在符號之網中永遠存在。符號的編織構成文化，經緯編織技法的不同恰恰形成了不同的文化。文化的歷史就是圖像符號和語言符號之間爭取支配地位的漫長爭鬥的歷程。[004]

---

[003] W. J. T. Mitchell, *Picture Theory*, Chicago: The University of Chicago Press, 1994, p. 11.
[004] W. J. T. Mitchell, *Iconology: Image, Text, Ideology*, Chicago: The University of Chicago Press, 1986, p. 43.

維根斯坦也有類似的論述，「圖像（picture）俘獲了我們。我們無法擺脫它，因為它就存在於我們的語言中，而語言似乎在無休止地向我們重複它」[005]。不同於古代的圖像，現代電子媒體時代的圖像借助了不斷更新、日益複雜的複製技術手段，使得圖像無休止地氾濫，從而成為現代文化的「主因」，並推動了視覺文化的形成以及日常生活審美化的出現。正如詹明信所說，「晚期資本主義是個超越文字的世界，人的生活到了這個階段已經邁進到閱讀和書寫以後的全新境界了」[006]。

的確，從 19 世紀上半葉照相技術發明起，機械複製技術借助電影、電視、網路等媒體使得圖像的廣泛傳播變得越來越容易，並使得傳統的藝術價值和審美趣味發生了巨大變化，既沾染了濃重的商業氣息，也為人們帶來了新的視覺審美體驗。米切爾曾預言，在 20 世紀後半葉，我們將會遇到這樣的悖論：「一方面，當前顯然已經進入視頻（即影片）、控制論技術與電子複製的時代，這個時代以前所未有的力量發展出了圖像模擬和幻象之術的新形式。另一方面，人們又對圖像心懷恐懼，對『圖像的力量』有可能最終毀滅創造者和製作者而深感憂慮。」[007]

從 20 世紀初開始，霍克海默、阿多諾等眾多批評家就展開了針對以「文化產業」為特徵的大眾文化的猛烈批判。在他們看來，媒體文化的盛行及其藝術與商業合謀的本質完全破壞了傳統文學藝術對精神的救贖價值。他們認為，正是廣播、電視、電影所播放的各類視聽節目，使得大眾盲目地接受相同的資訊，從而失去自我判斷和分析的能力。1936 年，班

---

[005] Ludwig Wittgenstein, *Philosophical Investigations*，轉引自 W. J. T. Mitchell, *Picture Theory*, Chicago: The University of Chicago Press, 1994, p. 12.

[006] Galy Genosko, *McLuhan and Baudrillard: The Masters of Implosion*, New York: Routledge, 1999, p. 29.

[007] 詹明信（傑姆遜）：《晚期資本主義的文化邏輯》，陳清僑等譯，生活·讀書·新知三聯書店 1997 年版，第 453 頁。

雅明（Walter Benjamin, 1892-1940）發表了《機械複製時代的藝術作品》，分析機械複製（尤其是圖像複製）對傳統藝術的衝擊，認為藝術作品「靈韻」（aura）的消失使得藝術越來越走向市俗化。同時，也有理論家為媒體技術的不斷進步歡呼，以麥克魯漢為代表的技術樂觀主義者歡呼「全球村」的到來，認為媒體技術對傳統時間和空間概念的改寫使得人體的感官得到了「延伸」，進一步獲得了感官的自由。在麥克魯漢看來，電子媒體透過視聽技術整合了人的感知，個體對世界的認知更加完整。麥克魯漢同時提出了「媒體即訊息」、「熱媒體、冷媒體」等媒體文化研究領域中的開創性概念，他與深受其理論影響的布希亞共同被看作是「有關技術和資訊公路的虛擬實境理論的開創者……前者對電子全球化的發展提出了基本構想，後者則對新的資訊系統的模擬能力給出了細緻的描繪」[008]。顯然，20世紀中後期，伴隨網路技術的迅速發展，圖像與廣告等消費文化的結合更為緊密，批評家將批判的矛頭更為直接地指向視覺（圖像），如埃爾賈維克（Aleš Erjavec, 1951-）指出，「正是60年代具有統治地位的視覺本質的『文化產業』，引起了從哲學的角度對這一正在出現的現象的批評」[009]。

在有關媒體與影像的諸多後現代美學思想中，德波和布希亞有關景觀以及擬像的論述被公認為是較為深刻和富有影響力的。受馬克思主義、法蘭克福學派以及符號學相關理論的影響，兩者分別針對當代高度媒體化和資訊化的資本主義社會進行了有力的批判。20世紀中期，德波開創性地以「景觀」概念描述了資本主義社會新階段的現實表現，認為景觀構成了當代資本主義社會新型的生產關係和社會現實。20世紀中期，正值大眾文

---

[008] W. J. T. Mitchell, *Picture Theory*, Chicago: The University of Chicago Press, 1994, p. 12.
[009] 阿萊斯·艾爾雅維茨：《圖像時代》，胡菊蘭等譯，吉林人民出版社 2003 年版，第 27 頁。

化在大眾媒體推動下迅速發展的時代，德波的思想開啟了知識界對媒體和影像文化的熱烈討論，啟發了布希亞有關媒體影像和消費社會等批評思想的形成。布希亞早期曾與德波所創立的情境主義國際保持密切的關係，在他寫作初期，曾一直以情境主義者自居，並公開他的思想傾向。布希亞後來繼承並深化了德波的景觀概念以及對媒體社會的批判視角。他運用「擬像」、「仿真」等概念來描述真實與再現融合的媒展現實，認為媒體的延伸模糊了符號的原本指涉對象，再現與真實難辨彼此。在德波看來，景觀徹底地疏離了個體，而布希亞則進一步指出，個體沉浸在擬像的世界中，在交流的狂喜（the ecstasy of communication）中，呈現出迷狂和自戀的狀態。[010] 在德波的概念中，客體仍然存在；而布希亞認為，客體已經消失，同時景觀進一步轉化為擬像，主、客體之間的距離隨著電子媒體對空間結構的打破而被取消了。[011]

　　無疑，德波和布希亞對消費社會進行的批評是對馬克思關於消費和資本的論述在新媒體背景下的發展和補充，並進一步加深了法蘭克福學派在 20 世紀初提出的相關文化產業的批判主題。正如史蒂芬·貝斯特（Steven Best, 1955-）和道格拉斯·凱爾納（Douglas Kellner, 1943-）所指出的，德波等國際情境主義者與受其影響的布希亞的論述是後現代轉向發生過程中不容忽視的理論，從德波到布希亞的理論「反映了商品社會從景觀到類象的發展過程」[012]。同時，肯定了德波「在消費與傳媒社會的背景中更新了馬克思主義對資本主義的批評，從而提供了從現代到後現代的過渡連繫

---

[010] Jean Baudrillard, *"The Ecstasy of Communication"*, in: The Anti-Aesthetic: Essays on Postmodern Culture, Hal Foster (ed.), Washington: Bay Press, 1983, p. 132.

[011] Jean Baudrillard, *"The Ecstasy of Communication"*, in: The Anti-Aesthetic: Essays on Postmodern Culture, Hal Foster (ed.), Washington: Bay Press, 1983, pp. 130-131.

[012] 斯蒂芬·貝斯特，道格拉斯·凱爾納：《後現代轉向》，陳剛等譯，南京大學出版社 2002 年版，第 101 頁。

並影響到布希亞的作品」[013]。兩者的思想為媒體批判、視覺文化研究乃至資本主義商品社會的批判都提供了新的理論視角，在當代文化批判領域有著不容忽視的地位。

第一節　居伊・德波

居伊・德波（Guy-Ernest Debord, 1931-1994），法國馬克思主義理論家、作家、實驗主義電影製片人，國際情境主義（Situationist International，簡稱 SI）的創始人。德波出生於巴黎，父親是一名藥劑師。德波幼年時父親病逝，之後他隨母親到義大利與祖母同住。第二次世界大戰期間，德波與母親離開義大利返回法國。在坎城上高中期間，他開始對電影以及反藝術行為主義產生了興趣，並積極投身社會運動，曾在巴黎參加遊行，反對法國針對阿爾及利亞獨立運動而發動的戰爭。19 歲時，德波加入字母主義國際組織（Lettrist International），後由於成員反對領導人伊斯多爾・伊祖（Isidore Isou, 1925-2007）的獨裁，該組織分裂成為幾個不同派別，德波成為其中一派的領導者。

1957 年，在字母主義國際的基礎上，德波創建了情境主義國際組織並成為主要領導者。SI 是一個具有激進文化思潮的組織，它沿襲了很深的文學和前衛派藝術的根源，甚至可以追溯到達達主義、未來派和超現實主義等歐洲前衛藝術運動。與其他超現實主義思潮一樣，它的建立與當時歐洲正在經歷的社會經濟危機以及世界大戰後彌漫的悲觀情緒等緊密相關，其宗旨是以前衛藝術的方式反抗或者改造充滿矛盾和危機的西方社會現實。

---

[013] 斯蒂芬・貝斯特，道格拉斯・凱爾納：《後現代轉向》，陳剛等譯，南京大學出版社 2002 年版，第 5 頁。

最初的成員主要是一些著名藝術家，諸如阿斯格·尤恩（Asger Jorn, 1914-1973）和皮諾·加里吉奧（Pinot Gallizio, 1902-1964）等人，主要關注藝術批評本身的革新。隨著運動的深入，SI 開始積極參與針對藝術的革命運動實踐。1960 年，德波組織和參與了針對在比利時舉行的國際藝術會議的突襲。會議期間，他們空投宣傳冊並策劃了大規模媒體報導，部分成員和支持者因此被捕，該行動使其一時間聲名大噪。此外，SI 還嘗試透過繪畫工業或是集體參與繪畫的模式，質疑同一時期藝術作品的原創性。1960 年代初期，該組織的抗爭矛頭由藝術轉向政治，並逐步減少運動中的純粹「藝術」成分，將尤恩和加里吉奧等著名藝術家逐出 SI。之後，在德波的宣導下，SI 進一步確立了情境主義的藝術批評宗旨，即藝術批評並非只針對傳統藝術行為，而應以社會和政治批評為目的，並嘗試建立針對資本主義社會的更為尖銳的批評理論體系。

有看法認為，德波和 SI 在 1968 年法國「紅色五月風暴」運動中扮演了重要的角色，甚至被認為是運動的催化劑。因為在運動期間，《景觀社會》以及相關理論的許多內容作為運動口號出現在巴黎牆上，這些言論或由德波寫就，或者深受德波理論的影響。

1972 年，由於組織的所有創始成員均被開除或者自動離開，德波解散了情境主義組織。同時，受電影界和出版業巨亨熱拉爾·勒波維西（Gérard Lebovici）的資助，德波開始專注於電影創作。後來，勒波維西神祕死亡，而德波一度被懷疑是凶手。受朋友之死以及蒙受不白之冤所困擾，德波決意等自己死後再發行和出版所作電影、文章。後應美國研究者湯瑪斯·Y·萊文（Thomas Y. Levin）之請，他同意發行其電影作品。德波最為著名的兩部電影就產生於這一時期，如電影版的《景觀社會》（*Society of the Spectacle*, 1973）和《我們一起遊蕩在夜的黑暗中，然後被

烈火吞噬》（*In Girum Imus Nocte Et Consumimur Igni*, 1978）。

　　國際情境主義組織解散後，德波與妻子過著近乎隱居的生活，偶爾也會發表一些對政治和其他問題的看法。在這期間他讀的書多與戰爭策略有關，如克勞塞維茨和《孫子兵法》，並與妻子共同設計戰爭遊戲。由於多年嗜酒，晚年的德波深受病痛折磨。1994 年 11 月 30 日，德波在家中自殺身亡。死前，他剛剛完成一部「自傳」式紀錄片《他的藝術與他的時代》（*Son art et son temps*）的創作，主要描繪 1990 年代法國的社會問題，其中對黑暗的「德波時代」的描述暗示了他的自殺行為。

　　2009 年 1 月 29 日，在德波死後第 15 年，耶魯大學提出要收購其作品，法國文化部長在回應中稱他的作品為「國家財產」，並認為德波是「當代最重要的思想家之一，在 20 世紀後半葉的思想史上占有舉足輕重的地位」。不可否認，在研究激進政治學和現代藝術的歐洲學者中，德波無疑是最富有爭議的人物之一。如同貝斯特和凱爾納的評價，情境主義國際者「把激進的藝術和社會政治結合為一體，形成對消費社會理論的批判。他們認定消費資本主義是一種『景觀的社會』，作為調控的新模式，它透過創造一個使人迷惑的影像世界和使人麻木的娛樂形式來安撫人民」[014]。德波的主張在布希亞與詹明信相關資本主義文化批評的思想中都有所展現，兩者也承認，他們有關文化向經濟領域擴張的思想曾受到德波思想的影響。[015]

　　德波的觀點主要展現在《景觀社會》（*Society of the Spectacle*）、《景觀社會評論》（*Comments on the Society of the Spectacle*）以及發表於不同期刊的文章中。

---

[014] 斯蒂芬・貝斯特，道格拉斯・凱爾納：《後現代轉向》，陳剛等譯，南京大學出版社 2002 年版，第 101 頁。

[015] 史蒂文・康納：《後現代主義文化 —— 當代理論導引》，嚴忠志譯，商務印書館 2002 年版，第 72 頁。

一、景觀社會的本質

青年時代的德波深受馬克思和青年盧卡奇思想的影響。事實上，德波「景觀」概念的提出是對馬克思、盧卡奇以及馬庫色提出的「具體化」、「商品拜物教」等有關商品批判的思想的發展；同時，與他同時代的羅蘭·巴特在同一時期提出的符號學概念也給了他極大的啟發。

在《景觀社會》中，德波以「景觀」的概念來描述現代資本主義發展狀況，認為資本主義生產已經由可見的物的生產過渡到了符號的生產，「在現代生產條件無所不在的社會，生活本身展現為景觀的龐大堆積，直接存在的一切全都轉化為一個表象」[016]。在《景觀社會》的第一章中，德波引用了費爾巴哈有關宗教幻象的描述來比擬景觀景象。在《基督教的本質》第二版的序言中，費爾巴哈批判了基督教神學透過上帝幻象取代真實生活實踐感受的現實，認為那是一個「符號勝過實物、副本勝過原本、表象勝過現實、現象勝過本質」的時代。德波借用費爾巴哈的描述指出，幻象在當代已經變成全面滲透的社會生活現實，而當代的景觀是「對宗教幻覺的具體重構」[017]。他進一步指出，馬克思所面對的資本主義物化時代已經徹底終結，而新的資本主義時代特徵 —— 符號化的景觀社會已經出現。

景觀是對客觀現實、景象的再現，其本質就是幻象。在德波看來，現實生活已經被氾濫的影像所建構的景觀吞噬，並與其結盟，「現實顯現於景觀，景觀就是現實」[018]。但景觀又不僅僅表現為影像堆積，或是自我展現，抑或是在大眾傳播過程中製造的視覺欺騙，而是反映了「以影像為

[016] 居伊·德波：《景觀社會》，王昭鳳譯，南京大學出版社 2006 年版，第 3 頁。
[017] 居伊·德波：《景觀社會》，王昭鳳譯，南京大學出版社 2006 年版，第 7 頁。
[018] 居伊·德波：《景觀社會》，王昭鳳譯，南京大學出版社 2006 年版，第 4 頁。

中介的人們之間的社會關係……是物化了的世界觀」[019]。景觀是當代資本主義發展時期各種社會關係的新的表現形式，具有明顯的時代特點，而其最基本的景觀 —— 觀眾的關係從本質上講是「資本主義秩序的牢固」[020]。在德波看來，景觀展現出的正是當前資本主義的生產方式和目標，是資本主義生產關係在新時代的表現。

因此，景觀具有商品的本質。德波指出，資本主義使一切關係都以交換價值的方式展現出來，而「景觀是貨幣的另一面，也是全部商品的一般抽象等價物」[021]。如他後來在《景觀社會評論》中指出，現代景觀展現出如此的本質特徵，「它對市場經濟實行專斷統治，而此時的市場經濟早已占據了無須承擔任何責任的統治地位；同時，它綜合了伴隨這種統治而產生的政府所應具備的各種新型職能」[022]。景觀社會的主體由製造者以及消費者、表演者和觀看者組成。因此，景觀展現出商品拜物教的基本原則，「真實的世界被優於這一世界的影像的精品所取代，然而，同時這些影像又成功地使自己被認為是卓越超群的現實之縮影」[023]。

同時，在日常生活中，媒體與商業的親密聯盟使得景觀可以透過廣告與商業化的媒體文化形式來麻醉社會主體，社會生活中獲取經驗的直接性被媒體性所代替。因此，在德波看來，景觀就是商品殖民化的勝利。在景觀社會中，人們所消費的是由他人構造的符號的世界而並非自己在實踐中創造的世界，生活透過某些技術性裝置表現出來，真實的生活淪為媒體的制造物。

由此，景觀同時展現出分裂和統一的特性。景觀兩面性的實質是，光

---

[019] 居伊·德波：《景觀社會》，王昭鳳譯，南京大學出版社 2006 年版，第 3 頁。
[020] 居伊·德波：〈定義一種整體革命計畫的預備措施〉，《景觀社會》，南京大學出版社 2006 年版，第 174 頁。
[021] 居伊·德波：《景觀社會》，王昭鳳譯，南京大學出版社 2006 年版，第 17 頁。
[022] 居伊·德波：《景觀社會評論》，梁虹譯，廣西師範大學出版社 2007 年版，第 2 頁。
[023] 居伊·德波：《景觀社會》，王昭鳳譯，南京大學出版社 2006 年版，第 13 頁。

鮮亮麗的表象同時也是對陳腐平庸的遮掩。於是，真相可能會被掩蓋或者顛倒，從而成為虛假現象中的瞬間表現。同時，景觀連接了原本毫無關聯的現象，並賦予其以景觀的邏輯。景觀總是自成體系的，可以自圓其說，「當電視展示一幅精美的畫面，並恬不知恥對其加以解釋的時候，白痴才會相信一切都是清清楚楚、明明白白的」[024]。因此，在景觀的語境下運行的是景觀的邏輯，或許與真實無關。比如，媒體明星就是「表面生活」的專家，在景觀中得到認同，雖依照景觀的法則行事，但卻與個人的真實生活形態和個性相悖，因為景觀的邏輯必然只是呈現好的一面，「景觀權力在本質上就像個徹頭徹尾的暴君，常常對外觀進行百般挑剔」[025]。同時，景觀的內容是被預先設定的，且不容置疑。因此，景觀的景象表現與人們的生活實踐呈現「完美的分離」，因為景觀所呈現的表象是被壟斷的，而表象的傳播顯然是單向度的，無須應答和回饋。

德波將景觀模式分為集中（la concentré）和擴散（la diffusée），後在《景觀社會評論》中，他又補充了綜合景觀（le spectaculaire intégré）的模式。集中與擴散展現出連續而對立的特性，「兩者都以目標和假象的形式超越並游離於現實生活之上」[026]，前者是以德國和蘇聯為代表的法西斯主義和東方專制主義，以集權主義為其現實表現，後者則是以美國為例，其推崇的自由充分表現在對商品的選擇上。在景觀發展的綜合模式階段，集中與擴散充分合理地結合在一起，並以擴散模式作為基礎。他還指出，當時的法國和義大利充分表現出了景觀的這一特性。在綜合景觀階段，集中模式變得十分隱蔽，控制者的身分變得多樣而不確定；擴散模式則透過商品和消費表現得無處不在，而「綜合景觀的最終意義就在於：將自我徹

---

[024] 居伊·德波：《景觀社會評論》，梁虹譯，廣西師範大學出版社 2007 年版，第 34 頁。

[025] 居伊·德波：《景觀社會評論》，梁虹譯，廣西師範大學出版社 2007 年版，第 4 頁。

[026] 居伊·德波：《景觀社會評論》，梁虹譯，廣西師範大學出版社 2007 年版，第 5 頁。

底融合到它一直著力刻畫的現實中去，並且根據其刻畫的內容不斷地重新建構現實」[027]。德波認為，當前社會已經發展到了綜合景觀的階段，主要表現為：不斷革新的技術；國家與經濟利益的捆綁；隱祕成為社會常態；謊言流行以及永遠的當下。在景觀社會中，技術的發展強化了景觀的統治權威；國家與經濟相互結盟，彼此保障；真實會受到不同程度的隱藏以實現不同的利益；歷史被削平，掌控資訊者甚至以不容辯駁的態度來掩蓋和篡改歷史，並操縱正在發生的事件的重要性。同時，景觀強調當下事件，「如果景觀有三天的時間未對某事發表看法的話，那麼，這件事就好像不復存在了一樣」[028]。無論景觀處於任何階段，商品都是景觀最為根本的邏輯，而消費者是景觀語境中大眾的真實身分。

二、景觀的後果

　　景觀的氾濫必然對社會生活的各個方面產生重大影響。在針對景觀社會的考察中，德波重點展開對景觀後果的分析。

　　首先，德波特別對主體在其中的生存狀態進行了深刻的分析與考察。他指出，在消費資本主義的景觀社會中，人們沉浸在影像和各式各樣的娛樂形式中，並逐漸變得麻木和順從。「最抽象、最易於騙人的」[029]視覺成為具有特權地位的人類感官，景觀世界替代真實世界；媒體體驗替代個人的生活體驗。生活於景觀社會中的人們彷彿在經歷「一場永久性的鴉片戰爭」[030]。由於景觀與現實的分離，人們逐漸與社會保持距離，對創造性的社會實踐日益喪失興趣。因為景觀並不僅僅意味著凝視或是視聽的

[027]　居伊·德波：《景觀社會評論》，梁虹譯，廣西師範大學出版社 2007 年版，第 5 頁。
[028]　居伊·德波：《景觀社會評論》，梁虹譯，廣西師範大學出版社 2007 年版，第 11 頁。
[029]　居伊·德波：《景觀社會》，王昭鳳譯，南京大學出版社 2006 年版，第 7 頁。
[030]　居伊·德波：《景觀社會》，王昭鳳譯，南京大學出版社 2006 年版，第 15 頁。

結合，「景觀是對人類活動的逃避，是對人類實踐的重新考慮和修正的躲避」[031]。由於景觀無可辯駁的權威性，順從的社會大眾只能成為各種影像的被動消費者，感受影像世界的虛擬存在。由此，景觀使異化在資本主義發展的新階段獲得了新的表現方式，人類被放逐到「現世之外」。德波認為，由於景觀社會實行的是自我控制機制，影像必然成為人與人之間賴以維繫各種社會關係的媒體，因為人們無法避免大眾傳媒、廣告和大眾文化對其日常生活的操控。

其次，在媒體批評的相關論述中，德波較早地提出了大眾媒體影像在傳播中所展現出的單向性和替代性。他明確指出，大眾傳媒作為景觀最顯著的表現方式，其傳播方式就本質而言是「單向」的。無可否認，這與大眾媒體的技術性特徵和盈利的商業本質有著密切關係。他認為，由於技術的不斷提升以迎合大眾趣味為目的，從而帶來了技術理性的蔓延，並使得「景觀沒有實現哲學，而是將現實哲學化」[032]。人們日益沉浸在充滿幻想和快樂的影像世界中，被動地消費著替代了真實生活的影像，而消費的過程是沒有回應的、被動的。因此，在表象強化景觀權威的過程中，景觀與大眾的真實體驗進一步分離。德波指出，麥克魯漢也曾為媒體技術帶來的「地球村」體驗而歡呼，但最終也意識到來自大眾傳媒的壓力會導致大眾非理性的認識和反應。[033]

第三，德波認為，景觀推動虛假消息的產生和散播。虛假消息並非只是直白的謊言，而是真假混雜的消息，是指對真實的歪曲。在景觀中散布的虛假消息是不容置疑的，因為這是在「一個無從對其進行查證的世界中

---

[031] 居伊·德波：《景觀社會》，王昭鳳譯，南京大學出版社 2006 年版，第 7 頁。
[032] 居伊·德波：《景觀社會》，王昭鳳譯，南京大學出版社 2006 年版，第 6 頁。
[033] 居伊·德波：《景觀社會評論》，梁虹譯，廣西師範大學出版社 2007 年版，第 19 頁。

進行的」[034]。虛假消息內在於一切資訊之中，是景觀社會中現存消息的重要特點。虛假消息的製造者必然是景觀的操縱者，而虛假消息的散播必然是隱祕、流動，且無處不在的。其內容和形式直接服務於景觀的統治者，那些真實的贊同或者反對之聲可能會受到統治者出於利益考慮而進行的不同程度的壓制和威脅。

第四，景觀必然導致「分離」（séparation）。德波認為，在消費的景觀社會狀態中，資本主義社會使勞動者與勞動分離，藝術與生活分離，並使生產領域從消費中分離出去，完全不顧個體對創造性和同一性的需求，「從生活的每個方面分離出來的影像群匯成一條共同的河流，這樣，生活原有的統一便不再可能重建」[035]。顯然，德波對分離概念的運用是對馬克思「異化」概念的重新改寫。他繼承了馬克思的觀點，認為資本主義透過製造「虛假需求」來增加消費，以確保經濟的持續成長。不同的是，馬克思認為，是生產決定意識；而德波認為，在景觀的社會中，是消費決定了意識，勞動者已由過去生產中的被壓迫者轉為產品的消費者，而消費者對產品的喜好則受到景觀生產者的關注。

景觀的出現強化了權威，使得統治更為隱祕，也使得「現代社會從頭到尾被認為是本質上不可溝通的專門化的碎片；日常生活也是如此，在那裡，習慣於以整體的方式被提出的所有問題自然是無知的領域」[036]。

三、日常生活中反抗的藝術主張

在資本主義消費景觀的壓制下，人們的創造力和想像力受到不同程度的壓制，被動與順從成為日常生活的表現。為了改變現狀，情境主義者宣

---

[034] 居伊‧德波：《景觀社會評論》，梁虹譯，廣西師範大學出版社 2007 年版，第 27 頁。
[035] 居伊‧德波：《景觀社會評論》，梁虹譯，廣西師範大學出版社 2007 年版，第 3 頁。
[036] 居伊‧德波：《景觀社會評論》，梁虹譯，廣西師範大學出版社 2007 年版，第 180 頁。

導人們透過發揮個人的想像力參與詩與藝術的創造，從而建構自我生活「情境」，抵抗景觀的侵蝕。如其他激進的藝術流派一樣，情境主義者主張透過前衛藝術的方式質疑和反抗西方社會現實。面對景觀社會的現狀，他們主要提出「境遇」的概念，主要包含以下主張：

首先，應當把藝術和創造從景觀、資本主義以及當代社會平庸的日常生活中釋放出來，打破高雅藝術、低俗藝術與日常生活之間的界線。非藝術家的「普通人」可以創造「日常」藝術；而模仿和引用藝術作品可以改變藝術與日常生活脫離的現狀，並藉此改變景觀的社會狀況下主體的生存狀態。境遇主義者提出，憑藉想像力，每個人都可以成為藝術家，能夠在生活中創作詩和藝術，從而不透過藝術家的作品就能實現藝術的功能。

其次，個體的生活實踐應表現出積極的、創造性的和富有想像力的一面。只有如此，才有可能營造出屬於自己的「情境」，並藉此擺脫消費景觀的影響，建構與景觀相對抗的自我的日常生活，「透過日常過程的微小變更，最好不過地證明了日常生活是真實的」[037]。

第三，為了對抗景觀社會的壓制，徹底改造日常生活，人們首先應該改變思維方式和行為方式，形成對世界的多角度理解，認清景觀的壓制性商品本質。為此，他們提出了一些抗爭策略，其中包括字母主義者提出的「游離」（dérive）和「轉向」（détournement，或譯「異軌」）。境遇主義者認為，無固定目標的游離狀態可以使人們對日常生活保持新鮮感，而轉向的方式可以使人們對抗生活的常規化。透過這兩種方式，人們可以對「真實」產生不同的體驗，並藉此擺脫景觀，獲得自我解放。

對此，德波身體力行他的藝術主張。他的第一部著作《回憶》（*Mémoires*）選用砂紙做封面，以損壞的方式排斥擺放在旁邊的書。此

---

[037] 居伊·德波：《景觀社會評論》，梁虹譯，廣西師範大學出版社 2007 年版，第 177 頁。

外，面對影像氾濫的世界，情境主義者採用以影像的方式來反對影像，他們主張以反叛的藝術形式來對抗影像製造的主流。德波積極參與電影製作，以影像的形式表達他反影像的思想。在德波拍攝的首部電影《薩德的怒吼》（*Hurlements en faveur de Sade*）中，影片從頭到尾沒有影像，其畫面以黑色為主，只有當出現說話聲時，畫面才偶然呈現出亮白色。整個影片沒有故事情節，有的只是持久的沉默，而結尾部分是延續了 24 分鐘的黑色沉默。另一部影片《對分離的批判》（*Critique de Séparation*）的主要畫面是，一位短髮女性和男性友人不斷地在巴黎街頭行走或坐下來喝咖啡，內容冗長、沉悶、乏味。這些藝術作品中充斥著德波反藝術的主張。

此外，情境主義者提出了新型烏托邦社會的理想形態：人們擺脫了金錢、商品生產、薪資以及階級、私有財產和國家的束縛；由景觀而產生的虛假需求完全被真實的生活欲望所取代；同時，人們可以拒絕領導，拒絕犧牲，甚至拒絕承擔某種強制性義務。為此，他們積極支持遊行、罷工等社會活動，因為「只有當烏托邦實踐與革命鬥爭緊密相連的時候，它才有意義」[038]。情境主義者堅持只有透過大眾集體對抗景觀生產和商品經濟，才會最終推動社會革命的爆發。

情境主義近似無政府主義的烏托邦社會理想和社會改良方案無疑是激進的，脫離了大眾的實際需求，因而難以改變景觀社會的現狀，也無法改變景觀對大眾的壓制性影響。正如貝斯特和凱爾納所言，情境主義揭露了當代資本主義社會的實質，「他們把激進的藝術和社會政治結合為一體，形成對消費社會理論的批判。他們認定消費資本主義是一種『景觀的社會』，作為調控的新模式，它透過創造一個使人迷惑的影像世界和使人麻

---

[038] 居伊・德波：《景觀社會評論》，梁虹譯，廣西師範大學出版社 2007 年版，第 176 頁。

木的娛樂形式來安撫人民」[039]。因此，儘管情境主義在理論主張和社會實踐上存在著種種漏洞與不足，但它對資本主義現代景觀文化的批判、對大眾創造性抵抗的宣導以及對日常生活情境的營造等理論無疑具有合理和積極的意義，對之後的無政府主義以及婦女解放運動都產生了廣泛的影響，對媒體文化以及消費文化的研究更發揮著十分重要的影響作用。

第二節　布希亞

一、布希亞其人

尚·布希亞（Jean Baudrillard, 1929-2007），20 世紀法國著名的哲學家、社會學家、後現代理論家。1929 年 7 月 29 日，布希亞出生於法國東北部阿登省（Ardennes）蘭斯（Reims）的一個傳統家庭。童年時代的布希亞與父輩一起生活，他的祖父一生務農，父母都是普通的公務員，生活節奏簡單、緩慢。

布希亞成為家族裡第一個上大學的人。自索邦（Sorbonne）大學畢業後，他獲得了德文教師資格。1960 年至 1966 年間，他一直在中學裡教授德語課程。與此同時，他也開始嘗試進行一些德語著作的翻譯，並不時在《現代》（*Les temps modernes*）雜誌發表一些關於文學的德語評論文章。這些嘗試拉開了他學術研究的序幕，也宣告了他正式告別鄉村生活的開始。1966 年 9 月，布希亞在教授了多年德語後，輾轉進入楠泰爾大學（Nanterre，又稱巴黎第十大學）學習，並擔任助教，繼續從事外語教學和翻譯工作。他將大量著名的德文著作譯成法文，並對德國文化和美國文化

---

[039] 斯蒂芬·貝斯特，道格拉斯·凱爾納：《後現代轉向》，陳剛等譯，南京大學出版社 2002 年版，第 101 頁。

有所研究。助教的經歷使他獲益頗豐，並因此讓他成為巴黎知識分子圈子中比較耀眼的社會理論家和評論家。1968 年 5 月，「五月風暴」爆發後，布希亞得以擠進學術體制內，脫去助教身分，正式在楠泰爾大學擔任社會學教授。在任教的同時，他也開始了豐富多彩的著述生涯，於筆端綻放出璀璨的理論之光。

布希亞最終離棄了父輩式的鄉村生活，走上了學術研究的大道，成為同父母「決裂」的人。回眸自己的經歷，他說：

我總是存在於一種虛擬的決裂狀態中：與大學（決裂），甚至於與世界（決裂）。……我在 1960 年代進入了大學，但那是由一條迂迴的路進去的。……我說這些，一點也不是要和人針鋒相對，因為這就是我所要的。……你所能賴以為生的力量來自斷裂。[040]

這種決裂的速度是緩慢的，模式是「虛擬」的，決定了布希亞的理論探索更多的只是一種理論構想。但這並未妨礙一次次的「決裂」以強大的力量，帶著布希亞在學術的大道上越走越遠。1966 年，布希亞在導師列斐伏爾的指導下撰寫博士論文〈物體系〉，開始了社會學的研究。與此同時，他也在技術和文化領域發表了自己的看法。1970 年代以後，對新的交往、資訊和媒體技術的研究，成為布希亞的一個新的理論關注點；尤其是對媒體和符號、內爆和超真實的思考，布希亞表現出了極為濃厚的興趣，並逐步發展成自為一體的「擬像」理論說。1986 年，布希亞獲得了博士頭銜，此後他便辭去了大學教職，專業從事理論寫作及攝影創作。這位多產的後現代理論家，自 1968 年開始便筆耕不輟，終其一生，共有近 50 部學術專著及一百多篇學術論文問世。2007 年 3 月 6 日，在經歷與癌症的長期

---

[040] Mike Gane (ed.), *Baudrillard Live: Selected Interviews*, London & New York, 1993, pp. 19-20.

抗爭之後，這顆後現代理論界的耀眼明星隕落於法國巴黎，享壽 77 歲。

作為一個批判性的後現代理論家，布希亞的著述熱情和力度有目共睹，極其豐富的作品就是一個明證。其先後著有《物體系》（*The System of Objects*）、《消費社會》（*The Consumer Society: Myths and Structures*）、《符號政治經濟學批判》（*Toward a Critique of the Political Economy of the Sign*）、《生產之鏡》（*The Mirror of Production*）、《象徵交換與死亡》（*Symbolic Exchange and Death*）、《忘卻傅柯》（*Forget Foucault*）、《論誘惑》（*Seduction*）、《擬像與仿真》（*Simulacra and Simulation*）、《在沉默的大多數的陰影下》（*In the Shadow of the Silent Majorities*）、《致命的策略》（*Fatal Strategies*）、《擬仿物》（*Simulations*）、《美國》（*America*）、《冷記憶》（*Cool Memories*，5 卷本）、《邪惡的透明》（*The Transparency of Evil*）、《波灣戰爭未曾發生》（*The Gulf War Did Not Take Place*）、《終結的幻想》（*The Illusion of the End*）、《完美的罪行》（*The Perfect Crime*）、《不可能的交換》（*Impossible Exchange*）、《恐怖主義的精靈：為雙塔安靈》（*The Spirit of Terrorism: And Requiem for the Twin Tower*）、《邪惡的智慧或清晰合約》（*The Intelligence of Evil or the Lucidity Pact*）、《藝術的陰謀》（*The Conspiracy of Art*）、《延緩的烏托邦》（*Utopia Deferred: Writings for Utopie (1967-1978)*，又譯《遊戲與員警》）等。2007 年布希亞去世以後，其理論之光卻一直未曾熄滅，又陸續有《激進的他性》（*Radical Alterity*，合著者 Marc Guillaume）、《為何一切均未消失？》（*Why Hasn't Everything Already Disappeared?*）、《狂歡節、食人者，全球對抗的遊戲》（*Carnival and Cannibal, or the Play of Global Antagonisms*）、《權力之痛》（*The Agony of Power*）相繼出版問世。

布希亞被認為是法國思想最為龐雜、旗幟最為鮮明、創作最為豐富的

後現代理論家，也被認為是全球最重要的後現代理論家之一。他是一位「始終追逐時髦」的人，時尚化的取向一直伴隨著他的學術生涯，這是很多人對他的初步印象。對此，布希亞自己也有概述：

二十歲是想像科學家，三十歲是情境主義者，四十歲是烏托邦主義者，五十歲橫越各方面，六十歲搞病毒和轉喻──我一生的故事。[041]

毋庸置疑，布希亞是一位名副其實的後現代理論者，不僅其思想的龐雜與多變迎合了後現代的碎片化特徵，以對抗整體性、同一性和理性而言，他也被旗幟鮮明地列入後現代大師的陣營之中。布希亞對後現代的思考與探索，對後現代的理論家和後現代理論本身帶來了巨大的影響。在幾種最主要的後現代理論發展過程中，布希亞透過消費、符號、擬像和超真實等建構的思想體系，成為其中一個不可或缺的重要環節，目前正深刻影響著當下的文化理論以及有關傳媒、藝術和社會的話語。由於思想的原創性和衝擊力，布希亞成為炙手可熱、備受關注的思想家，他的周圍聚集著如麥克·甘恩（Mike Gane, 1943-）、道格拉斯·凱爾納、馬克·波斯特（Mark Poster, 1941-2012）這樣的虔誠研究者。

布希亞不僅在媒體理論方面頗有建樹，在消費社會理論和文化研究方面也擁有卓越的貢獻。因而，對於布希亞的研究也是多角度的。研究其消費社會論述有之，研究其符號價值有之，研究其「後馬克思主義批判」理論有之，研究其主、客體理論有之，研究其「擬像」與「超真實」理論有之，研究其資訊媒體革命理論有之……自 1980 年代至今，布希亞的論文被大量譯成英文刊登在英文雜誌上，有的還被譯成德語、西班牙語等多種文字。其著作幾乎都有英譯本推出，幾乎每一本法文專著問世就有英譯本

---

[041] Jean Baudrillard, *Cool Memory II*, Durham: Duke University Press, 1996, p. 131.

緊隨其後。2000 年，世界著名的賽吉出版社（Sage）出版了「現代社會思想大師」叢書，《尚·布希亞》作為其中重要的一卷，共收錄 88 篇評論布希亞的重要論文。從其內容來看，研究者對布希亞的關注不僅包括社會理論、後現代主義、文化這些「老問題」，而且還囊括了他對戰爭、美國、誘惑、小說與藝術等相關的「新研究」。由於布希亞在西方文化界乃至全球的深遠影響，關於他的研究一直處於升溫狀態。

二、理論來源

　　布希亞的直接理論來源可分為四個方面，即羅蘭·巴特（Roland Barthes, 1915-1980）的符號學理論，亨利·列斐伏爾（Henri Lefebvre, 1901-1991）的日常生活批判理論，居伊·德波（Guy Debord）的景觀社會理論和馬歇爾·麥克魯漢的媒體資訊理論。

　　羅蘭·巴特以符號學作為大眾解碼的方法，涉及了對「物」的分析，為布希亞早期思想理論的建構（比如《物體系》）提供了理論支撐點。其毫不諱言巴特對他的影響，並真誠地指出：「羅蘭·巴特是一位我覺得非常親近的人，我們的立場是如此的接近。」[042] 巴特對大眾文化的批判主題關注意識形態中物的存在方式，從《神話學》、《流行體系 —— 符號學與服飾符碼》到《S/Z》始終保持著這種線性發展。《流行體系》是研究時裝的著作，但引人注目的是，此時裝並非真實意義上的時裝本身，而是已抽象為符號的書寫時裝 —— 時裝雜誌裡流行的時裝。巴特的分析重點不在於揭示「物－符號」這一過程，而是落腳於對「符號－物」進行分析。服裝轉變為書寫服裝，創造了一種真實物體的虛像，意即書寫服裝完全針對一種意指作用而建構，只是作為符號展現出來。當符號取代了物，符號

---

[042]　Mike Gane (ed.), *Baudrillard Live: Selected Interviews*, London & New York, 1993, p. 203.

本身就成了虛像，它作為一種意義，得到大眾式的傳播。它是一種雙重轉換過程，一方面從物轉變為符號，另一方面從符號轉變為物。透過巴特對符號的編碼化（時裝在雜誌上引導消費），虛像（書寫時裝）已經日益滲透到社會心理結構中，形成了「符號－物」的大肆盛行。因為符號的流行，所以虛像開始統治一切：對於購買者來說，目的已不再是使用價值，而是吸引欲望的虛像符號；對於被購買物品者而言，賣的不是夢想而是意義。這個分析為布希亞帶來了重大影響。布希亞首先汲取了「符碼化」這個概念，並將「符碼化」上升為其理論的基本視角地位；其次，「符號－物」的分析方式直接導致了布希亞對物的結構體系變化的關注；再次，符號（虛像）成為社會的主要象徵，也啟發了布希亞試圖將馬克思主義批判視野和結構主義符號學的結合研究，並最終跨入符號政治經濟學的批判視野。

　　作為布希亞的博士生導師，列斐伏爾不僅將布希亞帶入學術研究的領域，而且對其學術研究產生了重要影響。大眾文化興起之後，資本主義的理性控制逐漸消聲匿跡於日常生活中，日常生活變成了哲學的客體，成為哲學思考的主題之一。列斐伏爾提出，在這種情況下，哲學觀念必須要加以改變，以尋求對日常生活進行批判分析與價值重構。日常生活被他描述為一種重複性的、數量化的日常物質生活過程：「日常生活是由重複組成的」，「日常生活是衣服、家具、鄰居、環境……」[043] 在此過程中，列斐伏爾首先看到了社會生活層面的八種變化[044]，並指出最本質的變化在於，生產不再占據著主導地位，消費變成了社會生活的核心。在以生產為

---

[043] Henri Lefebvre, *Everyday Life in the Modern World*, Sacha Rabinovitch (trans.), United Kingdom: The Athlone Press, 2000, p. 14.

[044] Henri Lefebvre, *Everyday Life in the Modern World*, Sacha Rabinovitch (trans.), United Kingdom: The Athlone Press, 2000, pp. 38-39.

主導的社會裡，生產與物質直接牽連，物體的內容與它所指代的意義一一
對應。但是當消費社會出現後，一切便「面目全非」了：廣告、宣傳大量
介入消費之中；物體內容日益符號化、擬仿具體化；用來指代內容的實物
消失不見，符號代之「君臨天下」。布希亞立足於列斐伏爾日常生活研究
的基礎，起始於對物進行研究分析。在《物體系》中，他認為物的意義不
再停留於本意和延伸意義，而是能夠作為資訊傳遞的載體，生成新的符號
意義。他所提出的「擬像」、「超真實」等概念，「指涉」同樣處於游離狀
態，直接來源於列斐伏爾的理論影響。再者，當消費本身構成消費時，生
產過程也日益趨向於「消失」狀態，複製成了替代生產的名詞。隨著現代
社會生產技術的最新發展，人們所消費的對象，從外表上看已經無法區別
出原件與複製品，透過宣傳、廣告等創造出來的意象同樣無所謂真實。列
斐伏爾針對於此，斷言「宣傳獲得了意識形態的意義，商品意識形態代替
了過去由哲學、倫理學、宗教和美學占據的位置」[045]，這對布希亞認定
真實死亡產生了影響。由於列斐伏爾的理論停留於資本主義的組織化現實
基礎止步不前，這就使得其批判難以從更高的視角來俯瞰日常生活。布希
亞對此有所察覺，在逐步認可羅蘭·巴特結構主義的論點過程中，與導師
列斐伏爾漸行漸遠。雖然布希亞一開始就想超越老師，但列斐伏爾開啟對
日常生活批判的思路，是布希亞思想發展的前提。[046] 這一點卻是不可否
認的。

　　居伊·德波對於景觀社會的論斷直接影響到布希亞斷定擬像社會的形
成過程。1940 至 1950 年代開始，電子媒體在西方迅速風靡，尤其是電視

---

[045] Henri Lefebvre, *Everyday Life in the Modern World*, Sacha Rabinovitch (trans.), United Kingdom: The Athlone Press, 2000, p. 107.

[046] 林志明：〈譯後記：一個閱讀〉，參見尚·布希亞《物體系》，林志明譯，上海人民出版社 2001 年版。

機的廣泛普及，使得宣傳的產品意象成為消費的主要方面。針對這種全新變化，以德波為首的情境主義者首先嘗試對馬克思主義理論進行修正，試圖使馬克思理論在新的歷史條件下獲得重生。他們斷言當意象統治一切時，社會生產便成了意象的生產，商品社會從而轉向景觀社會（la société du spectacle）。在景觀社會中，媒體成為最重要的中介，視覺逐漸變成具有決定權力的感官，凡眼睛能看到之處，就有商品存在。景觀主要透過休閒和消費、服務和娛樂等文化設施來麻醉消費者，使得他們被廣告的引導和商業化的媒體文化所控制。這就意味著，商品一旦進入大眾傳媒，物的消費首先轉變成符號的生產與傳播過程，透過廣告形成消費意象後，才有可能被消費者購買。景觀社會是人為的，它創造出一個幻想的、自我實現的符號世界。對於消費者來說，「他的姿勢不再是他自己的，僅僅是別人透過它們表達給他的」。因此，德波強調影像客體的物化產生了一個真實和幻覺的倒置，商品形式的普遍化由此被解釋為將真實還原成對符號的極力追求。這點與布希亞的關鍵理論非常一致，尤其是關於擬像、內爆和超真實的理論。然而，德波將景觀產生的根源定位於社會生產層面，並沒有揭示出意象自身的運作方式，所以無法解釋意象何以能在媒體社會中自我增殖。布希亞對此給予了一個回答。在德波看來，物品只有變成意象商品才能進入市場形成商品景觀，意象儘管消隱了物體的在場，但仍然是原件的意象，原件依然構成評判真實與複製的依據。布希亞卻認為當意象轉變成符號，原件便不復存在，存在的僅僅是透過機器特別是電子媒體複製後符號產品的增殖。這成為他符號學批判理論的一個重要觀點。

　　麥克魯漢的媒體資訊理論同樣極大地影響了布希亞「擬像」理論的形成。麥克魯漢指出現時社會已經進入了一個由電子媒體所建構的時空消亡的社會——「地球村」。媒體的新技術帶來了人類生活的新標準，「大眾

媒體所顯示的，並不是受眾的規模，而是人人同時參與的事實」[047]。同時，「媒體即訊息」[048]，資訊無處不在，超越了時空和地域。在瞬息萬變的生活中，媒體將資訊持續不斷地加注於我們身上，廣播、電視或者網路空間讓「所有人都與其他人緊密相連」，這就是麥克魯漢聲稱的媒體技術力量。在他看來，媒體技術不僅廢除了時間和空間、延伸了視覺和聽覺，同時它也帶來了民族、國家等概念的瓦解和重構。在這個層面上，媒體已經超越了儲存內容和資訊的工具式作用，成為社會變革的動力。在肯定媒體的絕對作用上，布希亞對於「超真實」理論的研究顯然直接來自媒體技術進行全面滲透的後果。雖然布希亞注意到了麥克魯漢在現代技術中看到的「人類的外延現象」，但是他也認為麥克魯漢「由於迴避了任何團體經由媒體所建立的具體關係（缺乏了社會分析），他的『地球村』語言成為一種技術決定論」[049]。麥克魯漢雖然斷言「媒體即訊息」，但是電子媒體的資訊氾濫同時也帶來了他無法解決的問題——人類文化的內爆。「內爆」（imploding）就是消除區別的過程，指各領域間的相互滲透，無論政治的、商業的還是藝術的。布希亞採納了這個概念，並將它融入自己的理論之中。他更加深入地分析了意義內爆於媒體（各種選舉活動採取了各種宣傳形式），媒體和社會內爆於大眾（比如關於主持人的競賽搶答）的過程。但是兩人又明顯相異，麥克魯漢認為媒體是人人都參與進來，布希亞卻認為媒體是一種「單向度給予」，因為物體符號統治了一切，主體消失了，只能被動地接受客體的引導與消費。界線的消失使得人與人之間的交流更加容易，了解更加全面，但身處媒體資訊中的人又該怎樣認同自己的身分？麥克魯漢曾經預測，電子媒體中的人既沒有了理想與目標，也沒有

[047] Marshall McLuhan, *Understanding Media: The Extensions of Man*, The MIT Press, 1994, p. xxi.
[048] Marshall McLuhan, *Understanding Media: The Extensions of Man*, The MIT Press, 1994, p. 7.
[049] 尚·布希亞：《物體系》，林志明譯，上海人民出版社 2001 年版，譯序第 14 頁。

了私有身分，只是電腦軟體資料庫中存在的一行，輕易地就被遺忘了。布希亞認為，在「超真實（擬像）」世界中，主體已經徹底喪失了，更不用說附屬於主體的身分。在這個意義上，布希亞既承繼了麥克魯漢的觀點，又有所突破，「在幾次訪談中，布希亞樂意承認麥克魯漢的影響，並且聲明其基本理論與麥克魯漢的媒體分析一致，特別是在電視方面。然而布希亞（也）顛覆了麥克魯漢資訊氾濫的『地球村』概念」[050]，發展成「超真實」的理論。

三、符號消費

自 1960 年代以來，一個現象得到了理論家的廣泛承認，即後現代社會進入了一個物品豐盈、以跨國資本為主且資訊高速發展的後工業社會。它是布希亞所稱謂的「消費社會」。正像許多後現代理論家關注現代性和後現代性問題一樣，布希亞也發表了自己的見解：

模仿（counterfeit）是從文藝復興到工業時代的這個「古典」時期的主導圖式（scheme）；

生產（production）是工業時代的主導圖式；

擬像（simulation）是現階段歷史的主導圖式，由符號所控制。[051]

在他看來，當下社會已經從一個機械技術的生產社會轉向了一個符號技術的消費社會。消費社會的重要象徵，就是符號的作用獨立出來，擬像（simulation）成為最重要的生產方式。換言之，物品只有先變成符號，才能得到消費。

---

[050] Gary Genosko, *McLuhan and Baudrillard: The Masters of Implosion*, London & New York: 1999, p. 121.

[051] M. Poster (ed.), *Jean Baudrillard: Selected Writings*, Stanford: Stanford University Press, 1988, p. 135.

從「物－符號」到「符號－物」，在法國的大眾文化批判陣營裡[052]，羅蘭·巴特格外引人注目，他直接運用索緒爾的語言學模式來分析法國的通俗文化。確切地說，巴特更關注大眾文化中物的存在方式問題，特別是產生於廣告、藝術中的符號文化商品。在索緒爾「能指（signifant）＋所指（signifié）＝符號」的基礎上，他增加了表意的第二個層次（意指），認為正是表意層次揭示了大眾文化內在運行的機制。巴特認為，表達除了能指、所指外還存在另一個意指，並且當能指與所指構成的符號從屬於意指時，物就發生虛化，抽象為一種符號形式。例如玫瑰經情人所用，就生成一個新的符號意義 —— 愛情。簡單地說，它是一個「物－符號」的過程。在巴特的分析過程中，物是沒有必要出現的，僅僅作為符號展現出來。巴特的符號學為早期的布希亞帶來了巨大的理論啟發，從《物體系》到《消費社會》、《符號政治經濟學批判》，再到稍後過渡期的《生產之境》，符號構成了早期布希亞的重要論題，且存在一條遞進線索：物 —— 功能物 —— 功能物轉變為符號 —— 「符號－物」 —— 「符號－物」的差異性編碼。

布希亞對功能性的現代物品加速老化表現出一種尖銳的感受，認為無論家具、古物、收藏或者機器人，它們並不是孤立存在的，而是存在於可以相互替換（能指的替換）的物體系中。日常生活物品在布希亞的論斷中，演變軌跡非常清晰：傳統物品的「功能」經過抽象化過程，成為現代體系中的「功能性」，最後消失於現代的「符號－物」中。布希亞曾明確指出，「要成為消費的對象，物品必須成為符號，也就是外在於一個它只作意義指涉的關係」[053]。由此，以符號學為理論基點，布希亞論斷消

---

[052] 1960 年代法國結構主義的批判陣營包括：李維史陀的結構人類學研究，拉岡的精神分析研究，傅柯的知識考古學研究，阿圖塞的馬克思主義研究和巴特的文學批判理論研究。

[053] Jean Baudrillard, *The System of Objects*, James Benedict (trans.), Verso, 1996, p. 162.

費社會出現的是一種新的意義結構：能指、所指之間的意指關係構成意義
的產生過程，而意義被無限地加以生產，又取決於能指實現的對比替換。
作為直接後果，對比替換形成一種系列關係（「物體系」）不是整合，恰
恰是突顯差異，使得物品之間產生相互替代的功能。當一切物品可以相互
替代時，物品便過渡到「符號－物」。「符號－物」消解了內容，作為一
種「虛空」的擬像引導意指體系被大眾吸收，因而產生一種消費的主動結
構。它生成兩個方面的邏輯意義：其一，符號的編碼過程產生了消費的
個性及意義，符號操控著消費的一切參與。布希亞指出：「如果消費這個
字要有意義，那麼它便是一種符號的系統化操控活動。」[054] 其二，當物
品作為「符號－物」進入到符號體系中，物品的消費於是變成了一種地位
和名望的展示，它不需要功能滿足，也不需要現實的物品。消費過程不
再是對個別物的使用過程，而是完成對「符號－物」的區分邏輯。與其說
這是一種對符號加以區分的過程，不如說它是一種界定社會地位的過程，
涵蓋了對個性、風格、地位的定位。如此，符號物的生成「在與其他物的
關係中發現意義，在差異中發現意義，根據符碼的意指的不同等級獲得意
義」[055]。換言之，一種展現差異、定位的符號價值得以產生。

　　符號價值引導符號消費，按照傳統馬克思主義的解釋，商品可以劃分
為使用價值和交換價值，買賣兩家各取所需，「為買而賣，其目的是使用
價值；為賣而買，其目的是價值本身」[056]。進入消費社會以後，資本主
義社會由對生產方式的占有轉變為對符號意義的占有，且符號意義展現出
現實生活中的差異和階級。這種效果產生的始作俑者，布希亞稱之為符號

[054] Jean Baudrillard, *The Consumer Society: Myths and Structures*, London: Sage (originally), 1997, p. 76.

[055] Jean Baudrillard, For a Critique of the Political Economy of the Sign, New York: Telos, 1981, p. 69.

[056] 馬克思、恩格斯：《馬克思恩格斯全集》第 32 卷，人民出版社 1998 年版，第 12 頁。馬克思著重強調：「如果我們在應用『價值』這個詞時沒有直接的定語，那麼總是指『交換價值』。」

價值，他指出「每次的交換行為既是一種經濟的行為，同時又是生產不同符號價值的超經濟行為」[057]。

在布希亞的論斷裡，消費社會的出現與生產密切相關，豐盈的社會經濟成長本身既不意味著富裕，更不意味著平等。在消費社會中，不平等並沒有減少，而是轉移了——它所帶來的不是同質化，而是經濟利潤的社會分化。因此，消費首先是一個符號體系的意義過程，消費行為在該符號體系中得以確定地位和獲得意義；然後消費是一個分類的過程，符號在分類中得以增殖，暗含集體性的社會地位結構。這也解釋了符號為何能夠得到消費和引導消費。一方面，符號價值引導了人們對社會地位追求的名望消費，一切能夠消費的東西都打上了強烈的個人色彩，也就是布希亞所極力渲染的「災難的完美誘惑」。另一方面，符號價值也引導了人們對消費的迷狂，將消費欲望深化為無意識進入消費行為中，建構了一種消費文化的意識形態。

在布希亞的筆下，物品的存在方式由於財富的介入存在一種模範與系列的關係。模範與系列的關係不展現使用價值的區別，一個農家的桌子與路易十三用的桌子之間無法構成模範與系列的關係，原因就在於兩者之間只具備風格上的差異。大眾文化產生以後，依照列斐伏爾和巴特的看法，社會不僅使指涉、風格消失，也消解了國家和民族的界限，因此模範被系列所內化，系列則參與到模範之中，兩者產生一種雙向流動的過程。再向前深入就可以發現，讓消費者追求個性和差異正是消費意識形態的運行方式。布希亞認為，對個性的追求意味著物的變化比消費者的變化來得要快，物品總是先「我」一步而存在，因而產生一種先行消費的消費觀念對應嚮往模範的上升式追求。這是一種臣服機制，消費者臣服於系列向模範

---

[057]　Jean Baudrillard, *For a Critique of the Political Economy of the Sign*, New York: Telos, 1981, p. 113.

的流動過程，並透過信貸消費來實現購買的神話。購買的神話在於激發需要，主要是激發對物品最深層的欲望。神話使得物品自身產生一種「擬像」，借助媒體東風以達滿足欲望的目的。依布希亞之見，廣告就是一種意識形態，原因在於我們只想透過廣告買回擁有自己個性並因此確定自己位置的物品。「它向我們說話，給我們東西看，照顧著我們」[058]，因而消費者獲得夢想式滿足，並且無意識地追求這種滿足。這種無意識指透過廣告中符號的意指體系造成社會身分的區分過程，它在兩個方面與消費相連：第一，消費的是一種意指邏輯或符號。布希亞認為，物品的存在在於它與其他物的關係和意指過程，它獲得一種任意意義和符號價值，其定位使得消費者無止境地追求虛空內容背後的話語 —— 身分地位或者模範。即一種消費觀念，是消費者無意識地加以接受的過程，而無意識正是消費社會的意識形態特徵；第二，符號消費因為受眾的被動麻木帶動無意識的消費本身。在媒體的介入下，符號消費已經取代了真實物品的地位。對於消費者而言，只存在一種選擇 —— 選擇何種商標的物品！它不要求功用只展現符號意義。一言以蔽之，物品的自我增殖占據了主體的支配位置，符號成了消費社會的統治者。

　　由於消費社會的邏輯不是將財富和物品使用價值占為己有的邏輯，而是生產與駕馭物品符號的邏輯，因此布希亞認為一切商品都是被再生產出來的，且作為符號和交換價值生產出來。從這個角度看，對消費的分析必須建構於符號生產的社會邏輯分析和符號的普遍交換基礎之上。他在這兩個層面上展開了論述：一是如何表現符號與意義，二是如何達到符號和意義的成功結合。布希亞區分出四重邏輯：一是使用價值的邏輯，這是有用性邏輯；二是交換價值的邏輯，這是市場平等邏輯；三是象徵交換邏輯，

---

[058] Jean Baudrillard, *For a Critique of the Political Economy of the Sign*, New York: Telos, 1981, p. 170.

這是禮物邏輯；四是符號價值邏輯，即一種身分邏輯。與這四種邏輯相對應的物分別為工具、商品、象徵、符號。[059] 在符號邏輯裡，人們只能為了消費而消費，貪婪地吞噬一個又一個的商品符號，沒有終結。生活於消費社會中的大眾，在布希亞看來，拒斥符號操控的努力大多是徒勞的，要使符號的消費獲得社會所認可的合法性，就需要不停地追趕符號意義，在符號價值中確定自我身分。也由此，消費者對身分符號的確認意識最終導致了符號和意義的最成功結合。

四、象徵交換

布希亞所定義的「消費社會」是一個任何東西都可以出售的地方，而且它們都烙上了符號消費的印記。所有的商品都是符號，所有的符號也都是商品，高雅藝術、性、愛心、仁慈等可以毫無障礙地公開消費甚至待價而沽。相對於馬克思定義的商品而言，它們的存在十足另類，因為它們不是被生產出來的東西，不從屬於生產領域，因而也很難用使用價值來界定。但不容忽視，愛心和仁慈、給予和回報、捐贈與受益、拍賣與收藏在日常生活中屢見不鮮，雖然它們根本不具有任何使用價值，沒有凝聚任何人類勞動。消費社會在布希亞看來還有一個重要特徵，那就是消費社會已經超越了馬克思的「異化」時代 —— 一個以危機、暴力和革命為特徵的時代。另一個層面的東西被馬克思忽視了，一個與資本主義經濟交換沒有交叉卻又存在千絲萬縷連繫的東西，包括「解職、賤賣、揮霍、玩耍和象徵主義……對身體力量原有的歡宴式的強化、死亡遊戲或來自欲望的行動」[060]。

---

[059] Douglas Kellner, *Jean Baudrillard: From Marxism to Postmodernism and Beyond,* Stanford: Stanford University Press, 1989, p. 22.

[060] Jean Baudrillard, *The Mirror of Production,* Mark Poster (trans. & intro.), St. Louis: Telos, p. 44.

這一忽視受到了布希亞的嚴厲批判。一方面，他強調消費社會已經取代了那些諸如以尊敬和借鑑為基礎的道德範疇，轉換為以享樂和消遣為主調，另一方面，他進一步重申馬克思的政治經濟學並沒有使意指的各種觀念理論化。因為當代哲學向語言學轉變後，能指與所指或者真實的事物和擬像的事物之間的區別已經消失了。能夠提供明證的是，消費社會裡的商品無所謂真實與贗品之分，索緒爾定義的能指在這裡與千千萬萬個所指不構成一一對應的關係，所指全部成了巴特意指（符號）的代名詞。這一思想在《生產之鏡》中得到了意味深長的展現。布希亞指出，消費社會不同於生產社會的剝削和支配，而是「充滿神祕、誘惑、獨創和象徵性的交換」[061]，與馬克思主義首先進行了理論上的決裂。

「象徵交換」（symbolic exchange）即為布希亞理論的「阿基米德支點」。馬塞爾·莫斯（Marcel Mauss, 1872-1950）的禮物觀念與喬治·巴塔耶（George Bataille, 1897-1962）的過剩和花費原則是其象徵交換理論的最初來源。布希亞將巴塔耶的「太陽經濟學」進一步發揮，認為禮物饋贈、節慶、浪費和摧毀等並不是無償饋贈，而是一種象徵性的交換。繼而，他又從莫斯（法國社會學家）尋求理論支撐。莫斯認為禮品交換的意義重大，它是具有豐富內涵的人類活動，在給予、接受和接受之後回贈的三重邏輯中進行。這一論斷突破了巴塔耶單向無償饋贈的困境，令布希亞如獲知音。他指出，「莫斯所開創的可逆轉性原則（回贈禮物）的道路必須用於所有的經濟、心理和結構的闡釋……這種可逆性的形式正是象徵本身的形式」[062]。布希亞正是希望物品的交換能夠脫離功利而進入一種更加高級的象徵階段，並提出「把一切移入象徵領域」作為打破資本統治的方法。

---

[061] Jean Baudrillard, *The Beaubourg Effect: Implosion and Deterrence*, October, 20 (Spring), pp. 3-13.
[062] Jean Baudrillard, *Symbolic Exchange and Death*, London: Sage, 1993, p. 2.

誇富宴是巴塔耶、莫斯和布希亞都提到的原始社會中的交換典型，展現了「象徵交換」的四個特徵。其一為可逆性。不同於生產交換，象徵性交換包含著「獲取和回報，給予和接受……禮物與對應禮物的循環」[063]等各種一般的和可逆的過程。其二為非商品的交換循環。其三為互惠性交換，這在原始社會展現特別突出。其四為可限制性。象徵性交換只有一種結果，就是一旦發生了交換後，就成了與交換對應的唯一物，無法再在別的時間、地點發生另一次交換。既然象徵性交換本身是一種不遵守等價交換規則的饋贈交往，那麼它如何來打破資本統治呢？

第一，布希亞認為，儘管馬克思在有關資本主義的論述中創造了一種關於生產的鏡像理論，但由於理論原點立足於使用價值和交換價值，因此並沒有對發展了的資本主義作出一種全面的、適當的批判。資本主義的矛盾在馬克思之後出現了新的變化，媒體廣告將消費社會中商品的使用價值轉變成符號價值，奢侈性、差異性取代了商品實際的實用性，社會生活出現了更加具有挑戰性的現象，就是參照及真實的消失，「擬像」和「擬仿」的出現。為了突出馬克思「生產」的終結，布希亞在《象徵交換與死亡》中一一宣告了勞動、薪資、貨幣、罷工、工會和無產階級六個與「生產」相關的概念的終結。從《生產之鏡》開始，布希亞顯示出更加激進的姿態。他認為「生產」的概念必須受到質疑，否則難以從根本上克服馬克思政治經濟學的影響。在以消費為特徵的後現代社會，工人與資本家的關係不再是被剝削和剝削的關係，而是不平等的禮品交換的關係。工人的自助消費、自我定位表面上看來足夠平等與民主，而這件外衣恰好遮蔽了不平等交換的實質。布希亞認為正是這種「生產方式」的不同產生了象徵交

---

[063] Steven Best and Douglas Kellner, *Postmodern Theory: Critical Interrogations*, The Guilford Press, 1991, p. 116.

換的基礎。第二，布希亞對符號價值重新進行定位，並將符號價值提高到絕對的主導地位。在消費社會裡，馬克思主義的理論與道德困難在於，工人的薪資水準不再與生產過程相適應，所以勞動不再是一切價值的泉源。資本主義是一個物品極度豐盈的社會，由於資本主義不可能在物質上被推翻，故能消除這種商品符號主導性規則的唯一辦法，就是透過對其操作原則的象徵性否定。[064] 在這個時候，布希亞開始將政治經濟學看成一種模擬的模式，並呼籲不應以政治經濟學或革命來與「擬仿」進行鬥爭。在《象徵交換與死亡》中，布希亞不斷探討著「死亡」：「勞動與死亡」、「政治經濟學與死亡」、「我的死亡無處不在，我的死亡在夢想」等。在他看來，對抗模擬的消費社會，唯一的手段便是開啟「死亡」模式，只有徹底拒絕象徵交換的相互性，才能以理論暴力來獲得反抗的可能性，例如劫持人質、恐怖主義、遊戲人生、諷刺和調侃現實等。

　　布希亞同時區分了政治經濟史的三個階段，邁出了與馬克思主義決裂的第二步。在他的區分中，第一個階段指古代社會和封建社會，被交換的僅僅是物質生產的剩餘。第二個階段指馬克思論證的資本主義階段，所交換的是全部工業產品的價值。第三個階段就是消費社會，曾經被認為不可出賣的東西如「德行、愛、知識」在這裡也都被拿來交換和出賣。在布希亞看來，第三個階段與前兩個階段一樣具有獨特性和革命性，但它卻一直被主導著第二個階段的那些經濟交換所蒙蔽。在創造和論證資本主義這個概念上，馬克思最終未解決生產過剩與消費能力之間的矛盾，因而受到了批判。同樣，在消費社會裡，「我們正生活在交換的末日。然而，只有交換才能保護我們不受命運的作弄」[065]。在布希亞的理論視野裡，交換不

---

[064] Jean Baudrillard, *Symbolic Exchange and Death*, London: Sage, 1993, p. 123.

[065] Jean Baudrillard, *"The Ecstasy of Communication"*, in: Postmodern Culture, Hal Foster (trans. & intro.), London: Pluto Press, p. 50.

是純粹經濟上的交換，而是一種自我認可。只要存在這種認可，消費便不可避免陷入確認地位的宿命中。而當一切以符號價值為中心時，馬克思的政治經濟學批判必然讓位於符號政治經濟學批判。因此，在直接層面，布希亞批判符號價值在於致力批判追求中的無差異性和同質性；在符號學意義上，布希亞批判符號形式，核心在於對所指進行批判。依據經典的傳統理論，經濟基礎總是決定上層建築，因而文化邏輯總是依附於經濟邏輯。然而，消費時代來臨後，物不是作為生產出來的物出現，而是折射了文化意義的象徵物，因此批判僅僅停留於經濟邏輯之上，就不足以解釋其中的文化意義現象，它要求必須從文化邏輯上找到一個理論立足點。這個立足點在布希亞眼裡便是媒體平臺。媒體拋棄能指與所指的對應，使得所指開始變得複雜，孕育了多種意義。因此，文化邏輯中意指的產生與經濟過程具有了同構性特徵，這也讓布希亞的符號政治經濟學批判成為可能。

五、超真實

　　布希亞對消費社會進行批判，建立在一種技術基礎 —— 電子媒體上。如同蒸汽機宣告著工業時代的到來，電子媒體的出現也代表著資本主義社會邁入了一個新媒體時代。

　　麥克魯漢聲稱「媒體即訊息」，並斷言隨著電子媒體的興起，資訊的獲得有著狂轟濫炸式的不可阻擋之勢。它帶來了整個社會的巨變：內爆（imploding）。麥克魯漢將之定義為「內向地坍塌」，是一個界限消失的過程。布希亞在麥克魯漢的基礎上提出了「超真實」的觀點。從地域和地圖的關係著手，他認為，在地圖與地域關係的顛倒過程中，地圖凌駕了地域，地圖不是真實的地域，卻比地域更能一目了然。它「再也沒有本體與表相之鏡，沒有真實及其概念……早已不是所謂的真實，因為再也沒有想

像性的東西包含著它，那就是超真實」[066]。布希亞繼而列舉了一大批「超真實」（hyperreal）的例子，例如薩德的印第安人部落、模擬的勒斯考克山洞、水門事件和波灣戰爭、迪士尼樂園等，並指出這些模擬後的效果已真假難辨，甚至比真實更加真實。

在《擬像與仿真》一書中，布希亞進一步定義了「超真實」的特徵——擬像的世界，意即圖像不承載與現實的關係，只是自身的複製與模擬。他考察了模擬秩序的譜系，斷定「擬像」（simulacrum）是圖像歷史的第四個階段：

> 它是基本現實的反應。
>
> 它遮蔽或顛倒了基本現實。
>
> 它掩蓋了基本現實的缺席。
>
> 它與任何現實都沒有關係：它本身就是純粹的擬像。[067]

布希亞使用「擬像」一詞建立於符號學概念之上，並以符號形態來對歷史進程進行分析。他認為，自文藝復興以來，西方歷史可以區分為古典（前現代）、現代和後現代三個階段。與此三個階段相對應，符號追求與現實的不同關係。在前現代社會，符號與現實相合，「每個符號都絕不含糊地指涉一個（特殊的情景）和地位水準」[068]。現代社會則呼喚符號的解放，並且產生一個展現人的價值的「模擬世界」。經過久遠的資本主義發展後，符號的運作最後產生以複製模型的方式為特徵的後現代社會。布希亞再三強調社會的三個階段，旨在對物像與擬像加以理論定位。這個區

[066] Jean Baudrillard, *Simulacra and Simulation*, Sheila Faria Glaser (trans.), The University of Michigan Press, 1994, p. 2.

[067] Jean Baudrillard, *Simulacra and Simulation*, Sheila Faria Glaser (trans.), The University of Michigan Press, 1994, p. 6.

[068] M. Poster (ed.), *Jean Baudrillard: Selected Writings*, Stanford University Press, p. 136.

分界定了後現代社會的本質特徵——複製，並揭示出符號由最初的反映現實走向了萬劫不復的取代真實的深淵。消費社會即是一個符號統治的社會，當符號上升為主導地位，物像就轉換成擬像。擬像與物像有別，布希亞看得分明，「為了獲得一個形象，需要先有一個場景，即一定的距離。沒有這個距離就沒有觀看，就沒有觀看的作用，正是這個作用使事物得以呈現或消失」[069]，從而將擬像與形象區分開來。形象與事物之間介入了一個距離，這個距離就是符號的增殖過程。符號增殖必然意味著符號間的碰撞、區分、替換，在此過程中，擬像排擠了真實，讓起源、理性和歷史消失得無影無蹤。

擬像取代真實必然產生一系列的內爆。內爆過程囊括了現實與虛擬的置換，資訊、政治和娛樂界線的消失，以及高雅文化與大眾文化、媒體與社會之間的消融。電子技術的飛速發展，已經對消費社會產生了深刻的影響。布希亞探討媒體並做出了貢獻：他研究了消費社會中象徵物內爆和自我增殖的現象，並且將焦點集中於對電視媒體的分析。在消費社會裡，商品始終跟符號緊密連繫在一切。不管走到哪裡，進入我們眼睛和耳朵的，全是廣告介入下的符號意義，而這正是列斐伏爾所論斷的日常生活。列斐伏爾指出，在這個全新的歷史階段，社會已經消失了風格，電視廣告在其中產生重要的作用。布希亞對電視娛樂的方式表示出了強烈興趣，這一點與德波也有密切的連繫。德波認為，娛樂是景觀社會的主宰。其一，娛樂以符號的形式刺激消費的欲望，使得景觀變成社會生活的全部。其二，娛樂被解釋成真實還原為表象，將真需要（真實）還原成了偽需要（表象）。布希亞認可「景觀源於世界統一的喪失」[070]這一論斷，並將德波的

---

[069] Mike Gane, *Baudrillard Live: Selected Writings*, London & New York: Routledge, 1993, p. 69.

[070] Guy Debord, *La société du spectacle*, Paris: Gallimard, 2004, p. 30.

景觀社會向前推進到符號社會，認為資訊不是生產意義，而是恰恰相反，「資訊吞噬了它自身的內容物……在締造傳播的過程中耗盡自身」[071]。景觀在今天仍然在繼續和擴張，電視和廣告的消費在於最終引導人們能區分自己與他人，而不僅僅只是傳遞資訊這樣一個作用了。於是在廣告的作用下，意義最終在媒體中內爆。

　　布希亞認為，電視是視覺和聽覺的符號碎片，只有表面意義，沒有深層、穩定的話語系統。電視是消費社會的一個客體，電視的內容是次要的，主要則在於宣導差異消費。另者，布希亞認為，電視是媒體文化的重要代表，因為它促成了符號和圖像在日常生活中的迅速傳播。這意味著電視廣告帶來了他所說的「超真實」特性。一為模擬性，即電視本身所帶來的比真實更加真實的所謂想像空間。布希亞認為，當代社會已經淪落為客體占據主導地位的社會。「客體」有兩個不同的階段：第一個「客體」指符號化的商品和商品的符號化，常以複數小寫形式出現（objects）；第二個「客體」指由商品／符號互相模仿後在無限增殖中構成的一個系列，常以單數大寫形式出現（Object）。[072] 前者充其量是機械時代的複製作品，是生產線上許許多多單個的集合體；後者則是純粹的、與現實無關的符號，但是它模擬出來的效果甚至比現實更好。二為消解歷史性。一般來說，後現代文化消解了現代主義主張的「宏大敘事」，消解了嚴肅和崇高，直接導致符號和經驗的支離破碎。電視最適合解釋這種文化，它的不間斷播出融合了結構、文本、經濟和品味等各種要素，使畫面遠離了意識形態，同時也遠離了對深層內涵的追問。布希亞

---

[071] Jean Baudrillard, *Simulacra and Simulation*, Sheila Faria Glaser (trans.), The University of Michigan Press, p. 81.

[072] Jean Baudrillard, *Revenge of the Crystal: Selected Writings on the Modern Object and A Density*, London: Pluto, 1999, p. 18.

認為，電視容許弱勢群體的出現：電視也播放民眾呼聲、兒童節目和女性視角。同時，電視也關注如何塑造邊緣群體，例如電視與種族課題。他也進一步認為，電視中的人物、事件很難斷定真實性，因為拼貼的痕跡過於明顯。它可以是各種方式的分散或雜糅，也可以是各種事件的混淆或聚集，因此很難說電視代表著某種特定的中心話語。一切都只是電視將自身塑造成了一個事件，這裡沒有中心、沒有主導，歷史在這裡消失了。第三個特性：內爆泛化性。電視消解了地域、時間、種族和階級之間的各種差異，將生活中的一切現象置於同一個平面上，讓它們變成符號或者圖像。

於是，電視扮演的角色顯得更加特別：一方面，消費者被界定為電視廣告的接受者，對廣告別無選擇；另一方面，消費者又同時被界定為消費的主動者，擁有選擇接受某個符號意義的權利。因此，在布希亞看來，電視既將消費者變成「沉默的大多數」，也使他們必然遭遇「致命的策略」。布希亞也涉及了網路媒體，網路科幻小說就是例子，但僅作了隻言片語的描述。在《擬像與科幻小說》中，他對「內爆」做了一個注解[073]，為超真實與科幻小說互相逼近對方，它們都沒有原物，僅僅只是複製和幻象，最後生成一個類似 DNA 雙螺旋的對峙與平行結構：一條是超真實物（科幻小說），一條是閱讀者眼中的真實。這兩者之間永遠沒有交集，最後淪陷於意義的黑洞。這便是媒體帶來的結果，直接導致「擬像」社會的來臨。

綜而述之，布希亞建構了一個由擬像—內爆—超真實「三位一體」的理論框架，描繪了一個比真實更真實的世界。

---

[073] Jean Baudrillard, *Simulacra and Simulation*, Sheila Faria Glaser (trans.), The University of Michigan Press, p. 121.

六、跨美感

在「超真實」世界，「擬像」發揮著至關重要的作用。從擬像出發，必然轉向對「內爆」的說明。「內爆」就是消解界限的過程，以美學意義加以審視，布希亞稱之為「跨美感」。在 1989 年 5 月的蒙大拿會議上，布希亞提出「跨美感」（trans aesthetics）的概念。所謂「跨美感」，即指美學已經超越自己的邊界，不再局限於傳統的藝術領域，廣泛地滲透到政治、經濟、文化和日常生活等各個領域之中。如布希亞所聲稱，「我們的社會生產出普遍的審美泛化：所有的文化形式、不排除那些反文化的形式都被提升了，所有再現和反再現模式都被納入其中」[074]。他以「擬像」為理論基礎，集中論述了消費社會裡幾種「超美學」現象：

其一，在真實與擬像之間，擬仿導致了真實的消失。他論斷，在古典時代，擬仿是直接模仿現實物，擬仿就是真實，如寫實主義、自然主義；在現代主義時代，擬仿轉向有意拉開與現實之間的距離，不是如實反映，而是含有誇張或變形的成分，如立體主義、印象主義；在後現代主義時代，類比卻帶來符號化的擬像，最佳實例就是迪士尼樂園。顯而易見，擬仿帶來的超真實效果混淆了人們的判斷，導致人們無法分辨何為真實。布希亞的這一論斷暗示著真／假、現象／本質二元區分的徹底終結。「擬仿」就是模擬，模擬在意義上是一種「回歸」——對過去的重複、對「再」的展現。在擬仿的重複過程中，真實已經消失了，過去、現在、未來融為一體。在他看來，波灣戰爭並沒有真實發生，也沒有即將發生，它僅僅是一個符號。確切地說，真實與擬像根本沒有外表差異，兩者在類比中僅僅具有結構意義，是預先確定的秩序。因此，真實與虛擬的內爆導致

---

[074] Jean Baudrillard, *The Transparency of Evil: Essays on Extreme Phenomena*, James Benedict (trans.), London & New York: 1993, p. 16.

真實永遠不在場的缺席，卻又作為符號的某種投射反映到擬仿之中。真實永遠缺席卻又無處不在，如此神祕、如此不確定！在此，布希亞提供了一種全新的分析方法和一種重新界定真／假的感性結構方式。

其二，在主體與客體之間，模擬使得主體死亡，淪為客體的附屬。布希亞在《完美的罪行》中指出「I'll be your mirror！── 這是主體的口號！We shall be your favorite disappearing act！── 這是客體的標語！」他的意思十分明顯，「我將成為你們的鏡子」，「我」之主體只不過是一種反映 ── 像鏡子般被動的反映；「我們將上演你們喜歡的由有至無的戲法」，客體卻占據著一個「上演」的主動地位，意即「我」表演、你觀看。在消費社會裡，商品就是上演這一戲法的魔術師，它迎合大眾，並將大眾變成鏡子。布希亞指出：「你從未消費客體本身，你一直在操縱作為符號的客體 ── 他們使你要麼歸屬於作為理想參照系的你自己的群體，要麼離開原來的群體而認同於地位較高的群體。」[075] 換言之，主體逐步退隱到客體之後，物的惰性、沉默不語的「吶喊」無聲無息地消解了主體的支配地位。廣告在此「趁熱打鐵」地參與進來，喋喋不休地用符號對消費者加以說服和管理。至最後，我們不得不沉迷其中，將自身毫無保留地託付於它，我們的滿足感也從享受勞動之樂轉向享受消費之樂。符號鋪天蓋地地彌漫，最終導致了主體的消亡。這意味著後現代社會已經將審美觀聚焦到客體如何獨立運轉的層面上來。

其三，在新聞、娛樂與政治的連繫之間，得出「歷史終結」的結論。布希亞論斷，我們處在一個大眾生活的時代，雖然大眾是沉默的，但毋庸置疑是一個符號大量被製造、被消費的時代。要重申一種現象，即媒體是

---

[075] Jean Baudrillard, *The Consumer Society: Myths and Structures*, London: Sage (originally), 1997, p. 53.

奇異現象，只生產擬仿物（simulations），提供現實的完美模擬（「顯得更加真實」）而非現實本身。擬仿物就是流行，對大眾具有致命的誘惑力。類比物被媒體製造出來，並在媒體提供的虛擬真實中被大眾接受。為了吸引大眾的目光，媒體不惜使盡渾身解數將模擬物放置於各種領域，包括交叉領域加以展示，因此就有了「真實的」謀殺、「真實的」當眾出醜、「資訊廣告」等節目。媒體在推崇符號價值的消費背後，更多地傳達某種空間的累積，不再注重傳達界線分明，處於嚴肅意義領域的歷史、政治和娛樂內容。在布希亞看來，所謂政治、新聞、娛樂的界線並不存在，存在的只有符號、現實和資訊的「高速傳播公路」，「歷史」二字的線性意義已經「內爆」了。在媒體的實例中，布希亞從民主政治方面來說明文化社會的模擬秩序，例如民意調查。他認為，新聞性或娛樂性的遊戲調查瓦解了政治的嚴肅性，它有可能是地域的雜糅，也有可能是時間的顛倒。進一步而言，媒體的廣泛滲透使得大眾開始產生牴觸與膩煩，以前如何、今後怎樣對他們來說並無多大意義，於是意識形態、歷史感、責任感的功能終結更加加劇了，歷史在這裡已經不存在，沒有以前和未來，只有現在。[076]

　　在藝術與各種領域之間，布希亞認為產生了第四種內爆現象，即他認為藝術進行了擴張和泛化。

　　關於藝術，布希亞首先是從斷定藝術品開始的，在《消費社會》中即有論斷。在劃分功能性和非功能性系統時，他明確無誤地強調了藝術品的「功能」經過抽象化過程最後消解於符號意義的過程。藝術品的價值強調收藏價值，究其原因，與他一貫強調的一致，是符號意義的附加。在《符號政治經濟學批判》中，布希亞進一步做了兩個方面的工作，一是分析藝

---

[076] Jean Baudrillard, *The Consumer Society: Myths and Structures*, London: Sage (originally), 1997, p. 60.

術作品如何傳遞符號價值，二是透過論述藝術品拍賣最終走向符號政治經濟學批判。布希亞在此延伸了關於藝術的符號學視野，將藝術視為物體在消費社會中如何組織成符號系統的模範。他將藝術的特例鎖定在圖畫上，認為它是模範中的模範。物體要成為消費社會中的物體，首先要經過符號學意義的蛻變，讓符號意義存留。物體彰顯符號價值以後，它便是一種系列，或者是某種系列中的一個，喪失了獨特性。布希亞對這個過程的發現做出了很好的說明，包括電子技術的興起、媒體廣告的狂轟濫炸、個人自身地位的追逐。對於圖畫來說，系列和符號學意義是圖畫成為藝術不可忽略的因素。在某種意義上，布希亞玩弄的是這樣一個概念：到底是圖畫模仿符號，還是符號模仿圖畫？圖畫對於藝術家而言，創作性、理性思考以及表現方式的協調性在符號化、系列化的行進過程中已經被全部內爆了，作品變成一種作品系列中的重複，即使有不同，也只是風格和主題的差異。雖然圖畫問世了，但嚴格說來，它是在電子技術、資訊傳播基礎上產生出來的「超真實」圖畫。從千萬藝術品表象來看，要進行哪是圖畫哪是符號的斷定，恐怕是一個不可能完成的任務。

　　布希亞以安迪·沃荷（Andy Warhol, 1928-1987）做了個案研究。沃荷是美國普普藝術的重要代表人物，他的魅力在於打破藝術史的常規，對複製加以大力宣導，其成名之作《瑪麗蓮·夢露》就是複製炮製出來的。布希亞認為這是一個真人淪落為符號的過程，即複製為藝術提供了最佳武器，使之脫離藝術創作的傳統規律，從獨一無二變成無數個雷同模樣。布希亞論沃荷，首先抓住其藝術表象 —— 一種符號視覺性，一個的 n 次複製；然後是藝術結論 —— 藝術並無價值（指現代性意義上的菁英價值），它被最大程度地大眾化，僅僅追求夢想與意義的符號；接下來才是緣由 ——「超驗性願望被打消」。當電子媒體作用下的複製取代創作後，

布希亞相信藝術的功能最終是重新抓住世界，更新一種「看」的方式。對所有藝術而不僅僅針對沃荷來說，它們只擁有空間意義而非時間意義。布希亞認為這是藝術自身的一種終結。對於沃荷而言，他自身是一台「機器」——複製夢露的「點子機器」；對於《瑪麗蓮·夢露》來說，它卻是「點子機器」的現實化，是已喪失原來全部意義的符號。藝術的神祕面紗被揭去了，不再有價值、判斷、嘗試以及規範功能的標準，並以夢想的速度進行無深度的迅速傳播。複製使得藝術能夠在系列中自我增殖，從而喪失了藝術被創造的那段歷史。由此看來，藝術自身的終結也就是一個藝術客體無限上升的過程，主體被藝術客體取代了位置。因此，布希亞說：「藝術已經消失了……不存在基本的規則，也不再有評判或是預約的標準。」[077] 與此同時，廣告也參與造勢過程，正因為廣告的介入，藝術已經失去了抵禦其他媒體（視覺的、語言學的等）入侵的外衣，因而被理解為闡釋世界多元化的組成部分之一。於是我們看到，似乎所有的藝術形式都在這裡窮盡了，它的無限擴張導致了審美向非審美的轉化，它理所當然會衰落甚至消亡。

---

[077] Jean Baudrillard, *The Transparency of Evil: Essays on Extreme Phenomena*, James Benedict (trans.), London & New York: 1993, p. 41.

第二章

法國女性主義美學

概論

近代以來，世界範圍的政治、經濟和文化運動此起彼伏，婦女解放運動也歷經了三次浪潮，湧現出了一大批女性主義活動家。在歐洲大陸，女性運動的興起一般被認為來自 18 世紀法國大革命自由平等思潮的影響。但法蘭西第一共和國 1789 年通過的《人權宣言》並沒有改善女性的受教育權、繼承權和公民權。也就是說，法國大革命的勝利雖然離不開女性的積極參與和大力支持，可大多數獲得解放的男性革命家對女性的權力並不關心。可以說，在人權概念形成的近兩百多年歷史當中，很長時期內並不包括女權。女權運動的廣泛興起，意在推動女性的做人之權從邊緣進入主流，使女權成為整個人權的重要內容。

法蘭西第一共和國的重要奠基人尼古拉·孔多塞（Marie Jean Antoine Nicolas de Caritat, Marquis of Condorcet, 1743-1794）是第一位站出來為婦女爭取公民權和政治權的政治家，他也是法國大革命時期公開主張女性應該擁有與男子相同的財產權、選舉權、工作權以及公共教育權的少數政治家之一。1790 年 9 月，他出版了《關於承認婦女權力》的小冊子。緊接著，法國大革命的婦女領袖奧蘭普·德古熱（Olympe de Gouges, 1748-1793）發表《女性與女性公民權宣言》（1791），主張婦女生來就是自由人，和男人有平等的權利。第二年，英國女權主義先驅沃斯通克拉夫特（Mary Wollstonecraft, 1759-1797）的《女權辯護》一書出版，她強烈批判法國大革命時期政治家塔列朗（Charles Maurice de Talleyrand-Périgord, 1754-1838）在法國制憲議會上發表的一篇關於女性只應接受家庭式教育的報告，試圖彰顯女性作為男性「伴侶」的平等地位，並提出婦女選舉權問題。但是，沃斯通克拉夫特強調女性不應屈服於她們的身體或情慾，這一

論點又是後現代法國女性主義的對立面。不過，沃斯通克拉夫特的另類生活方式／實踐完全與書中的道德要求相違背，她頗具爭議的私生活恰如西蒙·波娃（Simone de Beauvoir, 1908-1986）、露絲·伊瑞葛來、愛蓮·西蘇和茱莉亞·克利斯蒂娃等法國女性主義思想家宣導或實踐的生活方式。

英、法女權先驅宣導的女性解放運動及其留下的精神財富毫無疑問影響了一代又一代歐美女性。19 世紀中後期，法、英、美等國婦女爭取政治平等權力的抗爭逐漸高漲，席捲全球，掀起了第一波婦女爭取教育權、選舉權等基本人權的大規模婦女運動。然而，法國雖然在 1848 年就成為「世界上第一個實現男性公民普選的國家」，但法國婦女選舉權直到 1944 年才由戴高樂政府賦予，而且只有 50 歲以上的法國婦女才能獲得投票權，男女選舉權獲得時間相差近一百年，可謂西方國家之最。

女性基本權利的獲得，尤其是教育權的普及為第二波婦女解放運動的來臨奠定了更廣泛而深刻的思想基礎和人才基礎。第二次世界大戰後，西蒙·波娃則以《第二性》（1949）為第二次浪潮的來臨揭幕，《第二性》還獲得女權聖經的美譽。波娃從生理性別（sex）和社會性別（gender）的區隔為出發點，在人類歷史上，她第一次指出了女性的「他者」地位，揭示父權社會文化規範下女性的處境，顯影了性別的二元對立階級特徵。波娃認為，生理性別是自然的、生物的，與生俱來的，是一種無法改變的具有決定作用的物質存在 —— 身體。社會性別是心理性的，即社會文化的產物。由此，她得出了最著名的論斷 —— 一個人不是生來就是女人，而是逐漸地變成女人；也可以說社會性別（gender）不是天生獲得的，而是後天習得的。這一洞見，不僅直接啟發了社會性別理論的形成，還為 1960 至 1970 年代第二波女性主義運動和女性主義理論的發展提供了強大的分析基礎，「他者」範疇則成為後現代女性主義的重要思想武器。

　　波娃雖然顯影了女性的次等地位，但卻未能掙脫笛卡兒以來的二元對立藩籬，她對女性「他者」，女性身體所持的態度也十分悲觀。波娃甚至認為，「他者」必須主動克服其消極的內在性。波娃理論的缺陷卻為露絲·伊瑞葛來、愛蓮·西蘇和茱莉亞·克利斯蒂娃等三位後現代女性主義留下了無限空間。三人直接承襲了波娃社會性別理論和「他者」範疇，但同時又從同時代的解構主義學說和精神分析學說中吸取營養，以相當積極的態度掙脫二元對立藩籬，賦予「他者」積極意義，如歡慶女性身體的獨特韻律、節奏，最終追求的是超越一切二元範疇，從女性／性別出發又不止於女性／性別的努力。

　　伊瑞葛來、西蘇和克利斯蒂娃三人都是在成年後，於 1950 至 1960 年代前往法國，並獲得博士學位，三人都經歷了法國震撼世界的「五月風暴」，西蘇和克利斯蒂娃都與文學批評家托多洛夫（Tzvetan Todorov, 1939-2017）交往甚密。早在 1970 年，西蘇與托多洛夫、熱奈特（Gérard Genette, 1930-2018）等人一起創辦了日後頗具影響力的《詩學》（*Poétique*）雜誌，而從保加利亞來巴黎的克利斯蒂娃則因為同鄉托多洛夫的幫助很快融入巴黎知識界，先後在當時一些很有影響力的刊物上發表語言學和文學批評論文。

　　三人與精神分析學說都有著深厚淵源，並從語言和身體的關係出發，希望透過書寫還原「身體」，從中發現不同著力點，探索女性身體慾望的無始無終、變化不拘的特徵。為開創獨特的話語體系，建立新的對話模式，三人著書立說，相互呼應，深刻剖析單一陽性邏各斯中心話語對多樣性的消弭，為當代女性主義批評及其社會變革前景譜寫了不可多得的華麗篇章，影響力傳至世界每一個角落。三人也因此被美國女權主義批評家陶麗·莫伊（Toril Moi, 1953-）稱為「法國女權理論的新神聖三位一體」。作

為承襲第二波和第三波女性主義浪潮／後現代女性主義思潮的思想者，三人在世界思想史上都產生了難以磨滅的重要影響。

三人中伊瑞葛來較為年長。伊瑞葛來 1960 年代初從比利時來巴黎求學，她的哲學博士論文《另一個女人的內視鏡》（1974）從女人的性出發，強烈批判以主流精神分析學說為首的科學界從未質疑單一陽性邏各斯中心話語，並要求重新考察女性是如何從話語生產中被排擠出去的。她從象徵與想像的關係入手，指出佛洛伊德和拉岡精神分析學說體系學如何依靠想像和無意識幻想將女人建構成有缺陷的、次等的男性，從而揭示哲學概念體系的所謂真理在很大程度上不過是想像的產物，即哲學家、心理學家，甚至社會大眾一連串的幻想，且有明顯的虛假性和排他性。她認為，既然女人在象徵秩序中無家可歸的悲慘境地是依賴想像建構出來的，就可以對其加以變革。於是，建構一個以前從來沒有的社會想像成為伊瑞葛來的目標。不過，伊瑞葛來強烈的批判性不僅讓自己丟了在大學裡的教職，還被指責有精神分析所無法容忍的政治圖謀。

之後，伊瑞葛來一直致力於從女性身體和情慾的不穩定性出發，闡釋女性的多樣性和差異性，發現外在於陽性邏各斯中心機制的表達和再現方式，以化解有階級高下之別的兩性差異。她提出女性必須發展出自己的語言，打破父系語言壓抑女性、長期一言堂的壟斷地位，奪回女性應有的發言權，建構女性慾望與語言之間的不同連繫模式，表達出女性差異的多元性與互動性。讓女人化身為文化與真實的創造者，這既是伊瑞葛來的長期奮鬥目標，也是她進一步的社會變革訴求。總之，伊瑞葛來期望在賦予女性發言位置的基礎上，讓女性深入參與社會經濟、文化諸方面的變革。

為了重塑人們對身體的認知，伊瑞葛來還將陰性氣質引入她的話語模式，伊瑞葛來稱其為「女性言說」［parler-femme, speaking (as an) woman]。「女性言說」可以看作是陽性話語（masculine discourse）之外的可能性話語，也就是以女性身體為物質基礎和出發點，爭取發言權。她強調說話主體的身體與語言之間的關係，並認為作為女人的身體早已被語言所制約 [078]，性必須以解放的主體方式進入語言體系。針對拉岡象徵體系對女性和母親身分的混淆，她反轉西方文化的弒父假定為弒母假定，認為這是西方文化阻斷母系傳承的象徵手段。她提出象徵體系必須與母親認同，但不應重新回歸父系中心為她所規定的客體位置，而是突破父權單一話語體系利用「同一化」（oneness）禁錮女性，從而實現母系傳承。

相比伊瑞葛來的「女性言說」，西蘇則在具體的書寫實踐中脫離陽性書寫運作規則，盡可能發揮其瓦解父系文化的潛力，解放女性身體被束縛多年的驅力，展現比現實更加真實的原初，並發展出另外一種書寫模式。對西蘇而言，創作就是主體書寫的過程，而「語言經由身體翻譯來表達，翻譯思考的過程，每次必然通過身體」。但是，西方基督教文化的影響導致人們對身體長期視而不見，甚至貶低身體。西蘇逆流而上，意欲彰顯語言與身體直接關係的思路給學界帶來了強烈衝擊。尤其是她的《美杜莎的笑聲》（*The Laugh of Medusa*），為了強調生理屬性為女性的書寫，高調歌頌女性身體的獨特性，造成人們簡單地將陰性書寫理解為本質主義的女性書寫。因此，重新探究西蘇多元文化身分建構的陰性書寫之本意也就成為本章的重點之一。

西蘇本意在於透過書寫改變整個龐大的文化銘刻體系，延伸出不同於陽性社會的符號、權力關係、生產與再生產模式。因此，對西蘇來說，如何發現和建構一個可以安全運作的社會空間也就成為相當現實和重要

---

[078] Luce Irigaray, *An Ethics of Sexual Difference*, Carolyn Burke & Gillian Gill (trans.), Ithaca: Cornell University Press, 1993, p. 176.

的問題，即透過陰性書寫為陰性經濟尋覓到合法的實踐空間或另類空間（alternative space），而不是烏托邦空間。

　　西蘇所說的另類空間在一定程度上受益於克利斯蒂娃在博士論文──〈詩性語言的革命〉（1974）中提出的「穹若（chora）。「穹若」也可以理解為「虛空間」或「母／陰性空間」（maternal space），即母親與孩子共用的、不可名狀的、如子宮般混沌的身體空間，循環往復、永恆不朽乃「虛空間」的基本特徵，是在進入陽性象徵系統之前的一種無語狀態，即它是一種還沒有被言說出的語言符號和意義。[079] 克利斯蒂娃認為，它對講究理性、穩定、連貫與邏輯的陽性象徵界具有威脅。表意主體與母體分離後，「玄牝」仍然以潛在的方式存在著，只要有適合的表意空間，暗藏的驅力就會爆發出來。克利斯蒂娃所說的前伊底帕斯期「玄牝」──母子共生空間，強調母女之間的連繫，與伊瑞葛來所說的母系系譜殊途同歸。伊瑞葛來從克利斯蒂娃的「玄牝」裡彰顯一系列女性專屬的東西，並將其化作具有顛覆性的力量，如流動、液體、直接、處女膜、經血、神祕、歇斯底里、口唇、貞操、子宮等。對於西蘇來說，母親是一個隱喻，即語言發源地或新語言誕生的源頭。

　　伊瑞葛來「女性言說」，西蘇「陰性書寫」都嘗試用流動性、感覺性、觸覺性和變異性等破壞男性中心思考邏輯及其二元對立，抗拒一切固定模式、形態和概念，創造出一種能包容多重聲音、多重性別的論述方式，取代單一排斥異己的父權論述，讓女性主體在書寫中認同自我，傾聽來自自己心底的聲音，跨越性別對立的框架。

　　對伊瑞葛來的陰性氣質、西蘇的陰性書寫等概念的命運，克利斯蒂娃

---

[079] Julia Kristeva, *Revolution in Poetic Language*, Margaret Waller (trans.), New York: Columbia University Press, 1984, p. 25.

認為，改變社會體制本身比女性書寫女性更為重要，否則無以解放陰性氣質，無以實踐陰性寫作。[080] 因此，相比熱衷於提倡陰性書寫的西蘇，克利斯蒂娃希望透過改變社會體制，消除其固有的偏頗之處，從而達到以不同語言銘刻不同意義的目的。

　　無論是伊瑞葛來毫不隱晦的鮮明的女性主義立場，還是西蘇強調個體差異性的陰性書寫，以及克利斯蒂娃社會轉型策略等，都鍾情於流動性的語言，並試圖建立一套思維模式，突顯被壓抑的身體特質，如經血、母乳、羊水等與生殖能力相關的液體。在語言上，放大這些無法被言說的，甚至被汙名化的女性身體特質，反轉被壓抑的女人主體性，賦予其力量，取代或反制男性中心象徵系統。不難看出，三人最終其實是希望人們忘掉性別，打破原有的各種束縛，放下固執的思維，以開放的心態重新審時度勢，以求超越任何一種二元對立的、以自我為中心的思考。這反映在寫作風格和審美趣味上，就是流動性、非固定思維使書寫更具包容性，尤其是母語為德語的西蘇，在藝術和精神方面承襲了德國的浪漫主義，在創作中執著於探索神祕的語言之旅，建構瞬息變幻的主體，實現詩意的超越；克利斯蒂娃的美學則意欲在一個「開放的系統」，或一件「進行中的作品」生成「他者」，促成單一封閉的陽性象徵體系轉型成多元開放的系統。

　　從總體看，三人都採取從邊緣出發的顛覆策略，相互呼應，試圖在堅硬的、封閉的陽性書寫外殼上鑿開一道裂縫，讓難以發揮作用的陰性氣質能夠開口暢所欲言，道出對身體的不同態度和體認，抗拒傳統想像空間，追求銘刻陰性特質的語言，陰性身體最終成為掌握文本生命的力量。

---

[080] 朱崇義：〈性別與書寫的連接 —— 談陰性書寫〉，《文史學報》2000 年第 30 卷，第 33 - 51 頁。

第一節　茱莉亞·克利斯蒂娃

茱莉亞·克利斯蒂娃（Julia Kristeva, 1941-）不僅被公認是西方符號學界最重要的理論家之一，而且在文學理論、美學、文化批評、精神分析理論與實踐等方面也都有著強勁而獨特的聲音。在英語文化圈，她被看作是「法國女權主義者」，與愛蓮·西蘇和露絲·伊瑞葛來一道構成陶麗·莫伊所謂的「法國女權理論的新神聖三位一體」。儘管三位女權理論家的哲學觀點、關注問題以及寫作風格各異其趣，因而這樣的歸類或許不夠確切，但是，若與其他女權主義作家和理論家相比，她們之間還是存在著較多的共同性的。

1966 年，25 歲的克利斯蒂娃從保加利亞前往巴黎攻讀語言學博士學位。是年，拉岡的《文集》（*Écrits*）和傅柯的《詞與物》出版。在保加利亞同鄉、文學批評家托多洛夫的幫助下，她不久即融入巴黎左岸的知識界生活，並在當時最負盛名的評論刊物《批評，語言》和前衛文學刊物《原樣》（*Tel Quel*）上發表語言學和文學批評論文。值得一提的是，克利斯蒂娃後來與《原樣》雜誌主編菲利普·索萊爾斯（Philippe Sollers, 1936-2023）結為伉儷。1960 年代末，《原樣》成為對寫作政治學中再現理論進行批判的一股重要力量。這本雜誌對克利斯蒂娃的影響是持久而深入的。

一、符號對抗象徵

克利斯蒂娃給法蘭西知識界的第一印象除了其語言學論文之外，就是她對俄國形式主義者米哈伊爾·巴赫金（Mikhail Bakhtin, 1895-1975）著作的介紹和闡釋。在《符號學，關於符號分析的探究》（*Sèméiotikè. Recherches pour une sémanalyse*）中，她用〈語詞與對話〉一章分析和突顯了巴赫金著作的特色。這一章的寫作方式是後結構主義式的，她從巴赫金

那裡借來了語言的另類特徵，如不敬、嘲諷、顛覆和狂歡等，由於它們的衝擊，結構主義那些優雅的範疇便土崩瓦解了。在此她引入了一個對她來說至關緊要的概念──「言說主體」，並將它作為語言分析的主要對象。這一概念產生於她對巴赫金「對話主義」的閱讀，她認為，對話是主體文本與接受者文本之間的永無休止的交換，由此，她的一個重要概念「互文性」（intertextualité）得以成形。

　　本書還為她的「言說主體」理論的進一步發展提供了一個出發點，而更為重要的是，它同時也是她對那不可分析的進行分析的出發點，所謂「不可分析」是指某些事物的不可表現性、異質性，以及個體生活和文化生活的極端的他異性。再者，本書還表現出克利斯蒂娃對另一主題的關注，即對此一領域的象徵性挪用，如在其後期著述中所證明的，此挪用是透過對兩者特質的不斷編織而實現的。

　　最後一章的標題是「形式的發生」（*L'engendrement de la formule*）。在這一章裡，她解釋了她所特別使用的幾個概念：如「文本」（texte）意指生產的某一類型，它在歷史中占有一個確切的位置，並代表著一個特殊的科學定義；如「符號分析」（sémanalyse）是關於文本意指的理論，它視符號為一特別的要素，能夠確保對這一發生（engenderment）的再現，這個發生是符號發生的內在過程，是符號的另類場景。[081]

　　克利斯蒂娃決意將語言當作動態的、越軌的和「物質性」的事物。它

---

[081]「文本不是一個語言的現象，或者換言之，它不是一個被結構化了的意指，不呈現在一個被視作扁平結構的語言體中。它是它自身的發生（engenderment）：一個被寫進語言『現象』的發生。現象文本（phénotexte）作為印刷文本之可讀性唯在於它被垂直地穿透其起源：一是其語言範疇，二是意指行為的拓撲學。現象文本的意指活動就是這一發生。對於這個發生，我們可從兩個方面來理解：第一，語言織體的發生；第二，『我』的發生，此『我』將自身置於意指之呈現者的位置。它是現象文本發生的（語言）活動，此現象文本透過垂直瞰視而展開。當我們將文本的概念雙重化為現象文本和生成文本（géno-texte）（表面與基礎，被意指的結構與意指生產）時，我們稱此活動為現象文本。」（*Σημειτιμη: Recherche pour une sémanalyse*, Paris: coll. Tel Quel, Seuil, 1969, p. 219）

不是一個靜態的工具，無法被簡約到邏輯命題那樣的層次，簡約到能夠為理性所隨時掌握的層次。她批評結構主義因為埋頭於語言的「設定的」（thetic）[082]或靜態的方面而將語言設想為一個同質結構，而她的符號論則揭開了語言的基本的異質性，儘管它也關切於話語以及話語的言說主體。對於其符號分析來說，語言是一個意指過程，語言實踐既是一個體系也是一種越界（否定性），是「聲音生產的衝動性基礎」與聲音發生於其中的社會空間的共同產品。為創建這一新的符號理論，克利斯蒂娃向她曾鍾愛的黑格爾、馬克思和佛洛伊德多次借鑑，但另一方面她又總是與他們保持一定的批判的距離，她插入其間的是一種新的動力，一種革命的精神。

　　1974 年，克利斯蒂娃出版了她的博士論文《詩性語言的革命》。其中，她將異質主體發展成為意指過程以其兩大要素「符號」（semiotic）與「象徵」（symbolic）而產生出來的結果。在她看來，意指總是異質性的，它既有符號的物質性反抗，又具備象徵的穩態。符號與前伊底帕斯的初始過程即基礎性的搏動相關。這一初始過程在克利斯蒂娃看來主要表現在「肛門期」和「口腔期」，而且同時是二分的（生命／死亡，排出／射入）和異質的。這些搏動永無休止地聚向「穹若」（chora）[083]——它尚

---

[082]「設定的」（thetic）是指對同一性的設定，它是一切言說活動的基本要求。克利斯蒂娃解釋：「我們將符號學（衝動及其表出）從意指領域區分出來。意指總是包含一個陳述或判斷；它是定位的領域。透過信念、定位以及設定等概念，胡塞爾的現象學賦予這一定位活動和諧與秩序。它被結構化為一種對意義生產過程的切入，其方式是建立主體的同一性以及主體的客體的同一性，並將此同一性作為命題活動的前提。每一言說過程都是設定的，無論它是一個詞或是一個句子的言出：每一個言出都要求同一，即是說，將主體同其意象和從其意象中分離出來，同時也將主體同其客體和從其客體中分離出來……」（*La révolution du langage poétique*, Paris: coll. Tel Quel, Seuil, 1974, pp. 41-42）

[083]「穹若」 在此是一音義兼顧的譯法，意指「空間」、「場」和「處所」等。克利斯蒂娃說：「我們從柏拉圖的《蒂邁歐篇》（*Timaeus*）借取『穹若』（chora）一詞，以表示一個節點，它完全是暫時的，是本質上能動的，由運動及其短暫的歇止所構成。……它既非一個模式，亦非一個副本，而是先於和做基礎於構型過程即具體化，它只是與聲音的或運動的節律相類。」（*La révolution du langage poétique*, Paris: coll. Tel Quel, Seuil, 1974, pp. 24-25）

未被整合進宇宙，並且遠離上帝，柏拉圖稱其為「一個營養的和母性的容器」。

符號的衝動和釋放將假道於語言的物質層面，如聲調、音響、節奏等。如果如拉岡所言，無意識像語言那樣結構，那麼克利斯蒂娃則指出無意識也總是異質性的。這種拒絕物質表現的符號理論極大地影響了無意識概念：無意識不僅如語言那樣的結構，而且也異於語言的結構方式。語言的物質性指向符號實體，這一實體既使語言成為可能，同時又摧毀了語言。

克利斯蒂娃堅持，恢復語言中的這一符號特性將帶來意指實踐的危機。她將語言的符號性比作政治革命。它引爆了一場象徵和主體的動亂，這就像政治革命一樣。由於符號性是生物－社會性的因素，能夠將衝動導入語言，所以它也是衝動的儲藏室。衝動絕非在語言之外，而是以異質性為其內在本質，它們同時包含有符號和非符號、意義和無意義等。生物活動服從於意指的和社會的符碼，但同時也違逆它們。衝動的釋放可以經由象徵，經由語言的物質層面，但也必然總是溢出象徵。衝動不為語言所再現，但可以為語言所啟動，尤其是被那詩性的和前衛性的語言所啟動。

就詩性語言強化語言自身的異質性而言，它激發衝動，並創造了象徵與符號的辯證混融。這種混融打破並重新劃定了語言的邊界。兩者的相互依賴對於符號所從事的「革命」是重要的，對於象徵保護意指實踐免於精神錯亂也是重要的。

符號與象徵間的辯證運動與黑格爾所要求的不斷地回歸主體、走向和解的辯證法是不同的。克利斯蒂娃的辯證法重在危機，而非和解。在她看來，侵越詩性語言的「設定」不是對符號之否定的否定，它是對象徵與符號之間矛盾的反向啟動。這一啟動並非對矛盾的否定，而是指向異質性和它們兩者的矛盾。如此一來，對矛盾的啟動就是一個反向運動，因為它使

用設定反對設定。那產生設定的同一個矛盾又反向激發了對設定的破壞。透過象徵與符號之間的辯證運動，我們能夠確認究竟是哪種語言在被使用著。某類詩歌或前衛寫作由於重視語詞的物質性，其節奏、音調就趨向於被壓抑的符號。克利斯蒂娃稱這類寫作為「生成文本」（géno-texte），它與「現象文本」（phéno-texte）相對立。[084]

依據詩性語言的符號特性，克利斯蒂娃還描述了詩性生產中否定的效果。詩歌否定象徵，其目的是為了將它喚回意指過程。克利斯蒂娃把這類詩性否定叫作「第三級次的否定」（négativité au troisième degré）。[085]

為了將無意識整合進語言理論，克利斯蒂娃需要改造主體理論，使它能夠包容、利用意指過程的異質因素。她將主體發展成為所謂的「過程主體」（sujet en procés）[086]。這樣的「過程主體」理論是她著述的一個持續的主題，尤在其精神分析的實踐和體驗中得到充分的展露。

[084] 關於「現象文本」與「生成文本」的對立關係，克利斯蒂娃指出：「這所謂的生成文本是由一切符號過程（種種衝動，其布局，其刻印於身體中的區劃，以及環繞著生命體的生態系統和社會系統：環繞著它的客體，還有與雙親之間的前伊底帕斯關係等）所組成，也由象徵的出現（主客體的出現，顯露概念性的意義紋理的形成：語義領域和概念領域）所組成。因此，內在於一個文本的生成文本，其顯然就要求准許瀉出能量的流動，這種能量見於語音安排（音素和韻腳等的積聚和重複），見於音調（聲調和節奏等），以及當語義場和概念場表現出它們句法的和邏輯的特殊性或者它們模仿（幻覺，指示的懸擱和敘述等等）的原則時，這種能量也見於它們兩者之間。……現象文本是一個遵從交流規則的結構（此結構可以像生成語法那樣生成出來），它要求一個言出的主體和接受者……如果我們為了呈現它們的差異而將它們翻譯成後設語言的話，那麼可以這樣說：生成文本揭示的是拓撲學，而現象文本揭示的則是代數學。」（*La révolution du langage poétique*, Paris: coll. Tel Quel, Seuil, 1974, p. 83）

[085] 「在語言被設定為一個象徵系統的全部過程中，詩性語言所建構的符號特性就是第三級次的否定性：它不是一個『否』（如在無意識中）的缺失，不是一個否定性公式（意指象徵功能），也不是一個拒絕（神經症『自我』在理想化那被壓抑之物時的表徵），而是一個對語言之線性、觀念性和邏輯性的修正，語言的這些性質無法在任何『自我』中存身。詩的節奏不是無意識的顯露：它是無意識的頂點和實現。」（*La révolution du langage poétique*, Paris: coll. Tel Quel, Seuil, 1974, p. 150）

[086] 「我們的符號觀與將佛洛伊德無意識觀考慮進去的主體論具有不可分割的聯繫。即使將超驗自我去中心，將他切割，將他呈現給辯證法，在此辯證法中其句法與範疇的一致性不過是此過程的一個序曲，他仍然與主導死亡動動及其『能指』之重複生產性的他者相關聯：語言中的主體就是以此方式出現在我們面前。」（*La révolution du langage poétique*, Paris: coll. Tel Quel, Seuil, 1974, p. 30）

二、卑汙、愛與主體的形成

　　克利斯蒂娃對精神分析的介入帶給她一個方向性的改變，這一變化反映在她 1980 至 1990 年代的寫作中。她撰寫了無數闡說以上主題的文章，1977 年以《多元邏輯》（*Polylogue*）為名結集出版。此後她轉入對其私人經驗和藝術經驗的描述。這些經驗無論是她本人的還是她的分析對象，如病患、詩人或作家的，都提供了對於社會和文化生活的一種深刻理解。在《恐怖的權力：論卑汙》（*Pouvoirs de l'horreur: essai sur l'abjection*）一書中，克利斯蒂娃將「卑汙」（abjection）作為一個含糊不清的原點，它遠遠超出了個人或者社會進行理性解讀的能力。透過「卑汙」這個概念，她繼續展開關於「過程主體」的論題，但更側重主體形成即由分離所帶來的種種問題，並追問其背後的決定性狀況。克利斯蒂娃認為，象徵秩序之所以能夠成為象徵秩序，在於它對卑汙威脅的禁阻。這一禁阻針對母親的身體，既建立又破壞社會。它可以是佛洛伊德的亂倫禁阻，也可以是拉岡對母親慾望／享樂（jouissance）的禁阻，或者是克利斯蒂娃對「符號穹若」的禁阻。母親的身體是一種禁止入內的東西。

　　原始的快樂衝動與母親的身體相關聯，並威脅象徵。它要揭開那導向理性或意識之統一表象的過程。它要將統一暴露為統一與碎裂交替出現和反覆衝動這一過程之僅有的一個時刻。克利斯蒂娃說，為什麼必須將母親的身體變成「卑汙的」，因為只有這樣孩子才能成長為一個恰適的主體。卑汙不是一個客體，不是一個與自我相關聯的東西。可它具有客體的屬性，即與主格「我」相對立的屬性。[087] 卑汙就是令人噁心的東西，它讓

---

[087]「卑汙……是外在的，遠離集體的，它似乎在此集體中認不出遊戲規則。但是，卑汙並不停止向其主人挑戰，儘管它處在流放中。它不給主人信號，就要排泄、痙攣和叫喊。對每一自我它是他的客體；對每一超我，它是他的卑汙（A chaque moi son objet, à chaque surmoi son abject）。」（*Pouvoir de l'horreur, essai sur l'abjection*, Paris: coll. Tel Quel, Seuil, 1980, pp. 11-12）

你直想嘔吐，它位處邊界但並不尊重邊界。它自身很難說具有某種確定的質，而毋寧是與邊界的一種關係，代表被拋出那一邊界的某物。卑汙威脅著身分：既非善亦非惡，既非主體亦非客體，既非自我亦非無意識，而是威脅這一切確定劃界的某物。

克利斯蒂娃以出生事件作為原型的卑汙經驗。在人出生的那一剎那，其主體身分受到最激烈的質疑。誰能確定地說出在臍帶被切斷之前究竟是一個還是兩個主體？出生事件標記了難以界定的邊界以及因此而帶來的卑汙。尚未成為主體，也不是客體，卑汙與原古性的母親是一體的。而後才是客體，從母親的體內被排出，即成為被拋出的客體。於是母親的權威就調控著那清晰而確定的自我的邊界以及口腔和肛門衝動的邊界。現在是食物，而不再是身體，被送入口中；是糞便，而不再是身體，被排出肛門。克利斯蒂娃發現，無論主體或社會均須依賴於象徵，依賴於對這一母親權威的抑制。正是在這一點上，克利斯蒂娃為精神分析理論帶來了新鮮的洞識。她重新闡釋了父親功能和母親功能的邊界，並突出了其問題之所在。

這一「被拋出的客體」即主體發覺其自身處在一個痛苦的境地：他既（不）可能與母親分離，又（不）可能與其同一。對於那個身體，那個無邊界的身體，那個他被從中拋出來的身體，那個卑汙的東西，他既憎恨又恐懼。但是這種憎恨和恐懼又可能導致初始自戀情結和其尚未獲得的語詞的出現。它們另一方面也保護「主體」不致淪入初始的自戀情結，並指向因與母親身體之統一性的喪失而引發的諸多危機。

儘管佛洛伊德和拉岡均承認初始的二元體是由母親和嬰兒共同組成的，但他們所強調的則是父親及其陽物的功能。戀母情結強化了律令並啟引嬰兒進入語言。對佛洛伊德和拉岡來說，還有一個第四階段，即象徵階段。克利斯蒂娃認為，這一階段將一切都統一起來，使人開口說話；它是

物質性的拒絕，是出現在內部的他者。象徵只是主體形成過程的一種表現
形式。物質性拒絕，它本質上是社會－生物性的，開闢了通向言說性存在
的道路；這一行動有母愛的幫助，是母親支持著一直走向拉岡鏡像階段的
象徵性「拒絕」。克利斯蒂娃指出，嬰兒要克服「卑汙」的母親，只能經
由某種父性的代理，它不光是如拉岡所聲稱的對象徵的需要，而且還有對
愛的需要。

　　在其關於「卑汙」的論述中，克利斯蒂娃考察了路易－斐迪南·賽林
（Louis-Ferdinand Céline, 1894-1961）的作品。她把他的作品看作是關於痛
苦和恐怖的寫作範例。這不僅是因為賽林所選擇的主題，而且還由於其敘
述視角被橫越卑汙的需求所決定，這時的敘述視角出現為兩副面孔——
私密的痛苦與公開的恐怖。

　　在接下來的《愛情傳奇》（*Histoires d'amour*）一書中，克利斯蒂娃進
入對「愛」的討論。她從古希臘「愛」的哲學談到讚美詩，再到中世紀對
神聖之愛的形象化處理，最後說到波特萊爾、馬拉美（Stéphane Mallarmé,
1842-1898）的情詩和司湯達（Stendhal, 1783-1842）的愛情散文。這裡對
她可能最重要的是關於納西瑟斯神話的討論，因為它與其關於個性化過程
的理論密切相關。

　　她是從精神分析的視角來考察「愛」的，因而她的出發點就是佛洛伊
德關於愛和自戀情結的理論假定。她專注於「愛」的兩個方面——戀愛
的狀態及其在各種不同話語中的表述，這些話語有美學的、宗教的、哲學
的和精神分析的等等。她將戀愛的狀態概括為一種動力學，既阻挫又保障
最高的更新；概括為激動，這種人類情感自柏拉圖始就被置諸形而上學的
討論之中。「愛」是符號激情的特權場所，在詩和文學中「愛」是符號的
凝聚與其多元價值。「愛」是主體性歷史的一個有機部分，甚至可以說是

其最深切的那一部分。

　　克利斯蒂娃分析了西方文化中「愛」的不同表現：古希臘的 Eros、猶太人的 Ahav 以及基督教中的 Agapê，它們是不同歷史時期人們關於「愛」的觀念。除此之外，她更注意「愛」對那些成功地進入象徵的個人主體的重要作用。在她的想像中，如果沒有觀念化和同一化的能力，「愛」將是不可能的。這種能力是同一性形成的前提，而它又有賴於嬰孩與其母親的成功分離，也就是說，依賴於個體之自主性的成功獲得。假使能夠置身於一種宗教情境，我們就會比較容易看清上帝作為愛即 Agapê 在主體形成中所發揮的作用。Agapê 是一種來自「外部」的力量。依據《聖經》所說，「愛」的法則對信徒來說就是「你們要盡心、盡意、盡力愛耶和華你們的神」（《申命記》），就是「要愛人如己」（《利未記》）。

　　克利斯蒂娃指出，Agapê 的引入意味著一場完全的革命。「愛」從此不再是希臘世界的 Eros，也不再是舊約裡的 Ahav，它轉變為基督教特性的 Agapê。這個 Agapê 在舊約的原義是「愛的律令，愛的功績」，而在福音派的意義則是「無條件饋贈」（dongratuit），即基督徒注定為神所愛，而不管其個人品格究竟如何。但是，這種在基督教義上的愛也包含有身體的贈予／犧牲：基督的身體，這個人子的身體。要成就愛就必須經歷暫時的死亡。愛與永恆無涉，而是說復活。它是信眾對基督的浸入，浸入其死、其生。

　　Agapê 最終會變得與聖餐同一。聖餐是對基督之死的紀念和永恆化，麵包、酒實質上就是基督的身體、血、靈和神聖性。因此信眾分享聖餐就是對基督的分享。此外，克利斯蒂娃還從精神分析學的角度討論了 Agapê，她認為在基督教話語中既有象徵也不乏符號，兩者有複雜的交織。

　　愛的另一類型出自納西瑟斯神話，它是自戀的原型。在西方主體性的發展史上，納西瑟斯的形象一直占據著一個特殊的位置，它是病態的形象和症候。

　　在基督教誕生的時代，奧維德的《變形記》首次記載了這個神話。接著，普羅提諾（Plotinus, 204-270）指責納西瑟斯的盲目，他不是沒有認出映射的原本，即那個只愛水中或鏡中映射的人，而是他未能將此映射認作為他自己的映射，從而放過了他自己的真實存在。普羅提諾要求人們必須使用其內在的眼睛，去捕捉靈魂運動中的美。他詛咒眼睛從外部世界所得到的虛假形象和偶像，要求收心內視，以找尋「善的靈魂的美」。由此，普羅提諾就將柏拉圖對美的要求和納西瑟斯的自戀立場結合起來，創造出自我認識上的一個理想的統一。透過說「上帝即是愛」，他再次將愛的觀念賦予納西瑟斯的同一性，所謂「獨一對獨一」（Monos pros monon），即是說，被愛的對象、愛和自我的愛這三者應是完全的同一。上帝就是納西瑟斯。儘管納西瑟斯的幻覺是一種罪惡，但我們的理型並不因此而少了一些納西瑟斯。

　　克利斯蒂娃尤其注意佛洛伊德所設計的情愛療法。佛洛伊德探索了由情愛所引起的混淆病狀，如精神錯亂、妄想症、幻覺等，從而設計出一個系統，即移情機制，將被壓抑的東西如性慾及其創傷帶回情慾主體的意識，從而消除他的幻象，向他指明現實的部分。這現實部分就是他的性，由它作引導一直穿過現實想像和象徵的混淆，將窒息的主體解救出來。

　　克利斯蒂娃將佛洛伊德的設計視為「愛恨交織的心理空間」和「一個無限移情的不可能場所」。她追隨佛洛伊德，並有所超越。她認為，愛既非生物學亦非慾望，而是在此兩者之間、在母親的身體與象徵之間游移著的想像的場域。她宣稱，愛不是一個納西瑟斯的與母性容器的合併，而是

一個隱喻客體的出現，換言之，是那建構心理、將衝動導向他者之象徵的分裂。這分裂可稱之為「原始的壓抑」。

對於克利斯蒂娃來說，代表象徵的是想像的父親，他是與拉岡之嚴父相對立的佛洛伊德的「個人前史中的父親」。這個「想像的父親」是母親與父親的結合。我們不應只是把它設想為可見的，它也牽扯到感性知覺的整個領域，這些知覺影響著嬰孩的神經─心理能力的發展。在此過程中，嬰孩未形成的同一性被轉移到他者的位置，或者更準確地說被他者所取代，這一他者不是性慾的對象，而是自我的理型。因此與母親身體的分離就不是悲劇性的，它為想像的父親所支持，而此父親又是母親之所愛。母親的愛推動了從母親身體向著母親慾望場所的轉移和慾望的滿足，這個慾望就是對父親的慾望，就是對父親功能的暗指。既然母親已經是言說主體，那麼他者就在其內。她已經被隱含在意指系統之中。

這一主題貫穿於克利斯蒂娃以後的著作，並得到了愈加細緻的論述。一位精明的美國哲學家凱利·奧立弗（Kelly Oliver, 1958- ）發現：「我們可能讀出克利斯蒂娃的這樣一個主題，即象徵的邏輯已經以戀物癖的形式在母親的身體內發揮作用。」[088] 的確，克利斯蒂娃本人將戀物癖描寫成陽物力量對母親的歸屬性，由此便是一個「母性父親」的出現。

三、藝術是象徵與異質的辯證空間

克利斯蒂娃的基本訓練是在語言學方面，因而從其求知與學術生涯的一開始她便與美學研究結下了不解之緣。[089] 她對意指系統種種變化的追索將她從最初所進行的語言學和文學中的形式結構的探討引向對文學和純藝

---

[088] Kelly Oliver 有許多關於克利斯蒂娃的著述，例如 *Reading Kristeva: Unravelling the Double Bind*, Indiana University Press, 1993.
[089] 例如克羅齊從其表現論出發經常將語言學和美學相提並論。

術的體認和考察，在其所使用的方法和工具上也相應地由俄國形式主義、法國結構主義轉到較多地倚重符號學和精神分析。

克利斯蒂娃認為，被結構主義所理論化和確定邊界的實證性符號空間，其對於主體實則是排斥的，因為它有自己的一套獨立的與生死相關的符號系統，有前面提到的所謂「穹若」。西方話語帶有它以為基礎的福音書的蹤跡：語詞由行動的效果所構成，該行動遵循語詞之作者及目的（destinataires）從象徵功能角度所堅持的慾望誓約。既然所有符號都是關於某一物（chose）劫後餘存的符號，該物是被棄的、缺席的和死亡的，那麼作為絕對慾望的文學就代表了一種對生命、對緩解焦慮以及對克服危機進行最艱難認定的話語。

自出版《詩性語言的革命》以來，克利斯蒂娃一直都在考察文學和藝術表達中的碎片現象，尤其是狂歡、卑汙、迷離等，是它們反襯出社會主流話語的局限，表達出那些被壓抑的和無言的東西。她考察了「過程」，認為它統貫著主體和主體的交流結構。

克利斯蒂娃透過一些詩人、作家和畫家的藝術創作來展開她對主體理論的特殊闡說。馬拉美、波特萊爾、內瓦爾（Gérard de Nerval, 1808-1855）和洛特雷阿蒙（Comte de Lautréamont, 1846-1870）這些 19 世紀中期詩人的詩歌被她用作分析文藝作品「符號特性」的最豐厚的基礎。她觀察了資產階級符碼、遊戲和異質等顯出和被抑制的運行情狀，認為它們內涵了死亡本能，是死亡衝動激發了意指活動；死亡衝動及其重複運動一方面激發了語言，另一方面又有使之面臨滅絕的危險。依據克利斯蒂娃的看法，文學和藝術先是抓住這一波動，以躲避語言的可交流性，而後在新的符號群落中重新予以啟用。藝術將「設定」和異質結合起來，並提供了一種超越「設定」的位能。因此，藝術就是象徵與異質的辯證法的空間。

在其研究愛的作品《愛情傳奇》裡，她審視了她本人與情愛、母親身分以及痛苦（它構成了西方文化中一個重要的女性語彙）等主題的關涉。在其中題為「聖母哀歌」（*Stabat mater*）[090] 的一章中，她用詩性的語言娓娓描述了自己作為一個孕婦／母親的種種感受、她懷孕的身體、她作為女性的享樂等。這些敘寫又交織著她對母親身分尤其是那關於聖母瑪利亞神話的傳統宗教的敘述的分析。她研究了「聖女崇拜」，認為它是西方父系社會所使用的一種話語，其目的是為了掩飾母性、母子關係中一些不穩定的方面。在母子關係中，總是活躍著母性、符號與象徵之間的緊張。聖女唯一的快樂是她那不只屬於她而且也屬於所有人的孩子，而她默默的痛苦則是她獨自一人承擔的。當聖女受孕於言、靈、父名和神，她的兒子從另一方面說就只屬於父親的秩序。

女人作為母親在兩個方面直接地危及象徵秩序。一是她的享樂（jouissance）使她有變成主體的危險，而非永遠作為男性主體的另一面。二是她代表或者毋寧說她本身就是文化與自然的合成物，總是無法完全地屈服於象徵的秩序。

父權社會透過「聖女崇拜」將女人的享樂和初始情境排除在象徵之外，回擊母親身體的符號威脅。在「聖女崇拜」中，女人被允諾的只是在痛苦中的歡樂。母親的身體只包含有耳朵、乳汁和淚水。性別化的身體被「理解的耳朵」所取代。那沉默的「耳朵、乳汁和淚水」，對於克利斯蒂娃所隱喻的是語言交流所不擬證明的無語和符號狀態。

克利斯蒂娃還利用其個人的感受揭露被天主教的母親話語所遮蔽的「符號身體」。她有排成雙欄的話語：左欄是肉體變成的言說，它是享樂

---

[090]〈聖母哀歌〉是流行於中世紀的一首拉丁讚美詩。原文的字面意思是「母親站著」，由 20 個對句組成，描寫聖母瑪利亞站在十字架前所承擔的巨大的喪子之痛，並歌頌她經此磨難後的精神昇華。

的、情愛的和音樂的母親；右欄是象徵的、被閹割的話語。雙欄的話語代表著母親心靈與肉體的分裂。而分裂則意味著喪失 —— 喪失孩子，喪失母親身分。

克利斯蒂娃的美學意在促成一種情境的出現，在其中主體是一個「開放的系統」，或一件「進行中的作品」，一種「向他者開放」的生成；由此能夠同時帶來我們自己身體的一種修正形式。她呼喚新的身分的形成，但這不是象徵的解構，而是它的轉型。

第二節　愛蓮·西蘇

在當今法語世界和英語世界，愛蓮·西蘇（Hélène Cixous, 1937-）遠不是華文語境下以「陰性書寫」（Écriture féminine）聞名的女性主義者。早在 1992 年，康利（Verena Andermatt Conley, 1943-）就以其專著《西蘇：當代文化理論家》一書表明了西蘇作為「當代文化理論家」[091]（modern cultural theorist）的身分。西蘇的恩師兼密友雅克·德希達（Jacques Derrida, 1930-2004）則以另一種方式印證了這一觀點，他多次稱讚西蘇「內心寬廣有力，多元而又獨特」。[092] 但在華文語境下，人們一直過於關注西蘇 1970 年代的「陰性書寫」[093]，忽略對其個人及其作品多元文化價

---

[091] Conley Verena Andermatt, *Helene Cixous: Modern Cultural Theorists*, Toronto: University of Toronto Press, 1992, p. xiii.

[092] Hélène Cixous, *Insister of Jacques Derrida*, Peggy Kamuf (trans.), Stanford: Stanford University Press, 2007, flyleaf.

[093] 本文採用「陰性書寫」作為西蘇法語「écriture feminine」譯名選擇，一方面避免文字表層與男性書寫二元對立，回避「女性書寫」可能蘊含的語言暴力。同時，突顯「陰性書寫」內涵的豐富、多元和開放性。近 20 年來，學界對西蘇「écriture feminine」的譯介、引用、挪用似有大幅增加的現象，譯名選擇不一而終，但對其內涵較少論及，引發諸多問題，導致威脅當代女性書寫的意義和價值。根據西蘇長期寫作實踐來看，「écriture feminine」應為「writing said to be feminine (feminine writing)」的概念。

值的總體考察。尤其是她的戲劇作品,一直伴隨其學術生涯和創作生涯始終,在其美學思想形成中占據了重要位置,本文對此有所側重。西蘇本人也曾飽含深情地表達了自己對戲劇舞臺的天然情感,她認為,戲劇直接訴諸視覺的講故事方式,是其他任何文類都無法企及的。[094]

　　康利對西蘇的定位並非空穴來風。西蘇的出生背景、生活經歷及其作品複雜多樣,她以涉獵廣泛的文化理論家的方式,模糊了文學風格與體裁、閱讀與寫作之間的區隔,集小說家、散文家、戲劇家和文學評論家於一身,以各種文學形式作用於文化理論,並以寫作為媒體詮釋文化交互過程中的社會問題。西蘇的成就讓那些最有批評力的讀者也不得不承認她為宣導多元文化所做出的不懈努力。

一、生平、著述與思想來源

　　1937 年 6 月 5 日,西蘇出生於法屬殖民地阿爾及利亞(Algeria)的奧倫(Oran)。父親喬治斯(Georges)是猶太、西班牙、摩洛哥、阿爾及利亞混血,在當地以行醫為生。母親伊芙(Eve)的祖父為奧地利、匈牙利、捷克斯洛伐克裔,祖母是德國裔。母親在德國長大,希特勒時期隨家人逃亡到阿爾及利亞,與父親相識。在殖民環境中,他們既是受歧視的猶太後裔,又是與當地人不同的殖民者。父母的多重混雜猶太人身分,與當地人的雙重分離狀態,讓孩子們的國家、民族歸屬感陷入困境。

　　童年生活經歷讓西蘇個人主體性與阿爾及利亞產生了不可分割的關係,寫作則是她表達這種深層關係的主要形式,即在去殖民化的語境下,

---

[094] Hélène Cixous, *"Writings on the Theater"*, in: Qui Parle, Vol. 3, No. 1, Theatricality and Literature, Spring, 1989, p. 120.

描繪自己與阿爾及利亞之間被剝奪、被疏離的複雜關係。[095] 阿爾及利亞的童年生活，讓西蘇「見證了法國帝國主義在鼎盛時期對這個國家和人民的踐踏」。[096] 強權統治和政治恐怖，使她渴望擺脫令人窒息的環境和現實，寫作對於她的意義，就是擺脫現實壓迫感，獲得自由和解放。

受母親的影響，西蘇以德語為母語。西蘇一直認為，相比抽象的法語，喉音式（guttural language）的德語詞彙更豐富。1948 年，父親去世。1955 年，因為戰爭原因，全家離開阿爾及利亞，最終選擇在沒有語言障礙的法國定居下來。到法國後，她又刻苦學習英語，通過了高等英語水準考試。豐富的語言經驗和能力，使她能夠體會不同民族的精髓，1970 年代，她的法語寫作震動了整個世界。

1959 年，22 歲的西蘇在法國完婚，1958 年和 1961 年，先後生育一兒一女。1962 年，西蘇在波爾多大學擔任助教。1965 年，與丈夫離婚移居巴黎。1965 年至 1967 年間，西蘇在索邦大學任助教。1967 年聘為楠泰爾（Nanterre）大學講師，同年出版了第一部小說《上帝姓什麼》（*Le Prénom de Dieu*）。1960 年代以後，愛蓮・西蘇一直堅持寫作，先後出版近 50 部小說、劇作及一系列理論性很強的文章。

1968 年，西蘇完成博士論文〈詹姆士・喬伊斯的放逐〉（*L'éxil de James Joyce: ou l'art du remplacement*），獲聘巴黎第八大學英國文學教授。同年，西蘇出版小說《內部》（*Dedans*），並獲得「美第奇獎」（The Prix Médicis）。[097] 1970 年，西蘇在巴黎第八大學與托多洛夫、熱奈特等人創辦《詩學》（*Poétique*）雜誌。《詩學》很快成為大西洋兩岸探討文本閱讀

[095] Julia Dobson, *Hélène Cixous and The Theatre: The Scene of Writing*, Bern: European Academic Publishers, 2002, p. 79.

[096] Helen Cixous and Clement Catherine, *The Newly Born Woman*, Betsy Wing (trans.), Minnesota: University of Minnesota Press, 1986, p. 70.

[097] 「美第奇獎」於 1958 年設立，意在鼓勵年輕作家實驗和創新與眾不同的閱讀口味。

新方法的主要論壇。1974 年，西蘇在巴黎第八大學創立婦女研究中心，並一直擔任主席職務。

西蘇先後出版了《新女性的誕生》（*La jeune née*）、《美杜莎的笑聲》（*Le Rire de la Méduse*）、《閹割還是斬首》（*Le sexe ou la tête?*）、《談談寫作》（*La venue à l'écriture*）等。她還結識了法國傑出的婦女解放運動活動家、精神分析學家、法國婦女出版社創始人安托瓦內特·福克（Antoinette Fouque, 1936-2014）。1976 年至 1982 年間，西蘇作品幾乎全部由法國婦女出版社出版（Éditions des Femmes）。

猶太人的思想精髓一直滋養著西蘇。德希達、卡夫卡（Franz Kafka, 1883-1924）、策蘭（Paul Celan, 1920-1970）等著名猶太裔學者、作家一直影響著西蘇的藝術生涯和學術生涯。不得不提，還有一位作家也對西蘇產生了極大的影響，那就是第三世界巴西女作家克拉麗絲·利斯佩克托（Clarice Lispector, 1920-1977）。受利斯佩克托「給予經濟」的啟發，西蘇提出與陰性書寫互動的「陰性經濟」原則，極大地豐富了陰性書寫內涵。1970 年代後期，由於德希達和利斯佩克托的影響，西蘇走出了早期兩性激進對抗的思路，轉而尋求兩性和諧共生。

蘇聯史達林時期的曼奧西普·曼德爾施塔姆（Ossip Mandelstam, 1891-1938）、瑪琳娜·茨維塔耶娃（Marina Tsvetaeva, 1892-1941）、安娜·阿赫瑪托娃（Anna Akhmatova, 1889-1966）等革命詩人對西蘇也有較大影響。茨維塔耶娃的作品以挑戰社會和文學傳統著稱，阿赫瑪托娃則滿足了西蘇以寫作抵抗壓迫和死亡的志趣。1980 年代中後期，西蘇還與曼德爾施塔姆遺孀合作，共同創作了《黑帆白帆》（*Black Sail White Sail*），讓逝去詩人的作品在舞臺上重新煥發出生命之光。

另外，柬埔寨、印度、日本等亞洲國家的戲劇思想也極大地影響了

西蘇戲劇創作和表演形式。她先後完成劇作《印度或他們夢想的印度》（*L'Indiade ou l'Inde de leurs rêves*）等。這些作品大多與陽光劇團（Théatre du Soleil）導演亞莉安·莫虛金（Ariane Mnouchkine, 1939-）合作完成。

1990 年代之後，西蘇的創作依然保持著巔峰狀態，作品保持了極大的多樣性，創作眼光也開始轉向世界各地。她先後出版散文集《歲月》（*Jours de l'an*），演說系列《寫作的三個臺階》（*Three Steps on the Ladder of Writing*）、《曼哈頓：來自史前的信》（*Manhattan: Letters from Prehistory*）、《菲律賓：甜美的監獄》（*Philippines: Sweet Prison*）。

2004 年德希達辭世後，西蘇撰寫了一系列紀念德希達的文章和著作，如《德希達的堅持／主張》（*Insister of Jacques Derrida*），《德希達：不受束縛的海神普羅透斯》（*Jacques Derrida as a Proteus Unbound*）等。

從總體上看，西蘇的思想來源相當廣泛，甚至可以說沒有邊界，早年的女權立場只是西蘇對現實社會進行批判的一個面向而已。北非沙漠殖民地的童年生活，多民族的文化背景，親歷德國法西斯對猶太人的殘害等經歷對西蘇的創作生涯都產生了深遠影響。西蘇對家族、學校、政界等制度層面的權力十分敏感，她反對權利以各種形式對人的身體和心靈進行侵蝕，並一直致力於挖掘壓迫、排斥等產生和表達的原因和方式，希望邊緣人群能夠獲得重生和解放。

二、西蘇主要學術思想與成就

（一）根植於「陽性中心」書寫傳統的批評與改寫

康利的研究發現，西蘇早期寫作與男性經典作家莎士比亞、詹姆士·喬伊斯、愛倫·坡（Edgar Allan Poe, 1809-1849），以及心理分析理論創立者佛洛伊德密不可分。西蘇的博士論文〈詹姆士·喬伊斯的放逐〉就是這

種影響的深刻展現，她一方面批評喬伊斯在寫作中透過語言表現生與死、得與失、身體與精神的對立，是矛盾和悖論的製造者；另一方面，她又迷戀於喬伊斯的語言創造力。[098]

　　西蘇還透過改寫神話和童話，修正女性在故事中的「他者」地位或死亡者和黑暗大地形象。〈突圍〉（Sorties, in La Jeune née）一文集中批判了男性視角的經典童話《睡美人》，揭示了女性處於死亡狀態敘事模式的普遍性和廣泛性，批判陽性社會結構（the masculine structure）下當代文學的陰性特徵（feminine nature）—— 被動、消極、負面。女人總是那個等待男性英雄喚醒的「他者」。西蘇因此號召婦女廣泛參與書寫，創造不一樣的陰性特徵。她親身嘗試實驗寫作，出版了一系列相關作品，成為 1970 年代法國政治與文化討論的中心，在國際學術界引起極大的反響。

　　《閹割還是斬首》以文化背景完全不同的經典作品《史記·吳起列傳》和《小紅帽》為批判對象。西蘇認為，孫子練兵遵循的規則鮮明地展現了陽性經濟（a masculine economy）和陰性經濟（a feminine economy）之間的差異。[099] 陽性經濟透過規則實現控制，「規則」是陽性經濟的絕對法律，在這種原則下，女性被強迫接受男權社會的法則，接受「被閹割」，否則會被斬首和處死。「甦醒」了的小紅帽因為不聽外婆的話，離開大路，試圖嘗試女性從未嘗試過的事情，進入森林深處，企圖另闢蹊徑，違反了文化所規定的法則（大路），最終被處以死刑懲罰 —— 被狼吞到了肚子裡。[100]

[098] Conley Verena Andermatt, *Helene Cixous: Modern Cultural Theorists*, Toronto: University of Toronto Press, 1992, pp. 2-3.

[099] Helene Cixous, *Castration or Decapitation*, Annette Kuhn (trans.), Signs, Vol. 7, No.1, (Autumn) 1981, pp. 41-42.

[100] Helene Cixous, *Castration or Decapitation*, Annette Kuhn (trans.), Signs, Vol. 7, No. 1, (Autumn) 1981, pp. 43-45.

　　西蘇還以劇作《朵拉的畫像》（*Portrait de Dora*）直搗佛洛伊德精神分析說經典之作《一個歇斯底里個案的分析片段》（*A Fragment of an Analysis of a Case of Hysteria*）。透過重寫佛洛伊德這部作品，集中批判佛洛伊德在心理治療中對青年女子朵拉的操縱和壓迫，揭示「歇斯底里」這一被女人化病症的建構過程及其本質。

　　朵拉個案寫於 1901 年，出版於 1905 年，1923 年再版並加注，記錄佛洛伊德為少女朵拉治療歇斯底里症的諸多細節和片段，在佛洛伊德全集和心理分析史上均占有舉足輕重的地位。[101] 朵拉當年芳齡十八，含苞待放。在父親的陪同下，朵拉有些不情願地開始在佛洛伊德診所接受為期三個月（10 至 12 月，1900 年）的治療。罹患歇斯底里症（hysteria）的朵拉聲音嘶啞、呼吸困難、神經質、失憶症、偏頭痛、疲倦、精神渙散，佛洛伊德把朵拉的症狀歸於性壓抑和性創傷。雖然女權主義對佛洛伊德的理論多有批評，但是相比女巫說、邪魔附身說、子宮遊走說等，佛洛伊德的假設和預想還是進步了許多。前者解決辦法就是進入父權婚姻體制，結婚生子，扮演好女人和母親的角色。[102] 佛洛伊德則採取催眠、談話、夢的解析等手段暴露那些祕而未宣的私人故事，但這也意味著親密行為的披露和私密關係的背叛。

　　佛洛伊德試圖以各種治療方法揭開朵拉的慾望面紗，朵拉並不認同他的「戀父情節」分析，反而以各種方式否認佛洛伊德建構的慾望情事，這也就意味著佛洛伊德無法治癒朵拉。朵拉最終出走，拒絕治療。佛洛伊德以「移情作用」解釋朵拉的出走：朵拉將其對父親及 K 先生的戀父情

---

[101] 朵拉（*Dora*）、舒爾伯（*The Schreber Case*）、狼人（*The Wolf Man*）、鼠人（*The Rat Man*）、小漢斯（*Little Hans*）

[102] Charles Bernheimer, *"Introduction: Part One"*, in: Dora's Case: Freud-Hysteria-Feminism, Charles Bernheimer and Claire Kahane (eds.), New York: Columbia University Press, 1985, p. 3.

結，愛恨交織的情緒投射到佛洛伊德身上，終止治療是其宣洩情緒的報復方式。

在西蘇看來，朵拉也是西蘇自己和千千萬萬女人的畫像（Portrait de Dora / dé Hèlene Cixous / des femmes）。珍・蓋洛普（Jane Gallop, 1952-）在〈開啟朵拉的鑰匙〉一文中充分展現西蘇《朵拉的畫像》的多重含義。[103] 她認為，與其說「畫像」是視覺的，不如說它是劇場，是一個人的再次呈現（re-presentation），即從不同角度詮釋朵拉和她的歇斯底里症。西蘇試圖打破佛洛伊德給他的病人朵拉的各種封閉性的「盒子」（case）和限制，揭開所謂真人真事的背後，佛洛伊德作為一個凝視者而不是治療者敘事的不可靠性，並呈現朵拉的多重畫像特徵。西蘇的解讀使經典產生了截然不同的意義，甚至「完全打破了我們對經典的原有認知」。

西蘇重塑朵拉，揭示心理分析作為「視覺劇場」（the Visual Theatre）的蠻橫霸道、「凝視邏輯」（the Logic of the Gaze）的荒謬。[104] 西蘇透過再現、重新聚焦，將焦點聚集在佛洛伊德這個文本敘事者身上，揭示敘事者佛洛伊德及其歇斯底里概念本身的性別歧視。《朵拉的畫像》讓人們意識到，不僅心理分析試圖治癒的歇斯底里女體類似於「舞臺上」供男性凝視的表演，凝視的結果和呈現出來的文本也是一種單一視角詮釋的表演。西蘇對佛洛伊德心理批評話語的介入，極大地展現了她早期戲劇實踐的成功所在。

西蘇以發散的多元焦點取代佛洛伊德文本敘事的單一視角，並以此拆解和還原佛洛伊德以一己之眼傾力縫合的「片段」。讓沉默的朵拉發出自

---

[103] Jane Gallop, *"Keys to Dora"*, in: Dora's Case: Freud-Hysteria-Feminism, Charles Bernheimer and Claire Kahane (eds.), New York: Columbia University Press, 1985, p. 167.

[104] Julia Dobson, *Hélène Cixous and The Theatre: The Scene of Writing*, Bern: Peter Lang, 2002, pp. 15-21.

己的聲音，道出她的情感與想法，展現與原故事不同的面貌。西蘇不僅終結了佛洛伊德對女性的誤讀和曲解，還將單一的「陽性邏輯中心」視角的故事敘事轉變為多元視角敘事，即「讓女人的命運得到關注，摧毀陽性中心論的穩定性，使之成為得到普遍接受的真理」[105]，也構成了「陰性書寫」的主要內容。

(二)　「延異」與「陰性書寫」的形構

　　1970 年代中後期以後，西蘇深受猶太裔學者德希達的影響，開始更具開創性的書寫探索。德希達的解構主義（Deconstruction）成為西蘇強有力的武器。德希達認為，意義的衍生是因為文字不斷「延異」（difference），因此產生多樣解讀。「延異」削弱了文字意義的專制性和排他性，使文本解讀呈現了一定的多樣性。

　　西蘇希望陰性文本是能達到「延異」的文本，朝無限多樣的方向邁進，徹底消解二元對立，最終產生無固定意義的文本。[106] 西蘇與伊瑞葛來借用德希達的「解構」策略，將西方以父權為中心的哲學、心理學和文學去中心化（decentring），以多元差異對抗二元對立，並為女性話語尋找合法空間。

　　西蘇的《美杜莎的笑聲》、《新女性的誕生》、《閹割還是斬首》、《談談寫作》等一系列論文論著極大地彰顯了「陰性書寫」的必要和可能。在《美杜莎的笑聲》一文中，西蘇開宗明義地指出，「一直以來，婦女（women）被殘暴地驅逐出寫作領域，同時也被驅離她們自己的身體，婦

---

[105] Helen Cixous and Clement Catherine, *The Newly Born Woman*, Betsy Wing (trans.), Minnesota: University of Minnesota Press, 1986, p. 65.

[106] Toril Moi, *In Sexual / Textual Politics: Feminist Literary Theory*, New York: Routledge, 2002, p. 99.

女現在必須開始寫作，婦女必須寫自己，寫婦女」[107]。西蘇一方面顯影了婦女寫作權的被剝奪處境，另一方面也揭示了婦女群體對這種壓抑的沉默狀態。西蘇認為，「婦女全身有無數通向激情的通道，一旦她粉碎了枷鎖、擺脫了監視，得以明確表達這種能貫穿全身的豐富含義時，就會使那陳舊不變的母語以多種語言發出迴響（reverberate with more than one language）」[108]。

　　因此，陰性語言（feminine language）比陽性語言更具擴散力（diffusive），她的語言可以從任何方向擴散，掀翻「陽具邏輯中心」對陰性的壓抑和幽閉。她鼓勵女性寫作：「寫吧，不要讓任何人、任何事阻止你。不要讓男人、讓愚蠢的資本主義機器阻止妳。是資本主義經濟制度制定了那些限制我們的戒律，出版機構只是那些狡詐、趨炎附勢的戒律的傳聲筒。也不要讓妳自己阻止自己。自鳴得意的讀者們，愛管閒事的編輯和大老闆不喜歡真正的婦女－女性性別取向的文本，這類文章會嚇壞他們。」[109] 她認為，只有這樣，女性才可能擾亂規則，以文字打破一對一指涉，創造更多不同意義，以此破壞一切壓抑女性的文本。

　　西蘇在多年寫作生涯中不斷踐行陰性寫作理念，《德希達的堅持／主張》（*Insister of Jacques Derrida*）一書尤其值得一提。全書以夢境敘述為開端，頗具想像力。在夢裡，兩人化身為正在踢足球的兩隻老鼠。德希達是準備射門的小雄鼠，西蘇則是個守門的小雌鼠，左撲右擋，充滿活力，生怕球門被破，但是一邊又大笑著，畢竟這只是一場遊戲。整個夢境敘述

---

[107] Helene Cixous, *The Laugh of the Medusa*, Keith Cohen, Paula Cohen (trans.), Signs, Vol. 1, No. 4, (Summer) 1976, p. 875.

[108] Helene Cixous, *The Laugh of the Medusa*, Keith Cohen, Paula Cohen (trans.), Signs, Vol. 1, No. 4, (Summer) 1976, p. 885.

[109] Helene Cixous, *The Laugh of the Medusa*, Keith Cohen, Paula Cohen (trans.), Signs, Vol. 1, No. 4, (Summer) 1976, p. 877.

以一頁文字結束，下書「2005年4月夢境」。[110]

中國學者汪民安曾經探訪過生活在法國巴黎的西蘇本人，西蘇對《德希達的堅持／主張》一書的書名給予了獨特解讀。「insister」是一個發明的詞語，隱含著德希達式的歧義，有兩種讀法：一種是 insist-er，「堅持者」的意思；另一種是 in-sister，表示「在姐妹中」，兩種讀法都是西蘇和德希達之間關係的恰當描述。[111]《德希達的堅持／主張》寫於大師離世之後，但文字生動、有力，充滿了畫面感和舞臺感，看不出對逝去密友的悼念和傷感的情緒。這樣的表達方式，無論學術界還是普通讀者都可能對此產生強烈的閱讀興趣，頗具西蘇宣導的「陰性書寫」特徵。作為最能洞悉德希達思想的讀者，西蘇以這種獨特的方式紀念密友與導師，也深刻地表達了她個人的哲學沉思。借助《德希達的堅持／主張》這部作品，西蘇以意識流的旋律與德希達進行充滿詩意的對話，與他留下的文字（words）交談。一方面非常具象地呈現了她與德希達之間相互影響的學術牽連；另一方面，西蘇又深入地發掘那些讓他們相互隔絕的哲學空間，並透過填補這些空間創造出新的理解和洞見。[112]

三、陰性書寫關鍵字與多元複雜戲劇美學

（一）陰性經濟原則

西蘇從第三世界巴西女作家利斯佩克托作品中發現了與陰性書寫互動的陰性力比多經濟原則（feminine libidinal economy）。

西蘇認為，力比多經濟原則並非為性（sex）專屬，給予和交換、書

---

[110] Hélène Cixous, *Insister of Jacques Derrida*, Peggy Kamuf (trans.), Stanford: Stanford University Press, 2007, p. 3.

[111] 汪民安：〈我的巴黎行〉，《外國文學》2006年第5期，第95頁。

[112] Hélène Cixous, *Insister of Jacques Derrida*, Peggy Kamuf (trans.), Stanford: Stanford University Press, 2007.

寫和閱讀等與經濟原則緊密相連，利斯佩克托以陰性力比多經濟原則書寫愉悅、情感和驅力（drives）等體驗[113] 超越了以占有為主的陽性經濟原則，她的小說《星際時光》（*The Hour of the Star*）雖然講述的是關於貧窮的故事，但並不是真正的貧窮。[114] 即在當下陽性中心社會，以陽性經濟（masculine economy）價值為表徵的貧窮社會或許並不貧窮。西蘇高度讚揚利斯佩克托破壞陽性中心二元對立語言慣性的書寫策略，並不以彰顯女主人公的主體性為創作目的，而是「把我變為他者，最終把我賦形而融入（materialization into）一個客體⋯⋯使我自己與藤蔓交纏」[115]。受利斯佩克托的影響，西蘇在《經歷橘子／橘色》中拒斥陽性經濟要求回報的投資（investment），認為贈送禮物，快樂的不計回報的給予（giving）才值得讚頌。[116]

　　相比陽性經濟，陰性經濟樂於慷慨「給予」（giving），不求回報，並承認「他者」的存在，給予「他者」語言表達機會。而長期主導人類歷史的陽性經濟，是一種占有經濟（economy of the power），反映了貪得無厭，只求占有，壯大自己的慾望體制，投資目的鮮明，要求回報。兩種經濟形式的差異基於以下幾點：給予的姿態不同，產生變化和流轉的原因不同，獲得利潤的形式不同，獲得者支配利潤方式的不同等。[117] 陰性順應自然，體貼對方的需求，樂於給出自己的歡愉和快樂，沒有目的的付出，並

[113] Katherine Binhammer, *"Metaphor or Metonymy? The Question of Essentialism in Cixous"*, in: Tesseral, Vol. 10, (Summer) 1991, p. 69.

[114] Colm Tóibín, *A Passion for the Void: The Hour of the Star*, March 5, 2012, http://quarterlyconversation.com/a-passion-for-the-void-the-hour-of-the-star.

[115] Helene Cixous, *"Extreme Fidelity"*, in: Writing Differences: Readings from the Seminar of Hélène Cixous, Susan Sellers, Milton Keynes (ed.), England: Open University Press, 1988, p. 19.

[116] Anu Aneja, *"The Mystic Aspect of L'Écriture féminine: Hélène Cixous'Vivre l'Orange"*, in: Qui Parle, Vol. 3, No. 1, Theatricality and Literature, Spring, 1989, p. 189.

[117] Helen Cixous and Clement Catherine, *The Newly Born Woman*, Betsy Wing (trans.), Minnesota: University of Minnesota Press, 1986, p. 87.

不算計自己付出了什麼，也不假裝能給予什麼。給予是為了活著、思考和轉化。[118] 西蘇認為，陰性經濟原則下，陰性書寫衍生出的龐大銘刻體系（cultural inscription），如權力、符號、生產與再生產的模式等具有明顯不同於陽性書寫的特徵。[119]

　　西蘇試圖消除陰性經濟和陽性經濟的對立，走向開放的雙贏。她強調陰性經濟互動原則的付出特徵和情感色彩，但又與陽性經濟原則宣導的犧牲相區隔。她認為，陰性經濟的付出和給予並不是犧牲，而是一種不求回報的真摯情感。陰性經濟並非全然純粹的無可奈何的付出，而是慷慨給出自己所擁有的東西，並不委屈自己。此原則下的陰性書寫可以說是書寫者將自己變成禮物，把自己的所思所想，包括情感和自我都大方地呈現出來，開放自我與「他者」的交流管道，樂於與他人分享，不求對方回饋。既不以自己的利益為出發點，也不犧牲自己。

　　西蘇的陰性書寫並不是大張旗鼓地推翻父權社會，為陰性爭取權利。她認為，真正的力量不需要證明自己，不需要依靠工具的力量，也足以維護和平。虛假的力量折射出來的是恐懼，為了確保自己，他們只會製造死亡和侵略。[120]

　　但是，鑑於陽性經濟占主導地位的社會現實，西蘇承認陰性經濟原則難免傷及自身。[121]因此，其運作空間成為相當重要的問題，這一點成為西蘇以書寫促發社會變革的野心，即借助陰性書寫，開拓一個「另類空間」

[118] Helen Cixous and Clement Catherine, *The Newly Born Woman*, Betsy Wing (trans.), Minnesota: University of Minnesota Press, 1986, p. 100.

[119] Helen Cixous and Clement Catherine, *The Newly Born Woman*, Betsy Wing (trans.), Minnesota: University of Minnesota Press, 1986, p. 81.

[120] Helen Cixous and Clement Catherine, *The Newly Born Woman*, Betsy Wing (trans.), Minnesota: University of Minnesota Press, 1986, p. 116.

[121] Helen Cixous and Clement Catherine, *The Newly Born Woman*, Betsy Wing (trans.), Minnesota: University of Minnesota Press, 1986, p. 80.

（alternative space），不同於烏托邦空間概念，據此發展出另一種書寫生產模式，打破二元對立的思維模式。

（二）放逐的魅力

放逐是文學常見的主題，通常表現作家強烈的失落與鄉愁、悲苦與絕望。在陽性社會二元對立的社會機制中，受排擠和放逐的邊緣人群和女性，不是消極遁世就是死亡。放逐主題在西蘇學術生涯和藝術創作中一直占有重要位置。早在 1968 年，西蘇就以「詹姆士・喬伊斯的放逐」為題完成了博士論文。不過西蘇對放逐有完全不同的理解，在《從潛意識場景到歷史場景》中，西蘇曾大為感嘆地說道：「我有幸經歷了身為異鄉人流放、戰爭、關於和平的虛幻記憶、逃亡的生活和痛苦。」[122] 她對放逐的積極認同，的確為其藝術生涯帶來許多意外收穫。

巨大的痛苦成為她生命中不可磨滅的記憶，在她的文字中不斷湧現並昇華為西蘇整個藝術生涯不可分割的部分。尤其是她複雜多元的家庭背景，導致她不斷質疑自己的身分，找不到自己的歸屬。[123] 她無法認同法國人以納粹的手段統治阿爾及利亞人，也無法認同同樣遭受迫害的猶太人試圖將自己與阿爾及利亞人區隔開來的做法 —— 即自身曾經作為被害者，卻歧視另一族群的行為。即便定居法國之後，在無親無故的法國，西蘇依然處於放逐者的心境。西蘇的身體離開故土，但放逐於故土的種種複雜情感糾葛不斷延續，心靈開始無限接近故土，這些都成為西蘇肯定放逐經驗的基本前提。

西蘇的放逐不再只是悲情、落寞的代名詞，而是邊緣群體重拾主體的

---

[122] 埃萊娜・西蘇：〈從潛意識場景到歷史場景〉，孟悅譯，參見張京媛編《當代女性主義文學批評》，北京大學出版社 1992 年版，第 222 － 213 頁。

[123] Helen Cixous and Clement Catherine, *The Newly Born Woman*, Betsy Wing (trans.), Minnesota: University of Minnesota Press, 1986, p. 71.

必然過程。在《新誕生的女性》一書中，她批評傳統陽性表意系統將女性放逐為「被動，甚至不存在，是被遺忘的群體，不被納入考慮範圍」[124]。但她認為處於邊緣地帶的群體借由書寫同樣能獲得肯定自我的力量，即從邊緣客體出發，重塑自我的主體性，強調主體與客體間的流動、轉換，以此改變自我與他者的關係。

西蘇在其戲劇美學中也集中展現了這一主題，不過表現形式不同。劇作《黑帆白帆》主要聚焦流放的影響力，以獨特的方式再現受史達林迫害致死而永遠流放的蘇聯詩人奧西普·曼德爾施塔姆。詩人並沒有以一定的人物形象出現，但他的詩句卻不斷在劇中被吟唱。[125]

西蘇的放逐既是指身體的放逐，也是一種精神想像，甚至可以是一種被陽性書寫規則放逐的書寫形式。這種不受限制的書寫，雖然受排擠，但卻可以在邊緣地帶發聲。由此建立起「自我放逐」與多重敘述聲音的關係，突顯多重聲源特徵，同時也讓作品中特定人物語言流動、游移起來，呈現人物的多面特徵，從而實現自我放逐過程中的救贖。[126]

從總體上看，西蘇筆下的「放逐」傳達的是邊緣群體無拘無束、快樂翱翔的積極意義。以西蘇拆解文字賦予新意的特長，法語中「VOLER」兼具「竊取和飛翔」的雙重含義，意即號召女性竊取長期被「陽具邏輯中心」壟斷的語言文字表意系統，讓語言飛翔於制度之外的同時，婦女也自由地獲得飛翔的空間。[127]

---

[124] Helen Cixous and Clement Catherine, *The Newly Born Woman*, Betsy Wing (trans.), Minnesota: University of Minnesota Press, 1986, p. 64.

[125] Julia Dobson, *Hélène Cixous and The Theatre: The Scene of Writing*, New York: Peter Lang, 2002, p. 119, p. 139.

[126] 林銀芬：〈放逐的力量——唐娜·娜波莉文本中的陰性主體〉，2010，第39頁。

[127] Helene Cixous, "*The Laugh of the Medusa*", Keith Cohen, Paula Cohen (trans.), Signs, Vol. 1, No. 4, Summer, 1976, p. 887.

（三）身體書寫辨析

西蘇的「身體書寫」有著廣泛的時代背景，主要是針對西方文化對身體的過度貶低和控制。在西方宗教文化主導的歐洲社會，身體與精神長期二元對立。「肉體」被視為萬惡之源，受到粗暴放逐。西蘇透過書寫批判19世紀晚期心理學家佛洛伊德的「性科學」與宗教傳統一脈相承的特點。而拉岡、傅柯等男性理論家雖然大談特談長期壓抑下身體的異化，但卻忽視了如何解放身體，忽視了感性潛能的作用。

對此，西蘇提出了喚醒女性身體的寫作策略，在《美杜莎的笑聲》中，她強調：「婦女必須透過感知她們的身體而寫作，婦女必須創造強大的語言，以摧毀隔離、階級、修辭和各種規範。」[128] 西蘇將陰性書寫與女性身體特質結合起來，強調陰性力比多／陰性慾望（libidinal feminine），同時顯影「陽具邏輯中心」對女性驅力的遮蔽和壓抑，婦女作為男性性目標的歷史處境，如處女、妓女、妻子或母親等角色規定性，讓女性難以表達自身性取向和性愉悅（jouissance）。西蘇認為，如果女性能以她們自己的新語言論及於此，一種新的視角完全不同於陽性中心概念的視角就可以建立起來，並參與理論的建構和日常生活的實踐。[129]

針對陽性中心機制長期壓抑身體書寫的特徵，西蘇試圖以陰性書寫重建身體與書寫之間的親密關係，容許無意識中的驅力作用，突顯「身體」與「書寫」之間的多重關係。西蘇首先肯定女性生育慾望，認為那是身體的驅力（drive），母體能夠借由生育感受新的生命，自己也因此壯大起

---

[128] Helene Cixous, *"The Laugh of the Medusa"*, Keith Cohen, Paula Cohen (trans.), Signs, Vol. 1, No. 4, Summer, 1976, p. 886.
[129] Ann Rosalind Jones, *"Writing the Body: Toward an Understanding of l'écriture feminine"*, in: Feminist Studies, Vol. 7, No. 2, Summer, 1981, pp. 247-263.

來。[130] 西蘇鼓勵女性將這種女性特有的母愛特質記錄下來，發現其中的感動與迷失……她認為女性身上或多或少都有一種反對分離的母性。[131]

西蘇還希望陰性書寫可以記錄更廣泛人群的生活和聲音。書寫可以讓人們「記得烏龜、螞蟻、老奶奶們，記得美好的、燃燒的初次激情，記得女人們、流浪者、那些一程一程背井離鄉的人們，以及野鴨掠過的飛影」[132]。處於邊緣位置的人們，不必以英雄般的姿態凱旋，但要勇於自由自在地活出與英雄截然不同的樣子，大聲說出自己的生活，不落入陽性機制預設的各種非此即彼的限制，讓書寫把這樣的多元價值選擇傳遍每一個地方，由此而建立一個邊緣人的合法主體性。[133]

由此可見，西蘇的身體書寫實踐並不在於突顯女性性生理特徵與某種特定書寫模式的必然關係，更不是單純彰顯女性身體的驅力以此獲得和陽性相等的地位，或反轉二元對立的兩性位置。相反，西蘇試圖剔除父權陽性中心意識對感性、自覺、身體等無意識衝動的貶斥，將陰性文化定位為與情感、意義傳達密切相關的社會活動。從西蘇的藝術生涯和學術生涯來看，她也一直致力於改變陽性支配性表述，力圖以語言展現女性對性、宇宙、自然、社會、階級、身體、精神和情感等多方面的深層體驗，並重新詮釋父權陽性中心強加在女性身上的負面標籤。

陰性書寫實質在於包容各式各樣的聲音，同時接納在自我內心中無數個聲音，每一個個體都有無數個自我主體在無數個自我之間游移，永不固

[130] Helen Cixous and Clement Catherine, *The Newly Born Woman,* Betsy Wing (trans.), Minnesota: University of Minnesota Press, 1986, p. 90.

[131] Helen Cixous and Clement Catherine, *The Newly Born Woman,* Betsy Wing (trans.), Minnesota: University of Minnesota Press, 1986, p. 93.

[132] 埃萊娜·西蘇：〈從潛意識場景到歷史場景〉，孟悅譯，參見張京媛編《當代女性主義文學批評》，北京大學出版社 1992 年版，第 222 頁。

[133] Helen Cixous and Clement Catherine, *The Newly Born Woman,* Betsy Wing (trans.), Minnesota: University of Minnesota Press, 1986, p. 93.

定，與生理性別並無固有的一對一的關係。生命因此豐富多彩，每一次變化都是一個「新生陰性」的誕生。[134] 西蘇將這種意識注入各種象徵系統，如文學、神話、哲學等，陰性書寫只是抵抗「陽具邏輯中心」壓抑他者聲音的方法之一。

　　雖然我們不可否認西蘇更關心人類歷史上長期失語的女性。但歸根結柢，西蘇關注的是更廣泛邊緣人群的命運。她試圖以「陰性書寫」來打破以陽性中心為單一表達方式的人類語言困境，並希望藉此對女性文化給出一定的定位，突顯陰性書寫的包容、真誠、差異和創造性，讓邊緣人群也能確立自己的地位。

　　不過，陽性中心話語的統治地位，卻讓西蘇陷入同構自反的奇怪循環。在陽性中心主義符號系統中，感性、自然和身體都是女性化的、低等的。要真正體會陰性書寫的創新和實踐意義，就必須走出感性／理性、身體／心靈等一系列二元對立系統，將書寫與個體、家庭、文化、種族、性別等緊密連繫起來，彰顯個體如何被語言局限又如何超越語言局限的複雜感知。

（四）走向複雜多元的戲劇美學

　　從 1970 年代初開始，戲劇這種被賦予了空間和張力的寫作形式一直都是西蘇與社會對話的方式。因此，全面認識西蘇，自然離不開對她的戲劇形式和審美情趣的研究。從最初劇作《朵拉的畫像》、《伊底帕斯之名：禁忌身體之歌》（ *Le nom d'Œdipe; chant du corps interdit* ）分別改自佛洛伊德的《一個歇斯底里個案的分析片段》和古希臘神話《伊底帕斯王》（ *Oedipus the King* ），西蘇陸續出版十餘部戲劇作品，大多是與著名的陽光

---

[134] Helen Cixous and Clement Catherine, *The Newly Born Woman,* Betsy Wing (trans.), Minnesota: University of Minnesota Press, 1986, p. 86.

劇團導演亞莉安・莫虛金[135] 合作完成。

　　西蘇與陽光劇團的合作源於 1970 年代初。西蘇觀看劇團集體創作的《1789》後頗受震撼，立即與她的合作者傅柯商量，建議與莫虛金合作開展為受刑人爭取人權的活動。最終，陽光劇團參與 1972 年「監獄資訊小組」（Group Information Prison）的街頭抗議演出，他們合作演出的《偷麵包的人進監獄，偷百萬錢財的人進波旁宮殿》，由於與官方理念衝突，表演受到監獄方阻撓，不過西蘇從此成為陽光劇團的忠實觀眾。[136]

　　1980 年代中期後，西蘇與莫虛金陸續合作完成了《印度或他們夢想的印度》、《仁慈女神》（Les Eumenides）、《偽城或復仇女神之甦醒》（La Ville parjure: ou le réveil des Erinyes）等。茱莉亞・朵尚（Julia Dobson）批評學界對西蘇小說和劇作的嚴重忽視。與她廣為傳播的跨學科理論相比，其戲劇演出雖然在法國國內並不缺乏關注，但在歐洲其他國家和美國等國家依然較少關注，當代法國戲劇研究也幾乎不涉及她的作品。何以如此？朵尚認為原因比較複雜，比如西蘇劇作創作人員眾多，過程複雜。另外，人們過於聚焦她的「陰性書寫理論」，導致對她的戲劇美學思想缺少挖掘。[137]

　　西蘇認為劇場演出的另一個重要方面就是透過行動讓被壓抑的弱者發出聲音，並在被強烈聚焦的舞臺上說話。

　　西蘇與莫虛金都提倡即興表演與集體創作風格，創作者隱身於集體創作中，人物、對白、動作、場景成為書寫最為忠實的對象，突破了以劇本

---

[135]　1960 年代之前，西方劇場本質上是以劇作家為主宰，演員與導演都服從於劇本。1968 年 5 月學潮後，莫虛金開始探索創造一種沒有劇作家的表演，參與表演的演員都是劇作者，以即興表演及集體創作為基礎。轉引自朱靜美：〈開放劇場的「集體即興創作」之衝突與消逝〉，《中山人文學報》2011 年第 6 期。

[136]　梁蓉：〈陽光劇團空間書寫與戲劇書寫〉，《淡江人文社會學刊》2012 年第 49 期。

[137]　Julia Dobson, *Hélène Cixous and The Theatre: The Scene of Writing*, New York: Peter Lang, 2002, pp. 8-9.

為尊的傳統方式。陽光劇團透過擴展城市劇場的空間場域，運用即興表演技巧，集體創作完成批評時事、關懷社會、內省人性的精彩戲作，由此開啟劇本文本與劇場空間的對話契機，建立戲劇書寫美學，突顯舞臺表演、劇本文本與空間、時間，身體與文字等二元辯證下的互補。

朵尚認為，她的劇作既是一種隱喻，又是一種實踐。的確，西蘇戲劇美學中那些最吸引人的、最令人沮喪的、最豐富的元素都源自她對戲劇隱喻與戲劇舞臺實踐之間張力的突顯。她反對傳統劇場結構和敘事方式，並以劇場空間隱喻進一步強化其在《新女性的誕生》中的詩意批評。劇院就是西蘇早期作品的潛在烏托邦隱喻，即人力所創建的時間和空間可能在父權資本主義文化機制的激烈鬥爭中獲得解放，想像的書寫形式在被設定的場景中可以讓女性／邊緣人群更成功地表達她們自己。

四、影響與爭議

（一）本質主義的書寫

雖然西蘇在〈突圍〉一文中以大量筆墨澄清生物性別與陰性特質的複雜關係以避免本質主義立場，但西蘇大聲疾呼「女人寫女人，男人寫男人」，並以「白色墨汁」和「女性身體」定義陰性書寫還是為反對者留下了攻擊的口實。[138]西蘇的措辭很容易讓人們誤以為書寫取決於生物性別，也就是生物性別可以決定是否擁有陰性特質，並意圖以女性書寫取代男女皆可實踐的陰性書寫，進而創造出不同的書寫，好像身體範疇在某種程度上可以不受社會和性別的影響。西蘇這種本質主義表象與強調女性氣質社

---

[138] Katherine Binhammer, *"Metaphor or Metonymy? The Question of Essentialism in Cixous"*, in: Tessera, Vol. 10, Summer, 1991, p. 67.

會建構的女性主義難以調和，因而被口誅筆伐。[139] 莫伊早就為這種困境做過相當悲觀的預言：「在無法從先於我們而存在的秩序中逃脫出來的情況下，接受這個位置是首先選擇，否則我們沒有講話的空間，即便我們能夠講話，也必須在象徵語言的框架之內。」[140]

凱薩琳·賓漢摩爾（Katherine Binhammer）認為，對西蘇的誤讀很大程度是語言本身含義的局限使然，即婦女（woman）的所指和能指問題。當我們說「woman，female，feminine」時各自意味著什麼是個複雜難解的哲學問題或語言學問題。西蘇在《經歷橘子》（*Vivre l'orange, to live the orange*）中曾經指出婦女（woman）這個詞中所隱含的負面意義，她希望自己「生活在這樣一個時代：語言不受束縛，不被閹割，不受恐嚇，不必被迫遵從那些不學無術的偽學者」[141]。西蘇哀嘆語言暴力，她還警告人們要防止某種「強制真理或事實」（forced truth），比如「我是一個女人」可能會產生這樣的意義：我們處於封閉狀態，我們受到自己的禁錮，自我女人化。[142]

西蘇在號召女人以「陰性書寫」表達自我和社會觀感的同時，也向正在書寫的偉大男性發出了邀約，並將女作家利斯佩克托推向陽性書寫陣營。1996 年，在接受凱思琳·奧格雷迪（Kathleen O'Grady, 1967-）訪談時，愛蓮·西蘇將巴西女作家克雷麗絲·利斯佩克托與德希達相提並論，認為兩者在她的閱讀空間中處於獨一無二、不可取代的位置。西蘇從性別差異角度出發，認為德希達的位置類似具有陰性（femininity）能力的陽性

[139] Peter Barry, *Beginning Theory: An Introduction to Literary and Cultural Theory*, New York: Manchester University Press, 2002, p. 18.

[140] Toril Moi, *In Sexual / Textual Politics: Feminist Literary Theory*, New York: Methuen, 1985, p. 172.

[141] Helene Cixous, *"Extreme Fidelity"*, in: Writing Differences: Readings from the Seminar of Hélène Cixous, Susan Sellers, Milton Keynes (ed.), England: Open University Press, 1988, p. 50.

[142] Helene Cixous, *"Extreme Fidelity"*, in: Writing Differences: Readings from the Seminar of Hélène Cixous, Susan Sellers, Milton Keynes (ed.), England: Open University Press, 1988, p. 50.

（masculinity），利斯佩克托則恰好相反，是具有陽性能力的陰性。[143] 可見，西蘇的陰性書寫在很大程度上只是個修辭問題，絕非經不起推敲的二元對立的本質主義。

（二）烏托邦的書寫

美國女權主義批評家陶麗・莫伊曾經以獨樹一幟的眼光指出了法國女性主義的巨大局限和困境。莫伊以馬克思主義女性主義者的直覺，強調把握特定的政治現實的重要性。一方面，她批評西蘇缺乏對現實的掌握，認為西蘇沒有深入細緻地分析和批判實現「陰性書寫」理想的物質障礙，也沒有具體描繪一個可能的社會結構，只是徘徊在想像空間，依然扮演「直覺」、「性感」或「感性」的他者，很容易落入父權意識的現實圈套，淹沒在既有的話語之中。另一方面，莫伊也指出社會現實與「陰性寫作」之間的天然衝突。她認為：「西蘇文本中一些相互矛盾的觀點，其實是充滿矛盾的父權意識與試圖擺脫其束縛的烏托邦思想之間衝突的必然結果。」[144]

同時，莫伊也高度肯定西蘇陰性書寫蘊含的創新力量。她認為，西蘇的「陰性書寫」為女性在一個沒有壓迫、沒有性別歧視的社會發揮自由創造力描繪了一幅烏托邦景觀，並稱這種理想主義的「烏托邦思想一直都是女性主義者和社會主義者政治靈感的泉源」[145]。莫伊的批評表明，如何在抗拒陽性想像空間的同時，追求銘刻陰性特質的語言依然是未完成的使命。

西蘇也承認，在陽性經濟主導的社會，她所提出的付出不求回報的陰

---

[143] Helene Cixous and Kathleen O'Grady (Interviewer), *"Guardian of Language: An Interview with Helene Cixous"*, in: University of Iowa Libraries, March 1996, Women's Education des Femmes (repr.), (12, 4), (Winter) 1996-7, pp. 6-10, http: //www.egs.edu/faculty/helene-cixous/quotes/

[144] Toril Moi, *In Sexual/Textual Politics: Feminist Literary Theory*, New York: Methuen, 1985, p. 121.

[145] Toril Moi, *In Sexual/Textual Politics: Feminist Literary Theory*, New York: Methuen, 1985, p. 121.

性經濟必將陷入危機自身生存的危險境地。[146] 因此，如何發現和建構一個可以安全運作的社會空間也就成為相當現實和重要的問題。即藉助陰性書寫，為陰性經濟尋找到一個實踐空間，證明陰性書寫透過打破二元對立的語言思維模式，可以發展出另一種書寫生產模式，並開拓出一個與現實主流社會不同的「另類空間」，而不是理想主義的烏托邦社會。

毫無疑問，當代「女性身體書寫」面臨這樣的選擇：是頑固地站在一個個具體男性對立面呈現所謂「女性書寫」的獨特性，還是重新深刻探究西蘇以其多元文化身分建構陰性書寫的本意。

回望西蘇的學術生涯和藝術創作歷程我們不難發現，人們一直追尋的陰性書寫只是西蘇與世界對話採用的一種修辭方式。其意之一是展現個人與社會的關係，透過書寫肯定不同的自我，學會接納自己和肯定他人，因此獲得積極面對生命的勇氣。其意之二則是希望透過書寫將性別衝突放到階級、種族等多元視角下加以體察，呈現其多元複雜的特徵，消解社會生活中男人和女人的強烈對立感，突顯社會結構的複雜特徵。終極目的就是以合法和肯定的方式傳達陰性／邊緣人群的愉悅和感知，讓書寫成為不帶硝煙的和平武器，逐漸侵蝕「陽具邏輯中心」的表意堡壘，開創新的表意系統。

一言以蔽之，西蘇書寫的本質就是透過多重對話方式和修辭手段，傳達人類的精神思考，從身體出發，但又不被其所局限，而是向世界每一個角落無限綿延，最終為生活於其中的男男女女照亮生命之路、點燃智慧之火，讓人類的身體與精神相互交融，難以分離。她的主要作品，尤其是理論著作，在女性主義美學和身體美學領域均占有極其重要的地位。

---

[146] Helen Cixous and Clement Catherine, *The Newly Born Woman*, Betsy Wing (trans.), Minnesota: University of Minnesota Press, 1986, p. 80.

第三節　露西‧伊瑞葛來

露西‧伊瑞葛來（Luce Irigaray, 1931-）給人的學術印象是博大、無邊界。她在哲學、心理學和語言學上分別獲得過三個博士學位。她還是一位傑出的作家和詩人。伊瑞葛來的著述是多學科和跨學科性的；她似乎永遠是討論不同學科問題的行家，在哲學、古典文學、心理學、精神分析、語言學、社會學、政治學、法學和宗教等領域，她都有深入研究和精彩之見。在《東西方之間》（*Entre Orient et Occident*）一書中，她甚至提出要融合各種思想、傳統、文明，要改變視野，以促使一個新世紀的來臨。這一新世紀將引領我們最終走出僵死的、災難性的行為模式，這些模式假定身分建立在同一性和相似性的基礎之上，並一味強調爭強好勝的征服性欲望。她的新世紀將擁抱那剛剛吐露嫩綠的差異模式，要求權利、平等，但絕不將其簡約為同一、相似和整一等概念。

伊瑞葛來持有反自傳立場，因而我們對她的個人生活知之甚少。她於1960年代初從比利時來到巴黎，夢想成為一名精神分析醫生。當時她也學習語言學和哲學，閱讀巴舍拉（Gaston Bachelard, 1884-1962）、邦弗尼斯特（Émile Benveniste, 1902-1976）、艾可（Umberto Eco, 1932-2016）、格雷馬斯（A. J. Greimas, 1917-1992）、李維史陀（Claude Lévi-Strauss, 1908-2009）、莫斯（Marcel Mauss, 1872-1952）、梅洛-龐蒂（Maurice Merleau-Ponty, 1908-1961）等新出版的著作。她參加拉岡著名的精神分析研討班，並成為拉岡所創建的巴黎佛洛伊德學校的成員。拉岡對她的影響是決定性的。

在發表了數篇有關語言和精神錯亂的文章後，伊瑞葛來出版了她的第一部著作《精神錯亂症的語言》（*Le Langage des déments*）。她研究和描述

了出現於常規語言但表現了精神錯亂症狀的各種不同形式，如形形色色的失語、造句能力的崩潰等等。在這一特殊的探索中，她開始觀察女性話語類型與男性話語類型的差異。她意識到身分的形成是一個將自我置放於語言並考慮到對談者的過程。在她看來，雖然同樣是精神錯亂，男性患者仍然存有進行句法修正和使用後設語言的能力，而女性則常常是經由身體表達出她們的病況，在身體中直接經歷痛苦。她斷言女性不易進入能夠恰當地表達其慾望的語言。

這一說法不太適用於書面語言，它主要是指那類需要對另一個講話者或一個刺激做出回應的情境。伊瑞葛來知道，毫無疑問存在有生物性決定的言說，而問題只是在一個被界定的象徵系統內部能否從語言中取得身分。在她的實驗中這一系統就是那個著名的父權制，其中唯一可能的主體性位置被歸於男性，而留給女人的女性身分則是「被閹割的」或「有缺陷的」人的形式，因為在象徵系統中女人沒有能力進行自我界定。

一、窺鏡政治學

1974 年，伊瑞葛來的哲學博士論文《他者的女人窺鏡》（以下簡稱《窺鏡》）甫經出版，她便丟掉了教職，與精神分析學同道的關係也陡然變得複雜起來。他們指責她有精神分析所不能容忍的政治圖謀。

《窺鏡》確乎是某類「宣言」性質的作品。伊瑞葛來質疑女人的性，質疑滲透於其中的西方邏輯及其意義生產體制，甚至也質疑主流精神分析學所堅持的女性立場：

女人的性依然是精神分析學的「黑色大陸」。精神分析學不得不忽視這個溢出了它理論場域之描寫邊界的他者，女人；同樣，為科學所界定的「主體」之科學尚未質疑其對男性邏輯之強制性的依附。因此我們就有必

要再次越過整一和同一被體系化於其中的文本。要重讀、重釋柏拉圖，目的是為了揭露從他以來將隱喻確定為意義載體的種種策略。要考察理論的發展史，要重新標記這個他者 —— 女人 —— 在哪裡和怎樣地被從話語生產中排斥出去，透過女人那沉默的柔順性而確定此話語之基礎、之啟動、之界限。[147]

伊瑞葛來在《窺鏡》中將精神分析學的「工具」即鏡子作為她的立論點，以此探查在性問題上精神分析學的基本理論，在主體性問題上哲學的基本前設。這一窺鏡原義是指婦科學上用於檢查婦女體腔內疾病的器械。伊瑞葛來舉著這面借來的窺鏡，「往回穿過男性的想像」，查看自柏拉圖以來西方哲學傳統中男權秩序的功能。

伊瑞葛來的鏡子觀與拉岡的想像理論即與鏡子的再現功能有關。拉岡的「鏡子」是一個平面的、反應性的「裝置」，它將女人的身體只是看作缺乏，看作一個「空洞」。雖然在《窺鏡》中拉岡的名字從未被提起過，但伊瑞葛來用「窺鏡」這個凹面鏡來檢查和確定女人的正常情狀則與拉岡個性化過程中鏡像階段的理論前提有關。鏡子是理論或話語之鏡，它被用來批評性地考察佛洛伊德關於「女性」（le féminité）的討論，也被作為對拉岡、對西方哲學的一個挑戰，因為在其視野中女人不是被看成「缺乏」、「黑洞」，就是根本不存在。

運用這種不同於男權話語的「窺鏡」，伊瑞葛來展開對佛洛伊德的擬精神分析式的解讀，她意欲揭露「一個有關對稱的古老夢幻的盲點」（《窺鏡》第一章標題），解讀隱藏在佛洛伊德也包括拉岡的解釋學體系背後的想像和無意識幻想。她發現，佛洛伊德的性模式是男性的，其關於性的敘述是屬於肛門的，也就是說，在他的想像中，那相信孩子是由肛門生

---

[147]　Luce Irigaray, *Speculum: De l'autre femme*, Paris: Minuit, 1974.

出的階段持續地作為其理論化的基礎。佛洛伊德的這種想像無非表明，女人在生孩子方面的作用並未得到承認。在佛洛伊德的解說詞中，女人必然地就是有缺陷的和次等的男性。

這種關於解剖學差異的想像其實不是佛洛伊德所獨有的貨色，它屬於一切占統治地位的象徵秩序。進一步地說，它不是任何一位精神分析學家或哲學家的個人想像，而是說這種肛門性主宰著傳統西方的哲學沉思。在後來的《性差異的倫理學》一書中，她甚至稱男人們對同一的愛好「構成了某種肛門本體論」。[148]

凡是在性差異存在爭議的地方，伊瑞葛來認為，佛洛伊德都未充分展開對話語生產前提的分析。其理論及實踐對再現場景提出的所有質疑都未包括對那一被性別化了的場景的質疑。由於缺少這類言說，佛洛伊德的貢獻就仍然部分地 —— 準確地說，在涉及兩性差異的地方 —— 局促在形而上學的預設之內。

為檢視和圖畫這些預設，《窺鏡》的絕大部分篇章都在挑戰和瓦解哲學的話語，因為這種話語為所有的其他話語立法，它自命是話語的話語。在《窺鏡》出版不久所接受的一次訪談中，她質疑哲學話語：「究竟是什麼可以保證其系統性的權力、其聚合的力量、其策略的英明、其法則和價值的普遍適用？換言之，究竟是什麼保證了其主宰的地位、其對各種不同歷史生產的潛在挪用權？其將所有他者都簡化到同一原則、簡化到它最大的普遍性中的權力？其將性別差異消滅在『男性主體』可以自我代表的體系之中的權力？」[149]

---

[148] Luce Irigaray, *Ethique de la différence sexuelle*, Paris: Minuit, 1984, p. 100.

[149] 原載 Dialectiques, 8, 1975，後以「話語權力與女人的從屬狀態」（"Le pouvoir du discours et le subordination du féminin"）為題收入《非一之性》（Luce Irigaray, *Ce sexe qui n'est pas un*, Paris: Minuit, 1977）一書，見第 72 頁。

二、社會想像對空氣的遺忘

　　《窺鏡》之後，伊瑞葛來賦予自己一個雙重的任務。第一是闡明哲學的想像身體，以揭開在哲學的各種理論建構中性動力學發生作用的情況。她認為，如果要理解象徵，我們首先就必須理解其想像。眾所周知，一個概念體系的連貫性並不必然就是它的真理性，因而這一想像也就完全可能是一種幻想的連貫性。伊瑞葛來的第二重任務是展露「母性－女性」身體是如何一方面被擠出觀念和知識的理性領域，而另一方面又持續不斷地滋養著它、供給它以感性的和母性的特質。在我們的文化中，伊瑞葛來宣布，邏輯、身分、理性等在象徵上都是男性的，女性不是局外人和「空洞」，就是未被象徵化的殘餘。她們至多只是發揮一些母性的功用罷了。想像不只是專屬於哲學家和精神分析專家，它是一個「社會想像」[150]，一個被認作現實的想像，必然地將女性置於悲慘的境地。與男人不同，在象徵秩序中女人感到「無家可歸」。伊瑞葛來不相信想像是不可刪減的，這一點與拉岡的觀點相左。她堅信社會想像將發生急劇的變革，一個從前不可設想的新的構型終將顯露出來。

　　伊瑞葛來強調，改變社會想像將最終使它能夠接納女性身體。不應忘記，如佛洛伊德所發現的，與身體的關係總是想像性的或象徵性的。在西方的形而上學中，主體的想像性身體是男性的，性別差異迄未存在過，當然也絕不存在於社會想像之中。

　　為了促使一個新的想像類型的出現，一個能夠揭開和言出多少個世紀

---

[150] 伊瑞葛來使用的「社會想像」一詞借助於法國精神分析學家、社會科學家 Cornelius Castoriadis：「與個人想像意味有所不同的是，（社會想像意味）無限地大於一個幻想（所謂猶太的、希臘的或者西方的『世界圖像』的基礎圖式是沒有邊界的），它們沒有確切的存在位置（也就是說，假如我們能夠認定個人無意識具有一個確切的存在位置的話）。」（參見 *L'institution imaginaire de la société*, Paris: Seuil, 1975. 此處轉引自 Margaret Whitford, *Luce Irigaray: Philosophy in the Feminine*, New York: Routledge, 1991, p. 66）

以來被壓抑的女性身體、女性想像的新型想像，就必須對西方男性思想的無意識展開分析。伊瑞葛來堅持，除非這被壓抑的東西被恰當地納入象徵，否則我們就無法以不同的方式表達出男性要素與女性要素之間的關係。也就是說，唯其如此，我們才可能有機會以不同的方式去思考女性想像，並且看見身分將不再只是意味著同一個事物。

在《窺鏡》中，伊瑞葛來曾經閱讀和解析過亞里斯多德、笛卡兒、艾克哈特（Eckhart von Hochheim）、康德、柏拉圖等幾位哲學家，在1980 至 1990 年代她繼續批判地閱讀了尼采、海德格、黑格爾、列維納斯、梅洛 - 龐蒂、史賓諾沙等人的著作。其中最重要的成果是分別關於尼采和海德格的兩部作品：《尼采的海上情人》（*Amante marine: De Friedrich Nietzsche*）和《海德格的遺忘空氣》（*L'oubli de l'air chez Martin Heidegger*）。它們均是詩性哲學的寫法，美麗而又晦澀。

《尼采的海上情人》可以看作是關於尼采權力意志哲學的沉思或玄想。這裡令伊瑞葛來感到興奮的是，尼采可能為她的思考性差異提供一些新的路徑。她深知尼采與西方形而上學思想的同謀關係，也清楚簡單挪用尼采觀點的危險性。於是，她迂迴曲折地將尼采對虛無主義的處理認作這樣的一場歷史運動，其中「迄今所有的價值都被貶值」[151] 中人失去了其道德和理性世界所賴以建立的基礎，而不再能夠被保證以「普遍真理」或「絕對真理」。她批評說，尼采的權力意志是一種價值重估行為，但這一重估行為未能走出同一性的奇怪循環；其所謂的「婦女」也是此循環的一個同心概念，也就是說，它依然是「同一的他者」，儘管他聲稱自己已克服了形而上學的二元對立式思維。尼采和柏拉圖也一樣，伊瑞葛來堅持，婦女的女人性總是被篡改為男性真理原則的否定性對應物。

---

[151] Friedrich Nietzsche, *The Will to Power*, Walter Kaufmann (trans.), New York: Vintage, 1967, p. 9.

　　《海德格的遺忘空氣》是伊瑞葛來的又一個「解構性」文本。她努力鑽進海德格話語的內部去言說、模仿、拼湊，以這些相似性策略揭開正規語言使用的假面。結果本書一方面看起來「接近」於海德格的文本，另一方面卻又可以讀作對海德格遺忘不可見因素的批判，這不可見的就是空氣，就是被海德格遺忘的女性因素。在她看來，海德格偏愛大地，如同尼采偏愛於火。因而如尼采不知道其對水的恐懼，海德格未能認識到空氣之「不可見性」的觀念意義。

　　連綴伊瑞葛來寫作的一條特徵鮮明的線索就是間接性，這在尼采和海德格那裡也一樣。它對女性哲學而言，尤其使具有生產性的持續曖昧成為可能，因為它允許討論婦女在英雄傳統中的缺席，而又既不肯定也不反對這一傳說。伊瑞葛來想做到的是，堅持性差異立場，但同時取消同一／他者二分法及其對同一性的強調。為此，她重新闡釋了巴門尼德關於一與多之種種形相的思辨，認為在巴門尼德的觀念中占主導地位的不是同一性而是差異性。以這種方式她復活了蘇格拉底的前形而上學和前體系學的、與僵硬的哲學概念相對抗的思想，就如尼采和海德格所做的一樣。追隨兩位前驅，她試圖恢復傳統中被遺忘的因素，以回應當前後基督時代的專門性。

　　在以上兩部書之間，值得提及的是她在 1981 年 5 月蒙特婁「婦女與瘋癲」研討會上的系列演講。她提出，西方文化的基礎不是佛洛伊德在《圖騰與禁忌》中所假定的弒父，而是弒母。按照她的解讀，克呂泰涅斯特拉（Clytemnestra）神話是一個關於母親與其女兒伊菲革涅亞和厄勒克特拉為父權制做犧牲的敘述。伊菲革涅亞基本就是為阿伽門農所犧牲，厄勒克特拉被棄置於瘋癲，而俄瑞斯忒斯這個弒母之子則被遴選來建立新的秩序。重心不在俄瑞斯忒斯，不在閹割，而在主要的文化禁忌，在於與母親的關係。俄瑞斯忒斯的作用是掩藏與母親的臍帶連結被切割。如果沉默於

此類原始行為，那就會使最具破壞力的和最強暴的如下想像永恆化：婦女是貪欲的怪物，是危險的瘋狂與死亡。但這些想像另一方面也指示了被壓抑的、無法消化和無法分析的憎恨情感，作為一個群體的婦女在文化上為此情感所苦，她們被捆入屬於男性幻象的古代想像之中。

對於伊瑞葛來來說，象徵秩序的功能以及作為其結果的社會契約的功能，即產生於這種弒母的犧牲行為，是它們將作為女人的女人排擠了出去。在此情況下要象徵化母女關係是根本不可能的。

在將人類進入語言王國描繪為孩童與其母親的分離這方面，精神分析學可謂貢獻卓著，但是它很少或幾乎看不到這個孩童實際上被理解為兒子。正是這個兒子而非女兒透過語言的介入或者用拉岡的術語說「父名」將其自身與母親分別開來。兒子不僅是一個潛在的父親，而且還是一個主體，一個男人。而女兒則只是一個潛在的母親。在象徵秩序中，她的女人身分只能經由母親的角色來體驗。象徵秩序教給兒子的第一節課是敬畏亂倫的禁阻，並將母親客體化，以使自己能夠與她拉開距離。與兒子相反，由於其與象徵關係的貧弱，女兒無法成功地取得與母親的分離。因此，女人就相對容易陷入精神錯亂和憂鬱症。透過對精神病患者的話語類型的分析，伊瑞葛來發現，女人的語言常常為衝動、不肯定性所主導，她缺乏行使言說主體的能力。

伊瑞葛來系統地研究了女人是如何被排除在象徵秩序之外。她重新閱讀和闡釋了希臘神話對女性的呈現和再現，以及它們在詩歌和戲劇作品中的表現。她還反思神學的傳統，以找出適合女人的神聖概念。她找到了女人的神即女神。如果說基督教的神是男性想像的標本，女性經驗不在其視線之內，那麼女神這屬於女人的神則顯形出多樣、差異、生成、流動、節奏、觸感以及「身體的光輝」。在父權制的宗教經驗中，一個能夠兼具這所有性質的神聖實體是不可能存活的。

三、性差異與作為二的自然

　　性差異一直是伊瑞葛來關注的焦點。在其《我愛向你：關於歷史上一種可能幸福的素描》（以下簡稱《我愛向你》）（*J'aime à toi: esquisse d'une félicité dans l'histoire*）中，她探討了兩性之間的交流難度，以及建立在性差異之上的主體間性辯證法。她主張超越兩性差異而進入「作為二」（Être Deux）的領域。她的性差異的倫理和哲學的重要性在於：唯有「是兩者」作為具體而可感的例子呈現給我們，它才有可能取得倫理的普遍性。

　　這種推理在伊瑞葛來的哲學和倫理學寫作中有很長的歷史了。她一直在證明那個導向父權制建立和對性差異壓抑的、強暴性的「一」的邏輯，在歷史上是如此地與人類主體的否認自然對她的恩惠以及不再尊重其本身的自然等相伴隨的。她認為，將母親等同於自然，將生兒育女僅僅減縮到父親或丈夫一系，將女兒從母親中異化出來，都是攜手於這樣一種錯誤的做法，即丟棄將自然視作肥沃的、給予生命的大地的宇宙論，而代之以功利主義的自然觀，它視自然為人類主體所應控制和超越的粗鄙物質，必須按照人類自身的利益予以改造。當前的戰爭、災荒和飢餓等，實則是由男性單獨建立起來的以犧牲女性、技術統治為特徵的社會體制的合乎邏輯的歷史宿命。這種社會體制使「一」的永恆回歸萬世長存，將此回歸當作要女性作犧牲的基本動力。針對此一毀滅性的社會組織方式，伊瑞葛來的解決辦法是性差異的「多產聯偶」。這一聯偶開闢了一個新的未來，它將解除這種毀滅性的力量，而擁抱那尊重自然之發生原則的價值觀。

　　在《我愛向你》一書中，伊瑞葛來重訪黑格爾，質疑他關於「否定性」的概念。其實這個問題自《窺鏡》以來就一直縈紆其腦際。按照她的理解，黑格爾認自然為有限和直接，缺乏普遍的生命，而理性意識則能夠

透過否定自然的直接性而賦予它以普遍生命。意識將理性的意義形式灌入無生命的物質。一個理性主體，借助其精神作用而否定、揚棄和超越自然性，這種精神作用既是活動本身，又是此活動所創造出的客體。

將自然與精神相分離也見於黑格爾有關家庭的論述，如伊瑞葛來所指出的，也特別見於性別角色的階級組織。該組織將婦女當作自然的直接性來配置，不給她們「以婦女身分」進入文化秩序的可能。這一點對於伊瑞葛來來說十分重要，因為她強調正是性差異本身被固定在自然的直接性之內，被阻止進入精神和市民社會的布局。在人類中心主義的自然概念中，性差異不可能被表現出來，因為它是一種本源性的反人類中心的否定形式，這否定就出自自然本身。性差異瓦解了自然與精神的二元對立結構。

自然至少是兩個：陽性的和陰性的。那所有企圖超越自然而進入普遍的玄思都忘記了自然並不是一。要超越 —— 假使它是一個命令，那麼就有必要離開現實，而現實則是二（這個二自身又包含著次一級的差異：例如，較小／較大，較年輕／較年長）。普遍性設想其自身為一，它是從一中被想像出來的。雖然可以說，但這個一並不存在。

如果這個一並不存在，那麼有限就被寫進了自然本身。先於任何超越自然的必要性，重要的是認識到自然是二。這個二將有限寫進了自然本身。沒有什麼自然膽敢聲稱與自然之整體相當。這樣的自然根本就不存在。就此而言，一種否定的形式便存在於自然之中。否定絕非唯人才具備的一種意識行為。相反，假使人無法意識到寫進自然的有限，他與自然的對抗就不會取得否定的效能。否定性控制著自然，並試圖以意識凌駕其上，這無異於說，從此時此刻起意識到就被這樣一個自然的天真所主宰：我即整體。[152]

---

[152] Luce Irigaray, *J'aime à toi: Esquisse d'une félicité dans l'histoire*, Paris: Grasset, 1992, p. 65, p. 67.

伊瑞葛來在多部著作討論過「二」的問題，她的看法是，「作為二」代表了與他者關係的基礎。她斷言，正是透過「差異」問題，「作為二」的問題今天才能呈現在我們面前。此外，差異還涉及如何成功地與他代、他族、他文化、他人民和諧相處，而不再考慮與作為他者的他者之間的關係。性別之間這最世俗和最普遍的關係現在有可能啟發我們去創造一種或具體或抽象、或經驗或先驗的「關係文化」，它也有可能使我們以民主的方式進入所有其他的多樣性存在。

四、模仿作為一種內在話語方式

伊瑞葛來很少直接介入美學問題，但其寫作風格卻內在地就是詩意的和美學的，與傳統哲學話語極不相同。為了暴露「主人話語權力」的隱在前提，為了發掘出被它所遺忘的「女性」、「母性」，伊瑞葛來使用了一種特殊的話語方式，即她所解釋的：

在初始階段，可能只有一條「道路」，它被歷史地賦予女性，它就是模擬的道路。一個人必須故意地取得女性角色。也就是說，將一種服從的形式轉換成肯定，從而開始對它施行阻挫。如果對此情形所進行的直接的女性的挑戰意味著要求作為一個（男性）「主體」而講話，那麼這也等於是認可了一個對於擁戴性差異的觀點的連繫。

對於一個女人來說，演練模仿就是因此去發現她究竟是在何處被話語所盤剝，使其不致被簡單地縮減成這一話語。即是說，使她再次臣服於 —— 就她處在「可感物」和「質料」一方而言 ——「觀念」，特別是那些關於她的觀念，它們內在於或者被一個男性邏輯所闡述，但是其目的則是為了在一個嬉鬧的重複中「彰顯」那些被認為是仍然「晦暗」的東

西：在語言中被掩蓋的一個可能的女性活動……[153]

模仿是一個借助於哲學的術語，伊瑞葛來用它描述她是如何將女性的假面，即她所稱的女人的性改造成為一種對女人性再次挪用的手段的。模仿絕不只是一個戲擬性的話語方式，如她的一些批評者所設計的那樣，被簡單地用來解構厭女症的話語。伊瑞葛來的模仿意指的是作為肯定性的差異，它是對他者的特性所進行的快樂的再挪用，這種再挪用絕非對現存陽物中心主義的權力分配作一單純的顛倒。伊瑞葛來的模仿超出了假面和擬真（mimicry）──「擬真」是一更加本質化的模仿，它使人聯想到原初柏拉圖意義上的模仿──它指的是女人性的誕生。在她看來，女人的性只能從女人性內部或從其地下（借用她一個考古學的比喻）產生出來，從其被埋藏的地方產生出來。內在於模仿的差異就是內在於差異的差異。

在《窺鏡》一書中，伊瑞葛來調用各式各樣的意象來呈現西方形而上學傳統所強加於婦女的存在狀態。這些意象表露了婦女的被閹割，其慾望中和其歡樂（jouissance）中的被閹割。它們還表露了她於貞潔中的避難，在那裡至高無上的原則就是沉默。《窺鏡》中將與女性哲學有關的被遺忘的因素從克利斯蒂娃所謂的「符號穹窿」裡提示了出來：毗鄰、距離、觸覺、讚美詩、流動、液體、直接、處女膜、經血、神祕、歇斯底里、口唇、貞操、子宮等──女性哲學不應排除這類女人所專有的東西。

伊瑞葛來在其文本和話語中從不裝出一副「主體」的面孔，從不使用堂而皇之複數「我們」以躲藏於或加進由哲學話語所建構起來的通則。「女性言說」（parler femme）的一個典型例子是她在《非一之性》最後一章〈當我們的兩唇說到一起時〉所講述的。她談論女人的性，但她並不怎

---

[153]　Luce Irigaray, *Ce sexe qui n'est pas un*, Paris: Minuit, 1977, p. 76.

麼強調其解剖特徵，而認為重要的是「女人之性的形態學」。她希望為女人之間愛的語言、為超越於陽物法則的性快樂留出位置：在伊底帕斯危機和個性化需求之前的一個位置，在女人之間有親密感存在的、在不需要將自我與他者相隔絕的一個位置。「她」（elle）向她的愛人講話，以一種將女性主體再建造為「你／我」（tu / je）的方式。她的語言試圖解除一個統一的主體，放棄作為一種人類關係模式的主—客體典範。「你」（tu）與「我」（je）是等值的；其共同性是在寫作中表現為它們被雙重地刻畫成主體，不再受制於專有名稱的嚴格的功能區分，情人們拋棄了對那些實質上不適合於其關係的常規專用語的要求。「兩唇」意象所提示的是一種別樣的交流方式，而非僵硬的模式，它意味著複數性、多元性，以及一種與陽物話語方式不同的「在觸覺中」存在的方式。

在《尼采的海上情人》一書中，伊瑞葛來繼續從話語的內部講話，但以一種抒情的、咒語似的語調，拒絕提出任何一個正面的主題。她致力於進行一場情愛對話，不過她又好像來自全然的異域，來自海洋或者鏡子的背面，在那裡一切熟悉的邏輯規則都被顛倒和被解構，以及總是處在劇變之中。

在與哲學家尼采所進行的情愛交流中，伊瑞葛來讓尼采袒露他關於婦女、真理、美、價值重估的觀點，但同時纏繞以各種流動不止的統覺、觸覺和親近感，從而清理出那些被壓抑的事物，如「女人性」（le féminin）或「他處」，它們不進入模仿的重複性規律，而是反對再現，作為缺席或沉默。在伊瑞葛來的著作中，能夠發生作用的僅僅是這樣一條規則，它對它自身是特殊的但從來不是恰切的，它從它諸多不同的建立在女人身體形態學基礎之上的形式中取得其價值。

五、言語行為中的性差異

　　從 1980 年代以來直到當前近二十幾年間，伊瑞葛來始終都在圍繞著兩個主題寫作和授課：一是語言與性差異，二是公民權與性差異。她在這方面出版了一系列的著作，其中有一些是與國際同行合作的產物。

　　她在透過哲學話語考察象徵秩序時所獲得的主要原則，也同樣適用於她對作為文化表現的語言的考察。性差異無法被縮減到一個純粹自然的和超語言的事實，它切入語言，也被語言所切入。性差異決定著由代詞、所有格形容詞、名詞的性及它們在語法範疇（有生命的／無生命的，自然／文化，陽性／陰性）中的分布所構成的系統。這樣說來，性差異就是處在自然與文化之間。但是，伊瑞葛來尖銳地指出，性秩序並未隨著社會進步而進步，一個恰適的性秩序文化也並未隨著我們的進步而相應地建立起來。

　　在父權制文明中，男性是價格穩定的性別。男人於有意或無意間都想賦予其性別以普遍性，例如他將他自己的姓氏給予其子、其妻以及其一切所有物。他將他自己的性別給予上帝，上帝因而是男性的。不僅如此，他還在中立的面具下，將它給予宇宙法則，給予社會秩序，而男人又從不質疑這一分配的譜系學。

　　伊瑞葛來聲稱，除身分之外，支配現實與性別分配關係的還有另外一種機制。例如非常明顯的是，重要的和文雅的生命存在具有男性的性別，而無生命實體、無價值之物則具有女性的性別。這就意味著男人將主體性的位置和價值賦予自己，將女人簡約到客體的位置或者無。這對婦女本身是如此，對於是語詞的性別亦復如此。

　　男性的性別在句法上占據主導地位。在法語中，它主宰著複數形式：

他們結婚了（Ils se sont mariés），他們相愛了（Ils s'aiment），他們在交談（Ils se parlent）等等。中性（非人稱的）代詞也使用與男性一樣的形式：他（天）下雨了（Il pleut），他（天）下雪了（Il neige），他（它）有必要（Il faut）等等。可怕的是，這種無視女性性別的語法特徵勢必將影響人們的主體性經驗，並將其轉變成作為話語和言說行為的語言。

透過對男人和女人言說行為的無數分析，透過對其句法和語義結構的深入考察，伊瑞葛來提出了她對言說行為之性徵的幾點概括：

—— 在言說行為中，男人總是占據一個主體的位置，他們將自己作為話語或行為的主體；而女人則不輕易將自己擺在主體的位置上，她們將優先權留給了男人或世界。

—— 女人不常使用第一人稱代詞「我」，也很少在對話情境中將另外一個女人指為受格「她」。

—— 女人在言談中大多數情況下總是涉及「他者」，她們偏愛人際關係；而男人則偏愛與世界、與客體的關係。

—— 女人選用的名詞和動詞大多不太抽象，指向日常活動、描述時間和地點等，而男人的名詞和形容詞通常比較抽象，內涵著觀念和教條的世界。

言說行為的性差異或許不那麼重要，重要的是天然有別的性別身體應當享有其同等的主體性和客體性權利。但是，伊瑞葛來相信，只要女性的類屬、其單個性、其差別不能被如其本身地界劃出來，她們就可能仍然被拒於語言之外，就不會創造出其自己的身分。而對女人言語個性的揭示，將導向或者實質上就是對女性的公民權的要求。

第三章

美國後現代美學

概論

　　後現代主義乃當代西方最為重要的思想運動之一，是 20 世紀除馬克思主義之外影響最為廣泛的一種文化思潮和思維方式，就連晚近的馬克思主義思潮也深受它的影響，伊格頓、詹明信等都是後現代馬克思主義者。1985 年，在《走向後現代主義》的前言中，佛克馬（Douwe Fokkema, 1931-2011）和伯頓斯（Hans Bertens, 1945-）寫道：「後現代主義這個術語給文學史帶來不少困惑，甚至人們還未來得及確定其意義，它就已成了一個家喻戶曉的用語。」[154] 今天，後現代主義即便不算是明日黃花，也絕沒有二十年前那樣風光無限了。但在後現代主義幾乎塵埃落定的今天，要給它下個定義也絕非易事。我們看到，一部《後現代主義辭典》竟沒有給出「後現代主義」的定義。其實，不可定義性正是後現代主義的主旨之一，因為它反對的正是源自啟蒙思想的統一理性。後現代主義本質上是一種新的啟蒙觀念，否定關於真實世界的客觀知識，否定語言或文本所具有的單一意義，否定人類自我的統一，否定在理性探索與政治行為、字面意義與隱晦意義、科學與藝術及歷史與敘述之間的區別，甚至否定真理的可能性。[155]

　　「後現代」一詞最早出現在 1870 年代。1870 年前後，英國畫家約翰·瓦特金斯·查普曼（John Watkins Chapman, 1832-1903）曾用「後現代繪畫」來指稱那些據說是比法國印象主義繪畫還要現代和前衛的繪畫作品。[156]1917 年，德國哲學家魯道夫·潘偉茲在他的著作《歐洲文化的危機》中使用了「後現代」一詞來描述 20 世紀西方文化中的虛無主

---

[154] 佛克馬，伯頓斯編：《走向後現代主義》，王寧等譯，北京大學出版社 1991 年版，第 1 頁。
[155] 江怡編：《理性與啟蒙：後現代經典文選》，東方出版社 2004 年版，第 21 頁。
[156] Higgins Dick, *A Dialectic of Centuries*, New York: Printed Editions, 1978, p. 7.

義。[157]1934 年，西班牙文學評論家奧尼斯（Federico de Onis, 1885-1966）
在他編撰的《1881 － 1923 年西班牙、拉美詩選》中使用「後現代主義」
一詞來描述現代主義文學內部的「反動」。表示與現代時期決裂的「後現
代」概念則出現在第二次世界大戰以後，出現在 D. C. 薩默維爾（D. C.
Somervell, 1885-1965）為英國歷史學家阿諾德·湯恩比（Arnold Toynbee,
1889-1975）的《歷史研究》的前六卷所撰寫的一卷本的概論中。湯恩比
在《歷史研究》隨後的第八卷和第九卷中採納了這一概念。薩默維爾和
湯恩比用「後現代」時期這一概念來描述西方歷史從 1875 年以來的第四
個階段[158]，這是一個理性主義和啟蒙精神分崩離析的「動亂時代」（time
of troubles）。1950 年代，美國文化歷史學家伯納德·盧森堡（Bernard
Rosenberg, 1923-1996）在他的《大眾文化》中使用「後現代」一詞來描繪
大眾社會中一種新的生活狀況，這種後現代世界既充滿了希望，也到處都
是危險。[159]迄今為止最為詳細的關於後現代時期的觀點出自英國歷史學
家巴勒克拉夫（Geoffrey Barraclough, 1908-1984）所著的《當代歷史學導
論》（*An Introduction to Contemporary History*）。與強調歷史連續性的理
論家們不同，巴勒克拉夫指出，「我們應當予以重視的不是相似性，而是
差異性，不是連續因素，而是不連續因素。總之，當代歷史應當被看作是
一個具有其自身特點的、有別於以前階段的特殊時期，其差異程度絕不亞
於我們所說的『中世紀歷史』與現代歷史之間的差別」。他建議用「後現
代」一詞來描述這個繼現代歷史而來的時期。[160]1971 年，被視為後現代

---

[157] Wolfgang Welsch, *Unsere postmoderne Moderne*, Weinheim: VCH, 1988, S.12-13.
[158] 此前的三個階段分別是：黑暗時代（675-1075）、中世紀（1075-1475）和現代時期（1075-1875）。
　　　參見 D. C. Somervell, *A Study of History*, New York: Oxford University Press, 1947, p. 39.
[159] Rosenberg Bernard and White David, *Mass Culture*, Glencoe, IL: The Free Press, 1957, pp. 4-5.
[160] Barraclough Geoffrey, *An Introduction to Contemporary History*, Baltimore: Penguin, 1964, pp. 12-
　　　23.

主義代言人的哈桑（Ihab Hassan, 1925-2015）在《肢解奧菲斯：走向一種後現代文學》中首次使用「後現代主義」來統稱文學、哲學以及社會中的這種共同傾向。1970 年代後期，西方學術界出版的三本著作把後現代主義歸結為一種運動，它們是詹克斯的《後現代建築的語言》（1977）、李歐塔的《後現代狀況：關於知識的報告》（1979）、羅蒂的《哲學和自然之鏡》（1979）。在美國，透過羅蒂的影響，後現代主義超出了建築學和文學批評的範圍，開始引起美國哲學界的關注，就連宗教神學領域也受到了影響。泰勒 1984 年發表的《犯錯：一種後現代的神學》中就把後現代的標籤貼在了以往被視為神聖的領地。簡單來說，作為一種現實的思潮，後現代主義在 1960 年代開始在歐洲大陸 —— 主要是法國 —— 真正崛起，70 年代末 80 年代初開始成為整個西方世界的流行話語，80 年代末 90 年代初其影響開始傳到第三世界國家。

　　後現代主義的核心是後現代性。有學者指出，如米勒和德希達，後現代性是先於現代性而存在的，甚至可以追溯到尼采的戴奧尼索斯即酒神精神，是情緒的發洩，是拋棄傳統回到原始狀態的生命體驗。審美的現代性或感性的現代性是對無限崇尚理性、秩序、主體、進步等觀念的啟蒙現代性的平衡，現代性的矛盾性也主要展現在這裡。從這個意義上來說，後現代性也可以被視為審美現代性未竟的計畫。蘇珊·桑塔格（Susan Sontag, 1933-2004）認為後現代性是一種「新感性」，在她看來，不同於現代主義對深層、本質意義的推崇，後現代主義者堅信意義就在表層，根本不存在什麼深層意義；如果說現代主義藝術需要理解和解釋，後現代主義藝術則需要一種體驗，一種新感性。[161] 從這個理路上來看，後現代性也可被理解為與現代性同源對抗的一種狀態。如果說現代性的驅動來自對「未思」

---

[161] Susan Sontag, *Against Interpretation and Other Essays*, New York: Delta, 1966, pp. 19-23.

（the unthought）的思考（傅柯），後現代性的目標則不是將此未思之物變成完全可理解的和透明的。啟蒙理性主義堅持意義的透明，後現代思想家則拋棄了未思之物可以被透明把握的想法。後現代性與現代性的根本區別在於他們看待「未思」的態度。與現代性不同的是，後現代性接受「未思」的存在，並不認為我們必須把握「未思」之物方能理解世界。後現代性認為並不存在單一的「未思」之物，也不存在單一的思考「未思」之物的方法。不同的後現代思想家對「未思」的理解也不一樣，這就構成了不盡相同的後現代話語。美國學者哈桑以與現代主義相比較的方式羅列出「後現代」的 33 個特徵，比如「反形式」、「偶然性」、「無序」、「缺失」、「反敘述」、「精神分裂」、「反諷」、「不確定性」及「內在性」等。根據這些特點，他提出「後現代主義」的基本傾向是「不確定內在性」（indetermanence），其分開說就是「不確定性」（indeterminacy）和「內在性」（immanence）。所謂「不確定性」是指表現於整個西方社會政治、認識體系、情慾系統以及個人的精神和心理的話語領域中一種廢棄一切的普遍意志；「內在性」與「超越性」相對，表示「人具有用象徵符號進行歸納總結的思維能力，它能逐漸介入自然，透過它自己的抽象活動反作用於自身，而這一切又越來越直接地變成了它自身所處的環境」[162]。哈桑從文學進入後現代，他的影響主要在文學批評方面。李歐塔以其《後現代狀況 —— 關於知識的報告》將後現代主義推向整個西方知識界。李歐塔對後現代的界定是「對後設敘事的懷疑」、「對差異的敏感性」、和「對不可通約的承受力」。所謂「後設敘事」就是指那些使西方科學或知識得以合法化的基本哲學理念，即啟蒙運動以來所確定的那些理性主義法則，諸

---

[162] 伊·哈桑：《後現代主義概念初探》，盛寧譯，參見讓－弗朗索瓦·利奧塔等《後現代主義》，社會科學文獻出版社 1999 年版，第 123 － 125 頁。

如「精神辯證法」、「意義闡釋學」、「理性主體或勞動主體的解放」、「財富的成長」等。[163]詹明信主要從文化界定義後現代，認為後現代就是「晚期資本主義的文化邏輯」。在晚期資本主義階段，文化被納入了經濟的序列，因而必須遵從商品和資本的邏輯，必須是易於流通和消費的，這就造成了後現代文化的通俗化、平面化和無深度化。此外，還有傅柯的主體為話語所建構、德希達的符號意義的「延宕」、布希亞的符號的「增殖」和意義的「內爆」之說等。英國文化研究、後殖民主義、新歷史主義、後馬克思主義、後期接受美學等也都從各自的角度對後現代性進行了界定和運用。不過，在所有這些理論中，法國「後結構主義」對後現代的研究最為深入和具有原創性。

　　雖然很難給「後現代主義」下個定義，但說起後現代主義哲學，首先浮現於人們腦海的可能諸如主體的解構、宏大敘事的消失、能指的漂浮、深度模式的削平、對統一理性的懷疑、對二元對立模式的解構等，所有這些話語都似乎暗示著對笛卡兒以來的認識論的批判。一時間，後現代主義彷彿變成了反認識論的同義詞。其實，後現代主義所反對的只是認識論框架內主體的絕對支配地位，而不是認識論。我們認為，後現代主義哲學是一種新的認識論，一種似乎沒有主體或自我的認識論 —— 原先那個認識論哲學的主體或自我並不純粹，總是和歷史、文化，以及意識形態等因素混雜在一起，因而是有局限的、待解構的。同樣，後現代主義文學也並非單單是「拼貼」、「戲仿」和「後設敘事」等，它也有自己的建構、反思與深度，它的差異觀與多元主體觀，它的反西方中心論與多元文化思想直接影響並促成了女性主義文學、後殖民文學以及生態文學的興起。後現代浪

---

[163] 讓－弗朗索瓦·利奧塔：《後現代狀況 —— 關於知識的報告》，車槿山譯，生活·讀書·新知三聯書店 1997 年版，第 1 — 4 頁。

潮席捲之處，一切二元對立的套路，不論是歷史與敘述之間，東方與西方之間，還是男性與女性之間，自然與文化之間，進步與落後之間，它們的對立話語都一併遭到懷疑，崛起的不只是先前兩項對立中的弱勢族群，更是出現了許多「第三空間」的種種混合敘事。雖然後現代主義的主要思想如德希達的、傅柯的、李歐塔的等等，的確是以「解構」和「破壞」為主旨 —— 至少表面如此，但那只是後現代主義的一環，在「破壞」和「解構」的後現代主義之外還存在一種建設性的後現代主義。建設性的後現代主義崛起於 1980 年代，主要表現為建構性的後現代主義、有根據的後現代主義、生態後現代主義以及重構的後現代主義等。此外，後現代主義傳入第三世界國家後，又出現了所謂的「第三世界後現代主義」，比如拉丁美洲的「右派後現代主義」和「左派後現代主義」、印度的後現代主義、東南亞的後現代主義等。

　　建設性後現代主義主要發源於美國，其代表人物有羅蒂、霍伊（David Couzens Hoy）和格里芬（D. R. Griffin）等。羅蒂的「後哲學」在建設性後現代主義中影響最大。羅蒂的「後哲學」宣導對話和溝通，是一種「新解釋學」，即新實用主義。羅蒂用「協同性」（solidarity）概念取代了傳統形而上學的「客觀性」，他認為真理是獨立於或外在於社會和人類的客觀存在，而「協同性」則是指某社會團體中人們具有興趣、目標、準則等方面的一致性。「對話」是實現「協同性」的最好路徑，包括過去與當下的對話，讀者與文本的對話，讀者與讀者的對話等。對話不是封閉的、專制的，而是開放和平等的。因此，宣導開放和平等是建設性後現代主義的最大特徵。建設性後現代主義主張傾聽他人、學習他人、寬容他人。這使得它成為女性主義和後殖民主義的重要理論基礎。平等和對話還意味著多元的思維風格，按照德勒茲的說法，「多元論的觀念 —— 事物有

許多意義，且有許多事物，一事物可以被看成各種各樣 —— 是哲學的最大成就」。在德希達而言，這就意味著「雙重寫作」和「雙重閱讀」，看似統一的文本其實充滿了不一致和混亂。以格里芬為代表的建設性後現代主義的理論基礎是懷海德（Alfred North Whitehead, 1861-1947）的有機體哲學。與現代性視個人與他人、他物的關係為外在的、偶然的和派生的不同，它強調內在關係，強調個人與他人、他物的關係是內在的、本質的和構成性的。同時，建設性後現代主義信奉有機論，強調對世界的關愛，把世界視為家園，這與現代性所認為的人與自然的對立完全不同。在此基礎上，建設性後現代主義主張恢復生活的意義並使人們回到團體之中。他們宣導一種「綠色運動」，主張用綠色運動的精神來「綠化我們的政治，我們的精神以及我們的文化」。建設性後現代主義有著很強的現實關懷，主張建設以共同體為基礎的經濟和生態區域主義，注重運用區域的生態、文化和經濟特點來培育適宜的有生活意義的運動。

後現代主義在美國的另一個重要果實是耶魯學派。可以說，該學派是德希達的後現代解構主義思想在美國文學批評的衍生形式。德希達 1966年在美國約翰·霍普金斯大學的著名演講《結構、符號和遊戲》構成了耶魯學派文學評論的基本綱領。耶魯學派將文學創作和評論的主要任務視為對作品文本的「解構」，其批評理論和實踐大大推動了解構主義美學的發展，在美國和世界上影響巨大，主要代表人物有保羅·德曼、希利斯·米勒，哈羅德·布魯姆和傑佛瑞·哈特曼。

保羅·德曼所提出的修辭學閱讀理論是與新批評完全對立的文本觀，他提出文本的意義是不確定的，文本與閱讀是不可分割的。保羅·德曼透過文本語言符號和意義的不一致性指出閱讀的可能性並非理所當然的。事實上，保羅·德曼正是將文學批評的任務視為「將文本的『不可閱讀性』

（unreadability）揭示出來」[164]。這種「不可閱讀性」也為米勒所反覆強調：「任何一個優秀的讀者，在閱讀過程中絕不會使自己成為閱讀文本的奴隸，絕不能滿足於文本原有作者對於文本的意義和形式的理解和詮釋，而是有意地發現原作者所沒有、也不能發現和理解的那些新東西，這也就是『文本的不可閱讀性』。」[165] 保羅·德曼認為語言的修辭性是語言的根本特徵，否認與其指稱意義之間的一致：「文本詮釋的語義學並不存在任何一點認識論的一貫性原則，因而也不可能是科學的。」[166] 語言自身存在著語法和修辭之間的張力，而批評家只有經過對文學、歷史等文本的盲視逐漸產生最深刻的洞察力，最後才能獲得對文本的洞見，得到「不可閱讀」之外的發現。德曼還把他的解構理論推廣到非文學文本中，認為即使是以嚴密理論為基礎的、科學性強的哲學、政治、法律等文本，也會因語言的修辭性而具有矛盾性、虛構性和欺騙性，從而具有自我解構的因素而最終導致不可閱讀。德曼繼承了尼采的傳統，主張透過文學的修辭和文風，透過滲透到語詞和語句委婉表達形式中的作者個性，去對抗傳統形而上學和傳統邏輯中心主義所主張的基本原則，使文學作品成為反形而上學和反邏輯中心主義的重要場所。

　　哈羅德·布魯姆（Harold Bloom, 1930-2019）最為重要的理論貢獻之一是「誤讀」理論。「誤讀」理論最初是在《影響的焦慮》一書中提出來的，布魯姆在此書中將佛洛伊德的弒父情結、尼采的強力意志和保羅·德曼的文本誤讀理論融合在一起，提出詩歌的影響總是透過對較前一位詩人的誤讀而發生的。布魯姆不僅把影響歸結為誤讀，而且把一部文學影響史歸結

[164]　Paul de Man, *The Resistance to Theory*, Minneapolis: University of Minnesota Press, 1986, pp. 14-15.

[165]　J. H. Miller, *The Ethics of Reading*, New York: Columbia University Press, 1987, p. 33.

[166]　Paul de Man, *Blindness and Insight*, New York: Oxford University Press, 1971, p. 109.

為對前輩誤讀、誤解和修正的歷史。在《誤讀圖示》中，布魯姆進一步完善與發展了他的「誤讀」理論，提出閱讀總是一種「延遲」行為，因而實際上閱讀幾乎是不可能的。他還重申了「影響即誤讀」的觀點：「影響不是指較早的詩人到較晚近的詩人的想像和思想的傳遞承續，影響意味著壓根兒不存在文本，而只存在文本之間的關係，這些關係則取決於一種批評行為，即取決於誤讀或誤解——一位詩人對另一位詩人所作的批評、誤讀和誤解。」布魯姆強調了「影響」過程中誤讀、批評、修正、重寫的一面，即創造、更新的一面，打破了影響即模仿、繼承、接受和吸收的傳統理論格局。但其理論也有片面性，一是忽視了影響關係的另一方面——繼承，二是把「誤讀」絕對化，導致了某種相對主義傾向，取消了影響關係中的客觀與價值標準。

希利斯·米勒（J. Hillis Miller, 1928-2021）公開提出要摒棄批評和闡釋所預設的邏各斯中心主義，認為語言基本上是關於其他語言或其他文本的語言，而不是關於文本之外的現實的存在，因此，文本的意義永遠是多義的或不確定的。米勒把對於文本的「解構」批評視為讀者和批評家的道德責任，並把破壞文本或對於文本的錯誤理解當作再創造的出發點。[167]米勒認為，閱讀文本時，文本結構所包含的意義既不僅限於原作者所已經表達出來的範圍，也不僅限於借助邏輯概念結構所精確表達的意義系統，而是要在原有意義結構後面尋求不確定的象徵性內容，並使其內涵不斷遠離原來的結構，在變化多端和無固定原則的象徵遊戲中繼續擴大；同時，批評家還要有意地破壞原有的邏輯結構和表達形式，摧毀其精確表達出的意義和形式，或者，在原有意義形式結構中尋找不精確和不確定的縫隙，然後順次擴大其裂痕，有意地製造模糊和不精確的形式，在含糊性和不確

---

[167] J. H. Miller, *The Ethics of Reading*, New York: Columbia University Press, 1987, p. 33.

定性中徹底打破邏輯概念和傳統語言的基本原則，擴大文學藝術的非概念性、非語言性和非邏輯性。米勒還提出了「重複」理論，認為許多文學作品的豐富意義恰恰來自常被閱讀忽略的多種重複的組合，即各種重複現象及其複雜的活動方式，這些重複正是通向作品內核的祕密通道。

傑佛瑞‧哈特曼（Geoffrey Hartman, 1929-2016）認為語言並非確定不變，而是多義的、複雜的，所有的語言都必定是隱喻式的，而其對隱喻的依賴導致了語言的虛構。進而，哈特曼提出文學文本的意義也是不確定的。文本的意義只能透過各式各樣的參照系來把握，而且又與別的意義相互交叉、相互滲透和相互轉換。哈特曼認為應該把文學批評也視為文學文本來對待，認為文學批評屬於文本世界，與文學文本並無本質的差別。哈特曼還主張文學批評與哲學批評的結合，認為兩者本質上是一樣的。

耶魯學派於 1980 年代後期逐漸解體，但其「解構」性的文本閱讀方法至今仍影響著我們的批評和閱讀。後現代主義即使在鼎盛時期也並非沒有受到挑戰。1976 年，貝爾在《資本主義的文化矛盾》中明確把後現代主義視為對傳統的回歸，認為其中並沒有完全新穎的東西。同樣，哈伯馬斯在《現代性 —— 一項未竟的事業》中也把後現代主義者視為「新保守主義者」，因為他們對理性的否定並無新意，關鍵是要在科學、道德及藝術領域推動「沒有限制的相互作用」，即「交往理性」。哈伯馬斯還把德希達對形而上學和語言哲學的批判視為是在與「猶太神祕主義」和「非理性主義」調情，指責他硬把哲學納入文學，使哲學喪失了自主性，以至於最終解體在修辭學和文學之中。[168]

---

[168] Jürgen Habermas, *Lectures on the Philosophical Discourse of Modernity*, Cambridge & MA: MIT Press, 1987, p. 181.

第一節　保羅‧德曼

　　1970 至 1980 年代，美國文學批評界曾經有過一場聲勢浩大的解構主義運動。這場運動的始作俑者是法國哲學家德希達，為它推波助瀾的是一批美國批評家，其中，保羅‧德曼（Paul de Man, 1919-1983）的聲音最洪亮、堅定，也最引人注目。正是在他的努力推動下，解構的思想逐漸滲入美國高校，並廣為傳播。以顛覆既定思維模式為宗旨的學說，竟成為風靡一時的顯學，甚至一度佔領了高校的話語主導權，這個很有意思的現象，反映了解構 —— 尤其是美國化的解構 —— 與制度之間既抵制又依賴的複雜關係。認識到這一點，對我們理解解構不無裨益。

　　保羅‧德曼（Paul de Man, 1919-1983），原籍比利時，第二次世界大戰後移居美國。1960 年獲得哈佛博士學位，畢業後曾執教於康乃爾、蘇黎世和約翰‧霍普金斯等大學，1970 年進入耶魯大學，直至逝世。對於美國文學批評，德曼的貢獻主要表現在兩個方面：一是他參與並領導了美國的解構主義運動；二是他以自己較為獨特的批評旨趣，在新潮的歐陸理論（包括現象學、結構主義和德希達的解構學說）與傳統的英美新批評之間架起了溝通的橋梁，為美國文學批評的發展探索出了一條新的道路。事實上，至今在美國方興未艾的理論熱潮是始於以保羅‧德曼為代表的一代批評家。他們的出現，不僅打破了當時日益僵化的批評模式，也在某種程度上為後來的新歷史主義、女性主義批評和後殖民批評提供了理論支援。

　　德曼生前僅發表兩本著作，即《盲點與洞見 —— 論當代批評之修辭》（1971）和《閱讀的寓言》（1979），其他著述均在身後出版，包括《浪漫主義修辭》（1984）、《抵制理論》（1986）、《批評文集》（1989）、《浪漫主義與當代批評》（1993）以及《美學意識形態》（1996）。這些文集收

入了德曼從 1950 年代步入學術殿堂到 1983 年辭別人世各個時期的文章，幾乎沒有體系化的論述，多為「零敲碎打」的解讀。作者無意構築宏大的理論體系，卻並非沒有一以貫之的關懷。其實，這些著作的標題不僅揭示了他一生關懷的重要問題，同時也暗示了其思想變化的軌跡。概言之，德曼的關注點主要有兩個：閱讀與修辭；其變化則展現了三個階段：盲點與洞見、寓言化的閱讀、美學意識形態批判。

一、閱讀與修辭

德曼的閱讀，跟我們通常理解的閱讀，從方法和目的來看，都是背道而馳的。我們理解的閱讀，是具體的理解與闡釋行為，即在各種可能的意義之間進行選擇，得到連貫、清晰、自圓其說的解釋。德曼的閱讀卻反其道而行之，關注的是文本內抵制闡釋的各種因素，尤其是修辭引起的含混、矛盾、不連貫、省略、中斷等現象。解構批評家認為，這些往往是在常規的閱讀中，為了合理的解釋起見，被忽略不計或刻意刪除的東西。這樣做的目的是什麼呢？據說是要透過揭示文本內部矛盾，暴露形而上學概念或意識形態機制的整體化幻象。我們常說，解構的策略是「以彼之矛攻彼之盾」，它不擺出自己的論點，逐一分析，也不樹立一個個靶子，依次批駁，而是潛入對象文本，順著它的邏輯往下走，不知不覺走入一個迷陣（aporia），一個死胡同，陷入自相矛盾或進退兩難的困境，從而達到解構的目的。既然依據對方的邏輯走入了絕境，那麼它宣傳的理念或概念也就不攻自破了。解構的任務，用德曼自己的話說，是不斷地「在鐵板一塊的整體性中揭示隱祕的表述和殘破的意象」[169]。透過種種非連續的、不確定的、甚至自相牴觸的現象，他希望說明，整體性與其說是客觀存在的

---

[169] Paul de Man, *Allegories of Reading*, New Haven & London: Yale University Press, 1979, p. 249.

事實，不如說是主體自身的意願。如果我們看不到這點，把這種完整性當作一勞永逸、永恆有效的客觀真理，就人為地封閉了本來可以敞開的理解結構。

談到閱讀與修辭，我們不難發現，這也是新批評的關鍵字。敏銳的閱讀能力和細緻的文本分析，是新批評的看家本領。而細讀的一個重要發現，就是修辭的魅力，以及由修辭產生的妙不可言的意義的變化。因此，張力、含混、歧義、悖論、反諷等術語，成為他們深入詩歌文本，獲取微言大義的手段。那麼，德曼的閱讀和修辭，與新批評究竟有什麼不同呢？根本的區別在於，兩種方法的目標和理念，從一開始就是截然相反的。

新批評家的目標是要建立客觀、理性、科學的批評方法。當修辭引起內在張力或意義衝突的時候，他們確信詞語或句子的意義能夠在文本的具體語境裡得到合情合理的解釋。另外，無論怎樣挖掘文本的歧義與矛盾，最終還是要用一個主題 —— 可能是宗教的，也可能是道德的，或形而上學的 —— 來消除歧義，解決矛盾。唯一的例外，大概只有燕卜蓀，因為在所有的新批評家中也只有他受到德曼的青睞。新批評這樣做，基於一個由來已久的信念：文本本身是一個有機統一的整體。德曼質疑的恰恰是這樣一個有機統一的文本觀念。文本果真是和諧統一的有機整體嗎？一切複義、歧義、悖論、反諷真的可以依據語境得到確定的解釋嗎？其實，新批評家在這個問題上也是猶疑不定的。比如，布魯克斯在回答《劫髮記》中的蓓林達究竟是一位女神，還是毫無頭腦的小女孩時，承認無論選擇哪種意義，都要「做一些精心安排的設定」[170]。也就是說，在符合語法的前提下，詞語可能存在的多重意義，並不一定為統一的主題所相容。通常的情況是，所謂統一的主題，是作為讀者的我們為了自圓其說或

---

[170] 趙毅衡編選：《新批評文集》，中國社會科學出版社 1988 年版，第 192 頁。

合乎邏輯，著意選擇其中一個意義，排除另一些可能的意義，從而獲得的完整性。這種完整性不是文本本身的特點，而是我們解釋所具有的特徵。德曼抓住了這一點，做起了他的文章。在他看來，新批評割斷了文本形式與主體意向的關係，把文本比作自然界的植物，以簡單的類比方式推斷出文本像植物那樣，是一個自足的有機統一體。實際上，文本的形式是與閱讀過程中的理解行為或者說意向性結構密切相關的，它是「預示性的先行知識（foreknowledge）與闡釋過程中趨向完整的意向之間辯證互動的結果」[171]。因此，問題的癥結在於批評家們「進入的是一種闡釋循環，卻誤把它當成自然生態過程中的有機循環」[172]。也就是說，文本的有機統一形式並非基於文本與自然生物的類似，亦非源於文本本身具有的整體性，而是由兩個因素相互作用的結果：第一，讀者各自不同的潛在的知識結構；第二，闡釋行為必須獲得一定完整性的要求。

闡釋循環的概念來自海德格。根據這位後設哲學家，理解只能以某種給定的先行知識結構為依憑，他稱之為「先有」、「先見」和「先把握」。在他的啟發下，德曼指出：「我們只能理解那些在某種意義上已經給予我們並且已經為我們知曉的東西。」[173] 先行知識結構也就是伽達默爾稱之為「偏見」的那種東西。由於接受不同的教育，身處不同的社會和文化環境，每個人據以理解的先結構也就有著不同程度的差異。所以對於同一個文本或現象，會有形色各異的理解方式。那麼，闡釋為什麼會產生循環呢？因為闡釋是為了加深理解，而闡釋本身又依賴於對人和世界的一般理解，而且不得不從已經理解的東西那裡汲取養料。換言之，要去清楚地表達一種解釋，我們總是已經有了某種模糊的理解。在這個意義上，闡釋會

---

[171] Paul de Man, *Blindness and Insight*, Minneapolis: University of Minnesota Press, 1983, p. 31.

[172] Paul de Man, *Resistance to Theory*, Minneapolis: University of Minnesota Press, 1986, p. 29.

[173] Paul de Man, *The Rhetoric of Romanticism*, New York: Columbia University Press, 1984, pp. 29-30.

循環。但這種循環不是惡性循環，我們並非繞來繞去毫無變化，而是在理解的過程中變得更開放。

先結構雖是理解的背景和先決條件，卻並非是靜止的或完整的。每一次解釋既借助先結構來完成，同時又是從事物本身出發，對先結構進行清理和修正。在這個意義上，解釋具有一定的完整性。需要注意的是，這裡的完整性不是一勞永逸的、封閉的。因為解釋總是「此在」（Dasein）在特定的時間和歷史環境中的解釋，每一次解釋的結果被納入先結構，然後開始新的解釋，所以理解作為一個動態的過程，既是開放性的，又是歷史性的。為此，海德格區分了理解（understanding）與解釋（interpretation）：理解並非傳統認識論界定的「對於特定事實的判斷」，而是「此在」存在的基本方式，是「此在」對於各種可能性的意識；解釋則負責將投射於理解之中的可能性整理出來。因此，每一次解釋活動可以尋求一定程度的完整性，但理解作為「此在」的生存結構，卻始終處於時間性和歷史性之中。

「歷史性」的概念一旦被德曼接受，也就作為一種「先見」，成為他尋求批評方法的出發點。時間因素由此進入了德曼的閱讀行為。這是解構的創見所在，也是它為人詬病的根源。「歷史性」概念究竟如何被德曼運用於批評，當我們的分析進入到「寓言化的閱讀」時會有更清楚的認識，不妨先來看看對歷史性概念的誤用，為德曼帶來了怎樣的隱患。我們注意到，在海德格那裡，理解作為動態的結構，是由一次又一次具體的解釋行為構成的，前者的開放性恰恰是基於後者的完整性。這樣，闡釋才能進入良性的循環，才能作為一種根本的存在方式，為「此在」認知和體悟世界開啟無限豐富的空間。換言之，我們的理解既有歷時的更替、變化與充實，又有共時的整合、統一與綜合。這是一個問題的兩個方面，彼此並不

矛盾。德曼卻把這兩個方面看成了對立面，努力強調和突顯理解的歷史性[174]，卻忽略了一個顯然的事實：選擇意義，獲得完整的解釋是打開理解的歷史性結構的必要前提。由於這個緣故，他的閱讀最終走到了非理性的極致，沉溺於「無可決定」（undecidable）的泥潭，甚至認為閱讀的目的，僅僅在於指出文本的「不可讀性」（unreadability）。

　　除了「歷史性」概念，德曼在某種程度上也誤用了海德格的「先見」概念。「先見」本來是指主體在進行闡釋之前，先行擁有的知識結構或背景，尤其是解釋者所置身的文化習俗與思維傳統。當德曼將矛頭對準新批評，指責他們誤把闡釋循環當作有機循環時，他並沒有脫離「先見」的本義。可是，當他進一步闡發自己的批評原則時，「先結構」（又稱「先知識」，即 foreknowledge）突然變成了文本。[175] 這一先結構不僅是「先在的」，而且是「完滿的」，在時間上「先於試圖追上它的清晰的解釋性說明」[176]。

　　先有、先見、先把握本來是「此在」在理解中所具有的三重先結構，德曼把它偷換成文學文本，這樣一來，本來是理解面臨的各種可能性成為文本無限豐富的可能性。以德曼為首的解構批評家認為，新批評的細讀策略雖然發現了修辭，卻沒有順理成章地從「反諷」、「悖論」、「多義性」等概念中引導出開放的文本，反而訴諸宗教或形而上學的概念，期望在更高的層次上實現統一，最終使文本變成了封閉的循環。下了這樣一個論斷

---

[174]「理解只有當它意識到自身的時間困境，並且認識到整體化只能在時間本身的範圍內產生時，它才能被稱為完整的。理解的行為是時間性的行為，它有自己的歷史，然而這一歷史永遠在逃避整體化的傾向。」（Paul de Man, *Blindness and Insight*, Minneapolis: University of Minnesota Press, 1983, p. 32）

[175]「對於一詩歌文本的闡釋者而言，這一先知識即文本本身。他一旦理解了文本，晦暗不明的知識便會逐漸明朗，徹底呈現出原本就在那裡的一切。」（Paul de Man, *Blindness and Insight*, Minneapolis: University of Minnesota Press, 1983, p. 30）

[176] Paul de Man, *Blindness and Insight,* Minneapolis: University of Minnesota Press, 1983, pp. 30-31.

後，解構的目標就很明確了：「如果要超越新批評，就必須卸下封閉的鎖鏈，打造開放的文本。」[177] 然而，解構真正超越了新批評嗎？我們對此表示懷疑：即使德曼的斷定正確，新批評的癥結確實在於將闡釋循環當作文本的有機循環，但當他自己將開放的理解結構偷換成開放的意義結構時，同樣陷入了形式主義的陷阱。兩種批評模式的關鍵字都是「文本」，不同的是，一個在多義中保存統一，一個在矛盾中解構統一。

從理解結構的開放性到文本的開放性，這是非常關鍵的一步。它使德曼從此將批評的重心從現象學的主體之維轉向解構的文本之維，從動態的理解過程轉向不斷「延宕」的意指過程（signification）。在他看來，文本，尤其是文學文本，本來有多重的、甚至相互矛盾的意義，我們為了達到自己的解釋目的，人為地摒棄文本各種豐富的可能性。所以，德曼的一個目標是要努力還原文本本來的複雜面貌，進而揭露各種意識形態的整體化機制。

開放的文本與修辭有著密切的關係。同樣重視修辭，新批評與解構有何異同呢？這關鍵要看他們如何理解「修辭」，更精確地講，就是如何理解「修辭」與「語法」的關係。面對修辭，新批評家秉承的是一種理性的態度。他們認為，文本有統一的主題和連貫的語境，修辭並不影響理解的過程，多數情況下可以依據語境和主題加以澄清。譬如，瑞恰慈（Ivor Richards, 1893-1979）提出了「語境」理論，要求從整體的語言單位（語句、段落、篇章甚至不在場的詞語[178]）理解單個詞語的意義。他始終強調，單個的詞語是沒有意義的，或者說沒有固定的意義，只有把它放入一個整體的語言環境中，與其他詞語相互作用，它的意義才會呈現出來。

---

[177] Geoffrey Hartman, *"Looking back on Paul de Man"*, in: Reading de Man Reading, University of Minnesota Press, 1989, pp. 5-7.

[178] 瑞恰茲稱之為 "unuttered words"，參見 I. A. Richards, *The Philosophy of Rhetoric*, New York & London: Oxford University Press, 1936, pp. 63-70.

隨著語境的變化，詞語意義也會發生變化，由此便會產生詞語的多義和意義的含混現象。瑞恰慈宣導的新修辭學把這種現象視為「語言能力的必然結果」，而不是像舊的修辭學那樣，把多義和含混看作「語言中的一個錯誤，希望限制和消除這種現象」。[179] 這種觀點直接影響了他的弟子燕卜蓀，而燕卜蓀正是德曼非常推崇的一位批評家。在《含混的七種類型》中，燕卜蓀分析了文學（主要是詩歌）的七種含混現象，除第一種和第七種外，其他都能透過情境或上下文的語境得到合理的解釋。第一種和第七種雖然都強調意義的不可確定，但又有所不同。第一種是著重意義的多重性和語境的包容性，第七種則是兩種相互衝突的意義比肩而立。德曼恰恰看中了第七種，並且透過它將意義的不確定（indeterminacy）演繹為意義的無可決定（undecidability）。

從意義的含混（ambiguity）到不確定（indeterminacy），再到無可決定（undecidability），暗示了什麼呢？「含混」是一種歧義現象，或者說文本具有的客觀存在的多義性；「不確定性」關係到詮釋的問題，它並非強調文本的多義性，而是強調選擇的困難；「無可決定性」則更進一步，選擇常常是困難的，有時甚至是不可能的。這樣，德曼悄悄地把語義學的歧義問題轉換成了倫理學的困境。

這個轉換的前提，在於德曼對語法和修辭關係的特殊理解。瑞恰慈沒有討論語法與修辭的關係，但是從語境理論可以推知，在他那裡，修辭與語法是相互配合的。修辭不能違反語法，當字面義無法解釋語句的時候，就必須去尋找另外的含義，找到的新的意義也必須符合語法。因此，修辭與其說引起了衝突，不如說消除了衝突。燕卜蓀討論的含混現象絕大部分可以透過語境得到澄清，也有力證明了這一點。

---

[179] *The Philosophy of Rhetoric*, New York & London: Oxford University Press, 1936, p. 40.

德曼則希望證明，修辭是一股潛在的顛覆力量，是引起衝突，而不是消除衝突的關鍵因素。應該怎樣看待修辭與語法呢？他在《符號學與修辭學》中寫道：「徑直斷定語言的聯想關係（paradigmatic）是修辭性的而不是表徵性的，不是表達某種指涉關係……這象徵著對已確立的先後秩序的徹底顛覆，因為傳統的做法是從外在於語言的指稱對象或意義而非內在於語言的修辭資源中尋找語言的權威。」[180] 當聯想關係被當作一種修辭關係時，德曼的意圖很明顯，他希望將文法與修辭當作語言結構的兩個維度，就像索緒爾的句段和聯想關係。根據索緒爾的理論，語言各要素間的關係和差別是在兩個軸上展開的：一個是水準的橫軸，由兩個或多個連續的單位組成，以相鄰性為特徵，比如「If it's sunny tomorrow, we'll have an outing」，每個要素根據其前後的要素取得自己的價值；另一個是垂直的縱軸，以相似性為特徵，指能夠互相替換的成分之間的對立，比如「outing」從詞義的相似性，我們可以想到「jaunt」、「expedition」、「journey」、「trip」、「excursion」、「voyage」等。在這根軸上，不僅有一詞多義的問題，有同義詞的相互替換，還有由於詞形相似、語音相近帶來的豐富的聯想。詩歌因簡約、凝鍊、濃縮的語言特徵，其聯想關係尤其複雜。這可以在某種程度上解釋，為什麼新批評和解構批評多以詩歌為評論的對象。

重視聯想軸，是解構主義的一個重要的閱讀策略，運用得巧妙，能發常人之未見，獲得新穎獨到的理解。德曼的〈面目全非的雪萊〉、米勒的〈作為寄主的批評家〉和哈特曼針對華茲華斯的評論，堪稱解構批評的典範。值得注意的是，這種解讀並非沒有風險。索緒爾指出，句段關係是「在現場的，它以兩個或幾個在現實的系列中出現的要素為基礎」，相

---

[180] Paul de Man, *Allegories of Reading*, New Haven & London: Yale University Press, 1979, p. 106.

反，聯想關係卻是不在場的，它是一個「潛在的記憶系列」，「聯想集合裡的各個要素既沒有一定的數目，又沒有確定的順序」。這就意味著，聯想軸由於具有無序性、不確定性和任意性等特點，對它的過度、無節制的運用很可能造成不必要的混亂與違背常理的解釋。基於這一點，艾可在〈詮釋與過度詮釋〉一文中對解構提出了深中肯綮的批評意見。他指出，解構的某些批評實踐已經超出了詮釋的界限，走向了過度詮釋。

　　另一個值得考慮的問題是，修辭關係與聯想關係是否可以畫上等號？限於篇幅，我們不作探討，但這裡肯定是有疑問的。修辭之於德曼的重要性，不僅在於聯想軸可能打開的閱讀空間，而且展現於修辭與語法相互制約的張力關係。德曼堅持認為，修辭產生的某些衝突，不僅無法透過語法得到解決，還可能對語法和邏輯構成威脅。他舉了一個例子：阿奇・班克的妻子問他想把球鞋的鞋帶繫在上面還是繫在下面，丈夫回答：「What's the difference?（這有什麼區別？）」妻子於是解釋兩種繫法怎樣不同，結果弄得丈夫非常惱火。「What's the difference?」既可以是「沒什麼區別，都一樣」，也可以是「有什麼差別？」德曼想用這個例子說明，「一個完全清晰的句法範式」，可能「產生至少有兩個含義的語句」[181]。這種歧義是修辭造成的。德曼認為，問題不在於歧義的出現，而在於意義的無可決定（undecidability of meaning）：兩種意義完全合乎語法和邏輯，我們卻陷入無從選擇的困境。這就是詭譎莫測、無可捉摸、無從把握的修辭，它使我們無法確定，一個語法結構表達的究竟是字面義還是比喻義。德曼寫道：「語法模式轉化為修辭模式的那一刻，並非我們一方面擁有字面義，另一方面擁有比喻義，而是不可能以語法或其他語言學手段來斷定兩種意義（可能是完全矛盾的）究竟哪一種占據了主導地位。修辭從根本上懸置了

---

[181] Paul de Man, *Allegories of Reading*, New Haven & London: Yale University Press, 1979, p. 10.

邏輯，展示出指涉發生畸變的令人暈眩的可能性。」[182] 因此在德曼看來，丈夫所表現的惱怒，與其說暗示了煩躁不安的情緒，不如說暗示了一種絕望的情緒 —— 因為無法控制語言的意義而感到絕望。

可是，我們從這個故事看到的不是意義的無可決定，因為班克和他的妻子都做出了選擇和判斷，只不過他們的選擇不一致。事實上，修辭並沒有像德曼所說的那樣「懸置邏輯」，也沒有對文法構成任何威脅。兩個意義都是符合文法和邏輯的，這之間不存在孰優孰劣的問題，只存在根據語境選擇哪一個更合適的問題。其實，丈夫的惱火不是因為語言學困境帶來的，而是因為覺得妻子笨拙、古板或不通人意。妻子則很可能因丈夫的無名之火而感到委屈。換言之，他們的衝突不是語言學困境造成的必然衝突，而是沒有相互理解造成的偶然衝突。德曼之所以認定這裡有無法解決的困境，一個重要的原因在於，他完全忽略了語言外的一切因素，包括語言的使用者、指稱對象和歷史語境，只關注「內在於語言的修辭資源」。所以說，他的閱讀一方面打開了文本，另一方面也封閉了文本。很多困境、迷陣或死胡同，往往因此而來。這是我們在閱讀解構批評家時尤其需要注意的。

當然，德曼關注「內在於語言的修辭資源」並非毫無所獲。他在 1971 年的《盲點與洞見 —— 論當代批評之修辭》和 1979 年的《閱讀的寓言》中所提出的兩種閱讀模式，就是和修辭密切相關的。

二、盲點與洞見

1971 年，年逾知命的德曼出版了第一本專著：《盲點與洞見 —— 論當代批評之修辭》。這部著作是關於批評的批評，即後設批評（meta criticism）。在仔細閱讀了一批文學批評家和哲學家（包括盧卡奇、賓斯萬

---

[182] Paul de Man, *Allegories of Reading*, New Haven & London: Yale University Press, 1979, p. 10.

格、普萊、布朗肖、德希達）的作品後，德曼發現了兩個奇怪而有趣的現象。首先，在這些人的著作中，一種觀點總是與另一種針鋒相對的觀點相伴而行。用德曼的話來說，批評家「就文學性質得出的結論，與詮釋的實際結果出現了悖論性的反差」[183]。其次，他們的論述雖不乏精闢的見解，但問題在於這些見識或者稱之為「洞見」的東西，往往不是批評家著意的內容，甚至與批評家強調的主旨背道而馳。正因為如此，批評家對於自己文本所暗含的洞見和矛盾視而不見；反過來，他孜孜以求的東西倒是充滿了悖謬與疑惑。因此，「blindness」在這裡具有雙重含義：其一，指文本出現的與「洞見」相對立的觀點；其二，指作者意識不到文本的矛盾，看不到自身的洞見。

饒有意味的是，在德曼那裡，盲點與洞見不是單純對立的，而是處於一種相生相剋的關係中。「相剋」不難理解，即對立和矛盾的關係。何謂「相生」呢？下面這段話給我們提供了線索：「奇妙的是，所有的批評家似乎注定要說一些不同於他們想說的內容的話……似乎只有批評家陷入某種特定的盲點之中，洞見才能被獲得；批評家的語言之所以能夠摸索到某種程度的洞見，僅僅是因為他們對這一洞見的感知始終不太著意。洞見只是對處於優勢地位、能以其本來面目視盲點為一種現象的讀者，對能夠清楚地區分陳述（statement）和意義（meaning）的讀者才存在。」[184] 也就是說，只有當批評家陷入盲目的困境時，他的語言才能捕捉到某種洞見，好像只有失明的人才能無所畏懼地直視太陽的光芒。批評家不但「意識不到矛盾的存在，反而因此獲得生機，甚至最精彩的洞見也得益於與之牴觸的觀點」[185]。讀者雖然耳清目明，卻並不創造洞見 —— 洞見不是讀者的智

---

[183] Paul de Man, *Blindness and Insight*, Minneapolis: University of Minnesota Press, 1983, p. ix.

[184] Paul de Man, *Blindness and Insight*, Minneapolis: University of Minnesota Press, 1983, pp. 105-106.

[185] Paul de Man, *Blindness and Insight*, Minneapolis: University of Minnesota Press, 1983, p. ix.

慧，而是已為批評家的語言捕捉到，卻不為批評家所著意的真知灼見。讀者彷彿是躲在陰影裡的看客，既能看到真理的光芒熠熠生輝，又不會被它灼傷。

闡述批評文本中「盲點」與「洞見」的張力關係，成為德曼前期批評的一道撒手鐧。在他的筆下，每一位批評家都陷入了這個奇怪循環：比如盧卡奇一方面把小說界定為一種反諷模式，以非連續性和不確定性為特徵；另一方面又用有機的歷史觀來解釋小說。新批評一邊搜尋文本深處的反諷、悖論和含混，一邊又抱守有機統一的文本觀。普萊主張批評是一種主體間的行為，批評家放棄自我，以便接受作家的自我；同時他又暗示，批評行為與其說是主體間的替換，不如說是自我內部的分裂，是現時自我對先前自我的超越。賓斯萬格受海德格哲學思想的影響，要求區分經驗自我與美學自我，可他最終的目的是希望透過藝術來治療經驗的自我。布朗肖的批評努力消除自我的維度，但他的論述總要依賴於源於自我的隱喻。

在這些論述中，德曼總是看到兩個矛盾的觀點，他把一個稱為「盲點」，另一個稱為「洞見」。前者是作者想說的內容（what author intends to say），後者據說是文本實際所說的內容（what text actually says）。這裡的奧妙在於，「盲點」在於文本之內，「洞見」也在於文本之內。「以彼之矛，攻彼之盾」就展現在這裡。「盲點」是批評家明確表述或立意鮮明的觀點；「洞見」則是潛伏於文本之內，與這些觀點相左的意見。前者與後者的區別，應當是德曼所謂「statement」與「meaning」的區別。前者是「明白無誤、確鑿無疑」的字面義，後者是「不連貫的、異化的、呈碎片狀的」含義，它「如此隱晦，包裹於謬誤和騙局中，以至於無法透過鮮明的主題得到表達」[186]。因此，肩負解構任務的讀者，應當穿透字面義，尋找隱晦

---

[186]　Paul de Man, *Blindness and Insight*, Minneapolis: University of Minnesota Press, 1983, p. 104.

的弦外之音，揭示它們之間的矛盾關係，並昭示文本中祕而不宣的洞見。這樣一種解構策略在德希達那裡有類似的表述。他在《論文字學》中寫道：「作者以某種語言和某種邏輯寫作，他的話語本質上無法完全支配這種邏輯的體系、規律和生命。他在使用它們時只是在某種程度上勉強受這種體系的支配。閱讀始終必須關注在作者使用的語言模式中他能夠支配的東西和他不能支配的東西之間的關係。」[187] 也就是說，文本始終有兩個聲音，一個是由作者支配的、明顯表現出來的意圖，另一個是與這種意圖相左的、不受作者支配的、隱含於文本的聲音。

可見，德希達與德曼從一開始就在方法論上達成了某種程度的共識。在他們看來，閱讀不是輕鬆的娛樂，或隨意的認同，而是要深入文本，努力掘取「言外之意」，尋找作者意圖與文本意義之間的矛盾。不同的是，德希達是有意識地實施解構方案，而德曼在多數情況下是無意識的，受德希達的啟發之後，才從理論的高度總結出這種方法。所以，《盲點與洞見 —— 論當代批評之修辭》的前五篇文章雖然遵循了一個模式，致力於發現作者以為自己論證的觀點與文本實際道說的內容之間的不一致，但是直到第七篇文章〈盲點的修辭〉（1970），他才為這種模式找到了「盲點與洞見」這一名稱。

應當說，這種閱讀不僅是新穎的，也是富有成效的，比如德曼讀雪萊，德希達讀盧梭，都給人耳目一新的感覺。針對普萊的批評主張 —— 批評家應該像一面鏡子或一塊透明的水晶，徹底泯滅自我之後，才能捕捉到作者原始的「我思」 —— 德曼一針見血地指出，當普萊大聲呼籲批評家放棄自我時，他恰恰是「比任何一個時候都更明顯地以自己的名義說話。……他顯然並不滿足於被動地把作品當作禮物來接受，而是主動地參

---

[187] 德希達：《論文字學》，汪堂家譯，上海譯文出版社 1999 年版，第 229 頁。

與到他認為存在爭議的論述中」[188]。德曼在普萊那裡聽到了兩個聲音，其中一個是主旋律，認為批評是一個主體替換另一個主體的行為，批評家與作家的關係，就像「洶湧的海潮和被它淹沒的海灘」[189]；另一個聲音則微弱得多，它悄悄地告訴人們，批評家在閱讀過程中，不會徹底泯滅自我，而總有一些先在的觀念和意識，正是這些先在的東西促使批評家接受作者（或文本）的饋贈，吸納為自己的東西，形成一個高級的自我。這就是說，當讀者的自我與文本（或作者的自我）遇合時，它不會自動消失或退卻，反而是如果它越積極主動地加入理解過程中去，就越發能夠產生豐富的見識。因此，從這個角度理解，批評行為就不是批評家放棄自我的過程，而是逐漸豐富自我的過程，或者說，是另一個更充實的自我對先前自我的超越。在同一篇論文裡，兩個聲音雖彼此矛盾，卻並不相互取消。德曼緊緊抓住了這些矛盾，將它們表述為盲點與洞見的張力關係。

「Blindness」一詞出自《論文字學》。德希達用它來指盧梭的替補概念：「在盧梭的文本中，替補概念是一個盲點，是開闊視野而又限制視野的未見物。」[190] 德希達注意到，盧梭喜歡用「替補」一詞形容對立項之間的階級關係：充當替補的那一方總是次要的、可有可無的，就像球隊裡的替補隊員一樣，只是在主力隊員受傷或缺席的情況下偶爾亮亮相，並不起決定性的作用。然而，在具體的論述過程中，替補變成了一個危險的概念，總是暴露出被替補的一方的不足，從而對後者的中心地位構成了強而有力的挑戰。比如教育之於天性，文化之於自然：盧梭一方面激烈地申斥科學與藝術，另一方面又不得不承認教育對於彌補天性不足可能具有的作用；他一邊熱情謳歌原始的自然狀態，視社會為災難與不幸的根源，一邊

---

[188]　Paul de Man, *Blindness and Insight*, Minneapolis: University of Minnesota Press, 1983, pp. 95-97.

[189]　Paul de Man, *Blindness and Insight*, Minneapolis: University of Minnesota Press, 1983, p. 109.

[190]　德希達：《論文字學》，汪堂家譯，上海譯文出版社 1999 年版，第 63 頁。

又努力思考治理社會的理性方式。儘管如此，在盧梭的筆下，自然與天性依然是第一性的、首要的，他並沒有意識到替補對這些概念造成的威脅。因此，在這個意義上，德希達認為替補概念對於盧梭本人而言是一個盲點，這是他超乎常人的精彩洞見，可他自己意識不到它的力量所在。所以，德希達說，盧梭「描述了他不想說的東西」[191]。德曼在〈盲點的修辭〉中宣稱：「批評家不僅說出了作品沒有說出的東西，他甚至說出了自己不打算說的東西。」[192] 這種論調與德希達相比，顯然不只是異曲同工，而是同出一轍。

值得注意的是，「盲點」在德希達那裡是一個集積極作用和負面作用為一身的矛盾體，它既「開闊視野」又「局限視野」。這個矛盾體在德曼手裡卻化為「盲點」與「洞見」的張力關係。也就是說，blindness 純粹是局限性的、負面的和必須否定的。從這一點來看，我們可以推斷，德希達考察的是同一個概念或觀點的兩面性、複雜性；德曼則是在擁有了某個既定觀念後，透過對兩種概念或觀點的取捨，得到他需要的結論。

可見，德曼是有很鮮明的立場的。問題在於，他不希望把這個立場擺出來。既然解構的目的是要打破一切整體化的傾向，就不能輕易地建立起一個觀念，否則自己也落入了整體化的窠臼。這其實是解構給自己設下的陷阱，這個陷阱使它說「不」多於「是」，否定多於肯定，消解和顛覆多於創立和建構。與德曼相比，德希達更明確地觸及了立場的問題，他在《立場》一書的末尾寫道：「至少有兩個立場的概念。為什麼不敞開對立場（或多重立場）這一問題的討論呢？（表明立場：是設定還是否定？是肯定的設定？是顛覆還是取代？如此等等）」[193] 但這些含混不清的話與其說

---

[191] 德希達：《論文字學》，汪堂家譯，上海譯文出版社 1999 年版，第 236 頁。
[192] Paul de Man, *Blindness and Insight*, Minneapolis: University of Minnesota Press, 1983, p. 109.
[193] Jacques Derrida, *Positions*, Alan Bass (trans.), Chicago: The University of Chicago Press, p. 96.

澄清了「立場」，不如說把「立場」模糊化了。這是解構的策略，卻也是它的軟肋，這樣一來，它的主要作用只能是批判和反思，很難作為行動的依據與指南發揮作用。

「盲點」與「洞見」顯然包含了主觀的判斷。「盲點」實際是德曼拒斥的批評觀念；反過來，「洞見」則是他認可的觀念和思想。即使文本真正存在兩種截然不同的見解，判斷「盲點」與「洞見」的依據關鍵還在評判者的立場。這與德曼理想的解構策略，即遵循客體文本的推理邏輯，找出矛盾，使之不攻自破還有一定的距離。為了掩飾立場，德曼陷入了左支右絀的窘境。一方面，他稱盲點是文學語言的修辭性質的必然結果。另一方面，他在具體的分析中，又把盲點當作可更正的錯誤。比如他評論盧卡奇時，指責對方是「完全錯誤的」[194]。至於洞見，德曼認為是文本本身具有的「否定性時刻」[195]，且只有在「批評家陷入某種特定的盲點之中，洞見才能被獲得」[196]。但他忘記了一點，洞見之所以成為洞見，不是因為它本身是洞見，而是有人認為它是洞見。那麼，究竟誰是洞見的評判者呢？德曼自己一語道破天機：「洞見只是對處在優勢地位、能以其本來面目視盲點為一種現象的讀者才存在。」[197] 所以，德曼賦予文本以權威，實際真正的權威在於他自己，他打著文本的旗號，悄然賦予了自己一種「優勢地位」。

在 1983 年的訪談中，當德曼被問及他的解構與德希達有何區別時，他稱自己是一位語文學家，而德希達是一位真正意義上的哲學家。此外他還強調，他主張解構是文本的自我解構，而不是由主體控制的有意識的行

---

[194] Paul de Man, *Blindness and Insight*, Minneapolis: University of Minnesota Press, 1983, p. 104.

[195] Paul de Man, *Blindness and Insight*, Minneapolis: University of Minnesota Press, 1983, p. 103.

[196] Paul de Man, *Blindness and Insight*, Minneapolis: University of Minnesota Press, 1983, p. 106.

[197] Paul de Man, *Blindness and Insight*, Minneapolis: University of Minnesota Press, 1983, p. 106.

為。[198] 盲點與洞見的模式沒有實現文本的自我解構，不僅不能幫助德曼抹去立場，反而突顯了他的立場。這或許是他放棄這種閱讀方式，而轉入寓言化閱讀的一個主要原因。

三、閱讀的寓言

有研究者指出，德曼的寓言與班雅明有一定淵源。[199]如果仔細閱讀〈時間性的修辭〉與《德國悲劇的起源》，確實能在兩者之間找到一些連繫。班雅明的寓言不是中世紀說教式的寓言，而是 16 世紀巴洛克悲劇中運用的現代寓言。它的發展源於人文主義者破譯古埃及象形文字的努力，由於形成年代久遠，研究者不得不借助寓言化的詮釋來理解這些文字，「誤解便成為這種豐富的、無限普及的表達方式的基礎」[200]。也就是說，寓言不再指向某個抽象的、神聖的宗教理念，而是存在各種可能的、包含誤解在內的詮釋方式。在寓言的領域，存在一種二律背反的現象：「任何人，任何物體，任何關係都絕對可以指向別的東西。」[201]同一個客體，既意指善，也意指惡。換句話說，表達與被表達的對象之間的關係不是天然的，而是任意的。這種任意性在象徵和隱喻裡也存在，卻在寓言中突顯出來。因為象徵和隱喻多少要展現一些相似性和相關性。其次，這種寓言還有反總體化和時間化的特徵。班雅明曾援引克羅伊策（Friedrich Creuzer, 1771-1858）區分象徵和寓言：「在象徵那裡，我們擁有瞬間的總體性；在寓言那裡，我們有一系列時刻構成的

---

[198] Paul de Man, *Resistance to Theory*, Minneapolis: University of Minnesota Press, 1986, pp. 117-118.

[199] 參見琳賽‧沃特斯著《美學權威主義批判》，北京大學出版社 2000 年，第 128 － 130 頁，第 176 頁。琳賽強調寓言是一個否定的破除整體化的過程：「本雅明使德曼認識到用修辭學的修辭手段去削弱文本這一行動可能具有的威力，即毀損文本的外部偽裝以便看清它是如何運作的，不把它看成由某種生命精神引導的東西，而是看作一種機械裝置。」

[200] Walter Benjamin, *The Origin of German Tragic Drama*, John Osborne (trans.), London: Verso, 1998, pp. 168-171.

[201] Walter Benjamin, *The Origin of German Tragic Drama*, John Osborne (trans.), London: Verso, 1998, pp. 174-175.

歷程。」象徵是一個總體化的瞬間，在這個瞬間裡，「象徵將意義納入其隱蔽的、也可以說是複雜莫測的內部」；而在寓言的世界，「意象是一塊碎片，一個神祕的符號」[202]。如果象徵傳達的是古典主義的審美理想，是有機的、和諧的、統一的秩序，那麼寓言揭示的是零碎、混亂和無序的歷史過程。古典美學所宣揚的一切，自由、完美、勻稱、統一，在寓言的世界裡消失得無影無蹤。「從其本質而言，古典主義不允許看到自由的喪失、任何的不完美，不允許看到物質世界、美的事物和自然的崩潰。但這恰恰是巴洛克寓言在其華麗的外表下，以前所未有的姿態所張揚的東西。」[203] 在〈時間性的修辭〉裡，德曼努力強調的正是寓言的時間性和任意性。他寫這篇文章是要針對英美批評界盛行的象徵詩學：「象徵被看作表現了語言的表徵功能和語義功能的統一，其至尊的地位成了奠定文學趣味、文學批評以及文學史的常識。象徵的至高無上，現在依然是研究法國、英國浪漫主義以及後浪漫主義文學的基礎。」[204] 而他自己的閱讀經驗表明，浪漫主義的經典文本，尤其是賀德林、里爾克、華茲華斯、濟慈、雪萊、葉慈、盧梭、馬拉美等人的作品，並不能借助象徵詩學來詮釋，因為他從中讀到的不是象徵代表的統一與融合，而是矛盾、分裂與異化。在這樣一個背景下，寓言的作用開始浮現出來，成為這篇論文的核心概念。

　　文章的標題反映出德曼把時間性（temporality）和寓言綜合起來的努力。象徵是共時性的、總體化的，它透過相似關係連接意象與實體。寓言則是歷時性的、碎片化的，透過先後順序來連接。用他的話說，在象徵的領域內，意象與實體的關係：

---

[202] Walter Benjamin, *The Origin of German Tragic Drama*, John Osborne (trans.), London: Verso, 1998, pp. 165-176.

[203] Walter Benjamin, *The Origin of German Tragic Drama*, John Osborne (trans.), London: Verso, 1998, p. 176.

[204] Paul de Man, *Blindness and Insight*, Minneapolis: University of Minnesota Press, 1983, pp. 189-190.

是同時性關係，實際上是一種空間的關係，在這種關係中，時間只是在偶然的情況下才介入。而在寓言的領域內，時間乃是本源的構成性範疇（constitutive category）。寓言式的符號與意義的關係不是由教條所規定，就像盧梭與華茲華斯的作品中所顯示的那樣。這時，我們關注的是符號之間的關係，而與各符號相對應的意義已經退居到次要的地位。但是這種符號關係必然包含一種構成性的時間因素；也就是說，如果要形成寓言，寓言化的符號必須指涉先於它的另一符號。寓言符號構成的意義只有在對前一符號的重複（原注：我在齊克果的意義上使用這一詞語）中才存在，它絕不會與前一符號完全重合，因為前一符號相對它而言具有本質的先在性。象徵設定同一性或認同作用的可能，寓言則主要說明自己同起源的差異。後者捨棄了懷舊和吻合的願望，在沒有時間差異的情況下，確立了自己的語言。[205]

換言之，象徵反映的是意象與實體的同一關係，寓言反映的是符號與符號的差異關係。前者是發生在一個瞬間的事件，後者則是一個生生不息的動態過程。在這個意義上，寓言的作用相當於德希達的延異（différance）。德希達的核心概念，包括延異、痕跡和替補性，強調的都是一個過程。過程的問題實際是一個時間被引入的問題。比如「延異」（différer），是德希達杜撰的一個法文詞，既表示「區別」（differ），又意指「推延」（defer）。有區分則有差異，「區分」是空間性的，在此基礎上加上時間的維度，便有了「延異」。「延異」是差別在意指鏈中的時間化過程，每一個符號既解釋前一符號，帶有前一符號的痕跡，又有待在它之後的符號對自己進行解釋。閱讀文本，就是進入符號的遊戲，而「從遊戲一開始，我們就處於符號的無目的的生成過程」[206]。

---

[205] Paul de Man, *Blindness and Insight*, Minneapolis: University of Minnesota Press, 1983, p. 207.
[206] 德希達：《論文字學》，汪堂家譯，上海譯文出版社 1999 年版，第 70 頁。

強調符號的差異性以及符號生成過程的時間性，是「寓言」和「延異」最根本的特徵。「差異」的概念來自索緒爾。這位語言學家曾經說過：「語言中只有差異。差異一般意味著先有肯定項，然後才能形成與之不同的差異，但語言中只有無肯定項的差異。」[207] 這句話歷來被解構主義者看重，甚至成為他們宣揚差異的至理名言。[208] 但是，他們沒有看到，索緒爾所謂的差異不是符號與符號之間的差異，也不是能指與所指的差異，而是能指與能指，所指與所指之間的差異。比如，「green」這個詞，在所指層面與「red」相對，在能指層面則與「grin」區分開來。這種差異關係是遵循一定原則的，既不是無目的的符號遊戲，也不涉及時間。此外，在索緒爾那裡，雖然能指和所指本身不具有內在的價值，只能透過與其他能指和其他所指的差別起作用，但是作為整體的符號卻是相對穩定，有一定意義的。索緒爾清楚無誤地表明了這個觀點：「說語言中一切都是消極的，那只有把所指和能指分開來考慮才是對的；如果我們從符號的整體去考察，就會看到在它的秩序裡有某種積極的東西。……所指和能指分開來考慮雖然都純粹是表示差別的和消極的，但它們的結合卻是積極的事實。」[209] 這就是說，能指和所指的結合，構成了一個積極的、穩定的符號。由於語法、語境等因素的共同制約，每個符號具有相對穩定的意義。事實上，索緒爾在意義和價值之間作出了區分。意義是「聽覺形象的對立面」[210]，就是符號的所指部分。價值則是語言系統之內能指與能指之間、所指與所指之間的關係。

那麼，這個相對穩定的符號是怎樣變成無目的的符號過程的呢？「時

---

[207] 索緒爾：《普通語言學教程》，高名凱譯，商務印書館 1996 年版，第 167 頁。
[208] Derrida, *"Différance"*, in: Margins of Philosophy, Alan Bass (trans.), Chicago: The University of Chicago Press, 1982, p. 11.
[209] 索緒爾：《普通語言學教程》，高名凱譯，商務印書館 1996 年版，第 167 頁。
[210] 索緒爾：《普通語言學教程》，高名凱譯，商務印書館 1996 年版，第 160 頁。

間性」是怎樣進入符號領域的呢？答案就在德曼的《閱讀的寓言》第一章和德希達的《論文字學》第二章，德曼和德希達不約而同地援引了皮爾斯的符號理論。皮爾斯曾提出一種三元的符號理論：整個符號過程涉及三個要素——符號（又稱為表達符，representamen）、對象（object）和解釋符（interpretant）。符號總是代表某種東西，即符號的對象，但符號不代表對象的所有方面，只是在某個觀念上代表它。[211] 解釋符是在人的大腦中由第一個符號喚起的指向同一個對象的符號，但這個符號不完全等同於第一個符號，因而會有自己的對象，並引發新的解釋符。舉一個簡單的例子，比如當你聽到「拿破崙・波拿巴」，你會想到法蘭西帝國的締造者，《拿破崙法典》的頒布者，滑鐵盧戰役的失敗者，厄爾巴島的囚禁者等等。於是，第一個符號「拿破崙一世」引出了一系列解釋符，分別對應拿破崙・波拿巴 1，拿破崙・波拿巴 2，拿破崙・波拿巴 3……在理論上構成了一個無止境的符號過程（unlimited semiosis）。皮爾斯自己說：「符號決定解釋符以符號自身指向對象的方式來指稱對象，於是解釋符又變成了符號，如此類推，以至無窮。」[212]

　　在《論文字學》和《立場》中，德希達借用皮爾斯的三元符號體系來批評索緒爾的二元符號體系，並且將皮爾斯的符號和解釋符偷換成能指和所指。他認為，就像解釋符需要另一個符號來解釋，從而變成新的符號，所指也需要另一個能指來指代，也會變成新的能指，所以「每一個所指同時又處在能指的地位。能指與所指的區分，以及整個符號的概念就其根本而言是成問題的」[213]。這樣一來，德希達就達到了抽去符號的所指——

[211] Charles S. Pierce, *"Logic as Semiotic: The theory of Signs"*, in: Semiotics: An Introductory Anthology, Robert E. Innis (trans.), Bloomington: Indiana University Press, 1985, p. 5.
[212] 轉引自德希達《論文字學》，汪堂家譯，上海譯文出版社 1999 年版，第 68 頁。
[213] Derrida, *Positions*, Alan Bass (trans.), Chicago: The University of Chicago Press, 1981, p. 20.

我們應當記住，這在索緒爾那裡是符號的「意義」——將符號能指化的目的。從一開始，德曼與德希達就錯誤地把能指與所指的區分等同於符號與意義的區分。他們的符號是一個抽空內容的符號。一旦符號被抽空內容，被徹底能指化，意義就不再有固定的載體，成為完全形式化的無限延宕的能指鏈。這正是解構最讓人感到不安的地方。德曼的晚期研究表現出難以置信的不合常理，其根本原因在於他相信，意義在「能指的遊戲」[214]會不停地翻轉變化，而這一翻轉變化的過程，他稱之為修辭。

德希達雖然沒有明確用「能指的遊戲」，而總是用「延異的遊戲」或「符號的遊戲」，但我們的分析表明，他的符號其實就是索緒爾意義上的能指，正是他邁出了將符號能指化的危險的一步。德曼與德希達雖然推崇皮爾斯，卻把皮爾斯的三元符號理論——涵蓋了對象（object）、語言（representamen）和思維（interpretant）三方面的因素——改成了一元符號理論，表達符和解釋符都變成了能指，對象則被完全忽略不計了。儘管皮爾斯在理論上提出了無止境的符號意指過程，但每一步都是指向同一個實實在在的對象。正是對象的現實性保證了符號意指過程的合理性和有效性。一旦把對象去掉，符號過程有可能變成毫無節制、漫無目的的能指遊戲。

詞與物、語言與現實的關係，歷來是一個爭論不休的話題。應該說，皮爾斯的符號理論考慮到了問題的複雜性，既透過闡釋符反映了主體的詮釋自由，又透過對象（客體）的現實性保證了詮釋的有效性。德曼卻由於極力反對詞與物的簡單對應論，陷入了另一個極端。他研究的重點之一，是反對把「語言現實與自然現實、指稱關係與現象論相混淆」的審美意識

[214] Paul de Man, *Resistance to Theory*, Minneapolis: University of Minnesota Press, 1986, p. 65; Paul de Man, *The Rhetoric of Romanticism*, New York: Columbia University Press, 1984, p. 114; Paul de Man, *Allegories of Reading*, New Haven & London: Yale University Press, 1979, pp. 207-208.

形態 [215]，特徵據說是把詞與物之間的習俗關係當成現象關係，把指稱效果當成某種真實的現象。但實際上，他理解的指稱關係，不是通常意義上的語言指向現實，而是符號指向符號，也就是符號或文本的互涉。所以，當德曼看到《新愛洛伊斯》的評注者丹尼爾・莫內主張盧梭筆下的樂園在外觀上頗有幾分類似所謂的英式花園 —— 這種花園在那個時候比喜歡採用抽象幾何圖案的法國花園更受人們的青睞，便批評他沉迷於「外在的歷史」[216]。因為在他看來，盧梭的花園完全是有文學淵源的，於是他追溯到笛福（Daniel Defoe, 1660-1731）的《魯賓遜漂流記》和廣泛傳誦於盧梭時代的《玫瑰傳奇》。這種解讀有一定的新意，然而，如果它的目的不是提供另一種有效的解讀，而是要建立一種權威的解讀模式 [217]，就頗為可疑了。因為考察文本的互涉關係不是唯一的解讀方式。

　　退縮於文本之內，或者把現實納入語言，是解構的共同策略。德希達宣稱「根本不存在文本以外這樣一種情況」，實際上已經把胡塞爾（Edmund Husserl, 1859-1938）意義上的「意識的內在性」轉換為「文本的內在性」，也就是說，現實是包含於語言之內的。在德曼那裡，寓言和象徵的區分截然分離了語言和現實。寓言是語言內部的符號轉換，象徵是符號（意象）與事物（實體）的交換。這使得文學（至少是德曼欣賞的文學）從任何與現實相關的因素中分離開來。閱讀文學作品應該注意文本之間的互涉關係，不應摻入任何的「非文學的素材」（non-literary sources）。這種文學批評模式其實繼續了新批評的形式主義路線，並沒有

---

[215] Paul de Man, *Resistance to Theory*, Minneapolis: University of Minnesota Press, 1986, p. 11.

[216] Paul de Man, *Blindness and Insight*, Minneapolis: University of Minnesota Press, 1983, p. 202.

[217] 在《符號學與修辭學》中，德曼毫不猶豫地賦予他的修辭化閱讀毋庸置疑的權威：「所有文學將以相同的方式回應（我們的閱讀），雖然閱讀的技巧和模式會因人而異，但是絕對沒有任何理由認為，我們在此提供的對普魯斯特的分析，在經過適當的技巧調整後，不能適用於米爾頓、但丁或賀德林。事實上這便是未來的文學批評需要承擔的任務。」（Paul de Man, *Allegories of Reading*, New Haven & London: Yale University Press, 1979, pp. 16-17）

真正超越新批評。

在〈時間性的修辭〉（1969）中，寓言的提出主要是針對英美批評界盛行的象徵詩學，也就是說，德曼試圖建立一種與象徵詩學相對的寓言詩學。到了《閱讀的寓言》（1979），修辭的作用不再局限於文學或美學領域，而是進一步延伸到認識論和倫理學領域。這也解釋了為什麼《閱讀的寓言》的閱讀對象不再是文學批評家，而主要是尼采和盧梭。寓言在這裡成為一種權威的解讀模式。德曼稱之為寓言化的閱讀（allegorical reading），又稱為「修辭化閱讀」、「非現象化閱讀」（non-phenomenal reading）。「非現象化」指不再從再現現實的角度來看待文學，也不從意義和價值的角度來解釋文本，而是探討「意義和價值確定之前的生產和接受方式」[218]。《閱讀的寓言》中有一段非常重要的話，歷來被認為是理解寓言化閱讀的關鍵，我們不妨援引如下：

　　所有文本的範式都包括一個比喻（或比喻系統）以及對該比喻的解構。但是由於此模式不可能止於最終的閱讀，它因此造成一種替補式的比喻疊加，說明先前敘述的不可能性。這種敘事與最初以比喻為中心而最終總是以隱喻為中心的解構性敘事不同，我們可以在第二（或第三）層次上稱之為寓言。寓言性敘事說的是閱讀失敗的故事，而諸如《第二論》的轉義性敘事說的是指稱失敗的故事。這一差異只是層次上的差異，寓言並不消除比喻。寓言總是關於隱喻的寓言，因而也就總是關於閱讀的不可能性的寓言 —— 此句中表示所屬關係的「的」本身就應該當作隱喻來「讀」[219]。

希利斯·米勒和魯道夫·加謝（Rodolphe Gasché, 1938-）分別對這段話

---

[218]　Paul de Man, *Resistance to Theory*, Minneapolis: University of Minnesota Press, 1986.
[219]　Paul de Man, *Allegories of Reading*, New Haven & London: Yale University Press, 1979.

作出了解釋，我們先來看看他們的理解。米勒認為，因為沒有一錘定音的閱讀，也不存在對語言的確定無疑的闡釋和把握，「所以敘述便被一次次地疊加，第二次加到第一次，第三次加到第二次，依次類推，結果是不同形式出現的對同一循環的反覆重複。……這不可讀性並不在於讀者，而在於文本本身，雖然文本的自我失控會相應地造成讀者無法把握文本。德曼給這『比喻疊加』起的古怪的名稱是寓言」[220]。加謝則指出，解構對於德曼，主要是破除各種形式的整體化效果。德曼所謂的解構是指文本的自我解構，這是一個無止境的過程：「在這個過程中，所有的解構又被重新整體化，因此需要新的解構。第二層次的解構即對前一次解構的整體化效果進行的解構，正是在這種重新整體化的過程中產生的。」[221] 也就是說，解構是對整體化比喻的解構，但解構完成後，既會得到一個結論，又會陷入一個整體化的主題，但德曼說，這只是一個寓言，它揭示的其實是閱讀的不可能性（impossibility of reading）。如何理解「所有文本的範式都包括一個比喻和對此比喻的解構」呢？德曼想要說明，閱讀的任務是在文本中找到一個整體化的比喻（一個觀點），同時在文本中找到顛覆此比喻（觀點）的文字，這樣才完成了解構的任務，更準確地說，找到了文本的自我解構。德曼由此得出結論：「解構並不像邏輯上的反駁或辯證模式那樣發生於命題之間，而是在論述語言修辭性質的後設語言陳述和質疑這些陳述的修辭實踐之間發生。」[222] 解構不是我們通常所理解的用一個命題去反駁另一個命題，而是發現文本所說（what the text says）與文本所作（what

---

[220] J. Hillis Miller, "'Reading' Part of a Paragraph in Allegories of Reading", *Reading de Man Reading*, Lindsay Waters and Wlad Godzich (eds.), Minneapolis: University of Minnesota Press, 1989, pp. 158-159.

[221] Rodolphe Gasché, *"'Setzung' and 'Übersetzung': Notes on Paul de Man"*, in: Diacritics, Vol. 11, No. 4, 1981, p. 44.

[222] Paul de Man, *Allegories of Reading*, New Haven & London：Yale University Press, 1979, p. 98.

the text does）之間的差異、錯位和張力，簡單地說，就是挖掘文本中自相矛盾的觀點。

如此看來，從《盲點與洞見——論當代批評之修養》到《閱讀的寓言》，並沒有發生實質性的變化。只是「what the author intends」被修正為「what the text does」。之所以有此變化，是因為德曼的策略已經從主體有意識的解構改為文本的自我解構。1980 年，德曼在接受羅伯特·莫尼漢的採訪時，曾將「解構」界定為「運用文本之內的因素質疑或取消文本提出的觀點」[223]。這句話可以應證上文對於德曼的解構的理解。那麼，解構與寓言有何區別呢？解構發生於文本之內，寓言卻是指向主體的閱讀行為。德曼認為，當我們在文本中發現兩種矛盾的、無法共存的觀點時，閱讀便無法繼續。它宣告了主體面對文本無法選擇的尷尬境地，也宣告了文本的無可解讀。在上述採訪中，德曼指出，他所謂的「無可解讀」，不是指「文本產生誤讀，而是指文本產生相互抵牾的閱讀」[224]。所以，文本的「無可解讀」（unreadability）、「閱讀的不可能」（impossibility of reading）與「閱讀的無可決定」（undecidability）都是一回事。寓言講述的是閱讀失敗的故事。

解讀到此，問題似乎越來越多：把解構界定為文本的自我解構，閱讀的主體還要承擔什麼責任呢？文本出現了自相矛盾的情況，難道就是閱讀的失敗嗎？究竟什麼是閱讀和批評？是不斷挖掘這些矛盾嗎？

德曼的解構帶來如此多的疑問，關鍵在於它的理論前提存在問題。德曼認為，閱讀應當致力於探討文本各種可能的意義，而不是當下意義；討論意指的過程，而不是意義的選擇。言下之意是，如果不考慮如何選擇意義，不

---

[223] Robert Moynihan, *"Interview with Paul de Man"*, in: The Yale Review, 73: 4, Summer, 1984, p. 599.
[224] Robert Moynihan, *"Interview with Paul de Man"*, in: The Yale Review, 73: 4, Summer, 1984, p. 591.

考慮作者和讀者的作用，將文本放入歷史的長河，符號的相互作用會衍生出形形色色的意義。問題是，作為一個讀者，我們每走一步，無論是面對一個詞、一句話，還是一段文章，都必須選擇意義。德曼也不例外，在這裡，他的理論陷入了兩難：一方面，他努力要懸置自己的立場，將閱讀行為變為歷史的過程；另一方面，又必然帶有主觀的立場，必然處在歷史中的某一個點上，無法囊括歷史的過程。文本的不可讀，與其像米勒所言「不在於讀者，而在於文本本身」，不如反過來說，「不在於文本本身，而在於讀者」，在於德曼這位不願進行選擇，或者做出奇怪選擇的讀者。

　　解構主義在 1980 年代末就已呈衰退趨勢，美國的文學批評也並未像德曼預言的那樣，按照解構主義的邏輯發展下去，反而出現了從「內在的」修辭學研究轉向「外在的」歷史研究與文化研究的傾向。解構主義雖然起源於對新批評的反動，卻至少在兩個方面延續了新批評的特點：一是形式主義；二是菁英主義。而後來受到解構主義啟發的理論思潮，包括女性主義、新歷史主義和後殖民主義等，努力突破的正是這兩點。然而，對大眾文化與社會語境的過分關注與強調，也引起了一些有識之士的擔憂，呼籲向文學作品回歸。當然，無論怎樣，都不可能回歸到某個原點，因為趣味和語境已經發生了轉變。

第二節　理查‧羅蒂

一、羅蒂其人其說

　　理查‧羅蒂（Richard Rorty, 1931-2007），是美國也是當代英語世界最具影響力的一位哲學家，主要著作有：《哲學和自然之鏡》（1979）、《實用主義的後果》（1982）、《歷史中的哲學》（1985）、《偶然性、反諷與

團結》（1989）、《客觀性、相對主義與真理》（1991）、《海德格及其他》（1991）、《真理與進步》（1998）、《成就我們的國家》（1998）、《哲學與社會希望》（1999）等。

羅蒂稱自己的哲學為「新實用主義」，以區別於皮爾斯、杜威等人的「實用主義」思想。實用主義以人類經驗為出發點，推崇具體、事實和行動，反對抽象、思辨和玄虛，主張一切理論和信念均須以人類的願望及其滿意程度為目的，並驗之以生物、社會或倫理的效用。羅蒂對實用主義思想兼收並蓄，兼採歐洲唯理論哲學之長，遂成一家之言。「新實用主義」放棄了傳統哲學的對象和問題，從認識、經驗研究轉向社會、文化研究，這是它與「實用主義」的區別之處。20 世紀後期，後現代哲學勃興，風雲際會，羅蒂躋身後現代哲學家之間，與德希達、李歐塔等後現代巨頭彼鳴此應，其思想在新實用主義名號之外，又獲「後哲學」美譽。

羅蒂自解其說，所謂「『後哲學』指的是克服人們以為人生最重要的東西就是建立某種非人類的東西（某種像上帝，或柏拉圖的『善的形式』，或黑格爾的『絕對精神』，或實證主義的物理實在本身，或康德的『道德律』這樣的東西）連繫的信念」[225]。後哲學重視個體和社會在發展過程中的機遇、運氣、偶然、可能等不確定性因素，反對形而上學的宏大敘事，它認為「思想與社會進步的目標，不再是真理，而是自由」[226]，民主、進步比邏輯和真理更符合人類的實際需求，哲學應當把生活而非抽象的理念作為研究目標。

以「後哲學」為參照，羅蒂美學當名之曰「後哲學美學」。後哲學美學反對給美一個確定的本質和邊界，反對追求美的確定的知識，反對把定

---

[225] 理查·羅蒂：《後哲學文化》（作者序），黃勇編譯，上海譯文出版社 2004 年版，第 8 頁。
[226] 理查·羅蒂：《偶然、反諷與團結》，徐文瑞譯，商務印書館 2003 年版，第 4 頁。

義、推理、分析、論證作為審美研究的主導方式，拒斥符合論、再現論等形而上學主題。舊實用主義者如皮爾斯反對形而上學卻不反對邏輯，羅蒂認為這是舊實用主義拒絕形而上學不徹底的表現，他本人拒斥一切與形而上學——邏各斯相關的東西：「我非常討厭邏輯、形式主義和一切帶有永恆意味的東西，一切拒絕成為偶然性囊中之物的東西。」[227] 羅蒂很少用分析性術語解釋自己的理論，沒有寫過一本帶有「美學」字樣的著作，原因即在於此。

後哲學美學徘徊於歐陸唯理論美學和英美經驗論美學之間，其思想調和色彩比較濃重。羅蒂著作經常引用的哲學家有皮爾斯、杜威、羅爾斯、大衛森、維根斯坦、尼采、海德格、德希達、李歐塔、傅柯、哈伯馬斯等，其首推者為杜威、海德格和維根斯坦，由此不難看出後哲學美學的價值取向。

後哲學美學捨棄審美本質論和審美心理經驗論研究，轉向社會交往與文化發展研究，它堅持以下三個研究前提：多元、民主、對話。多元意味著承認不同層次、不同類型文化各自的合理性，在同一環境中，允許相異甚至對立衝突的情感、願望、欲求、興趣、信念、準則、行為方式並存，容許盡可能多的個人目標和幸福得到實現，對於差異和衝突，求協同而不求同一。民主要求人們放棄階級觀念和菁英意識，克服專制和獨裁，不再排斥、壓迫不同聲音，把異己者視為人類共同體成員，寬容其信念和立場，不要求「他」用「我」的詞彙描述其生命理想，更不要求「他」和「我」趨向同一審美目標。對話要求人們把他人視為合作夥伴而非對手、敵人或低己一等的「他者」，善於傾聽他人的聲音，學會從他人的視角看

---

[227] 理查・羅蒂：〈對查理斯・哈茨霍恩的回應〉，參見海爾曼・J・薩特康普編《羅蒂和實用主義》，張國清譯，商務印書館 2003 年版，第 49 頁。

問題，站在他人的立場理解他人，用他人的語彙描述其情感、思想，以共同修正事實代替單獨構造體系。

後哲學美學有兩個精神維度：消除審美形而上學和建構多維文化目標。這兩個向度緊緊圍繞一個目標：營造和平、幸福、優雅的生活，如果民主、幸福與抽象觀念發生衝突，那麼「民主先於哲學」[228]。

二、對理論的抵制

後哲學美學的首要維度就是對理論的抵制。羅蒂認為，西方文化的巨大缺陷就是它「過於理論化」[229]，「理論化」就是「邏各斯化」或曰形而上學化，具體來說就是理性化、邏輯化、知識化、形式化。羅蒂指出，西方哲學相信「一種凌駕一切之上的知識系統可一勞永逸地為道德和政治思考設定條件」[230]，因此它總是想透過一個統一的概念對世界的性質和秩序作出安排，這個概念就是「邏各斯」，其衍生概念是「理念」、「上帝」、「實在」、「真理」、「規律」、「目的」等，羅蒂把它們一概稱之為「終極語彙」[231]。終極語彙是哲學一元論的思想基礎，一元論內在地要求純化自身、排除異類、去除雜質，因為「一元論的全部要義在於：只有一個事物」[232]。在社會生活中，一元論哲學把普遍倫理主義作為社會生活的目標，強調共同的感受、信念或理想，認定某個共同信念或希望具有神聖、偉大、莊嚴的性質，以此為根據，把具有不同信念和希望的人聚攏在

---

[228] 理查·羅蒂：《後哲學文化》，黃勇譯，上海譯文出版社 2004 年版，第 179 頁。

[229] 理查·羅蒂：《哲學和自然之鏡》，李幼蒸譯，生活·讀書·新知三聯書店 1987 年版，「中譯本作者序」第 13 頁。

[230] 理查·羅蒂：《哲學和自然之鏡》，李幼蒸譯，生活·讀書·新知三聯書店 1987 年版，「中譯本作者序」第 13-14 頁。

[231] 理查·羅蒂：《偶然、反諷與團結》，徐文瑞譯，商務印書館 2003 年版，第 105 頁。

[232] 理查·羅蒂：《哲學和自然之鏡》，李幼蒸譯，生活·讀書·新知三聯書店 1987 年版，「中譯本作者序」第 382 頁。

一起，在政治上導致專制與集權，在文化上導致菁英主義和不容異端。

理論化的哲學有一系列追求深度的主題：本體論層面的本質主義，認識論層面的基礎主義、表象主義，這些主題被後現代主義哲學家斥為「邏各斯中心主義」。本質主義源於柏拉圖的哲學本體論，這種觀念主張任何實在之物都有一個內在、確定、必然如此的本質，本質是構成事物存在的基本性質，本質之外的其他屬性是外在、偶然和次要的，認識了本質，就認識了實在本身。本質是解釋一切知識原因的後設敘事，它具有同一、核心、深度、崇高、神聖、確定、必然等特性，本質主義美學為社會不平等意識及菁英主義提供了基本的學理依據。基礎主義源於笛卡兒的認識論哲學，它是本質主義的理論變體，它強調知識或信念合法性的證明基於某些「基礎信念」，基礎信念就是無須證明或論證的自明性觀念，具有超驗的精神特質，在它之外的信念統統屬於派生信念，其合法性需要基礎信念為其提供論證支撐，在認識論研究中，基礎信念是知識的泉源和標準，具有優先認知地位。笛卡兒之後，基礎主義成為近代西方哲學構造知識體系的基本理論信念。表象主義也是本質主義在認識論領域的理論變體，它認為主體觀察到的對象並非實在本身，而是實在之物的表象。表象是實在之物的複製品，是比實在本身低一級的東西。本質主義、基礎主義、表象主義互為表裡，成為柏拉圖以後形而上學的傳統，這一傳統堅持萬物皆有一個本質和基礎，認識的目標就是透過心靈、語言去尋找那些帶有本質、基礎等性質的確定性因素，真理就是得到了證實的本質、基礎，是認識與那些確定性因素的符合。哲學的目標就是透過主體的理性建構，把無序的世界情景固置在某個非歷史的知識之圖中。

西方傳統美學就是以邏各斯中心主義為根基的理論話語。本體論美學把實在劃分為理念（原型、本質、基礎）與事物（摹本、現象、表象）兩

個部分，並視理念為世界的本質，認為實在世界是理念的物像；認識論美學以心、物之間的二元區分代替了理念與實在之間的區分，以心靈對事物的映射代替了行動上的模仿。這兩種美學類型研究在出發點上雖有差異，但在思維方式及研究路線上卻如出一轍，無論是古典的模仿論美學還是近代反映論美學，都把尋找和發現美的本質作為審美研究的終極目標，模仿論及其變體「鏡子說」、「反映論」遂雄霸西方兩千年而不衰。

　　羅蒂認為，西方傳統審美話語的思維根基是源遠流長的「鏡式」思維。自古希臘以來，西方哲學把人們的心靈看作反射實在的一面鏡子，認為其主要功能就是忠實地再現外部實在，認識研究的目標就是透過心靈這面鏡子獲取實在本質（內在真實）的表象，這類表象經過系統和精確化的處理，就形成了各式各樣的知識，知識作為實在本質的鏡像，雖不等於實在本身，卻是與實在本身十分接近，這種鏡式思維是哲學研究中本體論和認識論目標的發端：「發現各種本質……在我們自身的鏡式本質中準確地映現周圍世界的觀念，是德謨克利特和笛卡兒共同具有的如下觀念的補充，這就是宇宙是由極簡單的、可明晰認知的事物構成的，而對於其本質的知識，則提供了可使一切語話的公度性得以成立的主要語彙。」[233] 這種以視覺隱喻為基礎的鏡像理論很有問題，羅蒂認為，把人心或語言視為映射事物本質的鏡子的視覺隱喻即使成立，那麼這面鏡子也是「一面中了魔的鏡子，滿布著迷信和欺騙，如果它沒有被解除魔法和被復原的話」[234]，因為鏡像至多是生命體的外觀，因為生命的本真狀態是非認識、非邏輯的，作為鏡像的「知識」是不可靠的。羅蒂說，他寫作《哲學與自然之鏡》的「目的在於摧毀讀者對『心』的信任……摧毀讀者對『知識』的信

---

[233] 理查·羅蒂：《哲學與自然之鏡》，李幼蒸譯，生活·讀書·新知三聯書店 1987 年版，第 313 頁。
[234] 理查·羅蒂：《哲學和自然之鏡》，李幼蒸譯，生活·讀書·新知三聯書店 1987 年版，第 34 頁。

任，即把知識當作是某種應當具有一種『理論』和具有『基礎』的東西這種信念」[235]，要人們採用聽覺隱喻，把心靈作為主體溝通的工具而非認識客體的鏡子，以「傾聽」和「交談」代替「再現」與「表現」，從而消除鏡式思維及其不良後果。

鏡式美學意識不到自身的虛妄和獨斷，專以追求整一、階級和秩序為能事，在社會發展目標上，以道德理想主義的抽象設計代替經驗考察和實證分析，解決問題不是靠協商說服而是整合、壓服，一旦有例外的思想出現，權力者就會以強制手段壓制那些異端的聲音，其結果非常可怕：「數以百萬計的人被奴役、拷打、挨餓致死，而施暴者卻是一些真誠的道德上嚴肅的人，他們從這一個文本或另一個文本引經據典證明他們的行為是正當的。宗教法庭的地牢，克格勃的審訊室，基督教牧師的貪婪與傲慢，所有這些記憶，的確使我們不願把權力交給那些聲稱知道上帝或歷史的要求的人。」[236] 思辨的審美話語聽起來楚楚動人，實際上則是「擁有造成重大傷害的力量」[237]。

後哲學美學反對深度模式，對傳統審美話語的專制和一統性質甚為不滿，它認為審美活動是主體間不同信念的交流，而非真理與非真理的比較，社會與文化演化沒有根基、沒有目的，其優劣好壞依賴於人們的信念以及在此基礎上的解釋；與其在玄虛的宏大敘事上耗費心力，不如把有限的智慧投入到民主、自由、開放等社會實際問題上去。後哲學美學要求審美研究放棄後設敘事和宏大敘事，以生存論態度取代命題態度，以自由、希望取代本體、知識，從問題、信念、願望、談論方式、語彙等方面描述審美活動，以「解釋」、「教化」、「反諷」、「文學」取代「美學」，以實踐

---

[235] 理查・羅蒂：《哲學與自然之鏡》，李幼蒸譯，生活・讀書・新知三聯書店 1987 年版，第 4 頁。
[236] 理查・羅蒂：《後形而上學希望》，張國清譯，上海譯文出版社 2003 年版，第 101 頁。
[237] 理查・羅蒂：《後形而上學希望》，張國清譯，上海譯文出版社 2003 年版，第 349 頁。

詞彙、行動詞彙取代理論詞彙、沉思詞彙，以實用主義詞彙取代認識論詞彙，以約定、解釋、對話取代分析、概括、定義，以功用、方便、可能性代替真、善、美的超驗概念，以「人們如何談論事物」代替「事物是對還是錯」，用「描述」而非「規定」（排斥）的術語解釋現象與生活，把「信任」而非先驗信條作為基本的道德信念，以自由擴展的實踐取代限制性的理論設計，以對未來結果的謹慎計算取代道德主義的預測，讓人們在新奇和敏感中編織自己的信念之網，妥當處理自己的生活，走向未知卻又充滿希望的將來。

後哲學美學把審美研究和社會問題連結起來，重新釐定藝術與社會、審美與政治之間的複雜關係，使審美研究從狹隘的專業領域走向廣闊的社會、人生領域，這既是對西方傳統美學過於理論化的反撥，也是西方美學在新的條件下的發展。

三、建構多維文化目標

「後哲學」之「後」特徵在於它的反美學。從古典「模仿論」到近代「再現論」、「表現論」，審美研究出發點都始於表象論，終於確定性，精神內涵缺乏根本性變化。20 世紀，以語言論為基礎的審美「意義論」有望發動一場美學革命，由於它堅持把語言看成表象實在的工具，結果功虧一簣。羅蒂認為，只要保留形而上學的思維模式、基本詞彙、話語規則，就很難突破形而上學的窠臼，要實現美學革新，必須放棄與形而上學相關的一切東西，不是向它宣戰、保留其戰場，用和它同樣的武器與之對抗，而是更換戰場和武器類型，更換戰爭目標，「不是駁斥它們的答案，而是駁斥它們的問題」[238]，不是讓它顯得「錯誤」，而是讓它顯得「無意義」，

---

[238] 理查·羅蒂：《後哲學文化》，黃勇譯，上海譯文出版社 2004 年版，第 57 頁。

如此才能使審美研究範式發生徹底改變。

後哲學美學指出了傳統美學問題的虛妄，認為它們是假定的理論神話：「是被製作出來的，是人為的。」[239] 以美的本質而論，本質概念是人們在特定條件下對事物性質的描述，事物變，認識變，描述亦變，否則美學史上不會有層出不窮的美的定義。審美認識是人們把有機體與環境連結起來的紐帶，它不「表象」或「再現」美的本質；各式各樣的審美本質論是人們為理解事物從不同角度採取的描述方式，超越歷史和經驗的認識是不存在的。「發現本質」更為恰當的說法是「創造規則」或「找到一個合適的描述」。與其問美是什麼，不如問人們是如何表述美的，與其追問美的本質，不如追問人們談論美的本質的方式，要改變人們的審美觀，只需改變人們談論美的方式就行了。理論是靠不住的，不是抽象的審美理念，而是想像力和同情心，才是審美活動的基礎和目標。羅蒂透過重新描述傳統美學概念，建構了一套全新的文化美學主題。

(一) 真、善、美：促進進步，增進幸福

「真」、「善」、「美」的問題是傳統美學的基本問題，但羅蒂拒絕在現代語境中談論它們。他認為這類終極語彙內容空洞，其相關定義只是人們在某些社會習俗基礎上所做的假定，缺乏經驗和實證基礎，對它們的理解和解釋最終不得不借助於循環論證。羅蒂認為，真、善、美並非純粹的抽象理念，它們展現的是人與人之間的關係，這些關係經過修辭學的提升、轉換、裝飾，成為審美關係。羅蒂從語言和選擇立場兩個方面申述了他的看法。從語言的角度來說，真、善、美是特定語境中人們對行為習慣、行為模式等事態作出的描述，其性質差異完全取決於人們的描述角度及其使

---

[239] 理查・羅蒂：《後形而上學希望》，張國清譯，上海譯文出版社 2003 年版，第 349 頁。

用的語彙，抽象的真、善、美概念是形而上學語言的描述結果。從人類行為選擇的角度看，對真、善、美的選擇完全取決於人們的願望和需要，人群和種族形形色色，其需要、利益和觀點各不相同，各自對真、善、美的約定和理解也必然難以統一。相信一個命題為真、有理由相信一個命題為真，都受制於行動者的需要、願望、信念和立場。歷史上人們對真、善、美的理解爭議重重，除事物性質本身的多重性外，專業信念、視角和立場差異是認識分歧的主要原因。

　　羅蒂站在後哲學立場，維護信念的實用性質，否認真、善、美在認識論領域的「客觀性」，強調這些概念都是由特定社會成員的信念和行為決定的，其意義最終可以透過社會學立場進行檢測，其含義及解釋是隨機、可變的。羅蒂指出，「客觀性不是符合客體的問題，而是與其他主體取得一致意見的問題 —— 客觀性僅僅是主體間性[240]，是『一致性』而非映現性」[241]。一致性就是約定論意義上的「協同性」和「適應性」，而所謂的認知性或可表象性也屬於協同性，是人們按照某種協議創造出來的東西，根據這種認識，真理是認識與實在的符合或真理是實在的表象的認識變得毫無意義。

　　後哲學美學中的「真」不是一個概念，而是一種行為的結果，即主體選擇的結果而非再現結果，是主觀約定而非客觀本質，是主體間性而非認識與實在相符合。所謂的「真實性」、「客觀性」也僅僅意味著某個主張沒有異議、不存在模稜兩可的答案。若以實用主義的眼光，真理就是人們對那些被實踐證明對人們有用的實在之物的屬性，或者說，事物的屬性被融入了得到人們認可的社會實踐之中。例如，我們不再談論造物主上帝

---

[240] 理查·羅蒂：《真理與進步》，楊玉成譯，華夏出版社 2003 年版，第 53 頁。
[241] 理查·羅蒂：《哲學和自然之鏡》，李幼蒸譯，生活·讀書·新知三聯書店 1987 年版，第 294 頁。

而談論「基因」、「遺傳」，是因為這些詞比「上帝」更能說明事物的演化規律。

在後哲學美學中，「善」也是一種約定，「當習慣和習俗已經不再足夠的時候，我們便發明了道德和法律」[242]，「善」的概念的合理性，不在於它符合某個先驗的原則或基礎，而在於它與人們所理解和希望的東西的一致，「善」的具體表現就是「蘇格拉底的德性，即願意談話、傾聽別人意見和衡量我們的行為對別人的後果」[243]，現代生活中，人們不再需要「立法者」，而需要對話者，解決問題不需要「權威」，而需要「對話」、「協商」。「對話」與「協商」既不需要預定的本體論或認識論目標，也不需要本體論或認識論方面的保證，因為「道德教育是情感教育而不是其他教育」[244]。後哲學美學反對傳統美學非此即彼的善惡規定，它主張「演化沒有目的，人性沒有本質。所以，道德世界並不劃分為本質上正派的和本質上邪惡的，而是劃分為不同集團的善和不同時代的善」[245]。

後哲學美學中的「美」也是協同和選擇的結果，審美觀念的變化是人們在生活上從舊需要到新需要的變化，判斷事物美或不美，應當根據其效用而非某個抽象的原則。無論審美本質論還是審美經驗論，其出發點和歸宿都應當是實際的社會生活。

羅蒂強調，真、善、美之間的差異也沒有那麼大，從實用主義的角度看，審美活動給人們「提供的是娛樂而不是真理」[246]，因此，羅蒂要求人們「不應當假定，美學總是道德的敵人。應當說，在近來的自由社會歷史上，想用美學方法看待問題（滿足於席勒所謂的『遊戲』而放棄尼采所

---

[242] 理查・羅蒂：《真理與進步》，楊玉成譯，華夏出版社 2003 年版，第 180 頁。
[243] 理查・羅蒂：《後形而上學希望》，張國清譯，上海譯文出版社 2003 年版，第 292 頁。
[244] 理查・羅蒂：《後形而上學希望》，張國清譯，上海譯文出版社 2003 年版，第 57 頁。
[245] 理查・羅蒂：《真理與進步》，楊玉成譯，華夏出版社 2003 年版，第 180 頁。
[246] 理查・羅蒂：《後哲學文化》，黃勇譯，上海譯文出版社 2003 年版，第 74 頁。

謂的『嚴肅精神』）的願望已經成了道德進步的重要手段」[247]。在現代生活中，「合適」與「不合適」、「滿意」與「不滿意」這類說法比「真」與「假」、「善」與「惡」、「美」與「醜」這樣的描述更恰當。

　　羅蒂關注觀念的社會功利效果，認為「信念是行為的習慣而不是表象實在的努力……一個信念之真，是其使持此信念的人能夠應付環境的功用問題，而不是其摹寫實在的本身的存在方式的問題。根據這種真理觀，關於主體與客體、現象與實在的認識論問題可以由政治問題，即關於為哪些團體目的、為何種需要而從事研究的問題，取而代之」[248]。羅蒂強調真、善、美的目標不是認識某個終極之物，而是透過創造新的術語和描述方式增進生活幸福，促進想像力的成長、文化邊界的拓展和社會的進步。據此，他建議在審美研究中，用「較為有用的事物和較為無用的事物的區分代替實在和表象的區分」[249]「我們對美能夠了解什麼？」的文化政治學問題代替「美的本質是什麼？」的哲學本質論提問，以「文化政治學」去「取代本體論」，以此作為形而上學之後的「文化的生長點」[250]。

　　後哲學美學生存論優先，把可能的經驗生活而非預定的抽象觀念作為審美研究的出發點，把真、善、美作為社會進步綱領與描述社會合理性的方式，為美學研究提供了新的研究思路和描述空間。

（二）解釋學：加強對話，減少痛苦

　　審美活動歸根結柢離不開解釋，解釋學與認識論是並行的描述世界的方式。由於笛卡兒和康德的影響，近代西方美學專注於認識論研究，以探尋事物間可以通約的本質或基礎為目標。解釋學的目標恰與之相反，其

---

[247] 理查·羅蒂：《後哲學文化》，黃勇譯，上海譯文出版社 2003 年版，第 182 頁。
[248] 理查·羅蒂：《後哲學文化》（作者序），黃勇譯，上海譯文出版社 2004 年版，第 1 頁。
[249] 理查·羅蒂：《後形而上學希望》，張國清譯，上海譯文出版社 2003 年版，第 101 頁。
[250] 理查·羅蒂：《後形而上學希望》，張國清譯，上海譯文出版社 2003 年版，第 197 頁。

目的是為了獲得對人生意義的理解，它既不追求「真理」，也不講究「方法」，它只發起對話。羅蒂反對認識論美學，宣導解釋學美學，不過，羅蒂的解釋學不同於歐洲大陸的解釋學。歐洲大陸的解釋學（以伽達默爾的哲學解釋學、哈伯馬斯的批判解釋學、利科的現象學解釋學為代表）預設了解釋的基本目標（諸如存在、深度），追求話語和意義的統一，難以和形而上學徹底決裂；後哲學美學堅持行為和文化的歷史主義立場，反對話語通約，反對尋找最終的解釋。羅蒂認為，一些個體獨特的審美經驗不可能被譯讀成可通約的普遍性話語，意義通約擴大了日常生活的公共空間，卻彌平了情感世界的個體空間，導致整一性，卻消除了不同事物間親和性或曰協同性的可能。

　　後哲學美學堅持不同話語存在的獨特性，認為無需在其中間找一個可通約的基礎；每個解釋者都應當對他人保持對話立場，把對話作為自身活動的基礎和開端，在對話時追求差異基礎上的協同，而不是限制和統一；對話者應當尊重對方的獨特性，承認對方追求的意義，承認對方各自願望間的差異，承認這種差異不存在共同的基礎，相互之間不可通約，承認「將這些不同的追求放在同一個尺度上衡量，乃是毫無意義的。同理，試圖將這些追求加以統合起來，也是毫無意義的」[251]。羅蒂認為，正是由於差異和分歧才需要對話，如果不同事物間存在著可以通約的共同前提，就不需要對話了，正是由於差異和分歧不可通約，才需要對話來調和。新實用主義解釋學堅持每一種理論都有自己特殊的詞彙、特殊的描述方式，因此，它要求人們放棄通約，即將不同事物統一到一個標準或規範之下的欲望，認可每個個體的實踐、語言遊戲和生活形式。無疑，這正是後現代哲學的基本特點。

---

[251] 理查・羅蒂：《偶然、反諷與團結》，徐文瑞譯，商務印書館 2003 年版，第 206 頁。

　　羅蒂認為，解釋學對話的基礎是對話雙方都有一個偶然的出發點，彼此相似的境遇，而不是某個先驗觀念或原則。不是形而上學，不是認識論，而是願意談話的欲望，願意傾聽別人意見的立場，願意考慮自身行為對他人可能產生的後果等狀況，才能為對話成功提供保證。在他看來，解釋學的目標就是推進人類之間的不斷持續的「談話，而非在於堅持在該談話中為近代哲學的傳統問題留一席之地」[252]。羅蒂提出，實現對話的前提是對話雙方在對話中，努力去學對方的語言，而不是將其轉譯為自己的語言，以己心度人之腹，用自己慣用的規範和標準去衡量、判斷對方的存在；如果對異己話語只根據自己的欲望和信念去判斷其價值，那麼就不可能理解它。要承認自身認識的出發點和他人認識的出發點一樣具有偶然性、局限性甚至偏狹性，要相信別人的信念和自己所持的信念一樣好，至少不比自己所持的信念差。

　　羅蒂指出，對話是否一定能夠取得成功，是無法預期的事，對話中可能出現的種種意義因素會導致談話意圖和方向的改變，甚至會使最初的意圖落空。因此，不要輕易預測成功，而要注重談話時的實際效果，儘量減少對抗及由對抗而致的殘酷、不幸和痛苦，這種實用主義目標或許應當比道德理想主義更切合人類生活的實際。

（三）反諷與教化：逃避通約，走向創造

　　後哲學美學的基本詞彙之一就是「反諷」。反諷就是透過對話消除獨斷和荒謬，並透過創造對事物性質進行再描述。羅蒂借助描繪反諷主義者的立場，表達了他的後哲學美學觀、人生觀。

　　羅蒂從不同方面刻畫了反諷主義者的特點：

---

[252] 理查·羅蒂：《哲學和自然之鏡》，李幼蒸譯，生活·讀書·新知三聯書店 1987 年版，第 342 頁。

　　反諷主義者是反形而上學家。他們尊重活生生的生命，而不是抽象的觀念，尊重有選擇行為的個體，而不是抽象的類；他們主張生活的意義「根本不在於人人都認識一個普遍的真理或追求一個普遍的目標，而是大家普遍都有一個自私的欲望，即希望自己的世界 —— 個人放入自己終極語彙中的芝麻小事 —— 不會被毀滅」[253]；他們相信「未來的統治者到底會像什麼，並不決定於人性和人性與真理、正義的關係之偉大必然真理，而是決定於許許多多微不足道的偶然事實」[254]，因此，他們寧願以個體的行動和選擇的觀察代替宏大理論的構想。

　　反諷主義者是存在論的偶然論者。他們強調人類文化的偶在性質，承認自身所屬文化存在的偶在性，能夠尊重自身之外文化的偶然存在，「想像地認同他人生命的細微末節」[255]，價值觀念上「不再追求普遍有效性」[256]，是「對私人目標的徹底多樣性，個人生命的徹底詩意性」保持足夠的寬容和尊重，追求「協調」而不是「同一」或「統一」，反對以一種觀念一統天下。以反諷為原則的「自由社會是這樣一個社會：在這個社會中對這種特殊性和特異性的尊重是廣泛的，在其中人們所期望的唯一的那種人類自由是以賽亞・伯林的『消極的自由』 —— 即不受他人干擾。對這種社會而言，『普遍的有效性』，不受有限的時空背景約束的自由，不是目標……原則的內在有效性問題不會產生」[257]。

　　反諷主義者是生活上的多元論者。他們奉行「怎麼都行」的生活信念，認為描述世界的方式絕不應當只有一種，一個有自己終極語彙的人不能干涉別人創造和使用他自己的終極語彙，更無權把自己的生活觀和價值

---

[253]　理查・羅蒂：《偶然、反諷與團結》，徐文瑞譯，商務印書館 2003 年版，第 131 頁。
[254]　理查・羅蒂：《偶然、反諷與團結》，徐文瑞譯，商務印書館 2003 年版，第 266 頁。
[255]　理查・羅蒂：《偶然、反諷與團結》，徐文瑞譯，商務印書館 2003 年版，第 270 頁。
[256]　理查・羅蒂：《偶然、反諷與團結》，徐文瑞譯，商務印書館 2003 年版，第 96 頁。
[257]　理查・羅蒂：《真理與進步》，楊玉成譯，華夏出版社 2003 年版，第 289 頁。

觀強加於他人，對他人的信念和行為方式應當保持足夠的寬容態度。他們認同個體創造的獨特性，同意每個人都有權力「創造他自己的語言遊戲，從而創造他自己，企圖避免再為蘇格拉底生一個小孩，避免再做柏拉圖的注腳」[258]；他們認同個體創造的不可重複和不可替代性，承認「所有語言遊戲都是自成一類的，這就是說，它們不可被還原為另一種語言遊戲」[259]，話語如果透過對話能夠達至共識，「那麼每一個人的終極語彙各不相同，根本是無所謂的」[260]。

反諷主義者是富有創造力的人。他們追求多樣和新奇，反對價值判斷上「非此即彼」的思維方式，他們在表達中善於使用隱喻，不斷轉換語彙和主題，在談論事物時避免論證，追求理解活動的非認知化、非形而上學化，極力促成哲學向文學的轉變。

羅蒂認為，最具有反諷行為的人是詩人和藝術家，最具有反諷性質的文化形式是藝術，因為「藝術活動比任何其他活動更少從屬性，更具獨立性」[261]，而且藝術創造的目標不是推理、分析、論證，而是對話、交流與溝通，藝術創造的目標不是客觀性認識，而是思想、情感的交流以及由此而至的社會協同和人們對未來美好生活的渴望，猶如古希臘時代的狀況。在後哲學時代，美學家真正的對手是那些具有創造力的反諷主義者。

從反諷主義的角度看，「本質」、「真理」是人們「實驗」、「安排」、「操作」的結果，哲學觀念是不同時空內的人進行思想實驗的結果；思想實驗就是對各式各樣的經驗反覆描述或再描述，「創造」新的可能的秩序。羅蒂認為，反諷的文學高於理論化的哲學，以小說而論，「小說通常

---

[258] 理查·羅蒂：《偶然、反諷與團結》，徐文瑞譯，商務印書館 2003 年版，第 187 頁。
[259] 理查·羅蒂：《真理與進步》，楊玉成譯，華夏出版社 2003 年版，第 121－122 頁。
[260] 理查·羅蒂：《偶然、反諷與團結》，徐文瑞譯，商務印書館 2003 年版，第 131 頁。
[261] 理查·羅蒂：《真理與進步》，楊玉成譯，華夏出版社 2003 年版，第 173 頁。

是關於人的，而不是關於普遍的概念或終極語彙，故它的題材理所當然是受到時間限制、牽連在種種偶然所構成的網路中的事物。由於小說中的角色會衰老和死亡，由於這些角色顯然和他們所在的小說一樣，都是有限的，因此，我們不容易誤以為只要我們對他們採取了某種態度，我們就對每一個可能的人物都採取了態度。反之，凡是涉及觀念的書籍，甚至歷史主義者如黑格爾與尼采的著作，看起來都像是對永恆事物之間的永恆關係的描述，而不是在對終極語彙之間的關係脈絡加以系譜學的解釋，指出這些終極語彙如何在偶然的遇合、這個人與那個人不經意地邂逅中形成」[262]。

「教化」是後哲學美學中的另一個基本詞彙。羅蒂認為，西方哲學有兩種類型：一種類型以知識探求為目標，以概念、範疇、命題的邏輯分析為手段，他稱之為「系統哲學」，哲學史就是系統哲學傳統的敘述史；另一種類型以生存意義的理解與解釋為目標，以修辭性的語言描述為手段，他稱之為「教化哲學」，教化哲學在傳統哲學史敘事中一直受排斥。系統哲學總是想透過論證建構某種東西，例如「確定性」、「基礎」、「本源」、「永恆」、「真理」等，並想這種建構作為一種專業走向牢靠的科學大道。系統哲學的偏狹是顯而易見的，因為哲學越是「科學」、「嚴格」、「專業」，其理論適用範圍越小，其觀點越狹隘，伽達默爾在《真理與方法》一書中對此進行了理論分析，並建議用人文科學的諸概念如「教化」（bildung）、「共通感」等代替系統哲學的「真理」等概念。羅蒂認為，伽達默爾的教化概念之詞義是「教育」、「自我形成」，含有對照和限制的古典意味，與後現代社會精神不符，因此，他另造了一個「教化」（edification）概念，用它「來代表新的、較好的、更有趣的、更富成效的

---

[262] 理查・羅蒂：《偶然、反諷與團結》，徐文瑞譯，商務印書館 2003 年版，第 153 頁。

說話方式」[263]。羅蒂強調，他的所謂「教化」具有兩個方面的作用：第一，嘗試在沒有可通約性事物之間建立連繫，這種連繫只是發展起來的可能性而不是人為的預定性；第二，它具有「詩」的性質，教化性的話語的力量在於它以某種反常的方式，借助異常力量使人們脫離舊我，幫助人們成為新人，在精神層次上自我提高。

羅蒂把杜威、海德格、維根斯坦和他本人的哲學都歸入教化哲學，教化哲學主張人的生存是文化的根本目標，認識、求真、研究等活動只是達到教化目標的一個組成部分，一種手段，一種活動類型，它們無法背離教化的目標，更無法取代教化。

教化哲學反對系統哲學的知識探索目標，反對它「用最終的詞彙追求普遍公度性」[264]，對通約所造成的事物的單一性質和平均狀態。教化哲學的詞彙表中沒有為人們提供共同認識的認識論詞彙，而是具有文學特徵的警句、格言、詼諧語等描述性詞彙。教化哲學家正是以此作為反對通約、僵化，追求差異、變化的修辭手段和語言策略。在此意義上，教化哲學只不過是另外一種形式的反諷哲學。

教化哲學不是系統哲學的反叛者，它是獨立於系統哲學的話語類型，有著與系統哲學完全不同的話題與規則。它不關注終極詞彙和普遍的通約基礎，而只關注不同歷史時期事物的特殊存在；它不關心認知和知識，而只關心不同類型的文化；它不推理，不論證，只以遊戲（例如文學敘事）的方式描述，它以非「哲學」（形而上學）的方式書寫哲學，以此擺脫專業化哲學的封閉性。羅蒂承認，教化哲學的作用「是治療性的，而非建設性的」[265]，教化哲學家永遠也不能使哲學終結，但他們能有助於防止哲

---

[263] 理查·羅蒂：《哲學和自然之鏡》，李幼蒸譯，生活·讀書·新知三聯書店 1987 年版，第 315 頁。
[264] 理查·羅蒂：《哲學和自然之鏡》，李幼蒸譯，生活·讀書·新知三聯書店 1987 年版，第 321 頁。
[265] 理查·羅蒂：《哲學和自然之鏡》，李幼蒸譯，生活·讀書·新知三聯書店 1987 年版，第 3 頁。

學走上牢靠的科學大道」[266]。

（四）哲學文學化：偏離概念，關注人生

反諷和教化哲學共有的特點，就是它們非常接近文學。崇文學而黜形而上學，是後現代哲學共有的價值取向，從淵源上說，這一取向是古希臘就有的詩與哲學之爭的延續。

詩與哲學何者為高？這一問題在西方歷史上一直聚訟未決。隨著教育的普及和發展，哲學在知識領域取得了決定性的勝利，一度被人們視為精神科學之王。像德希達等後現代哲學家一樣，羅蒂批判了形而上學在精神領域一統天下理想的虛妄，在他看來，哲學和文學同屬文化建構中的精神類型，由於環境限制，哲學比文學更容易存在地域、文化等諸多方面的偏見。由於專業化因素的限制，形而上學在描述事物的多樣性時捉襟見肘，其功效還不如文學。

羅蒂認為，文學的形象思維形式高於哲學的邏輯思維形式，文學家遵從直覺而不遵從規則，聽命於情感而拒絕理智，使用想像而不使用推理，使用比喻而不使用論證，使用修辭語而不使用資訊語，只描述而不分析，創造出活生生的經驗對象。直覺、情感、想像等因素沒有邊界，文學也沒有邊界，更沒有通常學科的專業對象與範圍限制，文學描述的經驗形式和生活空間可以無限變化和拓展。文學追求變化和新穎，形而上學追求普遍和永恆，萬物皆流，形而上學的思想終屬虛妄。

羅蒂還對西方文化史上哲學與文學對立的傳統思想進行了解構。在他看來，哲學與文學並非水火不容，哲學自身就蘊含著文學因素：「決定著我們大部分哲學信念的是圖畫而非命題，是隱喻而非陳述。」[267] 哲學在

---

[266] 理查·羅蒂：《哲學和自然之鏡》，李幼蒸譯，生活·讀書·新知三聯書店 1987 年版，第 324 頁。
[267] 理查·羅蒂：《哲學和自然之鏡》，李幼蒸譯，生活·讀書·新知三聯書店 1987 年版，第 9 頁。

謀求自身發展的過程中，也「面對著引入新術語和排擠當前流行的語言遊戲」[268]。真正的哲學一定是文學的，歷史上富有創造力的哲學都曾提出談論問題的新的詞彙，並圍繞這些新詞彙展開一系列的假設性描述；同樣，真正的哲學家一定是詩人，「詩人 —— 廣義而言，新字詞的創制者，新語言的構成者 —— 乃是人類的先鋒前衛」[269]。概念化的哲學不過是死去的文學，「今天字面的客觀真理不過是昨天的隱喻的屍體」[270]。

羅蒂認為，文學不比哲學等而下之。從社會實踐特徵來看，文學描述呈現給人們具體的經驗，並為特殊境遇的判斷提供實踐的基礎，這一點非哲學所能及；從社會實踐目標看，文學不是要為人們提供某種終極認識，而是促進社會民主與進步；從社會效果來看，文學對增進社會希望和人類團結所起的作用比哲學要大得多，「小說，而不是道德論文，是道德教育的最有用的工具」[271]。從文化功能的角度考慮，哲學應當從專業認識與分析走向理解與對話，以描述話語、敘事話語代替邏輯話語、認識話語，放棄認識、知識、科學，走向存在、生活、文化，從定義走向描述，從認識走向審美，從邏輯走向修辭，從理論走向實踐，從求真走向交往，從壓制走向說服，從知識論走向政治學、社會學和文化學，從邏輯主義走向歷史主義，概言之，「當代知識分子應該留意的領域乃是文學與政治」[272]。

後哲學美學強調，生活背後沒有任何永恆的東西，哲學作為後設敘事或宏大敘事的時代已經過去，它不應再停留在知識目標上，而應當師法文學，以人生意義和社會關懷為目標，放棄大寫的哲學期望（整體性、規範性、中止點、標準、原則等），放棄證實原則，放棄以邏輯語言切分事物

---

[268] 理查·羅蒂：《哲學和自然之鏡》，李幼蒸譯，生活·讀書·新知三聯書店 1987 年版，第 393 頁。
[269] 理查·羅蒂：《偶然、反諷與團結》，徐文瑞譯，商務印書館 2003 年版，第 33 頁。
[270] 理查·羅蒂：《後哲學文化》，黃勇譯，上海譯文出版社 2009 年版，第 150 頁。
[271] 理查·羅蒂：《真理與進步》（導言），楊玉成譯，華夏出版社 2003 年版，第 12 頁。
[272] 理查·羅蒂：《偶然、反諷與團結》，徐文瑞譯，商務印書館 2003 年版，第 79 頁。

的願望，放棄研究的專業化取向，關注社會領域中具體、實際的問題，像文藝家那樣自由地觀察、評論和描述事物，給人們提供非預定、非命題性質的答案，以便人們根據自己的經驗隨時給予修正和補充。在羅蒂眼裡，「現代西方的『文學批評家』感到可以自由自在地評論任何東西。他是一個後哲學文化的全能知識分子的雛形，是一個放棄了對（大寫的）哲學的要求的哲學家」[273]。以非概念的文學逃避概念化的哲學，也是德希達等後現代哲學家瓦解形而上學的解構策略，在這一點上，新實用主義美學再次顯現出「後哲學」的特徵。

結語：沒有終結的美學

後哲學美學是羅蒂建構美學新範式的思想實驗，它沒打算也不可能終結美學本身。羅蒂對哲學終結的解釋很能說明這一點：「放棄柏拉圖和康德不等於放棄哲學……哲學不可能終結，除非社會和文化變化終結了。」[274]「哲學的終結」只「意味著『建立形而上學體系的終結』或『經驗主義的終結』或『笛卡兒主義的終結』」[275]，不是作為特殊精神類型的哲學活動的終結。美學作為一個哲學單位，作為一種精神活動類型，只要人類生活需要它，它就會繼續存在下去。只是，審美描述的方式應當重新設定：它不再追求審美理論、美學體系、客觀知識等確定性因素，而是以理解和對話為審美建構的目標。

具體來說，後哲學美學志在取消審美的形而上學建構，而不是取消審美建構。它「拒絕以柏拉圖主義的方式談話」[276]，不追求審美本體論目

---

[273] 理查・羅蒂：《後哲學文化》，黃勇譯，上海譯文出版社 2004 年版，第 17 頁。
[274] 理查・羅蒂：〈哲學和未來〉，參見海爾曼·J·薩特康普編《羅蒂和實用主義》，張國清譯，商務印書館 2003 年版，第 263 頁。
[275] 理查・羅蒂：《真理與進步》，楊玉成譯，華夏出版社 2003 年版，第 284 頁。
[276] 理查・羅蒂：《後形而上學希望》，張國清譯，上海譯文出版社 2004 年版，第 97 頁。

標，也不追求審美認識論目標，目的是為了防止審美探索繼續在形而上學的思維傳統裡兜圈子；它關注人而不關注邏各斯，它關注政治而不關注後設敘事；它志在對人類活動情境做出務實判斷，而非追求超驗的本質或概念；它不奢望體系建構，而只想給生活一個合適的描述；它志在使審美建構的思路及問題本身發生轉換，而非走向審美虛無主義；它的建構的出發點是人類生活需要，而非構造理論的形上衝動；它的審美理想「不是高高的祭壇，而是許多畫展、書展、電影、音樂會、人類博物館、科技博物館等，總之，是許多文化的選擇，而不是某個有特權的核心學科或制度」[277]；它的美學追求是「這樣一種情境，在其中論證不止是會變成愚蠢，而且變成不可能了」[278]，其間沒有某個先驗的原則或文化領導者去決定誰可以談論美或談論哪些美的問題。

　　後哲學美學是美國文化的獨特產物：美國文化種類及來源複雜，彼此間差異很難統一，唯有調和協同一途。後哲學美學以其開放的視野、多元的立場、多維精神空間，為文化共存與社會和諧提供了健康的思想根基，為形而上學之後的美學重構提供了一個良好的典範。作為一種精神財富，後哲學美學不屬於美國而屬於整個人類。

第三節　貝爾

　　丹尼爾·貝爾（Daniel Bell, 1919-2011）出生在紐約曼哈頓下城東端的一個東歐移民家庭，他的姓氏為博洛茨基（Bolotsky），父母都是猶太人。丹尼爾八個月時喪父，全倚仗母親在製衣廠辛勤工作，維持一家生

---

[277] 理查·羅蒂：《後哲學文化》，黃勇譯，上海譯文出版社 2004 年版，第 147 頁。
[278] 理查·羅蒂：《哲學和自然之鏡》，李幼蒸譯，生活·讀書·新知三聯書店 1987 年版，第 135 頁。

計。甚至有一陣子，他母親在白天工作的時間裡不得不將丹尼爾寄託在孤兒院裡。兒時的貧困家境，以及作為東歐猶太移民群體遊走在美國主流社會邊緣的深切體驗，使他對於社會主義政治學具有天生的親和性。13 歲時，這一家人改姓為貝爾。丹尼爾·貝爾 1935 年至 1939 年就讀於紐約市立學院和哥倫比亞大學。之後 20 年主要從事新聞工作，關注勞工運動，先後擔任《新領袖》和《財富》雜誌的編輯。皇天不負苦心人，1960 年，他最終在哥倫比亞大學獲得了博士學位。他的博士論文就是那本後來影響深廣的《意識形態的終結》。該書甫一出版，爭議紛至。其立論是，馬克思主義的意識形態理論已經無法吸引美國知識界的如火熱情，因為它與美國的社會現實日漸脫節。馬克思主義力求解決資本主義制度產生的社會和經濟不平等現狀，可是在貝爾看來，這一不平等狀態依靠美國現存制度中政治和管理結構的調節，是可以得到調劑解決的。

丹尼爾·貝爾是美國社會學家，著名的文化保守主義者。貝爾以「後工業社會」的經濟、政治和文化三分研究而蜚聲。他一直久被認為是美國戰後知識界的領軍人物，他的三部主要著作《意識形態的終結》（1960）、《後工業社會的到來》（1973），以及《資本主義文化矛盾》（1976），都產生了持之以恆的巨大影響，也都分別有中文譯本。從 1959 年開始，貝爾在哥倫比亞大學教授社會學，1969 年又移師哈佛大學，直到 1990 年退休。1974 年他當選為美國藝術與科學學院院士，並在 2000 年擔任主席。1987 年應邀在劍橋大學做美國歷史與制度訪問教授。1964 年至 1965年間，他是總統府技術諮詢委員會成員。1979 年，他又出任總統府國家1980 年代發展計畫委員會成員。貝爾一生得到過許多榮譽。他獲得過哈佛大學、芝加哥大學等美國 16 所大學的榮譽學位；獲得過英國愛丁堡納皮爾大學和日本慶應義塾大學的榮譽學位。1992 年，他獲得美國社會學家協

會的終身成就獎。1993 年，他又被美國藝術與科學學院授予帕森斯社會科學獎。1995 年，法國政府授予他托克維爾獎。但是貝爾最終與他最有緣分的馬克思主義各奔東西，同樣與右翼保守主義拉開距離，成為一個在資本主義與社會主義之間探尋第三條道路的「新保守主義者」。

一、經濟、政治和文化

　　丹尼爾·貝爾早在 1970 年代就在描述「後工業社會」的到來，這個「後工業社會」也就是現代資本主義社會。貝爾判定它是由經濟、政治和文化三個領域組成。這是貝爾的一個一以貫之的思想。但貝爾對自己的「新保守主義者」頭銜頗不以為然。在《資本主義文化矛盾》1978 年再版前言中，貝爾就替自己的這個稱謂有過辯護。他說，今天的美國自由主義思想偏見占據主導地位，一個論點假如與自由主義相悖，就會讓一些評論家不舒服。而假如你抨擊口口聲聲宣揚「解放」當代文化的某一個方面，那麼馬上就會發現自己被貼上了「新保守主義」的標籤。很顯然，對於這個標籤貝爾始終是耿耿於懷的。故此，貝爾這樣表明過他的立場：

　　既然一個作者的觀點跟讀者對他意圖的理解有關，那麼，我想我這麼說沒有錯：我是經濟學領域中的社會主義者，政治領域中的自由主義者，文化領域中的保守主義者。[279]

　　貝爾強調說，上面的表述看上去矛盾，會叫人迷惑。因為通常一個人在某個領域中是激進分子，那麼在其他領域中也同樣激進。反之亦然。但是對於他這並不矛盾，因為他的立場裡有一種內在的一致性。

　　如何理解貝爾在經濟、政治和文化三個領域中展現出的所謂社會主

---

[279]　丹尼爾·貝爾：《資本主義文化矛盾》，嚴蓓雯譯，江蘇人民出版社 2012 年版，第 2 頁。

義、自由主義和保守主義三種立場的一致性呢？就技術－經濟領域來看，它展現的是資本的自由競爭原則，如果一個新產品、新服務更廉價，更有產能，那麼據成本計，大家就會使用它。所以它是一個不斷更新換代的過程，並透過市場達成均衡。但是貝爾重申上述工具主義經濟學中的道德因素，指出從亞里斯多德、阿奎那到約翰·洛克和亞當·斯密，都沒有把經濟和道德分立開來，或者認為創造財富本身即是目的，反之它被視為實現德興、引導文明生活的一個手段。所以，價格體系只是一種機制，最終指導經濟的還是深深根植於經濟的文化價值體系。因此，貝爾說，他是經濟學領域的社會主義者。

　　所謂政治或者說政體領域，貝爾強調那不是指某一種體系，而是一個社會秩序，一系列規章制度，用來約束各式人等的競爭，其政治地位和政治特權的「進進出出」，由此構成了一個社會正義和權力的競技場。同時，政治還是保護個人，懲治壞人的司法規則。誠如馬克斯·韋伯的名言：「國家是合法、壟斷使用武力的唯一單位。」作為政治領域中的自由主義者，貝爾認為政治應該維護大眾與個人的區分，不像共產主義那樣把一切行為都看成是政治化的，也不像傳統資本主義社會那樣一切放任自流。但這並不等於流行意義上的平等主義，因為事實上這種情形不是平等，而是數字配額的展現。所以他要堅持需求（need）和欲求（want）的古典區分。所謂需求，所有社會個體都具有的維持生存之必需。所謂欲求，那是相應於各人各不相同口味和特質的不同欲望。一個社會的首要責任是滿足基本需求，否則各人無法成為這個社會的完全「公民」。但是展現優越感的欲求永無止境，應予適當限制。政治領域中的自由主義，最終在於展現平等。不但包括公共領域的平等，而且包括社會生活其他各方面的平等，諸如法律、公民權利、機會，甚至結果的平等。由此使我們可以

作為市民全面參與社會。簡言之，政治的核心就在於表達和參與。

　　關於文化，貝爾指出他對文化這個概念的使用，比人類學家將文化視為一切人工製品和一個社群的生活方式的定義要狹窄得多，但是又比馬修·阿諾德（Matthew Arnold, 1822-1888）這類看作個人完美成就的貴族傳統菁英主義定義要來得寬泛一些。具體地說，文化可視為意義的領域，是以想像的形式，透過藝術和儀式來表現，尤其是我們必然會面對的來自生存困境的悲劇與死亡，來理解世界的努力。《意識形態的終結》中，貝爾則賦予文化如下說明：

　　文化具有兩個維度：一是表現類藝術的各種風格；二是意義的模式，即歷史上宗教的意義模式。有時候這兩個維度是彼此交融的，如天主教會的禮拜、祈禱、音樂和建築。更多時候，就像在「現代」時光，它們是分離的。就表現類藝術而言，替代的原則無從談起。布萊茲「替代」不了巴哈。更新穎的色調和繪畫透視運用，拓展了人類的審美技能。在佛教、儒教、猶太教、基督教、伊斯蘭教這些歷史上偉大的宗教裡，儘管形式千變萬化，因果報應、輪迴、一神教、立約，以及《古蘭經》和先知的核心教義，今天依然廣被認可。[280]

　　　　我們可以發現，以上說明主要是從藝術和宗教兩個層面來界說文化的。在他看來，文化的形式可以在歷史中不斷改變，但是精神內涵可望與世長存。誠如 20 世紀法國的指揮家和作曲家布萊茲再是優秀，也代替不了巴哈的魅力。同理，世界上各大宗教形式早已變化多端，但是古老信仰的基本教義，也還是留存了下來。甚至經濟體系可以崩潰，政治帝國可以消亡，以宗教和藝術為其兩大支脈的文化，從埃及浮雕、中國書畫，到

---

[280] Daniel Bell, *The End of Ideology: On The Exhaustion of Political Ideas in The Fifties*, Cambridge, MA: Harvard University Press, 2000, p. xviii.

今日博物館裡汗牛充棟的收藏，依然歷久彌新，魅力不減當年，這就是文化的魅力。

那麼，經濟、政治和文化這三個領域，有沒有可能在新的視野中，特別是在今天冷戰結束之後的新時代裡重新整合起來？貝爾的回答同樣是肯定的。他的回答是，排斥中國或許還有印度的崛起，以及非洲國家的經濟困境和種族衝突不談，依然有可能勾勒出一幅樂觀的圖景。那就是一個重新配置生產和技術的全球化的「經濟」社會，一系列統一預算和福利規則的「政治」集團，以及民族國家和地區內部的「文化」自治。換言之，保護民族文化，在貝爾看來，是後工業社會的當務之急。

二、後工業時代的文化

貝爾自稱他的後工業社會理論，很大程度上得益於他對馬克思主義方法的運用，即把技術關係放到當代科學，特別是 20 世紀符號學理論的背景中來加以理解，故而，是用「知識技術」代替了以往的「機械技術」。貝爾說，他提出了後工業時代的概念，針對的首先就是這個「技術－經濟」領域和它的巨大影響。

在貝爾看來，後工業社會的到來也意味著文化大變革的到來。它破除壓抑，聲張感性。可是人們馬上發現橫在面前的是一個悖論：「矛盾且荒謬的是，那些運用馬克思主義的方法，強調經濟與結構變化的人，被視為保守主義和技術官僚主義者，那些強調意識自足，即意識形態領域的人，被認為是革命家。」[281] 貝爾認為這個悖論之所以讓人糾結，是因為兩方面都有道理，問題在於用什麼理論來加以框架。比如黑格爾、馬克思和韋

---

[281] Daniel Bell, *The Coming of Post-Industrial Society: A Venture in Social Forecasting*, New York: Penguin, 1976, p. 476.

伯，假如用黑格爾的理論來加以闡釋，貝爾指出，那麼每一個社會都是結構上相互關聯的一個整體，是根據精神發展的某一個「契機」，也就是歷史發展的某一個階段組織起來的。它意味著這個整體中的任何一個部分，都不可能是孤立的現象。反之，根據馬克思的理論，貝爾引馬克思《政治經濟學批判（序言）》中的名言，則是生產關係的總和構成社會的經濟結構，即有法律的和政治的上層建築豎立其上，並有一定的社會意識形式與之相應的現實基礎。物質生活的生產方式制約著整個社會生活、政治生活和精神生活的過程。而在馬克斯·韋伯看來，貝爾引韋伯《普通經濟史》中的一段話指出，產生資本主義的決定因素，最終是在於不懈的理性追求，包括理性的決算、理性的技術、理性的法律等不一而足。不僅如此，還有理性的精神生活，即理性主義生活方式和經濟倫理的合理性闡釋。

貝爾指出，傳統社會學無一例外都是視社會為社會結構和文化的兩相統一。社會結構指的是一個社會的經濟、技術和職業系統，文化則是意義的符號表達。但是在過去的一個世紀裡，貝爾發現，社會結構與文化之間的分裂，正在愈益擴大。先者的根基是工具理性，緊盯效益；後者是反成規，申求正義，張揚自我。就社會結構的「生活方式」來看，它是處心積慮將時間和工作理性化，展現的是一種線性的進步觀念。而所有這一切都來自以技術來主宰自然的努力，期望用工業時代的生活節奏，來代替日出而作、日落而息，束縛在土地上的農耕生態。而技術至上的理念，反過來重塑了這個時代的社會性格，使不輕易滿足、強制獻身工作、節儉節制等，在事奉上帝和自我實現的名義下，成為唯責任感是瞻的神聖道德。就此而言，19世紀的資產階級社會可以視之為一個整體，其間文化、性格結構和經濟悉盡由一個單一的價值系統融合了起來。這就是當其鼎盛時期的資本主義文明。

　　具有諷刺意味的是，所有這一切都被資本主義自身瓦解了。對此貝爾的解釋是，透過大規模生產和大規模消費，資本主義摧毀了新教倫理，代之而起的是狂熱追求享樂主義。生活水準的提高和道德責任的鬆懈，假借個人自由的名義，本身成了目的。如是必然導致社會結構的內部分裂：一方面是生產和工作的系統，它要求勤勉刻苦、自我控制，追求有所作為的素樸人生；一方面是消費的領域，它傾向於及時行樂、窮奢極欲，一味追求享受。但是有一點不謀而合，那就是兩個領域裡流行的都是世俗價值觀念，超驗的信仰和倫理缺失不見了。

　　與建立在技術基礎上的社會結構不同，貝爾認為更關注自我的當代文化，是把人類最深切的衝動本能與對資產階級的反叛結合了起來。他指出，文化的反傳統性質從來就是人類社會的一個周而復始的特徵，壓抑和釋放的辯證，早就在宗教和世俗道德中屢見不鮮。這也是人類用有限的自我來對抗死亡的永恆命運的悲壯努力。如古代的戴奧尼索斯狂歡歌舞，以及早期基督教中的諾斯底教派，都相信自身可以免除道德法則的束縛。19世紀浪漫主義，則以放浪不羈、唯美主義這一類文化形式，來反對資產階級道德。特別是法國詩人波特萊爾、洛特雷阿蒙、蘭波等，可謂在這一高揚波希米亞精神的反傳統浪潮中一馬當先，著力表現「真正的」自我，隨心所欲，一切道德和法律的陳規陋習，何足道哉。

　　貝爾指出，這一反資產階級傳統價值觀念的潮流，就意識形態層面上而言，是與新興知識階級的興起，以及追求自我實現的風雲際會的青年運動攜手並進的。它們的一個共同特點就是文化反叛，強調個性自由。故而，這一時期「敵對文化」（adversary culture）和「反文化」（counterculture）的出現，也可謂正當其時。所謂敵對文化，貝爾的闡釋是，歷史上它是出身於現代主義運動，反對資產階級傳統道德，從藝術特

別是實驗前衛「艱難」藝術中汲取了大量營養，包括 20 世紀早期的大量文學、音樂、繪畫和詩歌。對此，貝爾的評價是：

> 這類藝術所為，首先在於打破了傳統的「理性宇宙論」，它秩序有定排列時空，分出次序和比例、前景與背景、距離與控制，這都是從 15 世紀到 19 世紀，綿綿不斷的經驗組構出的感性模式。透過現代主義，上述忤逆性的衝動吸引住了文學和藝術這些高雅文化的目光。[282]

相較於「敵對文化」，「反文化」又是什麼？貝爾的說法是，反文化是生活方式的一場革命，它認可衝動，探索幻想，追求各式各樣的快感，總而言之是以解放自我的名義，針鋒相對挑戰資產階級社會規範。但是，鑑於資產階級文化隨著 19 世紀過去早已成為明日黃花，故而反文化不過是一方面拓展了文化現代主義的路數，一方面重演了 60 年前即已誕生的早已被資本主義市場化的享樂主義。貝爾指出，反文化鼓吹個人自由、極端經驗以及性解放，這都讓自由文化（liberal culture）措手不及，因為它向來只有在藝術和想像領域，而不是在現實生活中接受這類前衛意識。其結果只能是導致道德混亂，反彈一觸即發。即便如此，貝爾還是充分肯定了文化對於社會的引導作用：

> 觀念與文化風格並沒有改變歷史，至少，並沒有一夜之間改變歷史。但它們是變革的必然前奏，因為意識之中，即價值觀念和道德評判之中的變革，正是驅使人們去改變其社會格局與制度的動因所在。[283]

總之，貝爾發現，資本主義社會由此面臨著一個文化悖論：如今它必

---

[282] Daniel Bell, *The Coming of Post-Industrial Society: A Venture in Social Forecasting*, New York: Penguin, 1976, p. 479.

[283] Daniel Bell, *The Coming of Post-Industrial Society: A Venture in Social Forecasting*, New York: Penguin, 1976, p. 479.

須承認一個敵對的「意識形態」，終始心有不甘也罷。這意味著承認撐起這個異端意識形態的新興階級，承認傳統的價值系統已經分崩離析，而埋葬它的，恰恰是資本主義自身的結構轉型。關於這個敵對的意識形態及敵對的新興階級，貝爾特別指出，它不是工人階級的世俗社會主義，而是「現代主義」的文化潮流，他們既是被現存體系收編進來，也保留了與生俱來的忤逆態勢。這個新興階級主導著媒體和文化，表面上並不似「自由派」那般標榜極端，可是它圍繞著「個人自由」的價值觀念，是徹頭徹尾反資產階級的。所以，即便資本主義的價值體系在重申虔誠，可是虔誠在現實社會中顯得空洞，在由這個體系本身培植的享樂主義生活方式面前，一敗塗地。概言之，正如馬克思所預言的那樣，資本主義成了它自己的掘墓人。

貝爾認為，上述文化悖論正是資本主義揮之不去的社會危機。他指出，變革不是一朝一夕的事情，而且也很難還原到哪一個時間點上，但是其意識形態根源可以上溯到 19 世紀的文學團體，以及半個世紀之前資本主義促生的生活方式的變化，當然，還有近十年崛起的新興知識階級。總而言之，

文化危機不可能像政治問題那樣，由收編或排斥哪一個社會集團來得到解決。它深深植根在支撐或者未能支撐住某一個體系的核心價值裡面。正因為如此，這個文化悖論實質上是資本主義社會的一個持久性危機。

回過頭來再看文化與社會結構脫節的問題。貝爾認為，在後工業社會，這一脫節是不減反增。後工業社會技術替代了傳統宗教，在著力證明資本主義社會的歷史合法性。但是貝爾指出，一個技術官僚的時代絕不是一個高貴的時代。物質豐富帶給人的滿足感轉瞬即逝，它無法替代精神生

活的渴求。而人類最深切的本能，莫過於構建神聖制度和信仰，來尋求生命的意義，以否定死亡的虛無。後工業社會由是觀之，除了獻身於科學聖殿的少數人，它無法提供某種具超越性的倫理。憤世嫉俗的遊戲人生最終將人引向自我中心主義的孤獨，導致社會共同價值的分崩離析。故缺乏一個根深源長的道德信仰體系，是後工業社會的文化矛盾所在，不解決這個矛盾，後工業社會將沒有前路。這就是貝爾的結論。

三、現代主義的審美體驗

那麼，後工業社會文化語境中的美學和藝術，又當何論？貝爾一言以蔽之，那就是現代主義藝術及由此導致的審美經驗變遷。《資本主義文化矛盾》中，貝爾對此專門談了現代主義和審美體驗的問題。他認為，現代主義是一種持續了一個多世紀的文化風尚，早在馬克思主義產生之前，就開始攻擊資產階級社會，影響遍及所有藝術領域，諸如馬拉美的詩、形式錯位的立體主義繪畫、維吉尼亞·伍爾芙和詹姆士·喬伊斯的意識流小說，以及阿班·貝爾格的無調性音樂，當其面世之時都叫人錯愕不解。所以現代主義藝術的一個與生俱來的象徵，即是製造審美經驗的錯位：它自覺追求晦澀，採用陌生形式，以前衛實驗姿態給觀眾製造不安、震驚、慌亂，甚至就像宗教那樣改變和征服他們。簡言之，現代主義藝術改寫了傳統的審美體驗。

改寫首先展現在距離的消解上面，無論是心理距離、社會距離，還是審美距離，而堅持經驗的絕對在場、直接同步。貝爾認為這一從秩序向無序的過渡，是 19 世紀中葉以來發生的一場審美觀念大變遷，其中舉足輕重的不是情感變易，而是時空的錯位。所以，

如果從美學角度問，現代人在體驗感覺或情緒時與希臘人有何不同？

答案將跟基本人類情感無關，比如（任何時代都有共同的友誼、愛情、恐懼、殘忍和侵犯），而是跟運動和高度的時空錯位有關。在 19 世紀，人類旅行的速度有史以來第一次超過了徒步和騎馬，他們也因此獲得了對不斷變化的景物、連續不斷的形象和萬物倏忽而過的運動的完全不同的感覺，這是他以前從來沒有經歷過的。[284]

　　貝爾指出，這一變遷表現在藝術領域，那便是藝術主題不再是以往的神話人物或者大自然中的靜物，而是海濱漫步、城市生活的喧囂，以及電燈發明賜予都市夜生活的絢爛多姿。這一切都是對運動、空間和變化的回應，其結果是為藝術提供了新的句法，跟傳統形式形成錯位。

　　貝爾進而指出，在前現代觀念中，經典的看法是藝術大體就是沉思默想，藝術家凝神觀照客體，保持審美距離，其審美經驗是為主體所清醒支配的。但是在現代主義之中，藝術的目的是「徹底征服」觀眾，故作品本身是在用自己的那套新話語，把自身強加給觀眾。具體表現是繪畫中透視的縮短，詩歌中則有傑拉德·霍普金斯式的「跳躍節奏」等。不僅如此，由於對藝術作品的傳統整體掌握感被顛覆，碎片和部分替代整體，殘損的軀幹、斷離的手臂、原始的痛苦表情，以及被框架切割的人體，凡此種種替代整體形成了新的美學。在這一審美經驗的變遷流動中，藝術體裁變成了一個陳舊的概念，不同體裁和類型之間的區分和界線，悉盡是給拋諸腦後了。對此，貝爾諷刺說：「或許，這場美學的災難本身成了一種美學。」

　　貝爾認為後工業社會是一個享樂主義時代。這個時代的文化風格，便是普普藝術。普普藝術是不是名如其實，是不是源自流行、源自大眾，反映了大眾的審美觀？貝爾的回答同樣是否定的。他指出，普普藝術的主題來自日常世界，諸如家居物品、電影、漫畫、廣告中的形象、漢堡、可

[284]　丹尼爾·貝爾：《資本主義文化矛盾》，嚴蓓雯譯，江蘇人民出版社 2012 年版，第 49 頁。

樂以及衣服。普普藝術的關鍵，是繪畫中沒有張力，只有戲仿。所以不奇怪，在普普藝術中，我們可以看到海伊（Alex Hay）五英尺長的普通郵戳、李奇登斯坦（Roy Lichtenstein, 1923-1997）的巨型作文本、歐登伯格（Claes Oldenburg）用乙烯基塑膠做的大漢堡。對於這三位美國著名的普普藝術家，貝爾的評價基本上是中性的。他既沒有像發現新大陸那樣對普普藝術的「化平庸為神奇」讚不絕口，也沒有嗤之以鼻、不屑一顧。他指出上述作品都是對現實物品的戲仿，不過總是帶著善意的揶揄，並表示贊同評論家蓋布里克（Suzi Gablik, 1934-2022）的一段話，即普普藝術的美學前提是傳統藝術的階級觀念，使蒙德里安和米老鼠等量齊觀。同時藝術的邊界被無限擴大，而將普遍認為是藝術之外的因素也囊括進來，諸如技術、贗品和幽默等。

與對普普藝術的客觀態度相反，貝爾對先知先覺傳媒時代到來的麥克魯漢，卻很是不以為然。他認為，麥克魯漢就是享樂主義時代的先知，是將這個時代的市場知識編織進了資訊代碼。他說：

麥克魯漢是位作家，他不僅用這種編碼手段詳細描述了享樂主義時代，還用一套適於這個時代的公式編碼了時代思想，透過自己的手段風格示範了對這種技巧的超越。媒體即訊息（這意味著思想是次要的或者說並不重要）；一些媒體是「熱的」，比如廣播（它把聽眾排斥在外），而另一些是「冷的」，比如電視（它需要觀眾介入來完成參與）；印刷文化是線性的，而視覺文化是共時性的等等。所有這些概念特點不是用來分析，或者用一些實證來檢驗；它們是緩解人們焦慮的連禱文，以便讓他們在新通訊方式中仍能感到應付自如。[285]

---

[285] 丹尼爾·貝爾：《資本主義文化矛盾》，嚴蓓雯譯，江蘇人民出版社 2012 年版，第 76 頁。

　　這幾乎是冷嘲熱諷，將麥克魯漢整個數落了一遍。特別是麥克魯漢「媒體即訊息」這句名言，就像他的另一句格言「媒體即人體的延伸」一樣，都被認為是預言了「媒體為王」新時代到來的革命宣言。但是貝爾從中讀到的卻是思想的缺場。貝爾的結論是，麥克魯漢極具煽動能力，是廣告人的夢想，其理論不過是「心靈土耳其浴」。換言之，它們是心靈雞湯。

　　事實上，不光是熱媒體和冷媒體的區分，貝爾對麥克魯漢「地球村」的概念也不以為然，認為其意義是微不足道的，至多不過是呼應了大規模通訊網路普及導致社會分化及碎片化這個事實。反之，針對麥克魯漢印刷文化是線性的、視覺文化是共時性的這個命題，貝爾反過來重申古老的印刷文化要優於異軍突起的視覺文化。他的論據是，印刷媒體有助於人從容理解某一個觀點或思考某一個對象，與之展開對話。因為印刷媒體不僅強調認知和符號模式，更重要的是它為觀念思維提供了一種必要的形式。反之視覺媒體，比如電視和電影，是將自身強加給觀眾，重形象不重語詞，引發的不是概念思考，而是戲劇效果。電視新聞青睞災難和人類的悲劇，它喚起的不是淨化和理解，而是很快就消耗殆盡的濫情主義，以及對這類事件的偽儀式感和偽參與感。其結果不可避免地會導致過度的戲劇化，觀眾的反應也要麼虛偽做作，要麼厭倦不堪。不只是電視和電影，戲劇與繪畫亦然，都是在聳人聽聞、嘩眾取寵。總之，視覺文化固然是更適合表現已經由大眾文化接手的現代主義衝動，但作為一個整體，它自身在文化的意義上也必然衰竭得更快。

　　貝爾認為現代主義是拋棄了古典藝術的模仿原則。他指出，模仿是對現實的解釋。正如藝術是自然的鏡子，模仿是生活的再現，是對現實價值的思考，並且在思考中創造理論。貝爾特別強調「理論」（theoria）這個

詞，其最初的意義就是「看」。理論意味著主體跟客體保持一段距離，在確立的必要時間和空間之中，來吸納和判斷。這一段距離，通常也就是審美距離。由此來看現代主義，貝爾發現它否認外部世界作為既有事實是第一位的。它既想重新安排現實，又想退回自我內心和私人經驗，視之為審美觀照的泉源。在他看來，這可以說是源自笛卡兒和康德的審美經驗轉向，最終導致行動替代沉思成為知識來源，實踐替代理論，結果替代起因。

貝爾具體分析了現代主義繪畫怎樣背離了模仿這一駐足於沉思基礎的古典美學原則。他指出，塞尚（Paul Cézanne, 1839-1906）的美學觀念就展現在他那句名言裡：真實世界的所有結構為三個基本固定體的變化：立方體、球體、圓錐體，也難怪塞尚的繪畫就被組織在這三種原型不同組合的平面空間裡。透納（William Turner, 1775-1851）的繪畫中，則可見出一種笛卡兒轉向，從描繪物體過渡到描繪感覺，如〈雨、蒸汽和速度〉這幅畫中，火車駛過泰晤士河上的橋梁，就可看到一種捕捉運動的努力。而到印象主義、未來主義、表現主義和立體主義運動中，更將現代主義推向高潮。有的是人物與背景幾乎融為一體，有的是前景與背景幾無差別。未來主義則乾脆就取消了距離，不論是時間距離還是空間距離。以將「觀看者放在畫的中心」，透過行動，而不是透過審美觀照，來尋找客體和情感的同一性。而對於立體主義來說，掌握現實就意味著同時從各個方位來觀察事物，結果便是將對象的多重平面重疊到繪畫平面的二維空間之中，由此來捕捉同步感，以同一平面上相互割裂的多重視角，消解了單一視角。由此，貝爾認為他可以概括出現代繪畫的意旨，那就是在文法層面上打破有序空間；在美學層面上建構起審美對象與審美觀照者的橋梁，作品將自身縈入鑑賞者腦海，後者不再解釋畫面，相反去感受作品的刺激，即時即刻被其情緒俘虜過去。這還是消弭距離的老話。總而言之，

　　突出的關鍵是，在所有藝術──繪畫、詩歌、小說、音樂中，現代主義衝動在各種體裁的不同本質背後，有著一種共同的表達語法。正如我已經說過的，那就是觀眾和藝術家之間距離的銷蝕，審美體驗和藝術作品之間距離的銷蝕。人們把這現象看成是心理距離、社會距離和審美距離的銷蝕。[286]

　　距離的銷蝕意味著時間的擱置，它分裂瓦解了過去的記憶和現時的感覺。同樣意味著人失去了對經驗的控制，以及與藝術對話的能力。當直接、同步的感官衝擊，成為一種固定的審美模式，貝爾指出，是將每一時每一刻都戲劇化了，將張力提高到狂熱的地步，而一筆勾銷了宣洩淨化的空間。當感官刺激的狂風暴雨掠過之後，我們一無所獲，一片茫然，唯有灰頭土臉回到枯燥乏味的日常生活。

　　貝爾的結論是，距離的失落作為美學、社會學和心理學的事實，再一次顛覆了西方 15 世紀以後的「理性宇宙觀」。它意味著對人類的思維建構來說，再也沒有邊界，沒有秩序有定的原則來界定經驗和判斷。我們祖先擁有的宗教寄託被釜底抽薪，信仰的根基被斬斷之後，個人只能成為無家可歸的文化漂泊者。問題是，今天文化還能重新提供內聚力，一種實質性的，而不是徒有其表的內聚力嗎？

　　應該說，貝爾的資本主義文化批判和與之相應的現代主義藝術批判具有毋庸置疑的現實意義。每一個時代都有一種與生俱來並且是與時俱進的懷舊本能。貝爾懷念的是文藝復興以來西方的理性主義人文傳統，這個傳統有思想、有信仰、有從容不迫的古典趣味，用他的術語來說，即是有著心理的、社會的和審美的距離，由此來展開「距離銷蝕」的後工業社會文化和美學批判。這正呼應了他前面的自白：他是文化領域中的保守主義

[286] 丹尼爾・貝爾：《資本主義文化矛盾》，嚴蓓雯譯，江蘇人民出版社 2012 年，第 122 頁。

者。在此各路天馬行空的前衛理論相繼耗盡自身血脈，審美主義重振雄風的今天，我們重讀丹尼爾‧貝爾的「後工業社會」文化與美學批判，當是不無裨益的。只是，貝爾的文化和藝術批評立足道德主義，實際是以經濟領域的清教倫理之必須，來對抗文化領域的消費主義之必然，而不去觸及資本主義制度本身更深層面的剖析和批判。可見他本人耿耿於懷的「新保守主義」標籤，其實是所言不虛。貝爾在美國知識界雖然名重半個世紀，可是影響遠不如矢志不渝堅持馬克思主義批判立場的弗里德里克‧詹姆森，這應當也是一個重要原因。

第四節　弗里德里克‧詹姆森

人們普遍認為，弗里德里克‧詹姆森（詹明信，Fredric Jameson, 1934-)「可能是當今英語世界最重要的文化批評家」[287]，或者如佩里‧安德森在他為詹姆森的《文化轉向：後現代主義論文選》所寫的序言中說的那樣，詹姆森是「最引人注目、最能給人留下深刻印象的後現代主義理論家」[288]。

詹姆森首先是一個馬克思主義思想家，他始終保持著與某些馬克思主義傳統概念的關聯，如歷史、階級鬥爭、物化、商品拜物教以及晚期／跨國資本主義的總體性等。在他看來，政治和理論氣候的巨變並不意味著馬克思主義將被拋棄，而意味著人們需要對馬克思主義的某些基本原則進行重新思考。因此，詹姆森的工作仍然屬於黑格爾主義－馬克思主義的框

---

[287] This is an often-repeated quotation from Colin MacCabe from his "Preface" to Jameson's book, *The Geopolitical Aesthetics: Cinema and Space in the World System*, Bloomington: Indiana University Press, 1995, p. ix.

[288] Cf. Fredric Jameson, *The Cultural Turn: Selected Writings on the Postmodern, 1983-1998*, London: Verso, 1998.

架；在這個框架內，他從事著與晚期資本主義相適應的、非教條的馬克思主義文化實踐。

　　1934 年，詹姆森出生於美國俄亥俄州克利夫蘭市。1950 年代初期，他在哈弗福德學院學習法語和德語；1954 至 1955 年遊歷於歐洲並在普羅旺斯求學；1956 至 1957 年遊歷慕尼黑、柏林。他在耶魯大學獲得藝術碩士學位，之後又以關於沙特的論文獲得哲學博士學位。60 年代，他在哈佛大學任講師和助理教授，1967 年來到加州大學聖地牙哥分校。1971 至 1976 年，他在這裡任法語和比較文學教授；1976 至 1983 年，任耶魯大學法語系教授。自此以後，他一直是杜克大學比較文學專業的著名教授。詹姆森的著作很多，如《沙特：一種風格的起源》（1961）、《馬克思主義與形式：20 世紀文學辯證理論》（1971）、《語言的牢籠：結構主義及俄國形式主義述評》（1972）、《侵略的寓言：作為法西斯分子的現代派溫德海姆‧路易斯》（1979）、《政治無意識：作為社會象徵行為的敘事》（1981）、《晚期資本主義：阿多諾或被堅守的辯證法》（1990）、《後現代主義或晚期資本主義的文化邏輯》（1991）、《地緣政治美學：世界體系中的電影與空間》（1992）、《布萊希特與方法》（1998）。詹姆森的文選或講演集有：《理論的意識形態：文選，1971—1986》（1988）、《可見的簽名》（1990）、《時間的種子》（1994）、《文化轉向：後現代主義論文選，1983—1998》（1998）。另外，他還著有大量的論文和隨筆。

一、馬克思主義

　　和他的大多數文章一樣，詹姆森早期寫就的三本主要著作《薩特：一種風格的起源》（1961）、《馬克思主義與形式：20 世紀文學辯證理論》（1971）和《語言的牢籠：結構主義及俄國形式主義述評》（1972）都把矛

頭指向占支配地位的形式主義、保守的新批評模式、學院派的「盎格魯—美利堅」文學研究體制，表現出建立一種新的文學批評模式的企圖。上述三部著作可以視為他建立一種新的文學批評理論的預備性的工作。

如果說《馬克思主義與形式：20 世紀文學辯證理論》和《語言的牢籠：結構主義及俄國形式主義述評》無論在信念、方法還是效果方面都已經展現出馬克思主義特徵的話，詹姆森的第一部著作《沙特：一種風格的起源》則更多地富於現象學色彩，它用沙特的概念闡釋了沙特的作品。在此書中，詹姆森借用了沙特的本體論和世界觀，而這些也在他後來的多部著作中留下了印記。此外，本書的行文風格（如為人所詬病的晦澀的句法結構）也在他後來的寫作中多有展現。

正如道格拉斯·凱爾納所說，在沙特的影響下，詹姆森「最初的選擇」是成為一個寫作某種語句、建構某種文本的知識分子。結合 1950 年代北美商業社會的大背景來看，他的雙重選擇（選擇沙特這個研究對象、選擇這種複雜的文學理論寫作風格）意味著他「試圖把自己塑造成一個逆時代潮流而動的持批判立場的知識分子。不難看出，他是在反對現行的文學體制，反對占支配地位的文學批評模式」[289]。事實上，詹姆森的所有著作都是對占主導地位的文學批評模式和流行於盎格魯—美利堅世界的思維方式的批判性干預。

對詹姆森來說，沙特——這個現時代最具影響力的歐陸知識分子，是不妥協的典範，是批判的知識分子，是有著穩健的道德和政治關懷的作家。作為作家，他以與當代各種罪惡抗爭而履行自己的使命。在沙特身上，詹姆森發現了「盎格魯—美利堅」實證主義、唯科學主義、唯美主義

---

[289] Douglas Kellner, *"Introduction: Jameson, Marxism, and Postmodernism"*, in: Postmodernism / Jameson / Critique, Douglas Kellner (ed.), Washington: Maisonneuve Press, 1989, p. 7.

（這些都滲透了當時占統治地位的新批評）的替代品。詹姆森後來寫道：「我本人的知識結構不僅僅是美學的或審美化的（如對浪漫主義文學和龐德詩歌的風格研究），並且也是存在主義的，尤其是沙特主義的。」[290]

　　1950 年代，沙特轉向了馬克思主義與社會主義，並強化了他在政治上的激進主義立場。詹姆森曾說：「我是透過閱讀沙特接近馬克思主義的；不過，我不是透過他後期轉向馬克思主義所寫的諸如《辯證理性批判》那樣的著作，而是透過他在第二次世界大戰期間寫就的那些『經典的』存在主義文本。……對我這樣的美國人來說，沙特是最具有政治參與性的知識分子的代表。這樣的人本來就不多，沙特便是其中出色的一位。……我對馬克思主義的公開信仰是從閱讀亨利・列斐伏爾的巴斯卡研究開始的，但對沙特上述文本的研讀無疑為此做了準備。」[291]

　　從詹姆森的第一部著作中，我們就已經能看出他（在沙特的影響下）反抗一切俗套的單槍匹馬的努力。比如他沒有引證或參考其他批評家的文獻，也沒有使用沙特作品的常用譯法。這一方面表明現象學面對事物自身的誘惑，企圖在擺脫陳舊概念和標準解釋的情況下接近研究對象；另一方面，它也彰顯了麥卡錫主義時代激進知識分子的孤獨處境及其後果 —— 沒有可供傳承的文化關懷、政治推動力或基本的自我認同模式。

　　不過，詹姆森很快就透過轉向馬克思主義克服了這種孤獨。凱爾納寫道：「閱讀詹姆森，你所面對的是一位年輕的文學批評家。1950 年代，他對歐洲進行了研究；1960 年代，他經歷了政治運動，這些使他變得激進了，他轉向了馬克思主義，並由此走出了他在理論和政治上的困境。」[292]

---

[290] Fredric Jameson, *The Ideologies of Theory, Essays 1971-1986*, Vol. 1, Situations of Theory, Minneapolis: University of Minnesota Press, 1988, p. xxviii.

[291] Fredric Jameson, *"On Aronson's Sartre"*, Minnesota Review, (18) 1982, pp. 122-123.

[292] Douglas Kellner, *"Introduction: Jameson, Marxism, and Postmodernism"*, in: Postmodernism / Jameson / Critique, Douglas Kellner (ed.), Washington：Maisonneuve Press, 1989, p. 9.

從 1960 年代到 1970 年代初，詹姆森關於阿多諾、班雅明、盧卡奇的論文顯示了他對馬克思主義論題及馬克思主義思想家的熱衷，但他完全轉向馬克思主義這一事實則是在《馬克思主義與形式：20 世紀文學辯證理論》[293]一書中表現得最為明顯，該書是他最重要的論著之一。這個書名既表明他已轉向馬克思主義，又表明他最初關注的對象是形式。本書的副標題「20 世紀文學辯證理論」則指出了發展馬克思主義文學理論以適應時代的必要性。

今天回過頭來看這部著作，可以發現它的根本目標在於建構一個馬克思主義的文學理論體系。日後，這個目標又拓展為建構一種文化理論。該書一方面是對當時尚不為美國所知的黑格爾主義的馬克思主義的介紹；另一方面，也可以視為是對詹姆森本人的理論立場——馬克思主義的文學理論的介紹。

在《馬克思主義與形式：20 世紀文學辯證理論》一書中，詹姆森運用「內在批評」或稱「細讀」的方法，闡述了西方馬克思主義主要人物（沙特、阿多諾、馬庫色、班雅明、布洛赫、盧卡奇等）的基本觀點。不過，由於他所運用的這種方法與上述被研究者意氣相投，在某種程度上混淆了研究者本人與其研究對象的不同立場。像伊格頓所說的，本書中存在著文本闡釋與批判之間的張力。[294]但詹姆森認為，如果用更歷史、更辯證的眼光來看待這個問題的話，這種張力（或者說混亂）是可以忽略不計的。

在這部著作中，詹姆森表明了他對盧卡奇的興趣和對黑格爾主義的馬克思主義的信仰（他在 1988 年的一篇文章中稱《歷史與階級意識》為「未完成的規劃」[295]，呼籲結合當下形勢重新思考這個規劃，並重申了歷史

[293] Fredric Jameson, *Marxism and Form: Twentieth Century Dialectic Theories of Literature*, Princeton: Princeton University Press, 1971.

[294] Terry Eagleton, *"Fredric Jameson: The Politics of Style"*, in: Against the Grain: Selected Essays, 1975-1985, London: Verso, 1986, pp. 65-78.

[295] Fredric Jameson, *"History and Class Consciousness as an 'Unfinished Project'"*, in: Rethinking Marxism, 1.1 (Spring) 1988, pp. 49-72.

與階級意識的關係）。凱爾納指出,「在某種意義上,盧卡奇一直是詹姆森文學分析的導師,一直是他心目中文學批評家的楷模」[296]。不僅如此,詹姆森還借用了盧卡奇理論的中心概念,如物化、總體性、階級意識（後者在詹姆森那裡被更名為「認知基模」）,來描述當代的資本主義文化。

　　當然,《馬克思主義與形式：20 世紀文學辯證理論》也顯示出了詹姆森對其他馬克思主義者的興趣,如阿多諾、馬庫色、班雅明、布洛赫。由於這些人的觀點並不一致,所以以各式各樣的視野出現在詹姆森的著作中,產生了不同思想觀念的複雜的綜合。不過,詹姆森著重強調的是他在布洛赫思想中發現的馬克思主義烏托邦的重要性。布洛赫認為,文化文本清晰地表達了對美好世界的渴求,承載著對烏托邦的希望。詹姆森為這種文化的烏托邦闡釋做了辯護,並贊成在當代資本主義社會進行烏托邦的政治選擇。這些最初在《馬克思主義與形式：20 世紀文學辯證理論》中得到闡發的概念,甚至在他後來的著作中也屢屢出現（如烏托邦概念在《政治無意識：作為社會象徵行為的敘事》的結論部分發揮了舉足輕重的作用）。

　　《馬克思主義與形式：20 世紀文學辯證理論》書中還表達了另外一些在詹姆森後期著作中仍很重要的理論旨趣。我們知道,詹姆森是為數不多的始終坦承其解釋學傾向的馬克思主義批評家之一,在這部早期著作中,他從馬庫色、班雅明、布洛赫身上找到了這種解釋模式的源頭。另外,他還彰顯了辯證式文學批評的特色,闡明了他的研究方法與立場的要點。因此,《馬克思主義與形式：20 世紀文學辯證理論》可以說為他全部的研究和所繼承的傳統作了最好的介紹。

---

[296] Douglas Kellner, *"Introduction: Jameson, Marxism, and Postmodernism"*, in: Postmodernism / Jameson / Critique, Douglas Kellner (ed.), Washington: Maisonneuve Press, 1989, p. 10.

二、詮釋學

如果把詹姆森的著作理解為一個富有意義的獨立而連貫的體系，就必須先弄清楚那些導致他從一個階段走向另一個階段、從一本著作走向另一部著作的線索和契機。他在 1971 年寫作的〈深度詮釋〉（*Metacommentary*）一文可以說是《馬克思主義與形式：20 世紀文學辯證理論》和《語言的牢籠：結構主義及俄國形式主義述評》的中間環節。在這篇文章的最後部分，詹姆森重申了《馬克思主義與形式：20 世紀文學辯證理論》一書的結論，並為《語言的牢籠：結構主義及俄國形式主義述評》中的主要觀點勾畫了一個輪廓，其中包括對蘇珊·桑塔格《反詮釋》[297] 中所闡明的批判性詮釋學的捍衛。

實際上，「深度詮釋」這個文章標題已經揭示了詹姆森批評實踐的特徵——一種多層次的批評。「深度詮釋」為詹姆森的辯證批評提供了另一條道路，詹姆森將其貫徹在他後來的著述中。在這篇文章中，我們還可以看到詹姆森為將各種不同的立場、方法融入一種更為綜合的理論體系所做出的努力。這同樣也是《語言的牢籠：結構主義及俄國形式主義述評》以及之後的其他著作所試圖完成的任務。

《語言的牢籠：結構主義及俄國形式主義述評》[298] 是詹姆森綜合當代歐洲各種思想模式（如法國新哲學、結構主義、形式主義及各種符號學理論）的首次系統的嘗試。當時，這些思想模式正在取代詹姆森所鍾愛的馬克思主義、現象學和存在主義；雖然他對馬克思主義的信仰日益深厚，對以上幾種批評理論十分欣賞，但他還是對那些新的詮釋模式表現出了寬容和同情。

---

[297] Susan Sontag, *Against Interpretation*, New York: Dell, 1966.

[298] Fredric Jameson, *The Prison House of Language: A Critical Account of Structuralism and Russian Formalism*, Princeton: Princeton University Press, 1972.

在這部著作中，詹姆森沒有運用傳統的馬克思主義意識形態批評方法，沒有對他的研究對象進行簡單的否定或將之歸結為神祕化的、虛假的意識，而是以一種詮釋學的方法，試圖在指出這些批評理論局限性的同時肯定其積極意義。詹姆森勾勒出了索緒爾符號學、俄國形式主義以及結構主義各流派的大致輪廓，並以馬克思主義理論為基點對它們一一作出評價。

在研究過程中，詹姆森還表明了自己對許多文學、文化問題的看法。可以看出，此時的詹姆森不僅傾心於黑格爾主義的馬克思主義，還對阿圖塞、巴特、德希達及其他「後結構主義者」很感興趣。《語言的牢籠：結構主義及俄國形式主義述評》可以看作是他對黑格爾主義的馬克思主義和法國新哲學進行的一次獨一無二的綜合，但他對結構主義、俄國形式主義及符號學的批判立場還是十分明顯的。

大致來說，結構主義注重共時性，因為它是一種在一個體系內，根據對象的組織原則、支配性結構及功能將各種思想或現實構造形式化、系統化的分析模式。而歷時性觀點則強調用歷史的眼光去考察事物的變化、發展、運動、消亡過程。詹姆森非常重視歷時性，「歷史」在他那兒可能是最重要的範疇。不過，他始終在宣導共時性與歷時性思考的結合，宣導把對特定歷史時刻的共時性分析與對事物變化、發展、消亡過程的歷時性的結構分析相統一。從這一立場出發，詹姆森既批判了結構主義的唯共時性，又批判了其他形式主義流派的非歷史化傾向。

詹姆森說過，對於所有已經發生的事件，「只能在一部偉大的集體故事的統一體內加以重述；不管它們怎樣採取掩蓋或象徵的形式，只能認為它們有一個基本的主題 —— 對馬克思主義來說，這就是從必然王國爭取自由王國的集體鬥爭；而且只有把它們理解為一項龐大的未竟事業的重要

環節，我們才有可能恢復它們原初的意義」[299]。但問題在於，怎樣才能還原這些往事的遺跡，發現這個集體故事呢？這正是詹姆森在《政治無意識：作為社會象徵行為的敘事》（1981）一書中給自己規定的任務。

《政治無意識：作為社會象徵行為的敘事》的卷首語「永遠歷史化」明確地把此書定位為《馬克思主義與形式》和《語言的牢籠：結構主義及俄國形式主義述評》的續作（它在某種程度上最終完成並囊括了這兩本書的內容）。對此，讓·霍姆（Sean Homer）評論道：「如果說《馬克思主義與形式：20 世紀文學辯證理論》象徵著一位學院派馬克思主義知識分子的橫空出世的話，那麼，1981 年的《政治無意識：作為社會象徵行為的敘事》則意味著詹姆森已憑藉本人的實力成為一個重要的理論家。」[300]用伊格頓的話說，《政治無意識：作為社會象徵行為的敘事》造就了詹姆森，使他成為「無可爭議的美國第一流的馬克思主義批評家和英語世界文學批評領域的領銜人物之一」[301]。

在《政治無意識：作為社會象徵行為的敘事》中，詹姆森提出了他的文學研究方法，系統地揭示了文學形式變遷的歷史，並考察了主體性自身形式與模式的流變。在結合了其他研究手段的基礎上，詹姆森試圖把馬克思主義文學批評作為最具包容性和綜合性的理論框架。在縱觀文學形式的發展歷史之後，他得出結論：意識形態和烏托邦的「雙重詮釋」是恰當的馬克思主義的詮釋方法。

在盧卡奇的影響下，詹姆森常常用歷史敘事來說明文化文本是怎樣

---

[299] Fredric Jameson, *The Political Unconscious: Narrative as a Socially Symbolic Act*, Ithaca: Cornell University Press, 1981, pp. 19-20.

[300] Sean Homer, *Fredric Jameson: Marxism, Hermeneutics, Postmodernism*, Cambridge: Polity Press, 1998, p. 36.

[301] Terry Eagleton, *"The Idealism of American Criticism"*, in: Against the Grain: Selected Essays, 1975-1985, London: Verso, 1986, p. 57.

包含著「政治無意識」的，政治無意識潛藏於敘事與社會經驗之中，只有入木三分的詮釋才能使之重見天日。尤其令詹姆森感興趣的一個事實是「資產階級主體在資本主義出現之初的構成及其在我們這個時代的精神分裂」[302]。他選取吉辛（George Gissing）[303]、康拉德（Joseph Conrad）[304]和溫德海姆・路易斯（Wyndham Lewis）[305] 作為這一過程的關鍵階段的代表性人物，對他們進行了分析。對這個過程的分析，後來在詹姆森對後現代主義和後現代性的描述中發揮到了極致。

受盧卡奇《歷史與階級意識》和馬克斯・韋伯《經濟與社會》中「合理化」、「祛魅」概念的啟發，詹姆森主要把目光投向那些揭示資本主義社會中不斷加劇的精神分裂和物化經驗的作家。他討論了文學對經驗的表現，並視之為資本主義社會中日益成長的資產階級主體性危機的明證。

在《政治無意識：作為社會象徵行為的敘事》一書中，吉辛代表了游離於處於上升地位的無產階級和強大而富有的資產階級之外的中產階級知識分子。和尼采一樣，詹姆森用「怨恨」一詞來概括吉辛作品的特徵，認為他表現了 19 世紀末失去了方向和自信的資產階級意識。另外，一些作家如德萊賽（Theodore Dreiser, 1871-1945）則展現了一種正在興起的主觀主義傾向和資產階級社會作為一個整體不斷成長的異化。隨著帝國主義的擴張，這種危機在 20 世紀變得更加嚴重了，康拉德（Joseph Conrad, 1857-1924）的小說成為商品化、殖民化的時代中個性意識分崩離析的見

---

[302] Jameson, *The Political Unconscious*, Fredric Jameson, *The Political Unconscious: Narrative as a Socially Symbolic Act*, Ithaca: Cornell University Press, 1981, p. 9.

[303] 吉辛（George Gissing, 1857-1903），英國小說家，一生窮困潦倒，作品以否定現實的態度反映倫敦下層生活。

[304] 康拉德（Joseph Conrad, 1857-1924），英國小說家，當過水手、船長，作品多描寫航海生活的經歷。

[305] 溫德海姆・路易斯（Wyndham Lewis, 1882-1957），英國畫家、小說家、文藝評論家。

證。他的作品《吉姆老爺》（*Lord Jim*），前半部分展示了繁複的現代主義風格，而後半部分則是一個冒險故事，這說明作家既希望表達現代主義強烈的主體性，又希望在商品社會中走紅。

雖然《政治無意識：作為社會象徵行為的敘事》並未刻意表現這一主題，但它還是能被看作一則關於主體性歷史的寓言。[306] 主體性的各個階段分別與社會—經濟發展的各個階段以及各種文化形式連繫起來，詹姆森使馬克思「社會存在決定社會意識」的論斷具體化了。不過，在將文化形式與社會—歷史條件以及經濟發展階段相對應的過程中，詹姆森並沒有走向簡單化的「庸俗馬克思主義」，也沒有採用傳統的「基礎—上層建築」的說法。他不願簡單地把文化（上層建築）歸結為經濟（基礎）的表象，而是在綜合黑格爾主義的馬克思主義、阿圖塞和佛洛伊德的基礎上建立了一種更為複雜的模式。[307]

在揭示文化與「社會—經濟基礎」的關係時，詹姆森堅持使用半自律性、多元決定、不平衡發展、相互作用等概念來描述社會現實不同層面之間的複雜聯繫。他主張用「中介」這個具有辯證意義的範疇來顯示社會存在的各個方面是如何聯結在一起的。[308] 更進一步的，在描述文化「文本」與歷史境遇的關係時，他還從佛洛伊德的精神分析學那裡借用了壓抑、鬱結、轉移等範疇，試圖以此指出文本表現社會經驗的複雜性。總體來說，詹姆森非但沒有放棄馬克思主義的辯證法，還把一切上層建築（包括文化）和「社會—經濟基礎」連繫起來，並把文化發展的歷史詮釋為資本主義發展史的一部分。《政治無意識：作為社會象徵行為的敘事》就這樣把

[306] In a way, it can be compared with Horkheimer's and Adorno's Dialectic of Enlightenment. Cf. Max Horkheimer and Theodor W. Adorno, The Dialectic of Enlightenment, New York: Herder and Herder, 1972.

[307] Cf. Jameson, *The Political Unconscious*, pp. Fredric Jameson, *The Political Unconscious: Narrative as a Socially Symbolic Act*, Ithaca: Cornell University Press, 1981, 23-58.

[308] Fredric Jameson, *The Political Unconscious: Narrative as a Socially Symbolic Act*, Ithaca: Cornell University Press, 1981, p. 39.

馬克思主義發展為更具全球性、總體性的預言，足以「包羅一切閱讀和闡釋」[309]。

　　但是，在《政治無意識：作為社會象徵行為的敘事》及其他早期著作中，我們可以發現詹姆森的歷史哲學存在著一個明顯的缺失，即對歷史境遇與當代背景分析的缺失。這樣一種對我們所處的歷史文化背景的跨越（在凱爾納看來，這一點恰恰是「詹姆森的重大成就，也是他思想發展的必然而且必要的結果」[310]），詹姆森只是到他關於後現代主義的研究中才加以克服。不過，即便是在《馬克思主義與形式：20 世紀文學辯證理論》這部早期著作中，人們也能窺見某些他在 15 年後才開始詳加闡述的理論問題的端倪。

　　在《馬克思主義與形式：20 世紀文學辯證理論》的前言中，詹姆森寫道：「在很大程度上，尤其在美國，後工業壟斷資本主義的發展，透過自冷戰以來傳播媒體所運用的神祕化技巧，尤其是急劇擴張的廣告宣傳所運用的技巧，導致階級結構變得越來越隱蔽了。用存在主義的術語來說，這意味著我們的經驗將不再完整：我們再也不能在私人生活之間建立起任何能覺察到的連繫，因為個人生活在富庶社會的壁壘與禁錮之內，新殖民主義、壓迫和反暴力戰爭是在外部世界對體系的結構性投射之內，按照自己的軌跡運行的。用心理學術語來說，服務性經濟使我們遠離了實實在在的產品和勞作，以至於居住在一個充斥著人工刺激和電視傳播的經驗所構成的夢幻世界裡。我們不再擁有過去那種充滿形而上學關注的文明，諸如生存的價值、生命的意義

---

[309] Fredric Jameson, *The Political Unconscious: Narrative as a Socially Symbolic Act*, Ithaca: Cornell University Press, 1981, p. 17.

[310] Douglas Kellner, *"Introduction: Jameson, Marxism, and Postmodernism"*, in: Postmodernism / Jameson / Critique, Douglas Kellner (ed.), Washington Maisonneuve Press, 1989, p. 19.

等至關重要的問題對我們來說是如此遙遠而不值一提。」[311]

這段話正是對當代社會（更確切地說，是 1970 年代的美國）的描述。儘管我們可以對這是否是人類歷史中剛剛出現的新問題存疑，儘管詹姆森受到了布希亞、居伊·德波（Guy Debord, 1931-1994）的啟發，我們還是能把這段話看作他對「後現代狀況」的非凡預言。若把它作為一份「原始文本」來讀，將有助於對詹姆森後來的理論興趣轉向的理解。

發達國家所發生的精神分裂、物化和意義虛無主義，使詹姆森感到了在新的歷史條件下反思馬克思主義，建構「後工業時代的馬克思主義」的必要性 —— 簡言之，要對馬克思主義進行歷史性的思考。他認為，這個全新的、特殊的歷史處境需要給予新的理論上的說明，不僅要求做出一個恰當的診斷，還要對之進行治療。

詹姆森並不僅僅是從存在主義和心理學角度來觀察這次重大的歷史變遷的，他還考察了文化領域的變化。這些也在《馬克思主義與形式：20 世紀文學辯證理論》一書中初露端倪：「面對為現代主義所作的明白無誤的辯護，例如蘇珊·桑塔格的『新感受力』和伊哈布·哈桑的《沉默的文學》，我認為仍然需要多做些說明。這些理論都反映了我們都十分熟悉的一系列文化：約翰·凱吉[312]的音樂，安迪·沃荷[313]的電影，柏洛茲[314]的小說，貝克特的戲劇，高達的野營文化[315]，諾曼·布朗[316]的幻覺體驗。而且任何批判，若不從屈服於所有這些作為現實程式化事物的魅力入手，就

---

[311] Fredric Jameson, *Marxism and Form: Twentieth Century Dialectic Theories of Literature*, Princeton: Princeton University Press, 1971, p. xvii-xviii.

[312] 約翰·凱吉（John Cage），美國作曲家。

[313] 安迪·沃荷（Andy Warhol），美國畫家，1960 年代美國大眾藝術領導人。

[314] 柏洛茲（Burroughs），美國小說家。

[315] 高達（Godard），法國電影導演，以電影革新著稱。

[316] 諾曼·布朗（Norman O. Brown），美國文化學家。

不可能具有任何約束力量。」[317] 詹姆森本人使自己屈服於上述事物的力量——到 1975 年,他已經做好了用「後現代主義」概念宣布現代性之終結、歷史之斷裂的準備。

三、後現代主義

詹姆森與後現代主義的對抗,表明他已從文學理論及文學批評領域轉向了文化理論及文化批評領域。他在 1981 年至 1983 年對高達的電影以及影片《鬼店》(*The Shining*, 1981)[318]、《歌劇紅伶》(*Diva*, 1982)[319] 的研究是他與後現代主義的初次交鋒;他對後現代主義文化的正面分析則出現在題為「後現代主義與消費社會」的講演中[320];1984 年〈後現代主義——晚期資本主義的文化邏輯〉一文是他關於後現代主義的最精闢、最系統的分析[321]。

在 1984 年的這篇文章中,詹姆森一方面反駁了後現代主義者、後結構主義者對馬克思主義的「過時性」、「總體性」、「簡單化」的攻擊;另一方面則把他們的理論納入了自己的研究範圍,「這些觀點構成了後現代主義的基本特徵:一種新的無深度感,從當代『理論』文化到形象(或者說『擬像』)文化的過渡;歷史感的削弱,從人與公共歷史的關係到我們私人瞬間的新形式;一種決定世俗藝術的語法形式、語言結構關係的(拉岡意義上的)『精神分裂』結構;一種全新的情感形式(我稱之為『緊張

---

[317] Fredric Jameson, *Marxism and Form: Twentieth Century Dialectic Theories of Literature*, Princeton: Princeton University Press, 1971, p. 413.

[318] 《鬼店》(*The Shining*),一譯《閃靈》,法國導演史丹利‧庫柏力克(Stanley Kubrick)執導的影片。

[319] 《歌劇紅伶》(*Diva*),是法國導演讓-賈克‧貝聶克斯(Jean-Jacques Beineix)執導的影片。

[320] Fredric Jameson, *"Postmodernism and Consumer Society"*, in: The Anti-Aesthetic Hal Foster (ed.), Port Townsend: Bay Press, 1983, pp. 111-125.

[321] Fredric Jameson, *"Postmodernism, or The Cultural Logic of Late Capitalism"*, in: New Left Review, (146) 1984, pp. 52-92.

感』），可以透過追溯古老的崇高理論來把握其精髓；以上這些與一種全新的技術的深層組織關係，這種技術本身是全新的經濟世界體系的特徵之一；在對發展中的後現代生存經驗做出基本的詮釋之後，便是對這個令人迷惑的晚期跨國資本主義社會中藝術的政治化所擔負使命的反思。」[322]

在這裡，詹姆森借鑑了不同的哲學及理論流派，綜合了黑格爾主義的馬克思主義關於總體性的概念、厄內斯特·曼德爾（Ernest Mandel, 1923-1995）關於資本主義階段的理論、阿圖塞關於社會分層的理論和法國新哲學中的諸多範疇（如布希亞、德勒茲的「擬像」，拉岡、德勒茲、瓜塔里的「精神分裂」，李歐塔的「崇高」）。因此，像他的早期作品一樣，詹姆森為馬克思主義賦予了新的後現代主義特徵。

必須注意到，詹姆森眼中的後現代主義並不僅僅是（另一種）風格或美學現象，而是全部文化的特點，是有著新的文化形式、經驗類型與主體形式的歷史新階段。他把後現代主義看作是一個範圍廣闊的文化、社會、經濟、政治現象，從而把後現代主義論爭從文化理論領域推向了社會理論領域。

詹姆森認為，後現代主義文化區別於其較早階段文化的顯著特徵是抹殺了「以前高級文化和所謂大眾文化或商業文化之間的古老邊界，造就了充斥著各種形式、範疇和內容的新文本，促成了從利維斯、美國新批評到阿多諾、法蘭克福學派等當代理論家都在猛烈抨擊的文化工業」[323]。後現代主義的文化包括埃德加·勞倫斯·多克托羅（Edgar Lawrence Doctorow, 1931-2015）的小說、菲利普·葛拉斯（Philip Glass, 1937-）的音樂、史

---

[322] Fredric Jameson, *"Postmodernism, or The Cultural Logic of Late Capitalism"*, in: New Left Review, (146) 1984, p. 58.

[323] Fredric Jameson, *"Postmodernism, or The Cultural Logic of Late Capitalism"*, in: New Left Review, (146) 1984, pp. 54-55.

丹利‧庫柏力克（Stanley Kubrick, 1928-1999）[324] 的電影、菲力普‧強生（Philip Johnson, 1906-2005）和麥可‧葛瑞夫（Michael Graves, 1934-2015）的建築等，它們融高級文化的經典形式和大眾文化的傳統素材為一體，填平了高級與低級文化之間的鴻溝。

　　詹姆森將後現代主義文化置於社會發展階段中加以分析的時候，使用了馬克思主義關於資本主義發展階段的模型，指出後現代主義是資本主義新的發展階段的一部分。在這裡，他沿用了曼德爾在《晚期資本主義》一書中所運用的分期方法 [325]，稱「資本主義有三個基本階段，每一個都是前一個的辯證延伸：從市場資本主義階段，到壟斷資本主義或曰帝國主義階段，再到我們現在所處的階段 —— 它常被錯誤地稱為『後工業資本主義』，其更好的稱謂應當是『跨國資本主義』」。[326] 與這三個社會發展階段相對應的文化形式分別是現實主義、現代主義和後現代主義。詹姆森提出，後現代主義的文本和主題與我們這個社會存在著許多一致之處 —— 非統一性、無深度、非連續性、精神分裂、零散化、不穩定性和碎片化。

　　問題是詹姆森如何能從文化分析推演出如此宏大的理論？他何以根據文化方面的前提得出政治方面的結論？或許凱爾納的說法道出了最充分的理由：「今天，激進的社會理論強調文化分析理論上的重要性，就意味著強調文化在當下資本主義社會再生產中日益增加的重要性。」[327] 文化現象（包括媒體、廣告、日常生活的審美化和政治景觀）的確在消費社會內部、在當下資本主義的組織和再生產中扮演著極其重要的角色；同時，由

---

[324] 史丹利‧庫柏力克（Stanley Kubrick, 1928-1999），出生於美國的法國電影導演。

[325] Ernest Mandel, *Late Capitalism*, London: New Left Books, 1978.

[326] Fredric Jameson, *"Postmodernism, or The Cultural Logic of Late Capitalism"*, in: New Left Review, (146) 1984, p. 78.

[327] Douglas Kellner, *"Introduction: Jameson, Marxism, and Postmodernism"*, in: Postmodernism / Jameson / Critique, Douglas Kellner (ed.), Washington: Maisonneuve Press, 1989, p. 27.

於缺乏激進的政治鬥爭，文化批評正在充當著它的恰當的替代品。

但是，詹姆森沒有對文化與資本主義之間的中介因素進行充分的闡釋，沒有對「晚期」或跨國資本主義的新階段做出更多的說明，也沒有系統地分析這個資本主義階段的政治經濟狀況。

在此之後，詹姆森表現出了對電影的興趣，於 1980 至 1990 年代寫下了大量的電影評論。他解讀電影的策略可以看成是他那些後現代主義分析之前的文章風格的延續。詹姆森論電影的第一部著作是《可見的簽名》[328]，收錄了他自 1970 年代末至 1980 年代的影評作品；第二部著作是《地緣政治美學》（1992）[329]，透過考察這一時期西方和第三世界的電影，繼續著他關於「政治無意識」的研究。

詹姆森的歷史和文化分析經常受到不夠自然、北美色彩過於濃厚的批評。「他過於強調資本主義的普遍性和世界經濟體系的總體性，這與他作為一個理論家所處的位置是分不開的 —— 他生活在目前唯一有望謀求全球霸權的美國。」[330]

因此，詹姆森對「第三世界」特有的理解受到「第三世界」讀者的質疑不足為奇。在一篇有關「第三世界」文學的文章中，我們可以看出他這種偏愛普遍化的缺陷：「第三世界的文本，即使是那些看來很私人化的、包含著力比多衝動的文本，也無非是以民族寓言的形式來投射政治。關於個人命運的故事歸根結柢只是第三世界國家文化與社會受衝擊狀況的寓言。」[331] 為了證明這個觀點，詹姆森（僅僅）分析了兩位作家的作

[328] Fredric Jameson, *Signatures of the Visible*, New York & London: Routledge, 1992.

[329] *The Geopolitical Aesthetic: Cinema and Space in the World System*, Bloomington: Indiana University Press, 1992.

[330] Sean Homer, *Fredric Jameson: Marxism, Hermeneutics, Postmodernism*, Cambridge: Polity Press, 1998, p. 2.

[331] Fredric Jameson, *"Third World Literature in an Age of Multinational Capitalism"*, in: Social Text, Vol. 15, 1986, p. 69.

品，一位是中國的魯迅，另一位是塞內加爾的烏斯曼‧塞姆班（Ousmane Sembene, 1923-2007）。然而，他怎能置文學的異質性與多樣化於不顧，以兩個例子論證整個「第三世界」的文學呢？他又怎能妄下「第三世界」文學無非是民族寓言的斷語呢？

巴基斯坦作家阿加斯‧阿邁德（Aijaz Ahmad, 1941-2022）在閱讀了詹姆森的文章之後，對他過度地運用總體性邏輯，視「第三世界」為一個同質性整體的做法提出了異議：「我發現，我自己也和其他事物一樣被納入詹姆森的理論中了。我出生於印度，是一個巴基斯坦公民；我用烏爾都語創作詩歌，這是一種大多數美國知識分子無法讀懂的語言。我不禁自問：『整個？……這有必要嗎？』……看著詹姆森的文章，我越來越意識到，這個雖相隔萬里卻一直讓我倍感親切、引為同志的理論家，實際卻始終是我所屬的文明傳統的『他者』。這真令我懊惱萬分。」[332]

顯而易見，詹姆森文本中的第三世界完全是以殖民主義經驗來定性的。羅伯特‧揚（Robert Young, 1950-）指出：「不得不承認，詹姆森對社會主義全球化總體性發展的堅持導致一種新的殖民主義：『我們美國人是世界的主人，我們知道什麼對其他人最有益。』不管說這話的人是信奉資本主義還是信奉馬克思主義，他們在這一點上是一致的。」[333]

對詹姆森來說，馬克思主義是能夠對「過去文化的神祕本質」進行充分闡釋的唯一理論，那些發生過的事件「只能在一部偉大的集體故事的統一體內加以重述……而且只有把它們理解為一項龐大的未竟事業的重要環

---

[332] Aijaz Ahmad, *"Jameson's Rhetoric of Otherness and the 'National Allegory'"*, in: Social Text, Vol. 17, 1987, p. 3.

[333] Robert Young, *White Mythologies: Writing History and the West,* London & New York: Routledge, 1995, p. 112.

節，我們才有可能恢復它們原初的意義」[334]。誠然，「歷史」是馬克思主義最重要的範疇之一，但在這個特定的語境之中，「歷史」一詞頗值得推敲：詹姆森談論的是誰的歷史？如果把世界的歷史歸結為一個整體敘事，那麼這究竟是誰的敘事，誰的「未竟事業」？正如羅伯特·揚所分析的：「要是你生活在一個新生的國度，你根本就無須追溯歷史。」[335]

所以，「歷史」顯然只是西方的歷史 —— 現代化及資本主義發展的歷史。更進一步來說，「『我們』以外的任何人都與這種歷史無涉，歷史只屬於西方文明，代表西方觀念，而在詹姆森眼中，這『西方』又特指美國」[336]。也許這種美國中心主義正是詹姆森思想中最成問題的方面，也是他的理論招致異議的最主要原因。

[334] Fredric Jameson, *The Political Unconscious: Narrative as a Socially Symbolic Act*, Ithaca: Cornell University Press, 1986, pp. 19-20.

[335] Robert Young, *White Mythologies: Writing History and the West*, London & New York: Routledge, 1995, p. 113.

[336] Robert Young, *White Mythologies: Writing History and the West*, London & New York: Routledge, 1995, p. 113.

第四章
英國文化研究美學

概論

　　20世紀文化研究的興起，濫觴於英國。其後從英美擴散到全球，形成多主題、寬領域、廣邊界、跨學科的綜合性發展趨勢。英國之所以在20世紀下半期率先成為文化研究的引領者，一方面與威廉斯、霍加特、霍爾等人的學術興趣和積極推動有關，另一方面也源於英國知識分子關注文化與社會的歷史傳統。

　　英國知識分子從內心深處以文化菁英自居，關注社會、針砭時弊的知識分子傳統由來已久。無論是蔑視群體的馬修·阿諾德、利維斯（Frank Raymond Leavis, 1895-1978），還是為大眾文化正名的雷蒙德·威廉斯，他們的關注從來都不僅僅限於狹小的書房。這種學術傳統和寬廣的學術視野，促使英國學者把眼光投向廣闊的社會，從而超越了學科的限制，做出突破。

　　通常認為，E·P·湯普森《英國工人階級的形成》、雷蒙德·威廉斯《文化與社會》和理查·霍加特《識字的用途》是英國文化研究的開山之作。從這個意義上來說，可以把他們視為英國文化研究的奠基人。

　　湯普森《英國工人階級的形成》講述了工業革命時期英國工人階級及其文化形成的歷史；理查·霍加特《識字的用途》用民族志的方法進入一個特定文化群體的內部，把英國北部工人階級的日常生活視為他們日常文化的表達；威廉斯《文化與社會》則透過對18世紀至19世紀英國思想史、文學史上重要人物的疏理，描繪出英國文化的脈絡，並進而提出一個為文化研究開闢廣闊研究疆域的定義：「文化是一種整體生活方式。」

　　英國文化研究的先驅們都有新左派的意識形態背景。由於1956年的匈牙利革命和赫魯雪夫批判史達林的祕密報告的影響，這些人對馬克思主

義開始反思，不再關心正統馬克思主義的階級鬥爭理論，不再關注工人運動、暴力革命等激進主義問題，開始轉向訴求廣泛的社會改革，其內容涵蓋日常生活等諸多社會領域。他們的學術興趣和探索方向播下了跨學科研究的種子，指引了此後文化研究學者的發展方向。

霍加特 1964 年創立的伯明罕大學當代文化研究中心在英國文化研究的發展歷程中厥功甚偉，這一研究機構的建立，為英國文化研究提供了體制性的學術資源，源源不斷地為文化研究提供人才的培養和研究資金的扶持，從而保證了英國文化研究的持續和發展。

1968 年以後，伯明罕當代文化研究中心由霍爾主持。在霍爾主持期間，文化研究的領域得以極大擴展，法國理論家的新思想和新觀念被引入到文化研究之中，種族和性別問題得到重視和關注。霍爾借鑑「接受理論」，強調語言在權力、政治與系統中的運作，認為大眾既是文化的生產者，也是文化的消費者。霍爾提出了「編碼與解碼」理論，認為在大眾傳媒的文本操縱下，大眾並非一味被動地完全接受。由於個人的出身，霍爾十分關注種族、身分等問題。他的研究展示了媒體與種族偏見之間的連繫，在文化研究領域產生了巨大而持久的影響。

在伯明罕當代文化研究中心穩定發展的數十年間，許多優秀學者脫穎而出，產生了大量極有價值的文化研究成果，這其中既包括伯明罕當代文化研究中心和文化研究系培養出來的學生，也包括其教師及研究人員。其中有這樣一批才俊：

安吉拉・麥克羅比（Angela McRobbie, 1951-），出色的女權主義理論家，文化研究學者，她的著作涉及通俗文化、性別、時尚、創意文化產業等諸多文化方面。麥克羅比在研究生階段就讀於伯明罕大學當代文化研究中心，前期（1970 至 1980 年代）的研究興趣在於通俗文化、性

別與性，透過大眾媒體分析，從女權主義批判的角度理解女性亞文化的構建。麥克羅比十分關注大眾媒體對女性氣質和女性形象的塑造和影響。人們通常認為，在廣告和雜誌中存在著誇大的女性修辭、女性的形象展示過於色慾化的現象，而麥克羅比卻注意到大眾傳媒對女性氣質的另一種塑造，她分析了定位於青少年女性的雜誌《花季 17》（*Just Seventeen*），該雜誌強調女性的自信和自我關注，以某種類似女權政治的方式展示並塑造另一種女性氣質。1990 年代中後期，麥克羅比還注意到女權主義社會影響的逆歸，女權主義女性氣質成為被取笑和嘲弄的對象，被視為離婚率居高不下的禍首，新一代女性似乎不再對其認同。麥克羅比近期的研究興趣在於新型文化產業，例如時裝設計、新媒體產業和藝術管理等。

保羅·吉爾羅伊（Paul Gilroy, 1956-），文化研究與種族研究理論家，1986 年在伯明罕大學獲得博士學位。吉爾羅伊的學術興趣在於英國黑人文化的各種形式及其表現，他與種族、種族主義及文化的相關理論具有極強的現實影響力，在 1990 年代推動了英國黑人文化政治運動。吉爾羅伊著述甚豐，廣為人知的作品如種族研究三部曲：《英國的國旗上沒有黑人：種族和民族的文化政治》（*There Ain't no Black in the Union Jack:The cultural politics of race and nation*, 1987）、《黑色大西洋 —— 現代性及雙重意識》（*The Black Atlantic: Modernity and Double Consciousness*, 1993）、《陣營之間》（*Between Camps*, 2000），是他重要的種族研究著作，具有國際範圍的聲譽。在吉爾羅伊的著作中，他對大西洋黑人流離群落進行了深入的觀察和分析，認為休戚相關的人群離散而形成的流離群落「在特徵上是被強迫的離散與不情願的播遷」，因而流離群落這個詞語「暗示的是受

暴力威脅而流亡」,「流離群落的認同較少是聚集於共同疆域的平等、原始民主力量,而是在於記憶與紀念的社會動態,其一大特徵是強烈的危亡憂患意識,對於家鄉與離散過程的記憶,念茲在茲,無時或忘」[337]。透過引入流離群落這個概念,吉爾羅伊拒絕用單一的膚色、種族來辨別身分。他認為,黑人族群身分的認同不是簡單的膚色認同,也不是單純的國別認同,英國、美國和非洲的黑人文化認同有極大差異,流離群落的歷史具有多樣性。但是對於那些在暴力的威脅下流離大西洋沿岸的黑人群體而言,不同的黑人流離群落之間存在著某些共用的文化形式,例如嘻哈音樂文化,對黑人與白人之間對立的經驗感受等,在此共同基礎上可以用黑色大西洋(Black Atlantic)這一概念來指稱他們。

　　伯明罕當代文化研究中心一直存續到 2002 年,其間培養了大批從事文化研究的學術人才,開拓並推動了文化研究這一跨學科的研究領域。伯明罕當代文化研究中心的文化研究有這樣兩個特點:第一,研究視野非常寬廣,涉及大眾文化研究、亞文化研究、女權主義研究、族裔與身分研究、大眾傳媒研究等諸多日常文化生活領域;第二,跨學科的研究方法,伯明罕學派在文化研究中不受學科分類約束,勇於打破學科界線,採用多種學科的多種方法考察、分析、詮釋研究主題,無論是傳統的社會學和種族志方法,還是結構主義、女權主義等新潮的理論,在伯明罕學派的研究中都不時可見。伯明罕當代文化研究中心以其拓展性的研究視野、跨學科的方法論勇氣以及對日常生活的理論關注,開拓了文化研究這一學術領域,對後世影響極為深遠。

---

[337] Chris Barker:《文化研究:理論與實戰》,羅世宏等譯,五南出版社 2010 年版,第 241 頁。

第一節　理查・霍加特

　　文化研究是「反美學」的。美與愉悅、風格與形式之於不少文化批評家無異於「令人迷惑不解的言談」[338]，其目的是將人們的視線從趣味階級的高壓統治上轉移開來，進而夷平一切：文本淪為語境，詩歌變成宣傳，藝術作品成為意識形態機器大量生產的「文化工業」的一部分。一言以蔽之，文化研究無非意識形態批判，這是支撐文化研究「反美學」的基本前提。

　　然而，將文化研究等同於意識形態批判或「政治正確」恐怕混淆了文化研究與法蘭克福學派的區別，後者對大眾文化的研究業已成為學界的「無意識」。情有可原卻終不見理，因文化研究，按照麗塔・費爾斯基（Rita Felski）的觀點，實則是「對意識形態批判的批判」[339]，即對法蘭克福學派的「撥亂反正」。流行文化並非左派知識分子所聲稱的美學上枯燥乏味，政治上貽害無窮；與其說這是流行文化的內在特點，毋寧說反映了知識分子先天的菁英情結。

　　對法蘭克福學派的「撥亂反正」，某種程度上肇始於理查・霍加特，儘管他本人或許傾向於將利維斯視為必須超越的標杆。作為英國文化研究的重地伯明罕當代文化研究中心的創始人，霍加特的代表作《識字的用途》被霍爾視作文化研究與法蘭克福學派的文化批判相「決裂」（break）的文本，其具體表現是霍加特在人類學意義上重新定義了「文化」，開創了文化研究的「流行美學」；而隨著文本的泛化，流行音樂、大眾傳媒及

---

[338] Rita Felski, *"The Role of Aesthetics in Cultural Studies"*, in: The Aesthetics of Cultural Studies, Michael Berube (ed.), London: Blackwell, 2005, p. 28.

[339] Rita Felski, *"The Role of Aesthetics in Cultural Studies"*, in: The Aesthetics of Cultural Studies, Michael Berube (ed.), London: Blackwell, 2005, p. 32.

工人階級的日常生活實踐成為與米爾頓、莎士比亞同等重要的研究對象，方法論創新勢在必行。霍加特的「社會詮釋學」融合了利維斯式的文本細讀和社會學，將讀者和語境引入了對意義產生機制的討論，成就了文化研究的「語境美學」。「語境美學」認為，純粹與概念和價值無涉的「美」是罕見的，「美」是個語境特徵，與信仰、道德和價值密切相關。同時，讀者（受眾）與語境打破了作者—文本—批評家的三位一體對文本意義的壟斷，由此，關注意義的多義性、模糊性和嬉戲性。對意義產生機制的討論不僅奠定了文化研究的核心議題，而且從更深層次揭示了文化研究與美學／詩學的相關之處，因為美學／詩學歸根結柢不僅要關注文本意義為何（what a text means），而且要探究意義何以為之（how it means）。

一、霍加特的生活與時代

理查‧霍加特（Richard Hoggart, 1918-2014）出生於英國里茲的一個工人階級家庭，8 歲喪母，由祖母和姨媽等親戚撫養長大。在里茲漢斯來特區沒有後門、通風條件和空間都很有限的排屋（terraced house）中，霍加特度過了自己的童年。這種居住環境很大程度上影響了他後來對工人階級社區、文化習慣、社會習俗和工人階級態度的興趣。成長於兩次世界大戰期間，霍加特靠政府救濟金和個人慈善艱難度日，這段經歷形成了他的社區價值觀和睦鄰友好價值觀。工人階級背景是霍加特從「內部」、「閱讀」工人階級文化的先天優勢，深刻地影響了他的文學—社會觀，滲透於他整個文化闡釋模型。

儘管沒有透過 11 歲兒童中學入學考試（Eleven Plus Examination），霍加特憑藉小學校長的推薦進入科克本高中，並在取得了中學畢業文憑後在當地教育部門的資助下考取里茲大學英語系，師從博納米‧道卜雷。在道

卜雷的指導下，霍加特的文學素養和分析技巧日益精進，並接觸到了不同於工人階級的社交禮儀。大學畢業後，霍加特參加了為期五年的戰時軍隊服役，先後駐紮北非和義大利。戰爭末期，他開始投身成人教育，透過軍隊教育（the Army Education Corps）和軍隊當前事務局（the Army Bureau of Current Affairs）見證了教育對成年人的解放性力量。1946 年戰爭結束後，霍加特以成人教育講師的身分進入赫爾大學。

1951 年，霍加特出版了第一本著作《奧登簡介》（*Auden: An Introductory Essay*），不過真正使他名聲大噪的是 1956 年問世的《識字的用途》（*The Uses of Literacy*）。在該書中，霍加特以「內部人」的視角詳細繪製了一幅英國工人階級 1950 年代生活文化圖，透過將其與 1930 年代對比，捕捉到了第二次世界大戰後廣告、大眾媒體和美國化對傳統工人階級生活、文化和價值觀的腐蝕。霍加特提醒人們警惕民主社會中的文化貶值，影響了一代人的社會、政治洞見。他所表現出的「完全的智識誠實」為他贏得了「警覺、令人敬畏的時代良心」[340] 的美譽，該書也被《衛報》選入「穩居 20 世紀偉大書目之列」。

1960 年，霍加特作為關鍵性證人出席了《查泰萊夫人的情人》審判案，據說他為勞倫斯的辯護主導了該案件的審判結果，並最終導致了英國色情法的自由化，霍加特因此獲得了企鵝出版社的資助。1964 年，霍加特利用這筆資金在伯明罕大學成立了當代文化研究中心（Centre for Contemporary Cultural Studies，簡稱 CCCS），開設研究生跨學科課程。中心的初衷是將注意力從「高雅文化」轉移到「生活經驗」和流行文化，消弭分隔，貫通古今；其方法融合了歷史－哲學、社會學及文學－批評，其中文學－批評尤其為霍加特所推崇。在霍加特的領導下，中心早期以經

---

[340] http://www.theguardian.com/books/2014/apr/10/richard-hoggart.

驗性甚至自傳的方法研究文化和階級意識；1970 年代，隨著霍加特專注於文化政策、行政職務等，霍爾逐漸接手，將中心帶到了另一個方向，馬克思主義、女性主義及後殖民主義及其他強調政治參與的分析方法逐漸壓過 —— 從未取代 —— 最初的文化－批評方法。這也許有違霍加特的本意，然恰是霍加特親自將霍爾招至麾下，兩者研究流行文化的路徑固有不同，卻相得益彰。

　　在辭去中心職務後，霍加特開始在聯合國教科文組織任職。1976 年至 1984 年，他成為倫敦大學金匠學院校長，擔任生平最後一個學術職務。之後，霍加特逐漸退出了公共生活。在接下來的 20 多年中，他堅持寫作，出版了三卷本自傳《生活與時代》（*Life and Times*），繼續利用自己的生活經歷分析更廣闊的社會、文化變化，確立了自己優秀傳記作家和社會編年史家的地位。

　　霍加特的影響在 1960 年代末大陸批評理論泊入英國時一度有所減弱。正如霍加特及同代人批判利維斯的菁英主義一樣，他本人的分析方法也遭到了後繼者的詬病，他們所生產的文本理論性更強，更加以政治為導向。然而，新一代讀者正逐漸意識到霍加特所提倡並踐行的文化政治的重要性，且隨著人文主義和社會民主思想 —— 兩者在 1970 至 1980 年代曾被文化理論家誹謗為統治階級的意識形態、對 60 年代極端主義的背叛 —— 的復甦，霍加特思想重新煥發了生機。

二、「不純粹」的文學與文化研究

　　文化研究形成於對文學研究、藝術史等既定美學領域的原則性拒斥。這種觀點無可非議，但極易造成一種錯覺，彷彿文化研究拋棄了文學，彷彿文化研究並非根源於文學研究並從那裡汲取了養分。事實上，1964 年，

霍加特成立伯明罕當代文化研究中心時，其初衷是將文學批評的方法用於流行文化及日常生活實踐。中心成立初期，他主持其中一個工作小組，引導學生閱讀威廉‧布萊克的〈虎〉、勞倫斯的《兒子與情人》和喬治‧歐威爾的《獵象記》等文學作品，分析文本的稱呼方式和對待讀者的態度等。這些均為後來的文化研究提供了養料，如霍爾所承認的，霍加特對讀者的興趣啟發了他的「編碼─解碼」理論。[341]

文化研究對文學的「罷黜」源於後者的審美自律，文化研究對文學的「原則性拒斥」，用霍爾的話說，即文化研究必須對人文和藝術學科將自己表徵為無關利害知識的方式進行意識形態批判，揭露了人文學科的規範性本質以及它在構建民族文化中所扮演的角色。[342] 但是，文學之於霍加特從來就不是與世隔絕、「無關利害」的：

> 文學的「偉大」作品最大地展現了文化中的意義；它們敏銳誠懇地探索、再現了社會的本質和生活於其中的人類經驗；「偉大」的寫作透過在自身中創造秩序表達意義，因此有助於揭露社會中的價值觀秩序，其方法或是反映或是抵制並間接地提倡一種新秩序，因此表現藝術，尤其是文學，是社會價值承載本質（value-bearing nature）的指南。[343]

文學之於工人階級出身的霍加特不可能、也沒有與社會割裂；文學之於他總是「在世」甚至「入世」的。這並不是說霍加特無法超越自己的工人階級背景，而是說該背景不可避免地形塑了他的文學觀：文學從來都不「純粹」。文學探索個人生活經驗的複雜性，探索物質、社會等外部因素對個人

---

[341] Stuart Hall, *"Richard Hoggart, The Uses of Literacy and Cultural Turn"*, in: Richard Hoggart and Cultural Studies, Sue Owen (ed.), London: Palgrave Macmillan, 2008, p. 26.

[342] Stuart Hall, *"The Emergence of Cultural Studies and the Crisis of Humanities"*, in: The Humanities as Social Technology (53), 1990, p. 15.

[343] Richard Hoggart, *The Way We Live Now*, London: Chatto & Windus, 1995, p. 87.

選擇及行為的形塑方式。在《文學與社會》中，霍加特認為：「好的文學再創生活的直接性（immediacy），即生活曾經是且依然是這些所有的事物，這些全然不同的事物。它表現了在歷史和道德境遇中發展的人類生活。」[344]當然，貼近日常生活並非文學特有，但文學尤其如此──它以文字為媒體，而文字如巴赫金所言：「有語境的味道，它於其中過著自己的社會生活（socially charged life）。」[345]無怪乎有「不純」的文學之說：「文學絕非美學上純粹或抽象的靜觀。固有抽象繪畫，卻無抽象文學。就其本性而言──因為它的媒體（語言）日常生活情境中人人在用；因為它既要敘說還要存在──文學是門約請雜質的藝術（an art which invites impurities）。」[346]

「不純粹」的文學是有用的。文化理論家將文學視作壓迫性的意識形態構建物，因此對文學的價值或功用嗤之以鼻，卻忽略了文學的對抗價值和批判功能，而這些在霍加特看來，恰是文學之為文學的根本。他曾以此區分「傳統文學」（conventional literature）和「活的文學」（live literature）：前者加強既有前提和看世界的通用方式，而後者令人不安，可能顛覆我們的人生觀。霍加特沒有使用「高雅藝術」和「低俗文化」的二分法，以避免陷入文學本質主義論的窠臼。他的新範疇透過強調功能而有別於「正典」與「非正典」，並為不斷修正「正典」奠定了基礎。約翰‧弗勞對文學的定義支撐了霍加特的觀點：「文學與讀者不是實體，而是功能、一個體系中的價值觀，而且文本和閱讀借助協定（protocols）成為文學的和非文學的，這些協議規定了兩者的區別且說明了區別得以實現的過

---

[344] Richard Hoggart, *"Literature and Society"*, in: *Speaking to Each Other*, Volume two: About Literature, New York: Oxford University Press, 1970, pp. 20-21.

[345] Mikhail M. Bakhtin, *"Discourse in the Novel"*, in: The Dialogic Imagination, Michael Holquist(ed.), 1981; Austin (repr.): University of Texas, 1990, p. 293.

[346] Richard Hoggart, *"Literature and Society"*, in: *Speaking to Each Other*, Volume two: About Literature, New York: Oxford University Press, 1970, pp. 20-21.

程……」[347] 在這些協議的眾多規定中，其中一個關乎道德。它要求讀者將文本視作提升道德意識、自我完善的基礎。在著名的《查泰萊夫人的情人》的審判案中，霍加特正是基於這樣的有用性為企鵝出版社辯護的。他認為，儘管作品中充滿了關於性的大膽描寫，但作品自身是純潔的，充當了資本主義文化非人性化的解毒劑。

在受到大眾文化衝擊的商業民主社會，文學尤其應當彰顯其功用。1950 年代，大眾傳媒的興起和美國化嚴重侵蝕了傳統的工人階級文化，為了抵制文化頹勢，霍加特提出了「批判性文化知識」（critical literacy）的概念：「在民主社會，不鼓勵人們具有批判意識，不給予人們一種批判性的文化知識，而只給予他們僅夠填寫足球禮券和彩券賭券、閱讀《太陽報》等的知識是不夠的。」[348] 工人階級必須更仔細地觀察社會，提出疑問，並能夠在日常生活中辨別文化產品性質。而這種知識或思維能力的培養，霍加特寄希望於文學批評。法蘭西斯·瑪律赫恩在《文化／後設文化》中認為，霍氏的第一原則是「文學浪漫主義」的，他對文學作為一種知識和判斷模式所具有的先天優越性堅信不疑。「如果文學不像文學一樣發生作用，我們又如何能夠理解，更不消說表達，人與人之間關係的複雜性呢？除非你知道這些東西如何作為藝術發生作用，即使有時只是『壞的藝術』，你所說的都只是隔靴搔癢（not cut very deep）。」[349] 倘若工人階級具備了這種「批判性文化知識」，那麼文學的社會價值便超越了狹隘的工具主義，畢竟如威廉斯所認為的，「實用主義」在縮窄為工業資本主義社會善於算計

---

[347] John Frow, *"On Literature in Cultural Studies"*, in: The Aesthetics of Cultural Studies, Michael Berube (ed.), London: Blackwell, 2005, p. 51.

[348] Richard Hoggart, *Speaking to Each Other, Volume Two: About Literature*, New York: Oxford University Press, 1970, p. 83.

[349] Richard Hoggart, *"Literature and Society"*, in: Speaking to Each Other, Volume Two: About Literature, New York: Oxford University Press, 1970, p. 25.

的思維的代名詞之前，曾是個主張多數人幸福原則的批判術語。

　　文化理論家忽視文學的抵抗作用與否定主體的能動性是一致的。他們將文學視作意識形態的同謀，彷彿文學與階級是必然嚴格相關的，彷彿讀者只能被「質詢」為主體。霍加特提醒我們，理論家們可能疏忽主體與結構之間的辯證關係，作家的經濟狀況與他的意識形態或許是錯位的。他曾這樣批評文化唯物主義決定論的不足：

　　「文化唯物主義」揭露了作家大多程度上是被他們的社會所制約的。但是它也可能過於強調制約，它的局限性最好展現在，有些主要作家能夠掙脫牢籠，走進一個自由的、超現實的、由意象驅使的世界，這是無論如何都無法從社會 —— 唯物主義角度解釋得通的。[350]

　　就讀者而言，霍加特認為，讀者不是等待被意識形態「質詢」為主體的個體，而是在具體的歷史語境下消費文本時生產自己的意義，與主導文化的主導意義談判，挪用、改變甚至顛覆它的霸權參與者。在〈廣播政策的基礎〉一文中，霍加特特別強調了聽眾的能動性：

　　我們談論廣播將權威合法化的傾向，但對於聽眾從節目中接受了什麼，他們對節目做了什麼，個體內心發生了什麼卻聞所未聞。這裡可與針對流行小說的文學批評做有用的比較。早期批評想當然地認為，一個受過教育的讀者在小說中所發現的傳統、平庸和老一套的東西精確地反映了小說讀者的生活，小說和讀者之間存在著非選擇性、不加批判的對應。令人吃驚的是，竟然是路易斯首先使我相信，人們可以從壞的文學中得到益處，他們能夠從中選擇而不是成為其受害者。[351]

---

[350] Richard Hoggart, *The Way We Live Now*, London: Chatto & Windus, 1995, p. 85.

[351] Richard Hoggart, *"Closing Observations"*, in: The Future of Broadcasting: Essays on Authority, Style and Choice, R. Hoggart and J. Morgan (ed.), London & Basingstoke: Macmillan, 1996, pp. 155-156.

　　以上的論證試圖澄清，文化研究並沒有拒斥文學；正是霍加特的「雜性」文學概念打破了傳統文學研究自設的形式主義邊界，文化研究才成為可能。那麼，文學又是如何影響了文化研究？首先，文化研究既關乎內容也關乎形式，否則它就與粗糙社會學無異，後者將文本降級為了解社會與文化的實證材料。霍加特認為，「文學—文化」閱讀首先要對語言和形式而非資訊和內容作出反應；語氣是文化意義最為明顯的承載者。他對語言的敏感阻止文化研究淪為「簡化論」。如霍爾所說，語言是一種文化模式（cultural model），是文化賴以發生作用的象徵形態（symbolic modality）；文學和語言形成了某種「由象徵造成的延遲」（delay through the symbolic），沒有這種「延遲」，文化研究就是乾癟的，面臨簡化論的危險。

　　其次，文學從學科的主體定位方面將文化研究與實證主義社會學相區分。霍加特曾說：「由於『喜歡清晰和精確』，社會學承擔著錯失致力發現之物的風險。如果這是事實，那麼我們可以說，文學有助於人們對經驗的豐富性保持開放。」[352] 當擁有「經驗性」、「專長」的文學成為滋養文化研究的養分，文化研究便無法將其主體置於與真理的關係中，而必須置其於所組成的文本結構中。主體不僅從認知的角度與文本或文本性相遇，而且在批評之前首先要經歷作品，才可能揭露自己的決定性（determinacy）和境遇性（situatedness）。文化研究的主體不是笛卡兒式外在於研究對象、自給自足的「我」，而是具有反思性的、不斷拷問自己「我在為誰說話」的文本組成部分。

　　再次，由於與霍加特及其文學的關係，文化研究本質上是民主的。在

---

[352] Richard Hoggart, *Speaking to Each Other, Volume Two: About Literature*, New York: Oxford University Press, 1970, p. 96.

眾多的知識話語中，文學是最貼近大眾的。在霍加特的寫作（尤其是後來的散文）中，他通常採用第一人稱「我」或「我們」，選擇不同尋常的普通的語言，這不僅表明他的「理想讀者」是「有智識的普通人」，而且暗示了他對待普羅大眾的態度。霍加特認為，人們使用語言的方式就是「看」人們、臆斷人們的方式。這比將他們視作詞彙有限、背景貧乏的人走得更遠；它暗示了我們在多大程度上尊其為人。這也暗示著，語言、風格等形式要素並非附屬裝飾，而是構成要件，因而不可避免地具有政治含義，霍加特平易的語言風格服務滿足了他的政治需求。另外，霍加特使得文化研究避免陷入阿多諾對「概念惡意魅力」痴迷的泥淖中，後者聲稱哲學家的任務之一在於重新喚醒哲學概念的「經驗維度」，且無法依靠自然科學的客觀方法實現。從這個意義上講，霍加特從個人經驗中窺探社會文化變遷的自傳體寫作是有利的。

三、工人階級美學

（一）「流行美學」（popular aesthetics）

按照威廉斯和伊格頓的觀點，19 世紀以來，美學不但逐漸與作為「一種整體生活方式」的文化相分離，而且被逐出了「公共空間」，失去了透過以理性交流為基石的政治實現美學自我實現之諾言的場所，衰落為菁英階層純粹的道德追求或娛樂消遣。為了避免美學在道德與位階的稀薄空氣中枯萎，文化研究提出，必須將美學納入作為一種整體生活方式的文化。換言之，文化研究並非摧毀了美學，而是將美學納入了更大的文化概念之中。

文化是一種整體生活方式，文化是普通的，威廉斯從人類學意義上重新定義了文化。霍加特的文化觀與此有所區別，但卻是在平行方向移動。

在霍加特看來，「文化」意指工人階級的說話、思考方式，他們共用的語言，他們言語和行動中所展現出的對生活的共同設想，展現在他們日常實踐中的社會態度以及他們在判斷自己、他人行為時所採取的道德範疇，當然，還包括他們是如何把這一切和他們所讀到的、看到的和歌唱的連繫起來的。這樣的「文化」不再是只歸「少數派」保管的菁英文化，而是為工人階級共有的生活文化；不再是自由浮動的觀念，而是植根於社會實踐中。「文化」規定工人階級的生活並賦予它以秩序和意義，為他們的閱讀、歌唱等日常活動提供了參考點。這種文化觀與賦予了阿諾德 - 利維斯傳統生命的文化大相徑庭，後者視文化為以「人類所思所言之精華」為試金石的「判斷之理想法庭」。

這樣的文化概念與羅蘭·巴特的符號學「殊途同歸」：它使得更多「普通」事物展現出了美學相關性和趣味性。報紙、音樂、俱樂部演唱（club-singing）等日常生活實踐都躍升為分析對象。以海邊度假為例：

大遊覽車出發了，穿過沼澤，直奔海邊，途經瞧不起巴士派對的小旅社後停了下來，司機對哪裡提供咖啡、餅乾，興許還有全蛋和燻肉早餐清楚著呢。之後大遊覽車繼續前行，抵達目的地飽餐一頓後人們便成群結隊散開了……他們愉快地散步，路過商店，啜飲幾杯；坐在帆布躺椅上吃個冰淇淋，嚼塊薄荷硬糖；笑聲朗朗 —— 詹森夫人非得要划槳，她的裙子都塞到燈籠褲裡了；亨德森夫人自稱她和躺椅的年輕服務員看對眼了，要不就是從女洗手間的長龍中傳出來的。然後，人們開始為家人挑選禮物，享用了下午茶後便動身回家了，路上還要停下來喝點什麼。如果有男人在，或者是男人們的郊遊，就不止停一次了，車後面還要備一兩箱啤酒，邊走邊喝。走到沼澤中央時，男人們就渾然不覺地開始派對狂歡了，嬉笑

打鬧，大聲地拿膀胱的憋尿能力打趣。[353]

在霍加特看來，工人階級的海邊之行簡直妙趣橫生，批評家怎能對此不屑一顧？一隻腳「扎」在日常生活中，文化研究為何不能將自己的研究對象引入批判日常生活的學術世界呢？

霍加特及其文化研究強調文化的「普通性」，突顯了工人階級作為美的生產者的角色。按照美學家華金・蘇尼加的觀點，以往美學家的注意力普遍傾向於集中在接收而非生產上：注意力普遍集中在美的體驗（強調知解力）、鑑賞及批評家於其中所扮演的角色。[354] 即使在馬克思主義美學作品中（如馬庫色的《審美之維》）中，「占人類大多數的普通人，而非藝術家作為美的生產者的角色都被遺忘了」。作為歷史和社會主體的「普通人」能夠生產意義，這或許正是約翰・斯道雷將霍加特的工人階級文化描述為「流行美學」[355]（popular aesthetics）的根本緣由。從詞源上講，「popular」源於「people」，意指「屬於人民的，普通的，平常的、為人民所接受的，民主的」。根據威廉斯的觀點，它有三種不同的用法：被許多人喜歡的、與高雅文化相對比的、由人們為人們生產的。第三種含義的反義便是「大眾」（mass）：由商業利益強加給人民的。[356] 在《識字的用途》中，霍加特對比了 1930 年代「人民的文化」（a culture of the people）和 1950 年代「一個事情都為人民做好了的世界」（a world where things are done for the people）裡的「大眾藝術」（mass art），前者主要由工人階級

[353] Richard Hoggart, *The Uses of Literacy: Aspects of Working-Class Life*, London: Chatto & Windus, 1957, p. 122.

[354] Joaquin Zuniga, *"An Everyday Aesthetic Impulse: Dewey Revisited"*, in: British Journal of Aesthetics, Vol. 29, No. 1, Winter, 1989, p. 40.

[355] John Storey, *Cultural Theory and Popular Culture*, London: Harvest Wheatsheaf, 1994, p. 48.

[356] Raymond Williams, *Keywords: A Vocabulary of Culture and Society*, London: Fontana, 1976, pp. 198-199.

自造，而後者由商品製造者生產；前者反映了工人階級「完整豐富的生活」（a full rich life）及世界觀，而後者卻沿著工人階級熟悉的方向侵蝕了他們的價值觀，對工人階級進行了經濟和文化的雙重剝削。

霍加特認為，「流行美學」或工人階級藝術本質上是一種「展示」（showing）（而非「探索」），是對已知事物的呈現。其前提是，生活本身即令人陶醉。它必須處理可辨認的生活，必須從逼真的事物（the photographic）開始，無論這些事物變得如何不切實際；它必須由若干簡單卻牢固的道德準則支撐。該美學對於理解工人階級 1930 年代的「愉悅」至關重要。舉例來說，同樣以通姦為主題，寫給中產階級的作品會暗示：情人精神上優於妻子；婚姻制度並非以道德或宗教為基礎，而是出於經濟考慮，因此是可鄙的；不倫之愛最終只能從死亡中找到出路，於是有了對愛情／死亡主題的痴迷。而在同類的工人階級文學中，這一主題是缺失的，家庭和婚姻生活比個人激情更重要，通姦的男主角被刻畫為可憎之人而不是偽裝的英雄。文學批評家或許會批判這樣的文學不夠精細複雜，但工人階級的生活本身就是簡單的，而他們的文學是忠實於普通人日常生活的。

然而，這種美學受到了 1950 年代「大眾文化」的破壞：

大部分大眾娛樂最終如 D‧H‧勞倫斯所描述的，是「反生活」的。它們充斥著墮落的豔麗、不得體的吸引力以及道德逃避……它們沒有提供任何可以真正影響思維和心靈的東西。它們迫使更加積極、豐富，更具合作性的樂趣逐漸枯竭，在享受這種樂趣時人們給的多，得的也多。[357]

大眾娛樂的快感是不負責任的、間接的：人們不再「親力親為」，也不再「親歷親為」。「生活的質感越來越少……沒有什麼東西能讓他們參

---

[357] Richard Hoggart, *The Uses of Literacy: Aspects of Working-Class Life*, London: Chatto & Windus, 1957, pp. 277-278.

與其中，積極回應。」[358] 除了「高雅」文化，「還有其他獲得真理的途徑」
（There are other ways of being in the truth），工人階級傳統文化便是通道之
一，但是它的古老結構被大眾文化摧毀殆盡。在後者的主宰下，工人階級
不但不閱讀優秀作品，而且很難以自己的方式成熟並變得有智慧。

　　從「細讀」1930 年代自造的「社區文化」到批判 1950 年代的「大眾
文化」，霍加特以利維斯的「文化－文明」模式為框架，記敘了文化的衰
落。但是只關注霍加特所列數的大眾文化「數宗罪」，甚至將他無法在第
二部分沿用第一部分的分析模式視作「最大的缺點」[359]，這是有失公允
的。撇開「大眾文化」與「流行美學」的根本不同，工人階級在一定程度
上能夠抵制大眾文化的操縱：「工人階級有一種經得起變化的自然能力，
其方法是改編或同化新事物中他們所需要的，忽略其他。」[360] 以歌曲為
例，無論叮砰巷（Tin Pan Alley，代指流行音樂）如何大肆宣傳，有些商
業歌曲只有按照工人階級聽眾的情感需求「量身定製」才被接受。工人階
級按照自己的主張接受它們，那麼，工人階級的抵抗根源何在？霍加特認
為：「工人階級自己的很大部分並『不在那兒』，而是活在別處，直覺地、
習慣地、言語地生活，憑藉神話、格言和儀式生活。」[361] 換言之，工人
階級能夠區分現實和藝術：「藝術是微乎其微的，『只是好玩』……『真正』
的生活在他處……藝術是供你使用的。」[362]

[358] Richard Hoggart, *The Uses of Literacy: Aspects of Working-Class Life*, London: Chatto & Windus, 1957, p. 195.

[359] John Storey, *Cultural Theory and Popular Culture*, London: Harvest Wheatsheaf, 1994, p. 40.

[360] Richard Hoggart, *The Uses of Literacy: Aspects of Working-Class Life*, London: Chatto & Windus, 1957, p. 32.

[361] Richard Hoggart, *The Uses of Literacy: Aspects of Working-Class Life*, London: Chatto & Windus, 1957, p. 32.

[362] Richard Hoggart, *The Uses of Literacy: Aspects of Working-Class Life*, London: Chatto & Windus, 1957, p. 32.

如果說羅蘭·巴特在宣判「作者的死亡」時賦予了讀者更大的空間，那麼霍加特則代表了一種人類志傳統：他將出版物置於生活語境，觀察工人階級如何使用文化材料，在消費文本時生產意義。這種傳統不僅更加「人性化」——讀者的誕生不必以「殺死」作者為前提，而且更為民主：讀者或者受眾可能生產多樣的意義。

（二）「語境美學」（contextual aesthetics）

縱觀《識字的用途》，霍加特在進行文化分析時採用了相同的結構：首先說明工人階級的思維方式、世界觀、宗教信仰等，繼而「細讀」流行雜誌、海邊度假、工人階級的俱樂部演唱等文化。以第四章〈人民的「真實」世界〉（*The 'Real' World of People*）為例，霍加特首先描述了工人階級個人和具體的（*The Personal and the Concrete*，A 小節標題）生活本質及其「主要宗教」（*'Primary Religion'*，B 小節標題），接著在 C 部分以《派格雜誌》（*Peg's Paper*）為例診斷了傳統流行雜誌的特點及其受歡迎的原因。同樣的結構見於全書第二部分（*Yielding Place to New*）。霍加特在解讀新式大眾文化之前花費了整整一章介紹工人階級態度、價值觀和生活方式的改變，他問道：

> ……舊時的「寬容」和「自由」概念的當代形式之間可能存在怎樣的關係？舊時的群體意識和現代民主平等主義之間呢？舊時的「活在當下」和新式的「進步主義」之間呢？在哪些方面，「寬容」有助於新式表演者開展活動？[363]

那麼，為何採取這樣的結構？霍加特試圖想要證明，工人階級的生活

---

[363] Richard Hoggart, *The Uses of Literacy: Aspects of Working-Class Life,* London: Chatto & Windus, 1957, p. 142.

並不像他們的文學所暗示的那樣貧瘠；儘管當代流行娛樂助長了對生活的怯懦態度，但他們的生活極少受到了影響，「這就是我為何之前描述了普通工人階級的生活特點，以便將對出版物的細緻分析放置到堅實的大地、岩石和水這一風景中」[364]。

從美學角度看，該結構似乎暗示著，工人階級美學與政治、經濟、道德等語境因素密不可分，它根植於世界之中而非超乎世界之外。西亞・伊頓的「語境美學」（contextual aesthetics）發現了文化研究與當代美學的會合，可視作霍加特的注解：

純粹的、與概念和價值無涉的「美」是罕見的。美學家將這樣的美視作美的概念範式，彷彿描述了這種美便自動描述了所有美的特徵，這樣的做法毫無疑問是錯誤的。我敢打賭，許多甚至大多美學術語都是「不純粹的」 —— 它們反映、甚至要求信仰及價值：真誠的、懸疑的、感傷的、淺薄的、敏感的、微妙的、性感的、感官的……而這當然只反映了世界的很小部分。[365]

從詞源上講，「語境」（context）意指「連接或編織在一起」（to join or weave together） —— 美學不是與世隔絕的。文化研究的美學不僅要研究創造象徵符號的「什麼」（what）方面，即使更多的對象呈現出美學的相關性，更要關注愉悅和意義是如何產生的：無論文本還是社會實踐，都不具有內在或必然的意義、價值或功能；意義、價值或功能總是具體變化著的、可變的社會關係和意指機制的效果。換言之，美學價值是以某一框架為前提的，該框架定義了哪些特點具有美學價值。

---

[364] Richard Hoggart, *The Uses of Literacy: Aspects of Working-Class Life,* London: Chatto & Windus, 1957, p. 265, p. 25.

[365] Marcia Eaton, *"Kantian and Contextual Beauty",* in: Brand, 2000, pp. 27-36.

其次，「語境」為觀看藝術提供了「鏡頭」，政治的、性別的、宗教的……有多少社會類屬，就有多少「鏡頭」。它與尼采的「觀點主義」（perspectivism）有類似之處：存在很多可能的概念模式或視角，並在這些視角下進行價值判斷。舉例而言，女性主義研究不是對女性的研究，而是揭示了性別這一視角之於審美經驗的重要性和影響。回到 1958 年的英國，霍加特強調的是「階級」類屬與審美的關係 —— 威廉斯將「工人階級文化」分類為「我們時代的關鍵問題」[366]，「占據了一代人的思想」[367]。在《識字的用途》中，霍加特記述了祖母閱讀勞倫斯（威廉斯認為，勞倫斯是他碰到的第一個「工人階級作家」）的情景：

我清楚地記得她讀了勞倫斯後的反應：大部分她都很欣賞，並不震驚。但關於他對性的描寫，祖母說：「他大驚小怪，裝腔作勢。」[368]

再看某批評家對勞倫斯小說中「性」的閱讀：

事實上，敘述者對「性」的不斷重複到了令人嘔吐的程度。其目的是為了暗示「性」空洞的含義，進一步否定它的任何殘留意義。在連續的短短兩段話中，「性」被重複了六次……迫切的重複就像梅勒的錘子一樣敲打著她的意識，使之支離破碎……小說充滿破壞意味的片語試圖消除這些曾經偉大詞語的麻木的、失去活力的意思，以便重新賦予它們異教徒生育圖騰的宗教力量。總而言之，在對色情場景的描寫中，「性」被重新定義，重新估量，恢復了活力……對性的重複也暗示了這個術語 20 世紀初

[366] Raymond Williams, *Culture and Society: 1780-1950*, Penguin, 1961, p. 307.

[367] Raymond Williams, *"Culture and Revolution: a Comment"*, in: from Culture to Revolution: The Slant Symposium 1967, Terry Eagleton and Brian Wicker (ed.), London & Sydney: Sheed and Ward, 1968, p. 24.

[368] Richard Hoggart, *The Uses of Literacy: Aspects of Working-Class Life*, London: Chatto & Windus, 1957, p. 25.

在科學和流行話語中無所不在。[369]

　　暫且不說這位批評家拉丁語的熟練程度 —— 他至少略知一二（「ad nauseam」），不說他能夠熟練地使用比喻等修辭技巧（好像……），他還掌握了大量宗教（「異教徒生育圖騰」）、科學話語。而僅僅上過老婦人主辦的家庭學校的霍加特的祖母對「性」的解讀則完全基於自己的見聞和經驗：「在謝菲爾德，小教堂講道壇後面的通姦見怪不怪。」[370] 對祖母而言，不道德性交在工人階級生活中司空見慣，勞倫斯如此小題大做，這位批評家恐怕更是有過之而無不及了。

　　「祖母的閱讀」揭示了個人的社會地位、藝術館、知識模式及生活史等「語境」因素對文學閱讀的影響。有一千個讀者就有一千個哈姆雷特，這是因為有一千種語境！同時，讀者乃意義生產者，霍加特與透過宣判作者死刑以解放讀者的羅蘭・巴特英雄所見略同。然而，在決定讀者對文本的參與程度時，巴特從文本出發，區分了「可讀性文本」和「可寫性文本」，而霍加特則轉向了對實際語境中讀者如何使用文本的研究。D・H・勞倫斯既然能被批評家孜孜不倦地「細讀」，為何不可以是祖母茶餘飯後的娛樂？勞倫斯可以用來凝視和啟蒙，為何不能帶來熱鬧和歡愉？讀者使用文本的目的亦隨著境遇發生變化，從這個意義上說，任何讀者都不可能再次遭遇同一文本。

結語

　　我們從霍加特「不純粹」的文學觀說起，論述了文化研究與文學、美學的根葉關係，尤其是文學對文化研究方法論、知識論及政治旨趣

[369] Harold Bloom, *D. H. Lawrence*, Chelsea House Publishers, 2002, p. 108.
[370] Richard Hoggart, *The Uses of Literacy: Aspects of Working-Class Life*, London: Chatto & Windus, 1957, p. 25.

的影響。其次，結合霍加特的代表作《識字的用途》，從「流行美學」和「語境美學」兩個方面分析了他的工人階級美學，旨在揭示文化研究和美學的深層次連繫：兩者都致力於探索意義何以為之，即指意實踐的過程。

從嚴格意義上講，霍加特不是一個理論家，儘管他曾閱讀葛蘭西（Antonio Gramsci, 1891-1937），後期對結構主義也很感興趣。他的作品有著強烈的經驗主義色彩，因此被後來的文化理論家們詬病，但他的文學自傳體風格將文化研究從崎嶇晦澀中拯救出來，奠定了它的民主政治旨趣。該旨趣所暗含的對待讀者／受眾的態度，即工人階級並非「文化笨蛋」，將文化研究與法蘭克福學派的文化批評傳統區別開來，成為了英國文化研究的重要「身分」標記。

文化研究的核心在於揭示文化與權力的關係，但霍加特對政治並不感興趣。他是一位致力於服務工人階級的阿諾德式的人文主義者，一方面試圖證明工人階級文學與高雅文學一樣具有美學意義，另一方面哀嘆傳統工人階級文化因受到商業文化的侵蝕而日益衰落，並寄希望於文學及文學批評來抵制頹勢。如果說前者使更多的事物呈現出美學旨趣，並突出了工人階級作為美的生產者的角色，是文化研究歷史上的重大突破的話，那麼企圖用文學批評的方法來研究文化就暴露了利維斯的雙重遺產。從這裡所說的「語境美學」可以看出，霍加特繼承了利維斯夫婦對讀者的關注，並賦予他們實際的生活內容，從而將文本意義從「作者－文本－批評家」的壟斷中解放了出來，這對後來的文化研究產生了巨大影響，但對於如何揭示文化中的權力關係，霍加特走得似乎還不夠堅決、不夠遠。

第二節　雷蒙德・威廉斯

　　雷蒙德・威廉斯（Raymond Williams, 1921-1988），第二次世界大戰之後英國最重要的馬克思主義文學批評家，同時也是文化研究領域具有里程碑意義的人物，與理查・霍加特、E·P·湯普森齊名。威廉斯的故鄉是英國瓜廖爾郡亞伯格芬尼鎮潘迪村，他出身於一個工人階級家庭，樸素的童年生活經歷和充溢著互助精神的成長環境使他對普通大眾產生了強烈的階級情感，因而在接受了劍橋的菁英教育之後，他還能對大眾的一般生活方式和文化形式懷有完全不同於利維斯主義的尊重和認同。雷蒙德・威廉斯採取了與菁英主義文化觀念對立的社會立場，把文化定義為整體生活方式，強調文化的日常性，從而擴大了文化概念的外延，為文化研究作為一門新興學科開拓了疆域。威廉斯的文化唯物主義思想顛覆了關於文化的傳統思考，得到了廣泛的重視，毫無疑問，他是文化研究的奠基人和開拓者之一。由於威廉斯本人在文化研究領域的重大貢獻以及他作品中富有原創性和啟發性的思想，他的著作一直是許多學者的研究對象。

一、從文學批評走向文化研究

　　威廉斯的學術道路經歷了從文學批評走向文化研究的學術轉變，他早期的學術著作專注於文學藝術的自身領域，如《閱讀與批評》（*Reading and Criticism*, 1950）、《戲劇：從易卜生到艾略特》（*Drama: from Ibsen to Eliot*, 1952）、《電影序論》（*Preface to Film*, 1954）、《戲劇表演》（*Drama in Performance*, 1954）。威廉斯大學時就讀於劍橋大學三一學院，獲文學學位。在其早期的教學與學術生涯中，受劍橋文學批評傳統影響極大。

　　在英國，英語文學和文學研究的興起是與民族意識和民族性的建構緊

密連繫在一起的。大學的一些學者認為現代英語應該成為人文教育的核心
部分，英國文學研究從而被賦予了建構民族意識的重任。民族文學觀念的
產生在特定歷史時期具有重要的歷史意義。在這種大的歷史文化語境下，
瑞恰慈（Ivor Armstrong Richards, 1893-1979）作為劍橋文學批評流派中一
個開創性的人物，登上了文學研究的歷史舞臺。瑞恰慈對劍橋批評流派的
形成具有深遠影響，他的貢獻主要是開創性地建立了「實用批評」的文學
方法。

　　瑞恰慈所宣導的實用批評是一種語義學批評，它關注的是詩歌的語言
結構、語言的多義性等內部問題，強調透過對文本仔細閱讀和分析，正確
認識和評價文學作品，文學批評史上將其視為「細讀法」的濫觴。實用批
評的方法在具體文學批評實踐中落實為兩個層面。第一個層面是對文學作
品進行分析，以了解文學語言和文學作品內部組織結構的實際情況；第二
個層面是對作品進行評價，以發現作品的價值。威廉斯認為瑞恰慈真正有
價值的貢獻實際是在第一個方面，即對文學作品的文本分析，這也是文學
批評史上的一個共識。實用批評為人所詬病之處，在於它強調對文本本身
的細讀，突顯了對文本分析實踐的熱衷，然而卻忽略了作者、歷史和社會
環境等外部因素，導致了其他批評理論立場的普遍不滿。1960 年代後出現
了所謂「理論的復仇」，後設批評、社會學批評、馬克思主義批評、結構
主義批評的湧現就是其表現，威廉斯認為它們在很大程度上都是對實用批
評的反動。[371]

　　瑞恰慈可以稱得上是劍橋批評的開山之人，但是劍橋批評流派的崛起
並在英國產生重大的社會影響主要應當歸功於另一位重要的批評家 ——
F·R·利維斯。以專業文學批評季刊《細察》為陣地，以利維斯為核心，形

---

[371] Raymond Williams, *Politics and Letters*, Verso, 1981, p. 66.

成了一個重要的文學批評團體 —— 細察集團。《細察》季刊展現了利維斯的批評立場和批評方法，對英國文學批評的影響巨大。利維斯在進行文本分析時所用的「細讀法」與瑞恰慈並無本質性的差異，其影響主要在於從道德立場出發的批評實踐，他主張透過細緻的文學文本分析，固守堅定的道德標準，從而實現對社會生活的批判。利維斯按照自己個人認同的價值標準，把文學這個人文價值的寶庫轉變成了具有高度選擇性的「偉大的傳統」，以文學上「偉大的傳統」作為進行參照的價值標準，在文化與社會的整個領域內進行了廣泛而激烈的批判。

從某種程度上可以說，威廉斯是在利維斯的影子下成長起來的。他在劍橋求學的學生時代，正是利維斯在文學批評領域形成霸主地位的歷史時期，細察集團的批評立場和批評方法是當時文學批評的主流。據威廉斯自己的回憶，「利維斯的巨大吸引力在於他的文化激進主義……首先影響我的是利維斯廣泛的抨擊範圍，他抨擊的對象有學院派、布盧姆茨伯里團體、都市文學文化、商業出版和廣告……其次，我在利維斯的文學研究中發現了實用批評。它令人陶醉，帶來一種我無法描述的強烈感受。尤其是當時我對自己的文學批評水準很不滿意」[372]。這說明利維斯的「文學—社會批評」對威廉斯產生了深刻的影響，威廉斯的文學批評被解釋為「左派利維斯主義」絕不是偶然的。

劍橋批評傳統中有一個共同的特徵，就是文學批評的文學社會學之維。由於文學本身與社會關聯的緊密程度，文學批評往往會涉及社會內容，這並不是劍橋批評傳統獨有的現象，更恰當的理解是將其視為特定歷史階段文學與文學批評在社會文化生活中作為主導文化形式的反映。即便是在文學批評與社會聯繫方面為人所詬病的瑞恰慈，也不能說他的文學批

---

[372] Raymond Williams, *Politics and Letters*, Verso, 1981, p. 183.

評實踐完全脫離了社會內容，瑞恰慈曾經說過：「在我們做出價值的最終結論時恰恰需要的是我們對人類的歷史和命運的完整意識。」[373] 在利維斯和威廉斯的作品中，文學社會學的維度就更加明顯了。如果說利維斯的文學批評具有濃郁的道德批評和社會批判色彩的話，威廉斯的文學批評也毫不缺乏社會價值判斷。兩人的不同之處在於其各自文學批評所採取的相對立的階級立場和文化觀念。利維斯代表的是作為菁英的少數派立場，試圖透過文學批評進行社會批判，從而實現維護傳統文化價值、解決時代危機的目的；而威廉斯則採取了馬克思主義立場，從人民大眾的利益出發，強調文化的日常性和普通大眾對文化的貢獻，把包括文學批評在內的文化研究作為推動民主政治鬥爭的手段。

威廉斯是劍橋批評傳統在利維斯之後的一個主要傳承者，他有許多頗有影響的文學研究作品，對於某些重要的現代文學藝術形式 —— 例如小說和戲劇，他都有專著流傳於世，威廉斯在劍橋文學批評傳統中的重要地位是不可否認的。然而從另一方面，威廉斯確實一直也在自覺地拒斥劍橋文學批評的影響，在一次接受訪談的時候，威廉斯說：「我拒斥文學批評……但是沒有人太相信這是我的意思……事實上我不再相信專業化的文學研究，我不再相信文學的專業化。」[374] 這大概就是威廉斯從文學批評走向文化研究的主觀原因。

威廉斯在文學批評和文化研究領域都有豐碩的研究成果，但是在當代的文化記憶中，威廉斯是因其文化定義和相關的文化研究著作，從而作為文化研究的開創者和奠基者而被銘記的。從文學批評走向文化研究，威廉斯的學術之旅始於他在文學批評實踐中形成的文學社會學意識，也與文學

---

[373] 艾·阿·瑞恰慈：《文學批評原理》，楊自伍譯，百花洲文藝出版社 1992 年版，第 263 頁。

[374] John Higgins, *Raymond Williams: Literature, Marxism and Cultural Materialism*, London: Routledge, 1999, p. 144.

在當代社會文化生活中地位的衰落有關。由於新的文化科技和新的科技文化形式的發展 —— 例如電影、廣播、電視等，文學和文學批評已經不再是最主要的文化形式，不再是主導社會文化生活的核心領域。從這個意義上可以說文學的時代終結了，而文化的時代則開始了。作為一個時代轉折的代表性人物，威廉斯雖然沒有終結劍橋的文學批評傳統，但是他卻開啟了新的文化研究時代。

威廉斯所代表的從文學批評走向文化研究的典範轉變不是偶然的，這既有現代社會與文化發展作為現實動力的推動因素，也有 20 世紀文學與文化理論發展的內在演變邏輯，這並不單純是威廉斯個人學術興趣的路向選擇，同時也展現了社會整體文化構成的變化及其導致的現代人文研究的跨學科整合趨勢。如果放寬歷史的視野，跳出純粹的文學領域，就可以發現從文學批評向文化研究進行範式轉變的外部現實原因有這樣幾個方面：

首先是前面已經略有涉及的文化科技發展的原因。由於新的文化科技和新的科技文化形式的發展，文學和文學批評已經不再是最主要的現代文化形式，也不再是主導社會文化生活的核心文化領域。無論是在社會生活實踐中還是在學術研究領域中，其他文化形式得到了越來越多的關注，並且正在產生日益深遠的社會影響，文學和文學批評在社會文化生活中日益被邊緣化。現代主義文學是對這種文化現實和作為其生長土壤的現實社會生活的一種反映，它表現出對於當代社會現實的新異感和疏離感。與此同時，作為應對危機的一種策略，文學批評採取了一種對自身失敗地位拒絕妥協的自我辯護反應，認為文學和藝術天生是貴族性的，對文學和藝術的掌握被賦予了某種權威和特權。然而需要指出的是，現代主義文學和以形式分析為特點的現代文學批評不過是從一個局部對整體社會生活的時代性變化所做出的反應，與以變化、流動、疏離感和新異感為特徵的現代生活

方式和現代社會關係聯繫在一起，這種反應所採取的階級文化立場和文化態度始終被限制在局部的文化領域裡，其社會影響力正在日漸衰落。與此同時還存在著一些其他文化實踐，從其他領域和其他方面同樣對現代生活方式和現代社會關係做出了自己的反應，例如威廉斯也注意到的馬克思主義理論、心理分析學、索緒爾理論語言學，以及人類學和社會學中的結構主義等，這些現代文化理論及其文化實踐構成了現代文化對現實社會生活有所反映的不同表現。這些理論和實踐中的每一種都對現代社會文化現實提供了自己的解釋。威廉斯認為，在上述各種文化理論和文化實踐各自的領域裡超越這些關於現代社會文化的解釋是非常困難的，其原因在於，各個領域的現代文化實踐共同構成了一個空前巨大的文化表意實踐體系，在這個整體文化系統內部各個具體領域 —— 比如文學領域 —— 之內進行努力是無法把握整體文化系統的[375]，這就意味著具有跨學科性質的文化研究具有時代的必然性；另一方面，威廉斯也指出，這些理論發展中的每一種都在比其自身更為寬廣的其他領域裡日趨產生支配性的影響，它們是許多領域內原有理論的突破和革新，將其光芒照耀到自身領域之外的其他各個領域[376]，這就意味著這些理論提供了必要的知識條件，使文化研究具有了現實的可能性。

　　其次是文化研究興起的社會原因。它源於 20 世紀西方工人階級政治鬥爭的民主化要求，是普通群眾要求文化平等和文化尊重的理論表現。西歐工人階級進行了溫和而堅定的民主政治鬥爭，用合法性的手段和平爭取政治、經濟和文化諸方面的平等權利，民主和平等的觀念逐漸深入人心，階級統治和特權思想遭到前所未有的自覺抵制和反對。在這種社會背景

---

[375] Raymond Williams, *Writing in Society*, Verso, 1983, p. 221.

[376] Raymond Williams, *Writing in Society*, Verso, 1983, p. 221.

下，傳統文學研究和文學批評其實已經成為作為少數派的統治者維護自身統治合法性的一種意識形態工具，在某種程度上具有反民主的文化傾向。文學作為一種歷史悠久的文化形式，是社會價值與意義的一種重要歷史載體，然而由於階級出身不同所導致的讀寫能力和學識程度的差異，大多數人與文學的連繫並不是那麼密切，只有少數人借助於建構一種文學傳統、掌握文學領域的話語權，把自身置於傳統價值和傳統文化守護者的地位，竭力捍衛文學在各種文化形式中至高無上的地位，把大眾文化的各種形式批判為文化墮落的表現。這種情況客觀地形成了文化上的階級歧視，為少數人以精神導師的形象指導和支配大眾提供了文化上的合法性，這在利維斯的文學批評實踐中已經得到了驗證。利維斯的《大眾文明與少數人文化》實際上辨認出不同階級文化在表現形式上的差異和分歧，他對大眾文明與少數人文化的區分有其學理的正確性和現實的合理性，然而，他把大眾文化的表現形式作為「文明」排除在他所認同的「文化」範圍之外，其中流露的階級立場和價值判斷得到了酣暢淋漓的表現。威廉斯出身工人階級家庭，強烈的階級認同使他無法接受利維斯的少數派立場。在威廉斯看來，對「文化」定義解釋權的爭奪是工人階級民主政治鬥爭中必須進行的一場理論鬥爭。[377] 他的潛臺詞其實是，只有把文化定義為一種整體生活方式，肯定日常生活的文化屬性，才能理解、認同並尊重普通大眾對人類文化的貢獻，從而實現文化上的民主和平等。建立在這種文化平等的意識基礎上，必然要求跨出文學研究和文學批評的疆域，把文學之外更為豐富的文化形式納入研究視野。就這樣，文化研究成為 20 世紀民主政治在文化方面的內在要求，成為普通群眾要求文化平等和文化尊重的理論表現，從文學批評向文化研究範式的轉向也就呼之欲出了。

---

[377] Raymond Williams, *Politics and Letters*, Verso, 1981, pp. 154-155.

　　再次是文化研究興起的時代原因。全球化時代語境下民族意識和他者意識的增強，產生了在個人、階級和民族之間實現身分認同和自我身分確認的內在要求，文化研究是順應這種需要的文化實踐形式。從英國的歷史情況來看，在文化研究發展之前，文學一度被等同於文化本身，被賦予了建構民族意識的社會功能，雖然由於時代的原因，透過建構英國文學而形成的民族意識帶有殖民主義和帝國主義的色彩，但是英國文學在塑造國家意識、實現民族認同方面的重要文化作用是不可否認的。另一方面，文學審美趣味的差異也成為衡量階級身分的一種文化標準，少數人憑藉自己在讀寫能力和學識上的優勢，掌握了文學領域的話語權，以傳統文化和傳統價值的守護者自居，把自己與大眾在文化地位和文化身分上區別開來。隨著電影、電視、廣告、時尚和其他日常性的現代文化表意實踐的發展，作為主要表意實踐形式的文學的衰落成為一種不可避免的時代趨勢，各種日常文化形式逐漸取代了文學在不同民族和不同階級之間實現身分差別的作用。與文學概念相比，文化能夠涵蓋更為廣泛的社會領域，以文化為衡量標準使得對更小的社會群體進行身分上的辨認成為可能，因而，從文學批評轉向文化研究也符合對不同社會群體進行身分辨認的內在訴求，伯明罕學派與亞文化相關的研究就是文化轉向在這方面的成功例子。

　　在威廉斯轉向文化研究之前，文學研究中實用批評的勝利持續了差不多二三十年的時間，但是人們也逐漸開始反思實用批評的局限。根據利維斯的觀點，對於一種文化的分析和理解可以在文學批評的基礎上得以完成。這種觀點在 1930 年代或許是有影響力的，但是 1960 年代以後，作為實用批評的反動，文學研究領域開始嘗試引入對文化與社會更有解釋力的其他諸種理論和知識，出現了所謂「理論的復仇」，以實用批評為代表的文學研究範式受到了有力的衝擊，自此日趨式微。在這諸多理論當中，威

廉斯甚為重視馬克思主義理論中一些新的發展，以及結構主義和符號學理論。

　　和許多人一樣，威廉斯認為，經濟基礎與上層建築的公式依然是馬克思主義的核心部分，它是適用於文化史和文化批評的方法論，當然也適用於表述社會研究與文化研究之間的關係：經濟基礎決定社會關係，社會關係決定社會意識，社會意識決定現實的觀念和作品。但是 1930 年代這種方法論在文學批評實踐中的失利，使威廉斯開始對經濟基礎與上層建築命題展開了反思。威廉斯說：「我始終反對基礎與上層建築公式，主要不是因為它在方法論上的弱點，而是因為它僵化、抽象和固定的性質……我並不想放棄我所認識到的經濟活動與經濟史的絕對重要性。我在《文化與社會》中的研究正是從那種意義上的一個具有轉折性的變化開始的。但是在理論和實踐中，我逐漸相信我必須放棄或者至少把我所了解的馬克思主義傳統撇在一邊：嘗試發展一種不同的社會總體性理論；把對於文化的研究看作是對於某種整體生活方式中各個要素之間關係的研究；找到研究特定作品和特定時期的結構的方法，可以用這種結構來接近並解釋特定的藝術作品和特定的藝術形式，也可以用這種結構來接近並解釋更為全面的社會生活形式和社會生活關係；用一種更為發揮作用的觀念取代基礎與上層建築公式，構想一個由不均衡地相互決定的力量所構成的領域。」[378] 令威廉斯非常興奮的是，他在盧卡奇和呂西安・戈德曼（Lucien Goldmann, 1913-1970）的作品中發現了一種得到發展的馬克思主義理論。威廉斯非常讚賞盧卡奇的「總體性」概念和戈德曼關於「結構」的概念。根據盧卡奇的總體性思想，社會生活中的各種事實被視為歷史發展中相互聯繫的不同環節，它們共同構成了一個總體，在總體中掌握作為個別環節的事實才能實

---

[378] Raymond Williams, *Culture and Materialism*, London: Verso, 1980, p. 20.

現對現實的認識。戈德曼則在盧卡奇「總體性」概念的基礎上創立了「發生結構主義」的文學社會學方法，認為在人類文化生活中的每一個層面都包含了一種意義結構，不同文化活動層面的意義結構是同構的，文學作品的價值不在於其內容與現實生活是否如實對應，而在於其文學結構與社會結構之間的同構關係。

實際上，威廉斯早期提出的「感受結構」概念及其相應的文學社會學分析方法與盧卡奇的總體性概念和戈德曼的結構概念頗為契合。感受結構概念的最早提出是在《電影序言》中，隨後在《長期革命》中得到了進一步的深化，後來又在《馬克思主義與文學》中得到了完善。根據威廉斯的描述，「感受結構可以被定義為不斷變化中的社會經驗」[379]，威廉斯用「感受」這個詞來描述集體性的社會經驗，是要將其區別於更為正式的「世界觀」或者「意識形態」概念，感受結構與正式意識觀念的關係類似於盧卡奇所說的可能意識與現實意識之間的關係，前者是正處於形成過程中的社會經驗，後者則是已經形成觀念範疇的社會經驗。一個時代的感受結構在經過清晰的表達轉變成正式的意識觀念之前，通常可以在文學和藝術作品中得到展現，而且往往更有現實的張力。借助於感受結構概念，威廉斯形成了一種文學社會學的方法，即透過解讀文學作品來理解和認識特定時期的意識形態與社會文化狀況。

需要注意的是，威廉斯的感受結構概念並不是受盧卡奇和戈德曼的啟發才形成的，在他寫作《電影序言》、《文化與社會》和《長期革命》的時候，他還沒有讀過盧卡奇和戈德曼的相關作品。然而，在後來閱讀盧卡奇和戈德曼的作品的時候，威廉斯發現，盧卡奇對社會總體性的理解、戈德曼對不同文化層面之間結構同構性的認知，與他自己基於感受結構概念形

---

[379] Raymond Williams, *Marxism and Literature*, Oxford: Oxford University Press, 1977, p. 133.

成的文學社會學方法非常相似，他因此而興奮不已。不過嚴格來說，感受結構概念只是把威廉斯引向了文學社會學。在接觸盧卡奇的總體性思想之前，威廉斯對社會總體性的思考、對經濟基礎與上層建築命題的反思在很大程度上還具有經驗主義的色彩，盧卡奇的總體性概念為威廉斯反思這一命題提供了概念工具和理論基礎，並把他引向了葛蘭西的霸權概念，觸發了他對文化結構總體性的動態考察，使他最終走向不再局限於文學研究的文化理論建構，走向了具有自覺意識的文化研究。

　　威廉斯能夠走向純粹的文化研究，還有一個重要的理論因素，那就是20世紀符號學理論的發展。索緒爾語言學對結構主義的影響是巨大的，其長處、但也是其局限性在於用靜態的共時性結構觀念來理解語言符號系統，認為語言的意義是依據語言系統結構本身的某些規則產生的。威廉斯非常欣賞以沃洛辛諾夫（Volosinov，一說為巴赫金早期的筆名）、巴赫金和穆卡洛夫斯基為代表的俄國形式主義的新發展，也頗為關注法國的羅蘭・巴特用符號學理論指導所進行的文化研究。[380] 前者為符號學引入了歷史性的維度，認為語言意義和形式的生產是歷史性的、社會性的、開放性的，後者則把符號學的應用延伸到文學語言之外，關注更為廣闊的社會表意實踐和社會表意系統。1960年代以後，由於符號學的啟示，威廉斯注意到，文化活動作為一種表意實踐，它內在於人的一切社會活動之中，文化表意實踐與一般社會實踐之間是「嵌入」式的關係。威廉斯的這一理解為文化研究提供了新的思路，不過也留下了一些理論上難以解決的潛在問題，因為根據這種理解，一切社會實踐都成了文化實踐，所謂文化不過是從表意角度理解的社會，或者說文化不過是社會的表意形式。在此意義上，社會即是文化，文化即是社會，文化與社會的分野模糊了。這實際上

---

[380] Raymond Williams, *Writing in Society*, Verso, 1983, pp. 202-204.

是威廉斯晚年還在頭痛的一個問題，但是無論如何，正是從對文化的符號學理解出發，威廉斯最終跨越了理論上的障礙，把社會現象作為文化現象來考察，最終走向了文化研究和對文化社會學的建構。

二、文化的兩種定義

威廉斯對文化研究的貢獻首先展現為他對「文化」一詞的重新定義。文化概念是文化研究中一個核心的基礎概念，威廉斯的文化定義為後來的文化研究廓清了研究空間。威廉斯先後對「文化」下了兩個定義。在早期的《文化與社會》中，威廉斯把文化定義為「一種整體生活方式」[381]；而在晚期的《文化社會學》中，威廉斯又把文化定義為「一種實現了的表意系統」[382]。如何理解這兩個定義之間的關係？威廉斯的文化定義在理論上、在現實中有什麼價值和意義？

在其成名作《文化與社會》的導言中，威廉斯認為，在 18 世紀末 19 世紀上半期，一些如今看來極為重要的詞彙開始在英語中得到普遍使用並獲得了新的重要意義。事實上，在這些詞彙中存在著一種普遍的詞義變遷模式，可以透過這種語言上的變遷關注它們在更為廣闊的領域裡所涉及的生活和思想上的各種巨大變遷。威廉斯重點介紹了五個這樣的關鍵字 —— 工業、民主、階級、藝術和文化。其中，他認為最引人注目的還是「文化」一詞的詞義發展。「對於我們社會、經濟和政治生活中的這些變遷，『文化』這個詞的發展是對許多重要而持續的反應的一種紀錄，就其本身而言，或許可以被看作是一種特殊的地圖，依靠它可以探索這些變遷的性質。」[383] 其實，威廉斯正是以「文化」一詞在工業革命時期的詞

---

[381] Raymond Williams, *Culture and Society 1780-1950*, Penguin, 1963, p. 311.

[382] Raymond Williams, *The Sociology of Culture*, Schocken Books, 1982, p. 207.

[383] Raymond Williams, *Culture and Society 1780-1950*, Penguin, 1963, p. 16.

義變遷作為《文化與社會》這部作品的結構線索，其意圖就是要透過釐清「文化」一詞的詞義發展，從而更為充分地理解這個詞所涉及的更為廣泛的社會問題。

在《文化與社會》中，威廉斯第一次整理了「文化」一詞在 18 世紀末 19 世紀初的四種含義。在這一時期，「文化」的第一種含義是「一種普遍的心靈狀態或者習性」，它與人類完善的觀念密切相關；第二種含義是「作為一個整體的社會中的普遍智力發展狀態」；第三種含義是「各種藝術的總體」；第四種含義是「一種整體生活方式，（包括）物質上的、智力上的和精神上的」。[384] 在隨後的著作《長期革命》裡面，威廉斯又把這四種含義全部吸收到他所歸納的文化的三種定義中。

威廉斯在《長期革命》中提出，「文化」有三種定義。第一種是文化的「理想」定義：「依據某些絕對性或者普遍性的價值標準，文化是人類完善的一種狀態或者過程。」第二種是文化的「文獻」定義：「文化是知性作品和想像作品的整體，人類的思想和經驗在其中得到各式各樣的詳細紀錄。」第三種是文化的「社會」定義：「文化是對某種特定生活方式的一種描述，它表達了某些意義和價值標準，這些意義和價值標準不僅存在於藝術和學問中，也存在於各種制度和日常行為中。」[385] 可以看出，這三種定義基本上涵蓋了威廉斯在《文化與社會》中所談到的文化的四種含義，在此基礎上又加以歸納和限定，進一步把文化定義明確化了。

在威廉斯看來，這三種文化定義都有其特定的價值，不能簡單地選擇其中的一種而將文化的其他定義予以摒棄。然而，從文化分析和文化研究的實踐來看，在文化「理想」定義的基礎上，所強調的是在對作品和生活

---

[384] Raymond Williams, *Culture and Society 1780-1950*, Penguin, 1963, p. 16.
[385] Raymond Williams, *The Long Revolution*, Chatto & Windus, 1961, p. 41.

的分析中描述並強調某些價值標準，這些價值標準被視為永恆的，是人類自我完善的方向和目標。而在文化「文獻」定義的基礎上進行文化分析和文化研究，實際就是從事批評活動，描述並評價在文獻中所傳達的那些人類思想和經驗，同時也對文獻所採用的語言、形式和表現手法等進行呈現和分析。顯然，這種批評活動可以包括在文化「理想」定義基礎上的那種文化分析和文化研究，描述並強調某些絕對性或者普遍性的價值標準；不過這種批評活動終究不能替代在文化「理想」定義基礎上的文化分析與文化研究，因為批評畢竟局限於文獻作品，無法觸及文獻之外更為廣闊的生活領域。與文化的「文獻」定義相比，文化的「社會」定義就具有更廣的適用性，它把文化定義為一種整體生活方式，不僅包含了文化的「文獻」定義中所強調的由知性作品（學問）和想像作品（藝術）構成的文獻，還涵蓋了除此之外一切與人類生活相關的領域和事實。所以在文化的「社會」定義基礎上進行文化分析和文化研究，就是對某種特定生活方式中的意義與價值標準進行澄清，即澄清某種特定的文化。這樣的文化分析和文化研究既包括在文化的「理想」定義基礎上強調的那些具有絕對性或普遍性的意義與價值標準，也包括在文化的「文獻」定義基礎上的歷史批評，除此之外，它還包括研究分析生活方式中的某些要素，例如生產組織、家庭結構、制度結構和社會交流的典型形式等，如果不是從文化的「社會」定義出發，而是根據其他文化定義來看，這些內容可能根本就不是「文化」。這種對某種特定生活方式中的意義與價值標準的研究其實是要透過考察它們的變化模式，以發現某些一般性的規律，從而更好地把社會發展和文化發展作為一個整體來理解認識。[386]

　　從以上分析可以看出，文化的第三種定義──「社會」定義──事

---

[386] Raymond Williams, *The Long Revolution*, Chatto & Windus, 1961, pp. 41-42.

實上涵蓋了前兩種文化定義。文化的「理想」定義強調了文化所展現的那些意義和價值標準的絕對性和普適性，文化的「文獻」定義強調了文化的載體和形式 —— 知性作品或者想像作品，而文化的「社會」定義強調的則是文化範圍的廣泛性，它所指涉的是整體生活方式，在某種程度上，幾乎一切社會現象都可以被理解為文化，在此意義上文化的含義幾乎等同於「社會」一詞的含義。除了強調的重點有所不同之外，就其概念的內涵外延和進行文化分析與文化研究的實踐效果來看，文化的「社會」定義實質上可以包含並替代文化的「理想」定義和「文獻」定義。

　　威廉斯並未在理論上淘汰文化的「理想」定義和「文獻」定義，實際上他把這兩種定義視為狹義的文化定義，而把文化的「社會」定義視為廣義的文化定義。他認為，「文化」這個詞的多種含義不應當被視為一種缺點，它展現了一種真正的複雜性，與人類經驗中現實因素的複雜性是相應的。不過應當注意到，在其寫作實踐中，在威廉斯作品中的許多地方，他是在文化的「社會」定義上使用「文化」一詞的，他把文化視為一種整體生活方式。在《文化與社會》中，威廉斯談到「文化」一詞的現代意義形成時說：「文化曾經意指心靈的一種狀態或習性，或者意指主要的知性活動和道德活動，如今它也意指某種整體生活方式。」[387] 在討論資產階級文化與無產階級文化區別的時候，他說：「一種文化不僅是由知性作品和想像作品構成的一個整體，它在本質上也是一種整體生活方式。資產階級文化與無產階級文化之間的區分根據在知性作品和想像作品這一領域中只不過是次要的……主要的區別應當在整體生活方式中尋找，此外，在這裡我們一定不要將我們局限於居所、服裝和休閒模式這樣的證據……決定性

---

[387] Raymond Williams, *Culture and Society 1780-1950*, Penguin, 1963, p. 18.

的區別在於對社會關係本質所持的不同觀念之間。」[388] 顯然，對文化的「理想」定義和「文獻」定義在理論上的保留並未影響威廉斯對文化「社會」定義的重視和使用。我們完全有理由相信，文化作為一種「整體生活方式」是威廉斯自己所傾向於接受的對於「文化」一詞的拓展定義。

　　把文化理解為「整體生活方式」是對文化觀念在定義範圍上的極大拓展，因為此前在英國通常接受的是它的「理想」定義或「文獻」定義，與之相應的是馬修·阿諾德和 F·R· 利維斯的菁英主義文化觀念傳統，文化概念本身在當時已經被古典主義轉變成一種由各種價值或觀念組成的永恆不變的整體，承載了沉重的意識形態負擔，一直被用來反對民主。事實上，使用文化的「社會」定義，把文化視為一種整體生活方式，這是威廉斯自覺站在大眾利益立場上針對阿諾德和利維斯所採取的一種心理策略。

　　通常認為，阿諾德是近代對文化進行自覺理論思考的第一位思想家，他在著名的《文化與無政府狀態》中提出了自己對於文化的思考和看法。阿諾德把文化定義為「人類所思所言的精華」，文化是指人類生活的精神方面，它不同於被稱作文明的人類生活的物質方面。在阿諾德看來，文化是無政府狀態的對立，它代表了秩序和規範，是國家的希望。阿諾德把社會群體分成三個階層，第一個階層是貴族，他們是閉目塞聽的野蠻人；第二個階層是中產階級，他們是追求物質文明、唯利是圖的非利士人；第三個階層是大眾，他們是隨波逐流的群氓。阿諾德認為，要想避免無政府狀態，就要實現文化的推廣與普及，這個重任只能落在各個階層中的少數人身上，這些人雖然來自各個階層，但是引導這些人的主要是一種普遍的人文主義精神和對人類完善的熱愛。[389] 顯然，這是一種菁英主義的文化觀

---

[388] Raymond Williams, *Culture and Society 1780-1950*, Penguin, 1963, p. 311.
[389] Matthew Arnold, *Culture and Anarchy*, London: Cambridge University Press, 1932, p. 109.

念。其後的利維斯延續了阿諾德的菁英主義文化觀念，也認為真正的文化必然屬於少數人。不過他不是將文化與無政府狀態對立，而是將文化與文明對立了起來。利維斯在《大眾文明與少數人文化》中指出，工業革命發生後，英國文化被一分為二，形成了大眾文明與少數人文化的對立。利維斯所謂的大眾文明，其實就是大眾文化，它指的是商業化的文化形式，例如電影、廣播、流行小說等。工業化所帶來的技術進步造成了大眾文明的強勢發展，少數人文化面臨著現實危機。利維斯呼籲少數人主動站出來捍衛高雅嚴肅的文化，抵制大眾文明的氾濫。在歐洲，把文化作為特權並賦予少數人的做法其實有著長期的傳統。在這種文化觀念背後隱藏的是階級利益，相應的文化觀念產生了意識形態的作用。這一點在阿諾德和利維斯的作品中展現得非常明顯，阿諾德著名的《文化與無政府狀態》就是一個例子。因為他所說的無政府狀態在當時的語境下顯然有現實的指涉，是對1866 年的「海德公園事件」有感而發。值得關注的是，這一事件的緣起是圍繞公民選舉權的民主政治鬥爭，數千名工人為了爭取選舉權前往海德公園集會示威，由於警察禁止群眾進入公園而造成了騷亂。在這種歷史語境下批判無政府狀態，宣揚文化的普及與推廣所帶來的規範和秩序，其隱含的階級立場是非常清晰的。透過文化的「理想」定義，文化被等同於某些具有普遍性的意義和價值標準，掌握在少數人手中，這種文化觀念被用來抵制大眾的民主化政治訴求，捍衛少數派菁英的道德合法性。威廉斯敏銳地意識到，對文化定義的爭奪其實就是階級話語權的爭奪，作為一個社會主義者，站在工人階級大眾的立場上，這是一個絕對不允許放棄的陣地。威廉斯採取的鬥爭策略是把文化在狹義上的「理想」定義和「文獻」定義拓展成文化在廣義上的「社會」定義。在《文化與社會》中威廉斯指出，「自工業革命以來，工人階級由於其地位的原因尚未產生狹義上的文化。

它所產生的文化是集體的民主機制，這種集體民主機制存在於工會、合作化運動或者政黨之中，重要的是要承認這種文化」[390]。這裡顯然把工人階級中間形成的集體民主機制也視為文化。在另一些表述中，威廉斯又進一步從理論上明確把文化定義為「整體生活方式」，以文化的「社會」定義來為傳統的菁英文化觀念祛魅，從而把大眾文化與傳統菁英文化置於平等的地位，為大眾的民主政治訴求提供了理論上的合法性。

威廉斯對文化的「社會」定義其實也不是他自己無中生有的創造，這一定義源於 20 世紀人類學和社會學，後來透過艾略特對威廉斯產生了深刻的影響。艾略特（Thomas Stearns Eliot, 1888-1965）認為，文化的含義「首先是人類學家所說的在某個地方生活的人的特定生活方式」，是「一個人從出生到死亡、從早晨到晚上和睡眠的全部生活方式」[391]。與其說威廉斯為文化做出了新的定義，不如說他自覺地選擇並呈現了某種特定的文化傳統。威廉斯在《長期革命》中傳達了這樣一種思想：傳統是有選擇性的。「在一個既定社會中，選擇的過程受到許多特殊利益的支配，社會的發展、歷史變化的過程都在很大程度上決定了選擇性傳統。一個社會的傳統文化總是趨向於符合它的當代利益和價值體系，因為它不是一個確定的作品總體，而是一種持續不斷的選擇和解釋……文化傳統不僅是一種選擇，也是一種解釋。透過對文化傳統的分析，透過揭示文化傳統建立時的歷史選項和這種文化傳統建立於其上的當代價值標準，我們可以更加清楚地意識到我們正在做出的選擇的性質。」[392] 在這裡，威廉斯明確地揭示了選擇傳統時所涉及的立場和時代性，我們對文化傳統的選擇與利用是源於我們自己的動機，因此不應該順應那種將文化傳統歸之於所謂「偉大的

[390] Raymond Williams, *Culture and Society 1780-1950*, Penguin, 1963, p. 313.

[391] T. S. Eliot, *Notes Towards the Definition of Culture*, London, 1948, p. 120, p. 131.

[392] Raymond Williams, *The Long Revolution*, Chatto & Windus, 1961, pp. 52-53.

「價值」的神祕化做法。

　　一個概念往往是歷史性形成的，概念本身承載了歷史不同階段的烙印，在不同的時期和不同的情況下加以運用的時候，其內部存在著意義衝突乃至混亂的情況。「文化」這個詞也不例外。一方面，「文化」一詞的「社會」定義雖然可以包含、吸收它的「理想」定義和「文獻」定義，但是由於歷史影響的因素，「文化」一詞常常在不同的意義層面上被加以使用，不時引起理解上的混亂。另一方面，即使就廣義的文化定義 —— 文化作為一種整體生活方式 —— 而言，它本身也是有局限的，這使它的含義看起來與「社會」一詞並無顯著不同。在《政治與文學》中，威廉斯已經意識到了使用「文化」一詞時所遇到的麻煩[393]，後來經過多年的思考，他在《文化社會學》中給「文化」做出了一個定義補充，至少在他看來這似乎是解決文化定義難題的一種比較適當的方案。

　　威廉斯在其晚年認為，文化的「社會」定義具有過於寬泛的籠統表述，而其「理想」定義和「文獻」定義的限定則又過於狹隘。「文化」一詞的含義在這兩個相互矛盾的極端同時有存在的可能性。這種情況使「文化」這個詞的含義從「心靈的狀態」、「藝術作品」一直到「整體生活方式」，涵蓋了廣闊的意義範圍。然而，對於文化這個概念而言，儘管其含義的複雜性具有理論上的活力，但是在實踐運用中卻可能是一個缺點，因為文化的多義性可能會在實踐中成為消極的因素，「文化」一詞對於各種文化要素之間相互關係的強調可能會被完全迴避。為了避免這種情況，可以透過強調文化的核心特徵對其定義加以補充，把文化界定為「一種實現了的表意系統」（a realized signifying system）[394]。

---

[393] Raymond Williams, *Politics and Letters*, Verso, 1981, pp. 154-155.
[394] Raymond Williams, *The Sociology of Culture,* New York: Schocken Books, 1982, pp. 206-207.

作為一種表意系統，文化在實踐中通常是可以辨認的。比如，作為一種語言，作為一種思想體系或者意識形態，作為由藝術作品和思想性作品構成的表意作品的整體等等。同時，文化概念的外延又不僅限於此。有時某些實踐是否是文化的並不能毫無疑問地被加以確定，在這種情形下，對於該種實踐是否屬於文化的認定是可以磋商的。為了對這種情況進行說明，同時也為了對文化作為一種表意系統進行進一步的解釋，我們還有必要把文化系統與其他類型的社會組織系統加以辨別。威廉斯認為，通常在一個社會中，我們可以辨認出政治系統、經濟系統，以及與血緣和家庭相關的生育系統。這些系統不但都具有自己的表意系統，而且這些局部的表意系統作為必要的元素還參與構成了一個更大、更為全面的表意系統 —— 整個社會的表意系統。[395] 顯然，這個更大、更為全面的整個社會的表意系統就是威廉斯所說的文化。如果把整個社會系統完全歸納為表意系統，那將是錯誤的，但是如果假設我們可以有效地研究一個社會系統而不必討論作為其主要實踐部分的表意系統，恐怕這也不是一種正確的選擇。任何一種系統，包括被人為劃分的政治系統、經濟系統和生育系統，也包括總體性的社會系統，它們都內在固有自己的表意系統。在這些領域裡，某種政治的、經濟的、生育的社會實踐同時也具有表意實踐的功能，換句話說，文化實踐與其他實踐出現了交融的情況。把文化定義為一種「實現了的表意系統」，其實就是主張文化內在於一切社會活動之中，因為在一切貌似非文化的其他活動之中，都在深處呈現了某種表意實踐，只不過其文化含義融入了在這些社會活動中實質性存在的那些貌似不屬於文化的人類需要和人類行為之中。相反地，我們也可以從另一個方向說明文化實踐與其他實踐的關係，同樣可以說，在一切表意實踐活動中，其深處

---

[395]　Raymond Williams, *The Sociology of Culture*, New York: Schocken Books, 1982, p. 207.

都展現了其他的人類需要和人類行為，只不過它們或多或少地融入了表意實踐活動之中。

因而，根據威廉斯晚年對文化的定義補充，「作為一種實現了的表意系統，文化的社會組織嵌入在整個一系列活動、聯繫和機構之中，這些活動、聯繫和機構中只有一些明顯是『文化的』」。這裡值得關注的是，威廉斯把文化實踐與其他人類實踐的關係看作是「嵌入」，這實際上意味著文化是無所不在的，它或者以明顯的「文化的」形態存在，比如某種語言、某些知性作品和藝術作品；或者它也可能會以明顯非文化的形態存在，比如以經濟實踐或者政治實踐為載體，在這種情形下，文化的因素——表意實踐——融入表現為其他實踐形態的人類需要和人類行為之中，這時我們通常所注意到的只是其主導性的實踐形態，要麼將其視為經濟實踐，要麼將其視為政治實踐等等。在這樣的觀照下，其實是要表明，人類的一切實踐活動都具有表意因素和表意功能，因而對文化現象的考察和研究就應當擴展到與人類生活相關的所有實踐活動。在此意義上，文化作為一種「實現了的表意系統」與文化作為一種「整體生活方式」是一致的，從這兩種定義出發，所關注和把握的都是人類的整體社會生活。

三、文化唯物主義與文化社會學

威廉斯想要借用馬克思主義觀念建構一種有力的文化理論，他認為首先必須深入剖析馬克思主義理論中關於基礎與上層建築的重要命題，因為這一命題在當時的馬克思主義文化理論中已經成為一個得到普遍應用的基本命題，任何一種對於馬克思主義文化理論的嚴肅思考，都必須從對經濟基礎與上層建築命題的辨析和批判開始。

「基礎決定上層建築」這一命題的出處是馬克思著名的〈《政治經濟

學批判》導言〉，馬克思關於經濟基礎決定上層建築的論述似乎針對的是黑格爾的唯心主義哲學，因為黑格爾認為歷史是由作為觀念的「絕對精神」所決定的。在 19 世紀中期工業資本主義崛起的歷史背景下，馬克思想要指出，改變社會的不是觀念，而是蒸汽機和火車等物質性的力量。在這種語境下，馬克思強調經濟基礎的決定性作用顯然是非常必要和適當的。根據威廉斯的觀點，馬克思在〈《政治經濟學批判》導言〉中關於經濟基礎與上層建築的表述是一種比喻性的說法，然而後來的馬克思主義者卻把「基礎決定上層建築」變成了一個僵化的命題，並在這一命題的束縛下形成了僵硬的方法論。例如在研究某個國家文學的時候，必須從相關的經濟史切入，根據經濟史來分析文學現象。這種方法可能也會有所收穫，但是總體而言這是一種牽強的研究方法，「因為即便經濟因素是決定性的，它決定的也是整體生活方式，文學必然與之發生關聯的是整體生活方式，而不單單是經濟系統。這種解釋方法不是依據社會整體，而是依據經濟狀況與研究對象之間的武斷連繫來確定的，很快就導向了解釋的抽象性和非現實性」[396]。

　　因此，威廉斯嘗試透過對「基礎決定上層建築」這一命題的通常理解進行批判性分析，從而尋找更為有效的概念術語來建構一種他自己認為更加成熟的馬克思主義文化理論。威廉斯對「上層建築」、「基礎」和「決定」這幾個詞語逐一進行了闡釋，他對經濟基礎與上層建築命題的理解與傳統馬克思主義理論有很大的不同。在馬克思之後，上層建築與經濟基礎被視為兩個各成一體、完全沒有交集的領域，物質性被視為「基礎」的特徵，而上層建築則被認為與物質性沒有任何關係，一切文化的和意識形態的活動都被歸入其中。威廉斯試圖把物質性賦予上層建築，強調上層

---

[396] Raymond Williams, *Culture and Society 1780-1950*, Penguin, 1963, p. 272.

建築相對於基礎的自治性和能動性，同時，他也希望重新理解「基礎」這個詞，還原其存在狀態的動態性特徵。「基礎」通常被理解為一個靜態的客體，是始終如一的，「基礎」是與物質生產力發展階段相適應的生產關係，是某一物質生產階段的生產方式等等。威廉斯認為這種理解與馬克思的原意完全不同，馬克思所強調的是生產活動在特定的結構性關係中建立了一切其他活動的基礎，雖然可以對特定的生產發展階段進行明確的分析，但是「基礎」在實踐中從來不是靜態的和固定不變的。事實上，在生產關係與隨之產生的社會關係之間存在著深層的矛盾，因而作為「基礎」的歷史動力就存在著持續變化的動態可能性。所以在威廉斯這裡，基礎與上層建築只是馬克思的一種比喻，強調的是一種結構性關係，在這種結構中，特定時期的基礎與上層建築完全是一種歷史性的存在，並不是永恆不變的。比如文學藝術的生產一度被視為是具有上層建築性質的非物質創造行為，與物質生產無關，但是隨著生產力的進步和社會的發展，當文學藝術生產成為一種重要的文化產業和一個重要的經濟部門時，它就在某種程度上具有了「基礎」的性質。這也就是說，基礎與上層建築是一種比喻，而不是具有確定所指的概念，在人類歷史的不同社會階段，基礎與上層建築的指涉內容可能是不同的，而且這個時代的上層建築，到了下個時代可能就會變成了「基礎」。

對「基礎與上層建築」命題的詮釋表明，威廉斯認識到政治和文化方面的制度、機構、活動、意識與物質生產之間具有不可分割的連繫。[397]基於對文化產品和文化生產所具有的物質性的認知，威廉斯認為文化本身就是物質性的，生產文化的生產力與生產商品的生產力在本質上是一樣的。由於文化生產的物質性，使得把經濟實踐與文化生產劃分為兩個本質不同

---

[397] Raymond Williams, *Marxism and Literature*, Oxford: Oxford University Press, 1977, p. 81.

領域的做法肢解了作為整體的社會生活本身，用這種孤立、靜止的方法並不能準確地把握現實世界。正是透過對文化的物質性理解，最終威廉斯走向了文化社會學。

自 1964 年伯明罕當代文化研究中心成立之後，經過霍加特，尤其是斯圖亞特·霍爾的多年經營，文化研究逐漸形成一種跨學科的研究方向，引起了學術界的關注和重視。而在晚年的威廉斯看來，「如今通常所謂的『文化研究』已經是普通社會學的一個分支」。威廉斯明確解釋了自己話中的意思，更確切地說，不是說文化研究是普通社會學的一個具體的局部研究領域，而是說文化研究已經成了一種新型的社會學。威廉斯晚期著作《文化》就是建構這種新型社會學的一次嘗試，這本書在美國出版時被更名為《文化社會學》，恰恰展現了學術界對威廉斯的社會學貢獻所給予的認同。

威廉斯認為，文化研究把文化視為一種表意系統，在強調整體社會秩序的同時堅持主張：文化實踐和文化生產不僅源於某種以其他方式構成的社會秩序，它們本身也是建構這種社會秩序的重要因素。按照威廉斯的設想，作為一種新型社會學，文化研究所關注的是對表意系統的研究，其研究對象特別集中於文化生產實踐方面。文化研究的方法要求對特定的文化機制和文化構形進行嶄新的社會學分析，一方面要研究文化機制、文化構形與文化生產的物質方式之間的關係，另一方面也要研究它們與實際的文化形式之間的關係，對於這些關係的研究，最終必然導致一種新型的文化社會學。[398] 威廉斯的文化社會學建構主要展現為他對文化生產問題和文化傳播問題的討論，前者是《文化社會學》一書的主題，後者則主要展現在《傳播》和《電視：科技與文化形式》等著作中。

---

[398] Raymond Williams, *The Sociology of Culture*, New York: Schocken Books, 1982, p. 14.

　　威廉斯走向文化社會學的起點是承認文化的物質性，進而討論文化生產力與文化生產關係。「一旦文化生產本身被看作是社會的和物質的，整個社會歷程的不可分性就有了一個不同的理論基礎。」[399] 他對文化物質性的恢復是透過對生產概念和生產力概念進行歷史辨析而實現的。因而，文化生產在威廉斯的文化社會學建構中具有舉足輕重的分量。這裡需要指出的是，在威廉斯那裡，生產和生產力概念都是在普遍性的意義上使用的，並不局限於資本主義條件下商品性的經濟生產和生產力。因而，生產概念既包括了商品性的經濟生產，也包括了政治秩序、社會秩序和文化觀念的生產，生產力概念則不僅僅局限於經濟的物質生產手段，而是被視為對現實生活進行生產和再生產的所有一切手段。

　　威廉斯把文化生產所依賴的物質手段分為兩種，一種是借助於人體內在資源的物質手段，這些手段包括語言傳達，也包括肢體、手勢、面部表情等非語言的傳達，透過這種物質手段生產的文化形式有舞蹈、歌曲等；另一種是借助非人體資源的物質手段，透過使用、轉化人體之外的物體或力量進行文化生產，其文化產物有繪畫、雕塑等。生產手段屬於生產力的範疇，威廉斯對文化生產手段進行劃分的目的是要釐清不同文化生產手段與相應的社會關係之間的內在連繫，與馬克思主義一般理論中考察生產力與生產關係的生產範式是完全一致的。

　　在文化生產過程中，根據使用生產手段所涉及的社會關係、非人體的物質性生產手段可以再進一步進行細分：某些非人體物質手段的使用所涉及的社會關係是使用人體內在資源手段所涉及的社會關係的延續；而另一些非人體物質手段的使用則引發了新的社會關係。威廉斯所關注的是後者，關注的是這些文化生產手段的使用如何導致了新型社會關係的產生。

[399] Raymond Williams, *Politics and Letters*, Verso, 1981, p. 139.

　　威廉斯認為，導致了新型社會關係的非人體性文化生產手段包括以下兩種類型：

　　第一，獨立的物質表意系統的發展，這些物質表意系統的發明是為了傳達文化意義，其中最典型的是書寫。書寫是較為獨立的文化生產手段，單獨憑藉它就可以從事文化實踐活動，實現文化的生產。書寫在人類文明早期主要是一種管理技術，通常掌握在少數人手中，大多數人作為被管理、被統治者，幾乎沒有機會接觸這種文化技術。掌握書寫這種文化技術的關鍵是具有讀寫能力，而讀寫能力的培養則完全依賴於長期的專門訓練，威廉斯認為對書寫技術的壟斷是前現代社會能夠長期製造並保持文化鴻溝與階級統治關係的一個重要原因。[400] 資本主義現代化工業的生產邏輯導致了對具有讀寫能力的勞動者的社會需求，從而推動了教育的普及，讀寫能力在全社會範圍內逐漸得到發展，越來越多的普通勞動者掌握了書寫技術，這是現代社會民主政治發展的一個動因，也是深刻改變統治者與被統治者之間的社會關係的一種形式。

　　第二，複雜的放大、複製等技術的發展，這些方法使得此前所有非人體性文化生產手段類型的新型呈現成為可能。放大、複製等技術是催生新型社會關係的另一類非人體性文化生產手段，與書寫技術相比，這些文化生產技術較為複雜，往往與利用人體資源的文化生產手段或者其他非人體性文化生產手段結合在一起實現其文化生產功能。以複製為例，複製技術的進步導致了文化生產在許多重要方面的革新，為文化和藝術的獨立提供了更多新的形式和機遇。威廉斯沒有明確談論印刷技術作為文化生產手段所帶來的社會關係的變化，但是從歷史的經驗中我們可以得知，隨著封建社會向資本主義社會的發展，經濟結構上的變化使得以書寫技術和讀寫能

---

[400] Raymond Williams, *The Sociology of Culture*, New York: Schocken Books, 1982, pp. 94-95.

力作為壟斷性統治工具的方法失去了存在的基礎，資本主義的發展需要大量的技術工人、文職雇員和職業經理人，勞動者必須具有一定的學習能力才能勝任，而學習能力的關鍵就是讀寫能力，故在資本主義社會中，無法再像在封建社會中那樣對書寫技術進行壟斷。因此，印刷技術被用於普及圖書和教育，作為一種文化生產手段的複製技術與蒸汽機和火車一起改變了社會的結構，建構了資本主義的新型社會關係。

文化生產手段的發展本質上展現了文化生產力的發展，重要的文化生產手段方面的發展和變化往往導致了文化生產關係方面的重大改變。對於文化生產力的進步所導致的現代文化生產關係的變化，威廉斯是從兩個方面進行考察的：第一，文化生產技術發展所導致的文化生產控制方式的變化，即從政府控制走向了市場控制；第二，文化生產技術發展所導致的現代文化生產領域裡的三次社會分工。

在讀寫技術作為一種壟斷的、享有特權的技術手段的時期，文化生產者通常是作為個體和獨立的作者出現的，其生產形式是典型的個體生產占主導地位，作家、畫家、雕塑家、作曲家顯然都處於這種文化生產關係之中，藝術的「自治」命題與這種獨立性的文化生產狀態有著密不可分的聯繫。隨著文化生產力的發展和文化生產方式的變化，在文化生產過程中出現了集體生產和實質性的勞動分工。例如在古希臘戲劇階段，勞動分工主要是職業性的，依據職業的性質，有演員、歌手、樂手、舞者和寫手等，不過在這一階段，文化生產過程中各個工種的協調和管理還是不太分明的，不存在與後來的製片人、導演相對應的固定角色。更為正式和規範的勞動分工所建立的基礎不僅是職業化，還有自覺的管理，這些與文化生產方式的新階段相對應，在戲劇的發展中尤其明顯，製片人、導演、經紀人機制的出現和成熟是其展現。我們不妨把這一階段稱為文化生產方面的第一次勞動分工。

　　隨著新型複製技術的發展，出現了文化生產方面的第二次勞動分工。新技術要求更為精細的專業化分工，以電影為例，根據在電影生產過程中的不同任務，參與其中的生產者被分為作家、演員、攝影師、錄音師、編輯和負責協調的導演。隨後在安裝、維護和某些技術運作形式方面出現了進一步的勞動分工，電工、木匠、後勤人員也成為電影生產過程中的必不可少的參與者。在現代報紙的生產過程中也出現了類似的情形，某些體力工人負責印刷報紙，他們與文化生產的內容沒有任何真正的關聯，但是沒有他們的勞動，文化生產過程就無法順利完成。在上面這兩種情形下，文化生產過程內部就出現了一種階級方面的分工。一方面存在著那些拍攝電影或者寫作新聞報導的人，另一方面存在著那些從事電影劇務或者印刷報紙的人，前者被視為是在進行真正的文化生產，而後者僅僅被看作是工具性的。這時，存在的不僅僅是一種職業分工，同時也是一種勞動階級的分工。

　　文化生產領域的第三次分工是所有權與生產經營權的分離。某些個體藝術家可能會直接擁有文化生產資料的所有權，在產品的銷售發行中與他人處於典型的市場關係之中。某些專業團體可能會擁有文化生產資料，較為直接地接觸它的大眾。但是在發達的技術階段，尤其是文化生產過程極度依賴複製技術的當今時代，在重要的文化生產部門，例如電影、電視和廣播領域，直接從事製作的團體幾乎不可能直接擁有生產資料。這時就出現了第三種日益穩定和常規化的分工形式，使得文化生產資料的所有權和經營管理權分離了。

　　根據威廉斯對於文化生產分工的相關歷史整理，我們可以總結如下：第一次分工是文化生產的專業化分工；第二次分工是在專業化分工基礎上出現的更為精細的勞動階級分工；第三次分工是文化生產過程中所有權和

管理權之間的分離，它構成了文化生產的終極控制形式，其他分工形式必須在這種終極控制形式中運作，每一種類型的文化生產者，在這種高度資本化的發達生產體系中都成為文化生產資料所有者的一個雇員或者管理人員，他們根本不必與文化生產發生直接的關聯。關於文化生產過程中所有權與管理權之間的分離，威廉斯認為這是現代資本主義基本矛盾的一個典型例子——日益社會化的生產形式受到生產資料私有化的限制和控制，唯一可以與之相提並論的矛盾形式是生產資料由政府直接擁有所有權並加以控制的情況。這些問題是與文化生產方式，尤其是與重要的複製技術的發展不可分割。[401]

　　文化生產控制方式與文化生產領域勞動分工方面的變化歸根結柢展現的是文化生產關係方面的變化。透過研究文化生產技術在這些方面所造成的變化和影響，威廉斯實際考察的是文化生產力的發展對文化生產關係所造成的影響，這種思維邏輯和傳統馬克思主義對生產力和生產關係進行分析的生產範式是完全一致的。

　　在威廉斯的文化社會學建構中有兩個主要主題，除了文化生產之外，還有文化傳播。與前人的傳播觀念相比，威廉斯對傳播的理解是顛覆性的，他把傳播視為與政治、經濟同樣重要的社會組織方式。威廉斯認為，從政治的角度來看，人們通常把社會的主要問題理解為權力與統治；從經濟的角度來看，人們通常把與社會相關的主要問題理解為財產、生產和貿易；同樣，人們也可以從傳播的視角來理解社會，把社會視為使人類經驗得以描述、共用、改變和保存的一種傳播形式。人們往往習慣於用政治和經濟的術語描述社會生活，然而從傳播的視角進行觀察，人與社會並未被局限在權力關係、財產關係和生產關係之中，在人們描述、學習、說服和

---

[401]　Raymond Williams, *The Sociology of Culture*, New York: Schocken Books, 1982, pp. 117-118.

交流經驗的過程中所存在的人與人之間的關係同樣是十分重要的。現代社會傳播領域中的根本性問題在於，許多人從政治的或者經濟的社會觀念出發，不是把現代傳播的發展視為民主文化發展和社會成長的契機，而是將其視為一種新的統治手段，或者一個新的商業機會，一切新的傳播手段都被濫用於政治控制或者商業利益的目的。[402] 所以威廉斯認為，要想制止對於傳播手段的濫用和推動傳播的民主化，就必須把傳播視為組織與解釋社會的一種基本方式，從傳播的角度來理解社會。

威廉斯認為傳播工具本身就是生產資料，從而把傳播納入到生產範疇的框架內進行思考。這種做法的好處在於可以把對傳播工具的占有與使用理解為圍繞生產資料所有權所產生的社會生產關係，從而根據傳統馬克思主義的生產範式，在階級範疇、權力鬥爭層面思考傳播問題。

威廉斯所關注的主要有兩點：第一，傳播工具作為生產資料，必然涉及所有權和使用權的問題，針對少數群體憑藉有利地位和優勢資本控制主要傳播工具的情況，如何實現對傳播工具占有與使用的民主化？第二，新的傳播工具與技術是否有消除傳播性生產過程中勞動分工的可能性，以及勞動分工的消除是否有可能延伸到其他生產領域，最終縮小乃至填平社會地位上的不平等，從而實現一種真正的民主文化？威廉斯關注新的傳播技術所可能導致的對現有傳播過程中社會勞動分工的消除，因為它有利於消除階級鴻溝，建構他所期待的民主文化，實現他所謂的包括民主革命、工業革命和文化革命在內的長期革命目標。威廉斯認為大眾傳媒機構應當承擔起更多的社會責任，提高傳播內容的標準，引導趣味的多元，豐富社會文化，促進社會進步。

威廉斯的傳播體制研究從宏觀的社會制度層面探索了傳播權力的結構

---

[402] Raymond Williams, *Communications*, Penguin, 1968, p. 18.

性展現，他把現代傳播體制分為三種類型——專制傳播體制、家長制傳播體制和商業傳播體制。在專制傳播體制中，大眾被視為臣民和附庸，傳播的目標是統治；在家長制傳播體制中，大眾被視為需要教育的孩子，傳播的目標是引導；在商業傳播體制中，大眾被視為消費者，傳播的目標則是利潤。威廉斯認為三者無一例外，都展現了少數人對大多數人的控制，屬於操縱型的傳播體制。他認為要想改變大眾傳播受到少數人操縱的現實，就必須建立一種民主的現代傳播體制。威廉斯提出了一種開放性的構想，他設想了一種以共同參與權和自由選擇權為特徵的民主型傳播體制，並希望透過實踐來實現它。威廉斯的民主傳播體制構想也是他推動左派政治且在文化組織方面進行體制改革的一種理論嘗試。

第三節　斯圖亞特・霍爾

　　霍爾學術興趣廣泛，思想流變複雜，著作頗豐，一節萬字「鳥瞰」一個問題恐怕都力有不逮。但這或許已是避免流於泛泛之談，力求細緻入微的不二之法。本文借鑑麥克羅比——她是霍爾相對信任的作者——的示例性寫法[403]，試圖以霍爾 1990 年代的幾篇文章為代表，盡可能地呈現他對離散問題的思考。

　　之所以聚焦於離散，原因如下：首先，離散是貫穿霍爾個人、學術、政治生涯的主題，而且是他第三個範例性時期（「多元文化主義」）關於種族和民族性的核心理論，是文化身分於此表達的批判性場所。更為切題（「文化研究與美學」）也更為重要的是，離散展現了霍爾思想中美學與政治的相互依存：不同的表徵，不同的美學，不同的文化政治。再者，在後

---

[403] Angela McRobbie, *The Uses of Cultural Studies*, London: Sage, 2005.

現代的今天——如果我們承認「後現代」這個能指還沒有因為「意義爆炸」而完全喪失自己的意指能力的話——人口流動和遷徙雖遠非時代特有，卻在歷史上首次成為了我們的日常生活，因此，如霍爾所言，「經典的後現代經驗竟是離散經驗」[404]。由於「遷徙－離散」，每個人都經歷著「內部的局外人」或「外部的局內人」的疏離感和異化感，在此意義上，霍爾的離散理論就「接合」了後殖民和後現代，從而具有更廣泛的社會現實意義。

一、離散：從「小苦力」到「離散知識分子」

「我們的寫作和言說都來自某一特定時空、某一歷史和某一具體的文化。我們所說的總是『在語境中』，安置在某處（positioned）。」[405] 果如霍爾所言，那麼對其離散理論的「語境化」便要追溯他的童年經歷，因為正是他的早年經歷形塑了他後來，尤其是 1980 至 1990 年代對文化身分等問題的集中思考，他本人在這一時期也借用自傳的形式闡明自己的理論。需要澄清的是，這並非一次「尋根」之旅——霍爾本人對「起源」、「權威」持懷疑態度，霍爾之所以採用自傳，「並非要再現一個『真實的我』，而是為了探索去中心的身分概念」[406]。

斯圖亞特·霍爾（Stuart Hall, 1932-2014），出身於牙買加京斯頓的一個中產階級家庭。他的父親赫爾曼來自當地的中下層黑人家庭，長期在牙買加聯合水果公司工作，是第一位被提升為該公司首席會計的非白人；他

---

[404] Kuan-Hsing Chen, *"The Formation of A Diasporic Intellectual: An Interview with Stuart Hall by Kuan-Hsing Chen"*, in: Stuart Hall: Critical Dialogues in Cultural Studies, David Morley and Kuan-Hsing Chen (ed.), London & New York: Routledge, 1996, p. 492.

[405] Stuart Hall, *"Cultural Identity and Diaspora"*, in: Identity: Community, Culture, Difference, Jonathan Rutherford (ed.), London: Lawrence & Wishart, 1990, p. 222.

[406] James Procter, *Stuart Hall: Routledge Critical Thinkers*, London & New York: Routledge, 2004, p. 4.

的母親傑西有白人血統，在牙買加種植園的生活環境中長大，對遙遠的英國有著複雜、虛幻的感情。這樣的家庭「先天」就交織著階級與膚色問題，「文化上，上演著殖民地與帝國的衝突」[407]。霍爾的膚色是全家最黑的。他剛出生時，姐姐甚至用了「little coolie」（小苦力，辱罵性詞語）稱呼眼前的嬰兒，霍爾也曾自嘲說，他在家庭生活中自始至終都扮演著這樣的角色：一個局外人，一個不合群的人。青少年時期的霍爾與父母情感疏離，他和父母不喜歡的黑人孩子交朋友，拒絕參加父親所在的俱樂部。他既不想像父親一樣在白人的世界「乞求」認可，也無法接受母親口中那個古老的種植園「黃金時代」，而更願意稱自己為「獨立的牙買加男孩」，他支持當時的牙買加獨立運動，反對種族主義和殖民統治。這一時期，對霍爾影響最大的是姐姐的精神崩潰。霍爾 17 歲時，他的姐姐與一位年輕的黑人實習醫生相愛，但即使這位醫生是中產階級，也無法改變他是黑人的事實。在父母的百般阻撓下，姐姐不得不妥協，但從此神經衰弱，終生如此。當時的霍爾尚且年少，對姐姐的悲劇無能為力，但這件事對他後來的思想發展卻有著深遠影響：它使霍爾在心理分析和馬克思主義之間架起了橋梁，使他意識到，文化既是主觀的、個人的，也是結構性的、體制性的；個人心理、情感和認同就是人所「生活」的結構。

　　霍爾就讀的小學很小，後來才進入規模較大的位於京斯頓的牙買加學院學習。在那裡，霍爾一直接受的是古典英語教育，他學習拉丁文、英國歷史、英國殖民史、歐洲史和英國文學等，直到後兩年才有機會接觸加勒比海地區相關的歷史和地理知識。在牙買加學院讀書的最後一年，霍爾開始閱讀艾略特、喬伊斯、佛洛伊德以及馬克思、列寧，大大豐富了自己的閱讀經驗。

---

[407] Kuan-Hsing Chen, *"The Formation of A Diasporic Intellectual: An Interview with Stuart Hall by Kuan-Hsing Chen"*, in: Stuart Hall: Critical Dialogues in Cultural Studies, David Morley and Kuan-Hsing Chen (ed.), London & New York: Routledge, 1996, p. 487.

　　霍爾對政治一直很感興趣，也參加了不少政治活動。他關心牙買加政黨的組織形式，關心工會及勞工運動，還著重觀察戰爭後期民族獨立運動的興起，並與他的朋友一起加入牙買加的反殖民革命中。儘管如此，霍爾後來並沒有選擇法律，或像他的同輩一樣選擇經濟學以解決牙買加的貧窮問題，相反，他鍾情於文學和歷史，但文學之於他從來不是純粹的，而是浸透著政治和權力關係。1951 年，霍爾 19 歲，在獲得了羅德獎學金後他乘坐「帝國烈風號」來到了英國。據霍爾回憶，他坐火車從布里斯托港來到倫敦派丁頓站，看到的景象就跟在哈代小說中一樣。他對英國十分熟悉，畢竟，殖民教育很早就迫使他從「內部」了解英國，但他不是也永遠不可能成為「英國人」。當他的母親說：「我希望他們不把你看作一個黑人，不把你看作一個移民」時，霍爾回答道：「當然是，那您說我不是移民，又是什麼呢？」從那時起，霍爾便是大英帝國「熟悉的陌生人」了。接下來，無論是在「新左派」時期，還是在伯明罕時期，他都在「黑人離散的影子中 —— 在野獸的腹中」[408] 度過。

　　從出生時的「小苦力」到後來的知識分子，「熟悉的陌生人」的離散經歷貫穿了霍爾的一生，而他對該問題的學術思考也至少持續了二三十年 —— 從早期的零星作品〈黑色不列顛人〉（1970）、〈種族主義與反動〉（1978）到 1980 年代的〈媒體中的種族建構〉（1983）、〈葛蘭西與種族和民族性研究的相關性〉（1986）直到 90 年代的「星火燎原」。這一時期，霍爾發表了一系列重要的文章，如〈文化身分與離散〉（1990）、〈地方的與全球的：全球化與民族性〉（1991）、〈黑人流行文化中的這個「黑」是什麼？〉（1992）、〈新民族性〉（1992）、〈文化、共同體、民族〉

---

[408] Stuart Hall, *"Cultural Identity and Diaspora"*, in: Identity: Community, Culture, Difference, Jonathan Rutherford (ed.), London: Lawrence & Wishart, 1990, p. 223.

（1993）、〈誰需要身分〉（1996）、〈何時是後殖民〉（1996）、〈他者的景觀〉（1997）、〈誰之遺產〉（1999）、〈思考離散〉（1999）等。這些文章話題廣泛，內容豐富，但無一不反映了霍爾的反本質主義身分觀，無一不表現出霍爾駕馭理論（馬克思主義、心理分析、結構主義、後殖民主義、後現代主義等），以及對現實「說話」的能力。

二、表徵、文化身分與美學

霍爾的個人經歷為他的「離散理論」提供了「發聲」的位置，但他對文化身分的研究並非建立在對實際生活境遇中的加勒比黑人的人種志觀察上，而是基於對 1980 年代英國黑人電影的思考和參與。這一時期，政府資助、BBC 廣播四臺的運作為黑人電影的獨立創作提供了動力，黑人獨立電影蓬勃發展，而獨立電影因擺脫了商業邏輯與主流工業電影的限制，成為了探索階級、社會性別、性慾、種族和身分認同的文化空間。霍爾作為大倫敦委員會少數民族藝術委員會（the Ethnic Minority Arts Committee of the Great London Council）的積極支持者（該委員會資助了英國黑人電影團體「桑科法」Sankofa），親自參與了幾乎所有桑科法電影的製作討論。霍爾的思想對《回憶的激情》（*The Passion of Remembrance*）影響頗大，此外，他還是電影《尋找蘭斯頓》（*Looking for Langston*）的旁白，並客串了《侍從》（*The Attendant*）。

由於出自對電影文化實踐的思考，霍爾所描述的身分、民族性是生產於表徵之內的：文化或表徵之外無身分，這正是「文化身分」（相對於本質主義）一詞的要義。表徵是思考文化身分的起點和關鍵，但它是個難以捉摸的「不可靠」角色。這種「不可靠」很大程度上歸於「表徵」概念的悠久歷史及批評理論在不同歷史時刻的發展。霍爾在〈新民族性〉（*New*

Ethnicities）中提出，「表徵」一方面根植於西方古老的「模仿說」，指人們反映外在現實的方式；但另一方面，話語之外無一物。事件、關係和結構固有其物質性，但只有在話語之內才有意義，抑或是意義於其中才得以建構。第一種意義上的「表徵」是反映性，自反的（reflexive）、表達性的（expressive），滯後於事件；而後現代表徵在文化中扮演著構成性的（constitutive）或建構性（constructionist）角色，因此會產生現實影響。

　　以這兩種表徵為基礎，霍爾區分出黑人文化政治的兩個時刻及相應的兩種美學。他認為，黑人經驗在英國文化中的邊緣性乃「表徵政權」（the regime of representation），即一整套政治和文化實踐規範、轄制及「正規化」的惡果。如傅柯的知識／權力所提醒的，任何「表徵政權」都是權力政權；而作為權力的知識不僅透過權力，而且「潤物細無聲」地將主體「內化」為「他者」。因此，黑人藝術家和黑人文化工作者必須爭取「自我表徵」——成為「表徵」的主體而非客體——的權利，以作為整個黑人群體的「代表」（representative）透過藝術發聲。換言之，「表徵」形塑於描述實踐表徵和代表實踐表徵間的張力，是個文化政治問題。既然如此，改變「表徵關係」（relations of representation）便是文化政治第一時刻的首要任務。

　　處於這一時刻的黑人藝術家肩負著「表徵的重擔」。他們致力於以紀錄片的形式講述「真實」，以更正主流媒體對黑人的「視而不見」和錯誤偏見，批判將黑人經驗定位為「未言說」、「隱形他者」的白人美學話語。因此，現實主義，如考比納·莫瑟所認為的，就成為了 1970 年代第一代黑人電影導演的主導題材。[409]

　　但是，黑人主體是「不堪重負」的。一個黑人或一部電影被賦予言說

---

[409] James Procter, *Stuart Hall*, London: Routledge, p. 127.

的權力，遂即成為千千萬萬被排斥、被邊緣化的群體的代表，這恰恰說明強化了該群體的從屬性，或甚至成為「妝點門面」的手段。而且，當發聲者被定位為整個社會群體的「傳聲筒」時，他個人的主體性便被剝奪了，黑人經驗的異質性、多樣性和主體位置也被否定了；中心與邊緣、普遍與個別的固化框架總將言說主體退還至舊有的模式化定位。最根本的問題在於，基於模仿或再現的現實主義電影只是像鏡子一樣「映照」出「現實」的真實性並將其轉移給觀眾，現實世界既是它的來源又是其真實性的保證。現實主義電影在觀眾身上產生了一種「認可效果」，因此，被認為是一個簡單的經驗陳述。但是，這種「認可效果」並沒有導致觀眾去探索電影背後的真實，而只是確認了話語組織方式的顯而易見和理所當然，電影所依賴的前提也沒有受到質疑。從認知角度而言，作為一種敘述話語，現實主義在既知事物的結構內指涉自己，並沒有產生新的知識；從作品與觀眾的關係角度看，它並沒有挑戰觀眾的觀看習慣，而是將觀者置於實用知識與話語「現實」的同謀關係中。舉例來說，一名觀看白人如何虐待黑人的觀眾未必會義憤填膺甚至揭竿而起，反而極有可能認同電影所依賴的假設，即白人比黑人優越，從而維持現狀。

為了為黑人主體及電影「減輕負擔」，同時，作為對黑人電影新發展的回應，霍爾提出了黑人文化政治的第二時刻。他將第一時刻向第二時刻的過渡定義為從「表徵關係」到「表徵政治」（the politics of representation）的轉變。這一轉變表明了從模仿「表徵」向後現代表徵的重要變化。前者假設，「白」與「黑」是由自然、生理決定的；黑人經驗是單一、同質的，正安靜地躺在某處，等待被發現；而後者象徵著這一本質黑人主體（essential black subject）概念的終結：「必須意識到構成『黑人』範疇之主體位置、社會經驗和文化身分的多樣性；也就是說，必須意

識到,『黑人』本質上是一個被政治地、文化地建構的範疇,它無法以一套固定的超文化、超驗的種族範疇為基礎,因此實際是不受保證的。」[410]

問題是「黑人」這個能指已被賦予了太多的意義:整個黑人群體及保留於此的黑人傳統,以黑人經驗為基礎的黑人鬥爭、黑人美學⋯⋯難怪貝爾·胡克斯(Bell Hooks, 1952-2021)會質疑:假如沒有任何本質主義,我們將置身何處?難怪史碧瓦克稱戰略本質主義為「必需時刻」。霍爾對此的回應是,必須超越所謂的「必需時刻」,而這意味著重新定義「差異」。「差異」是霍爾「表徵政治」的理論內核,表徵政治必須與差異協商並透過差異產生作用(work with and through difference),「表徵政治」即「差異政治」。

那麼,霍爾所指的「差異」是什麼呢?霍爾似乎在不同層面上使用了這一術語:「差異」不僅指經驗層面上事物的不同,而且傾向於更為抽象的索緒爾式的「差異」及德希達的「延異」。索緒爾語言學認為,差異產生意義;而在霍爾看來,沒有差異關係,就沒有表徵,但差異不單單是「他者」,還是德希達的「延異」、無限的增補。「差異」的這個含義挑戰了將意義和表徵固化的二元結構,表明意義並非「一蹴而就」,「建構於表徵之內的事物總是被延遲的(deferred),不穩定的(staggered),未完成的(serialized)」[411]。

意義處在無限延異中,但在慶祝形式的「嬉戲」時,德希達的後現代信徒們往往抽空了他理論中的政治含義。霍爾對此提出了質疑,他認為,

---

[410] Stuart Hall, *"New Ethnicities"*, in: Stuart Hall: Critical Dialogues in Cultural Studies, David Morley and Kuan-Hsing Chen (ed.), London & New York: Routledge, 1996, p. 444.

[411] Stuart Hall, *"Cultural Identity and Diaspora"*, in: Identity: Community, Culture, Difference, Jonathan Rutherford (ed.), London: Lawrence & Wishart, 1990, p. 229. 此處 staggered 及 serialized 的使用十分有趣,stagger 原指「跟跟蹌蹌」,serialize 指「連載」,霍爾用兩個經驗主義的詞生動地表達了意義生成的不穩定性和未完成性。

表徵的政治並不否定差異，而要透過差異產生作用。因此，這種差異不是「為了差異而差異」，而是「有影響的差異」（the difference that makes a difference）。如果說意指取決於對其差別術語的定位（positioning）、再定位、無休止的定位，那麼在某個具體的例子中，意義則取決於偶然、任意的停頓。

　　沒有隨意的封閉（arbitrary closure），行為與身分何以成為可能？或許可稱此為為了產生意義而終結句子的必要性？話語可能是無盡的：意指過程是無窮的。但若想具體表達什麼，就必須停止講話。當然，每個句號都是暫時的……它不是永久的，不完全是放之四海而皆準的。它不受無限的保證支撐。但這就是我現在的意思；這就是我……好，不再說了。[412]

　　句號之於身分是必需的，沒有句號，便沒有身分。既然如此，那麼身分──借用語言的暗喻──就是「畫句號」。句號是任意、暫時的，因此，類比地講，身分並非永恆或一成不變，而是不斷生成的；身分也不是自由漂浮的，而必須安置在某處。可能令人疑惑的是，意義表達的成功是否與意義的無限性相互矛盾呢？霍爾認為，除非我們將隨意、臨時的句號當作自然、永恆的，否則，在任意的句號之外，意義仍將無限展開。

　　其次，本質化的差異是相互排斥、自給自足的，它以二元對立的思維思考身分。本質主義將差異自然化、去歷史化了，而一旦將「黑人」這個能指從歷史、文化和政治語境中剝離，轉而安置在生理性的種族範疇下，無疑只是逆轉了「黑人」與「白人」的兩極關係，二元對立的結構依然堅如磐石。那麼，如何避免落入反轉了的種族主義窠臼？或者說，如何阻止「黑」或「白」成為霸權？霍爾提出，差異是位置上的（positional）、有條

---

[412] Stuart Hall, *"Minimal Selves, Identity: The Real Me"*, in: ICA Documents 6, Lisa Appignanesi (ed.), London: Institute of Contemporary Arts, 1987, p. 45.

件的（conditional）、有境遇性的（conjunctural）。也就是說，「黑」抑或「白」，都非普適的能指，而是出於某種位置。他進一步提出了「異中之一」（unities in difference）的概念，在該語境下，

> 每個身分都居於一個文化，一種語言，一段歷史中……它堅持具體性，境遇性。但它未必是防禦其他身分的盔甲。它並非屬於固定的、永恆的、不可變的對立。它不完全由排斥所定義。[413]

再次，「黑人」能指的固化會導致懶惰的政治，彷彿膚色就能夠保證政治的進步性，彷彿除了「黑」、「白」之外沒有其他政治可以爭論。霍爾提醒我們，種族只是眾多區分軸中的一個，階級、性別等同等重要，且當這些軸線相互交叉時，情況就更為複雜。舉例而言，黑人男性在反種族主義的鬥爭中，可能貶低女性；依賴於壓制他異性的大男子主義在一個領域或許是進步的，但在另一領域便成了壓迫。

表徵政治突出了身分的建構性：表徵之外無身分。因此，建構性表徵的美學任務就在於質疑「真實」，意識到表徵與權力的關係並透過揭露權力賴以生存的虛構性而與其鬥爭。與現實主義反映現實不同，黑人文化政治第二階段的新美學必須意識到，現實是事物指意的結果。以 1980 年代的黑人電影《漢茲沃思之歌》（*Handsworth Songs*）為例，該電影選用了流通於白人主流媒體中的某些鏡頭，但它沒有像早期黑人電影一樣以真實的紀錄片取代，而是透過剪切和黏貼創造出破碎的敘事，或者將其與刺耳的音樂並置，從而解構了電影。影片展現了引用、拼接、戲仿及碎片化等後現代主義特點，與現實主義傳統大相徑庭。

「表徵政治」就是對意義的爭奪。既然「黑人」、「黑人經驗」等再也

---

[413] Stuart Hall, *"Minimal Selves, Identity: The Real Me"*, in: ICA Documents 6, Lisa Appignanesi (ed.), London: Institute of Contemporary Arts, 1987, p. 46.

不能被視作超驗的、正典的文化範疇，那麼以此為基礎的美學價值評價標準便失去了效力。黑人電影並不因為由黑人導演製作就一定好或者壞，也未必因為講述了黑人經驗就具有進步意義。當人們擺脫了這些固化的標準時，圍繞著黑人表徵的爭鬥便將持續下去，批評的政治才是可能的。

「黑人經驗」是歷史、文化建構的產物，它既不是一成不變，也不是完整而不可分割、自給自足或功能穩定的，簡言之，它並不總是「好極了」，因此，作者在「表徵」黑人經驗時，必須拒絕成為「公關官員」、受雇的撒謊者。在這方面，桑科法集體創作的《回憶的激情》（*Passion of Remembrance*）是個很好的例子。該片講述了兩位黑人女性朋友路易和麥吉為爭取主體性而抗爭，在黑人解放運動中找尋自己位置的故事。她們挑戰舊的規範，並試圖用對黑人複雜身分的最新理解和對複雜的解放抗爭進行解釋來替代這些規範。路易和麥吉梳妝打扮去參加宴會，贏得了「注視」；她們互相注視，在鏡中注視，完全關注黑人女性的境遇；更為重要的是她們如何看待自己，而不是怎樣被別人注視。在踏著〈讓我們放鬆吧〉的樂曲翩翩起舞時，她們不是為了殖民窺淫癖的注視而展示自己的身體，而是為了確認她們作為主體的注視。她們互相勉勵，因此能夠離開私人領域而面對公眾領域。這些場景破壞了傳統的種族主義和性別歧視對黑人女性身體的定型性再現，邀請觀眾進行不同於以往的注視。它批判性的介入改變了傳統的電影實踐，改變了對觀眾狀況的看法。

《回憶的激情》使用了結構的電影實踐，以此削弱了現存影片的宏大敘事，對主體性進行再理論化，儘管僅僅是在視覺的領域內。它沒有提供肯定「現實的」再現，以回應現存的敘事總體化的性質，而是提供了一種激進的分離。它不僅提供了多種多樣的再現，而且想像了構成身分的全新

越界的可能性，為黑人女性觀眾開闢了批判性的言論空間。[414]從這個意義上講，它所提供的就是一種清晰的批評實踐，使我們能夠以不同的方式思考黑人女性的主體性和黑人女性的觀眾地位。它代表了霍爾的批評觀點，即身分不僅形成於「表徵之外，而且形成於表徵之內」；同時，觀眾在看電影的時候，「不是將影片看作反映既存東西的二級鏡子，而是作為能夠組成新型主體的表徵形式，以幫助我們發現我們究竟是誰」[415]。

霍爾的文化身分理論透過重新定義「差異」，把「黑」從遺傳的或生物學類別中解放出來，將其歸類於政治和文化的類別中。這就意味著，身分不是既已完成的事實，而是處於永遠的生成中——生成於「表徵」。「表徵的政治」是關於位置、意義的持續爭奪，如霍爾所言，「黑是一個被爭奪的概念，它最終的歸屬依然懸而未決」[416]，而美學、文化便是意義爭奪的永恆競技場。

三、離散及離散美學

那麼，霍爾的表徵政治和文化身分理論與「離散」有什麼關係呢？應該說，「離散」是霍爾表徵政治的蘊含之一；不理解「表徵政治」，霍爾的「離散」理論就無從說起。

「離散」（diaspora）源於希臘語「dispersion」，指「到處播種、分散」，很長一段時間內特指猶太人的離散狀態，而霍爾用它描述英國加勒比黑人社區的組成及生存狀態，以及「離散」經歷所引起的「文化離散

---

[414] Bell Hooks, *"The Oppositional Gaze: Black Female Spectators"*, in: Feminist Post-Colonial Theory: A Reader, Reina Lewis and Sara Mills (ed.), New York: Routledge, 2003, p. 215.

[415] Bell Hooks, *"The Oppositional Gaze: Black Female Spectators"*, in: Feminist Post-Colonial Theory: A Reader, Reina Lewis and Sara Mills (ed.), New York: Routledge, 2003, p. 215.

[416] Stuart Hall and Mark Sealy, *Different: A Historical Context: Contemporary Photo*, London: Phaidon Press, 2001, cover page.

化」（cultural diaspora-ization）過程。據霍爾說，他曾經拒絕使用「離散」
一詞，原因在於，它的原初含義與以色列相關，它存放在聖書中，固定
在發源地。霍爾不喜歡「固定」或「本源」，在他所構想的加勒比文化身
分中，沒有原初的非洲，有的只是象徵被壓抑空間的「非洲存在」。儘管
非洲由於奴隸制「失聲」，但日常生活、平常語言、風俗習慣中它無所不
在。受壓抑者總要歸來，然非洲文化的回歸不是直接的，而是經過「中
介」的，後殖民運動、人權運動等都參與了「新非洲」的建構。

　　作為起源的「非洲」已被無限延異，「家」已成為回不去的地方，但
霍爾並沒有因返家無望而惆悵、絕望，相反，他強調拉岡式的「象徵性
歸途」，即文學、藝術、美學的必要性。舉例來說，托尼・休厄爾（Tony
Sewell）的《加維的孩子們 —— 馬庫斯・加維的遺產》講述了「回歸」非
洲身分的故事，該回歸不是直線型的，而必須借經倫敦和美國；旅途的
「終點」不是衣索比亞，而是牙買加聖安堂圖書館前面加維的塑像；耳邊
縈繞的不是傳統的部落歌謠，而是雷鬼藝人（如 Burning Spear）和鮑勃・
馬利的〈拯救之歌〉。「這些象徵性旅行對我們所有人來說是必需的，而且
必然是環形的。這是我們必須回去的非洲 —— 但要取徑它途（by another
route）。」[417] 歷史，傳統，非洲，不經政治、記憶和欲望的重述，它們將
如何形成意指？「旅途而非到達，流動而非靜止，路徑而非根源」[418]，
如詹姆斯・普羅克特（James Procter）所總結的，是霍爾「離散美學」的第
一個特點。

　　霍爾「離散美學」的第二個特點是差異、混雜性、融合和跨界。霍爾
拒絕使用「離散」，第二個原因（恐怕也是更為重要的原因）在於它所暗

---

[417] Stuart Hall, *"Cultural Identity and Diaspora"*, in: Identity: Community, Culture, Difference, Jonathan
　　　Rutherford (ed.), London: Lawrence & Wishart, 1990, p. 232.
[418] James Procter, *Stuart Hall,* Routledge, p. 130.

含的以「排除異己」為前提的「種族清洗」工程。如第二部分所說,霍爾不否定差異,因此,他的主張是,「離散身分」必須接納且透過「差異」定義自身。問題是,世上鮮有完全中立的對立,幾乎所有的二元對立都浸透著權力關係。而在加勒比黑人與歐洲的對立中,後者使得單純的差異不再單純。如果說非洲代表了無言、不可言說之物的話,那麼歐洲一直在言說——「歐洲在說非洲」,歐洲話語迫使非洲成為被排除、被強加、被徵用的對象。如此說來,權力彷彿是外在的、強者加諸弱者的,但霍爾提醒我們,權力已成為黑人身分的構成元素,「歐洲」導致了殖民身分的內在分裂和雙重性,即霍米‧巴巴(Homi Bhabha, 1949-)所說的「種族主義世界模糊的身分標記……書寫在殖民身分這張頑固羊皮紙上的自我的『他者性』」[419]。

差異、權力和抵抗、拒絕和認可不但定義了加勒比文化身分,也是加勒比文化的內在特點。天然質樸的加勒比文化已無處可尋,它必然已然處在與其他文化元素的對話中,因此是混合、雜糅、異質性和多樣性的。霍爾曾不無諷刺地說道:「『本質』的加勒比恰指膚色混合、著色、形相類型;加勒比美食的口味融合;作為黑人音樂靈魂的『跨界者』及『剪切—混合』美學……」[420]

除了「非洲存在」、「歐洲存在」外,建構加勒比文化身分的還有「新世界存在」(the New World presence)。某種程度上,「新世界存在」總結了加勒比黑人離散身分及美學的所有特點,但霍爾提出這個概念的目的似乎還在於,為漂泊的後現代身分尋找「新大陸」,而一旦有了「土地」,

---

[419] Homi Bhabha, *"Foreword"*, in: Frantz Fanon, Black Skin, White Mask, London: Pluto Press, 1986, p. xv.

[420] Stuart Hall, *"Cultural Identity and Diaspora"*, in: Identity: Community, Culture, Difference, Jonathan Rutherford (ed.), London: Lawrence & Wishart, 1990, pp. 235-236.

人們便可持續地想像家園，為文學、藝術、美學提供泉源的欲望、記憶、
發現便生生不息。因此，如果說「非洲存在」和「歐洲存在」闡述了與過
去和現在的關係的話，「新世界」則將目光投向未來。

結語

　　本節雖是「鳥瞰」，但以表徵為切口，整理並細讀霍爾幾篇核心文章
之後不難發現，霍爾不愧是理論大家，對馬克思主義理論、心理分析、結
構主義、後殖民、後現代等理論他熟稔於心，信手拈來。單看他的「離
散」理論，葛蘭西的文化霸權理論、拉岡的精神分析學以及巴赫金的對話
理論等都有生動展現。

　　霍爾的過人之處更在於，他成功地運用這些理論分析了英國的現狀，
細緻入微，鞭辟入裡。霍爾總是「言出有因」——他所有的理論都來
自對現實的觀照，並產生了一定的「後果」。具體而言，他的「表徵政
治」、「族性」和「離散」為當時成為霸權概念的「英國性」提供了另一種
選擇。柴契爾（Margaret Hilda Thatcher, 1925-2013）將外來移民和少數民
族的存在導致的問題歸結為「文化」而非「種族」，因此對純正的「英國
文化」憂心忡忡。在 1978 年的一次採訪中，她曾強調：「英國民眾真的
非常害怕自己的國家會被來自不同文化的人們所淹沒。」這就是新種族主
義。新種族主義不再以膚色、體形等生理因素為種族所區分，而代之以
「文化」及傳統。柴契爾的邏輯是，一個群體（國家）就是它的文化、生
活方式和傳統習慣，破壞這些東西就等於摧毀這個群體，「國將不國」！
因此，她捍衛「英國性」，號召「成為不列顛人」，讓英國人覺得「再一
次崇高起來」，而這樣的口號在 1970 至 1980 年代已經隕落的大英帝國深
得民心。很明顯，柴契爾的新種族主義「正試圖向『英國文化』和『民族

群體』求助」[421]。在意識形態之戰中，突出文化對身分的建構作用的「民族性」概念便被巧妙地利用了，它以封閉的、排外的、退化的英國民族身分的形式存在，成為了國家、民族主義和主流意識形態的同謀。對此，霍爾洞若觀火，他成功地將「民族性」從多元文化主義的話語中分離出來，對其重新定義，不僅揭露了西方話語虛假的普適性和超驗性，而且推進了對「英國性」和民族文化的討論。

　　個人的「離散」經歷直接形塑了霍爾的反本質主義文化身分觀，賦予了霍爾一種「邊緣視角」，使他能夠挑戰英國文化生活之「理所當然」，迫使英國社會向民族性、移民問題開放。從更宏觀的層面講，由表徵所引發的「去中心」的主體概念是西方20世紀主體之爭在1980至1990年代英國的延續。從馬克思的虛假意識——意識形態學說、佛洛伊德的潛意識理論到索緒爾的「我們被言說」及拉岡的誤識、缺席直至傅柯的話語規訓主體，「主體」這一符號一次次被「接合」、「離合」、「再接合」，同時，它記錄了歷史的變遷並一如既往對現實做出回應。如果說將霍爾與這些「偉人」相提並論或許還為時過早，那麼可以肯定的是，即使沒有生產新的理論，他「拋磚引玉」，對英國現實的「理論化」也已令人敬畏。

　　最後，在後現代的今天，「離散」沒有結束，「離散化」還在繼續；理論沒有完結，理論化還在繼續；主體沒有消亡，主體化還在繼續。

---

[421] Martin Barker and Anne Beezer, *"The Language of Racism: An Examination of Lord Scarman's Report on the Brixton Riots"*, in: International Socialism 18, Winter, 1983, p. 125.

第五章
後殖民主義美學

概論

　　「後殖民主義」一詞已進入日常用語，被批評家、教師和作家等廣泛使用。但對於「何為後殖民主義」卻眾說紛紜。要說明何為後殖民主義，首先要明確幾個概念：帝國主義、殖民主義和新殖民主義。帝國主義是指西方資本主義國家以武力形式對其他國家的侵占或者以象徵的形式對另一地域所強加的權威。殖民主義則是為帝國勢力的鞏固所做的努力，表現為向其領地殖民，開發利用當地資源，並對當地本土居民進行行政管理等。新殖民主義與後殖民主義在時間上存在交集，都出現在第二次世界大戰後殖民地紛紛獨立之後，但新殖民主義是一個經濟理論術語，力圖揭示過去的殖民地國家在獲得政治獨立之後，仍在經濟甚至政治方面遭受前宗主國或西方國家的控制，並且這種以隱祕的形式存在的控制更為陰險有害。後殖民主義與帝國主義、殖民主義和新殖民主義密切相關，但側重點不同，後殖民主義是對殖民主義文化後果的分析、批評和反思，如羅伯特·揚（Robert Young, 1950-）所言，後殖民主義深入到了「文化的層面」，是一種文化模式，從法農（Frantz Fanon, 1925-1961）等人的新殖民主義理論發展而來，突破了僅對經濟政治批判的界限，致力於話語和歷史文化批判，是來自西方以外的知識角度和需求等等的概念性重置。霍米·巴巴在一次訪談中，也對後殖民主義做出類似界定：「後殖民主義首先是一種看待事物的方式，這是一種複雜得多的看待方式：曾經被殖民過的地區使自己發展起來，既透過內部的動力也透過外部動力，這是其一。其二，我認為後殖民主義是學術研究的一個領域，它強調文化問題。新殖民主義的範式強調經濟、政治和歷史，而後殖民主義經過在文學系、在人文學科中的發展之後，實際上提出了這樣一個問題：殖民以及作為一種人文學科內的範式

的殖民餘波。」[422]

另外，後殖民主義（post-colonial）與後殖民主義（postcolonial）之間的關係則比較複雜，有的學者如麥克勞德（John MacLeod）認為前者指一個歷史分期，「大概為『殖民主義之後』，『獨立之後』或者『帝國主義之後』的意思」[423]，米世拉（Vijay Mishra）和霍齊（Bob Hodge）認為「後－殖民研究」與「後殖民」不同，前者是反抗的後殖民主義，而後者指一種話語理論，是共謀性的後殖民主義[424]。但大多數學者認為兩者沒有嚴格區分[425]。

後殖民主義的出現具有特定的歷史背景和文化背景。第二次世界大戰後，殖民地紛紛獨立，前殖民地在政治獨立之後進入文化上的解殖階段（decolonization），眾多殖民地知識分子開始反思宗主國與殖民地之間的關係，深入分析批判帝國主義霸權所遺留的文化、心理、意識形態、概念術語、想像結構、話語模式等方面的深刻影響。1955 年，賽澤爾（Aime Cesaire）的《論殖民主義話語》（*Discourse on Colonialism*）面世，書中揭示被殖民者被系統性地灌輸一整套謊言，被塑造成唯唯諾諾、言聽計從並且自慚形穢的劣等人。1957 年，出生於突尼斯的梅米（Albert Memmi）出版了沙特執筆作序的《殖民與後殖民》一書，梅米指出殖民者與被殖民者之間存在一種壓迫和依賴的關係，殖民者除了政治經濟壓迫之外，更重要的是使被殖民者與自己的歷史、文化和社群剝離，並對自己傳統的生活方式、歷史甚至語言產生自卑和憎恨情緒，將一種殖民者優於和高於被殖

---

[422] 霍米·巴巴：〈後殖民主義、身份認同和少數人化 —— 霍米·巴巴訪談錄〉，生安鋒譯，《外國文學》，2002 年第 6 期。

[423] John Mcleod, *Beginning Postcolonialism*, Manchester & New York: Manchester university Press, 2000, p. 5.

[424] Vijay Mishra and Bob Hodge, *"What is Post (-) colonialism?"*, in: Textual Practice, (5) 1991, p. 407.

[425] 生安鋒：《霍米·巴巴的後殖民理論研究》，北京大學出版社 2011 年版，第 10 頁。

民者的觀念內化。賽澤爾的學生法農在其著名的反殖民力作《黑皮膚，白面具》（*Black Skin, White Masks*, 1952）和《地球上不幸的人們》（*The Wretched of the Earth*，1961）中，從心理學的角度更深入地分析了「文化自卑」和「喪失自我」這些病症的背後動因，並揭示黑人被殖民者的精神病症是種族主義、殖民主義文化透過各種機制和機構反覆浸淫的結果。另外，奈及利亞小說家阿契貝（Chinua Achebe, 1930-2013）發表於 1970 年代的《殖民主義批判》則進一步揭示出西方批評家用文學普遍性觀點包裹自己文學的民族性，貶低、排斥其他民族文學，實質上是一種民族主義批評。這些先驅們的相關論述為後殖民主義的產生發展奠定了前期基礎。1978 年，薩依德（Edward Wadie Said, 1935-2003）《東方主義》一書的出版，象徵著後殖民主義的誕生。隨後，後殖民主義迅速發展。1980 年代歐美許多重要刊物刊發一系列後殖民主義專號，以「後殖民主義」為主題的國際學術會議陸續召開。1989 年，第一部為教學而編寫的導論性著作《逆寫帝國》出版，後殖民主義走入大學課堂。1993 年，威廉姆斯和克里斯曼合編《後殖民話語與後殖民理論》第一部，象徵著後殖民主義的理論讀本誕生。後殖民主義研究逐步系統化和深入，並逐漸滲透且影響眾多學科，如社會學、比較文學、國際關係、種族和性別研究等。

　　後殖民主義與先驅們的論述不同在於後殖民理論與德希達的解構主義理論和閱讀策略、葛蘭西的霸權理論、傅柯的話語理論和權力理論，佛洛伊德和拉岡的精神分析理論等相結合，利用不同的研究方法，讓人們認識到西方人對非西方的認知雖然不是完全想像的結果，但毫無疑問是他們積極建構的自我鏡像，非西方人的真實生活和真實感受在這一過程中被掩蓋，他們甚至沒有發聲的權力，因為他們已被完全客體化，只能被言說。後殖民批評家考察和反思殖民後果，為前殖民地的文化實踐和活動提供理

論解釋並積極探索出路，重鑄各種意義，解構了關於權力的神話、種族的階級劃分、關於服從的意象等殖民思想，透過各種方式為被殖民者、被壓迫者爭取歷史主體地位。總體而言，後殖民主義「讓我們重新思考，並質疑那些我們在閱讀內容和閱讀方法方面認為理所當然的看法」[426]。作為一種獨特的視角，後殖民主義為很多傳統學術研究提供了啟示，拓展了其研究範圍，深化了研究主題，並突破了研究過程中的思維模式，為建設一個真正平等和諧的世界指明了出路。如以史碧瓦克為代表的後殖民女性主義研究與傳統女性主義相比，一方面發現了西方女性主義者的種族中心主義，另一方面又發現了殖民批判家的男性中心主義。民族主義曾是反抗帝國主義和殖民主義的最有力的工具，但這種思想仍然遵循西方的民族主義本質主義的思維方式，在處理與西方的關係時，容易選擇一種對立立場，或者陷入翻轉的東方主義。後殖民主義研究不僅指出民族主義的局限性，而且為全球化背景下的國際關係尋找出路。

後殖民主義既考察文本間的異質因素，又關注種族、民族、性別和階級等主題，涉及眾多問題，如文化與帝國主義、殖民話語與西方對東方的文化再現、第三世界的文化抵抗、全球化與民族身分等。所有的後殖民主義話語都基於一個歷史現實，即「歐洲殖民主義的歷史事實以及這一現象所造成的各種後果」[427]。總體而言，後殖民主義是一種「庶民」理論，支持差異和多樣性，「以從下往上的眼光，而不是往下的眼光看世界」[428]，致力於保障少數人和婦女權益，支持貧窮者、被剝奪者和弱勢族群，以及

[426] John Mcleod, *Beginning Postcolonialism*, Manchester & New York: Manchester University Press, 2000, p. 2.

[427] Bill Ashcroft, Gareth Griffiths, and Helen Tiffin (eds.), *The Post-Colonial Studies Reader*, London & New York: Routledge, p. 2.

[428] Bill Ashcroft, Gareth Griffiths, and Helen Tiffin (eds.), *The Post-Colonial Studies Reader*, London & New York: Routledge, p. 120.

所有因為性別和民族等而被邊緣化的族群和到目前無權參與政治的族群。在此過程中，堅持廣義的民主平等原則，拒絕外在的西方模式。無論是薩依德、史碧瓦克、霍米·巴巴的後殖民主義話語研究，還是阿希克洛夫特等的後殖民主義反話語文學研究，都與後學理論結合，突破本質主義、東／西、男／女、白人／黑人等二元對立思想，力圖跳出種族主義的陷阱，批判和突破西方中心論，並解構各種壓迫形式。

　　後殖民主義不是一套能預測一些既定現象的結果的條理分明闡述詳盡的原則，而是將一些相互關聯且有時相互衝突甚至矛盾的觀點並置，在拒絕特權和強權、質疑西方文化優越性的同時，「致力於轉變壓迫為積極的、跨文化的社會多元性」[429]。後殖民主義理論力圖改變無論西方還是非西方的知識結構中的思維方式，具有認識論和方法論的意義。對後現代主義他們採取求同存異的態度，在接受其對於西方的解構和批判的同時，摒棄其自身的西方中心立場，他們雖然在某些方面贊同德希達的思想，但又將其進行了後殖民主義的整編，仍然堅持意識形態批判，從這種意義上講，後殖民主義兼具現代性和後現代性特徵。後殖民主義不是一個單一的學科，也沒有統一的方法論，這一特徵使其具有巨大的包容性和開放性，從而具有獨特的詮釋力。

　　後殖民主義是一個歷史性和異質性的構成，包括眾多的理論和批評方法，如後結構主義、女性主義、馬克思主義等，存在很多不同的理解和眾多的闡釋者。1989 年，阿希克洛夫特（Bill Ashcroft, 1946-）、格瑞夫絲（Gareth Griffiths, 1943-）和蒂芬（Helen Tiffin, 1945-）三位來自澳洲的學者在《逆寫帝國》一書中，首先命名了後殖民主義，從語言、文本、本土

---

[429] Bill Ashcroft, Gareth Griffiths, and Helen Tiffin (eds.), *The Post-Colonial Studies Reader*, London & New York: Routledge, p. 120.

理論等角度討論了後殖民文學對帝國主義的挪用和反抗。薩依德以傅柯的話語理論為基礎，從話語研究的角度進行後殖民主義研究，之後的霍米・巴巴結合阿圖塞和拉岡的觀點，史碧瓦克基於對德希達解構主義的研究，繼續薩依德所開創的與後學相結合的後殖民主義話語研究。當代的後殖民主義論述者除了前面提到的幾位，還有亞庇（Kwame Anthony Appiah, 1954-）、艾哈邁德、羅伯特・揚、吉爾洛伊（Paul Gilroy, 1956-）和霍爾等，他們都從不同的角度論述了後殖民主義。

　　在《白色神話》一書中，羅伯特・揚稱薩依德、史碧瓦克和霍米・巴巴為「聖三一」（Holy Trinity），認為這三個人建立了後殖民理論的核心框架，而薩依德的《東方主義》在某種意義上是整個後殖民主義理論的奠基之作，史碧瓦克、霍米・巴巴、莫漢蒂和艾哈默德等人的理論，都是以薩依德的命題為基礎，從諸如心理分析、解構主義、女性主義、馬克思主義等不同角度的闡發。這一觀點在理論界得到主流理論家的認同。這裡，我們將著重介紹薩依德、史碧瓦克和霍米・巴巴的後殖民理論。

第一節　愛德華・薩依德

　　愛德華・薩依德（Edward W. Said, 1935-2003）的去世是 2003 年的一個重大事件，前任聯合國祕書長安南的發言人公開悼念，認為「失去他這個特殊的聲音，對於中東和美國都是一個損失」。世界各國的重要媒體與機構，如《紐約時報》、《衛報》等紛紛發表悼念文章和評論。

　　薩依德，1935 年 11 月出生在巴勒斯坦的西耶路撒冷，15 歲後到美國讀書，在普林斯頓大學獲得學士學位後，又於哈佛大學獲得碩士和博士學位。1967 年 6 月第三次以阿戰爭爆發後他開始積極參與政治活動，曾擔

任巴勒斯坦流亡議會的獨立議員達 14 年。但他的世界影響主要來自 1978 年出版的《東方主義》（又譯《東方學》）（*Orientalism, 1978*）一書，這本書開創了後殖民主義理論研究的先河，引發了西方文學界和文化的強烈震動。他的其他主要著作還有分析文學、文化與帝國主義關係的《世界·文本·批評家》（*The World, the Text, and the Critic, 1983*）、《文化與帝國主義》（*Culture and Imperialism, 1993*）和關注巴勒斯坦政治問題的《巴勒斯坦問題》（*The Question of Palestine, 1979*）、《報導伊斯蘭》（*Covering Islam, 1981*）、《最後的天空之後：巴勒斯坦人的生活》（*After the Last Sky: Palestinian Lives, 1986*）等，此外，還有界定當代世界知識分子角色和職責的兩本著作《知識分子論》（*Representation of the Intellectual, 1994*）和《人文主義與民主批評》（*Humanism and Democratic Criticism, 2003*）等。

　　薩依德將非本質主義和非二元對立的思維方式運用到對東方知識的形成和西方霸權的形成的研究中，「所有的問題都與民族解放、對歷史和文化進行重新審視以及大量使用那些不斷重複出現的理論模式和類型有關。其中的一個重要主題，是對歐洲中心論和西方霸權進行不懈的批評」[430]。

一、東方主義與西方霸權

　　薩依德認為東方主義首先是一種學術研究的學科，這門學科原來稱為東方學（Orientalism），現在稱為東方研究（Oriental studies）和區域研究（area studies），是系統構築有關東方和東方人的各種教條和學說；東方主義還是一種思維方式，將東方和西方對立，而且在這種本體論和認識論意義上區分的基礎上，建構與東方、東方的人民、習性、心性和命運等

---

[430] 愛德華·W·薩義德：《東方學》，王宇根譯，生活·讀書·新知三聯書店 1999 年版，第 450 — 451 頁。

的理論、詩歌、小說、社會分析和政治論說等；東方主義還是一種話語，對東方進行權威裁斷、描述、殖民、統治，在處理東方的同時，創造一個東方，在此過程中剝奪東方作為一個思想與行動的自由主體的權力，即東方化東方。東方主義在東方與西方之間建構了一種「西方高級東方低劣」的本質二元對立和敵對關係，西方要麼凌駕於東方之上，要麼被東方所淹沒。東方被西方作為一種替代物甚至一種潛在自我，從中獲得力量和自我身分，而且西方以一種基於文本的本質主義，無視東方社會的直接經驗，視東方為永恆如一、始終不變的實體，既無法表達自己也沒有能力界定自己。

　　薩依德借鑑了傅柯知識考古系譜學方法，回溯了東方主義的形成歷程。據薩依德考察，早在殖民統治之前東方學就為殖民統治進行了合理論證，從《伊里亞德》時代的古希臘戲劇《波斯人》和《酒神的女祭司》中東西方之間的劃分已經很清晰，從那時起，東西方兩個大陸不僅被分開，而且東方隱指危險，這種區分成為歐洲一直以來對東方想像的基本主題。中世紀甚至文藝復興時期，東方，具體而言，穆斯林被處理為西方並列的文化，但是這種文化被認為是基督教被導入歧途後的變體。這時西方對東方的認識一半基於已知的地理、文化、語言和種族研究，一半是出於對遙遠異域空間的想像。這個階段的東方學成為一種嚴格的道德和認識論體系，西方對東方的態度在對熟悉的東西的輕蔑和對新異事物的興奮與恐懼這兩種狀態間搖擺，並根據西方基督教的道德需要改編東方，在這一過程中，進一步強化了逐漸固化的東方觀念。西方讀者將東方學對東方的編碼作為真正的東方接受下來。

　　18 世紀中葉開始，東西方關係出現兩大主要特徵：其一，歐洲東方知識日益成長和系統化，其中一個原因是殖民擴張的需求，另一個原因是

對新異事物的興趣。東方學與人種學、比較解剖學、語言學、歷史學等新興的學科結合呈現出科學性的外在特徵，小說家、詩人、翻譯家和旅行家創作大量的與東方有關的文學作品，進一步強調從傳統繼承而來的東方觀念。其二，在東方與歐洲的關係中，歐洲總是處於優勢地位甚至強力地位，東方學從西方起支配作用的文化規範和政治規範中產生，強化了西方中心的思想。這個階段東方學的整體性得到增強，對整個東方進行機械的圖示化處理，並不真正關注關於東方或東方任何一個部分的經驗事實，而是積極建構一種東方學的想像視野。

18 世紀晚期和 19 世紀早期東方的復興基於一種浪漫主義觀念，即在幻想的基礎上以某種特殊的科學技術重新建構世界。東方被賦予挫敗西方物質主義和機械主義，復活再生一個新歐洲的力量。東方學在繼承了大量東方觀念的同時，現代化了作為西方知識承載體的東方，這時的東方作為一套價值體系而存在。現代東方學將新的專業領域體制化，對東方的本質、性情、心性、習俗或風格的每一細節進行概括，並且從這些概括中抽象出一個萬世不變的規律，為了適應這一規律，不惜將切割現實以削足適履。這種體制化的東方學力圖以理性消除中世紀時期的神祕思想，加強其現實主義傾向，但是繼承了古老的東方觀念，將現代西方的技術力量和學術意願強加於像東方和西方這樣的地域實體之上。

19 世紀中葉，東方學已經成為一個幾乎無所不包的巨大學術寶庫，這時被研究的東方只是書籍和手稿等文本中的東方，這種東方學不僅產生了精確的知識，也產生了彌散的東方神話。這一神話不但來源於當代流行的看法和流行偏見，而且來源於學術幻想和民族幻想。東方學越來越反經驗和本質化，關於東方的一套詞彙、一套表述系統和話語體系得到合法化，這些宣言性的東西被賦予了不言自明的權力。這一想像性視野在西方人的

強權下與物質現實相互支撐、相互推動，使東方更東方而西方更西方，限制了不同文化、傳統和社會之間的接觸。

19 世紀至 20 世紀，東方學研究越來越深入。從這時開始，「東方學自身已完成了從學術話語向帝國主義機制的轉化」[431]。支配性的知識和其中所隱含的權力不僅僅將文化間的差異視為將文化區分開來的邊界，而且促使西方對文化他者進行控制、容納甚至統治。知識與權力的內在一致性，將歐洲或西方的政治家與東方學家聯結在一起。第二次世界大戰後，「胡蘿蔔加大棒」、爭取進步聯盟（Alliance for Progress）、東南亞公約組織（SEATO）等專橫的手段，是新的東方主義的表現形式，「以使其能更好地操縱其假定的對象」[432]。

《東方主義》揭示了西方與東方之間的權力關係、支配關係和霸權關係。東方學話語中存在各種力量與實權社會經濟和政治機構緊密聯繫。東方是被認定的，也是被製作和被馴化成的。東方不僅不能發聲，而且只能被表現和被言說。同時薩依德提醒我們注意，東方學的結構既不是一種謊言或神話的結構，也不是真實的話語，而是歐洲人在東方的關係中處於強勢地位的符號。東方學不是歐洲對東方的純粹虛構或奇想，而是一套被人為創造出來的理論和實踐體系，蘊含著幾個世紀沉澱下來的物質層面的內涵。正是東方學的這種物質基礎使東方學成為一種得到普遍接受的過濾框架，東方經過這個框架接入西方的意識之中。這種可傳授的、恆久不變的觀念體系，比謊言更可怕。

《東方主義》將東方學的學術系譜呈現在當代東方研究者、大學教授和政策制定者面前，揭示了這些人的著作所依賴的假定或預設前提，揭示

---

[431] 愛德華·W·薩義德：《東方學》，王宇根譯，生活·讀書·新知三聯書店 1999 年版，第 124 頁。
[432] 愛德華·W·薩義德：《東方學》，王宇根譯，生活·讀書·新知三聯書店 1999 年版，第 141 頁。

文化霸權所具有的令人生畏的結構。薩依德指出，文本受物質在場或力量的控制，不僅創造了知識，還創造了一種理想化的現實，久而久之，這一知識和現實形成一種傳統，一種話語，這一傳統或話語又產生新的文本。薩依德提醒人們認識到歐洲中心主義一直滲透在被廣泛認為最進步的歐洲工人運動、婦女運動及前衛藝術運動中，甚至包括馬克思主義在內的西方反殖民思想中，東方主義作為一種思維方式不僅對西方優勢文化中的作家、思想家進行「內在控制」，還導致了殖民地人民的自我殖民問題，「在弱勢方也產生了生成性」[433]。

薩依德特別強調自己的東方學研究的政治性，他指出，研究領域在政治社會中與可以確認的權力來源之間存在緊密連繫，政治社會存在於像學院這樣的公共社會領域，並且使其與政治發生直接的牽連。東方學雖然不與粗俗的政治權力直接對應，但在與不同形式的權力進行不均衡交換的過程中被創造出來，並且存在於這一交換過程中，本身就是現代政治和學術文化一個至關重要的組成部分[434]，而他的東方主義是「從政治的角度察看現實的一種方式」[435]。或許正是這種不迴避政治的態度使《東方主義》被認為指出了東西方之間的對抗或敵意，甚至被引申為對伊斯蘭主義或穆斯林原教旨主義的支持。對此，薩依德在 1994 年的《東方主義》再版後記中，表明自己的非本質主義立場和多元文化主義觀點，稱對諸如東方和西方這類類型化概念持強烈的懷疑態度，稱「每一文化的發展和維護都需要一種與其相異並且與其相競爭的另一個自我的存在」[436]，而且自我身分的建構總是牽涉到與自己相反的「他者」身分的建構，而且總是牽

---

[433] 愛德華·W·薩義德：《東方學》，王宇根譯，生活·讀書·新知三聯書店 1999 年版，第 19 頁。
[434] 愛德華·W·薩義德：《東方學》，王宇根譯，生活·讀書·新知三聯書店 1999 年版，第 125 頁。
[435] 愛德華·W·薩義德：《東方學》，王宇根譯，生活·讀書·新知三聯書店 1999 年版，第 54 頁。
[436] 愛德華·W·薩義德：《東方學》，王宇根譯，生活·讀書·新知三聯書店 1999 年版，第 426 頁。

涉到對於「我們」不同的特質的不斷闡釋和再闡釋，強調提防狹隘的民族主義。他認為民族主義的本質主義和二元對立思維方式與殖民主義完全一致，獨立之後如果仍然堅持民族主義，無異於重複殖民主義的結構，只不過將統治者從殖民者變成本土資產階級而已。堅持如「黑人性」、「伊斯蘭至上」這樣的本質主義概念，就是接受了帝國主義留給我們的殖民者／被殖民者、西方／東方對立的思維方式的遺產。

馬修・史考特（Matthew Scott）認為《東方主義》雜糅了「德希達的語言懷疑主義、佛洛伊德的心理分析學、馬克思主義和傅柯的新歷史主義」[437] 外，他還借鑑了葛蘭西的「文化霸權」意識形態思想，《東方主義》中存在明顯的意識形態性和整體性思想，堅持一種反抗的立場。《東方主義》是後殖民主義一系列研究的開端，有些論題薩依德稍有提及但無暇深究，比如東方學的思維方式在西方國家內部民族關係中的作用、帝國主義和文化之間的關係和如何取代東方學從自由的、非壓制或非操縱的角度研究其他民族和其他文化，重新思考知識與權力之間的關係等，這些問題後來成為很多後殖民研究論述的核心議題。

二、文化與帝國主義

1993 年，薩依德出版新書《文化與帝國主義》，他「試圖擴充《東方主義》的觀點，對現代西方宗主國與它在海外的領地的關係做出更具普遍性的描述」[438]，在繼續探討知識與權力、文化與霸權的意義上，這本書是《東方主義》的續篇，但同時「世界範圍的帝國主義文化和歷史上對帝

---

[437] Matthew Scott, *"Edward Said's Orientalism"*, in: Essays in Criticism, (58) 2008, p. 65.
[438] 愛德華・W・薩義德：《文化與帝國主義》，李琨譯，生活・讀書・新知三聯書店 2003 年版，第 1 頁。

國主義的反抗，使得本書不僅僅是《東方主義》的續篇」[439]。這本書中所涉及的地域範圍大幅擴充，而且增加了對反抗這一維度的考察。基於敘事中文化與帝國主義的密切關係，薩依德指出，故事不僅是殖民探險者和小說家講述遙遠國度的核心內容，也是殖民地人民確認自己的身分和自己歷史存在的方式。在這本書中，薩依德從文學作品與權力之間的關係入手，揭露帝國文學再現與政治權力之間的共謀關係。

薩依德認為文化有兩重含義，其一是描述、交流和表達的藝術。在《文化與帝國主義》一書中，他聚焦於作為文化形態的小說，並認為「小說對於形成帝國主義態度、參照系和生活經驗極為重要」[440]。其二是馬修·阿諾德意義上的菁英文化，這種文化是使人美好高尚的東西，是社會中最優秀的因素，是用一種脫離日常世界的超越的方式思考的文化。這一意義上的文化成為政治的和意識形態的鬥爭的舞臺，會在尊重自己的文化的同時，「與民族或國家連繫在一起，帶有排外性，是身分的來源，造成各種形式的宗教和民族主義的原教旨主義，這種文化意味一種權力，一種統治、支配、限制、禁止、使某物合法化、使其降級或使其生效的權力」[441]。薩依德認為，大多數批評家都未能認識到殖民主義、種族壓迫和帝國主義等政治文化現象與詩歌、小說和哲學等藝術和思想之間存在緊密關係。鑑於此，薩依德透過分析小說敘事揭示批判理論、小說和新歷史主義、結構主義和馬克思主義等理論背後的文化帝國主義。

薩依德甚至將意識形態和小說敘事視為帝國主義產生的動力。因為文

---

[439] 愛德華·W·薩義德：《文化與帝國主義》，李琨譯，生活·讀書·新知三聯書店 2003 年版，第 2 頁。

[440] 愛德華·W·薩義德：《文化與帝國主義》，李琨譯，生活·讀書·新知三聯書店 2003 年版，第 3 頁。

[441] 愛德華·W·薩義德：《文化與帝國主義》，李琨譯，生活·讀書·新知三聯書店 2003 年版，第 80 頁。

學既受歷史條件的制約，展現特定的權力關係，又會影響社會歷史。小說不僅是藝術作品，而且也是「殖民進程的一個明顯的組成部分」[442]。與威廉斯將「帝國主義」看作政治經濟體系現象和湯林森集中分析「文化帝國主義」不同，薩依德認為，帝國主義不僅是一系列在政治、經濟和軍事領域裡的殖民現象，它還是一種思維習慣和一種觀念，廣泛展現在知識和文化中。他認為從史賓塞、莎士比亞到笛福、奧斯汀（Jane Austen, 1775-1817）等的作品中，都將臣屬民族被統治和西方民族向外擴張領土的職責的行為作為不爭的前提和內容。如果說，笛福和康拉德的作品中很容易就能找到殖民者、被殖民者和殖民地的原型，更多的作品雖然貌似與帝國無關，卻隱藏著微妙的帝國主義態度和參照結構，比如奧斯汀的《曼斯菲爾德莊園》中少有提及的安提瓜便是曼斯菲爾德莊園崇高地位與美麗的保障。19 世紀的英國小說不僅存在帝國指涉，而且合法化了帝國擴張，從文化和意識形態上為帝國肅清障礙。尼采、華茲華斯、狄更斯的作品被奉為經典，很少有人注意到這些作品中白人掌控觀察、寫作、評論的權利和被殖民者失語的現象。這樣的寫作本身就是一種暴力。

　　在透過具體文學作品分析帝國主義的過程中，薩依德採用對位閱讀的方法，關注三對元素：文本與帝國權力的共謀關係，宗主國和他者的不同體驗，把當前的問題作為研究過去的路標和範例。[443] 在閱讀經典文本時，既考慮帝國，同時也注意到殖民地對帝國的抵抗，並揭示文字背後隱藏著權力操縱以及權力與經典存在共謀的事實。薩依德的批評不是停留於揭示經典文本對帝國的指涉，還意識到那些與占統治地位的話語抗衡的其他歷

---

[442] 愛德華‧W‧薩義德：《文化與帝國主義》，李琨譯，生活‧讀書‧新知三聯書店 2003 年版，第 5 頁。

[443] 愛德華‧W‧薩義德：《文化與帝國主義》，李琨譯，生活‧讀書‧新知三聯書店 2003 年版，第 81 頁。

史。對位閱讀在解讀英國小說時，也關注對同一事件的不同敘述的殖民地文學，讓兩者「對話」。薩依德指出，前殖民地的作家、學者們積極地敘述自己的歷史、文化和地理，並將這些帶入了歐洲文本，使得這些前殖民地文學成為解讀英國小說不可或缺的參照系。他認為「閱讀奧斯汀而不閱讀法農和卡布拉爾的作品等就是把現代文學和它的背景與根基割裂開來。這個過程應該扭轉」[444]。

　　薩依德突出了經典建構過程中權力的作用，進一步揭示文學經典的含義。他對奧斯汀、康拉德、吉卜林（Rudyard Kipling, 1865-1936）等英國經典作家的闡釋，令人耳目一新。他指出文化的權力可變成強勢話語的代表。在當今這個媒體發揮著重要作用的時代，文化中的意識形態已由從前的高高在上的優越地位中跌落下來，轉換為一些隱性的、「經典的」、「標準化」的批判法則，亦即人們常說的「自然的」、「客觀的」、「真實的」東西。鑑於此，我們應當對諸如「自然」、「客觀」、「真實」之類的字眼予以特別警惕，尤其要深究其後的話語立場。需要說明的是，他既不贊同東方人以誤讀或美化西方的「西方主義」對抗「東方主義」方式，也不贊同民族主義對西方文化霸權的對抗，而是宣導一種交流對話和多元共生的文化話語權力觀。總體而言，在《文化與帝國主義》中整體性思維特徵減弱，薩依德逐漸認識到不應忽視西方人和東方人歷史的重疊之處，忽視或低估殖民者和被殖民者在文化領域中並存或爭鬥的相互依賴性。「過去一個世界是如此，現在也是如此，如果每個人都堅持自己的聲音的純粹性和至上性，我們得到的將僅僅是無休止的爭鬥和血腥的政治混亂。」[445] 被壓迫者的反抗及殖民者和被殖民者之間的相互依賴，堅持承認差異，並強

---

[444] 愛德華·W·薩義德：《文化與帝國主義》，李琨譯，生活·讀書·新知三聯書店2003年版，第80頁。
[445] 愛德華·W·薩義德：《文化與帝國主義》，李琨譯，生活·讀書·新知三聯書店2003年版，第15頁。

調歷史的考察問題,「關於解放和啟蒙的最有力的敘述也應是融合而未分隔的敘述,應是那些過去被排斥在主流之外,現在正在為自己的一席之地而鬥爭的人們的故事」[446]。

第二節　蓋雅翠‧史碧瓦克

　　1974 年德希達的解構學力作《論文字學》(*Of Grammatology*, 1974)被譯為英文,譯者撰寫了長達 80 頁的譯者前言,深入系統地分析了德希達解構思想對黑格爾、尼采、海德格、佛洛伊德和胡塞爾等先哲思想的批判和繼承,也分析了德希達與拉岡之間的理論聯繫,為解構主義在美國甚至世界範圍內的傳播起了巨大的推動作用。這個譯者就是蓋雅翠‧史碧瓦克(Gayatri C. Spivak, 1942-),她的翻譯和闡釋得到了德希達的認可,被公認為解構理論在北美最準確而傑出的闡釋者。先期的解構研究為史碧瓦克的後殖民理論研究奠定了理論基礎,「正是從對德希達理論的翻譯解釋入手,史碧瓦克開始了她那漫長的以解構理論為其主要理論基礎的著述生涯的」[447]。

　　史碧瓦克現任教於哥倫比亞大學,1942 年生於印度的一個中產階級家庭,1962 年於美國康乃爾大學獲得英國文學碩士學位,1963 年赴英國劍橋大學格頓學院研修一年,1967 年獲得康乃爾大學比較文學博士學位,她的博士生導師是美國解構學派的著名代表之一 —— 保羅‧德曼。史碧瓦克自稱是「融合了女權、馬克思主義和解構理論的批判家」[448],她的研究

---

[446]　愛德華‧W‧薩義德:《文化與帝國主義》,李琨譯,生活‧讀書‧新知三聯書店 2003 年版,第 23 頁。

[447]　王寧:〈解構、女權主義和後殖民批評 —— 斯皮瓦克的學術思想探幽〉,《北京大學學報》(哲學社會科學版),1998 年第 1 期。

[448]　Gayatri C. Spivak, *In Other Worlds: Essays in Cultural Politics*, New York & London: Routledge, 1988, p. 9.

領域跨越學科專業界限，涉及女性主義和後殖民主義等方面，她的理論貫穿多種流派思想，體系龐雜多元，堅持解構策略的同時，她也受到馬克思價值或價值形式理論、佛洛伊德、尼采、拉岡和傅柯等理論家的影響，她還從德勒茲和瓜塔里那裡借鑑了「非領地化」的思想。正如吉伯特（Bart Moore-Gilbert, 1952-2015）所言：「她拒絕在排斥其他學派的前提下信奉任何一種批評學派或文化／政治的主導敘述方法」，「沒有一個總體的分析立場」[449]。總體而言，她將總體論和統一性的馬克思主義思想與顛覆本質主義和二元對立的解構主義思想，融會在女權思想和後殖民思想中，形成獨具特色的「策略本質主義」的批評方法。

　　史碧瓦克的著作豐富，主要有《他者世界：文化政治論文集》（*In Other Worlds: Essays in Cultural Politics*, 1987）、《後殖民批評家：訪談、策略與對話》（*The Post-Colonial Critic: Interviews, Strategies, Dialogue*, 1990）、《教育機器之外》（*Outside in the Teaching Machine*, 1993）、《對性屬後殖民性學術自由的思考》（*Thinking Academic Freedom in Gendered Post-Coloniality*, 1992）、《史碧瓦克讀本》（*The Spivak Reader*, 1996）、《後殖民理性批評：走向行將消失的當下歷史》（*A Critique of Postcolonial Reason: Toward A History of the Vanishing Present*, 1999）、《不時髦的文字學：重溫殖民話語》（*An Unfashionable Grammatology: Colonial Discourse Revisited*, 2000）、《一門學科之死》（*Death of A Discipline*, 2003）等，2008 年和 2011 年史碧瓦克分別出版了新著《其他的亞洲》（*Other Asias*）和《全球化時代的美學教育》（*An Aesthetic Education in the Era of Globalization*），近期開始強調從後殖民轉向全球化的必要性，提出批判性

---

[449] 巴特·莫爾-吉伯特：《後殖民理論——語境、實踐、政治》，陳仲丹譯，南京大學出版社 2001 年版，第 97－98 頁。

地方主義的觀點。

　　史碧瓦克隨西方文化批評主導思想的變化而調整自己的批評方法和批評策略，這使她能夠準確掌握學術界熱門題目，保證自己研究的前瞻性，但同時也使她的理論缺乏體系和一貫性，招致多方面批評，正如她自己所言：「馬克思主義者認為我太代碼化了，女權主義者則嫌我太男性化了，本土理論家認為我過於專注西方理論了。」[450] 這個留一頭超短髮、柔中帶剛的女人從不辯解，而是堅持她獨特的批評方法、批評策略和立場觀點，成為僅次於薩依德的當代最有影響的後殖民主義批評家。

一、史碧瓦克的後殖民主義思想

　　史碧瓦克的後殖民理論具有明顯的解構主義特徵。解構主義旨在消解本質主義和二元對立。「本質主義」是西方傳統的在場哲學的核心思維方式，造成一系列的二元對立關係，如「本質－現象」、「內容－形式」、「真理－謬誤」等。以德希達為首的解構主義理論家則認為，一個詞及其意思與其他意思不可分割地連繫在一起，構成一個變幻不定、浮動嬉戲的所指鏈條，經過「延異」、「撒播」等，「符號的解構由那個永遠缺席的他者的痕跡或蹤跡來決定。當然，這個他者也從來不曾以其完全的本質出現。甚至像回答孩子提出的問題或查字典這些經驗事實所宣稱的一樣，一個符號指向另一個符號，如此類推，乃至無窮」[451]。「延異」和「撒播」導致意義不可確定，要想知道意義需要借道語境。語境相對穩定，但不完全封閉，異質因素透過語境中的空隙，進入同質的語境，所指或意義只剩一種「蹤跡」，而不再是不變的存在。「蹤跡」取代了現代性的本質，本質的不

---

[450]　王寧：《後現代主義之後》，中國文學出版社 1998 年版，第 126 頁。

[451]　斯皮瓦克：《從解構到全球化批判——斯皮瓦克讀本》，陳永國等編，北京大學出版社 2007 年版，第 10 頁。

在場使尋找事物的原因和起源的努力失去意義，人們只能透過差異和指涉結構認識事物，「指涉結構在起作用，並且會繼續起作用，不是因為符號的兩個所謂的成分之間的同一性問題，而是因為它們之間的差異關係。符號標誌著差異的場所」[452]。對差異的強調消解了二元對立和中心論的合理性，史碧瓦克以這一思想為理論支撐，揭示並顛覆了第一世界對第三世界、主流文化對庶民文化的階級制壓制和壓制策略。

史碧瓦克又受到馬克思主義等理論的影響，這使其能從整體的角度認識到解構主義消解超驗所指，強調能指的不確定性和所指的多重取向導致了終極意義的隱遁，徹底的反本質主義只具有解釋和批判的意義，無法進行真正有效的反抗。她在自己的批評研究中保留「本質」的「蹤跡」，將本質視為策略上的、臨時性的手段，不探討何為本質，只將其視為過程。「本質」在史碧瓦克的理論體系中既是反抗的對象也是反抗的武器，她特別指出要提防這種本質主義成為新的壓制力量，只能將「本質」作為一種批評立場，作為一種異質性理論與方法。這就是她所謂的策略本質主義批評方法。

史碧瓦克認為，「一個否定經濟全球化的文化主義是不可能了解其如影隨形的野蠻主義的」[453]。史碧瓦克透過解構式閱讀，批判地繼承了馬克思主義的勞動價值理論和經濟決定論。她認為 19 世紀工人階級與資本家之間的對立，在 20 世紀轉化為第三世界與第一世界之間的對立。第一世界盤剝第三世界的剩餘價值，為第一世界的文化生產提供物質保障，而且文化霸權又會為各種剝削和操控提供意識形態支援。她強調馬克思經濟

---

[452] 斯皮瓦克：《從解構到全球化批判 —— 斯皮瓦克讀本》，陳永國等編，北京大學出版社 2007 年版，第 9 頁。
[453] Gayatri C. Spivak, *In Other Worlds: Essays in Cultural Politics*, New York & London: Routledge, 1988, p. 168.

觀點對於理解當前全球化和國際勞動分工的重要性，運用馬克思主義理論揭示資本主義社會的不公問題。她首先關注的是第三世界經濟上的後殖民狀態，指出「富裕國家都聽到心底的呼喚，攜手幫助窮國，為他們提供技術和資金」的善舉，「是以這個國家的前途作為抵押的」[454]。富裕國家以發展為名，透過提供技術和資金的方式，對第三世界國家進行滲透。

　　史碧瓦克運用解構的理論方法顛覆西方殖民主義和東方主義話語。如果說德希達等的解構思想試圖解構整個西方形而上學，史碧瓦克則將解構理論作為一種方法或思維模式，透過對文學歷史和政治文本的解構式閱讀，揭露並消解殖民主義和東方主義的話語基礎。史碧瓦克透過分析指出西方知識分子與權力結構之間存在一種共謀關係，雖然表面上一些西方知識分子在為非西方主體代言，實際上他們從西方的主體中心出發，或有意或無意地想像、臆斷，遮蔽了非西方的主體，剝奪了他們的話語權力，令他們沉默。在〈屬下能說話嗎？〉中，她指出在一個構成性的建構裡，傅柯和德勒茲在替底層人說話的同時，建構了一個超語境的「他者」，同時讓他們沉默。「德勒茲和傅柯都忽視了帝國主義的知識暴力和國際勞動分工的問題。」[455] 在《後殖民理性批評：走向行將消失的當下歷史》中，她也表達了相似的觀點：「讓當代法國知識分子想像可以容忍歐洲的他者世界裡的無名主體，這是不可能的。」[456] 她主張「棄卻」（unlearn）被灌輸的、機構化的各類種族、階級、性別偏見、知識和價值觀念，並進一步透過對在場的分析發掘出被遮蔽了的缺席，這比薩依德的後殖民思想更深入

---

[454] 斯皮瓦克：《從解構到全球化批判 —— 斯皮瓦克讀本》，陳永國等編，北京大學出版社 2007 年版，第 264 頁。

[455] 斯皮瓦克：〈屬下能說話嗎？〉，參見羅鋼、劉象愚編《後殖民主義文化理論》，中國社會科學出版社 1999 年版，第 125 頁。

[456] Gayatri C. Spivak, *A Critique of Post-Colonial Reason: Toward A History of the Vanishing Present*, Cambridge: Harvard University Press, 1999, p. 263.

也更具有抵抗力。比如在對印度庶民研究小組的批評中，史碧瓦克指出，庶民研究小組試圖在殖民地檔案和民族菁英紀錄中還原底層人的政治鬥爭，重寫底層人的歷史，讓他們發出自己的聲音，從殖民檔案和菁英歷史的縫隙中試圖顛覆原有的整體敘事，從而重塑底層人的主體。但庶民研究小組在套用馬克思主義階級鬥爭和階級意識的做法，簡化了具有差異的底層人政治鬥爭，是用另一種宏觀敘事來取代殖民檔案和民族菁英的歷史敘事。換言之，史碧瓦克試圖指出，庶民研究小組沒有意識到底層人不具有主體性，庶民所謂的主體性是民族主義菁英根據主導性話語進行的杜撰，這種話語與殖民權力和知識結構糾纏在一起。而且，史碧瓦克認為庶民研究小組所依據的殖民文獻都是官方史料，不可能重現真正的庶民歷史，庶民的主體性已經不可能得到完全的恢復，庶民根本不能說話。

　　強調他者的絕對異質性，異質性倫理思想是史碧瓦克後殖民思想的核心。她認為存在兩種倫理模式：一種是自戀式的，遮蔽「他者」，消解「他者」；另一種則強調了「他者」絕對異質性，「他者」無法為主流話語包涵和了解。史碧瓦克認為後殖民地人民的邊緣性是帝國霸權或殖民霸權長期的壓制造成的，但這一邊緣地帶是不可征服的。基於這一思想，她在新作《其他的亞洲》中探討了全球化背景下的區域意識，提出一種反族裔的批判區域主義。書中各個文本展示了「多元化亞洲的想像」，目的是為「別樣的或他者的研究規則」準備。在此過程中，史碧瓦克的「立足點並不是要去和其他大洲展開競爭。「我所考慮的多元化的亞洲，既盡可能地去想像和尊重亞洲內部的差異，又盡可能地去想像和了解他們的差異。」[457]

---

[457] Gayatri C. Spivak, *Other Asias*, Malden: Blackwell, 2008, p. 1.

二、史碧瓦克的後殖民女權思想

　　史碧瓦克的女權主義思想以解構主義和馬克思主義為理論基礎，與後殖民思想緊密相連，不可分割。她關注第三世界中女性的狀況，認為這些女性的遭遇與第一世界的女性有相通之處，但基於不同的歷史和文化境況，也存在諸多不同之處，要尊重這種差異而不是將其忽略甚至掩蓋。

　　作為一個女權主義者，史碧瓦克揭示並批判西方傳統文化中的男權思想。如她指出佛洛伊德精神分析學說中論述的「陰莖妒忌」忽視了女性族群對社會的作用。現如今仍然存在的「陰蒂閹割」和「美女經濟」，這是對女性的悖論式要求：一方面對女性提出苛刻的貞潔要求，另一方面又將女性作為一種性感對象。這都是對女性的客體化，在客體化過程中，男性似乎只是「從男人的世界」及「男人自身」獲得依據的，「因而只是證實了有關他們的世界和自身的真理。我冒險斷言，他們在不適當的基礎上描寫世界和自身」[458]。與此相對，史碧瓦克提出了「子宮妒忌」的理論，證明在人類社會中男女存在於同一個話語體系中，相互依存，而不是如男權思想那樣將女性視為男性的客體對象。史碧瓦克的態度很明確，「指出女性主義的邊緣位置，並不意味著我們要去為自己贏得中心地位，而是表明在所有的解釋中這種邊緣的不可化約性。不是顛倒，而是置換邊緣和中心的差別」[459]。

　　作為一個後殖民女權主義者，史碧瓦克透過考察歷史上和文學中的「第三世界婦女」，指出第三世界婦女被雙重邊緣化，「在屬下階級主體被抹去的行動路線內，性別差異的蹤跡被加倍地抹去了……在殖民生產的語

---

[458] Gayatri C. Spivak, *In Other Worlds: Essays in Cultural Politics*, New York & London: Routledge, 1988, p. 78.

[459] Gayatri C. Spivak, *In Other Worlds: Essays in Cultural Politics*, New York & London: Routledge, 1988, p. 107.

境中，如果屬下沒有歷史、不能說話，那麼，作為女性的屬下就被更深地掩蓋了」[460]。她們遭受男性意識形態和西方意識形態的雙重建構，成為絕對「他者」，成為一種理論虛構。在〈屬下能說話嗎？〉一文中，史碧瓦克分析了古老的印度寡婦自焚殉身習俗，寡婦在丈夫火化的柴堆上自焚，曾在印度的各個階層中長期存在，後來英國殖民者從法律上廢除了這個習俗，這似乎是「白人正從褐色男人那裡救出褐色女人」，但事實上印度女人從未發出自己的聲音，她們被西方帝國話語和本土男權話語的雙重霸權遮蔽了。梵語「寡婦」一詞是「sati」，而英國殖民者將其改為「suttee」，「sati」的意思是「好妻子」，而「suttee」則是「忠誠」的自焚殉夫的儀式的意思。這種誤譯其實是「一種更大的意識形態的限制」[461]，為「白人，在試圖從褐色男人手中拯救褐色女人時，透過在話語實踐中絕對地把好妻子與在丈夫的火葬堆上的殉身認同」[462]，透過實現一種話語操控建構第三世界女性主體。印度本土菁英只是「為對他者聲音有興趣的第一世界知識分子提供材料的當地人」[463]，在有意或無意中成為帝國主義話語的同謀者。無論是帝國主義話語還是本地的菁英分子都是以男性為中心和主導的，女性自我犧牲行為被闡釋為英雄主義，目的是維護男性的利益，這種以男性為主導建構起來的性別意識形態，透過故事流傳實現主體和意識形態的再生產。第三世界的婦女形象被錯置和誤認，如史碧瓦克所言：「在父權制與帝國主義之間、主體構成與客體形成之間，婦女

---

[460] 斯皮瓦克：〈屬下能說話嗎？〉，參見羅鋼、劉象愚編《後殖民主義文化理論》，中國社會科學出版社 1999 年版，第 125 頁。
[461] 斯皮瓦克：〈屬下能說話嗎？〉，參見羅鋼、劉象愚編《後殖民主義文化理論》，中國社會科學出版社 1999 年版，第 125 頁。
[462] 斯皮瓦克：〈屬下能說話嗎？〉，參見羅鋼、劉象愚編《後殖民主義文化理論》，中國社會科學出版社 1999 年版，第 125 頁。
[463] 斯皮瓦克：〈屬下能說話嗎？〉，參見羅鋼、劉象愚編《後殖民主義文化理論》，中國社會科學出版社 1999 年版，第 125 頁。

的形象消失了，不是消失在原始的虛無之中，而是消失在一種瘋狂的往返穿梭之中，這就是限於傳統與現代化之間的『第三世界婦女』錯置的形象。」[464] 第三世界女性成為種族與性別歧視雙重受害者，「婦女受到雙重掩蓋」。

史碧瓦克不僅進行文本分析，也關注原殖民地婦女的現狀。她認為在全球化的背景下，第三世界的工人階級婦女成為國際勞動分工中最大的犧牲者。她們在跨國公司辛苦工作，為第一世界製造財富，卻只獲得微薄的收入。如果從婦女和生育的角度，重新審視異化、勞動和財產的生產的性質和歷史，以超越於馬克思之上來解讀馬克思，還會發現第三世界婦女所遭受的雙重壓迫和剝削。她們被鎖定在一個特定的三元組合 —— 使用、交換和剩餘 —— 中，她們在傳統的社會情景中生產的東西要超出她們的自我生存需求，因此，她們「是剩餘價值生產的取之不竭的泉源，她為占有她的男人而生產，或者透過男人為占有其勞動力的資本家而生產」[465]。

史碧瓦克支持西方女權主義者對男權霸權的抵抗，但是她也從第三世界婦女的角度，指出西方女權主義理論中存在的殖民主義特點，西方「女性主義批評的激進視角，又重新產生了帝國主義的公理後」，似乎特別的不幸。[466] 她認為號稱「國際女權主義」或全球女權主義的學院女權主義，只是西方資本主義國家內的女權主義，這些女權主義理論蘊含著本質主義，忽略了種族和民族等差異，將女性同質化，這樣的女權主義只能是「白人女權主義」。她們把第三世界婦女看作和她們一樣，從自我的

---

[464]　斯皮瓦克：〈屬下能說話嗎？〉，參見羅鋼、劉象愚編《後殖民主義文化理論》，中國社會科學出版社 1999 年版，第 125 頁。

[465]　Gayatri C. Spivak, *In Other Worlds: Essays in Cultural Politics*, New York & London: Routledge, 1988, pp. 79-80.

[466]　Bart Moore-Gilbert, Gareth Stanton & Willy Maley, *Postcolonial Criticism*, Addison Wesley Longman, 1997, p. 146.

倫理政治想像異域的他者。在〈在國際框架裡的法國女性主義〉（1981）中，史碧瓦克指出，法國女權主義者克利斯蒂娃的著作《中國婦女》把中國婦女置於被研究、被考察的「客體化」和「他者化」位置，借用「他者文化」來挑戰西方的知識體系和主體權威，隱藏著第一世界婦女的傲慢。女權主義「我能為她們做些什麼？」的想法只能將東方人西方化，實質上是一種性別理論上的殖民主義行為。史碧瓦克主張「第一世界的女性主義者必須學會放棄做女人的優越感」[467]，白人女權主義者要透過學習，放棄作為白人、中產階級和受過西方良好教育的種種特權，擺脫同質化的思維模式，承認並尊重第三世界婦女在政治、經濟、宗教和文化等方面的差異，甚至向印度城鄉婦女學習，使得「她們與我們擁有一條共同的交際圖景，認識共同的敵人」[468]。

　　史碧瓦克透過研究分析，質疑了西方女權主義者所標榜的「姐妹情誼」。一方面，在〈三個女性文本和一種帝國主義批評〉中，她將夏綠蒂·勃朗特（Charlotte Brontë, 1816-1855）的《簡·愛》、珍·瑞斯（Jean Rhys, 1890-1979）的《藻海無邊》和瑪麗·雪萊（Mary Shelley, 1797-1851）的《科學怪人》置於後殖民和女性主義的雙重視域內進行考察。《簡·愛》中羅徹斯特、簡·愛與羅徹斯特的前妻——來自西印度群島的梅森·伯莎之間的關係可以說是帝國與殖民地之間關係的隱喻。羅徹斯特以瘋癲為由將妻子封閉和隔離，這個被妖魔化的人物燒死自己，成全簡·愛，使一切都名正言順。作者對簡·愛的讚揚，對伯莎的妖魔化，在史碧瓦克看來，正是按照帝國主義公理，透過將有色人「他者」化、客體化甚至妖魔化突出白人女性的美德。把簡·愛塑造成跨越階級和美貌的理想愛情的展現的同

---

[467] 斯皮瓦克：〈在國際框架裡的法國女性主義〉，參見張京媛編《後殖民理論與文化批評》，北京大學出版社 1999 年版，第 80 頁。

[468] 張京媛編：《後殖民理論與文化批評》，北京大學出版社 1999 年版，第 79 頁。

時，隱藏著一種「活躍的帝國主義意識形態」[469]。作為《簡・愛》的反文本《藻海無邊》則暗示了「即使個人或人的身分這樣隱祕的事情，也可能由帝國主義政治來決定」[470]，《科學怪人》則在無意間流露出帝國主義情感。另一方面，她也考察了現實實踐中東西方婦女之間的差異，甚至兩者之間隱藏的利益衝突。在《他者世界》中她指出：「即使更多的婦女被雇用，或者在會議上增加女性主義議題，這種天真的勝利也會導致未開發國家婦女的無產階級化，因為多數美國大學都有可疑的投資，多數會面場所及旅館都以極其無情的方式雇用第三世界婦女。」[471]

第三節　霍米・巴巴

霍米・巴巴（Homi K. Bhabha, 1949-）現任哈佛大學羅森伯格英美語言文學講座教授（Anne F. Rothenberg, Professor of English and American Literature and Language），他又是該校的歷史與文學研究中心主任。巴巴，1949 年生於印度，1970 年在孟買大學獲得英語語言文化學士學位，1974 年至 1977 年獲得英國牛津大學基督教堂學院哲學碩士和文學碩士學位，1990 年獲得哲學博士學位。與他在世界上的巨大聲譽相比，巴巴的著述相對較少，主要有 1990 年編著的《民族與敘事》（*Nation and Narration*）和 1994 年出版的個人論文集《文化的定位》（*The Location of Culture*），雖然他在一次訪談中提及將有新書出版，但此書尚未與讀者見

[469] 斯皮瓦克：〈三個女性文本和一種帝國主義批評〉，參見羅鋼、劉象愚編《後殖民主義文化理論》，中國社會科學出版社 1999 年版，第 163 頁。

[470] 斯皮瓦克：〈三個女性文本和一種帝國主義批評〉，參見羅鋼、劉象愚編《後殖民主義文化理論》，中國社會科學出版社 1999 年版，第 166 － 167 頁。

[471] Gayatri C. Spivak, *In Other Worlds: Essays in Cultural Politics,* New York & London: Routledge, 1988, p. 291.

面。在這些為數不多的著作中他提出了「混雜性」、「模擬」和「本土世界主義」等主張，這些主張影響深遠，奠定了他與薩依德、史碧瓦克並肩其名的國際地位，成為後殖民主義理論的「三劍客」之一。他的後殖民主義理論提出了第三世界批評家發出自己聲音的具體策略：「從內部首先使其（殖民話語）失去本真性，變得混雜和不純，進而使其固有的權威性被消解。」與薩依德和史碧瓦克不同，霍米·巴巴採取的「實際上是一種論辯而非對抗的態度」[472]。

霍米·巴巴的後殖民主義理論來源複雜，他策略性地採用精神分析方法，探索矛盾性殖民身分，他借用精神分析中邊界的偶然性，探討殖民身分的分裂、焦慮或模糊性。馬克思主義的批判理論是巴巴的另一重要思想來源，但如果說馬克思主義更加關心因果關係和決定論，巴巴則更強調歷史和社會事件中的偶然性問題。如果說馬克思關注的是階級，巴巴則更關注民主，在他看來階級只是社會差別之一。另外，德希達的延異、時差和位移等對意義的建構性的理論，傅柯關於權力與知識的關係的觀點和關於話語權的鬥爭等思想，巴赫金的對話理論，以及德曼、詹姆森和李歐塔等人的理想都對巴巴的後殖民理論產生過影響。可以說，在討論他著名的「混雜性」理論的過程中，他有效地將後現代理論和現代理論策略性地混雜在一起。正如巴巴在《民族與敘事》中所言，「任何理論無論表面上看起來有多麼純一的形式，在同一性（identity）的骨子裡都意味著混雜（hybridity）」[473]。

1980 年代末之前，巴巴致力於殖民話語研究，從精神分析的角度探討帝國時代身分的形成，與薩依德將殖民者和被殖民者截然對立的做法不

---

[472] 王寧：〈敘述、文化定位和身份認同 —— 霍米·巴巴的後殖民批評理論〉，《外國文學》，2002 年第 6 期。

[473] Homi K. Bhabha (ed.), *Nation and Narration*, London: Routledge, 1990, p. 112.

同，他指出兩者之間協商和交流的關係。他認為被殖民者對殖民者的「模擬」是一種對殖民者的反凝視，使兩者之間的關係不再穩定，這種混雜性是被壓迫者的一種顛覆形式。從 1980 年代末至今，他關注殖民主義的文化後果、文化差異和文化多樣性，尤其關注少數族裔，如移民、難民和離散者等的身分問題，提出一種「本土世界主義」的全球化設想。

一、混雜性、類比和矛盾狀態

巴巴認為，薩依德的東方主義批判以殖民權力完全為殖民者所有為前提，這是一種對歷史和理論的簡單化處理。他認為殖民者與被殖民者之間存在一種矛盾狀態，或者說一種中間狀態，殖民權力並沒有建立起絕對的權威和強勢，而被殖民者也不是沒有任何主動性的受害者，兩者之間對抗的同時，存在一種交流和協商關係。「混雜性」、「類比」和「矛盾狀態」是巴巴在論述這種協商關係中所採用的術語，三者相互關聯，描述被殖民者與殖民者相互接觸的過程中，在霸權與屈服、訓導與抵抗的關係中形成的一種你中有我、我中有你的中間狀態。

「混雜性」（hybridity）一詞來自生物學，巴巴借用這個詞描述文化之間不可分離和界線不明的現象，指的是「不同種族、種群、意識形態、文化和語言相互混合的過程」[474]。殖民者和被殖民者之間存在一種既吸引又排斥的關係，殖民主體與被殖民主體之間也不是簡單的和完全的對立關係，在殖民文化和後殖民文化之間存在一個看不見摸不著的第三空間，在這個空間中「文化接觸、侵略、融合和斷裂」[475]，在這一空間的文化因素比其他任何地方都更活躍，穿越文化之間的「疆界」，跨越原本的文化

---

[474] Homi K. Bhabha, *The Location of Culture*, London & New York: Routledge, 1994, p. 55.
[475] Robert J. C. Young, *Colonial Desire: Hybridity in Theory*, London: Routledge, 1995, p. 5.

場域，產生許多新生意義，文化之間不再是非此即彼，而是非此非彼、亦此亦彼的關係。這種混雜的空間消解了殖民話語的穩定性，為被殖民者從邊緣向中心的移動提供了契機，「它們以驚人的種族、性別、文化，甚至氣候上的差異的力量擾亂了它（殖民話語）的權威表現，它以混亂和分裂的雜交文本出現於殖民話語之中」，「它逆轉了殖民者的否認，於是『被否認的』知識進入了主宰性話語並疏離了其權威的基礎」。[476]

　　提出「混雜性」這一概念，巴巴旨在超越二元論，從而消解西方話語霸權對「他者」的單方面定義。二元論是以固定的本質主義範疇為基礎的，是對文化特徵那些穩定的、自我統一的表述，是靜態的和僵化的，蘊含著優劣的等級觀念；而「混雜體」打破了「自我／他者、內部／外部的對稱和二重性」[477]，越過原來的主體性描述，關注那些文化差異表述的時刻或過程」，模糊了原本清晰的「自我」。混雜性既是一個開放的結構，又是一個包容性結構，把「他者性」作為一個重要的差異特質引入進來。在動態性和開放性的「閾限的」（liminal）有限空間內，各種文化因素處於「演現」狀態，沒有固定的模式，既沒有絕對的權威，也沒有終極的指導，有的是一種變動不居的過程，在這種過程性和差異性的接合中，文化和民族身分得到想像性「建構」。少數民族要在中心統治權力的邊緣獲得自我表達的權力，不應像一些民族主義者那樣堅守傳統，相反應該涵納差異，在繼承傳統力量的同時，承認並能解釋現實實踐。「含混將一種『處在事物之間』操演的感覺帶入到反思和判斷、選擇和決斷的活動中」[478]，這種混雜性展現在語言、文化、政治和種族等方面，而且作為

---

[476] Homi K. Bhabha, *The Location of Culture*, London & New York: Routledge, 1994, p. 114.
[477] Homi K. Bhabha, *The Location of Culture*, London & New York: Routledge, 1994, p. 116.
[478] 霍米·巴巴：《全球化與糾結：霍米·巴巴讀本》，張頌仁等編，上海人民出版社 2013 年版，第62頁。

一種認識論方法可以更為深入地把握當前流行的對於認同和差異的表述。

　　「矛盾」（ambivalence）是由混雜而帶來的一種模糊狀態，是殖民者與被殖民者的語言和文化等發生接觸、交流和碰撞產生的一種中間狀態。雖然殖民者來到殖民地是為了統治和剝奪，而且要用他們所謂的「文明的機制和價值」等拯救和同化當地文化，但事實上在這一過程中被殖民者並非被動承受。殖民者在殖民地文化發生改變的同時也會做出適合本地情況的調整，殖民者本身也發生了改變，結果是殖民者與被殖民者彼此雜糅，「殖民者與被殖民者之間在優越與自卑、純正與摻和、模仿與戲弄的矛盾狀態中，形成一種既排斥又吸引的依存關係」[479]。這種矛盾狀態打斷了殖民統治涇渭分明的權威，因為它打亂了殖民者與被殖民者之間簡單的對抗關係。巴巴指出，混雜中的矛盾狀態「就其作為一個整體而言，並沒有一種起源，而只是多種因素產生的複合效果，因此，無法用理論的深層模式去認識，也無法看作兩個文化產生的張力而進行辯證遊戲，而應當用精神分析的置換和鏡像來看待」[480]。矛盾狀態的模稜兩可性，顛覆了殖民者對被殖民者的壓迫，消減了兩者之間的對抗性，為調和兩者之間的關係提供了可能性。

　　「模擬」（mimicry）是巴巴提出的另一概念。「模擬」並非複製，在其過程中產生了「滑脫、過剩和差異」，成為一種「差異的表述」[481]，而達到「對控制過程進行策略性逆轉」[482]的目的。殖民者對於「模擬」的態度是矛盾的，一方面他們希望得到被殖民者的認同，另一方面又希望以自我為中心樹立自己的權威，所以他們既希望被殖民者模擬他們，又要求他

---

[479]　生安鋒：《霍米‧巴巴的後殖民理論研究》，北京大學出版社 2011 年版，第 103 頁。
[480]　Homi K. Bhabha (ed.), *Nation and Narration*, London: Routledge, 1990, pp. 113-114.
[481]　Homi K. Bhabha, *The Location of Culture*, London & New York: Routledge, 1994, p. 92.
[482]　Homi K. Bhabha, *The Location of Culture*, London & New York: Routledge, 1994, pp. 86-89.

們與自己保持足夠的差異，以保持一定的距離，維持自己的支配和主導地位。被殖民者對殖民者的模擬，可能出於被迫，也可能出於對殖民文化的嚮往和崇拜，他們會接受殖民者的語言和文化，但是卻保持著他們不可挪移的文化核心。所以「模擬」顯示出的是一種差異的再現，這種差異本身就是一種拒絕全盤接受的過程，呈現為一種本質上的含混，即「總是相同而又未必相同」[483]。「模擬」造成的這種「幾乎相同卻完全不一樣的」矛盾狀態「使殖民地話語產生出一種與權威相對的混雜性，發展出一套既與原體相似又具有獨創性的變體，其最終目的在於削弱殖民權威或帝國主義統治的力量」[484]。

「模擬」在殖民控制的確定性中楔入了一種不確定性，導致「混雜」和「矛盾」狀態這一中間狀態的出現，具有潛在的策略性和反叛性，打破了殖民話語的權威性。透過「模擬」等混雜方式，殖民者與被殖民者之間相互依存、相互協商、相互建構對方的主體性，在這個意義上，「模擬」為挫敗殖民主流話語建立基於二元對立的階級秩序的企圖提供了具體方法，開拓了被殖民者積極的抵抗的空間，用巴巴的話來說就是：「模仿並不複製先在的東西，而是生產和顛倒先在性和派生性的條件……這些被顛倒的模仿，即顛倒了模仿和被模仿對象之次序的模仿，在模仿的過程中揭示了『本源』對它所產生的二級結果的根本依賴。」[485]

「模擬」、「混雜性」和「矛盾狀態」所描繪的不同種族、種群、意識形態、文化和語言相互混合，既矛盾又模糊的過渡性空間，消解了「本真性」、「本質性」和「整體性」等的權威性。

---

[483] Homi K. Bhabha, *The Location of Culture*, London & New York: Routledge, 1994, p. 112.
[484] 王寧：《後現代主義之後》，中國文學出版社 1998 年版，第 78 — 79 頁。
[485] 裘蒂斯·巴特勒：〈模仿與性別反抗〉，趙英男譯，參見汪民安等編《後現代性的哲學話語——從福柯到賽義德》，浙江人民出版社 2000 年版，第 244 頁。

二、本土世界主義（vernacular cosmopolitanism）

　　關注全球化是巴巴近期研究的重要轉向，他基於「混雜性」理論，著眼於少數族裔的身分問題，從世界主義的視角考察民族主義，提出一種他稱為「本土世界主義」的全球化設想。「本土世界主義」摒棄了作為「無法測度的神祕現實」的全球化思想，以公民資格或者少數人化為切入點，面對和揭示「全球性生活的複雜性和斷裂」[486]。少數族裔不是按照數量界定的，少數族化（minoritization）這一概念也不是指數量上的事實，不是少量的人的少數人化，而是指介於文化之間的第三空間的無國家的人，難民、少數族裔、流離失所的人和被種族隔離的人，巴巴稱之為「第四世界」的人。巴巴用「第四世界」指涉一個全球性的過程[487]，這種全球化承載著超越民族國家進行思考的使命。

　　巴巴在提出「本土世界主義」之前，批判了另一種世界觀，他稱之為「全球世界主義」。這種世界主義將世界視為一個由民族國家延展到地球村的同心圓世界，承認一個中心並賦予這個中心特權，是新自由主義的統治方式和自由市場經濟的文化同謀。這種世界觀以經濟發展為核心，信奉發展主義，將世界區分為先進與落後、科學與無知，在促進一些國家民主化的同時，加劇了對邊緣的剝削，而且會「公然無視不平等和不均衡發展造成的長期不平等和貧困」[488]，片面宣導多元文化共存和民族共存。這種世界主義其實是一種「整合的民族 —— 國家之世界體系」[489]，其統一

---

[486] 霍米·巴巴：〈後殖民性、全球化和文學的表述 —— 霍米·巴巴訪談錄〉，生安鋒譯，《南方文壇》，2002 年第 6 期。

[487] 霍米·巴巴：〈後殖民性、全球化和文學的表述 —— 霍米·巴巴訪談錄〉，生安鋒譯，《南方文壇》，2002 年第 6 期。

[488] 霍米·巴巴：《全球化與糾結：霍米·巴巴讀本》，張頌仁等編，上海人民出版社 2013 年版，第 8 頁。

[489] 霍米·巴巴：《全球化與糾結：霍米·巴巴讀本》，張頌仁等編，上海人民出版社 2013 年版，第 8 頁。

和總體化特徵往往造成霸權和壓制，將「全球平等倫理和平等交往的世界主義訴求變成了所有異族人的鎖鏈」[490]，且這種「全球世界主義」不斷衍生出不平等的二元經濟體，而二元經濟並不是真正的繁榮。這種全球化在全球與地方之間造成一種對抗而不是協商的關係。

「本土世界主義」以那些無國家的人，即「第四世界」的人為出發點，「用少數派的眼光來衡量全球發展」[491]，用邊緣的視角審視全球化。首先，這種世界觀展現著「含混」的特點。「第四世界」的人開啟了一種「介於合法性和無禮之間的某種複雜而矛盾的存在、存活模式」。少數族裔主體或無國家全體在這種超越國家界限的第三空間中整合與瓦解，「在一個未解決的辯證中相互交叉」[492]。這是一種典型的含混過程：張力和爭論，其不完全性和緊急性，遊走於對抗和替代性選擇之間，穿梭於法則和例外之間，邊界變得模糊，「部分是你的，部分是我的」[493]。這種模稜兩可的矛盾性和含混性，昭示著一種不同的全球倫理和文化品性。其次，巴巴沒有宏觀地去測度不可測度的全球化，而是透過重新思考公民資格之類的東西來理解全球化或重新度量全球化。這些「第四世界」的人具有「在地性」，承受著地方和時間上的雙重束縛，展現為一種矛盾而模稜兩可的狀態，「本土世界主義」始於一國內部，「要想公正地衡量全球進步，我們首先需要評估全球化的國家如何處理『內部分歧』——本地層面上

---

[490] 霍米·巴巴：《全球化與糾結：霍米·巴巴讀本》，張頌仁等編，上海人民出版社 2013 年版，第 58 頁。

[491] 霍米·巴巴：《全球化與糾結：霍米·巴巴讀本》，張頌仁等編，上海人民出版社 2013 年版，第 11 頁。

[492] 霍米·巴巴：《全球化與糾結：霍米·巴巴讀本》，張頌仁等編，上海人民出版社 2013 年版，第 67 頁。

[493] 霍米·巴巴：《全球化與糾結：霍米·巴巴讀本》，張頌仁等編，上海人民出版社 2013 年版，第 71 頁。

的多元化和再分配問題，以及地方少數人權的權力及參政問題」[494]。另外，這種世界主義對自由平等的追求強調在定義人性時擺脫意識形態和體制的制約，保證人人有權保持「平等的個性」，而不是「二元經濟」下的多元，而且保持這種「個性」不需恢復一個原初的文化或群體身分，平等也不會以權力的「普世性」為名抹殺個性，而是透過贊同一種超越自主性和主權的跨文化的差異促進團結一致。

　　巴巴提出的「本土世界主義」主張，既是一種學術分析，又是一種政治實踐，與「全球世界主義」形成鮮明對比。後者中以國家為中心，而且固化主權公民身分。在巴巴看來僅能解決作為一個本體論問題的少數人群「歸屬」的困境。透過這種歸屬，他們追尋一種原初的認同，繼承某些傳統，將歸化並固化公民身分，結果是「在社會交往層面上不斷進行非合作形式的堅守」，造成隔離甚至對抗。這種世界主義是需要寬容的，寬容的預設前提是在認知層面上彼此排除合法性的主張，寬容只是意識協商和自制的結果，展現著社會交往層面上的非合作與認知信念領域中的不一致，所以寬容正是堅守主體性的多元主義的內涵，所以寬容究其本質是一種普世主義的整合原則，它將分裂和差異視為需要克服的矛盾，並隱含著對個性和偶然性的擔憂。與之相反，「本土世界主義」允許「矛盾含混」在未解決的矛盾中有效運轉，這種柔性或者開放性使得諸多問題成為開放式的，身分和歸屬的問題也不斷地協商和被質疑，而不是屈從於強制性規定，而且「透過認同與文化驅逐和異化之間衝突的含混性，才能做出道德校準」[495]。

---

[494] 霍米‧巴巴：《全球化與糾結：霍米‧巴巴讀本》，張頌仁等編，上海人民出版社 2013 年版，第 8 — 9 頁。
[495] 霍米‧巴巴：《全球化與糾結：霍米‧巴巴讀本》，張頌仁等編，上海人民出版社 2013 年版，第 63 — 64 頁。

在某種意義上，「本土世界主義」與所謂的「全球對話主義」、「全球化」，以及亞庇提出的「有根的世界主義」有諸多相通之處：每個人立足本土或地方，同時將「他性」的存在涵納進自己的日常生活和語言實踐中，建立包含文化差異的具有開放性和包容性的世界主義文化，重新認識文化差異和社會歧視，以及與此相關的情感及倫理問題。在〈另一個國度〉中，巴巴介紹了一批「無國界藝術家」，這些藝術家正是巴巴提倡的千里達式「本土世界主義」的具體展現，他們屬於一個「多元社會、反覆穿越」[496]，他們拒絕國族認同或文化本真，這種拒絕不是出於對國際游牧主義和超民族主義的教條的支持，相反，這種拒絕是因為他們「拒絕極化的身分標籤，摒棄對社會和個人自由加以負面定義的單方面選擇」[497]。他們的作品將傳統藝術與最新製作介質結合，他們主動選擇這種在流亡與歸屬、家園和無家可歸之間的矛盾狀態，追求一種「多元的文化歸屬感」和「流動的」社會身分認同。

---

[496] 霍米·巴巴：《全球化與糾結：霍米·巴巴讀本》，張頌仁等編，上海人民出版社 2013 年版，第48 頁。

[497] 霍米·巴巴：《全球化與糾結：霍米·巴巴讀本》，張頌仁等編，上海人民出版社 2013 年版，第43 頁。

第六章
新歷史主義美學

概論

　　「新歷史主義」是 1970 年代末至 1980 年代初崛起於英美文學研究界的一個鬆散的學術流派，後來漸次擴展，演變為一種聲勢浩大的跨學科、超國界的文藝文化思潮。作為一種對形式主義與結構主義等批評方法進行反撥的文化理論與批評方法，它起初只是研究文藝復興時期文學文本之歷史內涵的一種獨特視角。首先使用這個名稱的是時任美國加州大學伯克萊分校英文系教授的史蒂芬·格林布拉特。在 1982 年為《文類》（Genre）雜誌撰寫的集體宣言中，他將自己及一些志同道合者所從事的批評籠統地稱為「新歷史主義」（new historicism）。從此以後，這一思潮開始以反抗舊歷史主義、清理形式主義和整合多種後現代批評理論的姿態登上歷史舞臺，並迅速發展成為一個超國界、跨學科、多分支的學術流派，格林布拉特也因此成為這一流派的領袖和理論代表。此外，其他主要代表人物還有路易士·蒙特洛斯（Louis Montrose）、喬納森·多利莫爾（Jonathan Dollimore, 1948-）、凱薩琳·伽勒赫（Catherine Gallagher, 1945-）、海頓·懷特等。

　　格林布拉特本人並未對這一術語做具體的理論說明，而認為新歷史主義首先應被「界定為一種實踐 —— 一種實踐，而不是一種教義」[498]。但在新歷史主義名下所展開的批評實踐，仍然呈現出有流派特徵的理論觀念和批評方法論，只是通常以「後理論」形式出現。新歷史主義也並不刻意「別宗立派」，被歸入這個陣營的批評家之間通常也顯示出不容忽視的差異性，但這些差異卻彰顯了新歷史主義批評的不同維度和多個側面，而

---

[498]　格林布拉特：〈通向一種文化詩學〉，參見張京媛編《新歷史主義與文學批評》，北京大學出版社 1993 年版，第 1 頁。

並不妨礙人們將其作為一個統一的流派來對待。作為特定文學批評流派的新歷史主義，其所關注的問題聚焦於歷史與文學的關聯互動問題，其觀念視野和問題框架基本未超出「歷史詩學」（the poetics of history）的邊界範圍。[499] 像海頓·懷特那樣不願被歸入新歷史主義麾下的新歷史主義者，則直接將自己的「後設史學」稱為「歷史詩學」[500]，認為傳統觀念「隱瞞了『創造』在歷史學家的作業裡也有所參與的程度」，指出歷史修撰因為「情節編排的解釋」、「論證的解釋」和「意識形態含義的解釋」等「創造性」環節的作用而使「歷史」在本質上展現為「詩學的」[501]。在其〈評新歷史主義〉等論文裡，他認為新歷史主義是一種「歷史詩學」，因為它所專注的歷史記載中的零散插曲、逸聞趣事、偶然事件、反常事物、卑微情形等內容「在『創造性』的意義上可以被視為『詩學的』」[502]。

在歷史詩學的問題領域（即提問的範圍、問題之間的內在關係和邏輯可能性空間），新歷史主義的批評家們各自的理論批評，不管其角度方法如何不同，但都聚焦於對文學與歷史、歷史性與文本性、歷史「背景」與文學「前景」、社會能量與意識形態、歷史文化與詩學生產、史學表述與美學取向之間複雜關聯與交互影響問題的重新定位和深入考辨，認為文學與歷史之間並不存在所謂「前景」與「背景」關係，而是相互作用、彼此融合、交響互動，文藝文本、文化表述、審美形式和意識形態並不是作為歷史的「反映」，而是作為塑造歷史的能動力量而成為歷史過程的一部分，成為歷史本身的構成成分。當然，如果我們換一個問題領域，將歷史過程本身也理解為共時存在的「文化」，那麼，新歷史主義所聚焦的問題就變成了諸文

---

[499] 張進：《新歷史主義與歷史詩學》，中國社會科學出版社 2004 年版，第 1 頁。

[500] Hayden White, *Metahistory: The Historical Imagination in Nineteenth-century Europe*, Baltimore: The Johns Hopkins University Press, 1973, p. 1.

[501] 陳平原，陳國球：《文學史》（第 3 輯），北京大學出版社 1996 年版，第 356 頁。

[502] 張京媛編：《新歷史主義與文學批評》，北京大學出版社 1993 年版，第 106 頁。

化形式及其表述之間的相互「生產」（poetic 的古老含義之一）問題。格林
布拉特最早將自己的研究稱為「文化詩學」（cultural poetics），強調「研究
不同文化實踐的集體製作，追問這些文化實踐之間的關係」。這種研究更重
視各種文化形式之間的協商和共鳴。不過，在今天，我們稱之為「歷史詩
學」或「文化詩學」，主要取決於將其置於哪個問題領域來進行考察。從總
體上說，新歷史主義是一種歷史詩學與文化詩學的交疊互滲和互補共成，
在共時性研究與歷時性研究相統一的積極意義上，包容諸多批評傾向的新
歷史主義，適可被稱之為一種「歷史文化詩學」。

　　新歷史主義的歷史文化詩學系統地觸及了美學的一系列重要問題，
並在美學問題的研究上形成了獨具特色的論說。像海頓・懷特這樣的新
歷史主義者，重在追求「歷史的審美化」或「審美的歷史化」，在此意義
上，有人認為新歷史主義是一種「歷史美學」（historical aesthetics）。[503]
海頓・懷特在《後設史學》一書中將「歷史詩學」作為該書導言的副題
（*Introduction: The Poetics of History*），認為史學最終必然是「歷史詩學」；
人們撰寫歷史，不得不在諸多相互衝突的話語模式和闡釋策略之間做出
選擇，而選擇的「最終理由是美學的或道德的，而不是認識論的」[504]。
歷史話語首先要遵循的不是歷史過程的邏輯，而是話語自身的邏輯。因
此，話語邏輯深層的詩性結構和審美傾向，就是一個研究歷史書寫問題
的切口。人們可以透過對新歷史主義歷史書寫的審美形態特徵的分析而
達到對它在特定向度上的特徵說明，美學家諾埃爾・卡羅爾（Noël Carroll,
1947-）甚至認為，人們可以透過「歷史敘述」而對審美對象做出歷史定
位，從而達到美學研究的「超越」[505]。

[503] Jermy Hawthorn, *Cunning Passages*, London: Arnold, 1996, p. 48.
[504] Hayden White, *Metahistory*, Baltimore: The John Hopkins University Press, 1973, p. 4.
[505] 諾埃爾・卡羅爾：《超越美學》（前言），李媛媛譯，商務印書館 2006 年版，第 4 頁。

因此，無論是從「歷史詩學」的問題域將其界定為一種「歷史美學」，或是從「文化詩學」的問題域將其界定為一種「共鳴美學」，新歷史主義都不失為一個富有特色的美學流派。而作為一種美學論說，新歷史主義呈現出若干顯著特徵。具體如下：

（1）在總體風貌上，新歷史主義美學強調在文本話語敘事基礎上理解歷史，在「語言論轉向」與「歷史轉向」之間搖擺穿梭，其理論批評話語既豐富多彩又有「碎片拼貼」的痕跡；它以「權力關係」為主導符碼、以「歷史性」和「文本性」為基本參照，將關注重心轉向表述、主體、「增補」和話語分析，追求歷史的小寫複數化、對話程序化和偶然即興化，以「文本無界線」和「歷史若文學」等一系列斷言為主要操作假設；它的「社會能量」、「流通交換」、「文化互文性」等概念蘊含著某種生態意識，因此其敘事具有一個向生態美學延伸的敘事維度；它在審美類型上背離歷史浪漫劇而走向歷史諷刺劇、逃避歷史必然性而偏向歷史喜劇，具有「躲避崇高」和「告別悲劇」傾向，這造成其歷史書寫的整體傾斜和歷史審美風景的片面單一；它在歷史性與文本性、單線歷史與複線歷史、客觀歷史與主觀歷史、主導意識形態與邊緣意識形態之間出入振擺，造成其思想內涵和政治立場的「無定性」特點。因此，新歷史主義美學在總體上邊界模糊、話語雜呈、搖擺不定，可謂洞見與盲目並存，既有思想衝擊力，也面臨著巨大的難題。

（2）在思想系譜上，新歷史主義美學對馬克思主義、解構史學、文化人類學、新解釋學、年鑑學派、空間轉向諸學說具有深刻的承繼與轉換關係。它在文化表述的非階級制、歷史表述的非連續性、意識形態的非同質性等方面與馬克思主義展開對話，並對馬克思主義觀點進行了傅柯式的轉換，從物質實踐領域的抗爭轉向了表述領域和學術領域的顛覆；它在話語的實踐性、

權力的匿名性、歷史修撰的審美意識形態性方面與解構史學展開協商，以權力的宏大敘事代替了進步論的宏大敘事，以共時描述代替了歷時分析，將歷史看成各種力量和修辭方式支配下的想像虛構，放逐了歷史的客觀根源性；它在文化互文性和深描方法的運用方面與文化人類學之間同氣相求、互補互證，造成其「文化詩學洞見」與「文化主義謬誤」並存的局面；在對「歷史性」進行批判反思和話語分析方面，它與新解釋學之間彼此滲透，將解釋學的歷史性觀念進一步「歷史化」到具體文化文本和權力運作的層面；它在微觀史、小歷史和新歷史觀念方面與年鑑學派彼此商討、相需為用，對年鑑學派的理論方法進行了意識形態化和權力化的改造和運用；它將時間空間化，將文化互文化，將歷史審美化，強化了文藝審美的共時挪用和「橫向拓展」而弱化了歷時承繼和「縱向發展」。總之，新歷史主義從如上諸多理論學說中抽繹出歷史文化的「具體性」、「多樣性」、「特殊性」、「複雜性」和「異質性」，並加以特殊強調；其目標主要是克服啟蒙運動以來的「歷史整體性和客觀性」設定，從而使文藝中的歷史與範圍更大的意識形態、權力結構、社會體制、文化習俗、語言規約和話語系統等領域連繫起來。這拓展了文藝審美活動的邊界，強化了文藝與社會生活和歷史文化之間的深刻關聯，也使新歷史主義文藝思潮在思想系譜上呈現出「異質雜糅」的特點。

（3）在基本美學觀念上，新歷史主義美學將「歷史性」內化到審美活動的各個要素環節而使之「歷史化」，緣之而形成了獨特的審美觀念系統。它主張歷史背景與文學前景之間的交融互滲，重視社會能量在歷史與文化之間的流通交換，強調審美活動在意識形態功能方面顛覆與包容的辯證法；它認為審美主體是能動體與屈從體之間的交涉互動，強調藝術家首先是作為群體的「商討者」和「交換者」；其關注重點從藝術作品轉向文本性和互文性，視藝術文本為網狀結構和話語事件，認為藝術文本的基

本存在方式是在各種文化形式之間「振擺」；它強調審美接受是歷史性與文本性之間的統一，也是文化表述系統內各種形式之間的交響共振，因而主張一種「共鳴美學」。新歷史主義讓人們看到審美活動如何與人類其他活動之間相互作用、連袂而行，其如何被話語實踐和權力關係所生產和塑造，而後者又如何反過來被那些審美活動生產和塑造的過程。這一美學觀念「深化」和「細化」了傳統美學的一般「歷史原則」，同時也將美學的難題進一步「問題化」了。

（4）在批評方法論上，新歷史主義美學盤詰「批評語境」的合法性並將批評「事件化」、強調批評的「劃界」本質和社會能量交換功能、重視批評構造歷史和橫向超越的屬性；它在批評實踐中對批評自身、批評者的立場以及批評的基本模式進行反思質疑，緣之而表現出鮮明的「後設批評」傾向；它在批評方法上偏愛透過逸聞趣事、野史傳說、檔案碎片以及批評者個人的點滴經歷闡釋歷史、重構歷史的「逸聞主義」，試圖以此捕捉真實的「蹤跡」，進而透過建構複數化的小寫歷史而戳穿「宏大敘事」的堂皇假面，實施其「反歷史」敘事的根本目的。它的批評探索在一定意義上命中了已有批評對批評自身缺乏批判反思的「罔」現象，但仍難以自立為一種辯證的、綜合的、理性的批評模式。

第一節　史蒂芬·格林布拉特

格林布拉特（Stephen Greenblatt, 1943-）的美學，適可稱之為文化的「共鳴美學」。按照他的理解，「共鳴」主要指文化表述系統內各種形式之間的通約性和交響共振，而與之相對的「驚嘆」，則主要記錄文化表述系統遭遇他異因素時出現的「裂隙」以及對這些顛覆性因素的再度包容；前

者重在相通性，後者重在差異性；如果說驚嘆記錄了絕對陌生的東西以及對這種陌生性的矛盾反應，那麼，共鳴既是它的對立面又是它的變體。而從根本上說，共鳴與驚嘆又是辯證統一的，兩者之間可以相互轉化，共同存在於讀者的審美愉悅之中。

　　格林布拉特認為，藝術作品可以喚起人的審美愉悅。他說：「審美愉悅是我的文學意識的重要組成部分。」[506] 但他又不認為喚起審美愉悅就是藝術真正的「最終目的」。他指出，戲劇對諸多階層的人們都有「明顯的使用價值」，似乎唯獨對觀眾這個被排除的族群沒有實用意義；然而，「在某些重要的意義上，觀眾的愉悅是有用的」。一個觀看戲劇的觀眾就「不會醞釀反抗」[507]。審美愉悅的最終功用就是將各種「顛覆」以一種可接受的形式「包容」起來。審美愉悅的效果不在於它能釋放社會文化能量或使之具體化，而在於它能讓讀者觀眾採取另一種觀點來審視自己的文化處境。他說，從審美的審視中得來的知識，「也許在試圖理解另一種文化時並無太大用處，但它在試圖理解我們自己的文化時卻是至關重要的」[508]。這就是說，審美愉悅的功能主要並不在於它能讓讀者理解另外一種文化，而在於使人理解自己所處身的文化環境。因此，格林布拉特認為，在讀者閱讀中，通常要實現從讀者對藝術作品的「興奮的注意」，轉移到讀者參與到「複雜的、動態的文化力量」之中。有人將格林布拉特的這種美學思想稱作「共鳴美學」（resonantial aesthetics）[509]。

　　格林布拉特認為藝術作品並不是一種獨立自主的存在，而是「一番談判以後的產物」。藝術作品的意義及藝術欣賞不是由藝術話語獨立產生

[506] Stephen Greenblatt, *Learning to Curse: Essays in Modern English Culture,* London: Routledge, 1990, p. 9.
[507] Stephen Greenblatt, *Shakespearean Negotiations,* Berkeley: University of California Press 1988, p. 18.
[508] Stephen Greenblatt, *Learning to Curse: Essays in Modern English Culture,* London: Routledge, 1990, p. 152.
[509] Jürgen Pieters (ed.), *Critical Self-fashioning,* Frankfurt am Main: Peter Lang, 1999, p. 176.

的，而是在藝術生產者與藝術接受者之間的交互操縱中產生的。審美客體的效果是，在藝術滿足的層面深化我們與世界的接觸。他說：「藝術的存在總是隱含著一種回報，通常這種回報以快感和興趣來衡量。」[510] 閱讀還是要落實到讀者的快感和興趣上來，儘管如此，審美經驗的語境又無法縮減到審美滿足層面。

這樣，閱讀接受就要經歷一個迂迴曲折、循環往復的過程。首先，讀者與藝術對象的相遇需要一個「文本間離性」（textual distanciation）的過程，即是從讀者自己的社會文化環境中「間離」而出，進入由文本組成的宇宙之中。「審美相遇必須被理解為一個過程，這個過程包含了占用虛構現實與讓渡自己個人背景之間的辯證法。」[511] 也就是說，在文本間離性基礎上，占為己有與自我剝奪之間是一種辯證關係。讀者只有透過暫時從統治其文化實踐的話語類型中抽離出來，才能將藝術作品當作審美對象來對待；也才能不去對美的或令人愉快的事物本身進行科學分析，而是去調查它是如何被處理、被偽裝和被當成習俗的。這就走向了對於「共鳴」和「驚嘆」的調查。同時，讀者只有透過對審美對象的「共鳴」和「驚嘆」的調查，才能返回自身並對自己的處境形成新的理解；這樣，主體就以突顯虛構現實與經驗世界之間的相互作用的方式，返回到自己的個人背景中了。在這個往復過程中，藝術作品就釋放出了其社會潛能，而且這種接受過程不是一次性的，而是循環往復的。讀者只有「有效地把握社會生活和語言的『循環往復性』」，才能夠「更好地說明物質與話語間不穩定的闡釋範式」，這「正是現代審美實踐的核心」[512]。

[510] 格林布拉特：〈通向一種文化詩學〉，參見張京媛編《新歷史主義與文學批評》，北京大學出版社 1993 年版，第 14 頁。
[511] Jürgen Pieters (ed.), *Critical Self-fashioning*, Frankfurt am Main: Peter Lang, 1999, p. 178.
[512] 格林布拉特：〈通向一種文化詩學〉，參見張京媛編《新歷史主義與文學批評》，北京大學出版社 1993 年版，第 15 頁。

在審美活動中，格林布拉特式的讀者是雙眼齊睜的讀者：他一眼盯著過去的文學文本，一眼則盯著自己當下的文化處境；一眼看著文學文本表演的前臺，一眼則看著處在後臺的導演排練；一眼注視著文化非同質性的驚嘆，一眼則注視著文化文本之間相通性的共鳴；一眼瞄準自己所獲得的審美回報，一眼則追逐著閱讀對象的文化流通。然而，在未達到理想狀態的批評實踐中，他往往將「驚嘆」消融在「共鳴」之中，將文化的歷史具體性和異質性消融在表述系統的流通之中，從而將讀者接受中的「顛覆」力量悲觀地理解成由文化系統所「包容」的因素，而最終走向對現存文化體系的「認可」而不是「抵抗」。

一、審美活動的發生：背景與前景交融互滲

格林布拉特沿著傳統社會歷史批評的基本前提，將文藝審美置於一定的歷史範疇進行說明。但他反對將歷史僅作為文藝的「背景」和「反映對象」，從而將文藝看成歷史的「附帶現象」的做法。他認為，文學與其「背景」之間是相互影響、相互作用、相互塑造、同時湧現的動態關係：歷史和文學都不是思維活動的結果，而是不斷變化的思維和認識活動本身，是「不同意見和興趣的交鋒場所」以及「傳統和反傳統勢力發生碰撞的地方」。文學與歷史之間的關係無法被單一既定的意義理論給出；相反，文本與世界、文本的物質性與它所產生的意義、藝術與歷史之間的交互作用，正是每一次批評實踐的調查對象。

在他看來，文學與歷史之間的「關係」其觀念本身是成問題的，因為「關係」這個概念似乎設定了文學與歷史各自的既定性和靜態性。他認為，文學與其歷史語境之間的「關聯」是動態的、非穩定的和交互作用的：歷史只有作為文本才能被接觸，文本又是某些非話語實踐力量的結

果。歷史既內在於文本又外在於文本。文學不是對「前文本的」世界和「歷史」的「反映」，它是塑造「歷史」的能動力量。文學批評不應將文學與歷史之間的關係「單一化」和「固定化」。

　　格林布拉特的文學批評，將焦點集中於各種社會力量在文學與現實、文化與歷史之間產生界線的途徑上。他認為，不存在一個先在的或超歷史的自足的審美領域，審美領域是一個競爭的領域；審美的、政治的、歷史的和經濟的等不同力量都在這個領域進行「流通」。他發現，人們總是在反映論觀念下研究文藝復興戲劇與社會之間的關係，先假定兩個分離的自足系統，然後再設法說明一個是如何有效地「代表」另一個的，但根本問題恰恰處在這種批評實踐之外。這種研究很少能處理動態交換問題。他反問：「戲劇表述的對象在何等程度上已然是一種表述呢？」[513] 人們通常視為表述對象的「自然」、「現實」、「歷史」和「真實生活」等，某種程度上已然是一種「表述」，文學表述通常是「對表述的表述」，甚至文學與這些表述之間「相互表述」。所以，文學與「歷史」、「現實」等無法區別開來。

　　這裡涉及認識前提方面的重大變化。赫爾德（Johann Herder, 1744-1803）早就洞察到藝術與歷史的相互「植根性」，這種洞見為格林布拉特將特定文化的所有蹤跡都作為能夠相互理解的符號網路來對待奠定了基礎。「語言論轉向」中人們透過將文化構想為文本而廢棄了自然／文化之間的區分。格林布拉特主要從結構主義和紀爾茲（Clifford Geertz, 1926-2006）的人類學那裡接受了「文化是一個文本」的觀念。這種觀念拓寬了其閱讀解釋的對象範圍，使其可以將所有的非文學文本都作為與文學文

---

[513] Stephen Greenblatt, *Shakespearean Negotiations*, Berkeley: University of California Press, 1988, p. 11.

本相關的文本來對待。這就打破了文學與非文學、經典與非經典、高雅藝術與通俗藝術之間的界線。但它並不贊同解構主義的泛文本主義（pan-textualism）文化文本觀念，而是探索文本之間的界線是如何劃出來的，並反思文本意義是如何確定的。

格林布拉特認為：「如果將整個文化看作一個文本，那麼，所有的事物就在表述層面和事件層面至少潛在地相互關聯牽制。那就真難在表述與事件之間劃出明確界線。至少，這種劃界本身就是一個事件。」[514] 這樣，所有問題就都與特定的文化表述相關，而所有這一切又不能僅僅歸結為那些表述。「如果整個文化被視為一個文本 —— 如果某個時代的所有文本蹤跡都既算表述又算事件，那人們就更難乞求『歷史』來做出裁斷。也就是說，對新歷史主義來說，在試圖宣布那些會說話會思想者的局限時，歷史無法輕易發揮它一度擁有的裁定一切和平息眾說的功能。」[515] 這樣，在其研究中，文本與語境相互轉換，「背景」變得引人注目，而「前景」的形成過程也就顯露出來了。

格林布拉特發現，傳統觀念大多將文學與歷史的關係處理成「單一固定的」，這在當前以兩種對立的理論形態表現出來：詹姆森的新馬克思主義和李歐塔的後結構主義。在後結構主義理論中，世界和歷史僅僅作為話語建構的結果而存在；而一般馬克思主義則將作為經濟力量的歷史看成先於文本的「決定因素」。格林布拉特要向這兩種理論同時發起挑戰，並在其中間地帶尋找自己的理論立場。

詹姆森指出，「社會和政治的文化文本與非社會和非政治的文化文本

---

[514] C. Gallagher & S. Greenblatt, *Practicing New Historicism*, Chicago: The University of Chicago Press, 2000, p. 15.

[515] C. Gallagher & S. Greenblatt, *Practicing New Historicism*, Chicago: The University of Chicago Press, 2000, p. 16.

之間那種實用的運作區分變得比錯誤還要糟糕，即是說，它已成為當代生活的物化和私有化的症狀和強化。這樣一種區分重新證實了在公有和私有之間、社會和心理之間、政治和詩歌之間、歷史或社會和『個人』之間那種結構的、經驗的和概念的鴻溝，作為資本主義制度下有傾向性的法則，它嚴重地傷害了我們作為單個主體的生存，麻痺了我們關於時間和變化的思考，正如它使我們完全脫離了我們的言語本身一樣」[516]。他認為，審美文化文本與社會性和政治性文化文本之間的功能性區別，是資本主義「私有化」的一種邪惡徵兆。政治與詩學原本是一回事，但資本主義的興起打碎了這種「整體性」。這樣，他就把資本主義當成了壓制性話語區分的媒體。詹姆森這樣的馬克思主義者對資本主義將人的經驗領域分割為不同的領域（如自治性的審美領域）這種現象進行批評，試圖透過把所有的事件都與歷史背景連繫起來的方式而將這些不同領域再次統一起來。格林布拉特認為，這種做法將歷史矛盾化解為道德需要的烏托邦式的想像，將矛盾看成了被壓制的階級衝突的單一化代碼。

李歐塔的後結構主義則從邏輯推理性話語範疇出發，把資本主義視為獨白話語一統化的媒體。其話語區分的參照模式是專有名詞的存在，而資本主義不再標明話語領域的位置，從而使這些領域瓦解。換言之，資本要的就是單一語言和單一體系，它將個人屬性和個人話語全都壓制了。對李歐塔來說，資本主義的矛盾暴露了貌似確定的邏各斯中心主義暗藏的裂痕。這兩種觀點都是格林布拉特所不能接受的。

格林布拉特指出：「詹姆森為了揭露一個獨立的藝術領域的欺騙性，為了提倡一切話語的真實結合，從話語領域劃分的虛偽性這一根本問題上發現了資本主義；而李歐塔為了提倡將一切話語進行區分，為了揭露獨白

---

[516]　詹姆遜：《政治無意識》，王逢振、陳永國譯，中國社會科學出版社 1999 年版，第 11 頁。

話語統一性中的欺騙性，從話語領域的結合的虛偽性這一根本問題上發現了資本主義。」[517] 但在如上兩種解釋模式中，「歷史都充當了外加在理論結構上捎帶的軼事一樣的裝飾，而資本主義也不表現為一種複雜的社會經濟的發展，而只是一種邪惡的哲學原則。」[518] 也就是說，詹姆森和後結構主義者都將複數的資本主義的「複數歷史」化簡為單一的資本主義大寫「歷史」，這種做法抹殺了資本主義的矛盾性和複雜性。

以那種大寫歷史為參照，就將文學與歷史之間複雜的動態關係界定為單一固定的，而文化領域也就被單一化了。格林布拉特則將文化領域看作矛盾的場所：一個資本主義既得到鞏固又受到挑戰的地方；一個歷史既得到揭示又得到生產的競技場；一個被分割為既是自治的審美又是被意識形態所決定的地帶。與之相應，一件藝術作品就既不只是一種整一的意識形態，也不完全是一種審美功能。

儘管在政治與詩學之間可以有區別，但格林布拉特認為這種區分通常是一種動態「流通」（circulation）的結果。在這種流通中，文化界線透過「協商」（negotiation）和「交換」（exchange）的實踐策略才得以產生。那麼，是否僅僅是政治在產生和消解這些界線呢？他明確表示，不僅僅是政治，而是生產和消費的「整個結構」產生了疆域的確定和消解。就 1980 年代中期的美國而言，這個結構「不僅是一個權力、意識形態的極端和軍事黷武主義的結構，而且是包括我們自己建構的快感、娛樂、興趣空間在內的結構」[519]。看來，文藝領域絕不是由人們設想出一種單一「歷史」

---

[517] 格林布拉特：〈通向一種文化詩學〉，參見張京媛編《新歷史主義與文學批評》，北京大學出版社 1993 年版，第 6 頁。

[518] 格林布拉特：〈通向一種文化詩學〉，參見張京媛編《新歷史主義與文學批評》，北京大學出版社 1993 年版，第 6 頁。

[519] 格林布拉特：〈通向一種文化詩學〉，參見張京媛編《新歷史主義與文學批評》，北京大學出版社 1993 年版，第 10 頁。

並以之為參照而「人為」劃定的，它之所以在某個時期被劃入「藝術」或「審美」，是由包括人在內的「整個結構」所裁定的。

新歷史主義的「結構」不是一般結構主義的靜態自足的結構，而是動態的和充滿矛盾的。在這個結構中，歷史與文學相互轉化，文化的各種界線不斷劃定和消除。用蒙特洛斯的話說，這個結構是「異質的、不穩定的、可滲透的和過程性的」[520]。因此，它並不是先於歷史或超越歷史的，而恰恰處在歷史之中並透過歷史才發生。當然，它也具有「結構」的一般特性：諸要素間的非因果關係和非等級制。這就是伽勒赫所概括的「把文學文本與非文學文本都當成是歷史話語的構成成分」，在追尋文本、話語、權力和主體性形成過程中的關係時，「不確定一個固定的因果等級秩序」[521]。也就是說，歷史是由政治的、經濟的、文化的、軍事的等諸多力量構成的，其間並不具有因果等級關係。

歷史話語與文學話語並不是後者「反映」前者，兩者通常都是作為「整個結構」的社會文化話語轉換和競爭的場地。格林布拉特在《莎士比亞與驅魔師》中認為，通常被作為歷史文本的哈斯奈特的《天主教會欺騙惡行紀實》（以下簡稱《紀實》）與莎翁的戲劇一樣，都是 16 世紀末 17 世紀初的英國為重新確立社會主導價值觀念而進行的激烈鬥爭的一部分，《紀實》與莎劇之間可能是「相互借用」的，社會文化話語可能正是在包括「歷史話語」和「文學話語」等在內的各種話語的流通中逐漸形成的。這種社會文化話語一旦形成，就成了塑造歷史的能動力量。

總之，按照格林布拉特的理解，歷史作為社會能量或權力關係，不但展現和流通在各種歷史文本中，也流通在其他各種文化形式中。我們以不

---

[520]　Aram Veeser (ed.), *The New Historicism*, London: Routledge, 1989, p. 22.
[521]　中國社會科學院外文所編：《文藝學和新歷史主義》，社會科學文獻出版社 1993 年版，第 162 頁。引文將「目標與效果」改譯為「因果」。

同的文化形式建構的歷史必定不是一種大寫歷史，而是小寫的複數歷史。任何一種大寫歷史都掩蓋和抹殺了歷史的複雜性和矛盾性。文學與歷史之間的關係並不是單一固定的，歷史的權力和能量就在包括文學文本在內的各種文本中流通，它在流通中既產生文學領域與其他領域的界線，也不斷抹殺和重劃這些界線。「這種存在於統一和區別、名稱一律和各具其名、唯一真實和不同實體的無限區分之間擺動，一句話，在李歐塔和詹姆森所闡述的兩種資本主義之間擺動，已經成了一種關於美國日常行為的詩學。」[522] 詩學的研究對象並非一個固定不變的「文學領域」，而是對這些界線形成和消除過程的描述。這種批評即是其「文化詩學」，是「對不同文化實踐的集體製造過程的研究和對這些不同實踐之間關係的調查」[523]。研究者指出：「在我們理解文學與其歷史語境之間的關係問題上，新歷史主義的主要貢獻之一就是，認為文學與歷史相互塑造，文學與歷史都參與到文化形成的動態交換之中。新歷史主義解構了文學與其『背景』之間由來已久的界線。」[524] 那麼，在拆解了文學「前景」與歷史「背景」之間的界線之後，文學在這「整個結構」中以什麼方式存在呢？

二、審美的存在方式：社會能量流通與交換

　　格林布拉特將文學放在歷史現實與意識形態的結合部和交會處，並從這裡觀察歷史事件如何被意識形態吸收理解以及既定的意識形態如何控制和掌握這一認識過程，特別重視文學文本如何參與形成現行的意識形態這一「逆向過程」。簡言之，即「歷史事件如何轉化為文本，文本又如何轉

---

[522] 格林布拉特：〈通向一種文化詩學〉，參見張京媛編《新歷史主義與文學批評》，北京大學出版社 1993 年版，第 10 頁。

[523] Stephen Greenblatt, *Shakespearean Negotiations,* Berkeley: University of California Press, 1988, p. 5.

[524] Jürgen Pieters (ed.), *Critical Self-fashioning*, Frankfurt am Main: Peter Lang, 1999, p. 104.

化為社會公眾的普遍共識，亦即一般意識形態，而一般意識形態又如何轉化為文學這樣一個循環往復的過程」[525]。其所謂考察「與文學文本世界相對的社會存在以及文學文本之內的社會存在」[526]，指的就是對兩種不同社會存在相互交流、相互轉化的複雜過程進行研究。關鍵在於這個命題的後一點：文學究竟如何對意識形態起反作用？為什麼文學是形成意識形態的重要場所？

　　傳統社會歷史批評總是將世界分為歷史現實和意識形態兩部分，認為文學作為意識形態是對歷史現實的（能動）「反映」，這種「反映」又能反作用於歷史現實。它在詩學領域裡的代表即是「思辨歷史詩學」（文學文本直接、如實地表述現實）和「批判歷史詩學」（文學文本透過主體情感、心理和精神建構的方式表述現實）。傳統的形式主義卻走到了另一個極端（「新批評」就認為文學作品作為自足自主的領域與歷史現實是分離無涉的）。格林布拉特則向如上兩種文學觀念同時發起挑戰，認為歷史現實與意識形態通常交疊糾纏在一起；歷史經驗不是藝術的原因，毋寧是藝術與歷史經驗之間「互為因果」。在這種複雜互滲關係中，文學在歷史現實中的存在方式就需要重新加以表述。他另闢蹊徑，採用一些經濟學術語（「流通」、「協商」、「交換」等）來對這種互滲關係加以說明，而作為這些術語之基礎的是其「社會能量」（social energy）概念，這是格林布拉特建立文學與社會歷史之間新型關聯並說明其文學存在方式的「軸心概念」之一。研究者指出，這是格林布拉特「最富挑戰性的概念之一。它被視為所有歷史變革和文化發展的推動力」[527]。格林布拉特在《莎士比亞式的商討》中用專章對「社會能量的流通」做了理論說明。

[525] 盛寧：《新歷史主義》，臺灣揚智文化事業股份有限公司 1996 年版，第 29 頁。
[526] Stephen Greenblatt, *Renaissance Self-fashioning*, Chicago: University of Chicago Press, 1980, p. 5.
[527] Jürgen Pieters (ed.), *Critical Self-fashioning*, Frankfurt am Main: Peter Lang, 1999, p. 222.

　　格林布拉特使用「社會能量」來說明文化產品和文化實踐所具有的「激發心智和喚起情感」的力量。他將之界定為「自由流動的經驗強度」，只有從它所產生和組織的經驗才能判斷出來，即只有從其蹤跡中才能建構起來。「社會能量」的根源在於「修辭學而非物理學」，這意味著「社會能量」的棲息地是「符號性事物」和「社會性產品」。

　　在他看來，在歷史現實與意識形態之間，有一種普遍的社會能量在往返流通：從具體的社會事件到籠統的社會現實（某些詞語的、聽覺的和視覺的蹤跡）都具有一種能量，它「具有產生、塑造和組織集體身心經驗的力量」，「它與快感和興趣的可重複的形式相關聯，能夠喚起不安、痛苦、恐懼、心跳、憐憫、歡笑、緊張、慰藉和驚嘆」[528]。劇院和文學藝術就是這種社會能量流通的一部分。一方面，這種能量或力量可以透過編碼（encode）而進入文學藝術作品；另一方面，文學藝術作品又不停地釋放著它們的能量，對同代的或後代的讀者觀眾產生影響，進而對社會現實發生作用。也就是說，這種「社會能量」又透過文學藝術而發揮其意識形態功能。文學藝術既是「社會能量」的載體和流通場所，又是「社會能量」增殖的重要環節。「社會能量」在「流入」與「流出」文學作品的「流通」過程中實現其意識形態功能。「流通」不是單向的流動，而是雙向的甚至多向的互動，有多種社會歷史因素參與到流通之中；因而，「社會能量」的流通必然是各種社會歷史因素之間的「協商」和「交換」。

　　「社會能量的流通」就是社會上各種利益、勢力、觀念之間的互動。文學性文本只是「社會能量流通」中的一個環節，其他含有相同「社會能量」的非文學性文本的存在是文學性文本產生的前提。莎劇表現的是歐洲文藝復興時期各種勢力、利益和觀念之間的關係。其他非文學文本中的

---

[528] Stephen Greenblatt, *Shakespearean Negotiations*, Berkeley: University of California Press, 1988, p. 6.

「社會能量」「流」到莎劇中，劇本在戲院演出後，文學作品中的「社會能量」又透過觀眾「流」回社會。就像資本一樣，能量流通的過程也是一個增殖過程。而文學文本作為「社會能量」增殖的重要環節，強化既定的社會意識形態並幫助人們「認可」特定的權力關係。文學作品的產生和接受都與「社會能量」的運行相關。因此，「關於某一經典的定於一尊的解釋，往往也是社會能量運行，社會權勢、社會意識形態鬥爭的結果」[529]。

　　格林布拉特認為「社會能量」無法直接定義，只能從其效果之中間接辨認出來。「某些詞語的、聽覺的和視覺的蹤跡具有產生、塑造和組織集體身心經驗的力量，社會能量即從這種力量中顯現出來。」[530] 這種「社會能量」既是某種由社會所產生的東西，也是某種在有能力產生集體經驗的蹤跡中表現出來的東西。「它幫助生產那個它由以產生的社會。」[531] 它總是往返穿行在社會現實與意識形態之間並對兩者發揮雙向塑造作用，而不是固定在某一點上。

　　「社會能量」與新歷史主義的「權力」概念相似，兩者都「無所不在」，且「沒有最初的源起」。但「社會能量」並不是一種「中心化」的力量，而是分散在整個文化領域並棲息在各種社會關係之中的。這個術語有助於格林布拉特避免「極權主義敘事」，一定程度上可以防止新歷史主義以「權力的宏大敘事代替進步的宏大敘事」[532]。社會能量不是單一連續的總體化體系，「而是片面的、零碎的、衝突的；諸要素是交叉的、撕裂的、重組的、互相對抗的；特定的社會實踐被舞臺放大，而其他的則被消除、抬高、疏散。那麼，流通中的社會能量是什麼呢？權力、超凡能力

---

[529] 張寬：〈後現代的小時尚〉，《讀書》1994 年第 9 期。

[530] Stephen Greenblatt, *Shakespearean Negotiations*, Berkeley: University of California Press, 1988, p. 6.

[531] Brook Thomas, *The New Historicism and Other Old-fashioned Topics*, Princeton: Princeton University Press, 1991, p. 185.

[532] John Brannigan, *New Historicism and Cultural Materialism*, London: Macmillan Press, 1998, p. 205.

（charisma）、性的興奮、集體夢想、驚嘆、欲望、焦慮、宗教畏懼、自由流動的強烈經驗：某種意義上說，這個問題是荒謬的，因為社會所生產的所有東西都是可以流通的，除非它被有意排除出流通」[533]。這樣一來，新歷史主義原先所說的權力就不再是一個凌駕於一切之上的範疇，而變成了一個由流通之中的許多社會能量碎片組成的東西。「社會能量」是「集體的」而非「個人的」，因為作為社會能量流通的重要載體的「語言」是集體而非個人創造的。從這種對「社會能量」的界定中，我們不難發現巴赫金「雜語」學說的印記。巴赫金即認為，「『語言共同體』事實上是由很多互相衝突的利害關係所組成的一個混合社會」[534]。

在格林布拉特看來，社會能量的流通具有「共時的」和「歷時的」兩個相互關聯的維度。在共時性維度上，他試圖揭示「那種使藝術傑作賦有權力的隱而不彰的文化交易」[535]，即考察文學的快感和興趣的集體生產過程，追問集體的經驗和信念如何形成，如何從一種媒體轉移到他種媒體並凝聚為審美形式供人消費；檢查被理解為藝術的文化實踐與其他相鄰的表達形式之間的界線是如何劃出的。「文藝的社會能量的流通依賴於將藝術實踐與其他社會實踐的分離，這種分離是由持久的意識形態勞作即一種交互感應式的分類而產生的。即是說，藝術不只是存在於所有的文化中，藝術在既定的文化中是與其他產品、實踐和話語一道被製造出來的。（在實踐中，『製造』意味著繼承、轉換、改變、修正和再生產，而絕不是『創造』：通常，在文化中缺少純粹的創造。）」[536] 因此，是否將某一文化產品劃入文學藝術，這在根本上並不是由某個個人或文藝作品自身的形

---

[533] Stephen Greenblatt, *Shakespearean Negotiations*, Berkeley: University of California Press, 1988, p. 6.
[534] 伊格頓：《二十世紀西方文學理論》，伍曉明譯，陝西師範大學出版社 1987 年版，第 129 頁。
[535] Stephen Greenblatt, *Shakespearean Negotiations*, Berkeley: University of California Press, 1988, p. 4.
[536] Stephen Greenblatt, *Shakespearean Negotiations*, Berkeley: University of California Press, 1988, p. 13.

式結構所決定的，而是「持久的意識形態勞作」的結果。意識形態是「異質的、不穩定的、可滲透的和過程性的」，它本身也受諸多社會歷史因素的限制。在某個特定歷史時期，正是由作為意識形態國家機器的體制確定一件文化產品是否屬於文學藝術。格林布拉特說：「體制的即興創作設計出特定劇作家的具體即興創作。」[537] 作家以為自己是在自由創作，但他創作什麼和如何創作都受意識形態國家機器的限制，儘管這種限制人們通常感覺不到；而且，文學藝術又透過這種即興創作而發揮意識形態功能，比如莎翁的表現手法不僅包括劇院作為一種體制於其中發揮作用的意識形態的限制，而且包括一整套已被接受的故事和文類期待，甚至莎翁自己早期的戲劇所建立的那些期待。

　　總之，在共時性維度上，「社會能量」在各種文化形式之間流通，此即「社會能量的文化流通」。而新歷史主義者「強烈感興趣於追蹤在文化中廣泛流通的社會能量，它在邊緣與中心之間往返流通，經過被指為藝術的領域與明顯對藝術冷漠或敵對的領域，從底部擠壓而上並改造那些被抬高了的領域的地位，又從上面向下面開拓殖民地。」[538] 由這種追蹤發現，「社會能量」流通不是一個圓圈循環，而是「一種螺旋式增殖過程，這使社會變革成為可能」[539]。以戲劇來說，「每部戲劇都透過其表現手段而將社會能量的負荷帶上舞臺，反過來，舞臺又修正這種能量並將它返還給觀眾」[540]。文學藝術在「社會能量的流通」中發揮著其意識形態功能，透

[537] Stephen Greenblatt, *Shakespearean Negotiations*, Berkeley: University of California Press, 1988, p. 16.

[538] C. Gallagher & S. Greenblatt, *Practicing New Historicism*, Chicago: The University of Chicago Press, 2000, p. 13.

[539] Brook Thomas, *The New Historicism and Other Old-fashioned Topics*, Princeton: Princeton University Press, 1991, p. 184.

[540] Stephen Greenblatt, *Shakespearean Negotiations*, Berkeley: University of California Press, 1988, p. 14.

過影響觀眾（讀者）而「變革」了社會。「社會能量」在文學文本、社會意識形態和歷史現實之間穿插交流，進而打通這三個領域的傳統壁壘，使其彼此影響、相互塑造，並使文學成為影響歷史、塑造歷史的能動力量。而在歷時性維度上，格林布拉特考察「死者留下的文學蹤跡所賦有的將已逝生命傳達給當代人的力量」[541]。莎劇具有向我們說話的力量，原因不在於它具有不可變更的本質，而是「原初編碼到其中的社會能量」使這些戲劇得以在不同時期的社會能量流通中不斷轉變和重塑自身。「過去與當下的關係本身是一種協商和交換，區別性的共時性生產使得這種協商和交換成為必要和可能。」[542] 值得注意的是，格林布拉特通常以共時性關係為基礎來理解歷時性關係。

　　莎翁是如何加入「社會能量」的流通的呢？格林布拉特發現，《暴風雨》中的卡利班仇視普洛斯彼羅並對後者持有的象徵知識霸權的「書」滿懷恐懼，希望燒掉。接著，格林布拉特轉述了一則故事：20 世紀，比利時探險家史丹利去中非某處考察，一天突然被黑人包圍。黑人要求他燒掉沿途所作的筆記，認定那本「書」會為他們帶來災難。他當然不會如此做，便做了一個騙局，摸出一本隨身攜帶的封皮與其筆記相似的莎士比亞著作交給他們當眾燒毀，平息了黑人的憤怒，為自己解圍，而黑人的顛覆活動也就這樣被「包容」了。後來，筆記被帶回比利時，歐洲人在筆記內容的引導下，在中美洲建立了慘無人道的殖民地。在格林布拉特看來，莎士比亞就這樣加入了「社會能量」的流通，加入了歐洲人對非洲的殖民活動。

　　「社會能量流通」觀念改變了人們界定文學存在方式的傳統途徑以及思考作家、文本、讀者的角度和方法。關於作家，格林布拉特發現沒有

---

[541] Stephen Greenblatt, *Shakespearean Negotiations*, Berkeley: University of California Press, 1988, p. 3.
[542] Brook Thomas, *The New Historicism and Other Old-fashioned Topics*, Princeton: Princeton University Press, 1991, p. 184.

任何一種模仿可以離開交換。「交換」是模仿的基礎，任何模仿都有「社會能量的流通」參與其中，因而既不是純個人性的，也不是純客觀的，而是包含了大量的社會歷史因素。作家再也不是「獨創性」的天才，作品是「集體」創作的。壓根兒就沒有一個「原初的創作時刻」，沒有不受影響的純粹創作行為，人們所能看到的只能是「一種微妙的、難以捉摸的交流過程，是一套貿易和交換的網路系統，是各種競爭性的表述和再現的你來我往，一種股份公司之間的談判協商」[543]。當社會能量在文學作品與社會意識形態之間如此拉鋸式穿梭時，作家只是社會意志的代理人（agent）而非製造者（maker）。[544]

文本也並非因其具有「超歷史」的內在形式結構才被認為是文學文本，而是在「社會能量流通」中文化邊界的劃定過程中確立的。格林布拉特不相信文學作品有什麼「原創性」，一切作品都是在其他作品之上的「再創作」。文學文本不是自我完足的，其中總是充滿著斷裂和非連續性，它們暗示著文本之外社會歷史力量的存在。文學作品之所以在歷史過程中被一代代讀者所接受，並非因為它具有超歷史的形式結構，而是因為它負載著一股「社會能量」，而這種「社會能量」在被接受過程中總是會得到修正和改變。

讀者的審美愉悅並非純然超功利的，「觀眾的愉悅在某個重要的意義上是有用的」[545]。有了審美愉悅，看戲的觀眾就不會醞釀反抗。讀者閱讀過程是意識形態發揮其功能的重要時刻，透過一種充滿「愉悅」的接受過程，使社會的他異因素和顛覆性力量被化解和「收編」（co-option）。

---

[543] Stephen Greenblatt, *Shakespearean Negotiations*, Berkeley: University of California Press, 1988, pp. 6-7.

[544] Stephen Greenblatt, *Shakespearean Negotiations*, Berkeley: University of California Press, 1988, p. 4.

[545] Stephen Greenblatt, *Shakespearean Negotiations*, Berkeley: University of California Press, 1988, p. 18.

　　總之，在新歷史主義看來，文學就是以社會能量流通為形式和載體的存在，它在其源起和流通交換過程中都與廣泛的社會歷史因素糾纏在一起。因此，當我們試圖與古人對話時，我們聽到的不是一種聲音而是「多種聲音」，死者的言說就像我們自己的言說，它並不是一種私有財產，而是流通交換的產物。

三、審美活動的功能：顛覆與包容的辯證法

　　如何界定文藝審美活動的意識形態功能呢？格林布拉特認為，「文學以三種相互鎖聯的方式在文化系統中發揮自己的功能：其一是作為特定作者的具體行為的展現；其二是作為文學自身對於構成行為規範的密碼的表現；其三是作為對這些密碼的反省觀照」[546]。但是，他並不將闡釋的意義僅限於作者的表現、社會規則的指令與反映以及行為密碼的反省，而是看成這三個方面的相互結合。這主要透過他對文學的意識形態功能的論述而展現出來。

　　格林布拉特的意識形態觀念與阿圖塞有關。在後者看來，意識形態無所不在，它總是滲透和穿越文學；文學作為一種體制會讓主體感覺到國家權力和意識形態是熟悉的和可接受的。按照他的觀點，「文學被國家作為意識形態武器使用，作為一大批試圖勸說操縱而非強制的隱喻來調動」[547]。這種觀念透過傅柯理論的中介而轉變為格林布拉特的文學功能論。傅柯認為，儘管一個時代的話語實踐規定並產生了某種行為，但是規定性的話語與人們的實際行為不會完全吻合；然而，占統治地位的話語能夠有效地控制、同化或消解他異因素對它的威脅。

---

[546] Stephen Greenblatt, *Renaissance Self-fashioning*, Chicago: The University of Chicago Press, 1980, p. 4.
[547] John Brannigan, *New Historicism and Cultural Materialism*, London: Macmillan Press, 1998, p. 5.

在此基礎上，格林布拉特對文學文本的具體分析大多集中在作為意識形態手段或產品的文本與既在社會秩序或權威的兩種根本的關係形態，即「鞏固」和「破壞」之上。但他並不把這兩種關係簡單地視為只與作者意圖或作品效果有關的政治態度或素養，而是把它們當作「一個既在社會秩序維持其自身或遭到破壞的歷史文化過程的一部分」[548]。新歷史主義在具體分析中呈現出兩種不同傾向：一是因較多受傅柯思想影響而側重在主導意識形態對社會和文學中他異因素的同化、化解和利用，以及後者對前者的非知覺性的配合作用；一是因較多受馬克思主義影響而側重在文化產品對意識形態統治的必然破壞作用。這兩種側重雖有差異卻互不排斥：控制的嚴密並不等於全無反抗的可能，反抗的可能也不等於控制的不嚴密。

關於文學的意識形態功能，格林布拉特提出了顛覆（subversion）、包容（containment）和鞏固（consolidation）的理論。被同時歸入新歷史主義和文化唯物主義代表人物的多利莫爾認為：「在唯物主義批評中，歷史和文化歷程主要表現為三個方面：鞏固、顛覆和包容。鞏固象徵性地指依靠統治秩序的意識形態手段企圖使自己永存；顛覆指這一秩序的被顛覆；包容指明顯的顛覆性壓力被包容。」[549] 鞏固和包容密切連繫在一起，包容是鞏固的重要手段，鞏固是包容的目的。所以新歷史主義者主要使用顛覆和包容這兩個悖論式的概念，並將這一理論主要用於對莎士比亞的批評分析。

格林布拉特認為，莎劇主要地而且反覆地涉及顛覆和無序的產生以及對它們的包容。他在〈看不見的子彈〉一文中，運用這一觀點對莎翁的歷史劇《亨利四世》（上、下）、《亨利五世》以及文藝復興時期的一些歷史

---

[548] 徐賁：《走向後現代與後殖民》，中國社會科學出版社 1996 年版，第 60 頁。

[549] Jonathan Dollimore & Alan Sinfield (ed.), *Political Shakespeare*, Ithaca: Cornell University Press, 1985, p. 10.

文獻進行了分析。他進而將顛覆和包容的過程劃分為三種具體形式：試驗、記錄和解釋。「試驗」指「在非歐洲人，或更一般地說，在非文明人的精神或肉體上，對關於歐洲文化和信仰的起源與本質的假設進行試驗」[550]。「記錄」指「記錄異己的聲音，或者更精確地說，記錄異己的解釋」[551]。在《亨利四世》（上）中，它表現為記錄那些沒有權力留下他們的文字痕跡的人的聲音，他們的聲音透過福斯塔夫之口傳達出來，而未來的國王哈爾則出於政治目的對他們進行了「包容」。「解釋」指任何系統化的秩序及分配方法，在其運作過程中，特別是當它宣布自己的道德原則時，都不可避免地有揭示自己局限性的危險，這時它就需要進行自我解釋。但是，「當一種安撫性地確立起來的意識形態面臨異常環境，當權力的特定形式的道德價值不僅被假定而且需要被解釋的時候，對它的揭露就最為有力」[552]。解釋常常是顛覆性的，它從一個側面顯示出權力運作的虛偽和狡詐。莎劇透過如上三種形式，揭示出統治權力起源於暴力和虛偽，因此它不斷地喚起對權力的懷疑，具有強烈的顛覆性。但這種顛覆性又是權力本身所產生的，而權力正是建立在這種顛覆性基礎之上的，它為了自身的需要不斷地製造出顛覆性，又不斷進行包容，從而鞏固自己的統治。

格林布拉特還分析了莎劇的演出形式本身所具有的意識形態功能，認為文藝復興時期戲劇演出形式同樣具有對權力的顛覆因素的包容。伊莉莎白女王是一個「沒有常設軍隊、沒有高度發達的官僚體制、沒有廣泛的員警力量的統治者，她的權力是由戲劇中對王室榮譽的讚美，以及對這一榮

---

[550] Stephen Greenblatt, *Shakespearean Negotiations*, Berkeley: University of California Press, 1988, p. 28.

[551] Stephen Greenblatt, *Shakespearean Negotiations*, Berkeley: University of California Press, 1988, p. 35.

[552] Stephen Greenblatt, *Shakespearean Negotiations*, Berkeley: University of California Press, 1988, p. 38.

譽的敵人施加的暴力構成的」[553]。在戲劇演出時，王室的權力獲得了一種特殊的可視性，觀眾在適當的距離觀看這一權力威嚴的存在時，自然會對它產生尊崇。

　　總之，格林布拉特在顛覆與包容的二項對立之中為文藝復興文本的解釋提出了一種新模式，它可以說明人們認清一種顯然是顛覆性的文學藝術是如何參與當時的意識形態建構的。但格林布拉特所理解的顛覆和包容又與馬克思主義的階級鬥爭學說相去甚遠。他所看到的文藝復興時期的歷史，甚至整個英國歷史，都不是馬克思所闡述的那種一個階級推翻另一個階級的歷史。在他看來，包容（即社會秩序的穩定）是一個絕對因素，而顛覆卻只是一些不會觸動現存社會體制前提下的歧見或異議而已；「包容」是如此有效，以至於社會的許可和監督機器都不被直接採用。他甚至宣布，「明顯的顛覆生產……正是權力的條件」[554]。權力需要有顛覆存在，否則，它就沒有機會來宣布自己合法並使自己作為權力為人所見。格林布拉特的這種觀念與傅柯的權力觀念十分相似。傅柯曾宣稱，「權力無所不在，不是因為它包含一切，而是因為它來自一切地方」。傅柯認為權力是肯定性的，它生產自己的客體。主體並沒有既成的身分，它透過參與話語實踐而使其自身被生產出來。「在權力與抵抗之間並不是一種簡單對立關係，其間有各種競爭性力量在運行。」[555] 按照傅柯的理論，顛覆就通常是權力生產出來以證明自身存在的東西，因此，顛覆通常被包容。我們必須對這種觀點保持警惕：既然如此，那格林布拉特的批評實踐又有什麼用呢？

　　格林布拉特如上觀點一出，即在唯物主義批評中引起了激烈爭論。這

[553] Stephen Greenblatt, *Shakespearean Negotiations*, Berkeley: University of California Press, 1988, p. 64.

[554] Stephen Greenblatt, *Shakespearean Negotiations*, Berkeley: University of California Press, 1988, p. 65.

[555] Claire Colebrook, *New Literary Histories*, Manchester: Manchester University Press, 1997, p. 203.

些爭論激發了富有成果的探索，同時又令人沮喪。富有成果，是因為它將長期以來被認為外於文學批評的問題變成了文學批評的焦點；令人喪氣的是，顛覆與包容的概念本身及其間關係、它們與權力及意識形態的關係都未得到「明確說明」。其實，格林布拉特的這兩個術語也應該得到「歷史化」。研究者指出，連繫格林布拉特所處的歷史語境來看，他的「包容模式」是「冷戰修辭，而且更重要的是，它是社會病理學話語，這種話語活躍了 20 世紀功能主義人類學和社會學」[556]。

當然，在新歷史主義陣營內部，人們也不盡同意格林布拉特的這一觀點。多利莫爾反駁道：「雖然顛覆確實可能被權力為自身的目的所『挪用』，但顛覆性一旦產生，就既可以為權力所用，也可以用來反對權力。」權力的確可以改造和挪用顛覆性，但反過來，文化中的「從屬的、邊緣的、持異議的成分也可以挪用統治話語並在這一過程中改造它們」[557]。多利莫爾明顯地希望從更樂觀的角度去理解「顛覆性」。蒙特洛斯也反對格林布拉特的這一「對立模式」，認為它過於簡約，截然對立，缺少生機與活力。他指出，籠統地談論顛覆與包容是不夠的。應該看到，主流意識形態仍然要受到各種具體情況（職業的、階級的、個人利益的、市場消費的、文化媒體的等等）的限制和影響。因此，應該強調一種更為鬆動多樣的、更具滲透性的和更重視過程性的意識形態概念。我們前文指出過，格林布拉特的「社會能量」概念一定程度上可以防止他對意識形態的這種單一化處理。他後來也聲明：「我並不認為所有文學（或所有莎劇）中抵抗的所有表現都被收編 —— 人們可以主張戲劇中意識形態包容力量的破裂。」[558]

[556] Jürgen Pieters (ed.), *Critical Self-fashioning*, Frankfurt am Main: Peter Lang, 1999, p. 151.

[557] Jonathan Dollimore & Alan Sinfield (ed.), *Political Shakespeare*, Ithaca: Cornell University Press, 1985, p. 12.

[558] Kiernan Ryan (ed.), *New Historicism and Cultural Materialism*: A Reader, London: Arnold, 1996, p. 56.

　　儘管在新歷史主義內部存在著「包容論」和「顛覆論」之爭，但並非是爭論作為術語的「顛覆」和「包容」，而是爭論在特定歷史時刻它們之間的「比例」。如果把兩個對立方面結合起來，我們就會發現，不論其意識形態分析側重於哪個方面，都貫穿著一個基本思想：每一種占統治地位的文化都包含著對其核心價值的否定，這種否定展現為對潛在對立格局和邊緣價值的默許。存在於占統治地位的文化和他異因素之間的不是單純的對抗關係，而是被新歷史主義批評所揭示的「極複雜的支持、破壞和利用化解過程的不斷交錯和演化。文化統治不是一個靜止狀態，它是一個過程，一個不斷有爭奪、不斷需要更新的過程」[559]。新歷史主義對權力的複雜性的深入闡發是值得被認真對待的。但格林布拉特的這種政治化批評也帶來了嚴重後果，它一定程度上忽視了文學的具體性、生動性和複雜性。研究者指出，最大的問題在於「它堅持一個凌駕於一切之上的權力的無所不在和不可避免，致使它很少能注意到歷史的具體性和複雜性」[560]。其解讀文本的方法一旦程式化，就必然限制意義生產的多種可能性，限制批評對於文本的關注。

　　值得注意，格林布拉特的這種批評是「雙重政治性的，它們不僅僅對它們所選的文本的政治動機感興趣，而且它們本身所產生的文本也是具有政治的利害關係的，而一般說來又對此毫不隱諱 —— 在這一方面它又與舊歷史主義形成鮮明對照」[561]。他們在提取文化文本進行分析時經常反身自問：在大量文化文本蹤跡中，哪些是對他們自己和對當時的人有意義的，哪些是最值得追求的。在其批評中，文學作品的意義與批評家的理論

[559] 徐賁：〈新歷史主義批評和文藝復興文學研究〉，《文藝研究》1993 年第 3 期。
[560] John Brannigan, *New Historicism and Cultural Materialism*, London: Macmillan Press, 1998, p. 9.
[561] 菲爾皮林：〈文化詩學與文化唯物主義〉，參見王逢振編《2000 年度新譯西方文論選》，灕江出版社 2001 年版，第 201 頁。

之間的界線變得模糊化，這代表其批評在很大程度上是一種「當代史」。誠如研究者指出的：「如果文藝復興是資本主義和現代性的開始，那麼，任何對文藝復興的批評閱讀也是一種對當下的批判（或認同）。」[562]

那麼，格林布拉特為什麼要宣布自己的批評沒有「任何政治動機」呢？這與他和逝者進行「多重對話」的願望有關。格林布拉特表示，當他與古人對話時，「如果我想聽到一種聲音，我就得聽到死者的許多聲音」[563]。這就是說，過去是「多重聲音的」或「多聲部的」，對過去的政治批評也是多樣化的，不該將批評者固定在某個政治立場上。從這個意義上說，他是「沒有任何政治動機」，因為他並不膠著於某個單一的政治「聲音」，而希望聽到「多種聲音」。這與他對待「意識形態批判」的態度是一致的。他從馬克思主義那裡借鑑了「解神祕化的、批判式的甚至逆向式的」批評方法，但對馬克思主義的核心概念（基礎與上層建築、或緣之而來的階級意識）並不認同，但他意識到了包括歷史表述在內的任何表述都總是政治社會行為。

因此，格林布拉特所說的「沒有任何政治動機」，主要是指擺脫馬克思主義的政治觀點和意識形態理論。這既是其理論的特色所在，也是其阿基里斯之踵。就後一方面而言，它在擺脫馬克思主義的歷史唯物主義的同時，喪失了從物質層面和實踐角度改造世界的根本訴求，也喪失了真正改造歷史的物質性依託。批評家科恩指出，新歷史主義應該看作是左翼人文主義者幻滅的產物，它總是關注國家權力，但在這些激進批判之後卻又保持一種清靜無為的態度。

從一般意義上說，在對「顛覆」與「包容」的不同側重上，可以看出

---

[562] Claire Colebrook, *New Literary Histories*, Manchester: Manchester University Press, 1997, p. 200.
[563] Stephen Greenblatt, *Shakespearean Negotiations*, Berkeley: University of California Press, 1988, p. 20.

英國的文化唯物主義與美國的新歷史主義之間的區別。後者相信顛覆總是被生產出來而包容在文本之內，而文化唯物主義則更積極地相信，即使在顛覆被包容的地方，其蹤跡還是保留下來，這使得「持有異議」的批評家得以表達這種顛覆，由此得以對主流文化歸入這種顛覆的意義進行競爭。我們認為，正確的理解，應該是將這兩種態度結合起來。新歷史主義對文藝復興時期文學重新發生興趣並力圖重新加以闡釋，這與他們感到有必要重新認識現狀和自身處境密切相關。因此，他們不可避免地在進行當下語境與歷史語境之間的多重辯證對話，這種對話當然是對既往「歷史」的一種「顛覆」，這種「閱讀的政治與政治的閱讀」具有一定的顛覆性，是一種認識的革新。但是，這種顛覆對現行政治究竟有多大效力，恐怕不只是一個理論問題，而更是一個實踐問題。新歷史主義以其自身 20 年的發展史向人們證實了這一點，那些一開始氣勢逼人的文學批評最終被資本主義意識形態「包容」而漸漸失去了其批判鋒芒，大部分新歷史主義者也都走上了學術正統的位子，變成了大學體制內的既得利益者而被「包容」了。

　　格林布拉特本人和新歷史主義自身的演變歷程昭示，顛覆與包容之間的關係異常複雜，為顛覆而進行的顛覆沒有前途；透過顛覆歷史而顛覆現實的做法，其效用也是值得懷疑的。因此，在這個問題上，新歷史主義在一定程度上可以作為負面教材，讓人們認識到理論的顛覆必須與實踐的顛覆相結合才是有前途的，才能對現存秩序有所觸動和改造。研究者指出，新歷史主義的歷史觀即使再具革命性，「仍然是被學術機構所約束的，無法真正推翻或甚至於震撼社會文化」。因此，應該謹防它淪為無謂的專業化的學術活動，變成古代文化劇的「戲中戲」。新歷史主義一方面實行著學術顛覆，一方面又聲稱這種顛覆的不可能性，揭示顛覆與包容之間關係的複雜性，其悲觀態度是否正源於它無力撼動資本主義「經濟基礎」的現實處境呢？

第二節　海頓‧懷特

　　新歷史主義這一鬆散的批評流派主要由文學批評家和歷史學家構成。與文學批評家格林布拉特透過提倡「文化詩學」而展示自己的文化「共鳴美學」不同，歷史學家海頓‧懷特（Hayden White, 1928-2018）則透過提倡「後設史學」而彰顯「歷史美學」。

　　傳統上，史學話語與文學話語之間有一個不成文的相對界線：歷史話語主司「真實」的再現，而文學話語則以想像和虛構為基本特徵；前者是構成文學的「歷史背景」或「現實語境」，後者則是前者的「前景」或「反映」；前者形成認知性的「知識」，後者則主要是審美的或道德的「虛構」。近代以來，歷史學科受到自然科學的感召，紛紛以後者的客觀性標準為仿效範例，從而進一步加大了史學與文學之間的鴻溝。在中國古代，無論是「春秋筆法」、「文參史筆」的傳統還是「六經皆史」的斷言，無論是對「詩史」的讚譽還是對「良史之憂」的專注，都透露出人們對歷史的詩性特徵的意識。錢鍾書先生指出：「史家追敘真人實事，每須遙體人情，懸想事勢，設身局中，潛心腔內，忖之度之，以揣以摩，庶幾入情合理。蓋與小說、院本之臆造人物、虛構境地，不盡同而可相通；記言特其一端。」[564] 儘管有的人「只知詩具史筆，不解史蘊詩心」，但徵諸歷史文獻，人們不能不承認「史筆」與「詩心」「不盡同而可相通」的道理。

　　在中西方歷史上，發現「文史相通」甚至主張「史文互證」的學者不乏其人，這是因為「追求歷史解釋的邏輯意味著，理解過去更像是解釋文本的／批評的活動，而不像發現客體的科學活動」[565]。然而，他

---

[564] 錢鍾書：《管錐編》，中華書局 1984 年版，第 165 － 166 頁。
[565] Paul Hamilton, *Historicism*, London: Routledge, 1996, p. 19.

們大都在傳統修辭學及個人技巧層面考察這一問題，研究其「不盡同而可相通」的種種技法，並未將這種文史之間的「相通性」看成是根本的、內在的和普遍的。而歷史與文學、史學與美學之間的「差異性」才是基礎性的。正是在這個基礎上，馬克思主義經典作家要求從史學與美學相結合的高度來評判文學。

因此，儘管人們從多個方面認識到了歷史的修辭性，但傳統修辭學把修辭僅僅視為對「常規」語言表達方式的「偏離」，它只是語言的「特殊」形式，並非根本的和內在的。對「常規」與「特殊」的區分本身就預設了語言符號有可能與其內容完全一致，假定了語言表達可以避免修辭轉義的非透明性。與之相反，20 世紀的語言論轉向，則堅持認為修辭轉義是語言的「正常的」深層屬性，非透明性是根本的和不可避免的。因此，與語言論轉向連袂而行的諸文學批評和史學研究流派，雖也採用了修辭學的某些概念範疇，但它並不是回歸歷史的修辭學傳統；它與「語言本體論」的各種相關理論，尤其是結構主義和後結構主義的洞見密切相關。

20 世紀以來人文社會科學普遍的「語言論轉向」，使人們得以透過對語言內在本質（非透明性、虛構性、構成性等）的發掘而對文學話語與歷史話語之間的關係做出重新說明。結構主義及後結構主義者的興趣焦點都轉向了歷史話語與文學話語之間的通約性問題。在這個總體趨勢中，歷史學家海頓・懷特的歷史詩學理論，系統而徹底地拆除了歷史話語與文學話語之間的藩籬，填平了兩種話語之間的傳統鴻溝。他從理論上闡發了新歷史主義的一些重要理論命題，並為之進行了大力辯護，因此成為新歷史主義歷史美學的重要理論代表（儘管他並不自封為新歷史主義者）。

海頓・懷特有關歷史話語和歷史修撰的理論觀點主要包含在他的《後設史學》、《話語轉義論》（部分內容已有中譯，散見於一些新歷史主義讀

本)、《形式的內容》和《比喻的現實主義》等著作中。其歷史美學理論將
著眼點放在歷史話語的基本轉義形式以及由此而生發的情節編排效果、論
證解釋功能和意識形態含義上。其「後設史學」（metahistory）主要探討的
是歷史意識、歷史表述的深層結構以及歷史的學科價值問題，發掘的是歷
史著述背後的那個先於批評的「潛在深層結構」，即那個用來說明歷史闡釋
的本質的認識範式。這個深層結構是「詩性的」（它在根本上不能脫離想
像）和「語言的」（「歷史」在本質上是一種語言闡釋，因而帶有一切語言
構成物所共有的虛構性）。其「話語轉義論」（tropics of discourse）則主要
考察編年紀事與故事、情節編排與比喻類型的關係，它不再將「轉義」及
比喻視為是對某種歷史編纂學風格的命名，而是將它上升到歷史話語的本
性的地位上來，堅定地認為歷史話語與文學話語有著共同的虛構性質並將
兩者等量齊觀，認為「歷史若文學」，「歷史的語言虛構形式同文學上的語
言虛構有許多相同的地方」。[566] 與一般新歷史主義文學批評家不同的是，懷
特將這種思想容納在一個「體大慮周」而又整飭簡明的理論體系之中。

　　海頓·懷特的歷史美學觀點，可以歸結為如下總體對應表格 [567]：

話語轉義模式	情節編排模式	論證解釋模式	意識形態含義模式
隱喻	浪漫史	形式型	無政府主義
換喻	悲劇	機械型	激進主義
提喻	喜劇	有機型	保守主義
反諷	諷刺劇	語境型	自由主義

[566] 懷特：〈作為文學虛構的歷史文本〉，參見張京媛編《新歷史主義與文學批評》，北京大學出版
　　　社 1993 年版，第 161 頁。
[567] Alun Munslow, *Deconstructing History*, London: Routledge, 1997, p. 154.

一、話語轉義：歷史和文學共同的深層詩性基礎

海頓‧懷特認為，歷史學家只能在敘述形式之中而無法在它之外把握歷史。純客觀的、透明的、獨立於歷史學家解釋傾向之外的歷史是不存在的。他說：「歷史事件首先是真正發生過的，或據信真正發生過的，但已不再可能被直接感知的事件。」因此，為了將其作為思辨的對象來建構，它們就必須被敘述，「這種敘述是語言凝聚、替換、象徵化和某種貫穿著文本產生過程的二次修正的產物」[568]。因此，「歷史首先是一種言語的人工製品，是一種語言運用的產物」[569]。歷史解釋並不是無限多樣的，歷史敘述中所呈現的各種形態的解釋（其類型及這些類型的數目），都受語言表述基本轉義模式的制約。

「轉義」（trope）指的是喻體相對於本體的「乖離」。「轉義學」（tropology）則是研究這種語言現象的理論學說，它自古以來就是修辭學的重要內容。但古典修辭學將轉義作為正常語言的「非正常的」特殊表達來研究，認為這種特殊表達是人們為了達到某種特殊的修辭效果才加以使用的，認定常規的語言表達可以避免轉義及其非透明性；而現代轉義學則將轉義作為思想意義的普遍的、正常的模式來研究，認為人的思想意識結構是由非透明的語言基本轉義類型構成的。後者正是懷特的歷史話語轉義學的基礎，而正是在這個基礎上，懷特將歷史話語與文學話語放在了同一個轉義平臺上。

在西方修辭學的歷史上，存在兩種較大的轉義理論，一種是「雙

---

[568] 懷特：〈評新歷史主義〉，參見張京媛編《新歷史主義與文學批評》，北京大學出版社 1993 年版，第 100 — 101 頁。

[569] 懷特：〈描繪逝去時代的性質〉，參見科恩編《文學理論的未來》，中國社會科學出版社 1993 年版，第 46 頁。

重式」轉義學說，20 世紀以來，透過雅各布森（Roman Jakobson, 1896-1982）對語言的隱喻和轉喻「兩極和等值」的論說，而變成了一種廣為人知的「語言學詩學」；另一種是「四重式」轉義學說，其理論代表是義大利啟蒙思想家維柯（Giambattista Vico, 1668-1744）以及 20 世紀的文學批評家弗萊（Northrop Frye, 1912-1991）。海頓·懷特從維柯那裡接受了「四重式」轉義學說。維柯確定的四種基本轉義格是「隱喻」（基於相似原則）、「換喻」（基於鄰接原則）、「提喻」（基於部分從屬於整體的關係）和「反諷」（基於對立性）。維柯進而將這些轉義格與人類文化史的各個階段對應起來。懷特認為，維柯洞察了語言與現實、意識與社會之間的辯證關係。懷特將這種轉義理論從人類文化史引向普遍的歷史話語領域，進而發現，歷史話語也受這些轉義模式的制約，因此，歷史的本性是「詩性的」；這個詩性結構是潛在的，而且是先於個人反思批判的，歷史學家只能在這些轉義格中有所選擇和側重，而無法在它們之外敘述歷史。歷史話語與文學話語共同奠基於這個詩性結構，因此兩種話語之間並無本質區別。他宣稱：「歷史不具備特有的主題；歷史總是我們猜測過去也是某種樣子而使用的詩歌構築的一部分。」[570] 這樣，傳統上作為文學話語本性的虛構性就代替了「真實性」而成為歷史話語的基礎，從而使歷史話語成為廣義的文學話語的組成部分。由於受話語轉義模式的制約，即使在作為「歷史故事」的素材的事件層面，真實與虛構間的界線也宣告瓦解了。這個界線的消弭正是打破學科壁壘而進行跨學科研究的前提，自然也是新歷史主義以對「表述」的研究代替對「藝術」的研究而從事文化批評的條件。

---

[570] 懷特：〈作為文學虛構的歷史文本〉，參見張京媛編《新歷史主義與文學批評》，北京大學出版社 1993 年版，第 177 頁。

二、情節編排：歷史事件變成「故事」並顯出意義的審美性環節

　　海頓‧懷特認為，故事形成過程必然包含史家對過去和現在的「解釋」，這種解釋在歷史敘事中表現為在審美性的情節編排、認識性的論證解釋和倫理性的意識形態含義等三種模式的不同形式之間做出選擇。

　　懷特發現，與話語轉義的四種基本形式相對應，敘事審美形態的情節編排方式也有四種：浪漫史（表現為「如願以償」）、悲劇（表現為「法則啟示」）、喜劇（表現為「調和化解」）和諷刺劇（表現為「反覆無常」）。他承認這是從文學批評家弗萊那裡借用的關於文學體裁的概念。但是，這實際上並不是一個「借用」的問題，這顯示出懷特關於歷史敘事的根本觀點：歷史敘事處理其素材的方式與文學敘事並無本質上的不同，而且採用其中某種情節編排方式與採用他種方式之間也無本質區別；歷史事件並無「本來面目」可言，它們不過是用來進行情節編排從而使其顯出意義的可能成分。懷特認為，歷史學家必然會在如上四種編排方式中進行選擇。當然，史家也可以拒絕選擇，但拒絕選擇本身就會成為一種特殊的選擇。比如史家可以有意不選擇其中的任何一種，但這樣做就恰恰將歷史事件連綴成一個「反覆無常」的系列，而這正是「諷刺劇」（鬧劇）的一般特點。也就是說，無論歷史學家如何選擇，或意圖不做任何選擇，都無法逃脫如上四個情節編排模式的制約。

　　懷特認為：「事件透過……所有我們一般在小說或戲劇中的情節編織的技巧才變成了故事。」[571] 由於歷史話語在情節化過程中呈現出與文藝審美話語相同的模式，因此，對歷史話語也就應該進行審美的或文學的批評。這當然並不意味著要以文學批評代替歷史研究，而是要透過這種逆向

---

[571] 懷特：〈作為文學虛構的歷史文本〉，參見張京媛編《新歷史主義與文學批評》，北京大學出版社 1993 年版，第 163 頁。

剝離過程使人們認識到「事件」在變成「故事」時究竟發生了什麼，從而對歷史進行更深入的了解。

三、論證解釋：歷史敘事解釋的認識評價環節

　　長期以來，大多數關於歷史話語的論述一般都區分出「事實」的意義層與「闡釋」的意義層，懷特以為這種區分掩蓋了在歷史話語中區分這兩個意義層的難度。在他看來，實際的情況是，「在歷史話語中呈現出的事實之存在及存在的方式是為了對該陳述有意支援的那種闡述給予肯定」[572]。儘管事件與解釋分不開，而解釋又總是千變萬化千姿百態的，但是，歷史事件被解釋之後所呈現出的模式卻是有限的。懷特借鑑佩珀（Stephen Pepper, 1891-1972）在《世界的假設》裡分析假設的世界的類型，將解釋範式歸結為四種：形式型（透過對事件進行客觀再現和精確描述而解釋）、機械型（透過將某種局部的法則確定為「因」來解釋作為「果」的其他部分）、有機型（透過將各種條件連繫起來的方式來解釋它們作為部分在人類整體歷史中的地位）以及語境型（透過對事件得以發生的環境和條件的描述而進行解釋）。

　　懷特認為，歷史話語的解釋範式與歷史話語的情節效果之間雖然存在著一定的親緣關係，但前者是可以獨立於後者的。這四種範式既不是相互孤立的，也不是可以隨意結合運用的；喜歡一種範式而不喜歡另一種，這是由歷史學家就歷史知識的性質問題所採取的立場決定的。在傳統上，人們設定「歷史知識」是由歷史的真實過程所決定的、反映歷史實際過程的真理性知識，但懷特卻指出，所謂有關歷史的真理性知識，說到底只是對

---

[572]　懷特：《歷史主義、歷史與修辭想像》，參見張京媛編《新歷史主義與文學批評》，北京大學出版社 1993 年版，第 186 頁。

歷史的「解釋」而已，而且在大多數情況下，歷史學家只是面對先已存在的解釋進行解釋，即對「眨眼示意之眨眼示意加以眨眼示意」。歷史的解釋與文學的解釋一樣，都要受論證解釋模式的限制，同時，兩者所揭示的都是歷史過程的實際狀況，且僅僅是從特定立場所引申出的「意義」。因此，與其說這是一個認識性環節，還不如說是一個評價性環節。

四、意識形態含義：史家立場的道德和審美準則

海頓・懷特根據曼海姆（Karl Mannheim, 1893-1947）在《意識形態與烏托邦》中的概括而提出了四種基本的意識形態立場：無政府主義（否認制度和權威對人的用處）、保守主義（極力維持現狀）、激進主義（要求改變和瓦解現狀）和自由主義（相信人的善良和理性以及由此而建立的權威）。這四種立場並不是代表特定政黨，而是一般意識形態傾向。它包括對社會學科的科學性的態度、對人文學科的看法、對社會現狀及其改造可能性的觀念、對改變社會的方向及手段的構想以及歷史學家的時間取向等等。歷史學家在選擇特定的敘述形式時就已經有了意識形態取向，因此，史家給予歷史的特定闡釋也必定攜帶著特定的意識形態考量。基於此，懷特對歷史話語的「科學地位」提出質疑。他指出，歷史不是「科學」，歷史是每一種意識形態爭取以科學的名義把自己對過去和現在的一得之見說成是「現實本身」的重要環節。這樣，懷特就將話語深層的「轉義性」與解釋活動不可避免的「意識形態性」連繫起來了，進而將「歷史」在每個層面上的「審美」特質都彰顯出來了。

這個總體對應圖式顯示，轉義模式是情節模式、解釋模式和意識形態模式的深層基礎，而這個基礎恰恰是「詩性的」；反過來看，史家的意識形態立場選擇所依據的審美的和道德的標準，又會影響史家對其他模式下

的備選項的選擇，因而在史家的歷史修撰過程中也具有十分重要的作用。因此，懷特事實上以「詩性」和「審美」代替了傳統歷史修撰所依據的「真實」和「認知」。儘管任何一個模式中的任何一個因素並不是與其他模式的任何因素任意相容的，但由之而造成的同質關係卻並不總是一一對應地出現在具體歷史著作之中。實際上，正是由於它們之間組合關係的千變萬化，才造成了歷史著作的千姿百態。一個優秀史家，其前後期的著作也會發生變化；而次等的史家反而常常能保持教條式的穩定。不過，不管史家優秀與否，他們都必然在這個詩性和審美的模式框架中進行歷史書寫，因而他們所從事的所有活動，說到底都是一種審美活動。

在這個總體的美學框架中，懷特多角度地闡述了他的歷史美學。他認為，不可能有什麼「真正的歷史」，任何歷史都是一種「歷史哲學」。歷史修撰的模式實際上是對模式存在之前就已經存在的「詩性洞察力」的形式化。人們沒有理由宣稱某種模式比其他模式更具「現實的」權威性。人們在試圖反映一般歷史時，總是在相互競爭的解釋策略之間做出選擇，而選擇的「最終理由是美學的或道德的，而不是認識論的」[573]。這樣，懷特就將歷史話語的最終依據讓渡給了傳統的「文學話語」；或者說，文學話語範式制約、滲透甚至替代了「歷史話語」。歷史話語與文學話語在共同的「詩性」基礎上融合為一。儘管小說家處理的或許是想像的事件，歷史學家處理的可能是真實的事件，但連成一個可理解的整體、一個可被視為再現的客體的過程，卻是一個「詩性過程」（poetic process）。[574] 懷特將其《後設史學》「導論」的副標題定為「歷史詩學」，他認為歷史話語的潛在過程和深層基礎正是「詩性的」，任何歷史都是一種歷史哲學，任

---

[573] Hayden White, *Metahistory*, Baltimore: The John Hopkins University Press, 1973, p. 4.

[574] Hayden White, *Tropics of Discourse*, Baltimore: The John Hopkins University Press, 1986, p. 125.

何歷史哲學又都是一種歷史詩學，任何歷史詩學歸根到底又都是一種歷史美學。

懷特的歷史美學有三個顯著特點。首先，懷特對歷史修撰和歷史潛在結構的研究，是「以文學和詩學理論的特定模式和概念為基礎的」[575]。他把歷史看成與文學具有相同的敘述性的話語模式，而個別歷史話語必然要對它所處理的材料進行敘述性闡釋。在此意義上，懷特代表了作為後結構主義普遍傾向的形式主義文學批評向歷史研究領域的滲透。這種形式主義是懷特理論最受詬病的地方。但形式主義並不必然就是理論弱點，因為在懷特那裡，形式本身是作為內容而存在的。儘管其文本主義傾向應受到批判，但他將文本性作為內容來研究時，並不是要把歷史理解成「向壁虛構」，而是要對已經成為文本的「歷史」進行「解神祕化」（demystify），以便讓人們看到歷史文本在形成過程中如何受到語言深層模式、歷史環境、認識條件，以及學術體制等各種作用力的制約，從而將「歷史」自身的「歷史性」顯示出來。

其次，懷特洞察了歷史話語的意識形態維度，並且將這一洞見與他對敘事及話語轉義的分析融合起來，這種分析也達到了形式化和技術化高度，從而構築了一個多層次、多側面、全方位的歷史美學體系，這為人們從美學角度分析各種歷史話語提供了一套有效的方法論。

此外，懷特的理論「系統地」拆除「歷史」與「文學」之間的隔牆，為美學的跨學科「文化研究」掃清了道路。當後結構主義填平了文學與哲學之間的傳統鴻溝之後，歷史成了傳統文學觀念的最後屏障，懷特徹底瓦解了文學與歷史之間的「學科界線」，動搖了「歷史知識的科學地位」，使文學再也無法以「歷史」為穩定的闡釋基礎，也不得不在新的觀念層面重新理解自身了。

---

[575] 陳永國、朴玉明：〈海頓‧懷特的歷史詩學：轉義、話語、敘事〉，《外國文學》2001 年第 6 期。

　　無疑，懷特歷史美學的這些特點使它與新歷史主義保持著同氣相求、同聲相應的關係。他基於自己的理論觀點為新歷史主義進行了辯護，並試圖將後者納入自己的理論體系，認為「新歷史主義實際上是提出了一種『文化詩學』的觀點，並進而提出了一種『歷史詩學』的觀點，以之作為對歷史序列的許多方面進行鑑別的手段」[576]。新歷史主義文學批評家蒙特洛斯所強調的歷史的文本性，就視「歷史」為不同文本之間的競爭和選擇。當然，他與格林布拉特等人所代表的新歷史主義之間也存在著差異：後者更強調激進政治，更重視逸出一般歷史話語的文化表述，也更側重於具體的文學批評實踐而非理論建樹。總之，懷特的觀點對於戳穿理性主義歷史觀之價值中立、客觀真理、科學研究的虛偽面目大有裨益。他將歷史看成各種力量和修辭方式支配下的想像和虛構，從史學理論方面對新歷史主義文學批評進行了闡釋和推動。當然，在懷特的歷史美學中，馬克思主義經典作家所強調的史學與美學相結合的原則要求並沒有實現，而是被蓄意放逐了。馬克思主義提出了一種總體的「歷史原則」，而不只是一種「歷史方法」，我們應將歷史原則與歷史方法區別開來。這種歷史原則在理解美學問題時同樣是一種有效的思想武器，而懷特卻將歷史原則狹義化為歷史方法，進而將歷史方法收編於美學方法之內。這種做法使他的歷史美學面臨著多方面的挑戰。

　　總之，新歷史主義美學對當代的諸多美學問題都提出了富有見地的論說，但它並沒有解決這些問題，而是將這些問題「當代化」和「問題化」了。它在消解歷史因果關係的過程中造成了文化方向性維度的缺失；在顛覆歷史知識客觀地位的過程中走向了歷史審美主義和歷史消費主義的極

---

[576]　懷特：〈評新歷史主義〉，參見張京媛編《新歷史主義與文學批評》，北京大學出版社 1993 年版，第 106 頁。

端；在強化文化流通的重要作用的同時弱化了文化生產的決定性意義，導致了文化生產與消費之間的本末倒置；在追求徹底的歷史化的過程中低估了必要的邏輯化的功能，放逐了歷史的規律性和必然性；在強調各種表述的平等地位的同時造成了各種表述的喧賓奪主、喧嘩無主和歷史真實性的缺席。這使其陷入難以自拔的悖論性處境。它尚未擺脫美學回歸歷史與沉淪歷史、顛覆大寫歷史與陷入小歷史相對主義、強調歷史的心理情感性與走向歷史不可知論、迷戀邊緣意識形態與迷失於意識形態邊緣之間的悖論性處境，這些困境的克服當是它在理論和實踐上將會長期面臨的課題。

第七章
北美媒體生態學美學

概論

在西方媒體與傳播研究領域，長期以來占據主導地位並被國內外學界予以充分關注的一直是美國的「經驗學派」和歐洲的「批判學派」。1960年代初，加拿大媒體理論家馬歇爾·麥克魯漢從其在劍橋大學所接受的「新批評」文學批評訓練和現代主義文藝薰陶出發，融會加拿大多倫多大學政治經濟學教授哈洛德·英尼斯（Harold Innis, 1894-1952）的媒體偏向理論和歐洲中世紀宗教思想家湯瑪斯·阿奎那（St. Thomas Aquinas, 1225-1274）的感知理論，將媒體研究與「生態學」概念相關聯，宣導從生態學的視角理解媒體，[577] 首次將媒體／技術本身視作人類社會變遷和文化發展的重要動力，提出了「媒體即訊息」、「媒體的感知偏向」、「地球村」、「視覺空間－聽覺空間」等一系列重要論斷和範疇，開創了西方傳播學史上的北美「媒體生態學派」。如果說麥克魯漢最早將「媒體」與「生態」相連繫的話，那麼首次於1960年代末提出「媒體生態學」概念並將之作為一種自覺的理論追求，同時使之體制化的，則是自1950年代即已跟麥克魯漢建立了持久友誼的美國媒體文化批評家尼爾·波茲曼。1968年，波茲曼在美國威斯康辛州召開的全國英語教師年會上首次公開使用了「媒體生態學」（media ecology）的概念，並將之界定為「媒體作為環境的研究」（Media ecology is: the study of media as environments）。1970年，波茲曼在紐約大學創建媒體生態學研究專案和博士學位，這象徵著「媒體生態學」作為一個學術領域的正式開始。此後，在波茲曼的啟迪和引導下，一大批從該學位走出去的學者以及有著共同興趣愛好的研究者們，承繼、發展了麥克魯漢開創的媒體學說，並將「媒體生態學」發展成為西方傳播與媒

---

[577] Marshall McLuhan, *The Gutenberg Galaxy*, Toronto: University of Toronto Press, 1962, p. 35.

體研究的嶄新領域。然而，直到 1998 年「北美媒體生態學會」（MEA）成立以後，長期處於邊緣地位的媒體生態學才逐漸進入北美媒體研究的主流。目前，媒體生態學會已成為美國傳播學會分會、美國東部傳播學會分會以及國際傳播學會的團體會員。由媒體生態學會編輯出版的刊物《媒體生態學探索》和《媒體生態學通訊》，也逐漸得到了主流學術研究的認可。

長期以來，媒體生態學研究以位於加拿大的多倫多大學（University of Toronto）和位於美國紐約的紐約大學（New York University）、福坦莫大學（Fordham University）等為主要陣地，故又有媒體生態學之「多倫多學派」（Toronto School）和「紐約學派」（New York School）之說。通常被歸入「多倫多學派」的有哈洛德·伊尼斯（Harold Innis）、馬歇爾·麥克魯漢、艾德蒙·卡彭特（Edmund Carpenter, 1922-2011）、傑克·古迪（Jack Goody, 1919-2015）、埃里克·哈弗洛克（Eric Havelock, 1903-1988）、德里克·德·克霍夫（Derrick De Kerckhove, 1944-）和沃爾特·翁（Walter Ong, 1912-2003）等；被劃入「紐約學派」的有尼爾·波茲曼、約翰·卡爾金（John Culkin, 1928-1993）、克里斯琴·妮絲特羅姆（Christine L. Nystrom）、特倫斯·莫蘭（Terence Moran, 1959-）、蘭斯·斯特拉特（Lance Strate）、林文剛（Casey M. Lum）、保羅·萊文森（Paul Levinson, 1947-）、約書亞·梅洛維茨（Joshua Meyrowitz, 1949-）和喬·阿什克羅夫特（Joe Ashcroft）等。近年來，隨著「現代性」成為當代學術研究的熱門領域，作為「現代性工程」的重要組成部分的媒體生態學也逐漸引起國內美學界和媒體文化研究界的極大關注，國內一大批學者，在積極地與活躍在媒體生態學研究領域的國外學者進行互動與對話的同時，從媒體生態學的理論、觀念、視角和方法出發，不僅著力於揭示國內外傳播與媒體研究

中長期被遮蔽的「人文」內涵、「批判」面向和「美學」維度，而且注重從中國古典文化（如先秦時期老子、莊子、孔子的思想）中獲取理論和文化資源，為一直以來被「技術決定論」所困擾的媒體生態學引入了一種「感性的」、「審美的」研究視角。隨著一系列頗有分量的研究論著在國內外出版社和主流期刊的問世，一個強調媒體研究之「美學」面向的媒體生態學「北京學派」（或曰「審美學派」）正在成為國際媒體生態學研究中的重要一維。

儘管部分學者將「媒體生態學」的歷史分別追溯到了加拿大政治經濟學家哈洛德·英尼斯、美國社會學家路易斯·芒福德（Lewis Mumford, 1895-1990）乃至蘇格蘭生物學家派翠克·格迪斯（Patrick Geddes, 1854-1932）[578] 等，但在本章敘述中，我們依然將「媒體生態學」理論建立的起點定為馬歇爾·麥克魯漢《古騰堡星系》（1962）一書的出版，將麥克魯漢視為媒體生態學「多倫多學派」美學思想最重要的代表人物。就像金惠敏所說：「美學上，我們可以將麥克魯漢視作『審美現代派』，然由於這種『審美現代派』被放置在電子媒體的『聽覺空間』，麥克魯漢的美學大概

---

[578] 很多學者都將加拿大政治經濟學家哈洛德·英尼斯視作媒體生態學的起點。比如保羅·海耶爾（Paul Heyer）在《哈洛德·英尼斯的媒體生態學遺產》中認為，「英尼斯的研究成果是媒體生態學的早期版本，他為一塊學術次大陸勾勒出大致地貌，以吸引人們作進一步的探索」。詹姆斯·凱利亦竭力推崇英尼斯，她認為，「在北美大陸上，對傳播學作出最偉大貢獻的」是英尼斯而非麥克魯漢的著作，這使得英尼斯在新興的媒體生態學傳統中位居前列。美國媒體生態學的重要代表人物尼爾·波茲曼，也斷言英尼斯是「現代傳播學之父」。妮絲特羅姆在其博士學位論文中將路易斯·芒福德視為媒體生態學大廈的奠基人，並將其著作《技藝與文明》（*Technics and Civilization*, 1934）作為媒體生態學的奠基之作。詳見 C. L. Nystrom, *Towards A Science of Media Ecology: The Formulation of Integrated Conceptual Paradigms of the Study of Human Communication Systems*, unpublished doctoral dissertation, New York University, 1973. 蘭斯·斯特拉特（Lance Strate）認為，「格迪斯是人類生態學之父，是紐約學派和多倫多學派之間那缺失的一環。他既對伊尼斯產生了直接的影響，也透過芝加哥學派對伊尼斯產生了間接的影響。格迪斯率先宣導電氣技術的革命潛力，這個主題被芒福德納入他早期的著作中，後來成為麥克盧漢《理解媒體》一書的主題之一。……我們有理由爭辯說，媒體生態學真正的創始人是格迪斯，而不是芒福德或伊尼斯」。詳見蘭斯·斯特拉特：〈路易斯·芒福德與技術生態學〉，載林文剛編《媒介環境學：思想沿革與多維視野》，何道寬譯，北京大學出版社 2007 年版，第 55 頁。

也就沒有那麼『現代』了，因而與其稱之為『審美現代派』，毋寧謂之為『審美後現代派』來得更準確一些。」[579] 同時，我們將「媒體生態學」學科建設和制度化的起點定為 1970 年紐約大學「媒體生態學」專業和博士學位的設立，並將尼爾·波茲曼作為媒體生態學「紐約學派」美學思想之最重要的代表人物。之所以如此，是因為「波茲曼以其對形象的鞭辟入裡的分析，為我們構築了一個對娛樂化社會進行批判的思想框架」。[580] 鑑於麥克魯漢和波茲曼的媒體生態學美學思想將在下文設專節論述，以及國內學界目前對北美媒體生態學派其他代表人物的主要媒體思想均已有概述性介紹，因此，本節僅對國內學界關注較少的、北美媒體生態學部分代表人物關於印刷媒體的文化與美學思想作概要性闡述：

（一）伊莉莎白·愛森斯坦（Elizabeth L. Eisenstein, 1923-2016），美國當代著名史學教授，開拓印刷媒體研究的史學維度，被認為是北美媒體生態學派的主要代表人物之一。之所以如此說，是因為其研究所秉持的主要路徑，屬於麥克魯漢提出的最重要命題——「媒體即訊息」所引導出的「對媒體本身及其效應／後果」的研究路數。如果說麥克魯漢在其代表作《古騰堡星系》一書中對印刷媒體的深入研究開創了媒體生態學關於「印刷媒體」之「效應／後果研究範式」的話，那麼，愛森斯坦則從麥克魯漢的論題中獲得啟發，並以史學的嚴謹態度對麥克魯漢開創的印刷媒體之「後果研究範式」進行了進一步的豐富和拓展。就像愛森斯坦自己所說：「麥克魯漢使我更清楚地認識到印刷術對於人的思想和社會所產生的影響，這是他最有價值的貢獻。」[581] 愛森斯坦認為，過去的「思想史家和文

---

[579] 金惠敏：〈現代性研究與媒體生態學（本欄目主持人語）〉，《南華大學學報》2014 年第 6 期。
[580] 金惠敏：〈「圖像－娛樂化」或「審美－娛樂化」：波茲曼社會「審美化」思想評論〉，《外國文學》2010 年第 6 期。
[581] 伊莉莎白·愛森斯坦：《作為變革動因的印刷機：早期近代歐洲的傳播與文化變革》，何道寬譯，北京大學出版社 2010 年版，第 76 頁。

化史家始終未能在自己的斷代史圖表裡為印刷術找到一席之地」，為此，「有必要更仔細地審視這個急遽變革本身看似矛盾的性質。我們不要把印刷術的出現和其他革新糾纏在一起，也不要把它當作另外一種發展的例子，我們必須把印刷術的出現當作一個事件單獨挑選出來研究，它自成一體」[582]。以此出發，愛森斯坦在其花費十數年而完成的《作為變革動因的印刷機》（*The Printing Press as an Agent of Change*）這一巨著中，對印刷媒體的「後果」進行了細緻的歷史整理和論證，並將印刷機視為歐洲近現代變革的重要動因。她將 15 世紀中期由古騰堡所發明的機器印刷方式定性為一場「傳播革命」，並探討了印刷術在歐洲文化史上的三次重大歷史事件──文藝復興、宗教改革、科學革命──中所扮演的關鍵角色。她認為，正是由於印刷術自身所具有的傳播、複製、保存、固化等功能，不僅使得 15 世紀的文藝復興更加持久地延續下去，而且為宗教改革鋪平了道路，確保了宗教改革的開花結果，同時，為現代科學的興起搭建了舞臺。愛森斯坦與麥克魯漢的相同之處在於，他們一致將印刷術視作現代西方文化變革的重要動因；不同之處在於，愛森斯坦認為麥克魯漢在《古騰堡星系》中的研究「不關心比例和視角的保存」、「掩蓋了千差萬別之多樣性」、「完全擺脫歷史紀年的順序和語境」，因此，相對於麥克魯漢的《古騰堡星系》而言，愛森斯坦在其《作為變革動因的印刷機》中採取了一種更為嚴格的史學研究方法和研究立場。

（二）羅伯特·洛根（Robert K. Logan, 1939-），對印刷研究之社會語境的拓展與伊莉莎白·愛森斯坦從史學視角研究印刷媒體的「後果」不同，他以其物理學教授的身分在多倫多大學開設了一門有著濃郁「媒

---

[582] Elizabeth L. Eisenstein, *The Printing Press as an Agent of Change: Communications and Cultural Transformations in Early-modern Europe*, Vol. 1 & 2, Cambridge: Cambridge University Press, 1980, pp. 167-168.

體生態學」色彩的跨學科研究課程——「物理學詩學」。這門課程的開設，來源於他和麥克魯漢的合作以及他對媒體生態學和語言演化的研究，並和麥克魯漢從德國物理學家、量子力學主要創始人維爾納·海森堡（Werner Heisenberg, 1901-1976）的「統一場」理論中獲得啟示而提出的「聽覺空間」、「媒體即訊息」、「環視」、「地球村」等概念有異曲同工之妙。儘管洛根以物理學研究起家且是一名物理學教授，但其最有名的著作《字母表效應》卻與媒體文化研究有關。洛根對印刷媒體的論述就主要見於此著作之中。在《字母表效應》中，洛根將印刷術的研究嵌入到他對西方文明史上關於「字母表效應」的探討之中。也就是說，他並不像伊莉莎白·愛森斯坦那樣把印刷術的發明視作一個獨立的傳播或媒體事件，而是將印刷機置入表音文字這一更大的語境和／或序列中去探討印刷媒體對於西方科學、社會及文化的影響（「媒體的後果／效應」範式）。就像洛根所說，印刷機固然具有促成統一性和規整性、視覺偏向、紀錄的持久性以及有助於文化普及等特性，但「印刷術到來之前，字母表就已經促成了這一切特徵。印刷機透過釋放出強大的新能量，提升並放大了字母表的這一切特徵」，「印刷機的重大影響之一就是強化或提升了它問世時即已開始了的一種變革」。[583] 在論及印刷術與現代科學之間的關係時，他將印刷機視作科學思想的媒體，認為「印刷機在推進字母表的使用中發揮了重要的作用，它營造的環境使現代科學邏輯、分析和理性的手法能不斷演進和興旺」。[584] 洛根也概略地探討了印刷機與宗教改革、個人主義、地方語言、大眾教育、資本主義、民主制、民族主義、技術開發、工業革命等之間的關係。如其所言：「我們探討了表音文字透過印刷術而

---

[583] 羅伯特·洛根：《字母表效應》，何道寬譯，復旦大學出版社 2012 年版，第 138 頁。
[584] 羅伯特·洛根：《字母表效應》，何道寬譯，復旦大學出版社 2012 年版，第 155 頁。

產生的廣闊的社會影響。在此過程中，一個效應、影響、副產品和交叉影響的複雜模式浮現出來。」[585]這裡需要加以說明的是，麥克魯漢的《古騰堡星系》和洛根的《字母表效應》均強調了表音文字及作為對其延伸的印刷機對於西方社會的形成性作用，但不同之處在於，麥克魯漢主要是基於印刷媒體的「視覺感知偏向」出發而進行的討論，洛根則主要強調的是印刷媒體對於字母表效應的延伸與強化，以及此延伸和強化中所隱含的「複雜模式」。

（三）約書亞·梅洛維茨（Joshua Meyrowitz），對印刷媒體之行為維度的拓展。作為尼爾·波茲曼的學生，梅洛維茨以注重「研究媒體的效應和社會變化的新方法」成為媒體生態學第三代的主要代表人物。《消失的地域》是其媒體生態學研究的主要成果。我們知道，波茲曼多次強調，「媒體生態是對資訊環境的研究」，「媒體生態學研究資訊環境」。作為波茲曼的學生，梅洛維茨自然特別重視「媒體環境」的重要性。在強調「媒體環境」的同時，梅洛維茨從情境主義論者高夫曼（Erving Goffman, 1922-1982）那裡受到啟發，提出了自己的「媒體情境」理論。他將「情境」界定為「資訊系統」：「地點和媒體同為人們構築了交往模式和社會資訊傳播模式……地點創造的是現場交往的資訊系統，而其他傳播管道則創造出許多其他類型的情境。」[586]梅洛維茨「情境論」的主要思路是「媒體 —— 情境 —— 行為」。在他看來，在麥克魯漢的「媒體 —— 感官 —— 行為」的因果鏈條上，麥克魯漢著重探討的是媒體與感官之間的互動關係，而在媒體與行為的關係問題上卻著墨不多。以此作為問題的出發點，梅洛維茨融合了波茲曼的「媒體環境」和高夫曼的「情境」理論，認為媒體的變化

---

[585] 羅伯特·洛根：《字母表效應》，何道寬譯，復旦大學出版社 2012 年版，第 166 頁。
[586] 約書亞·梅洛維茨：《消失的地域》，肖志軍譯，清華大學出版社 2002 年版，第 31 頁。

必然導致社會環境的變化，而社會環境的變化又會導致人類行為的變化。梅洛維茨發現，印刷傳播傾向於把眾多分散的個體分進不同的交往場景，從而形成不同的社會群體；電子傳播傾向於融合不同的交往場景，打破不同群體之間的資訊壁壘，讓不同交往場景之間的物質邊界形同虛設。具體來說，如果說印刷術促進時空距離的話，那麼「電視則有助於消除時空距離的影響，使得異質人群的異時聚會成為可能」[587]。他認為，要維持基於階級差異的社會秩序，便要求每個人都具有特定的位置感，而印刷媒體正是對此位置感的維持。

（四）保羅‧萊文森（Paul Levinson, 1947- ），以演化論的角度觀照印刷媒體。作為媒體生態學紐約學派的主要代表人物，萊文森又被稱作「數位時代的麥克魯漢」。他從尼爾‧波茲曼和麥克魯漢的「媒體生態學」理論中得到啟發，並將之與達爾文的自然演化論和卡爾‧波普爾（Sir Karl Raimund Popper, 1902-1994）的「漸進社會工程」的改革方案相融合，提出並逐步完善了其獨具特色的「媒體演化論」。其媒體演化理論主要展現在其博士論文〈人類歷程回顧〉以及《軟利器》、《思想無羈》等著作中。在他看來，所有媒體均處於一個演化論的序列之中，後起媒體不是對先前媒體的替代，而是在某些方面的改進，用他的話說，「一切技術提供的都是補救手段」[588]。依此理論，印刷媒體就不是對書寫媒體的替代，而是改進了的書寫媒體，是對書寫媒體的機械化複製，它使文字資訊的機械化生產和大量複製成為可能。在《軟利器》中，萊文森以專章內容探討了印刷媒體對於現代世界的催生作用。他認為，在追溯印刷機及其後果的大循環過程中，我們發現一個越來越充滿動力和張力的世界，這就是現代世

---

[587] 馬克‧波斯特：《資訊方式》，范靜嘩譯，商務印書館 2000 年版，第 63 頁。
[588] 萊文森：《軟利器：資訊革命的自然歷史與未來》，何道寬譯，復旦大學出版社 2011 年版，第 91 頁。

界；也就是說，「印刷機的後果包括：教會對信仰和知識的壟斷被摧毀，民族國家的興起，科學革命的產生、公共教育與讀寫能力的普及，資本主義的成長，民主的發展，國家中央權威的提高」。萊文森認為，現代世界的生成是印刷媒體「無意為之」的結果，他說，「這一切要素的集合在一定意義上都是印刷機的後果。但這個後果即我們的現代世界是無意為之、意料之外的。也就是說，現代世界和我們自己都是無心插柳的最好範例，這是資訊革命的首要產物」[589]。在萊文森的媒體演化理論中，我們不難發現麥克魯漢媒體延伸論及媒體效應論的影子。

從對伊莉莎白·愛森斯坦、羅伯特·洛根、約書亞·梅洛維茨和保羅·萊文森的媒體生態學思想，尤其是對他們的印刷媒體文化思想的分析中可以看出：麥克魯漢和波茲曼之後的北美媒體生態學的主要代表人物，均在不同方面繼承和發展了由麥克魯漢開創的，並被波茲曼所學科化和制度化的強調「媒體本身及其效應／後果」的研究範式。他們或從歷史學（愛森斯坦）、物理學（洛根）的角度予以對接，或從高夫曼、達爾文、波普爾等那裡借取理論資源，對媒體生態學進行了不同維度的擴充和發展，提升並擴大了媒體生態學在西方媒體研究中的學術地位和國際影響。然而，他們在發展媒體生態學的同時，卻近乎將麥克魯漢、波茲曼媒體思想中注重媒體之「感性」、「審美」的元素拋棄殆盡。因此，重新回到媒體生態學的原初觀念，闡釋和挖掘以麥克魯漢和波茲曼為代表的媒體生態學思想中人文關懷、批判面向和美學維度，是本章的主要任務，也構成了下面兩節的主要內容。

---

[589] 萊文森：《軟利器：資訊革命的自然歷史與未來》，何道寬譯，復旦大學出版社 2011 年版，第 28 頁。

第一節　馬歇爾‧麥克魯漢

馬歇爾‧麥克魯漢（Marshall McLuhan, 1911-1980）是 20 世紀最具有探索精神、最富有原創性的西方媒體思想家。他於 1911 年 7 月 21 日出生於加拿大亞伯達省省會愛德蒙頓市，1933 年在加拿大曼尼托巴大學獲學士學位，並於次年以評論梅瑞狄斯（George Meredith）的論文——〈作為詩人和詩意小說家的梅瑞狄斯〉獲該大學碩士學位。同年，在皇家天主教會修道會（IODE）提供的研究生獎學金資助下，麥克魯漢以預科生的身分進入英國劍橋大學學習，並先後在劍橋大學獲文學碩士和博士學位。1953 年，由麥克魯漢和卡彭特共同申報的跨學科研究專案「變化中的語言模式和新興的傳播媒體」獲福特基金會資助，這成為麥克魯漢由文學研究轉向媒體研究的重要契機。1980 年 12 月 31 日，麥克魯漢在位於多倫多的家中黯然逝世，享壽 69 歲。在麥克魯漢一生中，「赴劍橋留學」、「改宗教為天主教」、「結識英尼斯」以及「獲福特基金會資助」等，是深刻影響麥克魯漢最為重要的幾個事件。

「赴劍橋留學」使麥克魯漢原先在曼尼托巴大學所接受和形成的對英國文學的評判「被完全推倒重來」，劍橋大學「那些傑出的教授們給麥克魯漢提供的思想激勵遠遠超出他的想像」[590]。在劍橋大學學習期間，麥克魯漢受到了以瑞恰慈、利維斯等為代表的英國「新批評」派文學批評思想和以愛倫‧坡、艾略特、瓦勒里（Paul Valéry, 1871- 1945）、龐德（Ezra Pound, 1885-1972）、喬伊斯等為代表的現代主義文藝的深刻影響，這為以後麥克魯漢「媒體人文主義」思想的形成以及「感知」、「效應」等成為其

---

[590] 菲力浦‧瑪律尚：《麥克盧漢》，何道寬譯，中國人民大學出版社 2003 年版，第 36 頁。

「媒體研究」的主要標籤敷設了底色。就像麥克魯漢所說：「作為對機械工業和官僚主義愚昧的浪漫主義反抗，在慣常和忠實的詩學啟蒙之後，劍橋的表現令人吃驚。短短幾周，瑞恰慈、利維斯、艾略特、龐德和喬伊斯就開啟了促使讀者適應當今世界的詩歌感知之門。我對媒體的研究始於並深深扎根於這些人的研究之中。」[591]

「改宗教為天主教」是影響麥克魯漢的又一重大事件。1937 年 3 月 25 日，麥克魯漢改宗教為天主教。對他而言，這樣的信仰改變「使人的存在帶上神祕的色彩，使一個背著包袱、未受啟迪的人成為一個感情豐富的高尚的人」。有學者甚至認為，麥克魯漢的媒體思想就是其天主教信仰體系的理論翻版。

「結識英尼斯」及「獲福特基金會資助」使麥克魯漢從原來的學術領域——「文學－大眾文化批評」轉向「媒體研究」。1950 年代初，加拿大多倫多大學政治經濟學教授哈洛德·英尼斯兩部傳播學著作——《帝國與傳播》和《傳播的偏向》的出版，使麥克魯漢在尋覓新研究領地的途中看到了曙光。英尼斯試圖在整個西方文明史的全過程中追蹤「傳播媒體對知識品格的潛在影響」，這既為麥克魯漢「留下了許多空間去填補，同時又給他留下了極其珍貴的提示，說明如何去建構一種新的文化理論。自利維斯以來，尚無任何一位教授曾給予他如此深刻的思想激勵」[592]。多年之後，麥克魯漢在致友人的信中還說，正是英尼斯給了他「特別的激勵」，使他進入媒體研究的領地。如果說英尼斯使麥克魯漢找到了施展其才華的全新領地——「媒體研究」——的話，那麼，福特基金會對麥克魯漢、卡彭特申報的媒體研究專案的資助則為其走向媒體

[591] Marshall McLuhan, *The Interior Landscape: The Literary Criticism of Marshall McLuhan, 1943-1962*, selected, Eugene McNamara (comp. & ed.), New York: McGraw-Hill, 1969, pp. xiii-xiv.
[592] 菲力浦·瑪律尚：《麥克盧漢》，何道寬譯，中國人民大學出版社 2003 年版，第 126 頁。

之路提供了最為關鍵的助力。1953 年，由麥克魯漢和卡彭特提交的「變化中的語言模式和新興的傳播媒體」專案獲福特基金會資助，也成為麥克魯漢從文學－文化批判走向媒體研究的重要契機。圍繞這一專案，麥克魯漢發起了一系列跨學科的文化與傳播研討會，展開了對不同歷史階段媒體環境及思維和認知特徵的探索，並在此基礎上提出了媒體環境的經驗重組和社會變革效應。[593] 福特基金會專案的另一項產品是《探索》（*Explorations*）雜誌的創辦。該雜誌發表了許多重要的具有「麥克魯漢風格」的媒體研究文章，它不僅成為麥克魯漢媒體研究的重要陣地，而且有效地擴大了其學術交往的範圍、思想視野和社會影響。可以說，正是由於將劍橋「新批評」的研究方法、天主教信仰體系、現代派藝術家們的文藝思想與媒體研究的結合，麥克魯漢不僅使媒體研究具有了濃郁的文學色彩和感性氣質，而且在媒體研究中實現了從內容分析向專注於媒體自身及其感知效應的範式轉型。麥克魯漢對感性的強調與文學（特別是現代派文學）對他的深刻影響密切相關：「文學是麥克魯漢的家園……他關於媒體的大多數觀點是從他研究過的比如馬拉美、蘭波和其他法國象徵派作家，以及喬伊斯、艾略特、龐德等人的著作中自然而然地產生出來的。」[594] 得益於文學的深刻影響，麥克魯漢在對媒體效應的考察中特別注重對「感知」、「感性」的強調 —— 在詞源學意義上，「美學」（aesthetics）一詞恰恰源自「感性學」（aisthesis），這使得麥克魯漢的媒體研究有了濃厚的美學意味。由此，從「美學」角度考察麥克魯漢的媒體思想，成為理解麥克魯漢媒體思想的重要視角。

---

[593] 李明偉：《知媒者生存：媒介環境學縱論》，北京大學出版社 2010 年版，第 113 頁。
[594] Marshall McLuhan, *Understanding Me: Lectures and Interviews*, Stephanie McLuhan and David Staines (ed.), Cambridge, MA: The MIT Press, 2003, p. 310.

一、「感知」及其重構

　　「感知」是麥克魯漢媒體研究的基本視角。探究媒體影響人類感知的方式，是麥克魯漢媒體研究中最為重要的理論問題。在西方文化語境中，「感知」具有雙重含義：「perception」和「sensation」。「perception」側重於顏色、聲音、味道等感官屬性，它為「認識」服務；「sensation」偏重於人們的情感走向，以「愉快」與否為評價標準。在麥克魯漢那裡，「感知」主要是在「perception」的意義上使用的。媒體重構感知，不同的媒體導致不同的感知偏向，是麥克魯漢媒體思想的核心和精髓。在他看來，媒體與人類的感知之間存在著密切關係，當一種媒體上升為主導媒體之後，它就會重塑人們的感知，並使整個社會在各個層面呈現出與主導媒體相適應的特徵。「任何媒體都必然涉及感官之間的某種比例」[595]，其效應「不是發生在意見和觀念層面，而是毫不受阻地改變人們的感覺比例和感知模式」[596]。麥克魯漢提醒人們，主導媒體的變化帶來的是感官比例的調整，最終引發的是人們感知世界的方式、能力以及思想模式的徹底改變。以此出發，麥克魯漢區分了口語、書寫和電子媒體三種不同的傳播與感知模式。文字誕生之前，人們生活在感官平衡和同步世界之中，這是一個受聽覺支配的口語社會，流傳至今的史詩作品顯著地展現了口語社會的基本特徵，它們對音韻的強調以及採用的各種便於記憶的手段，都是為適應口語這一媒體而呈現出的特徵。表音文字是視覺功能的強化和放大，表音文字誕生之後，對視覺和眼睛的需求大幅增加，視覺逐漸躍居感官系統的最高等級，柏拉圖將詩人逐出理想國即是表音文字發明之後視覺對於口語和聽覺攻擊的一次集中反映。印刷術的發明使得視覺完全凌駕於其他感官之

---

[595] Marshall McLuhan, *Letters of Marshall McLuhan,* Oxford: Oxford University Press, 1987, p. 256.

[596] Marshall McLuhan, *Understanding Media*, Cambridge & London: The MIT Press, 1964, p. 18.

上，此時，社會文化生活的各個方面開始向視覺的特徵靠攏。隨著電報的發明，人類邁入了電子時代。自此，社會的各個方面 —— 從政治到經濟、從文學到藝術、從文化到社會，又開始向電子媒體的特徵靠攏。麥克魯漢的全部媒體思想，包括「媒體即訊息」、「媒體延伸論」、「媒體冷熱論」等，可以說都是其媒體感知偏向理論的具體表現。麥克魯漢之所以如此不遺餘力地強調媒體的感知偏向，強調媒體的改變對於人的感知比率的影響，其最終目的實際是引導我們去「理解媒體」，去注意媒體所產生的效應。就像他所說的，理解媒體就必然意味著理解媒體的「效應」，一切媒體都必然「對我們心理、社會價值和制度產生革命性的影響」[597]；或如其著名命題「媒體即訊息」所揭示：媒體本身的變革，會創造一種全新的服務環境，並進而規定我們對於世界的認識和認識方式，由此引發的是一切社會模式的隨之調整及文化知識形態的全面變革。

二、作為「感知操練」的文藝

在麥克魯漢那裡，「文學」通常並不是我們狹義上所理解的「語言藝術」，而是和其經常替換使用的「藝術」概念在內涵上極為相近。「文學」或者說「藝術」，對麥克魯漢來說，是用於操練、培養和提升人們感知的手段。這可以從他對「文學」和「藝術」的說明中清晰地看到，「文學是對感知的研究和操練」，「藝術是派送到感官系統中營養不良之處的一整套關愛」，「藝術是用來提升感知的專門的人造物」，「藝術是作為反環境的一種必不可少的感知手段」，「藝術的功能是向人們傳授如何感知外部環境」，「藝術操練並調節我們的感知，提升我們的感知能力」。在此，文學

---

[597] Marshall McLuhan, *Essential McLuhan*, E. McLuhan & F. Zingrone (eds.), London: Routledge, 1997, p. 256.

／藝術不再只是一門「學科」，它更是一種「功能」，它無法被傳授，「你只能在其中培養敏銳的感知」。下面我們來看看在麥克魯漢那裡，媒體是怎樣對文學感知模式進行塑造的，以及我們應如何透過文學去觀察、聆聽和感知發展中的媒體圖景。

　　作為享譽全球的媒體理論家，麥克魯漢是從媒體的角度來看待文藝形態的發展和變革的。在他看來，不同媒體的引入都會重構人們的感知，使感知比率發生變化。當主導媒體開始改變人的感知方式時，作為「感知」之重要領域和展現的「文學／藝術」概念和文藝創作方式也會隨之發生變化。由此，麥克魯漢根據其「媒體感知理論」，提出了著名的「三個傳播時代」的觀念，並依次將文學／藝術劃分為口語時代的聽－觸覺形態、書面文化時代的視覺形態和電子時代向聽—觸覺形態的回歸三個階段。在口語時代，口頭傳播調動人的全部感官，人們對外界的感知是全方位的、包容性的，這決定了口語時代思維模式的整體性和同時同步性，這在口語時代文學創作的典型代表《荷馬史詩》中有著清晰的展現。古希臘人對腓尼基表音文字的改造，開創了西方文化史真正意義上的書寫時代。麥克魯漢指出：「被表音文字延伸的視覺感官培育出在形式生活中感知單一方面的分析習慣。視覺使我們能夠在時空中將單一事件孤立出來，一如具象藝術（representational art）所為：它從視覺上表現人或物時，總是將人或物的某一狀態、時刻、側面從眾多狀態、時刻和側面中孤立出來。」[598] 而作為表音文字之終極延伸的印刷術，則進一步「促使藝術家盡其所能地把一切表現形式均壓縮到印刷文字那單一描述性和記敘性的平面之上」[599]。這在詩歌和散文中表現為「向線性敘述的傾斜」，在小說（及其他敘事性作

[598] Marshall McLuhan, *Understanding Media*, Cambridge & London: The MIT Press, 1994, p. 334.
[599] Marshall McLuhan, *Understanding Media*, Cambridge & London: The MIT Press, 1994, p. 54.

品）中表現為「內視角」、「外視角」的興起以及對過去「全知視角」主導
局面的突破，在繪畫中表現為「透視法」和「消失點」理論的興起，以及
畫家在畫布中對於敘述性平面的「逼真」展示。進入電子時代後，人們觀
看事物的方式發生了改變。「如果說書頁像文藝復興繪畫那樣模仿視覺透
視，將事實和觀念按照比例排列以產生客體世界的三維光學影像的話，那
麼不受約束的新聞界和廣告業則放棄了寫實特性，它們透過使用尺寸與顏
色的動態結構方法，把語詞和圖片帶回一種富有創造力並飽含意義的連繫
之上。」[600] 也就是說，文藝復興時期以模仿現實為目標，文學和藝術按照
由印刷媒體所塑造的透視法建構三維幻覺空間；而在電子時代，由於在電
訊報和廣告中所有內容均按照版面價格和新聞的重要性而排列，文字和圖
像不再是為了描述和模擬現實，而是為了虛擬真實和製造欲望。可以說，
正是由於電訊報、廣告等所帶來的觀看方式的變化，麥克魯漢認為，這個
時期的「圖像藝術（iconographic art）使用眼睛就像我們使用手一樣，它
尋求創造一個由人或物的許多時刻、階段和面向所組成的包容性形象。因
此，圖像模式（iconic mode）不是視覺再現，也不是視覺重點（由單一角
度觀看）的特殊化。它是整體性的、通感的、涉及所有感官的」[601]。麥克
魯漢以電子時代的立體派繪畫為例進行了說明：「立體派以同時展現物體
的各個側面取代了透視幻覺的單個側面。它不表現畫布上的三維幻象，而
是表現各種平面的相互作用及各種模式、光線、質感的矛盾或劇烈衝突。
換言之，立體派在二維平面上畫出客體的裡外上下前後等各個側面。它放
棄透視的幻覺，轉而偏好對整體的迅疾的感性知覺。」[602] 可以說，正是

---

[600] Marshall McLuhan, *Essential McLuhan*, E. McLuhan & F. Zingrone (eds.), London: Routledge, 1995, p. 298.

[601] Marshall McLuhan, *Understanding Media*, Cambridge & London: The MIT Press, 1994, p. 334.

[602] Marshall McLuhan, *Understanding Media*, Cambridge & London: The MIT Press, 1994, pp. 12-13.

受電訊報（它呈現為一種馬賽克式的圖像，由報頭日期把互不關聯的零星材料結成一個整體場域）的影響，使得塞尚以「觸覺」替代「視覺」去展示對象——「塞尚以來的藝術家痴迷於對觸覺的探索，一百多年來，他們賦予觸覺能將其他感官統一起來的神經系統的角色，以迎接電子時代的挑戰」[603]。畢卡索受益於塞尚，開啟了立體派多重視點的實驗。這同時也是法國象徵派和喬伊斯文學創作的手法：「法國象徵派和喬伊斯看到，現代報紙的排版中有一個全世界通用的新型藝術形式。」[604] 麥克魯漢將媒體與感官連結，再將被媒體塑造的感官和藝術發展連結，帶給我們一種觀看文學藝術發展史的全新方式。

三、「媒體即訊息」及其美學內涵

「媒體即訊息」是麥克魯漢最為核心、最為著名也最難理解的洞見之一。學界關於這一論題的論爭，長期以來可謂見仁見智，沒有統一的認識，很多時候甚至在理解上還相互對立。理解上的差異與對立，部分原因來自於對該命題的望文生義，更重要的原因則是學界對此斷語的理解往往依據的僅是他在《理解媒體》開頭那段幾乎被所有學者論述時皆引用的話：「媒體即訊息——這只是說，任何媒體作為我們自己的延伸，對於個人和社會所產生的影響，都來自我們自己的每一延伸，或者任何新技術在我們的事務中之引入的新的標準（scale）。」[605] 麥克魯漢此處對「媒體即訊息」的解釋並不清晰，甚至存在模稜兩可之處，若依此理解，人們會得出麥克魯漢偏重於媒體形式的結論。這樣理解固然不錯，但並不全面。事實上，關於「媒體即訊息」這一斷語，麥克魯漢曾在其論著中做出過不少

---

[603] Marshall McLuhan, *Understanding Media*, Cambridge & London: The MIT Press, 1994, p. 107.

[604] 麥克盧漢：《機器新娘：工業人的民俗》，何道寬譯，中國人民大學出版社 2004 年版，第 4 頁。

[605] Marshall McLuhan, *Understanding Media*, Cambridge & London: The MIT Press, 1994, pp. 7-8.

於十次的解釋，甚至還寫有篇幅很長的同名論文。[606] 倘若我們注意到下面幾段話，對這一斷語的理解可能會有新的認知：

「媒體即訊息」這句口號式的警語，換種說法可能更令人滿意：任何媒體（無論廣播還是輪子）都有一個趨勢：創造一個全新的環境。此環境往往難以察覺，故只能以注意環境的內容作補償。環境純粹是一套基本規則，一種總體上囊括一切的力量，這種形式難以辨認，唯一的例外是藝術家。[607]

「媒體即訊息」……說的其實是一套由技術革新造就的隱蔽的服務環境；使人改變的是這樣的環境而非技術。[608]

關於「媒體即訊息」，換一種表述即「環境是一種力量」。[609]

我說「媒體即訊息」的時候，掩蓋了一個事實：媒體的使用者既是媒體的「內容」，也是經驗的生產者。掩蓋這一事實的目的是：突出「媒體的效應」，或者說「隱蔽的環境」，或曰「經驗的背景」。[610]

「媒體即訊息」大概可以透過指出以下事實來闡明：任何技術都逐漸創造出一種全新的人為環境，環境不是消極的包裝用品，而是積極的作用進程。[611]

任何一項技術均創造出一種全新的環境。此表述相較於「媒體即訊息」要略勝一籌。因為新環境的內容總是舊技術，故新環境往往難以覺察。[612]

---

[606] Marshall McLuhan, *"The Medium is the Message"*, in: Forum, Houston, Spring, 1960, pp. 19-24.

[607] 麥克盧漢：《麥克盧漢如是說：理解我》，何道寬譯，中國人民大學出版社 2006 年版，第 64 頁。

[608] 麥克盧漢：《麥克盧漢如是說：理解我》，何道寬譯，中國人民大學出版社 2006 年版，第 163 頁。

[609] Marshall McLuhan, *Letters of Marshall McLuhan*, Oxford: Oxford University Press, 1987, p. 311.

[610] Marshall McLuhan, *Letters of Marshall McLuhan*, Oxford: Oxford University Press, 1987, p. 443.

[611] 麥克盧漢：《理解媒體：論人的延伸》，何道寬譯，商務印書館 2000 年版，「作者第二版序」，第 25 頁。

[612] Marshall McLuhan, *Letters of Marshall McLuhan*, Oxford: Oxford University Press, 1987, p. 309.

新技術創造新環境，新環境的內容是舊環境。新環境往往難以察覺，可見的僅是其內容。將「媒體即訊息」表述為「新技術即新環境」，或許更易為人接受。[613]

「媒體即訊息」的啟發在於，當一個全新的服務環境開始發揮作用時，既有的一切形式均要被此新形式所改造。[614]

「媒體即訊息」與華茲華斯「兒童是成人之父」有異曲同工之妙。……任何產品或者創新均產生利害並存之環境，這些環境重塑人們的態度，卻往往隱而不顯。直至舊環境被新環境所取代，我們才能看清原先隱蔽的環境。[615]

我們發明新技術的同時，也創造出一種新的環境，並將此環境自然而然地當作我們的文化面具。在此過程中，我們使用的是感知而非概念。任意一種新環境均產生一種新的人體感知、觀念和內察。[616]

「媒體即訊息」的意思是，每一種媒體均創造出一種自然。……媒體是「使事物所以然」的動因，而非「使人知其然」的動因。[617]

麥克魯漢在這裡表達的意思至少包括以下三點：一是「媒體即訊息」實即「媒體即環境」，或者說，新媒體創造新環境，新環境的內容是舊環境；二是新環境總是「隱而不顯的」，它往往「令人難以察覺」，所以我們能夠注意到的只是作為內容的舊環境。只有原有的環境被更新的環境所取代且原有環境成為新環境的內容時，原先隱蔽的環境才被我們所注意；三是儘管新環境難以察覺，但其發揮的作用卻十分巨大：它不僅產生「新的

---

[613] Marshall McLuhan, *Letters of Marshall McLuhan*, Oxford: Oxford University Press, 1987, p. 311.

[614] Marshall McLuhan, *Letters of Marshall McLuhan*, Oxford: Oxford University Press, 1987, p. 397.

[615] Marshall McLuhan, *Letters of Marshall McLuhan*, Oxford: Oxford University Press, 1987, p. 404.

[616] Marshall McLuhan, *Letters of Marshall McLuhan*, Oxford: Oxford University Press, 1987, p. 338.

[617] Marshall McLuhan, *Essential McLuhan*, E. McLuhan & F. Zingrone (eds.), London: Routledge, 1995, p. 174.

人體感知、觀念和內察」,「重塑人們的態度」,甚至「一切形式均要被此新形式所改造」。也就是說,儘管新環境總難以感覺得到,但它無時無刻不在潛意識層面發揮作用。由此又可以說,「媒體即無意識效應」;用麥克魯漢的形象比喻就是「媒體即按摩」(massage)。「媒體即訊息」,或者更形象地說,「媒體即按摩」,其美學內涵主要包括以下三個方面:[618]

第一,強調媒體的「感知」效應。麥克魯漢的媒體研究可以用「感知效應範式」來概括。麥克魯漢並沒有忽視對媒體特徵的研究,如其「冷熱媒體」之分,但其最終目的是試圖說明媒體因其不同的「感知」偏向而對社會所產生的不同影響:其代表作《古騰堡星系》強調的就是印刷媒體所強化的視覺感知偏向對現代西方社會各個方面 —— 民主歷程、個性主義、民族主義、私人權利、行為方式、心理特徵、時空意識、詩與音樂之分離 —— 的形成性作用。或如麥克魯漢所說:「理解媒體即意味著理解媒體的效應。」[619] 這種效應不是發生在觀念層面,而是致力於改變人們的感知模式和感官比率。

第二,媒體的後果是在「統一場」中「環視」的結果。麥克魯漢說:「『媒體即按摩』指的是對當下發生事情的環視。」[620] 他使用「環視」一詞,同時引入德國物理學家海森堡的「統一場」理論,進而在性質和方式上對他提出的媒體的「感知效應範式」做出了規定。據海森堡的理論,在「統一場」中,各種要素的作用不是線性的、序列的,而是同時的、同步的。具體到麥克魯漢那裡,這就是說,媒體的「按摩」不再僅僅作用於單一肢體或感官,而是同時觸及身體的各個部位,是在「統一場」中的「環

[618] 金惠敏:〈「媒體即資訊」與莊子的技術觀 —— 為紀念麥克盧漢百年誕辰而作〉,《江西社會科學》2012 年第 6 期。

[619] Marshall McLuhan, *Essential McLuhan*, E. McLuhan & F. Zingrone (eds.), London: Routledge, 1995, p. 178.

[620] Marshall McLuhan, *The Medium is the Massage*, New York: Bantam, 1967, p. 10.

視」，而非如前電子時代的「視角主義」那樣只是「從你所坐的位置看」。麥克魯漢「媒體即訊息」中所包含的對「按摩」、「環視」、「統一場」的強調，展現出的其實恰好是其對媒體技術的「整體性」思維，是「感性」的整體性。而所謂的「感性」學，在西方思想史上，恰恰就是「美學」（aesthetics）的本意。

第三，以「環視」而非「視點」突出媒體的感性／美學特徵。用金惠敏的話說，麥克魯漢「實際上是將文學研究範式引入媒體研究」。義大利學者蘭伯特在其《麥克魯漢媒體研究的文學根源》一書中，更是以整本書的內容闡發了麥克魯漢媒體研究的文學根源。她認為，麥克魯漢的媒體研究根源於其對教父傳統和17世紀英國玄學派詩歌的研究，根源於古典人文三學科（語法、修辭、邏輯）的知識背景和現代主義的形式實驗。麥克魯漢自己也承認，他「對媒體的研究深深扎根於瑞恰慈、利維斯、艾略特、龐德和喬伊斯等人的工作之中」[621]。或可以說，麥克魯漢的媒體研究就是一種文學研究。這不僅僅是說他乃文學中人，而是說文學研究之奉感性為圭臬也成了他媒體研究的刻意追求。在此意義上，我們也完全可以認為，麥克魯漢「將美學帶給了傳播研究」[622]。

四、後視鏡、反環境與「陌生化詩學」

在麥克魯漢的媒體感知理論中，「後視鏡」和「反環境」是與文學藝術密切相關的兩個重要概念。麥克魯漢以「後視鏡」概念闡明的是：一種新媒體的產生總會創造出一套全新的環境，此時，原先的舊環境成為新環境的「內容」；由於新環境總是作為「背景」（background）存在而難以被

---

[621] Marshall McLuhan, *The Interior Landscape*, New York: McGraw-Hill, 1969, pp. xiii-xiv.
[622] Janine Marchessault, *Marshall McLuhan: Cosmic Media*, London: Sage, 2005, pp. xii-xiii.

察覺，所以人們能夠感知的只是原先的舊環境，這就需要借助於「後視鏡」去理解現實。反映在藝術上，表現為藝術家們在藝術創作中對過去的不斷「回望」。「反環境」概念指的是藝術家們透過自己的藝術創作，「創造性地損壞習以為常的、標準的東西」，「瓦解『常備的反應』，創造一種昇華了的意識」，「最終設計出一種『新』的現實以代替我們已經繼承的而且習慣了的現實」。[623] 麥克魯漢以此闡明的是：儘管原先的舊環境成為新環境的「內容」而顯得「過時」，但「『過時』並非『終結』，而是『審美之始』」。

「我們總是透過『後視鏡』洞察現在，倒退著進入未來。」[624] 為此，麥克魯漢以文藝史上的例子分別說明文藝復興時期藝術家們對中世紀的回望、工業時代對文藝復興時期的「後視」，以及 20 世紀電媒時代對於機械工業時代的「向後看」。莎士比亞的劇作代表了文藝復興時期人們「後視」中世紀的情況。莎士比亞生活於文藝復興時期，但其戲劇不僅在內容上是「中世紀的」，「他的政治和世界觀表現的也是中世紀的圖景。這些劇本死死地回望著即將退出舞臺的各種中世紀形式」[625]。步入工業社會以後，藝術家們又開始回望文藝復興時期：「到 19 世紀，文藝復興已經以完全充分的圖景展現在人們眼前，它成為工業時代人們思考的內容。鐵路和工廠問世之後，原有的農業世界成為這個新工業和機械環境的內容，對舊的農業世界的嚮往即田園世界的意識隨之高漲。對這個即將退出歷史舞臺的時代的發現，就是所謂的『浪漫主義運動』。」[626] 在浪漫主義藝術中，

[623] 特倫斯・霍克斯：《結構主義和符號學》，瞿鐵鵬譯，上海譯文出版社 1987 年版，第 61－62 頁。
[624] Marshall McLuhan, Quentin Fiore & Jerome Agel, *The Medium is the Massage*, New York: Bantam, 1967, p. 72.
[625] Marshall McLuhan, *Essential McLuhan*, E. McLuhan & F. Zingrone (eds.), London: Routledge, 1995, p. 212.
[626] Marshall McLuhan, *Essential McLuhan*, E. McLuhan & F. Zingrone (eds.), London: Routledge, 1995, p. 212.

農業世界成為一種藝術形式，自然界成為一件藝術品，田園牧野成為藝術家們的重要主題：英國畫家康斯塔伯（John Constable, 1776-1837）在戶外畫了上百幅油畫草稿，試圖透過雲影、光線的變化去描繪大自然的景致；透納則經常以夕陽、港口、海景作為其繪畫的主題。或如文藝史家勃蘭兌斯 （Georg Brandes, 1842-1927）所說：「新時代的兒童把創造、把自然的本來面目看作最高的形式。」[627] 電力技術興起之後，電路把機械環境包裹起來，機器（因成為新環境的內容而）變成藝術品。20 世紀荷蘭風格派藝術領導人特奧·范杜斯堡（Theo van Doesburg, 1883- 1931）將「機械美學」視作時代的美學代表，其繪畫作品僅由基本色塊和線條組成，以維持機械製造的性格。未來主義藝術家們更是將機械工業時代的場景直接挪用到藝術創作領域。他們最愛的題材是火車與汽車的疾馳、飛機的穿梭以及車站和節慶的喧鬧等。對此，杜象（Henri-Robert-Marcel Duchamp, 1887-1968）曾形象地將未來主義繪畫稱作是「機器世界的印象派」。整個 20 世紀現代派的藝術作品，在麥克魯漢看來，幾乎表現的都是對於已經過去的工業時代的速度和機械的讚美，它們代表著電媒時代對機械工業時代的「回望」，機械與機械效果進入電媒時代的藝術領地，並被納入審美範疇之中。

　　麥克魯漢將藝術史上這種透過反觀過去而與當下環境保持疏離並在這種疏離中喚起對當下環境感知的藝術稱作「作為反環境的藝術」，以此與「常規性藝術」相區別。在他看來，真正的藝術是「作為反環境的藝術」，而非「常規性藝術」：「『常規性藝術』是安撫人的催眠術，是對媒體環境單純的重複；只有『作為反環境的藝術』能夠喚醒人們對於環境的

---

[627] 勃蘭兌斯：《十九世紀文學主流（第 5 分冊）》，李宗傑譯，人民文學出版社 1982 年版，第 10 頁。

感知。」[628] 也就是說，對真正的藝術家而言，他們「擁有辨認當前環境的能力」，他們能夠透過創造出「反環境」而使人們跟當前的媒體環境保持一定的距離並對當前環境有所感知。麥克魯漢有時又將「常規性藝術」稱為「好消息」（good news），將「作為反環境的藝術」稱為「壞消息」（bad news）。[629] 之所以如此，是因為「好消息」容易讓人麻痺於當前環境而無法自拔，「壞消息」則有助於使人們從當前環境的麻木狀態中警醒並脫離出來。這也正是麥克魯漢「反環境」概念的根本目的，它旨在不斷更新人們對於日常生活的陳舊感知，把人們從狹隘的日常關係束縛中解放出來。在此，麥克魯漢的「反環境」概念表達出與西方文藝美學史上的「陌生化」詩學相類似的觀念。我們知道，「陌生化」詩學傳統最早可以追溯到亞里斯多德的「驚奇」概念，中經 16 世紀義大利美學家馬佐尼、17 世紀英國文藝評論家艾迪生（Joseph Addison, 1672-1719）、18 世紀末 19 世紀初德國古典美學家黑格爾的相繼發展，在 20 世紀初俄國形式主義文論家什克洛夫斯基（Viktor Shklovsky, 1893-1984）那裡走向成熟。與麥克魯漢將「反環境的藝術」跟「常規性藝術」相對舉類似，什克洛夫斯基將「陌生化」與「自動化」對舉，認為熟悉的事物容易使人們的感覺趨於麻木，「事物就在我們面前，我們知道這一點，卻看不見它」；藝術則以「陌生化」的手法「把事物從感受的自動化裡引脫出來」，使人們「恢復對生活的體驗，感覺到事物的存在」[630]。此外，跟什克洛夫斯基將「陌生化」與「形象」相連繫類似，麥克魯漢也將「反環境」與「形象」連繫起來，以使難以察覺的東西變得「可見」。什克洛夫斯基認為，「形象的目的不

---

[628] Marshall McLuhan, *Letters of Marshall McLuhan*, Oxford: Oxford University Press, 1987, p. 315.

[629] Marshall McLuhan, *"The Emperor's Old Clothes"*, in: Eric & Marshall McLuhan, Theories of Communication, New York: Peter Lang, 2011, p. 122.

[630] 什克洛夫斯基：〈作為手法的藝術〉，載中國社會科學院外國文學研究所《二十世紀歐美文論叢書》編輯委員會編《散文理論》，劉宗次譯，百花洲文藝出版社 1994 年版，第 10－11 頁。

是使其意義易於為我們所理解，而是製造一種對事物的特殊感受，即產生『視覺』，而非『認知』」，「幾乎哪裡有形象，哪裡就有陌生化」。[631] 在麥克魯漢那裡，藝術家們則透過對「反環境」的創造，使得舊環境從原先不可見的「背景」轉換為當下可見的「形象」。在這些論述中，我們能夠看出麥克魯漢的「反環境」概念跟什克洛夫斯基「陌生化」觀念的異曲同工之妙。

當然，同樣作為對西方文藝美學史上「陌生化」詩學理論傳統的繼承與革新，麥克魯漢的「反環境」概念與什克洛夫斯基的「陌生化」方法又有著很大差異，主要表現為以下兩個方面：第一，什克洛夫斯基提倡的「陌生化」方法，更多地展現在文學語言的具體應用或者說修辭學層面，而麥克魯漢的「反環境」概念，如上所述，則主要表現為藝術家們在創作過程中對於當下的「疏離」和對於過去的不斷「回望」；第二，什克洛夫斯基宣導「陌生化」的根本目的在於保持和捍衛文學作品的「文學性」特徵，強調文學應當成為獨立的「自足體」和與世界萬物相分離的「自在之物」。他作為俄國形式主義文論的主要代表人物，主要涉及的是文學的「內部」層面，關心的是「使特定的作品成為文學作品的東西」，因而對「陌生化」的認識論意義和社會效果關注不多。不同的是，麥克魯漢以「反環境」概念來總結藝術史上的「後視鏡」現象，不再是單純的就藝術論藝術，而意在借此喚起人們對於現實媒體環境的感知，並進而說明人們參與到新的媒體環境中去。在此，麥克魯漢的「反環境」概念已經超越了什克洛夫斯基「陌生化」概念那種單純的形式與結構層面的意義，而兼具認識論範疇與實踐範疇的雙重內涵。麥克魯漢希冀借「反環境」概念

---

[631] 什克洛夫斯基：〈作為手法的藝術〉，載中國社會科學院外國文學研究所《二十世紀歐美文論叢書》編輯委員會編《散文理論》，劉宗次譯，百花洲文藝出版社 1994 年版，第 16 頁。

使人們認識到：由主導媒體所形塑的環境及根據主導媒體而衍生出的整個社會制度和文化模式，不是永恆和「自然的」，而是歷史和人為的，因而是可以透過人的活動加以改變的。也正是以此為出發點，麥克魯漢將媒體研究的重心轉移到對媒體自身及其「感知效應」的關注之上，推動西方媒體研究在 1960 年代實現了一次具有「哥白尼革命」意義的全新範式轉型。

五、「探索」：沒有方法的方法論

研究方法在麥克魯漢的思想系譜中占據著重要而獨特的地位，在某種意義上可以說，麥克魯漢整個思想大廈的架構均得益於其不同於西方傳播學主流方法 —— 內容分析法和批判方法 —— 的獨特研究方法。或如法國社會學家德莫特所說：「麥克魯漢將我們提升至某種特定的狀態，其中方法便是一切。離開了方法，我們也就失去了麥克魯漢。」[632] 麥克魯漢自稱其媒體研究方法不同於「兩種基本的方法形態」：一是「根據與已知東西的關係提出問題，在已接受的信條的基礎上進行加減」，這指的是批判學派思辨的演繹方法；二是「就問題說問題，不參照問題所處的場域，謀求發現圈定範圍內的事實和規律」，這指的是經驗學派的歸納方法。[633] 也就是說，麥克魯漢在傳播學兩種主流方法之外獨闢蹊徑，創製了一套不同於以往傳播學研究的研究方法。「我不解釋，我只探索」，這是麥克魯漢為格拉德・斯特恩編輯的麥克魯漢思想「批評文集」 —— 《麥克魯漢：冷與熱》所作序言中的一句話。麥克魯漢的「探索」方法最早來自他和卡彭特於 1953 年創辦的《探索》雜誌，具體展現為：

---

[632] Gerald Stearn (ed.), *McLuhan: Hot & Cool*, New York: The Dial Press, 1967, p. 282.
[633] Marshall McLuhan, *Essential McLuhan*, E. McLuhan & F. Zingrone (eds.), London: Routledge, 1995, p. 137.

（一）強調「洞見」而非「觀點」。「『洞見』不同於『觀點』。我不對任何事情發表『觀點』。我感興趣的只是『模態』和『過程』。好壞、優劣的評判毫無意義且傲慢驕橫。」[634]「觀點」與「洞見」的不同之處在於，「觀點」導致分類，是一種左腦運行機制；「洞見」是對相互影響的複雜過程的頓悟，是把各種因素加以並置而有所發現的手段，它導向模式辨別，是一種右腦運行機制。

（二）注重「觀察」而非「實驗」。麥克魯漢在《古騰堡星系》中將其「探索」的方法稱之為「觀察而不做實驗」的方法。他說：「觀察就是注意現象而不干擾現象。實驗與觀察相反，它透過干擾或加入變因來研究現象。」[635]

（三）重視「背景」而非「形象」。透過「背景」而非「形象」進入媒體，是麥克魯漢「探索」方法的另一展現。麥克魯漢說：「我進入傳播研究領域的方法是透過『背景』而不是『形象』。在任何格式塔完形中，『背景』是理所當然的事情，它奪走了研究者的全部注意力。『背景』是潛意識的，是結果的而非原因的領域。」[636]

另外，麥克魯漢有時又將其「探索」方法比作「水手逃生的方法」或者「保險櫃開鎖匠的方法」。麥克魯漢之所以一再強調其「探索」方法，真實意圖主要是將媒體研究的聚焦點從過去的內容研究轉移到對媒體本身及其感知效應的關注上來。這種著眼於媒體範式轉換的意圖與他的「媒體人文主義」立場其實是不矛盾的。

麥克魯漢對待媒體的態度「完全是人文主義的」。他將媒體看作是對於人的（感官、身體或神經中樞的）延伸，始終堅持從媒體的感知偏向出

---

[634] Marshall McLuhan, *Letters of Marshall McLuhan*, Oxford: Oxford University Press, 1987, p. 300.

[635] Marshall McLuhan, *The Gutenberg Galaxy,* Toronto: University of Toronto Press, 1962, p. 3.

[636] Marshall McLuhan, *Letters of Marshall McLuhan*, Oxford: Oxford University Press, 1987, p. 473.

發，探討媒體與人的關係，關注媒體之於人的作用和效應，這既是麥克魯漢媒體研究的根本特點，也是其媒體研究所一以貫之的主題。他在《機器新娘》中探討了「工業人」的民俗，在《古騰堡星系》中探討了「印刷人」的誕生，在《文化即產業》、《理解當代》、《地球村中的戰爭與和平》、《地球村》等著作中探討了「電子人」的生存狀況。有鑑於此，我們將麥克魯漢在媒體研究中所始終貫穿的以探討媒體的「感知效應」為顯著特點的，帶有濃郁的感性色彩、文學氣息和人文關懷的媒體思想稱作「媒體人文主義」。麥克魯漢在媒體研究中所持守的「媒體人文主義」，注重媒體與美學的共進關係，為媒體研究中美學研究路向的開闢和美學研究中媒體研究路向的開闢樹立了典範，這有助於我們在當前的審美範式之外發展出「媒體美學」這一全新的美學研究範式。

第二節　尼爾‧波茲曼

尼爾‧波茲曼（Neil Postman, 1931-2003）不僅是美國當代著名的媒體理論家和文化批評家，也是美國媒體教育和媒體素養運動的重要奠基人。波茲曼 1931 年 8 月出生於美國紐約；1953 年畢業於紐約州立大學弗雷多尼爾分校；此後，他到哥倫比亞大學師範學院學習並相繼獲得由哥倫比亞大學授予的碩士（1955）和博士學位（1958）。自 1959 年起直至退休，波茲曼一直在紐約大學任教。1966 年至 1967 年年底，波茲曼成為碩士研究生導師，並逐漸將媒體生態研究課程納入英語教育課程中去，課程建設也明顯轉向以傳播為中心的學位課程。1970 年，波茲曼在紐約大學史丹赫文化教育學院（NYU's Steinhardt School of Education）創立「媒體生態學」博士學位，並擔任該博士學科的負責人。1976 年至 1986 年，兼任《普通

語義學評論》季刊編輯。1993 年起至 2002 年退休，作為紐約大學史丹赫文化教育學院唯一的大學教授，波茲曼擔任該學院文化與傳播系的系主任。2003 年 10 月 5 日，波茲曼因肺癌在紐約皇后區逝世。波茲曼一生筆耕不輟，曾先後出版了 18 部著作並在各類期刊雜誌上發表過 200 多篇文章。其中，尤以〈童年的消逝〉、〈娛樂至死〉和〈技術壟斷〉最為著名。在波茲曼的整個學術和教育生涯中，他不僅長期任教於教育系別，其出版和發表的論著也多以教育為內容或從教育角度著眼。比如在《課程改革與技術》中，他宣揚學校教育應該和日益發展的媒體技術同步，建議把學校設計成「媒體實驗室」（media laboratory），「這樣的學校不需要太多的空間。用 20 世紀到 21 世紀一系列的媒體填滿，包括電腦、電影攝影機和投影機、電視設備、卡帶答錄機、立體聲設備、照相膠版印刷設備、無線電傳輸設施、攝影器材等。」[637] 他主張最好的學習辦法是操作這些媒體，和它們一起工作，並利用這些媒體產生一些東西。在《作為保存性活動的教學》一書中，波茲曼開始關注遭受電子媒體侵蝕的讀寫和印刷文化。他認為，「學校是少數幾個保存下來的以非電子傳播模式組織起來的資訊系統之一」[638]，它應該成為對抗以電視為中心的電子媒體的主戰場。不僅如此，波茲曼也特別重視語言在教育活動中的重要性。他甚至認為，一切教育皆是語言教育，一個學科的知識大多是關於此學科的語言知識。由此，在波茲曼看來，生物學不是植物和動物，而是一種被用來談論植物和動物的特殊語言；歷史學不是指曾經發生的眾多事件，而是根據歷史學家們已形成的原則來描述和解釋事件的語言；天文學不是天體和星星，而是談論

---

[637] Neil Postman, *Curriculum Change and Technology*, Academy for Educational Development (Inc.), p. 13.

[638] Neil Postman, *Teaching as A Conserving Activity*, New York: Delta, 1979, p. 47.

天體和星星的一種特殊語言方式。[639] 波茲曼將語言作為教育的重要媒體，並視其為理解世界的主要工具，認為只有透過對語言的充分反思、理解並將其使用得當，才能產生成功、積極的學問和知識。波茲曼關於語言的看法，是對啟蒙運動關於語言的信念 —— 堅持清晰的語言的力量 —— 的繼承，就像他經常以「清晰即勇氣」（Clarity is courage.）教育他的學生那樣。可以說，正是對於教育及其媒體 —— 語言 —— 的關注，使波茲曼一步步開拓出「媒體生態學」的學術和研究領地。因為在他看來，每一種媒體形式都會對教育的手段和目的產生影響並最終對教育培養人的宗旨產生影響。這也構成了波茲曼與其他媒體生態學家的不同：波茲曼的媒體生態學思想發軔於其教育理念，且內嵌了其教育思想；媒體素養教育以及宏大敘事的建構在其媒體生態學理論中占有重要比重。

一、「媒體生態學」及其感性維度

如果說麥克魯漢最早將媒體研究與「生態學」概念連繫起來，宣導從生態學的視角理解媒體的話，那麼，作為麥克魯漢「不聽話的孩子」的波茲曼則最早提出了「媒體生態學」（media ecology）這一術語。在 1968 年美國威斯康辛州召開的全國英語教師年會上，波茲曼正式使用了這一概念，並將之界定為「媒體作為環境的研究」，這象徵著「媒體生態學」作為一個學術領域和理論團隊的開始。[640] 然而，透過細緻考察發現，波茲曼此時的思想議程並不主要聚焦於媒體研究，而側重於關注文化與教育如何受到大範圍的社會環境變革的衝擊，這一方面與他當時在紐約大學從事英語教育的職業背景密切相關，另一方面也與當時美國的教育狀況 ——

---

[639] Neil Postman, *"The Error of Our Ways"*, in: Teacher Magazine, 1995, 6 (9), pp. 32-38.

[640] Neil Postman, *"The Reformed English Curriculum"*, cited in A.C., Eurich (ed.), High School 1980: The Shape of the Future in American Secondary Education, New York: Pitman, 1970, p. 161.

1960 年代，美國掀起了一場教育改革運動，即美國教育第三次改革浪潮的「恢復基礎」（Back to Basics）運動——關係密切。我們可以把 1970 年代初作為「媒體生態學」學科化和制度化的開始，主要表現在以下兩個方面：一是 1970 至 1971 學年，波茲曼創建了傳播學博士研討班，「媒體生態學」課程也於 1971 年出版的《紐約大學年報》上正式露面，這是波茲曼「媒體生態學」博士教學計畫開始的象徵；二是波茲曼被任命為「媒體生態學」博士學位的負責人，這確立了波茲曼在「媒體生態學」制度化初期的領導作用。

在 1976 年出版的《紐約大學年報》上，「媒體生態學」有了一個正式的學位課程介紹：「媒體生態學研究人的交往、人交往的資訊及資訊系統。具體地說，媒體生態學研究媒體如何影響人們的感知、情感、認識和價值。它試圖說明我們對媒體的預設，試圖發現各種媒體迫使我們扮演的角色，並解釋媒體如何為我們所見所為的東西提供結構。」[641] 在「媒體生態學」初創的那段日子，波茲曼不僅成為「媒體生態學」在美國的精神領袖和公共代言人，而且在其隨後一連串著作中對「媒體生態學」學科範式的各個方面做了詳細闡述。就像湯瑪斯·金卡雷利所說：「波茲曼對我們理解媒體的根源、沿革做出的一切貢獻，構成了媒體生態學的總體理論，提供了一個內涵嚴密、說服力強和富有發展潛力的視野，有助於我們理解媒體、文化以及作為文化的媒體。」[642] 下面我們透過考察波茲曼對「媒體生態學」的界定，來分析「媒體生態學」的文化意蘊及其美學內涵。

波茲曼於 1968 年首次公開介紹並界定「媒體生態學」的時候，其意

---

[641] New York University Bulletin, *School of Education, 1976-1977*, New York: New York University, 1976, p. 114.

[642] 湯瑪斯·金卡雷利：〈尼爾·波斯曼與媒介環境學的興起〉，載林文剛編《媒介環境學：思想沿革與多維視野》，何道寬譯，北京大學出版社 2007 年版，第 153 頁。

思是：「媒體是複雜的資訊系統，媒體生態學試圖揭示其隱含的、固有的結構，揭示它們對人的感知、理解和感情的影響。」在 1969 年出版的《作為顛覆性活動的教學》一書中，波茲曼對「媒體生態」做了這樣的界定：「媒體生態是對資訊環境的研究。它所關注的是交流的技術和技巧如何控制資訊的形式、數量、速度、分類以及方向；由此，這樣的資訊構造或者偏見如何影響到了人們的觀點、價值和態度。因此，媒體生態超過了被人們所廣泛接受的其他學科，如心理學和社會學，因為它假定人們的心理和社會組織的方法在很大程度上是一種文化獨特的資訊模式的產物。」[643] 在 1971 年出版的《軟性的革命》一書中，波茲曼強調：「媒體生態學研究人的交往、人交往的資訊及資訊系統。具體地說，媒體生態學研究傳播媒體如何影響人的感知、感情、認識和價值，研究我們和媒體的互動如何促進或阻礙我們生存的機會。其中包含的『生態』一詞，指的是環境研究 —— 研究環境的結構、內容以及環境對人的影響。畢竟，生態是一個複雜的資訊系統，它調節我們的感覺和行為，並為我們耳聞目睹的東西提供結構。」[644] 在 1979 年出版的《作為保存性活動的教學》一書中，我們發現了波茲曼關於「媒體生態學」的另一定義：「媒體生態學研究資訊環境。它致力於理解傳播技術如何控制資訊的形式、數量、速度、分布和流動方向，致力於弄清這樣的資訊形貌或偏向又如何影響人們的感知、價值觀和態度。」[645] 2000 年，在媒體生態學會成立大會上，波茲曼在主題報告中對「媒體生態學」誕生的緣由進行了詳細說明：「我們挑選『媒體生態學』給它命名，意思是想要使它成為大學裡的一門學科」，「我們對這門學科的第一個想法，受到一個生物學比喻的指引，……在此，所謂媒體的

---

[643] Neil Postman, *Teaching as A Subversive Activity*, New York: Delacorte Press, 1969, p. 186.

[644] Neil Postman & C. Weingartner, *The Soft Revolution*, New York: Delacorte Press, 1971, p. 139.

[645] Neil Postman, *Teaching as A Conserving Activity*, New York: Delta, 1979, p. 186.

定義相當於是培養基的一種物質，能夠使培養的微生物生長的一種物質。如果你用技術這個詞來取代這種物質，這個定義就能夠成為媒體生態學的一個基本原理：媒體是使文化能夠在其中生長的技術；換句話說，媒體能夠使文化裡的政治、社會組織和思維方式具有一定的形態。從這個理念開始，我們又用了另一個生物學比方，也可稱為生態學的比喻」。「生態」，在波茲曼那裡，「即自然環境裡諸元素的互動，它特別強調這樣的互動如何產生一個平衡而健全的環境」。波茲曼將媒體置於生態之前，其「意思是說，我們感興趣的不僅是媒體，我們還想說，媒體與人互動的方式給文化賦予特性，這樣的互動有助於文化的象徵性平衡」[646]。從波茲曼的一系列界定和說明中，可以看出其「媒體生態學」的主要文化意蘊和美學內涵包括以下幾個方面：

（一）「媒體生態學」是對媒體「環境」的研究，具體而言，媒體生態學主要研究媒體環境的結構、內容及其對人的影響。這裡可以看出波茲曼對麥克魯漢的繼承與拓展。我們知道，麥克魯漢特別強調對媒體「環境」的關注：「任何媒體（無論廣播還是輪子）都有一個趨勢，即創造一個全新的環境」；「『媒體即訊息』換一種表述即『環境是一種力量』」；「當一個全新的服務環境開始發揮作用時，既有的一切形式均要被此新形式所改造。」[647] 波茲曼透過提煉「媒體生態學」這一術語以及「媒體生態學研究資訊環境」、「媒體生態學即媒體作為環境的研究」等界定，不僅推動了麥克魯漢媒體思想的進一步理論化和明確化，而且為「媒體生態學」的學科化、制度化及其後的發展壯大奠定了堅實的基礎。

（二）「媒體生態學」強調媒體的文化「後果／影響」，即探討媒體對

---

[646] 林文剛編：《媒介環境學：思想沿革與多維視野》，何道寬譯，北京大學出版社 2007 年版，第 44 頁。

[647] Marshall McLuhan, *Letters of Marshall McLuhan*, Oxford: Oxford University Press, 1987, p. 397.

於文化特性及在文化的象徵性平衡中的具體作用。對媒體影響的強調同樣源自麥克魯漢的媒體理論。麥克魯漢曾指出：「理解媒體實質上就是理解媒體的影響。」金惠敏更是以「後果範式」概括麥克魯漢的媒體文化理論。他指出：「麥克魯漢的媒體研究可以用『後果範式』來概括。他並不忽視對各種媒體特徵的研究⋯⋯但其目的是試圖說明這種或那種媒體因其不同的特點而對社會構成不同的影響。」[648] 可以說，發端於麥克魯漢的這一注重媒體後果、效應、影響的研究範式，不僅為波茲曼所繼承和弘揚，而且成為此後西方傳播學中的「第三學派」—— 北美媒體生態學派最主要的研究範式之一。

　　（三）與麥克魯漢類似，波茲曼的「媒體生態學」亦突出強調媒體影響的「感性、感知」特徵，用他的話說，即「揭示媒體對人的感知、理解和感情的影響」，或者說，揭示它們「如何影響人們的觀點、價值和態度」。我們知道，在西方文化語境中，「美學」的本意即「感性學」，在此意義上，不僅麥克魯漢「將美學帶給了傳播研究」，波茲曼也透過對「媒體生態學」的界定和解說，為西方媒體研究引入了美學的，更確切地說，感知的、感性的維度。

二、技術壟斷、文化 AIDS 與「抵抗的詩學」

　　技術壟斷（technopoly）是波茲曼媒體生態學文化理論的一個核心範疇。它作為波茲曼的自創詞彙，來自技術（technology）與壟斷（monopoly）的組合。在「媒體生態學」理論中，技術／媒體提供了人們感知現實的方式，以此出發，芒福德、麥克魯漢、波茲曼等以技術／媒

---

[648] 金惠敏：〈「媒體即資訊」與莊子的技術觀 —— 為紀念麥克盧漢百年誕辰而作〉，《江西社會科學》2012 年第 6 期。

體的演化對歷史和文化的發展階段予以劃分。不同的是，芒福德將人類歷史劃分為「始生代技術時期」、「古生代技術時期」和「新生代技術時期」，[649] 麥克魯漢將人類歷史劃分為「口語時代」、「書寫時代（手抄階段和印刷階段）」和「電子時代」，而波茲曼則依據技術與文化的關係將人類歷史劃分為「工具使用」、「技術統治」和「技術壟斷」三個階段。波茲曼將 17 世紀前視作「工具使用」階段，在此階段，技術為文化服務且融合於文化之中，其主要用途：一是工具性，即用於「解決自然生活中一些特殊而緊迫的事情」，比如用於水力、風車和農耕等；二是為藝術、政治、神話、宗教等意識形態服務，換言之，技術在「工具使用」文化中是與當時的文化信仰基礎、意識形態、世界觀所高度契合的，它為人類提供存在的秩序和生活的意義。文藝復興之後，隨著宗教生活的日漸淡化和對世俗生活的日益重視，科學的神聖意義愈加為世俗的有用性所替代。根據波茲曼的看法，克卜勒（Johannes Kepler, 1571-1630）邁出了從「工具使用」向「技術統治」邁進的關鍵一步，而法蘭西斯·培根和亞當·斯密則被視為技術統治文化的開端。在技術統治階段，技術不再是為「象徵世界」服務的工具，而開始以其獨有的意識形態攻擊文化的完整性，並試圖取代文化。隨著「技術統治」程度的深入，人類文化開始向「技術壟斷」階段轉化。波茲曼將 20 世紀初福特工業帝國的出現視作從「技術統治」向「技術壟斷」轉變的關鍵時刻。在技術壟斷階段，技術不僅只是手段，更成為最終目的；技術不僅重新定義宗教、藝術、家庭、政治、歷史、真理、隱私、智力的意義，而且使「文化生活的所有形式都屈服於技藝和技術至高無上的權威」[650]。也就是說，在技術壟斷階段，技術世界觀——效率、

---

[649] 路易斯·芒福德：《技術與文明》，陳允明等譯，中國建築工業出版社 2009 年版。

[650] Neil Postman, *Technology: Surrender of Culture to Technology,* New York: Vintage Books, 1993, p. 52.

標準、量化、客觀、專業——成為文化的信仰系統,「技術壟斷強調無限的進步、無責的權力、不計成本的技術。技術壟斷摒棄道德,而將效率、利益和經濟進步置於中心」[651]。波茲曼對技術壟斷文化持尖銳的批評態度,認為在這樣的文化中,技術對我們的世界和生活施行的是一種全面而獨特的控制,人類在技術壟斷文化中正在被技術所異化。以此出發,波茲曼從兩個方面展開了對「技術壟斷」的批判:

第一,對「技術壟斷」文化的基石——唯科學主義——進行批判。波茲曼認為,唯科學主義有三個基本觀念:自然科學方法可用於研究人類行為;社會科學揭示的原理可用於組織社會;科學可視作全面的信仰系統,它賦予生命意義,使人獲得道德上的滿足,並產生不朽之感。[652] 在波茲曼看來,唯科學主義只是技術壟斷的錯覺,其局限在於沒有意識到科學理性的有限性。也就是說,它只能滿足「工具理性」方面的要求,而無法滿足人類在政治理念、倫理規範和終極關懷等層面的需要。第二,對由「技術壟斷」帶來的資訊過剩的嚴重後果進行批判。伴隨技術壟斷而來的技術專業化解決了資訊稀缺的問題,卻造成了資訊的過剩與氾濫,致使「資訊超載」和「文化控制機制崩潰」成為技術壟斷在電子時代的突出表徵。我們知道,每一種文化都有其文化控制機制(如學校、宗教、政黨、國家等),它們承擔著調控和評價資訊的作用。資訊氾濫沖毀了文化控制機制的理論基礎,這些文化控制機制再也無法像過去一樣為人們提供確定的目的、意義和價值,文化不再有凝聚力和穩定性。波茲曼把這種資訊混論、對資訊無法篩選、無法評價的狀態描述為「文化 AIDS」。因為,當專業

---

[651] Neil Postman, *Technology: Surrender of Culture to Technology*, New York: Vintage Books, 1993, p. 179.

[652] 尼爾・波茲曼:《技術壟斷:文化向技術投降》,何道寬譯,北京大學出版社 2007 年版,第147 頁。

技能成為控制資訊的主要手段並遵循效率至上原則時，當所有情感和思想方面的評價都要透過計算來獲得時，就忽視了生命的需求和宗旨。面對技術壟斷所表現出的專業主義的冷酷秉性和對文化的瘋狂破壞，波茲曼提出「技術無神論」的觀念進行對抗，並希望人們成為「鍾情於抵抗的鬥士」（the loving resistance fighter），以反對技術異化對於文化的衝擊。波茲曼由「技術壟斷」所提出的「抵抗的詩學」，即以「技術無神論」來對抗人類文化因技術異化而感染的「文化 AIDS」，似乎比麥克魯漢的「媒體人文主義」要走得更遠。

三、「媒體即隱喻」的修正與超越

「媒體隱喻論」也是波茲曼媒體生態學美學思想的重要內容。在其名著《娛樂至死》中，波茲曼提出了「媒體即隱喻」的著名命題。我們知道，隱喻屬語言學範疇，它作為一種修辭手法，指的是「把某事物比擬成和它有相似關係的另一事物」，也就是說，在隱喻中，語言承擔的不再是其日常描述的功能，而是包含著超越詞語本身的「新的資訊」。波茲曼的這一命題發端於麥克魯漢的著名警句 ——「媒體即訊息」。麥克魯漢在《理解媒體》中說：「媒體即訊息 —— 這只是說，任何媒體作為我們自己的延伸，對於個人和社會所發生的影響，都來自我們自己的每一延伸，或者任何新技術在我們的事務中之引入新的標準（scale）。」[653] 這裡，麥克魯漢強調的是媒體自身而非媒體內容的重要性。波茲曼認為，麥克魯漢的這一警句尚需「修正」，「因為這個表達方式會讓人們把資訊和隱喻混淆起來」。在他看來，「資訊是關於這個世界的明確具體的說明，而媒體……

---

[653] Marshall McLuhan, *Understanding Media*, Cambridge: The MIT Press, 1994, pp. 7-8.

更像是一種隱喻，用一種隱蔽但有力的暗示來定義現實世界」。[654]「媒體的獨特之處在於，雖然它指導著我們看待和了解事物的方式，但是它的這種介入卻往往不為人所注意。」[655] 以此出發，波茲曼將麥克魯漢的「媒體即訊息」修正為「媒體即隱喻」，並以此強調媒體發生影響的中間環節即「思維方式」的影響以及形式對內容反作用的間接性。

　　細究起來，波茲曼的「媒體隱喻論」主要包含以下三層意思：第一，強調媒體自身而非其內容的重要意義，這是對麥克魯漢「媒體即訊息」命題的延續。就像波茲曼所說：「我對他的理論堅信不疑。他認為，深入一種文化的最有效途徑是了解這種文化中用於會話的工具……媒體的形式偏好某些特殊的內容，從而能最終控制文化。」[656] 第二，對媒體影響、後果、效能的分析。波茲曼指出：「要理解隱喻的功能，應考慮到資訊的象徵方式、來源、數量、傳播速度以及資訊所處的語境。」[657] 重視媒體的後果／效應，是波茲曼媒體生態學美學的重要特點，也是整個北美媒體生態學派的主要特徵之一。第三，強調媒體以隱蔽的、潛移默化的方式發生影響，這也是波茲曼對麥克魯漢進行「修正」的地方。就像波茲曼所說：「如果我們能夠意識到，我們創造的每一種工具都蘊含著超越其自身的意義，那麼理解這些隱喻就會容易多了。」[658] 在此，波茲曼清楚地認識到，人們認識世界的過程實際上是用已知事物構築未知事物的過程，這是人們

---

[654] 尼爾‧波茲曼：《娛樂至死》，章豔譯，廣西師範大學出版社 2004 年版，第 12 頁。

[655] 尼爾‧波茲曼：《娛樂至死‧童年的消逝》，章豔、吳燕莛譯，廣西師範大學出版社 2009 年版，第 11 頁。

[656] 尼爾‧波茲曼：《娛樂至死‧童年的消逝》，章豔、吳燕莛譯，廣西師範大學出版社 2009 年版，第 10 頁。

[657] 尼爾‧波茲曼：《娛樂至死‧童年的消逝》，章豔、吳燕莛譯，廣西師範大學出版社 2009 年版，第 14 頁。

[658] 尼爾‧波茲曼：《娛樂至死‧童年的消逝》，章豔、吳燕莛譯，廣西師範大學出版社 2009 年版，第 14 頁。

認識機制的「隱喻化」效果，也是媒體發揮作用的範式。這一點既是波茲曼自認為其「修正」了麥克魯漢的地方，也是學界認可波茲曼發展媒體生態學的重要貢獻所在：作為資訊傳播的媒體，不是以直接的方式，而是以隱喻的方式發布資訊，從而對人進行潛移默化的思維改造。事實上，無論是波茲曼還是學界都沒有全面理解麥克魯漢的「媒體即訊息」的基本含義。在麥克魯漢的「媒體即訊息」中，其實已經包含了媒體以隱喻的，用麥克魯漢的話說，「隱蔽的」、「難以察覺的」方式發揮作用的內涵。這裡可以引用麥克魯漢的幾句原話作為論據：「『媒體即訊息』這句口號式的警語，換種說法可能更令人滿意：任何媒體（無論廣播還是輪子）都有一個趨勢：創造一個全新的環境。此環境往往難以察覺，故只能以注意環境的內容作補償。環境純粹是一套基本規則，一種總體上囊括一切的力量，這種形式難以辨認，唯一的例外是藝術家。」[659]「『媒體即訊息』……說的其實是一套由技術革新造就的隱蔽的服務環境；使人改變的是這樣的環境而非技術。」[660] 可以看出，在這點上，波茲曼並沒有對麥克魯漢做出「修正」，而是以另一種表達對麥克魯漢的「媒體即訊息」進行了明確化表述。

當然，這並不是說波茲曼的「媒體即隱喻」沒有貢獻，而只是說波茲曼媒體隱喻論的重要之處並不在對「隱喻」方式的強調上。我們認為，波茲曼媒體隱喻論不同於或超越麥克魯漢「媒體即訊息」的地方在於：第一，對媒體以隱喻的方式發生作用的機制的揭示。波茲曼認為，媒體將世界進行分類、排序、建構、放大、縮小、著色，並把人包裹在語言形式、藝術形式、神話象徵或宗教儀式之中，使人們無時無刻不被媒體所左右著

---

[659] 麥克盧漢：《麥克盧漢如是說：理解我》，何道寬譯，中國人民大學出版社 2006 年版，第 64 頁。
[660] 麥克盧漢：《麥克盧漢如是說：理解我》，何道寬譯，中國人民大學出版社 2006 年版，第 163 頁。

卻渾然不知,「我們認識到的自然、智力、人類動機或思想,並不是它們的本來面目,而是它們在語言中的變現形式。我們的語言即媒體,我們的媒體即隱喻,我們的隱喻創造了我們文化的內容」[661]。第二,提出「媒體即認識論」的論題。波茲曼以其媒體隱喻論為基礎,提出了「媒體即認識論」的命題。其中,「認識論」即擴大的隱喻。波茲曼的「媒體即認識論」討論的是關於認識論中對於真理的定義以及這些定義的來源問題。他認為,在不同的媒體時代,人們對真理的定義與媒體形式有關。「真理不能、也從來沒有毫無修飾地存在。它必須穿著某種合適的外衣出現,否則就可能得不到承認。」[662] 第三,波茲曼對印刷媒體與電子媒體的隱喻做了詳細闡述。在波茲曼眼中,印刷媒體偏向於理性、智力和文化的連續性,它以「富有邏輯的複雜思維,高度的理性和秩序,對於自相矛盾的憎惡,超常的冷靜和客觀以及等待受眾反應的耐心」而存在。[663] 波茲曼認為,電視與印刷不同,它無法為我們提供關於這個世界的觀點和概念,電視上的一切都是為了提供人們娛樂,「娛樂是電視上所有話語的超意識形態」[664]。

四、電視與「圖像的美學」

在波茲曼那裡,印刷媒體與電視有著根本的不同。在他看來,印刷文化是一種「闡釋文化」,它以內容為導向(content-oriented),推崇以文

---

[661] 尼爾・波茲曼:《娛樂至死・童年的消逝》,章豔、吳燕莛譯,廣西師範大學出版社 2009 年版,第 15 頁。

[662] 尼爾・波茲曼:《娛樂至死・童年的消逝》,章豔、吳燕莛譯,廣西師範大學出版社 2009 年版,第 22 頁。

[663] 尼爾・波茲曼:《娛樂至死・童年的消逝》,章豔、吳燕莛譯,廣西師範大學出版社 2009 年版,第 58 頁。

[664] 尼爾・波茲曼:《娛樂至死・童年的消逝》,章豔、吳燕莛譯,廣西師範大學出版社 2009 年版,第 77 頁。

字為主的理性認知方式；電視文化則是一種「娛樂文化」，它以形式為導向（form-oriented），推崇以圖像為中心的感性認知方式。由此，如果說印刷機是以一種語言的邏輯理性來隱喻世界的話，那麼，電視就是以圖像的方式隱喻世界，並在印刷媒體所創造的「思想的美學」之後，復活了「圖像的美學」。在此，波茲曼突顯了一個以感性或感官娛樂為主導的審美理念。[665]

　　第一，電視以圖像說話，用圖像類比現實。在波茲曼看來，圖像是電視建構文本、進行會話的主要途徑，電視的核心就是圖像，它被發明出來就是為了生產和傳播圖像：「電視螢幕上的圖像源源不斷地出現，圖像的力量足以壓倒文字並使人們的思考短路。……鏡頭本身就是理由」；「『好電視』同用於陳述的語言或其他口頭交流形式無關，重要的是圖像要吸引人」。[666] 簡言之，電視即圖像，圖像成為大眾透過電視認知現實的主要符號形式。波茲曼將印刷媒體與電視相對立，將印刷媒體與語言、電視與圖像相對應並得出結論：電視透過展示生動的畫面，使受眾在圖像的「饕餮盛宴」中沉浸於視覺快感而無暇思考。不僅如此，電視還透過展示圖像而對「現時」進行了強調，不僅「取消」了歷史，還實現了用圖像去類比和置換現實。波茲曼將電視喻為鏡子，「鏡子只能照出你今天穿什麼衣服，它無法告訴我們昨天的情況」[667]，也就是說，電視關注的只是現在發生的事情，它與印刷書籍不同的地方在於，電視節目無法保存過去，也無法保存現在，只有不斷的「現時」。這是因為，電視「圖像和瞬間即逝的新聞無法提供給我們昨天的情況。因為有了電視，我們便縱深躍進了一

---

[665] 本小節對金惠敏對於波茲曼美學思想的論述多有借鑑，特此說明。詳見金惠敏：〈「圖像－娛樂化」或「審美－娛樂化」：波茲曼社會「審美化」思想評論〉，《外國文學》2010 年第 6 期。

[666] 尼爾·波茲曼：《娛樂至死》，章豔譯，廣西師範大學出版社 2004 年版，第 115 頁。

[667] 尼爾·波茲曼：《娛樂至死》，章豔譯，廣西師範大學出版社 2004 年版，第 178 頁。

個與過去毫無聯繫的現時世界」[668]。電視對「現時主義」的強調，不僅取消了「歷史」，而且透過模擬一個看似真實的「現時」世界，進而取代了「現實」。對波茲曼來說，圖像自始就具有「擬像」的性質。因為圖像與文字的不同之處在於，圖像並不聲稱自己「代表」現實，而是咬定自己就「是」現實本身；「圖像不展示概念；它們展示事物本身」。由此，波茲曼達到了對電視和圖像之最徹底的揭露：電視以完美的圖像技術形成了電視時代的文化符號環境，電視圖像成為觀眾對資訊進行判斷的基礎，一切事物在電視的塑造下都變成具體可感的圖像。電視透過「圖像」展示「現時」，並最終以「現時」實現了對「歷史」的捨棄和對「現實」的模擬。

第二，電視依賴圖像，導致娛樂泛化。波茲曼認為，電視大行其道會帶來可怕的後果，即赫胥黎（Aldous Leonard Huxley, 1894-1963）在其《美麗新世界》中所預言的「文化成為一場滑稽戲」，在那裡「人們感到痛苦的不是他們用笑聲代替了思考，而是他們不知道自己為什麼笑以及為什麼不再思考」。在波茲曼看來，娛樂已滲透到電視政治、新聞、宗教、教育等各個領域，造成了「娛樂的泛化」：「娛樂在電視上成為所有話語的象徵，就像印刷術曾經控制著政治、宗教、商業、教育、法律和其他重要社會事務的運行方式一樣。現在，電視決定著一切。」[669] 有學者認為，這種由電視對「圖像」的偏好和巨量生產導致的整個社會的「娛樂化」，實際上就是韋爾施（Wolfgang Welsch）、布希亞和費瑟斯通（Mike Featherstone）的「審美化」。然而，與布希亞等人不同的是，波茲曼揭開了「審美化」的感性內涵，並由此將「審美化」貶斥為「娛樂化」。就像波茲曼所指出的，「電視的情緒偏向、政治偏向、社會偏向、內容的偏向以及感知的偏向都

---

[668] 尼爾·波茲曼：《娛樂至死》，章豔譯，廣西師範大學出版社 2004 年版，第 178 頁。
[669] 尼爾·波茲曼：《娛樂至死》，章豔譯，廣西師範大學出版社 2004 年版，第 121 頁。

傾向於一種感性的方式」。[670] 電視話語模式的形成以圖像為基礎，電視的流動圖像為人們提供了一種「瞬間快樂和安慰療法」。以此出發，波茲曼得出結論：「圖像即感性。」因而與真正的審美化或感官的娛樂化息息相通，這是波茲曼對「審美化」研究的獨特貢獻。

---

[670] 林文剛編：《媒介環境學：思想沿革與多維視野》，何道寬譯，北京大學出版社 2007 年版，第192 頁。

20 世紀西方美學史（當代篇）：

從「圖像美學」到「媒體生態」，從符號消費到感知重構，釐清藝術背後的發展脈絡

主　　編：金惠敏

發 行 人：黃振庭

出 版 者：崧燁文化事業有限公司

發 行 者：崧燁文化事業有限公司

E-mail：sonbookservice@gmail.com

粉 絲 頁：https://www.facebook.com/sonbookss/

網　　址：https://sonbook.net/

地　　址：台北市中正區重慶南路一段六十一號八樓 815
室

Rm. 815, 8F., No.61, Sec. 1, Chongqing S. Rd., Zhongzheng Dist., Taipei City 100, Taiwan

電　　話：(02)2370-3310

傳　　真：(02)2388-1990

印　　刷：京峯數位服務有限公司

律師顧問：廣華律師事務所 張珮琦律師

-版權聲明-

定　　價：550 元

發行日期：2024 年 03 月第一版

◎本書以 POD 印製

Design Assets from Freepik.com

國家圖書館出版品預行編目資料

20 世紀西方美學史（當代篇）：從「圖像美學」到「媒體生態」，從符號消費到感知重構，釐清藝術背後的發展脈絡 / 金惠敏 主編 . -- 第一版 . -- 臺北市：崧燁文化事業有限公司 , 2024.03

面；　公分

POD 版

ISBN 978-626-394-023-9(平裝)

1.CST: 美學史 2.CST: 西洋美學 3.CST: 二十世紀

180.94　113001017

電子書購買

臉書

爽讀 APP

從天朝大國
到瓜分中國

只需要走錯「五步」！

官場肥缺、科考舞弊、權力鬥爭……

深藏在體制下千年的劣根性，不會馬上致命，只會慢慢瓦解帝

- -

有哪個部門可以明目張膽貪汙老闆的錢？內務府！

卑鄙小人比坦蕩君子有更大的機會獲勝？看看劉邦！

從「萬邦來朝」到必須「師夷長技」的下坡路，中國需要走幾百年？

官官相護、以權謀私、科考亂象……全部都是內部自己的問題

目錄

目錄

前言：
中華帝國無法克服的五大頑疾

中國歷史上產生過許多蕩平宇內、一統天下、坐享江山數百年的強盛帝國。這些帝國看起來人煙湊集、百業興旺，動不動還出了幾個太平盛世來點點綴、貼貼金。可細究起來，中華帝國從來就沒有健康過，多數時候甚至可以用「病病歪歪」來形容。

每個皇帝都求賢若渴、禮賢下士，每個朝代都把禮遇人才的口號喊得震天價響，恨不得把天下人才都納入帝國體系當中。中華帝國可能是最關注人才問題的帝國，可恰恰是在這個帝國中，浪費人才、迫害賢才、嫉賢妒能的現象從來就沒有絕跡過。從屈原到李白、杜甫，再到徐渭、曹雪芹，誰是無才無能之人？可又有誰施展了平生抱負得到善終？究其原因，「人」和「才」相結合後，人就學會了獨立思考，有了自己的思想體系和社會抱負。而帝國和皇帝需要的是服從皇權，在帝國體系中按部就班的服從者、執行者和衛道之士。雙方產生了思想認知上的鴻溝。通常是，中華帝國在考慮，是要俯首帖耳的「奴才」，還是獨立正直的「人才」？而散落在帝國各地的人才則在思考，到底是聽從內心的召喚行事，還是一味去追逐高官厚祿？

每一年，帝國的皇帝都要定期去社稷壇拜祭，且會屈尊牽一下牛、

鬆幾步路的土，以示帝國政府對農耕、對經濟民生的重視。這些象徵性的活動耗資巨大，有時還伴隨對扈從權貴、操辦官員和精挑細選出來的「勞動典型」的巨額賞賜。可是，這個國家的經濟主體不是皇帝，不是官員權貴，也不是衣不蔽體、食不果腹的佃農婢女，而是辛辛苦苦在自己那一畝三分地裡刨食、男耕女織、自給自足的自耕農群體。他們為帝國貢獻賦稅、徭役、兵源和忠誠，節衣縮食、擴大生產，推動帝國經濟平穩發展。

不幸的是，經濟發展的主要成果被統治階層霸占了。得到賦稅徭役，持續不斷供養的統治階層人員，因為經濟發展，大都良田萬頃、家財萬貫、經濟實力日益雄厚，反過來肆意貪婪侵吞自耕農們的家產土地。帝國經濟越繁榮，統治階層經濟勢力就越強，對自耕農們的侵害就越嚴重。這就好像一邊在築造堤壩（自耕農推動經濟），另一邊在同時挖堤（權貴階層迫害自耕農），而且挖堤的速度逐漸超出築堤的速度。自然有一天，決堤了，帝國轟然倒塌。

滾滾歷史車輪駛入近代之後，田園牧歌式的自然經濟，成分比重大幅下降，近代經濟成分比重上升。私營工商業和工商業主，開始活躍起來。無奈他們天生畸形，私營經濟發達不起來，經由國家資本主義形式，終被公有經濟取代。究其原因，官匪兵稅賦捐和動盪的時局，根本沒給近代私營經濟創造發展的舞臺。

私營工商業主階層和留洋歸來的知識分子們，在近代組成了傾心西式社會制度、呼籲向西方學習的主體力量。因為，平穩行駛了幾千年的中華帝國這條大船，日益僵化、保

守脆弱，但又盲目自大。進入近代，突然和風風火火闖進東方世界的西方文明迎頭相撞，船體自然毀損嚴重、傷痕累累。於是，向西方學習，成為多數志士仁人的一致看法——包括少數開明地主和統治權貴在內。但學習了西方語言，引進了西方機器，建造了西式樓房，甚至追捧起西方「更圓更亮」的月亮之後，中國社會依然絲毫沒有起色，繼續在積貧積弱的道路上一路狂奔。這是因為：任何器物、制度與文化，都離不開社會基礎的支撐。近代中國不存在容納、消化西方各項制度的社會基礎。中國人還沒有從心底做好準備，中國社會也沒有相應的結構調整。一九〇五年的預備立憲、一九一二年的總統大選，以及宋教仁積極倡導的議會政治，今日看來便顯得可笑悲壯。

考察人才問題、經濟問題也好；考察近代經濟的破產、西式制度移植的失敗也好，都發現有一個隱含的主角在幕後發揮作用。這便是——權力。

權力和人們追逐權力的欲望，始終廣泛存在於中國歷史的各個方面、各個時期。沒有權力的人，夢想獲得權力；擁有權力的人，需要表現權力——比如導致近代私營經濟破產的重要原因，就是權力過度干預經營活動、插手利潤分配。權力小的人，想擴大權力；處於權力金字塔頂端的人，要鞏固權力。權力鬥爭是絕對的零和賽局，是殘酷無情的，超越一切脈脈的溫情——中華帝國歷史上最殘酷的權力鬥爭，往往發生在擁有至高無上權力的皇室內部。

權力之爭還在帝國內部產生了環環相扣的「圈子」。不同的人為了同樣的目的（追逐權力），匯聚成不同的圈子。大大小小的圈子四處疊加，鑽營之徒以出入圈子為能事，從小圈子跑向大圈子；從低階層的圈子跑向高階層的圈子；從一、兩個圈子，發展成幾十個圈子。利益相同，大家抱成一團、嘻嘻哈哈；利益相左，立刻反目成仇、相互拆臺。

而游離在圈子之外的人是危險的，只有進入圈子，才有「好事分一杯羹、壞事相互兜著」的好處。在令人眼花撩亂的圈子內，貪贓枉法、營私舞弊被大事化小、小事化無。帝國的廟堂之上、衙門之中，人與人相見不問學識能力，也不問履歷資格，而是先拱手詢問：「敢問令尊名諱，官居幾品？」「兄臺仙鄉何處，授業恩師何人？」（家世、地域、科考這三項是組成圈子最普遍的要素。）

以上的五個問題：人才困境、經濟悖亂、權力鬥爭、派系傾軋和近代變革之難，是中華帝國難以克服的五大頑疾。至於宦官專權、後宮干政、游牧民族入侵，以及黃河決堤、長江氾濫等天災問題，帝國透過內部調整，都可以自己治癒。

本書是剖析帝國五大頑疾的通俗讀物。那麼到底什麼是五大頑疾的致病因子？這就需要諸位讀者翻開書去一一尋求答案。在尋求答案的同時，筆者也希望各位讀者能從中看到光明，收穫諸多知識上的快樂。這就是本書的意義所在。

謝謝大家。

第一篇　權杖光芒中的陰暗

　　沒有權力的人，夢想獲得權力；擁有權力的人，需要享受權力——大凡頭上有頂官帽的人，總喜歡視察工作、發表談話，招搖一下，生怕別人不知道他是九品官員；權力小的人想擴大權力，處於權力金字塔頂端的人想鞏固權力——歷史上最殘酷的權力鬥爭，往往發生在擁有至高無上權力的皇室內部。

　　又有哪個朝代沒有弒父殺兄、骨肉相殘的皇室悲劇？權力和人們追逐權力的欲望，廣泛存在於歷史的各個方面、各個時期。

假官行騙案：中國人為什麼熱衷當官

一

清朝乾隆年間，常州有個叫錢豁五的讀書人，書讀得不錯，文采也好，但就是科舉運氣不好。從小就參加科舉，一直考到壯年，連個秀才也沒有考上。沒有功名就當不了官，那時候的讀書人，當不了官，就很少有其他出路。做生意，錢豁五不會；當塾師，錢豁五嫌沒錢；上山修練，錢豁五的境界還沒到。剩下的就只有一條路了：混社會。

錢豁五在故鄉常州混了一段時間後，名聲臭了、欠債多了，混不下去，只好離鄉背井，遠投廣西。錢豁五先去投奔在廣西衙門裡當幕僚的一個族兄。錢豁五這個人很聰明，雖然沒資格當官，卻很快把官場裡上下其手、打通關節和來往公文等門路摸得一清二楚，知道幕僚、衙役和幫閑怎麼吃「衙門飯」。於是，錢豁五脫離族兄，自立門戶，私置官員的行頭，租房僱人擺起官員的架子，專做坑害、矇騙的勾當，其後又長期流竄於廣西、湖南、江西等地行騙。他最傑出的騙局，是誆騙江西學政。錢豁五得知新任江西學政是江蘇人，就在南昌置辦宅院，招攬江蘇戲班唱戲，然後以同鄉之情結交學政。學政大人在錢豁五的宅院裡樂不

思蜀，而錢豁五在外面以學政的名義招搖撞騙，聚斂了不少錢財。學政離任，錢豁五把錢財揮霍一空後，只得返回廣西。

無奈錢豁五在廣西的名聲也臭了，待不下去。錢豁五的「過人」之處，就在於他能在逆境之中策劃一齣「千里行騙」的鬧劇。只見他弄了個廣西巡撫衙門的大信封，黏上雞毛，再背上一套包袱，冒充廣西巡撫衙門的信使，取官道經兩湖、江西去浙江。這個「信使」也不急著送信，而是沿途一個一個驛站地歇息過去，遊山玩水、酒足飯飽之後，再前往下一站。「公費旅遊」到杭州後，驛官終於識破了錢豁五的把戲，將他扭送官府。這下看錢豁五怎麼玩下去？他若無其事，反過來開導錢塘縣令說，我是假冒官差沒錯，但你若將我查辦，豈不是連累了桂、湘、鄂、贛、浙五省的相關官員？錢塘縣令竟然覺得有理，一時難以決斷。更加戲劇性的是，一位常州籍御史聽說此奇聞，敏銳地意識到錢豁五是個精明能幹的同鄉，「人才」難得，他出面為錢豁五說情開脫，「撈」了出來，又把他介紹進鹽運使幕府。

鹽運使守著肥缺，正需要錢豁五這樣的人協助撈錢。主賓兩人臭味相投、相互配合，都賺得喜笑顏開。錢豁五身家過十萬後，還換了個名字，花錢捐了一個五品官。正當他得到貨真價實的頂戴花翎，準備在「正途」上大展身手之時，鹽運使被革職查辦，錢豁五也連帶被發配充軍去了，漫長的行騙生涯宣告結束。

錢豁五的騙局並不高明，為什麼能屢屢得手，沒有受騙者出來揭發他呢？其中奧妙就在於，錢豁五是冒充官員身分去行騙的。行騙時，錢豁五的官員身分頗能迷惑、嚇唬人，受害者的智商因為盲從或害怕而大幅下降；受騙後，受害者即使義憤填膺，也忌憚他的官員身分，害怕官官相護，只好忍氣吞聲。

比錢豁五的騙局稍晚，河南開封也出了一樁假冒官員行騙案。這個

騙局的層次更高，設計得更為巧妙。話說當時的河南省會開封城內的一處寺院，來了幾十個有北京口音的借住客。他們穿著打扮奢華高貴，不像是住不起客棧的人，更奇怪的是，他們入住後緊鎖門戶，禁止閒雜人等在門前窺探流連，搞得神祕兮兮的。很快，這咄咄怪事就被報告給官府，震動了開封官場。

原來時任河南巡撫剛遭到彈劾，官場盛傳朝廷正暗中調查巡撫。巡撫本人很緊張，底下官員們也很緊張。常在河邊走，哪能不濕鞋？要真查起來，巡撫的問題少不了；而底下多少人和巡撫「一榮俱榮，一損俱損」。大家正擔心著，突然來了幾十個低調神祕的北京人，巡撫等人怎會不緊張呢？

不會是朝廷查案的欽差來了吧？巡撫馬上派一個親信去寺院查探虛實。那個親信在寺院周圍守候到黃昏，才看到有個人從寺院裡走出來。那人很年輕，太監打扮，一副不諳事務的模樣，提著一隻葫蘆去沽酒。巡撫親信尾隨其後，尋機與他搭訕。那年輕人警惕性很高，沒搭理巡撫親信。親信不氣餒，第二天守在原地等，果然又等到那個年輕人。年輕人還是不搭理親信，親信就搶著替他付酒錢，又邀請他喝酒。年輕人不再排斥，落坐和親信邊喝邊聊。等寒暄一番後，巡撫親信開始套年輕人的真實身分。年輕人告訴他，聽說河南巡撫貪贓枉法，自己跟隨主子前來密訪，一旦查到確鑿證據，就回京覆命。臨別，年輕人再三囑託巡撫親信，不要告訴第三個人。

親信一轉身，就報告給巡撫。巡撫寧信其有，不信其無，第二天帶著大小官員，前往寺院拜訪。院門緊閉，巡撫等人正躊躇著，突然聽到院子裡傳來呼爹喊娘的慘叫聲，中間夾雜著棍棒呼嘯聲。叫聲一聲慘過一聲，讓外面一干人等直皺眉頭。好一會，慘叫聲停了，院門突然打開，兩個差役打扮的人，拖著一個奄奄一息的人出來了，地上畫出一條

血跡。巡撫親信一看，這被打得不成人樣的人，正是昨日的年輕人，趕忙耳語告訴巡撫。巡撫和大小官吏大驚失色，立刻整理衣裝，由巡撫大人領頭，一一報名求見。

一干人等被帶進一個房間，看到一位穿黃馬褂、戴珊瑚頂、插孔雀翎的老者。巡撫等人正要向他行禮，那老者擺擺手，指著坐在一旁的少年說：「大爺在此，可行禮。」巡撫一想，幸虧剛才膝蓋沒跪下去，敢情主子另有其人。仔細一看，那少年相貌清秀、氣質高傲，周圍的人對他畢恭畢敬，極可能是京城裡的哪位貝勒。巡撫急忙向少年行大禮參拜，少年點點頭，示意老者躬身過來，低聲向他說了些什麼。老者應了聲，仰身對巡撫等人說：「我們明天就回京了，不給地方添麻煩了。都回吧！」

懷著忐忑的心情，巡撫回去後，深信自己的前途就繫在那個少年欽差身上了。看樣子，欽差找到了不利於自己的證據，要回京覆命了，自己頭上的頂戴難保。巡撫越想越害怕，連夜悄悄送一萬兩銀子進寺院。第二天欽差就要走了，巡撫抓緊一切機會巴結人家，一大早就帶著開封大小官員在城門口擺下酒宴，預備為欽差大人餞行。等了一上午，欽差沒有來，派人去寺院「問安」，發現早已不見欽差的人影。

原來，根本就沒有欽差，這一切都是騙子集團表演的。他們專門蒐集各地的官場消息，對官員的升遷和心理揣摩得相當仔細，然後針對性地展開行騙。河南巡撫擔心頂戴落地，騙子集團就有了行騙的基礎，讓他掉進陷阱中了。

中國古代假冒官員行騙的案子層出不窮。除了前面提到的直接假冒外，還有兩種不算嚴格意義上的假冒行騙：第一種屬於「狐假虎威」的做法。古代官員或準官員階層享有許多特權，比如不用納稅。於是就有商旅僱傭官員或舉人等同行，假冒是該名官員或舉人的貨物，沿途逃避

商稅。這在流失國稅的同時，也為官員、讀書人帶來許多額外收入。北宋蘇軾在杭州當官時，下屬抓到一名逃稅商人。這商人不知道蘇軾已經調任杭州，還以汴梁蘇府的名義採購貨物，貼上假冒的蘇東坡題籤逃稅。蘇軾知情後，很豪爽地幫這個商人寫了真的題籤，讓他往返行商。像蘇軾這樣的真官，對逃稅商人網開一面，畢竟屬於特例，更多的官員是憑恃特權，對商旅盤剝，因此才有假官現象出現。同一時代，就有許多姓趙的無賴偽造出生資料，私刻王府印記，假冒宗室子弟，打扮成宗室的模樣出入州縣衙門，包辦刑獄，騙取賦稅，敲詐商旅，甚至行兇打人。直到事情鬧大了，這些假宗室才鋃鐺入獄。

第二種現象是「編制外官員」擠入官員行列，吃起「衙門飯」。他們分擔部分政府權力，在百姓眼中就是官員，但並不名列正式法律文本之中，沒有正式的任命文件。晚清李榕曾揭露編制外衙役的生財之道：「劍州（四川劍閣）有查牌差役，或四五人，或七八人，四散於鄉，不知其差自何時，所查何事，鄉人但呼之曰查牌而已。所到之處，市鎮街坊頭人，或為具酒食，或量給盤費。臨路小店及鄉僻零星之戶，必索一餐。自道其苦差，而亦莫敢有抗之者。遇有酗酒、賭博、偷竊瓜果雞狗之賊，鄉愚不忍小忿，若輩竄入其中，橫架大題，動輒黑索拘拿，視其肥瘠而訛之，從未有事發到官者。」可見，這些編制外的衙役假借公務（查牌），一方面免費吃喝、役使百姓，一方面尋機敲詐勒索百姓，吸的都是民脂民膏。他們尚且是整個系統的「小蝦米」，更高級的大魚大蝦的生財門路就更讓人咋舌了，百姓們受到的壓迫和危害也就更重了。

為什麼人們前仆後繼假冒官員吃衙門飯呢？因為官員身分能帶給他們巨大的收益。中國人都知道，當官好，因此人人都想當官。哪怕只能擺一天官老爺的架子，人們都趨之若鶩。順帶，假冒官員儘管不能獲得真官那樣的長久待遇，但享受到身為官的短期甘露，也總比冒充農民、工人或商號老闆的收益高得多。

二

都說當官好，那麼當官到底有哪些好處，能好到讓外人擠破腦袋也要往裡面鑽，鑽不進去，就算是冒充，也要過一把官癮呢？

首先，古代官員的收益很高。

官員的法定收益由以下幾部分組成：一、俸祿。包括正俸、職錢、服裝等實實在在的錢物。以清朝中期一個中級官員為例：縣令的年薪資為四十八兩白銀，儒學教授的年薪資為五十兩白銀，折合成現在貨幣，大約在四至五萬元之間，已經足夠負擔正常的日常開銷了。二、免費開銷。包括得到菸茶酒糧薪炭等實物、免費使用驛站和辦公場所等。如果擔任實職，官員還能免費使用官衙，入住富麗堂皇的府邸，幕僚隨從的部分費用也能由官方買單。元朝之前，朝廷還「授田」給官員，按照級別高低，授與不同數量的良田，解決官員的「吃飯」問題。各級官府都開有官辦的醫館或配備醫生，官員可以免費獲得醫療和藥物。這些開銷都不是具體的錢財可以衡量的，單單醫療一項就是無底洞，而官員可以免費享用。三、免費勞力。官員能任意指使下屬和差役。官員許多非公事務，比如搬家、過生日、老婆買胭脂、兒子選學校等，不用他明說，總會有人熱情、主動地提前替他做好。如果僱人來做，這些私人事務會耗費官員不菲的錢財。四、退休薪資。官員退休，一般能從朝廷得到一筆退休費，且領取從退休前薪資百分之五十到幾倍不等的退休金。五、不定期的賞賜。皇帝身為大老闆，經常會在特殊日子發給表現好的員工獎金——比如過年、過生日、天下大豐收或出現祥瑞……等。張三把皇帝伺候高興了，皇帝隨手把書桌上的一幅書法賞給張三。張三回家仔細一看，竟然是東晉王羲之的真跡，張家這下子就發達了。六、養廉銀收入。清朝雍正帝即位後，朝廷考慮到官員「收入偏低」，為了防止官員因為窮困而貪汙腐敗，向官員頒發「養廉銀」。這筆養廉銀遠高於正式

薪資，比如總督每年養廉銀超過一萬兩，而正式薪資不過一百八十兩。有了以上這六項法定收益，一個人從進入官場到死，都不用擔心生活品質問題了。難怪白居易會寫出「月俸百千官二品，朝廷僱我作閒人」的詩句。

官員還有大量非法定、但不算非法的收入。《官場現形記》曾生動描述地方官吏的這類收入：「向來州、縣衙門，凡遇過年、過節以及督、撫、藩、臬、道、府六重上司或有喜慶等事，做屬員的孝敬都有一定數目，什麼缺應該多少，一任任相沿下來，都不敢增減毫分。此外還有上司衙門裡的幕賓，以及什麼監印、文案、文武巡捕，或是年節，或是到任，應得應酬的地方，亦都有一定尺寸。至於門敬、跟敬，更是各種衙門所不能免。另外府考、院考辦差，總督大閱辦差，欽差過境辦差，還有查驛站的委員，查地丁的委員，查錢糧的委員，查監獄的委員，重重疊疊，一時也說他不盡。」

官場內外的人都很難說清楚官場的非正常收入到底有哪些、有多少，「重重疊疊，一時也說他不盡」。具體情況要具體分析。比如京官有各式各樣的地方要孝敬。一個道臺離京赴任，京城裡各方面都要打點到，比如要送給各位軍機大臣百兩告別金、送給軍機處的各個辦事人員幾兩到幾十兩，如此類推，送遍各部督署衙門，沒有一萬兩銀子，他這個道臺還真離不了京。又比如舉子和新官進京，需要同鄉京官出具身世清白的證明。各省京官就自發組織起來，向同鄉出售證明文書。他們根本就不認識那些小老鄉，也不需要認識他們，只要留印章在年長者處預備蓋章即可。同鄉京官定期劃分這筆收入，定期更換掌印的年長者。對地方官來說，能帶來額外收入的陳規陋習就更多了，單單他們在稅收上做的手腳，就夠他們吃好幾輩子。例如地方徵收皇糧官稅，在儲存、運輸的時候難免有損耗，因此朝廷允許各地「酌情」提高一點稅率來彌補

這部分損耗。明朝之後，各種賦稅折合成銀兩徵收。老百姓交上來的散碎銀子，需要官府鎔鑄成官銀，由於成色不同和製作有別，難免造成損耗，朝廷也允許各地適當加徵銀兩。額外徵收的部分，完全由地方官說了算，徵多少、用多少、怎麼用，都是不違法且缺乏監督的。這就是「耗羨」陋規。清朝中期，各地方稅銀每兩加徵四至五錢不等，官糧一石加徵二升到一斗幾升不等，除了彌補正常損耗之外（正常損耗率不會高達百分之四、五十的），剩餘銀糧全都進入州縣官員的私囊，成為包括清官在內、整個官場公開的收入。貪婪之徒，往往到任即提高耗羨標準，甚至有加徵比例超過正稅本身的。

各項收入合計，一個官員一年能賺多少呢？清朝一個知府，不貪不占，一年收入穩定超過一萬兩，而且還能獲得百姓讚譽。所謂「三年清知府，十萬雪花銀」，並非虛言。在西部小縣城，典吏（縣領袖團隊成員）的年收入超過一千兩白銀，一般差役（編制外人員）年收入也在一千兩左右。

這是什麼概念呢？北京城的一間平常四合院，售價在二百兩銀子左右，這還算是高房價（京城地段好，買的人非富即貴）；南方一畝農田的售價在四至五兩銀子之間，這還得是良田。一個典吏如果不吃、不喝、不應酬，一年下來可以在北京買五間宅院，或在南方置辦百畝良田。

我們再拿官員的收入和其他行業作橫向比較。一位教書先生，一年的館金在十至二十兩銀子之間；一位成功的小商人，順利的話一年能賺一至二百兩銀子。這兩個行業還是社會上賺錢比較多的行業，客棧小二、飯店夥計、通州碼頭搬運漕糧的苦力、茶馬古道上的馬幫嚮導可賺不了這麼多錢。光緒年間，美國駐華公使何天爵從天津來北京，僱傭搬運行李的苦力，走完全程只討要酬金幾個銅板，而且還自帶乾糧。中國

勞動力之廉價，讓何天爵瞠目結舌。中國是一個人口眾多但資源相對匱乏的國家，就業的壓力極大，多數中國人需要為生計而奔波勞累。人人都有趨利本性，本能地擠向高收入的行業。如果算入免費醫療、退休薪資等隱性收入，官員的收入無疑處於行業金字塔的頂端。如此一比較，中國人完全有理由擠破頭皮、各顯神通去爭奪有限的官場職位了。

　　其次，古代官員社會地位高，擁有諸多特權。官員的地位高、特權多，是有目共睹的，「肅靜」、「迴避」的儀仗在那裡擺著呢！它也可以從假冒官員的騙術中得到反證。騙子行騙，往往藉口他能夠打關節、包攬訴訟，有時甚至是幫忙傳話給高官。受害者上當、受騙背後隱含的邏輯就是：他們相信官員個人能夠決定攸關自身利益的大事，而不是表面上的官府或公文。所以他們要巴結相關官員，而官員的特權也展現在這個地方。更神奇的是，騙子迷惑受害者的把戲，有的是手裡拿著衙門的公文或令牌；有的是能夠在官府自由出入；有的是能夠見到相關的辦事官員；有的則僅僅是穿戴舉止像官員。受害者就衝著這些，便對騙子深信不疑，官員的「特殊能量」，從中可見一斑。

　　如果一定要列舉官員的特權，只要列舉兩項，就能讓平民百姓嫉妒得兩眼發光。古代官員有通暢的升遷機制。比如宋朝對文官三年一「磨勘」、武職官員四年一「磨勘」，也就是考核你這個人的德能勤智勞，沒有大錯就都給考核通過，一通過就可以升官，升官後各種待遇跟著水漲船高。到明清時期，定期考核就是走過場而已，人人皆大歡喜，有人被考評為不盡忠職守，反而成為咄咄怪事。熬了三、五年，古代官員就能升一級，沒有實職授予，也會有更高的待遇等著他，其他哪個行業能保證一個從業者短時間內一路升遷呢？

　　第三，古代官員能解決子孫就業問題。朝廷允許官宦子孫接班當官，負責幫官員家人安排工作，也就是「蔭補」制度。一定級別官員的

近親，可以在一定條件下，不用考核、不用競爭，進入官場。皇帝過生日，或聽到某個官員退休、死亡，往往會大發隆恩，授予官員子弟官爵。各朝還有世襲的官職，用來報答官員的功績或交換他們手中的權力。比如大名鼎鼎的司馬光、戚繼光，就出生在世襲官宦家庭，年紀一到就能當官。

為什麼年輕人蜂擁而上，去擠官場的獨木橋？這就好像買賣「期權」一樣。雖然進入之後只是底層小官僚，但只要沒有謀反叛逆、攻擊首領的行為，都會定期得到提拔。穿上官服的那一天，絕大多數的年輕官員，都能看到購得的權力期權的日後收益。這個投資收益既高且幾乎沒有風險，而且還可以惠及子孫。

最後，古代官員職位穩定，進入官場等於捧得一個鐵飯碗。任命官員容易，裁撤官員困難。不信，你試試看。正式編制的官員，比如縣令、知府、巡撫和幫皇上端盤子的太監，你能裁撤掉哪一個？就算是編制之外的、吃衙門飯的大大小小的胥吏、差役等人，也裁撤不了，「一個都不能少」。

農民出身的皇帝朱元璋即位不久，驚奇地發現自己竟然要發給許多並不在員工名冊裡的「閒人」薪資，大發雷霆。比如朱元璋發現衙門裡的役吏卓隸，依附官威，不務正業，一意害民，僅松江府就有一千三百五十名「編外官吏」，蘇州府有一千五百二十一名。朱元璋痛心地看到自己精挑細選僱傭的官員們坐上位後，一心享受政府的陽光，另外僱傭了大批幕僚衙役胥吏來做事，把繁雜的政務都推給後者。而這些編外的臨時工坐穩位置後，接著再僱傭「二等臨時工」，把令人嫌惡的工作又推給後者做，自己坐享其成。這樣，政府機構越來越龐雜，吃衙門飯的人越來越多。「若必欲搜尋其盡，每府不下二千人。」編制外人員和編制內官員的比例是多少呢？道光年間，四川巴縣吃衙役飯的約

有七千人，而朝廷給該縣額定的官吏編制是七十個。也就是說，幫閑之人和法定官吏的比例是一百比一。後來，朱元璋雷厲風行，專門治理官僚隊伍的膨脹問題，抓編制、抓透明度，規定各省、府、州、縣衙門都要把皂隸差役的名額張榜公告，「除榜上有名外，餘有假以衙門名色，稱皂隸、稱簿書者，諸人擒拿赴京」。在他統治時期，明朝的官員編制控制得比較嚴格，也發生過百姓將狐假虎威的「官場臨時工」扭送朝廷的事件。但他一死，制度就廢弛了，明朝成為官場最腐敗的朝代之一。

　　嘉靖皇帝即位時，內閣首輔楊廷和借新皇帝登基之際，用登基詔書的形式，裁撤編制外人員十四萬八千七百人，僅口糧一項，每年就可為朝廷節省漕糧一百五十三點二萬石。應該說這是一件對國家有利的事情，但對楊廷和個人極其不利。此後楊廷和上下班都要由嘉靖皇帝特旨派遣的上百名禁軍團團護衛，否則就會有生命危險。因為遭到裁撤的人，都是花費各種成本混入官僚隊伍的，將生計都寄託在上面了，楊廷和砸了他們的飯碗，他們哪會善罷甘休，還不把楊廷和視為頭號仇敵，除之而後快？找七大姑、八大姨向楊廷和施加壓力、扛出老爸、老媽到楊家上吊抹脖子、破壞楊廷和的轎子、對他的馬下毒……這都算是輕的。被裁撤掉的人，把楊廷和的汙點、犯錯等文件送到嘉靖皇帝的案頭，甚至朝楊家射箭、埋伏在楊廷和上朝的必經之路旁伺機行刺……考慮到這些危險因素，嘉靖皇帝調動禁軍，保駕護航楊廷和就完全可以理解了。

三

　　人人熱衷當官，官場必然膨脹。唐太宗用一個詞形象地總結了官場膨脹的惡果：十羊九牧。十隻羊竟然需要九位牧羊人，對羊來說是多麼

沉重的監管啊！整個牧場又怎麼能興旺發達？

明末清初的名士侯方域曾在《壯悔堂文集》中，從賦役角度分析官員膨脹的惡果：百姓要承擔賦稅，進學校讀書者可以免除，當吏胥也可以免除，免除的結果是什麼呢？十人中逃避掉一人，就須把那個人逃避的份額加在剩下的九人中；百人中逃避掉十人，就要將那十人的份額加在剩下的九十人裡。如此惡性循環，老百姓的壓力越來越大，百姓進入官場的競爭越來越激烈，難以禁止。於是，天下的生員和胥吏漸漸增加，百姓漸漸減少。剛開始還是學校學生和胥吏把壓力加在百姓頭上，後來就是百姓和百姓惡性競爭了。歷史學家將之稱為「淘汰良民定律」。在人人熱衷官場的時代，良民只有三種出路：或者擠入官吏隊伍；或者死於溝壑；或者淪為盜賊。

無獨有偶，民國時期著名實業家、民生公司總經理盧作孚，在一九四八年批評中國的教育說：「國家之所以弄到今天全無辦法，情勢非常可怕，就是因為這種讀書人太多了！在農村，本來可在田裡做莊稼的小孩，讀了書就不能做莊稼了，往哪裡去？到都市，到政府機關去。此外便無事可做了。在都市，商店裡的小孩，本可做生意的，讀了書也不能守商店了，往哪裡去？往更大的都市，還是往政府機關去。在工廠，工人的小孩，讀了書，還是不得當工人了，往哪裡去？如無更多的銀行、公司，還是到政府機關去。目前中國每年中學畢業的學生以十萬計，大學畢業的也以萬計，讀書人年年增加，政府機關的人也年年增加。如果一國人口，全讀了書，豈不全是公務員，沒有一個老百姓了？」

西方政治學理論認為，政府的產生是百姓為了保護財產和安全，透過契約的形式，將部分權力授予政府。在本質上，政府來源於百姓，要為百姓服務，也就是俗語說的：「當官不為民做主，不如回家賣番薯。」

所以當官場中人以滿足自身享受和發達為目的時，當官就異化成為一個行業、一個飯碗，背離了建立官場的原始目的。

一個社會，人人都去當官，而不是直接投入創造財富的活動，全社會的財富累積和社會活力，便令人擔憂。

傳子不傳賢：太子是白痴，怎麼辦？

一

西晉初年，全天下都知道晉武帝司馬炎的太子司馬衷是個白痴。司馬衷的白痴是先天性的，是那種一眼就能看出來不正常的白痴。他從小就不會正常走路，快十歲了還口齒不清，分不清大豆和稻米的差別，更談不上讀書寫字了。

有兩件事，可以說明司馬衷愚昧無知到何種程度：

第一件事，是在某一年的夏天，成年後的司馬衷帶著隨從到華林園遊玩。走到一個池塘邊，一行人聽到池塘裡傳出青蛙叫聲。司馬衷覺得很奇怪，於是便問隨從：「這些亂叫的東西，屬於官家呢？還是屬於私人？」隨從們聽到這樣的問題，心裡覺得好笑，但嘴上又不知道怎麼回答才好。其中一個隨從對司馬衷的愚昧問題或許習慣了，急中生智應道：「在官家裡叫的，就屬於官家；在私家裡叫的，就屬於私人。」司馬衷覺得很有道理，頻頻點頭。

第二件事情，是某年天下災荒，百姓流離失所，四處可見餓死的人。在朝廷上，自然有大臣議論起這件事情。司馬衷突然發問說：「這

些人沒有飯吃，為什麼不去吃肉粥呢？」大臣們哭笑不得。

這位明顯愚昧、連生活都無法自理的人，怎麼就成為太子了呢？

司馬衷是司馬炎和楊皇后嫡生的次子。司馬衷的哥哥司馬軌早夭，司馬衷很自然地成為皇位的第一繼承人。他被立為太子時，只有九歲。史書上沒有任何關於司馬衷立太子爭議的記載。也許對一個九歲的孩子來說，還沒有接觸朝廷大臣；而且太子年紀也小，反應遲鈍一點並不會被視為大事情，所以群臣沒有就司馬衷被立為太子一事提出疑問。同時，司馬衷的生母是皇后，正得到司馬炎的寵愛，大臣們想必也不敢公開反對。

隨著司馬衷一天天長大，難以掩飾的智力缺陷暴露出來。人們不禁在心中發問：「太子將來能否能勝任天子寶座？是不是應該及時更換太子？」

最先對司馬衷的能力提出懷疑的，是他的父親晉武帝司馬炎。

史載：「帝以皇太子不堪奉大統，密以語後，後日：『立嫡以長不以賢，豈可動乎？』」可見司馬炎認為自己的這個兒子勝任不了統治天下的重任，曾經悄悄地和皇后透露想更換太子的想法。但是楊皇后非常祖護司馬衷，勸丈夫說：「自古以來，立嫡長子，而不考慮其能力高低。這樣的老規矩怎麼能更改呢？」晉武帝的另一個寵妃趙氏，得到了楊皇后的好處，「衷只不過是幼時貪玩，不長進。小時候就顯露出超常能力的人畢竟是少數。太子將來必大器晚成，繼承大統。」耳根軟的司馬炎被枕邊風一吹，也就打消了更換太子的念頭。

繼而朝野上下對司馬衷也不滿意，希望另立太子。

咸寧初年（二七五），司馬衷到了出居東宮的年紀，開始接觸外廷大臣。隨著太子獨立建立東宮，朝野對其能否治理國家的懷疑越來越重。咸寧二年，晉武帝患病，病情還滿嚴重。朝野一度開始考慮最高權

力轉移的問題。多數人屬意司馬炎的弟弟──齊王司馬攸，希望以司馬攸來取代無知的司馬炎。齊王妃是賈充的長女。河南尹夏侯和就對賈充說：「你的兩個女婿（司馬衷也是賈充的女婿），親疏相等。但是『立人當立德』，希望你能夠參與更立太子的行動。」賈充默默不答。後來晉武帝病癒了，聽說這件事後，將夏侯和調任為有名無實的光祿勳（原來的河南尹掌握首都及周邊地區的政權），並奪去賈充的兵權，公開表示對太子司馬衷的支持。司馬炎如此處理，一時間朝野上下不敢再提太子的能力問題。

就在大多數朝臣明哲保身，對太子一事默不作聲的時候，少數幾位重臣以自己的方式進行勸諫，試圖讓司馬炎相信司馬衷能力太差，實在不是做皇帝的料。有滅蜀大功的衛瓘就是其中之一。史載：「惠帝之為太子也，朝臣咸謂鈍質，不能親政事。」衛瓘很想勸皇帝廢掉太子，但每次想開口，都找不到合適的時機和話題。後來有一次，司馬炎在凌雲臺舉辦君臣宴會，衛瓘裝成大醉的樣子，就勢跪在晉武帝的榻前說：「臣有些話想啟奏皇上。」晉武帝就說：「你想說什麼呢？」衛瓘三次都欲言而止，最後只是用手撫著晉武帝的座位說：「此座可惜了啊！」晉武帝非常聰明，一下子就明白了。他將錯就錯地說：「你真的喝到大醉了。」衛瓘從此閉嘴，不再就太子廢立一事說話。侍中和嶠是另一位勇敢提出太子廢立意見的大臣，只是他採取的方式非常直接。和嶠怎麼看司馬衷，都覺得是一個白痴，就趁自己經常陪侍皇帝左右時，說：「皇太子有淳古之風，這是好事，但現實是非常複雜的。恐怕將來就不僅只是陛下的家事。」司馬炎聞言，採取的對策是默然不答。

大臣們的勸諫，多少還是對晉武帝產生了影響。他對群臣的意見雖然可以充耳不聞，或採取間接的手段打壓，但他身為西晉王朝的開國帝王，不可能在有關子孫後代、帝王萬世之業的事情上馬虎從事。沒有比他這個父親兼皇帝的，更明白司馬衷的實際情況。司馬炎想再測試一下

已經長大的太子的實際能力。

司馬炎的測試方法，就是派遣幾位朝臣去考察太子，看太子是否能夠承擔統治大任。他選中的朝臣是和嶠、荀顗、荀勖三位侍從近臣。司馬炎說：「太子近日入朝，我看他有所長進，你們三人可以一起去拜訪太子，談論世事，看看太子的反應。」三個人就按照皇帝的吩咐去做，回來的時候，顗、勖兩個人都稱太子明識弘雅，誠如明詔，沒有問題。和嶠則說：「聖質如初爾！」（還是和以前一樣！）司馬炎很不高興，離席而去。

司馬炎決定親自驗證太子，考考傻兒子處理政務的能力。一次，晉武帝將東宮大小官屬都召到身邊，為他們舉辦宴會。暗地裡，司馬炎密封了幾件疑難的政務，讓人送去給太子處理。他的想法是：「我已經將太子身邊所有的人都支開了，現在就只能由太子自己來處理這幾件疑難問題了。如果處理得好，就證明了太子的能力沒有問題。如果處理不好，就是太子無能了。」

司馬衷連五穀都分不清楚，哪能處理疑難政務？只能呆呆地看著父親送來的文件。正當他要將空白紙送還給父親時，太子妃賈南風非常害怕，忙找外人來當槍手，幫傻丈夫作答。估計她請來的是迂腐的學者，文件處理得旁徵博引，洋洋灑灑。賈南風看了答詔，非常滿意。但是給使（宮中的侍從）張泓在旁邊看了以後，提醒說：「太子不學無術，這是皇上非常清楚的事情。現在的答詔引經據典，文采飛揚，皇上肯定不相信是太子本人寫的，一定會追究作弊的人。此答詔根本過不了關，還不如直接用一般語句把問題給說清楚呢！」賈南風大喜，忙對張泓說：「來，你幫我好好作答，成功了與你共享富貴。」張泓平素有些小才，於是用一般語句把所有疑難政務的處理對策述說清楚，之後請太子抄寫一份。

司馬炎看了太子抄的答案，覺得雖然用語簡陋粗淺，但還是將所有問題都交代清楚了。他很高興。從此，司馬炎對司馬衷基本上感到滿意，廢立太子的風潮再也沒有出現過。他先將太子「處理」的政務，交給太子少傅衛瓘看。衛瓘先是非常吃驚，進而異常惶恐。大家都知道衛瓘先前有廢立太子的意思，現在見此，忙稱萬歲。事後，賈充曾暗地裡派人告訴女兒賈南風：「衛瓘老奴，幾破汝家。」

司馬衷地位得以鞏固的另一個原因，是他生下了一個好兒子司馬遹。司馬炎非常喜歡孫子司馬遹，這為司馬衷太子之位的鞏固加分不少。皇孫司馬遹乖巧聰慧，司馬炎一度想將皇位傳給司馬遹，因此易換太子的想法也就更加淡薄了。

西晉之後，有傳聞說司馬遹其實是司馬炎的私生子，所以司馬炎特別喜歡司馬遹，同時為了掩飾自己的過錯，也為了傳位給私生子，所以才鞏固了白痴兒子司馬衷的太子之位。

這得從司馬遹的生母謝玖說起。謝氏容貌清秀，美麗大方，很小就被選入晉武帝後庭當才人。司馬衷九歲被立為太子時，朝廷就開始準備太子妃的人選。「武帝慮太子尚幼，未知帷房之事。」也就是說，司馬炎怕自己的兒子不知道兒女之事，決定先派個人啟蒙司馬衷。司馬炎挑選的就是身邊的才人謝氏。謝才人陪伴司馬衷一晚，就懷孕了。性情殘忍嫉妒的賈南風成為太子妃後，對東宮的嬪妃恣意殺戮，獨獨對謝才人不敢胡來。謝才人也知道自己的處境，請求回到司馬炎身邊，然後生下司馬遹。司馬炎對司馬遹非常寵愛。幾年後，司馬衷進宮朝見父皇，看到一個三、四歲的小孩子，和自己的幾個弟弟一起玩耍，非常可愛，便走過去拉著那個小孩傻笑起來。晉武帝遠遠望見，走到司馬衷跟前，對司馬衷說：「這是你的兒子啊！」這段故事被記載在《晉書》中，引來後人無數猜疑。

二

除了司馬衷外，難道司馬家族就沒有其他智商正常、能力出眾的政治繼承人嗎？

有。那就是司馬炎的胞弟，即齊王司馬攸。司馬攸為人「清和平允，親賢好施，愛經籍，能屬文，善尺牘」，聲名良好，「才望出武帝（司馬炎）之右」，不論血統還是能力，都有繼位的資格。司馬炎的兒子不適合，為什麼不傳位給親弟弟呢？

齊王司馬攸是晉武帝司馬炎同父同母的弟弟。當年，司馬炎的父親司馬昭見哥哥司馬師沒有兒子，就把自己的二兒子司馬攸過繼給哥哥做兒子。後來，司馬師逝世了，司馬昭掌權成為晉王，期間多次想把二兒子司馬攸立為世子。當時司馬昭每次見到司馬攸，都拍著自己的座位，親暱地用小名招呼二兒子說：「桃符，這是你的座位啊！」史載司馬攸「幾為太子者數矣」。

司馬昭老的時候，一度非常想把自己的權力重新轉移給哥哥司馬師一系，也就是傳給司馬攸。說到底，傳給司馬攸，也就是傳位給自己的親生兒子，司馬昭非常希望能見到這樣的結果。但是左右親信何曾、賈充等人勸諫司馬昭說：「中撫軍（指在魏國擔任中撫軍，新昌鄉侯的司馬炎）聰明神武，有超世之才。他發委地，手過膝，此非人臣之相也。」他們堅決反對將權力轉移回司馬師一系。司馬昭見親信反對，又加上司馬炎畢竟是嫡長子，能力也不錯，才打消了以司馬攸為繼承人的念頭。但是在司馬昭臨死時，他還掙扎著向司馬炎、司馬攸兄弟講解漢朝淮南王、魏朝陳思王與當兄長的皇帝之間不相容的故事，勸誡兩人友愛相扶。司馬昭更是拉著司馬攸的手，要司馬炎好好對待弟弟。

司馬炎的母親王太后臨死時，也流淚對司馬炎說：「桃符性急，而

你又不慈愛。我死後，恐怕你們兄弟不能相容。希望你這個當哥哥的能夠友愛自己的弟弟，勿忘我言。」

司馬炎成為晉武帝後，封齊王司馬攸「總統軍士，撫寧內外」。司馬攸在政治實踐中立了許多功勞，威望越來越高。司馬攸對晉朝以及自己封地內的官吏、人民恩養有加，「時有水旱，百姓則加振貸，十減其二，國內賴之」。他做人「降身虛己，待物以信」，並不時勸諫晉武帝務農重本，去奢即儉。到司馬炎晚年，各位皇子年弱無力，而太子司馬衷又是明擺著的愚昧無知。朝臣內外大多屬意齊王司馬攸繼位。

司馬炎的確像父母擔心的那樣，對人不夠寬容，即使是對親弟弟也一樣。司馬攸的功勞及威望的增加，讓司馬炎總覺得備受威脅。他並不希望將皇位傳給弟弟。當時晉武帝左右一些反司馬攸的大臣則抓住皇帝的心思，迫害司馬攸。中書監荀勖、侍中馮紞等人害怕晉武帝死後司馬攸繼位，會對自己不利，就一直在晉武帝耳邊說司馬攸的壞話。他們說：「陛下萬歲之後，太子不得立也。」晉武帝大驚，問：「為什麼？」荀勖就乘機說：「朝內朝外官員都歸心於齊王，太子又怎麼能得立呢？陛下如果不信，可以假裝下詔書，要齊王回到封地去，肯定會出現舉朝以為不可的局面。」馮紞也進一步說：「陛下讓諸侯歸國，這是國家制度。親人理應遵守。皇上至親莫如齊王，他應該首先響應命令，離開京城回到自己的封地。」晉武帝對弟弟的猜忌，被這幾個人的話語挑唆，他認為很有道理，於是下詔令，先把濟南郡劃入齊國封地，增加了弟弟的封地，再封侄子——即司馬攸的兒子司馬寔——為北海王，又贈黃絨朝車等儀物，最後命齊王司馬攸回封地就藩。

詔書下達後，朝中王渾、王濬、羊琇、王濟等一幫大臣紛紛勸諫。大家認為齊王是皇上至親，應該留京輔政。一些大臣還抬出司馬昭、皇太后的遺命，引經據典，勸晉武帝收回成命。司馬炎不聽，認為「兄弟

至親，今出齊王，是朕家事」。

　　齊王司馬攸當時正在生病。他知道哥哥猜忌自己，也知道荀勖、馮統等人對自己不利，就上書乞求要為死去的生母王太后守陵。司馬炎不允許，還連下詔書催促。眼見催促就藩的詔書一道比一道急，司馬攸急火攻心，病勢加劇了。司馬炎卻更加懷疑弟弟是在裝病，為了查明弟弟是否真的生病，他不停地派宮中御醫到齊王府診視。御醫們久在皇帝身邊，自然知道晉武帝的心思。他們為了自身的利益，回宮後都稟告說齊王身體安康，並沒有生病。司馬炎自然更加相信弟弟是在裝病，由此對司馬攸越來越不滿了。

　　司馬攸的病情一天比一天加重；司馬炎催促上路的詔書也一天比一天多，一道比一道嚴屬，沒有絲毫轉圜的餘地。司馬昭夫婦生前擔心的事情終於發生了。司馬攸性情剛烈，見事情無法挽回，就掙扎著換上一身新朝服，梳洗穿戴停當，入宮面辭晉武帝。他雖然病得連路都走不穩，精神疲憊到極點，卻還強撐著行儀，給人舉止如常的印象。晉武帝見了，更加認定弟弟是在裝病。在宮中，兄弟兩人例行公事，司馬攸辭行回封地去了。沒幾天，病入膏肓的司馬攸就在路上吐血身亡，年僅三十六歲。

　　司馬炎接知齊王的死訊，才知道司馬攸不是裝病，是真的病死了。他不禁悲從中來，慟哭不已。畢竟齊王是自己的至親。馮統卻開導司馬炎說：「齊王矯揉造作，聚攏天下人心。現在他暴病身亡，是社稷之福。陛下不必如此哀痛。」司馬炎想想，也不無道理，就停止了哭泣。

　　朝廷為齊王操辦了隆重的葬禮。臨喪之時，司馬攸的兒子司馬冏伏地嚎哭，控訴御醫指證父親無病，耽延了診治。司馬炎臉面無光，也就順坡而下，處死了先後派去為齊王診病的御醫。一場皇位繼承的較量，就以司馬攸的徹底失敗而告終。

三

在太子位更易的較量中，司馬炎是勝利者。但是沒有出場的司馬衷也是勝利者，而且是更大的勝利者。

司馬衷太子之位的確立和鞏固，是許多因素相互作用的結果。比如楊皇后對晉武帝的勸告，賈充及其黨羽對司馬衷的支持，太子妃賈南風的作弊，皇孫司馬遹的聰慧……等。但晉武帝司馬炎身為決策者，要為白痴皇帝的出現承擔主要的責任。司馬炎受主觀意願的影響，偏聽偏信。一方面，他堅持嫡長子繼承制度，即便看到兒子愚昧，也下不了更換的決心。在後宮妃子的鼓動下，他從心底鞏固了司馬衷的太子地位。另一方面，即使面臨更優的選擇，司馬炎出於陰暗心理，也予以排斥，只相信自己一脈的繼承者。

奇怪的是，司馬衷自己毫無作為，卻輕易地成為太子，並鞏固了地位。也許他對周邊的這一切明爭暗鬥都毫無感覺，但是他的出身和婚姻關係，卻決定了他後半生的命運。

在中國古代根植於血統原則的世襲制度下，皇位繼承就是如此不按牌理出牌。它看重的不是一個人的能力和威望，而完全是基於血緣身分。即便有人想改變血緣的強硬標準，也很難阻止像司馬衷這樣的人成為皇帝。

司馬炎強迫齊王司馬攸就藩時，駙馬王濟除了自己陳情外，還和另一位駙馬甄德一起發動各自的妻子，也就是公主入宮，規勸父皇司馬炎收回成命。面對哭泣的女兒們，司馬炎發怒說：「朕和齊王是兄弟至親，齊王就藩是朕的家事，甄德、王濟怎麼能屢次要老婆來哭哭啼啼！」王濟雖是司馬炎非常看重的女婿，才氣逼人，也因為這件事被貶官外放。

不久，司馬炎又想召回愛婿，就對和嶠說：「我想痛罵王濟一頓，然

後幫他加官晉爵，如何？」和嶠提醒他，這不是一個好主意。結果，司馬炎還是召回了女婿王濟，痛罵他一頓，然後問他：「你慚愧嗎？」王濟回答：「民謠說，哪怕只有半尺布一斗粟，兄弟也要共同分享。每次我聽到這句民謠，就為陛下感到可悲。其他人能令親友疏遠，臣不能使陛下兄弟親愛，感到有愧於陛下。」司馬炎聞言，採取了一貫的應對方法：默然不語。

賑災與買帳，血淋淋的官場潛規則

一

　　清朝嘉慶年間，黃河奪淮入海，帶給江蘇北部綿延的水災。嘉慶十三年（一八〇八）秋，黃河再次決口，肆虐淮安一帶，沖毀房屋、農田無數，致餓殍遍野。嘉慶皇帝承認當時的慘狀是：「昨秋泛淮泗，異漲並清黃」，「溝壑相連續，飢寒半散亡」。

　　朝野上下立即展開大規模的賑災。對嘉慶皇帝來說，賑災是上承天意、撫卹百姓的當然之舉；到了各級承辦官吏手中，這就變成了貪汙作弊、中飽私囊的良機。白花花的銀子層層流下，像水一般，放賑官吏和監察官吏哪能不動心，「通同作弊，向垂斃之飢民奪其口食」。作弊的方法主要有兩種：第一是謊誇災民人數，冒領賑銀；第二是層層盤剝，雁過拔毛，剋扣銀糧。許多官吏表面上是跑上跑下，忙個不停，大叫工作辛苦，其實心底高興著呢！大災必有大賑，大賑必有大款，大款必能富裕一大片官吏。

　　然而，表面工作還是要做的。兩江地區就照例派出十名官員前往各災區，視察賑災情形，檢查物資落實情況。兩江總督鐵保早已習慣這種

表面文章，從他選派的官員就可看出他的重視與否。比如前往重災區山陽縣（今江蘇淮安，當時是府縣兩級所在地）視察賑銀發放的，就只是一個新科進士李毓昌。

李毓昌，山東即墨人，當年剛考中進士，沒有任何背景，也沒有任何政治經驗，科舉名次偏下。吏部對這種「新人」最頭痛了，就賞了一個「候補知縣」頭銜，派往江蘇「候任」。僧多粥少，各省都有許多候任官員，其中不乏無所事事、十幾年，以致長期窮困潦倒者。李毓昌運氣真好，馬上就得到視察賑災的差使。

李毓昌這個像白紙一樣的年輕人，操辦一件官場例行的公事，竟然掀起了軒然大波。

原來山陽縣知縣王伸漢是個貪鄙之徒，本縣共領得賑銀九萬多兩，他竟然貪汙了兩萬五千兩，比例接近三成！李毓昌到縣後，不喝酒、不應酬，捲起褲管，下到災區察看災情，和災民面對面，還認真核對災民名冊。王伸漢的那點手法，很快被李毓昌查得一清二楚。李草擬呈文，準備上報江蘇布政使。

李毓昌有一個特點，就是他相信正義必能壓倒邪惡，整個官場是好的、清廉的。

王伸漢不是等閒之輩，早在暗中派心腹長隨包祥拉攏李毓昌的長隨李祥。李毓昌初出茅廬、新官上任，沒有貼身隨從，到江蘇後，本地官僚推薦李祥、顧祥、馬連升三人到他手下當差。他不知道，社會有專門的一群人以當官宦人家的長隨為業，名義上是官員家的下人奴僕，實際上相互照應、上下其手，收入和權力並不見得比那些一無所知的主子差多少。一般官員都會用親屬或老家的熟人做長隨，李毓昌初出茅廬，對三人照單全收，帶來山陽辦事。實際上，他的一舉一動都透過李祥，被王伸漢看在眼裡。

聽說李毓昌要揭露實情，王伸漢笑了。在他看來，整個官場是黑暗的，沒有清廉和正義可言，大家都在貪，他王伸漢只是其中的一個小角色而已。上頭派員來調查賑災情況，無非是要分一杯羹。或許李毓昌太天真，不曉得，或不情願認同官場「規矩」，但要錢可以明說嘛！幹麼要寫摺子威脅自己。王伸漢一想，李毓昌此舉也可能是在敲詐，想坐地分贓。於是，他咬咬牙，拿出白銀一萬兩（相當於李毓昌兩百多年的薪資），讓包祥偷偷送給李毓昌。

李毓昌不僅拒絕了，還把王伸漢賄賂收買視察官員的事情也加進報告裡。

李毓昌坐地起價！王伸漢生氣了。他可以原諒李毓昌的不懂規矩，卻不能讓他壞了「規矩」，斷了自己的財路。王伸漢只願出一萬兩銀子。既然李毓昌軟的不吃，他決定來硬的。他接受包祥的建議，用重金買通李祥，伺機盜出李毓昌查賑的清冊予以銷毀，到時李毓昌無憑無據，萬難從頭查起，就沒辦法告自己了。而後王伸漢再拿出一萬兩銀子堵他的嘴，不怕他不接受這個「價錢」。

不料，李毓昌知道調查清冊很重要，他時時帶在身邊，即使睡覺也抱在懷裡。李祥找不到機會偷清冊。原來李毓昌不是來分羹，不是坐地起價，是真的太純潔、太天真，一心要當清官！王伸漢這才緊張起來，怎麼辦？思前想後，王伸漢決定鋌而走險，害死李毓昌，一了百了。具體執行的，還是包祥。包祥找到李祥，李祥又拉了顧祥、馬連升合作。李毓昌官做得廉潔，又不善應酬，平日裡讓李、顧、馬三人失去許多牟利的機會，過著清湯寡水的日子，他們早對主子心懷不滿，現在在包祥的重金引誘下，紛紛點頭。但他們要求事後王伸漢不僅要保證三人安全，還要替他們安置新的去處，介紹到別的官人家做長隨。王伸漢滿口應承，答應到時候重金酬謝。

　　這天，王伸漢在縣衙大擺酒筵，宴請李毓昌。李毓昌勉強前往，席間王伸漢殷勤勸酒。夜裡回到住處，李毓昌口中乾渴要喝茶。李祥就送上一碗加入砒霜的茶水。李毓昌喝完，上床睡覺，沒多久藥性發作，痛得他捧腹亂滾大叫。李祥三人一直在門外窺探，見狀怕驚動他人，忙一擁而入。顧祥將李毓昌攔腰抱住，李祥捂住他的嘴，馬連升用一根布帶勒住李毓昌的脖子。李毓昌隨即氣絕。李祥等人收拾房屋，將屍首吊在梁上，偽造成自縊身亡的現場。

　　第二天，李祥三人報官，說主人上吊自殺了。王伸漢得報，聯合一班衙役草草勘驗現場，驗過屍首，下了李毓昌自殺的結論。期間，仵作見屍首有明顯中毒症狀，猶豫著是否填寫自殺結論。從王伸漢到普通衙役，都從賑災中賺足了銀兩，早就視李毓昌為災星，異口同聲強調李毓昌「明顯」屬於自殺。仵作無奈，只好服從眾人意見。

　　一般小民，如此這般處理，就可以瞞天過海了。但李毓昌是朝廷七品命官，是總督派來的視察官員，他的死必須層層上報。王伸漢還需要做通一系列上級的工作。他求見同城的淮安知府王轂。王伸漢毫不隱瞞，開門見山將謀殺李毓昌的始末如實稟告，並送上白銀二千兩，請知府盡力維護。王轂也是個貪財好利之徒，賑災款他也貪汙過，平日沒少拿王伸漢的好處，立刻答應幫王伸漢掩飾，向江蘇按察使報告李毓昌自殺。

　　江蘇按察使胡克家接到淮安府報告，大筆一揮，認可自殺結論。他難道沒懷疑嗎？他也懷疑，可是多一事不如少一事，若認真查辦，查出李毓昌不是自殺，而是他殺，不知會牽連多少人，得罪多少關係；如果李毓昌確實是自殺，查辦後，事情宣揚出去，官場上又會說江蘇的官員心態怎麼這麼差、官員的教育和學習工作沒有做好……等，麻煩一大堆。所以，胡克家草草認可王轂的報告。江蘇布政使的心態也是如此，

接到胡克家發來的報告，大筆一揮，簽上大名，上報總督。兩江總督鐵保也不深究，以李毓昌自殺定案。

塵埃暫時落定，王伸漢把李祥推薦給長洲通判當長隨；將馬連升薦給寶應縣知縣；顧祥想回老家，王伸漢就贈與優厚盤纏。王伸漢沒有食言，相當守規矩。

同時，派往其他地方視察賑災情況的九名官員都回報，各地賑災情況良好、公平透明，百姓歡欣鼓舞、感恩不盡……等。

事情似乎就這麼過去了，然而第二年年初，李毓昌的族叔李泰清趕到山陽收屍時，在李毓昌的遺物中發現寫有「山陽冒賑，以利啖毓昌，毓昌不敢受」等情況的文稿。這才引來李泰清疑心。但憑著一張舊紙，沒有其他證據，李泰清也無從查起。無奈，他只好拿著王伸漢熱情贈送的一百五十兩喪葬銀，護送著侄子的棺材返鄉。回到即墨，李泰清越想越疑，加上李毓昌的妻子在丈夫隨身穿的一件衣服上發現了斑斑血跡，李便自作主張，開棺重新驗屍。只見屍體指甲發黑，插入喉部的銀簪變色，擦拭不掉，明顯是被人毒死的。李家人不幹了，寫明情況要告官。畢竟是讀書人家，李家知道層層報官於事無補，推翻不了江蘇各級官員的結論，說不定會被哪個官官相護的衙門給壓下，於是族人籌措盤纏，委託李泰清進京告御狀。

李泰清本事不小，跑到都察院喊冤。都察院見是朝廷命官猝死案，轉奏給嘉慶皇帝。

非常巧，嘉慶皇帝正發愁呢！父親乾隆有十全武功，弄出一個乾隆盛世，但天下傳到自己手裡，卻糾紛四起、災患不斷。哪裡出了問題呢？嘉慶皇帝經過認真反思，得出結論：並不是自己沒當好皇帝，而是底下的官吏們出了問題。方針政策再好，關鍵在於落實，地方官吏貪汙腐化成風，怎麼能讓天子的英明決策產生效果呢？所以，嘉慶皇帝決定

痛下殺手，整頓吏治。

李泰清的狀紙，非常及時地送到了嘉慶皇帝的眼前。

李毓昌案子疑點很多，經不起嘉慶皇帝的高度重視和認真推敲。嘉慶皇帝仔細讀完後，抓住這個「典型」不放，在後面寫下長長的批語，發給軍機處「嚴查」。嘉慶指出，李毓昌之死「疑竇甚多，必有冤抑，亟須昭雪」。他懷疑江蘇各級官府沆瀣一氣，遂繞開江蘇省，命令山東巡撫吉綸詳驗李毓昌屍體，又命令緝拿山陽知縣王伸漢等人進京，由軍機處和刑部直接會審。

皇帝如此重視，又事無巨細作出指示，已經在事實上把案子確定基調：這是一樁冤案。

各級官吏不敢怠慢。在山東，吉綸立即帶著經驗豐富的仵作，詳細查驗李毓昌屍體，認定李毓昌是先中毒，後因他故死亡。在北京，軍機大臣們會同刑部，對王伸漢、包祥、李祥、顧祥、馬連升五人隔離嚴審。這五人哪見過這種陣勢，將謀害李毓昌的緣由和始末一五一十招供了。審訊還在進行，江蘇官場就知事態嚴重了。為了幫自己開脫，兩江總督鐵保上奏，稱一開始就有懷疑王伸漢在宴請李毓昌時，在酒裡下毒，但詢問同席之人並拷問廚役，都無結果，因此以自殺結案……等（他在撒謊，他根本就沒有調查過李毓昌的案子，甚至連李毓昌的名字，都可能是在嘉慶龍顏大怒後，才回憶起來的。）

鐵保此舉火上澆油。看著案上擺著的供狀和鐵保的解釋，嘉慶大發雷霆，怒斥鐵保「昏瞶糊塗已極」，「不但不勝封疆重任，亦何堪忝列朝紳！」下旨將他「著即革職，發往烏魯木齊效力贖罪」；江蘇巡撫汪日章「身為巡撫，於所屬有此等巨案，全無覺察，如同聾瞶，實屬年老無能」，革職；和李毓昌一起視察地方賑災情況的其他九名官員腐敗無能，全部革職；淮安知府王轂「知情受賄，同惡相濟」，判處「絞立

決」；山陽知縣王伸漢「實屬凶狡」，「貪黷殘忍，莫此為甚」，立即斬首，並抄家。考量到李毓昌死時並沒有兒子，嘉慶皇帝認為王伸漢讓李毓昌絕嗣，應該罪及他的兒子，因此將王伸漢的兒子流放伊犁。長隨包祥助紂為虐，立即斬首；李祥、顧祥、馬連升三人則被處以最重的刑罰──凌遲。

處置了貪官和凶手，嘉慶還要樹立一個榜樣，讓天下臣工學習。他公開表彰李毓昌「居心實為清正」，大加褒獎，追加知府銜，優厚安葬。李毓昌下葬時，嘉慶下令刑部專門派一名司官，將李祥押到墳前凌遲，處死之後摘心致祭，「以泄憤恨」。忠臣不能絕後，嘉慶親自在宗族中為李毓昌挑了一個繼子，恩賞舉人頭銜。而族叔李泰清也被賞為武舉。

嘉慶親自寫了〈憫忠詩三十韻〉詩一首表彰李毓昌。全詩三百字，注解卻有九百五十一字，詳細闡述了嘉慶帝對君臣關係的看法──「君以民為體，宅中撫萬方。分勞資守牧，佐治倚賢良」，要將李毓昌「示準作臣綱」、「詩褒百代香」，還感嘆「何年降甲甫，輔弼協明揚」。李毓昌這樣的人太少了，朕太需要這樣的忠臣了。做完這些後，嘉慶意猶未盡，又令山東巡撫吉綸精雕細琢，造了一座碑，立在李毓昌墳前。

此碑至今猶存，但清朝的吏治並未隨之清化，反而越來越糟。

體制越黑暗，越需要樹立正義清廉的榜樣。李毓昌的存在，恰恰證明了嘉慶朝野還有清白的存在。嘉慶皇帝需要李毓昌來幫王朝和天子的臉上貼金。如果李毓昌沒有損害到自己的利益，相信鐵保、汪日章、胡克家等人也很願意把他樹為典型。下屬的清正廉潔，不正是上級領導者教育有方的政績展現嗎？如果李毓昌不來山陽查探賑災情況，王伸漢應該也很願意與他交往唱和，畢竟和一個清官為伍，也算附庸風雅，多少能展現自己也很清廉。

　　這裡就有個問題：李毓昌和鐵保、胡克家、王伸漢等人穿同樣的官服，卻不屬於同類人。李毓昌顯然是嘉慶時期官場的另類，因為他不懂許多潛規則。比如賑災是經手官吏們自肥的方式、監管是來分羹的代名詞、不能和整個官員系統作對……等。幾代以來，潛規則是和表面文章相對應的，真正操縱著官場的運轉。大小官員的升遷調轉、日常開銷和子孫後代的福蔭，都仰仗於此。誰破壞潛規則，就是和官員體系為敵，整個體系的官員都會反撲過來。所以，雖然李毓昌案的處理大刀闊斧，看似大快人心，細細思索，卻並非如此。嘉慶皇帝遭到整個官僚體系的暗中抵制。從鐵保到王伸漢都被處理了，九名查探賑災的官員也被革職，但整個事件的處理，僅限於李毓昌被害案，更嚴重的賑災黑幕被隱瞞了下來。實際上只有山陽一縣的賑災黑幕因為李毓昌闖了進來，才被戳破。其他災區難道就沒有問題嗎？有問題的可能性極大，但被掩蓋了，抵制住嘉慶皇帝的進一步動作。這背後又是潛規則在發揮作用。

　　對李毓昌這種不知道潛規則的「清官」和「榜樣」，在讓他付出生命的代價後，最好的處理方法，就是把他供起來，樹碑立傳，留著做表面文章。

二

　　《官場現形記》也描寫過光緒年間湖北興國州發生的一則破壞潛規則的事例。

　　興國知州丁憂去職，瞿耐庵前來代理知州。瞿耐庵浸染官場多年，但從來沒有擔任過地方實職，現在好不容易得到一個實職，又是代理，可把他樂壞了。為什麼呢？「三年清知府，十萬雪花銀」，地方實職撈錢，比在武昌當官容易多了。而且「代理」不需要負太大的實質責任，

到時候可以載著大車小車的財寶輕鬆離開。

瞿耐庵正想如此作為，卻遭到當頭棒喝。衙門的開銷，什麼差役工食、犯人口糧以及迎來送往的開支，弄得新知州頭昏眼花、一頭霧水。瞿耐庵的帳房是他的小舅子，教書匠出身，對財務事務也一問三不知。瞿耐庵責令他詢問武昌來的老衙役馬二爺，盡快理清財務。

馬二爺問舅老爺，有沒有向前任帳房討要「暗帳」？那小舅子連連搖頭。馬二爺隨即將地方衙門的明暗帳目娓娓道來：

帳房難做，「種種開銷，倘無一定而不可易章程，將來開銷起來，少則固惹人言，多則是遂成為例。所以這州、縣官帳房一席，競非有絕大才幹不能勝任。」與公開的、應付檢查的帳目不同，帳房都有一本暗帳，記錄衙門的真實開支，包括給上級的「孝敬」、迎來送往的開支、編外人員的薪資，以及老爺從官庫中的支取……等。地方上到底有多少家底、老爺能貪走多少，都得以暗帳為準。官員交接時，新來的帳房也要到前任手裡買這本帳簿，稱為「買帳」。根據所在地的肥瘦，暗帳的價格從四、五百兩銀子到數十兩不等。

小舅子趕緊問馬二爺，那興國州的這本暗帳需要多少錢呢？馬二爺答，一二百兩、三四百兩都沒準。小舅子聽到要這麼多銀子，嚇得舌頭伸出來縮不回去。馬二爺解釋這是州縣衙門裡的通例，必須買帳，「做了帳房是說不得的」。小舅子推說斟酌斟酌，跑去告訴姐姐瞿太太。瞿太太是個屬害角色，為人吝嗇凶悍，又和時任湖廣總督有親戚關係，一聽要付錢給前任帳房買帳，大怒道：「做官的，只有拿進，哪裡有拿出去給人家的。什麼工食、口糧，都是當官的好處，這些都用不著開銷的。他們不要拿那簿子當寶貝，你看我沒有簿子也辦得來！」事情就這麼耽擱了。

話說得容易，事辦起來難。沒有那本暗帳，瞿耐庵對衙門開支都丈

二金剛，摸不著頭腦。他親自找馬二爺詢問，馬二爺又把前言回了一遍，再三說暗帳簿子是萬萬少不了的。瞿耐庵默然無言，錢谷師爺是老幕僚，說買帳這事在接印之前就應該弄好，現在得趕緊補上。錢谷師爺又表示他和前任帳房認識，可以找對方說說看。瞿耐庵准了，錢谷師爺和前任帳房咬了半天耳朵，最後商定一百兩銀子的價格。錢谷師爺回稟瞿耐庵，說這已經是「友情價」了，請東家千萬不要吝嗇。瞿耐庵是「妻管嚴」，付錢的事情需要「請示」太太。瞿太太堅持一文錢也不行 ── 原本是來撈錢的，憑什麼錢沒撈到一文，卻要掏出一百兩銀子出去。錢谷師爺只好搭訕著出去，不好再說。

那前任帳房聽到消息，怒從心頭起，立刻對暗帳做了手腳，撈了一筆小錢，又改了一些數據，再把簿子謄寫一遍，預備瞿耐庵來要。瞿耐庵等急了，接二連三來找他要暗帳，後來一天討要好幾遍，軟硬兼施。前任帳房就是不給。

瞿太太見僵持不下，提醒丈夫：「現在人心難測，就算把簿子交了出來，誰能保他簿子裡不做手腳。前任與後任不同，一定把數目改大。譬如孝敬上司，應該送一百的，他一定會寫二百；給衙門差役向來是發一半工錢的，他就寫發全部或者七成八成。你在省裡候補的時候，這些事不留心，我是姐妹當中，有些她們的老爺，也做過現任的交卸回來，都把這弊病告訴了我，我都記在心上，所以有些開銷都瞞不過我。只要這本帳簿拿到我眼睛裡來，是真是假，我都有點數目。現在你姑且答應他一百兩銀子，與他言明在先：先拿簿子送來看過，果然是真的，一文不少，付給他錢；倘若有一筆假帳，非但一文錢沒有，我還會四處八方寫信去壞他名聲。」

瞿耐庵聽了太太吩咐，仍舊去找錢谷師爺出面。等到錢谷師爺將帳簿拿來，瞿太太翻看以後，有點吃驚。她原以為興國知州是個肥缺，給

上司的孝敬至少是一次一百兩，帳簿上開的卻只有八十兩或五十兩，頂多也不過一百兩；原以為外府州縣官員過境，送的禮金「加敬」要五、六十兩不等，現在帳簿紀錄只有四兩、六兩，最多也只有十兩。瞿耐庵夫婦共同商議，倒沒疑心這個簿子是假的，只是感嘆興國知州孝敬上司、應酬同僚的金額之少，這個官缺不像預想的那麼肥。其實，前任帳房把應酬的金額改小了，卻把其他開銷，比如衙門差役的工錢改大了。

暗帳簿子到手後，瞿耐庵就面臨一項要緊的應酬。知府添了個孫子，下屬要送「賀敬」。送多少呢？瞿耐庵翻開簿子看，沒找到例子 —— 之前的知府沒有生過孫子。瞿太太創造性地發現了一條紀錄：「本道添少爺，本署送賀敬一百元。」瞿太太說，知府比道臺低一級，知府的賀敬應該在道臺的標準上打八折，而兒子又比孫子重要，所以知府孫子的賀敬應該再打八折，「八八六十四，就送他六十四塊罷」。於是，瞿耐庵叫管家拿六十四兩銀子送給知府。

這喜知府是旗人，他父親官名叫作「六十四」。旗人最忌諱別人犯他的諱。這喜知府更嚴重，「六十四」這三個字，碰都不准別人碰。每逢寫到「六十四」三個字時，喜知府將「十」字的一豎只寫一半，不透頭。衙門上下都知道老爺這個脾氣，萬分留心，不敢觸犯。

偏偏瞿耐庵孝敬的賀禮，籤條上寫著「喜敬六十四元」。知府衙門的門政接手一看，眉頭一皺，心想：「好嘛！六個字，就把知府父子兩代人的名諱都給犯了！我們如果不說明，原封不動拿上去，我們就得先碰釘子，又要怪我們不教他了。」門政正要提醒興國來的管家，但看到送給自己的門包上面寫著「六元四角」，他就改變主意了。「興國知州也太小氣了！」

門政把話嚥了回去，開始問來人：「你們老爺的官缺在湖北省也算得上是中等水準，怎麼也不查查帳，只送這一點點？送禮，可是有老例

的。」瞿耐庵派去的管家回答：「我們老爺沒查到先例，所以特地查了幾條別的例，才斟酌出這個數目。相煩您費心拿上去。」門政搖搖頭，又問：「你們老爺是初任還是做過幾任了？」管家回稱：「是初任」。門政這才指出，瞿耐庵的籤條把知府兩代人的名諱都犯了，怎麼事先連知府家人的名諱都不調查清楚？管家嚇到了，只好拜求門政費心，求他設法遮瞞。門政見狀，知道新來的興國知州是個小氣鬼，怪他給的孝敬太少，存心要出他的醜，就一聲不響地抓起六元四角，然後拿起瞿耐庵的賀敬去見喜知府。

喜知府正在與姨太太打牌，輸了錢，不肯付錢，一聽有洋錢送來，忙接過手本。喜知府一看手本，忽然想起新任興國知州到任好幾日，卻沒有送「到任規」給自己，遂與門政說道：「興國州是個好缺，他都如此懈怠玩忽，叫我這本府指望誰呢？」喜知府拿起洋錢一看，是「喜敬……」，面色大變，忽地站起來，責問門政：「怎麼你們沒有寫信教導教導他？」門政回答：「這個應該是他們來請示的。等到他們來問，奴才自然交代他，他不來問，奴才怎麼好寫信給他呢？」喜知府壓抑住不快，要興國來的人把它拿回去重寫再送來。門政使壞，提醒知府看看興國知州送的數目對不對。喜知府這才注意到瞿耐庵送的是六十四兩銀子，再也受不了了，一把將銀子摔在地上，一邊跺腳一邊罵道：「豈有此理！瞿耐庵這明明是瞧不起我，什麼規矩都不守！『到任規』不送，賀敬也只送這一點點！哼！把這個錢還給他，不收！」說完，喜知府牌也不打了，背著手跑到房子裡生氣去了。

門政暗暗高興，撿起地上的銀錢，走進門房，把洋錢和手本摔給瞿耐庵派來的管家：「夥計！上頭說『謝謝』，你帶回去罷！」管家還想要說別的，門政去與別人閒聊，不理他了。管家無奈，知道事情不妙，又不敢回去，連夜寫信告訴瞿耐庵原委，聽候吩咐。

瞿耐庵知道後，捏了一把冷汗，忙找太太商量。誰知瞿太太聽了，覺得無所謂，說她從不嫌錢多，知府不要，那就拿回來吧；反正一年後代理期就到了，到時候各走各的，喜知府能把我們怎麼樣？瞿耐庵覺得太太的話也有道理，依計執行。

喜知府等了半個月，滿心以為瞿耐庵會誠惶誠恐地將「到任規」和「賀敬」裝得滿滿的，送來請罪，結果左等右等，不見瞿耐庵來。喜知府一打聽，知道瞿耐庵的老婆和總督大人是親戚，暫時動不了他，只好隱忍下來，尋機再好好整整瞿耐庵。

暗帳和買帳是潛規則；送賀敬和應酬是潛規則；不觸犯知府父子的名諱也是潛規則，瞿耐庵夫妻倆一心撈錢，有意無意地一再觸犯潛規則。在這些潛規則中，最關鍵的是那本暗帳。如果瞿耐庵一到任就買帳簿，就不會漏給知府大人「到任規」，也不會少給賀敬，更不會得罪門政，惹下麻煩。當得罪知府大人後，瞿耐庵夫妻破罐子破摔，徹底斷了給上級的孝敬。這就更令自己處於不利地位了。出來混，還是要守「規矩」的，壞了「規矩」，就會受到懲罰。

但瞿耐庵夫婦不懂這個簡單的道理。兩人見知府都奈何不了他們，膽子陡然大了，除了給總督、巡撫和藩桌兩司的孝敬之外，其他人的孝敬一律不給；除了三節兩壽孝敬上司的錢必須照顧到，其他的孝敬一概不送。要送的，瞿耐庵也都照買來的帳簿上面的金額送。這麼做就出了大問題：孝敬和紅包有時候會被退回來，或者有些怨言會傳到瞿耐庵的耳朵裡。最嚴重的是，一些官員是專門來興國州辦事的，收到的孝敬大打折扣，不免和瞿耐庵爭論一番。瞿耐庵就弄不清楚了，總覺得：「我是照例送的，怎麼他們還貪心不足？」各司、道和過往官員，對瞿耐庵恨得牙癢癢，但考量到他與總督有點關係，表面上也不好發作。

半年後，瞿耐庵把上上下下、大大小小的官員都得罪了。而他在興

國州糊塗辦事、貪贓枉法的劣跡，也被百姓到處揭發上告，沒有任何人幫他遮掩。結果到處流傳著瞿耐庵的壞話，聽不到半句向著他的話。喜知府更是恨之入骨，一心剷除他。所有這一切，只有瞿耐庵夫婦被蒙在鼓裡。節骨眼上，瞿太太所依靠的親家湖廣總督奉調進京，然後轉往直隸當官。湖北官場格局大變，總督、巡撫、藩臬兩臺、道、府長官都換人了。瞿耐庵就只有革職查辦一途了。可見，從一開始，因為瞿耐庵不願意買前任帳房的帳簿，就注定了湖北官場不買他的帳。

三

每個行業都有獨特的潛規則。我們已經知道，當為官異化為一個謀生行業的時候，官場的潛規則也就應運而生了。

潛規則所營造的體系，才是真正有效、強大的。挑戰它，就是挑戰整個行業。所以，人們要麼遵循潛規則辦事，要麼強大到能為行業另立一套新的規則。而絕大多數人，能夠做的，只能是順從。

內務府肥缺：如何從皇帝身上揩油

一

中國古代油水最肥的官署是什麼？不是管錢的戶部，不是管軍事物資的兵部武備司，也不是地方上的鹽運、漕運等官署，而是清朝的內務府。

有中國北京民謠為證：「房新樹小畫不古，此人必是內務府。」說的是如果哪天皇城根下出現一戶暴發戶，房子是新蓋的、院子裡新栽了樹苗、牆上掛著同時代人的畫，那這戶人家肯定是內務府的官吏。為什麼這麼說？因為在內務府當差賺錢快，上任沒幾天，就能在寸土寸金的皇城置辦高宅大院。衙門上下，「視中飽舞弊，如奉明言」，貪贓腐敗就差公開往家裡運官銀了。有的衙門，比如負責供應京畿地區官糧的漕運衙門，經手的錢糧可能比內務府還多，但漕運官守著百萬計的官糧，動不了手腳，揩不到油水，只能乾著急。所以說，既有錢又能揩油的內務府，當之無愧是古代第一肥缺。

那麼，內務府到底是什麼樣的衙門？憑什麼那麼有錢呢？

內務府是管理皇帝私人事務的衙門，為清代特有。

　　順治皇帝入關的時候，建立了為自己和紫禁城服務的十三個衙門，由太監主管。順治康熙交替年間，十三個衙門合併為內務府，逐漸形成定制，稱「總管內務府衙門」，設置專門的最高長官「總管內務府大臣」。既然是「大臣」，就不能再由太監主管，那由誰來主管內務府呢？考量內務府負責的都是皇帝的私事和家事，所以康熙任命皇室家奴（滿族稱包衣）來負責內務府。滿洲八旗中的上三旗（即鑲黃旗、正黃旗、正白旗）所屬包衣，逐漸壟斷內務府的大小官職。

　　內務府主要機構有「七司三院」，分別是廣儲、都虞、掌儀、會計、營造、慎刑、慶豐七個司，負責皇室財務、庫儲、警衛扈從、山澤採捕、禮儀、皇莊租稅、工程、刑罰、畜牧等事；上駟院、武備院和奉宸院三個院，負責管理御馬；管理皇室傘蓋、鞍甲、刀槍弓矢等物；負責紫禁城、三海、南苑、天壇和其他苑囿的管理、修繕等。此外，內務府還管轄紫禁城三大殿，管理慈寧宮、壽康宮、御藥房、壽藥房、文淵閣、武英殿修書處、御書處、養心殿造辦處、咸安宮官學、景山官學、掌關防處等。除了以上在京城的機構外，內務府還有諸多京外附屬機構，比如江寧織造處、蘇州織造處等皇室採辦機構，圓明園、暢春園、萬壽山、玉泉山、香山、熱河行宮、湯泉行宮、盤山行宮、黃新莊行宮等皇帝駐蹕處和皇室財產。為了管理帝后嬪妃陵墓及操辦有關祭祀活動，專門成立陵寢內務府；為了管理瀋陽舊皇宮，專門成立盛京內務府。

　　需要特別指出的是，內務府管理所有的太監和宮女。清朝成立敬事房，嚴格管理太監、宮女及宮內一切事務，防止出現宦官專權。敬事房也隸屬內務府。所以，太監就和內務府利益攸關，並在之後內務府的沉浮強弱中，站在了內務府一邊。

　　一言蔽之，皇帝從在娘胎開始，到死後定期領取子孫後代的冥錢，都離不開內務府。因此內務府機構極其龐雜，而且越來越龐雜，吃這口

飯的人也越來越多，逐漸成為可以和朝廷三院六部相互平行、分庭抗禮的官僚機構了。

當然，清朝皇帝也不是傻瓜，為了壓制內務府，讓它更能為自己服務，制定了嚴格的管理制度。

比如內務府最重要的司是廣儲司。廣儲司就是皇帝的小金庫，建了六個倉庫儲存皇室的所有財產，其中金、銀、珠、玉、珊瑚、瑪瑙和寶石等，專門儲存在銀庫裡。銀庫因此被稱為六庫之首。皇帝對銀庫看得最緊，特地將銀庫設在紫禁城太和殿西側的弘義閣內，安排二十五個人日夜盯著它，規定只有在特定的時間和條件下才能開庫。為了防止監守自盜，看庫的人沒有鑰匙，鑰匙由乾清宮侍衛保管，而且不止一把。開庫時，必須由多名特定官員在場，進出庫房的人都得嚴格搜身；庫房關閉時，必須由多名特定官員共同簽字畫押，並在鎖上貼上封條。每月，內務府都要對皇帝六個庫的收支出納情況進行統計匯總。皇帝隨時可能抽查，年底專門聽取內務府的報告，且每五年親派不相關的大臣進行盤庫。這僅僅是對廣儲司六庫的管理制度，整個內務府管理之嚴、皇帝之重視可見一斑。其他的管理制度（比如祭祀貢品的數量、官學的伙食標準等）更是多如牛毛，能搬出一箱又一箱的文件來。

理論上來說，內務府中人想從皇帝的口袋裡掏出一文錢占為己有，都非常困難。

皇帝選擇出身低微的包衣任事內務府，也是看中這些家奴老實辦事、與外界無涉、最不可能沾染朝野貪腐習氣、還不用給太高薪資的「優勢」。

事情奇怪就奇怪在，壓制內務府的管理制度越來越多、越來越嚴苛，內務府的貪汙腐敗情況卻越來越嚴重。內務府大小官員爭先恐後，從皇帝口袋裡往外掏銀子。他們是怎麼做的呢？

二

道光皇帝是個吝嗇到要把一個銅板掰成兩半的主子，連看到龍袍上有窟窿，都要補上。

一天，道光皇帝發現綢褲的膝蓋上破了個小洞，就要內務府縫補。補完後，道光皇帝問花了多少錢，內務府回答：三千兩白銀。道光聽了差點沒昏過去。一個補丁竟然比一件龍袍的價格還貴！內務府解釋說：「皇上的褲子是有花的彩綢，剪了幾百匹綢才找到對應相配的圖案，所以貴了，一般的補丁大概五兩銀子就夠了。」

道光皇帝咬咬牙，默記在心裡。

朝臣們看到龍椅上坐著一位有補丁的皇帝，上行下效，紛紛扎破官服，補上補丁。一次，道光皇帝看到軍機大臣曹文正朝服的膝蓋上補著一塊醒目的補丁，突然問他：「外面幫破衣服補個補丁需要多少銀子啊？」曹文正一愣，看看周圍的太監，發現太監們都不懷好意地瞪著他。曹文正頭皮發麻，只好說：「外面補一個補丁需要三錢銀子。」曹文正心想：「這下大概和內務府的太監們報給道光皇帝的『工價』差不多了吧！」誰知道，道光皇帝聞言驚嘆道：「外面就是比皇宮便宜，我補個補丁需要五兩銀子呢！」曹文正一下子就愣住了。

誰知道，道光皇帝繼續問：「外面的雞蛋一顆多少錢啊？」曹文正趕緊回答：「臣從小有病，不能吃雞蛋，所以不知道雞蛋的價格。」內務府給道光皇帝吃的雞蛋一顆多少錢呢？我們可以從光緒年間的「雞蛋價格」佐證一下。光緒皇帝很喜歡吃雞蛋。當時一顆雞蛋大概三、四個銅板，但內務府的採購價格是三十兩銀子一顆。一次，光緒皇帝和老師翁同龢閒談，突然說：「這雞蛋雖然好吃，可是太貴，翁師傅你能吃得起嗎？」翁同龢吸取了曹文正的教訓，趕緊推脫說：「臣家中只有遇到祭祀

大典時才吃一兩顆，平時不敢買。」光緒終生都以為雞蛋很貴，連朝廷大官都吃不起。為此，他每年單單吃雞蛋，就要「吃」掉上萬兩白銀。

以上就是內務府從皇帝身上揩油的第一招：低買高賣。

皇帝雖然給內務府很多規定和限制，但畢竟身居深宮，對普通的市場行情並不了解。內務府就從宮外平價買入（有時乾脆就是搶）物資，然後高價報給皇帝（反正皇帝也不知道，大臣們一般也不敢說）。表面上，整個過程沒有任何違法，甚至違規的地方。雞蛋如此，補丁如此，工匠的工錢更是如此。中間的差價就成為經手人員的「灰色收入」。每年，皇帝和紫禁城的「合法開支」就有四、五百萬兩白銀。

內務府從皇帝身上揩油的第二招是：直接貪汙。

內務府的監管制度可謂嚴密，但制度是人執行的。內務府系統越來越龐雜，人越來越多，漏洞也就越來越多，皇帝一個人根本管理不來。加上內務府屬於為皇室服務的單位，不受朝廷監察和司法機構的管轄，所以內務府弊端就猶如決堤之水，洶湧蔓延開來。晚清吏部官員何剛德說：「內務府之職，如衙門之有庶務，即俗所謂帳房也。帳房有折扣有花帳，已處處有弊。內務府之弊百倍於此。」

光緒大婚的時候，有幾位繡工，託在內務府大臣家教私塾的同鄉郭先生，攬點內務府刺繡的工作來做。郭先生透過大臣的管家，接了一件繡洞房門簾的工作。繡工們從內務府領來緞子，用最好的繡線精心刺繡。整套下來，繡工們的原料、工錢加上利潤，市價大約是五十兩銀子。

門簾交上去後，大臣的管家就請繡工們報個價，主動示意繡工們「多報一些無妨」。郭先生和繡工們就咬牙報了五百兩，管家說太少了，再報多一點。幾個人就報了一千兩。帳單交到內務府大臣手裡，大臣又駁回，讓再多報一些。郭先生就大膽報了五千兩，幾個繡工埋怨他報得

太離譜了，會被駁回來的。誰知，內務府大臣拿到帳單，搖搖頭，親自提筆在五千兩前面加上「兩萬」。帳單送到內務府，內務府照付兩萬五千兩白銀買那個門簾。內務府大臣扣下兩萬兩，給郭先生五千兩；郭先生拿了一千兩酬謝相關人等，自己拿了三千兩，把剩下的一千兩給幾個繡工。幾個繡工心滿意足，這可能是他們一輩子最大的收入了。

內務府從皇帝身上揩油的第三招是：工程攬財。

在內務府當官的人，最盼望的不是升官，而是皇帝進行新工程。不管是修建戲臺，還是重鋪某段道路，或是皇帝下旨恩建某處寺院，都是內務府官員上下其手、中飽私囊的良機。如果能攬上修繕陵寢或宮殿的「好工程」，整個家族幾輩人的吃穿用住都不用愁了。晚清時，紫禁城內搭建一個竹棚，這種算不上工程的工程，內務府就用了四萬兩銀子。工程攬財的招數，可以說是集低買高賣、直接貪汙之大成，最有學問了。

一八七四年初，同治皇帝準備重修被英法聯軍燒毀的圓明園。如此大的國家工程，當然需要朝廷撥款，可內憂外患的朝廷一貧如洗，哪有錢去修圓明園。這時，內務府奏稱一個名叫李光昭的候補知府，有門道「報效」三十萬元的木材應急，請求授權他採辦木材。同治皇帝滿口答應了。李光昭便打著「奉旨採辦」的幌子，到香港和一位法國商人簽訂購買價值五萬四千兩百五十元木材的合約，規定先付訂金十元，等法商將木材運到天津即付款。李光昭返回北京後，即向內務府謊報，購買了價值三十萬元的木材。雖說是「報效」，內務府也折價給李光昭部分「辛苦錢」。從內務府拿了錢，李光昭卻不願意給運貨到天津的法商木材錢。如果是一般中國商人，被李光昭耍了也沒辦法，但法國人不幹了，聯絡法國駐天津的領事，大鬧直隸總督李鴻章的衙門。事發後，輿論譁然。結果李光昭被革職查辦，李鴻章聯合恭親王、醇親王和其他王公大臣，聯名上疏停掉圓明園的工程。至於已經被李光昭「騙」走的木材款，就沒有人追究了。

三

既然內務府腐敗重重，弊端多多，就沒有人想要整頓嗎？

有！從皇帝到大臣，各個時期都有「整頓內務府」的聲音。可惜最後都以失敗告終。

道光皇帝因為吝嗇，所以對花錢如流水的內務府最不滿，多有訓斥。比如道光皇帝喜歡吃「粉湯」，曾經下令內務府安排御膳房做粉湯。等了多日，還沒見到粉湯的影子，道光皇帝就召來內務府相關官員質問。相關官員訴苦說，宮廷做粉湯的成本太高了，這幾天正在籌措資金呢！道光皇帝大怒，一碗粉湯需要多少錢啊？官員回答，在御膳房中成立專門負責粉湯的機構，增加相關的人員編制，一年大概需要五萬兩銀子，加上食材費，皇上如果想吃粉湯，得給御膳房每年增加六萬兩銀子。道光皇帝冷笑道：「不必了，我登基前在前門大街吃過粉湯，一碗兩個銅板，內務府專門安排一個小太監，每天去前門大街買粉湯回來就可以了。」

又過了好幾天，道光皇帝還是沒見到粉湯，再次召來相關官員訓斥。官員回答說，臣等近日去前門大街找遍了，沒找到有賣粉湯的攤販，這幾天正打算跑遠點去買呢！但是如果跑得太遠，粉湯端回來就不好吃了，所以正為這事煩惱著呢！真實情況是，內務府派人把前門大街賣粉湯的所有攤販和店鋪都趕跑了。

道光皇帝無奈：「罷罷罷，朕從此不吃粉湯了。」

這個小故事透露了嚴重的問題：為了一碗粉湯，皇帝竟然鬥不過內務府！此時的內務府已經惡性膨脹成一股巨大的獨立勢力。在上面的事例中，內務府的邏輯是，辦任何事情都看能不能獲取「好處」，得不到利益的事情不辦。「如何吃到粉湯」是提出的問題，道光皇帝的解決

方法是去買現成的，無疑優於內務府成立專門機構、配置人員、增加預算的生產方法。可惜道光皇帝的好方法，使內務府的經辦人員得不到任何好處，所以相關官員寧願多次挨皇帝批評、派人驅趕商販，也要逼道光皇帝接受內務府的方法。而道光皇帝所能做的抵抗，僅僅是不吃粉湯而已。

大家別忘了，皇帝成立內務府的初衷，是要讓內務府更能服務自己，但最後竟然指揮不了內務府。整個系統已然異化成獨立於皇帝和朝廷之外、有獨立利益和運轉規律的惡勢力。內務府是一方，人數眾多；皇帝是一方，只有一個人。數以萬計的內務府人員，對付皇帝一個人，千方百計地矇蔽皇帝，為自己撈錢牟利。

內務府功能異化、機構腐敗墮落的根源，還得回到皇帝身上。皇帝為了鞏固皇權，需要成立一個專門負責個人和皇族事務的機構。皇帝的事情不能讓外人知道，不能置於外人的監督之下。所以，這個機構不能讓朝臣們染指，不能受到政府機關和宰相公卿們的管轄，只能對皇帝自己負責。只有這樣，才能保護皇權的神聖、神祕和權威，才能保護皇族的利益。這個思路在歷代皇帝腦海中都存在，歷代也都有類似內務府的機構，比如漢代的少府、唐明的宦官機構等，清朝只是將它發展到極致而已。但是清朝的皇帝們忽略了，憑他們一個人的力量，怎麼能管理、監督那麼龐大的內務府呢？

皇帝也擔心內務府不忠誠，所以挑選了粗俗、沒有文化、地位又低的包衣家奴們。他們和朝堂上的公卿大臣們隔閡、有距離，又必須仰仗皇帝，很適合一心處理皇室的私事。但從相反的角度來說，包衣素養低下，也讓他們在貪腐時，缺乏科舉提拔的文官們那種「貪腐有違君子之道」的罪惡感，由此，他們貪腐起來更加肆無忌憚、無孔不入，同時內務府官員和朝野官員之間的隔閡，又助長了內務府的獨立性。

更嚴重的是，內務府隨著皇權的提升而膨脹。成立之初，內務府大臣為三品官；雍正年間升為正二品，地位逐漸突出；到清朝後期，內務府大臣除了從本府郎中、宮廷侍衛中升補外，王公大臣、尚書侍郎也常常被破格選用為內務府大臣。內務府官員出任地方督撫和中央閣員的也很多，一些附屬機構（比如江南織造）還被賦予其他的政治使命。至此，內務府官員不僅建立了系統內的獨立王朝，還透過自身升遷、外調、系統內外的聯姻，勢力盤根錯節，異常強大，讓有志於整頓內務府系統的人不知如何下手。

晚清軍機大臣閻敬銘曾發現內務府為宮廷採購的皮箱，每個要價六十兩銀子。他就向慈禧太后指出，京城裡皮箱單價最高不會超過六兩銀子，內務府採購皮箱時有剋扣貪汙的重大嫌疑。慈禧太后很有意思，她要閻敬銘幫她買六兩銀子的皮箱來看看。閻敬銘去市場上一看，驚奇地發現，所有皮箱店都關門不做生意了。一問，店主們訴苦說，內務府公公發話，要求北京城所有皮箱店關門謝客，誰擅自開張，就砸爛誰的店鋪。閻敬銘也槓上了，寫密信給天津道臺，請他從天津買個皮箱送過來。結果半個多月過去了，天津的箱子也沒運過來。因為沒有真憑實據，閻敬銘對內務府的指控也就無法成立了。後來一查，原來是閻敬銘派去天津送信的親隨，收了內務府一千兩銀子，帶著密信，人間蒸發了。

光緒皇帝查辦不了內務府的中級官員（郎中慶寬）的例子，更是暴露了同時期的內務府勢力之強。慶寬得罪光緒是因為他把撈錢的手赤裸裸地伸進光緒的私房錢包裡。光緒曾想打四個鐲子送慈禧太后當生日禮物。慶寬做了四個樣品給慈禧太后看，慈禧太后都很喜歡，然後又拿給光緒皇帝看。光緒問需要多少錢，慶寬說需要四萬兩銀子。光緒大吃一驚，脫口而出：「豈不是要抄我家了？」原來，光緒辛辛苦苦存了四萬

兩私房銀子，不放心內務府，就存在宮外的錢鋪裡生利息。慶寬一開口就要走他全部的私房錢，光緒又不得不給，自然痛恨慶寬。

慶寬這個人非常貪，而且明目張膽貪汙、大報花帳、氣焰逼人，尤其是在慈禧六十大壽期間，他主持慶典，一個人包攬一切器物的採辦，大發橫財。就這樣，慶寬斷了他人財路，得罪了包括同僚在內的許多人。有個滿族御史密奏慶寬家藏御座，舉動不軌，還說他假冒太監。兩條罪都是殺頭的大罪。

光緒不管是真是假，隨即批覆嚴查，組織專案組，一心要殺慶寬。可是查了許多天，專案組沒有查到可以定死罪的證據（估計慶寬貪汙是真，篡位是假）。光緒反覆詢問專案組，苦於沒有真憑實據，只能降一等，將慶寬辦了個「違制」的罪名。原來，慶寬在家門前立了塊「下馬石」，屬於不是他這個級別的官員應該享受的待遇，違制罪名成立，光緒馬上將慶寬「革職抄家」。

過了一段日子，「江西鹽法道」出缺，吏部公選推舉接替官員。大家一致推選的新任道臺，竟然就是被革職的慶寬。慶寬被光緒從內務府趕出來，竟然搖身一變，升了官（正四品）、掌了實權（鹽法道臺）。其中的權力運作和人事關係，想必光緒皇帝也沒有弄清楚。

內務府黑幕如此，誰還能整頓得乾淨呢？

四

一九一一年辛亥革命後，溥儀退位，仍保有紫禁城和其他皇室財產。為皇帝服務、管理皇室事務的內務府，原封不動地保留了下來。

民國政府每年「優待」溥儀的四百萬元，全都交給內務府。進入

民國後，內務府每年都喊窮叫苦，抱怨四百萬元不夠開銷。半個世紀後，溥儀依然對當年只負責退位小朝廷的內務府心懷不滿，因為進入民國後，內務府的開支竟然超越慈禧太后時期的最高紀錄。民國四年（一九一五），內務府本身的開支達到兩百六十四萬兩，而慈禧時期的內務府開支不足百萬兩。更讓溥儀不滿的是，他根本不知道那麼多白花花的銀子都用到什麼地方去了！溥儀曾經要買汽車、裝電話，內務府都拒絕了。而內務府中人卻開起了古玩店、錢莊、當鋪、木廠等。清亡以後，前清宗室貴族和一般旗人生活潦倒，常常爆出世子王孫倒斃城門洞，郡主命婦墜入娼門的社會新聞。北京城的親貴旗人們，原本就怨聲載道、情緒激動，而內務府的貪汙、自肥，無異是火上澆油，激化了上下對他們的不滿，整治、甚至懲處內務府的聲浪日益高漲。

舉報內務府的資料，很快堆到溥儀的案頭。比如有人披露：「內務府人多不知書，且甚至以教子弟讀書為播種災禍者。察其出言則一意模稜，觀其接待則每多繁縟；視中飽如經逾格之恩，作舞弊如被特許之命。昌言無忌，自得洋洋。」更有人說內務府的人常常厚顏無恥地叫囂：「皇上家叫我們賺錢，就為養活我們！」

內務府眾人不知收斂，反而一味斂財。清朝滅亡，內務府少了許多內外勾結、中飽私囊的機會，他們只能把貪腐的目光投向紫禁城裡面。紫禁城收藏明、清兩代帝王聚斂的財富，金、銀、玉器、文物、古董……數不勝數。內務府的人俗，能想到的發財方式，就是偷盜和轉移財富。民國十三年（一九二四）五月，內務府大臣紹英、耆齡、榮源曾經抵押宮中的部分金器，換款八十萬元。具體都是什麼金器呢？其中四十萬元是十六個金鐘（共重十一萬一千四百三十九兩）估的價。平均一兩黃金三塊六毛錢。單從黃金價格上來說，這個估價低於市場價格，更何況抵押品還是金鐘。另外四十萬元的交易則近乎是白送。清朝

十三位皇太后、皇后的金寶十個，金冊十三個，以及金寶箱、金印池、金寶塔、金盤、金壺等（重十萬零九百六十九兩多）；不足十成的金器三十六件（重八百八十三兩多）；還有鑲嵌珍珠一千九百五十二顆，寶石一百八十四塊；瑪瑙碗等珍品四十五件，內務府總共只要價四十萬元。這樣的抵押，簡直是變相地把宮內財富當成廢品賣給宮外的關係戶。這已經不僅僅是盜取皇室財產了，而是涉及破壞、盜竊國家文物。這樣的財產轉移，內務府經常進行，一旦藉口開銷緊張，就把紫禁城的金銀器具、文物古董拿到宮外「抵押」。每逢此時，就連社會上的報紙都看不下去，大張撻伐。為此，內務府免不了又出來闢謠或解釋，成為坊間一大談資。

溥儀曾多次整頓內務府，可惜都無功而返。他先從宮外找了一個人，「空降」為內務府大臣，結果只做了三個月就「回家養病」了。後來，溥儀遇到鄭孝胥，被鄭孝胥的忠心和能幹所打動，破格任命這位漢族大臣為總理內務府大臣，並且「掌管印鑰」。

溥儀和鄭孝胥都對整頓內務府信心十足，一心要革除弊端、開源節流。鄭孝胥甚至都計劃好了，改革後的內務府只要保留四個科就可以了。

他一上任就來個下馬威，把原任堂郎中開除，安排信得過的人接任。可從此內務府就像癱瘓了一樣，要錢沒錢，要物沒物，堆積如山的帳本，成了本本空文。銳意改革的鄭孝胥又採納一個司員的建議，將宮中各處祭祀的大批果品、糕點，用泥木雕品代替，節省資金。宮中數以百計的太監，就是靠供品「創造收入」的，鄭孝胥罷供品，把這些太監全都得罪了。如此一來，鄭孝胥的「新官上任三把火」就使自己成為整個內務府系統的敵人。有人寄給他恐嚇信：「你正在絕人之路，你要當心腦袋。」

　　與此同時，溥儀派去整頓頤和園的「帝師」莊士敦也接到恐嚇信。信上說：「你如果敢去上任，路上就有人等著殺你。」

　　鄭孝胥等人不後退，依然執著地「釘」在內務府。內務府上下對此恨之入骨，決心扳倒他。走溥儀皇帝的路線看來是不行了，他們就從外部入手。很快，民國國會裡就有一批議員提出了議案，要廢止皇室優待條件，還要接收紫禁城。理由除了溥儀參與張勳復辟外，還有非法「賞給漢人鄭孝胥紫禁城騎馬和援內務府大臣」。溥儀在放手讓鄭孝胥整頓內務府的同時，請人清點紫禁城收藏的字畫古玩。不清點還好，一清點才發現宮中的好東西越來越少。銅器、玉器、書法、藏畫、金銀珠寶源源不斷地流到宮外去，在文物市場上公開叫賣，轟動中外。這些輿論反過來給溥儀、鄭孝胥等人很大的壓力。民國內閣內務部還頒布了專門針對清宮販賣古物出口的《古籍、古物及古蹟保存法草案》。溥儀曾和鄭孝胥等人商量，將四庫全書運到上海商務印書館出版，換取稿費，支持「光復大業」。結果，這批書被民國當局全部扣下了。

　　最後，溥儀的生父載灃出面了，他告訴溥儀：「鄭孝胥的辦法值得斟酌，如果連民國當局也不滿意，以後可就更不好辦了」。而內務府大臣紹英帶著一如既往的恭順和膽小怕事的樣子，告訴溥儀民國步軍統領王懷慶對鄭孝胥的做法也很不滿意。王懷慶說如果再叫鄭孝胥鬧下去，民國有什麼舉動，他也就沒辦法幫忙了。溥儀害怕了，鄭孝胥主動「懇請免去差事」，只做普通的宮廷顧問。而內務府的印鑰，最終歸給紹英。一場聲勢浩大的內務府整頓計畫，草草收場，從此再也沒有新的整頓計畫了，直到一九二四年，溥儀被驅逐出宮，民國政府收回紫禁城，內務府才宣告壽終正寢。但是原先的大小官吏，拿著貪腐來的錢各奔東西，照樣後半輩子不愁了。

第二篇　人力和權力的鴻溝

　　中華帝國可能是最關注人才問題的帝國，每個皇帝都求賢若渴、禮賢下士，每個朝代都把禮遇人才的口號喊得震天響，可恰恰是在這個帝國中，浪費人才、迫害賢才、嫉賢妒能的現象從來就沒有絕跡過。「人」和「才」相結合後，人就學會了獨立思考，有了自己的思想體系和社會抱負，而帝國和皇帝需要的是服從皇權，在帝國體系中按部就班的服從者、執行者和衛道之士。這樣，問題就產生了，帝國朝廷在考慮是要俯首貼耳的「奴才」，還是獨立正直的「人才」？而散落各地的人才則在思考，到底是聽從內心的召喚行事，還是一味去追逐高官厚祿？

名利不如閒！王維的「幸福人生」

　　王維也許是中國歷史上命最好的文人。他成名很早，不到二十歲就名滿京城，是貴戚、顯要的座上賓；他科舉順利，是開元九年（七二一）的狀元；他仕途基本算平坦，除了兩次小波折外，平步青雲當到了尚書右丞（副宰相）；王維生活平靜，衣食不愁，交遊廣闊，長期過著半退休的富裕生活。更令人羨慕的是，王維在有生之年就執文壇牛耳，死後千百年來受到各方面的一致肯定，擁有眾多讀者。

　　歷史上哪位文人有王維這樣的完美人生呢？

　　同樣狀元出身的文天祥，儘管在後世聲名顯赫，然而生前命運大起大落，遠沒有王維那般安逸、幸福一直到永遠。同樣當過宰相的王安石，一度權勢熏天，可他無論在生前還是身後，都是褒貶並存，還差點被《宋史》列入「佞臣傳」。與王維同時代的孟浩然，在文學史上與王維並稱「王孟」；稍晚一些的李白、杜甫，兩人的「粉絲」可能多過王維，但他們三人都是科舉場上的失敗者，在權位和家產上更是無法與王維相比。總之，王維人生的各個方面都令人羨慕。

一

開元八年（七二〇）前後，年僅十九歲的王維來到長安，長安城立刻掀起一股「王維旋風」。京城王公貴族紛紛宴請，虛席以待；文人騷客爭相吟誦他的詩篇；歌女伶人們陶醉在他帶來的樂章和詞曲之中。王維的「粉絲」中包括皇室至親寧王、薛王和唐玄宗的妹妹玉真公主。

當年，長安城的「京漂族」們一邊吟誦著王維的〈九月九日憶山東兄弟〉——「獨在異鄉為異客，每逢佳節倍思親。遙知兄弟登高處，遍插茱萸少一人。」一邊不無嫉妒地打聽：王維何許人也？

王維出身於赫赫有名的太原王氏家族，母家是同樣赫赫有名的博陵崔氏家族。這兩個家族在魏晉南北朝時期是頂尖的名門望族，到王維出生的時候，雖然光彩黯淡了不少，但仍然算得上是高門大戶。王維從小接受良好教育，年紀輕輕就能寫一手好詩，還工於書畫、音樂，全面發展。年輕的王維非常懂得自我經營，還曾經去終南山當了一回隱士。雖然王維醉心山水，但年紀輕輕、正要大展鴻圖的他，上了終南山。他的目的非常明確，就是要借「隱居」來提升知名度，攻克長安的輿論陣地。「終南捷徑」說的就是王維這樣的行為。

王維的突出才華和自我經營很耀眼，很快就讓他在眾多「京漂族」中脫穎而出。開元九年（七二一），王維很順利地成為狀元（很多人認為他的王爺和公主粉絲們在這件事情上為偶像出力不小）。唐玄宗時期的進士，每科錄取二十至三十人而已，唐朝有「五十少進士」之稱，五十歲的新科進士都算是年輕、有前途的，王維這個二十歲的狀元，自然更是前途無限光明。

此時的王維血氣方剛，自信滿滿，相信美好的未來就在自己的掌握之中。他對社會有自己的見解，對政治有獨到的規劃，更有革故鼎新、

指點江山的宏大志向——凡此種種，都和初出茅廬的新人一樣。在這個時期王維的作品中，〈少年行〉突出了一個滿懷壯志、意氣飛揚的得意少年的形象。比如「新豐美酒斗十千，咸陽游俠多少年。相逢意氣為君飲，繫馬高樓垂柳邊。」少年游俠在街頭遇到意氣相投的朋友，就拉著對方盡情痛飲，抒發抱負，多麼典型的場景。又比如「出身仕漢羽林郎，初隨驃騎戰漁陽。孰知不向邊庭苦，縱死猶聞俠骨香。」每一個渴望建功立業的少年，都會發出王維的感慨：縱使拋屍疆場，俠骨也會百世流芳！

當然，王維能否沿著自己想像的鮮花軌道走下去，必須接受現實的考驗。

應該說，朝廷給王維提供了一個不錯的平臺，讓他擔任太樂丞。太樂丞負責為皇帝和宮廷管理伶人，準備絲竹歌舞，雖然只是八品官，但接近皇帝和宮廷，時常出現在聚光燈下，可以為一個二十歲的年輕人提供再好不過的表現機會了。

但剛走入社會的王維，卻把這個機遇浪費了。他是春天當官的，秋天就因為「伶人舞黃獅子」被撤職了。黃獅子只能舞給皇帝看，是皇帝御用的，而有幾個伶人從庫房裡拿出黃獅子自己舞著玩。身為太樂丞的王維，自然負有「領導者責任」，被認為「不適合」繼續擔任音樂歌舞界的領導者職務，調往濟州（治所在今山東聊城東南地區）當司倉參軍。所謂司倉參軍，其實沒有軍事可以參謀，主要工作就是和幾個老兵守著倉庫，看管物資。

二十歲的參軍並不算丟臉，人家杜甫飄蕩十幾年，都沒當上這個職位呢！但對王維來說，他一下子從光輝的華麗舞臺，跌落到紛繁複雜的現實中。是朝中有人嫉賢妒能，槍打出頭鳥？還是上級領導者希望王維到地方去，在實際事務中鍛鍊一下？我們不得而知。我們可以知道的

是，王維在濟州當了好多年地方官（八年、十年的說法都有）。等王維再次回到長安時，已經是三十歲左右的成熟男子了。濟州的歲月，將王維從一個血氣方剛的毛頭小子，塑造成日後穩重少言的副宰相。

地方上的實際工作繁瑣枯燥，往往讓人看不到前途，也不符合王維詩文書畫俱佳的人生旨趣。王維參加過地方的抗洪救災工作。唐朝時候山東一帶水患頻發，地方官常常需要親自上前扛沙包。王維還參加過迎接唐玄宗出巡的準備工作，當王維迎送朝廷大隊人馬過境，看著昔日的舊友熟人頤指氣使、志得意滿，不知道他內心做何感想？王維深受打擊，而且很重，很持久。打擊的結果是王維開始反思，反思過去的理想信念和冰冷現實的巨大差距。社會現實永遠比理想信念還複雜，布滿了曲曲折折，多數事情不是二十歲出頭的王維能夠明白的。王維枯燥茫然，一度想要掛冠而去。他之所以堅持下來，理由在〈偶然作〉（其三）中陳述是：「小妹日成長，兄弟未有娶。家貧祿既薄，儲蓄非有素。」身為兄長，王維要負擔養家的責任，所以繼續拿著朝廷的俸祿，無法辭職。在這裡，王維又是現實的。或者說，濟州的多年歷練，讓王維變得現實了。

年輕人接受現實並不容易，特別是思想獨立、抱負宏大的年輕人，要自我否定原先的理想，向現實妥協，尤其困難。王維在追逐理想的過程中，肯定經歷過掙扎。這就可以解釋讓史學界和文學界爭論不休的王維隱居問題。專家就王維在任地方官的幾年時間裡，隱居的時間、地點、次數等問題，都無法達成一致性的意見。但有一點，王維隱居的事實是清楚的。這一段日子裡的隱居，可不是當年十八歲少年走終南捷徑的「登龍術」，而是真的看破了一些事情，或為了看破一些事情，跑到山裡修練。

王維的一生，把不定期的隱居，視為是跳出現實之外，放鬆身心，

任由思想馳騁的一種修養方式。

若干年後，有了人生沉澱的王維返回長安。

他依然才華洋溢，依然門庭若市，依然詩詞酬唱，但不再九月九日高調登山，不再歌唱相思的紅豆。經過歲月的磨礪，王維知道了什麼事情應該做，什麼事情不該做；知道了什麼時候該做什麼事情；知道了照顧別人的思想感受。王家原本就信佛（王維的母親崔夫人是虔誠的信徒），王維心中的崇佛修為之情開始萌發、生長開來。他越來越偏重內心的平靜，不喜歡聚光燈，淡去應酬。開元十八年的冬天，好友孟浩然因科場失意，在長安居住無味，決定由京師返回故里。臨別之際，孟浩然寫了〈留別王維〉一詩來告別。王維以〈送孟六歸襄陽〉相答。在詩中，王維開門見山自述「杜門不欲出，久與世情疏」，說自己閉門離群、迴避應酬，突然知道好友要離京，感到詫異。接著王維勸孟浩然「以此為長策，勸君歸舊廬。醉歌田舍酒，笑讀古人書」，過劈柴、種菜、喝酒、讀書的愜意生活。這樣的生活不風光，卻是王維羨慕的，「好是一生事」。對於紛繁複雜充滿誘惑的社會，王維認為「無勞獻子虛」。王維在詩中透露出一股淡淡的出世隱逸味道。

王維的消極情緒不僅和之前的打擊及朋友的離去有關，更因為在返回長安不久後，他的結髮妻子病逝了。

王維的妻子在歷史上沒有留名，甚至連她姓什麼都有爭議。但有兩點史實是肯定的：第一，王維一生只娶過這麼一位妻子；第二，這位髮妻陪王維經歷了少年得志的輕狂時期，也熬過了地方為官的清貧歲月。王維和妻子的感情非常好，夫妻倆一直沒有生育子嗣。如今，愛人病逝了，王維悲痛欲絕。之後，王維孤身一人生活了三十年，沒有再娶。

自古人們總誤會「才子」肯定和「風流」結合在一起。對愛情忠貞不渝的王維，就多次被人編排和太平公主、玉真公主等人發生過「感

情」。王維和太平公主根本不是同一時代的人，太平公主自殺的時候，王維還是一個小孩，兩人如何產生感情糾葛？玉真公主和王維的確見過幾面，但沒有人能夠拿出兩人眉來眼去、花前月下的證據。

心境漸漸恬淡的王維，在開元二十一年前後，重新振作了一陣子，內心開始恢復些許的積極。希望有所作為的那個王維，似乎回歸了。

這一年開始，張九齡執政。王維被擢升為右拾遺，負責糾察諫言。寫於這個時期的〈獻始興公〉，很能表現出王維一度躍躍欲試的狀態。在詩中，王維明確鄙視一生碌碌無為的生活狀態：「鄙哉匹夫節，布褐將白頭。」而張九齡大公無私的改革者形象，讓王維很認同：「側聞大君子，安問黨與仇。所不賣公器，動為蒼生謀。」王維所處的唐玄宗李隆基時期，雖然天下歌舞昇平，但暗地裡湧現著各種矛盾問題。為天下蒼生考量，王維支持張九齡反對植黨營私和濫施爵賞的政治主張。

王維剛剛重新燃燒起來的一點點雄心壯志，很快遭到現實的再次打擊。張九齡執政時期，唐朝政治還是日趨黑暗，各種隱藏著的矛盾集聚糾結。王朝走入從鼎盛趨於衰敗的轉折點。不是張九齡的能力和品德問題，而是無私奉獻、開拓進取、有所作為的人太少了。對王維來說，同路人太少，陌路人、乃至背道而馳的人太多了。開元二十四年，張九齡罷相，第二年被貶為荊州長史。接替他的是口蜜腹劍的奸臣李林甫，接替李林甫的是靠裙帶關係上臺、庸碌無能的楊國忠，在他們及其同黨的把持下，唐朝朝政日非。而唐玄宗李隆基在勤政若干年後，轉而醉心後宮，不思作為了。

王維好不容易想振作起來做一番事情，沒想到很快就被現實打壓得心灰意冷。張九齡被貶，王維沒有被列為同黨遭貶黜。他同情張九齡，之後還與之保持書信往來。王維也並未退出官場。他重新恢復低調做官、不問政事的風格。從開元後期到天寶年間，王維的官職穩步提升，

歷任監察御史、殿中侍御史和給事中，其間還曾奉旨出巡河西，赴黔中嶺南任選補使。

王維的心情是沮喪厭煩的，可對於官場，王維又割捨不下，無法決然離去。說他貪戀高官厚祿也好，說他心中埋藏壯志以圖他日作為也好，王維隨波沉浮、身不由己。許多人為他感到遺憾，因為王維在這個時期寫了許多敷衍往來、奉承拍馬的劣質文章。比如王維公開寫詩讚美過李林甫，寫過〈奉和聖制登降聖觀與宰臣等同望應制〉、〈賀玄元皇帝見真容表〉等文章稱頌過唐玄宗迷信道教，寫過〈賀神兵助取石堡城表〉等詩文為唐玄宗的窮兵黷武喝彩。這些文章讓王維的文集黯淡了不少光彩。可古代有哪個文人的所有作品都是出自真心，不受絲毫現實壓力影響呢？

這個時期能表現王維真心的，是他開始高頻率的「半官半隱」生活。

崇佛修行的王維在現實打擊下，思想日趨消極，轉而從佛教和歸隱中追求心靈的慰藉。他重新選擇了終南山，得到前朝名士宋之問的藍田輞川別墅，抽出大量時間在鄉間別墅中生活。別墅的前主人宋之問和王維一樣，是他那個時代最負盛名的文人，勤奮而有天賦，在武則天時代是達官顯貴們的座上客，風光無限。可惜宋之問在權勢享受面前，迷失了內心，一味鑽營奉承，甘願為佞臣做槍手，自己求做武則天男寵不成，竟然不惜為武則天的男寵「奉溺器」。武則天死後，宋之問以「陰險盈惡」流徙欽州，唐玄宗即位後，宋之問被「賜死」。王維和宋之問最大的不同，就是殘酷的現實沒有讓他妥協，他雖放棄了與現實鬥爭，但選擇了歸隱，潔身自好。在藍田別墅，王維悠遊其中，以唸佛書畫、賦詩相酬為樂。藍田別墅，和富春釣臺、成都草堂一樣，成為中國文化史上的重要景點。

天寶十五年（七五六），王維遭遇最大的人生打擊。

當年，叛亂的安祿山大軍攻陷長安，唐玄宗倉皇逃向四川。逃避現實的王維沒來得及逃離叛軍的搜捕，成為安祿山叛軍的俘虜。鑑於王維是名震一時的文豪，又是朝廷命官，僭越稱帝的安祿山逼迫王維出任「偽職」。王維不惜服藥弄垮身體，以身患疾病為由推脫，結果還是被押送洛陽，任命為安祿山偽政權的官員。對於這段「從亂事賊」的歷史，王維一直遭受批評。他的忠實讀者們也將之視為王維人生最大的汙點，比在官場隨波逐流更令人扼腕嘆息。王維對自己沒能自殺殉國而懦弱地出任偽職，也視為奇恥大辱。他在〈責躬薦弟表〉中承認：「頃又沒於逆賊，不能殺身，負國偷生，以至今日……臣即陷在賊中，苟且延命，臣忠不如弟。」

在安史之亂期間，王維做了些什麼？根據王維的〈大唐故臨汝郡太守贈祕書監京兆韋公神道碑銘〉，王維被安祿山叛軍拘囚於洛陽時，與韋斌患難相濟。韋斌也是被亂軍俘虜的朝廷命官，曾擔任過臨汝太守，死在洛陽。臨死前，韋斌和王維訣別。他指著心臟，附耳告訴王維：「積憤攻中，流痛成疾。恨不見戮專車之骨，梟枕鼓之頭，焚骸四衢，燃臍三日！見子而死，知予此心！」韋斌的意思是說，自己的病完全是因為痛心叛賊得道引起的。現在要死了，韋斌恨不能見到安祿山、史思明等人被梟首示眾、屍體在大街上焚燒、肚臍上被點上蠟燭燃燒三天三夜的情景。韋斌知道王維忠君愛國之心不死，所以死前把真心話告訴了王維。

韋斌對安史之亂痛心疾首，王維何嘗不是？這場叛亂終結了大唐盛世，之後唐王朝迅速走向覆滅。任何愛國臣民都會對此痛心疾首，王維的心痛則更深一層。身為曾經有思想、有抱負的有為青年，安史之亂的發生，是對王維心中善惡美醜標準的顛覆。叛亂的發生，是唐朝矛盾累

積的惡果，文恬武嬉、內外勾結，安祿山等人的曲意奉承、投機取巧頻頻受到肯定，最後邪惡戰勝了正義、醜惡遮蓋了美麗，叛亂爆發了。如果說王維在隱居藍田別墅期間，心中尚有些許勵精圖治的抱負，此時也被大叛亂掃蕩得一乾二淨了。天翻地覆的現實模糊了王維的判斷，這才是對一個人最大的打擊。

長安失陷不久，安祿山等叛軍首領在長安西內苑重元門北凝碧池舉行盛宴，叫來被俘虜的宮廷樂隊助興。樂師雷海青不肯為叛軍首領奏樂，憤怒地將樂器摔得粉碎，結果在試馬殿被肢解示眾。被軟禁在菩提寺的王維，從前來探望的好友裴迪口中知道此事，滿懷悲憤寫了〈凝碧池〉：「萬戶傷心生野煙，百官何日再朝天？秋槐葉落空宮裡，凝碧池頭奏管弦。」王維明確表達了叛亂給天下造成的惡果，期待再次恢復和平。對雷海青，王維充滿敬佩，但他做不出那樣的英雄壯舉。〈凝碧池〉一詩迅速傳播開來，淪陷區的百姓口耳相傳，還傳到了唐朝殘存的地區。

兩京收復後，偽職者分等定罪。王維面臨唐王朝的懲罰。王維的弟弟王縉在平叛過程中立下大功，官位已高，主動請求削官為哥哥贖罪。把父親李隆基趕下臺的唐肅宗對王維的大名早有耳聞，對〈凝碧池〉一詩大為讚賞，認為「百官何日再朝天」一句表明了王維心繫唐室，因此僅將王維降職為太子中允，以示懲罰。

二

現實就像一臺抽水機，不斷抽走王維身上波光靈動的碧水。政治場上的王維，胸中已然沒有了抱負和藍圖。長安城裡的王維越來越不舒服。他要逃避，他嚮往去崇山峻嶺之中，茂林深竹之下，碧水飛瀑之旁，感受大自然的無私、純真和溫柔。

安史之亂平定後，社會弊病叢生，政壇日益黑暗，王維過問政事的時間越來越少。「在京師日飯十數名僧，以玄談為樂。齋中無所有，唯茶鐺、藥臼、經案、繩床而已。退朝之後，焚香獨坐，以禪誦為事。」除了上朝的表面工作，王維生活的基本內容就是玄談、坐禪、茶藥和睡覺。慢慢的，王維留在長安的時間也越來越少，隱居在終南山的日子越來越多。

在〈終南別業〉中，王維對歸隱生活很滿意：「中歲頗好道，晚家南山陲。興來每獨往，勝事空自知。行到水窮處，坐看雲起時。偶然值林叟，談笑無還期。」在坐看雲起雲落的日子裡，王維的心境更加平淡，與世無爭。

年輕時的王維看到紅豆都會起相思之情，還向人到處宣揚「願君多採擷，此物最相思」。年老後，王維的作品少了感慨，多了對景物的平敘白描。比如〈鳥鳴澗〉一詩：「人閒桂花落，夜靜春山空。月出驚山鳥，時鳴春澗中。」只有真正閒下心來，放下世俗雜念的詩人，才能把平淡無奇的山間夜色寫成傳誦千年的山水畫。又比如「山水詩派」代表作之一的〈山居秋暝〉：

> 空山新雨後，天氣晚來秋。
> 明月松間照，清泉石上流。
> 竹喧歸浣女，蓮動下漁舟。
> 隨意春芳歇，王孫自可留。

如今，後人提起王維，最深的印象可能就是兩點。第一，王維寫了大量的田園山水詩作，平淡雋永。無心插柳，王維成了「山水詩派」的開山人物。第二，王維是隱士，而且是一邊當著大官，一邊歸隱，不知讓多少在文壇、科場和仕途中苦苦掙扎的後世同道非常羨慕。王維的「半官半隱」，並不是個別現象。中國歷史上有一條明顯的文人歸隱傳

統。選擇歸隱的文人，除了王維，還有陶淵明、李白、蘇軾等。

這個文人歸隱傳統，在唐朝最盛。就算當官，也不影響文人們的歸隱之路。杜甫專門創造出「吏隱」一詞，來形容文人在官場之內的歸隱狀態。「吏隱適性情，茲焉其窟宅。」（杜甫〈白水縣崔少府十九翁高齋三十韻〉）白居易在〈中隱〉中則將隱居分了大小層次：「大隱住朝市，小隱入丘樊。丘樊太冷落，朝市太囂喧。不如作中隱，隱在留司官。似出復似處，非忙亦非閒。……終歲無公事，隨月有俸錢。君若好登臨，城南有秋山。君若愛遊蕩，城東有春園。……賤即苦凍餒，貴則多憂患。唯此中隱士，致身吉且安。」可見，白居易最推崇潔身自好的「中隱」，也就是杜甫所謂的「吏隱」。

客觀上來說，多數文人的隱居不是自願的，而是像王維那樣，在現實中屢屢碰壁之後的被動、消極、逃避。比如蘇軾在仕途不順之後就走向了歸隱，他在寵辱不驚、超然物外的狀態下，寫了許多膾炙人口的詩篇。蘇軾在被貶官杭州期間，訪查問僧，醉心山水之餘還疏濬了西湖，留下一條蘇堤。比蘇軾更早的白居易，同樣貶官杭州期間，醉心江南美景，同樣在西湖留下了一條堤岸：白堤。一些文人則不等貶官，看破現實後，主動謀求去山水佳勝或幽僻之地為官。比如唐代孫逖就主動出任山陰縣尉。山陰就是今天的紹興，古稱會稽，唐代稱越州，自古就是風景旅遊勝地。孫逖任官不是主要目的，遊賞山水享隱逸之樂才是主要目的。他在山陰寫下〈登越州城〉：「越嶂繞層城，登臨萬象清。封圻滄海合，廛市碧湖明。曉日漁歌滿，芳春棹唱行。山風吹美箭，田雨潤香秔。代閱英靈盡，人閒吏隱並。」

王維只是這個歸隱傳統中的一個突出個案而已。因為他少年得志、官運亨通，因為他身處的唐玄宗時期，還算是歷史上比較正常的時期，所以他的隱逸生活平靜而「卓有成效」。但身處亂世的文人們就慘多

了，天下之大，往往找不到一處可以安全隱居的地方。他們顛沛流離，不是被迫去依附梟雄爭奪天下，就是過早死在亂軍之中。

王維的結局是，半官半隱的他，官職逐步升遷，一直到尚書右丞。

朝廷任命王維為副宰相，也許是考慮到王維出身名門，聲望卓著；也許是考慮到王維既有地方工作經驗，又有中央工作經驗；也許就是單純考慮王維當官的資歷（他從二十歲就開始當官了，資歷很深）；又或者是出於「平衡」的目的。總之王維的升遷，與他的政治思想和政績都無關。

而到花甲之年的王維呢？繼續聽晨鐘暮鼓，看竹影搖曳，還有就是唸佛打坐……

王維的一生幸福嗎？這可能又是個仁者見仁、智者見智的問題了。

大隱隱於朝，詩人張籍的四個官場片段

一

晚唐的長安城，氣勢依舊恢宏，人煙仍然稠密。越州（今浙江紹興）來的趕考舉子朱慶餘沒有心思欣賞京城的繁華景象，對即將到來的科舉考試心懷忐忑。

唐朝科舉盛行「行卷」，就是考生向考官、權貴或者文壇名人投遞文章作品，希望得到後者的賞識、舉薦。即使得不到，讓人眼熟也總沒錯。朱慶餘決定寫首詩給一向賞識自己的水部員外郎張籍，行卷的同時，試探一下本次考試自己金榜題名的可能性。朱慶餘的詩是這麼寫的：

洞房昨夜停紅燭，待曉堂前拜舅姑。

妝罷低聲問夫婿，畫眉深淺入時無？

古代風俗，新娘要在第二天清早拜見公婆。朱慶餘就選取這個場景，描繪新娘在新婚第二天清晨，化妝完畢準備見公婆時的忐忑心情。全詩關鍵字眼是「入時無」，新娘問夫婿自己的化妝是否時髦，朱慶餘

則問張籍自己的文章是否能夠中舉。

收到朱慶餘的探問，張籍心領神會。他一如既往地看好朱慶餘，但他沒有幫朱慶餘到處拉關係、走後門，也沒有直接告訴朱慶餘「你可以」，而是同樣巧妙地寫了一首七言絕句，回贈給朱慶餘：

越女新妝出鏡心，自知明豔更沉吟。

齊紈未足時人貴，一曲菱歌敵萬金。

張籍指出朱慶餘的擔心是多餘的，因為他的文章能力已經很厲害了（自知明豔），沒有必要在考前到處行卷。行卷，在張籍看來，是浮躁的事情，就如當時長安城裡流行的華麗齊紈一樣，其實不值得大家投入。真正可貴的是真才實學，就好像越女勞動時歌唱的菱歌，才是最動人的。張籍透過這首回詩，提醒朱慶餘安心準備考試就可以了，不要胡思亂想。果然，朱慶餘考中了進士。

這一唱一和的詩文往來，前者被稱為〈近試上張水部〉，後者被稱為〈酬朱慶餘〉，兩者都成了應酬詩的佳作。我們這篇文章的主角，一個耿直、交遊廣泛的張籍形象也躍然紙上。

在中國歷史上，張籍是個默默無聞的人物；在晚唐文壇上，張籍則是個響噹噹的人物。

張籍，原籍蘇州（今江蘇蘇州），遷居和州烏江（今安徽和縣），大約生於唐代宗大曆年前後（有說是七六七年）。貞元十五年（七九九）中了進士後，張籍一直為官，走的是一條既官又文、多數中國文人的生活道路。在文學上，張籍是唐朝後期新樂府運動的積極支持者和推動者，他的樂府詩多反映社會現實，語言簡明自然，常常以口語入詩。張籍寫了許多反映社會現實和人民疾苦的詩文，也有許多描寫景物風俗的詩文。比如〈江南曲〉一詩，就用簡明的語言向讀者描繪了江南的美景：

江南人家多橘樹，吳姬舟上織白紵。

土地卑溼饒蟲蛇，連木為牌入江住。

江村亥日長為市，落帆渡橋來浦裡。

青莎覆城竹為屋，無井家家飲潮水。

長江午日酤春酒，高高酒旗懸江口。

倡樓兩岸懸水柵，夜唱竹枝留北客。

這首詩裡面，江南特產、民居、風俗都有了，而且「擺放」得錯落有致，南方緊湊，富庶的氣息迎面而來，令人嚮往。張籍的〈江南曲〉堪稱是白描佳作，他的詩歌能得到讀者和同行的認同，原因大概就在這裡。

張籍除了文采出眾外，待人也坦誠，樂於提攜後進，所以人緣非常好。他的交遊圈子幾乎吸納了當時文壇所有的一流人物。張籍和後唐文壇領袖韓愈是亦師亦友的關係，兩人在文學傾向、政治立場等方面很有共同語言。張籍長安住所的隔壁，就住著詩人賈島，兩人從鄰居發展成為好友。張籍交往酬唱的名單裡，還包括孟郊、王建、白居易、李翱、姚合、韋處厚、元稹、劉禹錫、于鵠等人。上自達官貴人、文壇領袖，下至釋道布衣，張籍都以詩歌相識。此外，張籍收韓愈的兒子韓昶為學生，教授詩文，任蕃、陳標、章孝標、司空圖等人，也先後拜張籍為師學習詩文。說張籍在長安的生活「談笑有鴻儒，往來無白丁」，一點都不為過。

這是張籍生活的第一個片段，他的文壇生活多姿多采、交遊廣闊。

二

可惜的是，文壇上的成功並沒有帶給張籍的政治生活任何實質幫

助。張籍在仕途上蹉跎多年，幾乎沒有建樹。

張籍在貞元十五年進士及第，直到七年之後的元和元年（八〇六）才調補太常寺太祝。太常主管祭祀，在先秦時地位崇高，到唐代已經淪落為一般品級的清水衙門。而太祝只是太常寺眾多屬官之一，既無權又冷清。張籍在太祝的官位上，一當就是十年，沒有得到升遷。其間，張籍最大的收穫可能就是與白居易相識、相交。兩人在文學創作上共同語言很多，相互影響。遺憾的是，張籍的家境並不富裕，低微的官職及過低的收入，對他的生活造成負面影響。張籍罹患目疾，且越來越嚴重，幾乎失明。後人有稱張籍為「窮瞎張太祝」的，說的就是他在太常寺中的窘迫情形。張籍的「窮」和「瞎」成為他最明顯的特徵。

元和十一年（八一七），張籍終於升官了，擔任國子監助教，幾年後又升為祕書郎。隨著仕途和收入情況的逐漸改善，張籍的目疾也逐漸痊癒了。長慶元年（八二一），韓愈推薦張籍擔任國子博士，不久張籍又升遷為水部員外郎。水部在古代主管天下水利的灌輸，唐代在工部內設水部郎中、員外郎各一人，負責天下渡口、船舶、堤堰、溝洫和運漕等與水利相關之事，哪裡的江堵住了，哪裡的堤岸出現裂縫了，都歸水部管理。「水部」這個名號一直沿用到晚清，作為對工部司官的文雅稱呼。中國歷朝歷代，水部官員不計其數，張籍卻是其中最有名的一位。因為在水部員外郎的職位上，張籍和文友唱和往來，留下了許多「張水部」、「水部張員外」稱號的詩文，傳誦至今。比如長慶三年（八二三）的初春，城外踏青歸來的韓愈，冒著纖細小雨，奔過天街（皇城中的街道）。淋在雨絲中，遙望草色，韓愈詩意大發，寫詩贈給張籍：「天街小雨潤如酥，草色遙看近卻無。最是一年春好處，絕勝煙柳滿皇都。」（〈早春呈水部張十八員外〉）

張籍仕途上還略有進展，之後又遷為主客郎中，止於國子司業。古

人習慣以最後的官職稱呼某人，因此也有人稱張籍為「張司業」。

不管是「張水部」也好，「張司業」也好，張籍官職的品級一直不高。「水部員外郎」為「從六品上」，「國子司業」為「從四品下」，放在冠蓋如雲的長安城裡，也就是中等偏下級別的官員。有人只用了三至四年時間就平步青雲，能夠對張籍頤指氣使，而張籍用了三至四十年時間，卻仕途蹉跎，官位停滯。

伴隨仕途失敗而來的，是張籍生活上的不如意。張籍除了「薪資收入」，沒有其他外來錢的管道，加上張家原本就不富裕，張籍的經濟情況不佳。貞元十六年，張籍在和州居喪。韓愈在給孟郊的信中說張籍「家甚貧」，希望孟郊能去探望一下。張籍身體多病，中年後眼疾非常嚴重，但治病就得花錢，張籍沒有那麼多錢。韓愈又寫信給朋友，希望友人能夠資助張籍醫療費用。韋處厚當時貶官在外，知道後，還寄給張籍治眼疾的藥材車前子。

這是張籍不如意的生活片段，既有官場上的失意，也有經濟方面的窘迫。

三

如果說僅僅是仕途停滯不前，張籍的遭遇還只是眾多沒有引起關注的古代文人的普遍命運。張籍更可憐之處，還在於他身處亂世。知識分子眼看國家淪喪、民不聊生，卻無能為力，自身又在政治高壓和堅持正直獨立之間猶豫掙扎，這種狀態是最難忍受的。

張籍生活的時代，唐朝恢弘的架子還在，但內裡早已被暴政、宦官、藩鎮和叛亂掏空了。元和十四年（張籍當時在國子監當助教），庫

部員外郎李渤上疏道：「臣出使經行，歷求利病。竊知渭南縣長源鄉本有四百戶，今才一百餘戶，闄鄉縣本有三千戶，今才一千戶，其他州縣大約相似。訪尋積弊，始自均攤逃戶。凡十家之內，大半逃亡，亦須五家攤稅。似投石井中，非到底不止。攤逃之弊，苛虐如斯，此皆聚斂之臣剝下媚上，唯思竭澤，不慮無魚。」百姓已經在暴斂橫徵之下，餓殍遍野，民怨沸騰。張籍主要活動在唐憲宗時期，唐憲宗有志作為，在位期間動用武力解決藩鎮割據問題，獲得不小的成效。然而，打仗就要大把花費，唐憲宗時期的討伐藩鎮成本，都要從百姓頭上籌集，自然加重百姓的賦稅負擔，加上與周邊民族政權征戰不休，由此，張籍目睹眾多百姓從軍、軍隊出征、徵收重賦等情形。他的作品中有許多反映社會動盪、百姓疾苦的篇章，比如〈征婦怨〉：「九月匈奴殺邊將，漢軍全沒遼水上。萬里無人收白骨，家家城下招魂葬。婦人依倚子與夫，同居貧賤心亦舒。夫死戰場子在腹，妾身雖存如晝燭。」身為有良心、有責任感的知識分子，張籍目睹萬里白骨，家家招魂的慘狀，心裡怎能平復？

動盪的現實直接影響了張籍的生活，他的朋友中也有人參軍打仗。有位朋友與吐蕃前線作戰，一次大戰後失蹤了，不知是橫屍荒野，還是成為吐蕃人的俘虜。張籍有感而發，寫了首〈沒蕃故人〉：「前年戍月支，城下沒全師。蕃漢斷消息，死生長別離。無人收廢帳，歸馬識殘旗。欲祭疑君在，天涯哭此時。」

文弱如張籍者，不用去從軍打仗，雖然沒有切身的生死威脅，但長安惡劣的政治環境，帶給他的不僅是壓抑，也有隨時可能來臨的凶險。黨爭和宦官專權，像兩大癌症折磨唐朝晚年的軀體。多少朝野人士為了前程，拉幫結派、黨同伐異，凡事以攻擊異黨分子為樂。宦官則飛揚跋扈，控制軍隊，甚至操持皇帝的廢立。大臣們不僅不敢對宦官有半點不敬，還紛紛曲意巴結。

　　如此環境之下，政治操守和個人品行在政壇上絕跡，取巧鑽營、毫無廉恥的小人反而平步青雲，反過來更加重政治黑暗。張籍超脫於派系之外，能做的只有潔身自好而已。即便如此，他在官場的日子也是危機四伏、如履薄冰。張籍在《雜曲歌辭・傷歌行》中寫道：「黃門詔下促收捕，京兆尹繫御史府。出門無復部曲隨，親戚相逢不容語。辭成謫尉南海州，受命不得須臾留。身著青衫騎惡馬，東門之東無送者。郵夫防吏急喧驅，往往驚墜馬蹄下。長安裡中荒大宅，朱門已除十二載。高堂舞榭鎖管弦，美人遙望西南天。」太監們可以隨便緝拿朝廷大臣，令大臣們人人自危，親戚相見也不能隨便交談。惡人們操縱皇帝和朝廷，打擊異己、貶斥異己，流放天涯海角。遭到迫害的大臣們，被差役小吏驅趕出京城，想在京城停留片刻都不行，更沒有人敢來送行，只有騎著高頭大馬的打手們凶殘地監視著。張籍有時經過長安城中一些荒廢的高門大宅，往日裡這些宅門也是門庭若市，俱為權貴之家，如今已經雜草叢生了。因此，長安城裡，張籍這般朝臣人人自危，極少有人敢在家中擺宴歌舞，害得大批美女歌伎都失業了。

　　割據一方的藩鎮大帥們，也把目光投向朝臣。他們拉攏朝臣，在朝廷安插眼線來試探消息，影響朝廷、打擊政敵。而一些朝臣也拉攏藩鎮勢力以自重。朝臣和藩鎮的勾結，加重朝政的複雜和混亂。如唐昭宗時，宰相崔胤勾結節度使朱溫，而宦官韓全誨等則拉攏韓建、李茂貞等大帥。

　　平盧淄青節度使李師道是張籍為官時最強盛、最飛揚跋扈的藩鎮大帥之一。李家幾代人「竊有鄆、曹等十二州，六十年矣。懼眾不附己者，皆用嚴法制之……以故能劫其眾，父子兄弟相傳焉」，基本上是土皇帝一個，天不怕、地不怕。其他藩鎮對李師道避讓三分，朝廷一味籠絡李師道，將他冠以檢校司空、同中書門下平章事等頭銜，李氏權勢炙

手可熱。張籍和這個李師道有過一段來往。張籍的文才和聲譽，讓李師道注意到他，想籠絡他為己所用。張籍為此寫了〈節婦吟〉，副標題就是〈寄東平李司空師道〉。全詩如下：

> 君知妾有夫，贈妾雙明珠。
>
> 感君纏綿意，繫在紅羅襦。
>
> 妾家高樓連苑起，良人執戟明光裡。
>
> 知君用心如日月，事夫誓擬同生死。
>
> 還君明珠雙淚垂，恨不相逢未嫁時。

這首詩借一個有夫之婦的嘴，明確拒絕一段「婚外情」的勾引。有人明明知道這位婦人已經結婚，還要贈送給她明珠。婦人心中雖然感激，但已經發誓要與丈夫同生死共患難，歸還了明珠。既然已婚嫁，就要一心一意，只恨我們沒能在婚前相遇。表面上，〈節婦吟〉寫的是一位忠於愛情的妻子，拒絕一位多情男子的追求，其實是張籍在拒絕李師道的拉攏，表達拒絕收買、忠於朝廷的態度。在虛弱的朝廷和強盛的藩鎮之間；在堅持政治操守和可能帶來的榮華富貴之間，張籍公然選擇了前者。這不僅袒露了他那坦蕩的胸懷，更顯示了他不凡的勇氣。

當然，張籍並不想得罪李師道。畢竟他一介文弱書生，得罪不起手握重兵的大帥，毫不留情地批駁和撕破臉，只會帶給自己無謂的犧牲，所以張籍對李師道的拒絕，很巧妙。張籍最後表示「恨不相逢未嫁時」，為拒絕李師道做了解釋：「因為時機不對，我已經有效忠對象了。」那麼如果李師道在張籍為官之前就來拉攏，張籍就會相助嗎？張籍沒說，李師道只能自己想像了。

也許是李師道明白了張籍的用心良苦，沒有繼續為難他；也許是李師道暗暗罵了一句「不識抬舉」或「腐儒不可教也」，丟下張籍去籠絡別人了。後來，李師道因為過於飛揚跋扈，刺殺宰相、侵擾洛陽，引起

官民共憤，被朝廷和其他藩鎮共同討滅。李師道為部將所殺。

這是張籍內心充滿矛盾糾結的生活片段，現實和理想的差距如此巨大，渺小的文人在殘酷的現實面前不知所措，只能空發幾句詩文。

四

一個秋日裡，心情壓抑的張籍感受到一陣瑟瑟的秋風。秋風捲起落葉，讓張籍不禁想起故鄉，想起同是蘇州人的老前輩——晉代的張翰。張翰「因見秋風起，乃思吳中菰菜、蒓羹、鱸魚膾，曰：『人生貴得適志，何能羈宦數千里，以要名爵乎？』遂命駕而歸」。（《晉書·張翰傳》）

張籍祖籍的蘇州，就是張翰的故鄉吳郡。兩人都在中原當官，都對官場心生退意，都「見秋風起」而思鄉，情況是何其相似。千百年來，體制內外有多少文人騷客對張翰瀟灑掛冠而去的舉動羨慕不已，順帶連蘇州的蒓菜羹、鱸魚膾也聲名大噪。但羨慕歸羨慕，極少有官場中人像張翰那樣放得下，輕鬆離去——恰恰因為極少有人做得到，羨慕張翰此舉的人越來越多。張籍就是其中一位雖羨慕但難落實的後來者之一。他沒能「命駕而歸」，只是寫一封家書來寄託思鄉之情。張籍把千言萬語都寫在信中，可是等交給送信人時，又覺得有話沒有說完，趕緊拆開緘上的信封，再添上幾句。如此反覆，張籍總是有說不盡的心事，那是夾雜在思念中的寂寞、迷茫和痛苦。終於，家信寄出去了。張籍專門寫了首〈秋思〉紀念其事：

洛陽城裡見秋風，欲作家書意萬重。

復恐匆匆說不盡，行人臨發又開封。

　　張籍為什麼無法學張翰那樣輕鬆離去呢？因為他在令人失望的官場中，還有留戀的東西，仕途、官位、俸祿，和日益渺茫的報國希望……等。朱慶餘寫過〈賀張水部員外拜命〉，祝賀張籍官職升遷：

　　省中官最美，無似水曹郎。前代佳名遜，當時重姓張。

　　白鬢吟麗句，紅葉吐朝陽。徒有歸山意，君恩未可忘。

　　朱慶餘年紀輕，入仕晚於張籍，身上理想主義的色彩還比較濃厚，因此寫出「徒有歸山意，君恩未可忘」的「主旋律」詩句。這何嘗不是張籍隱藏的心聲。儘管他對現實不滿，他還是抱有撥亂反正的期望，胸中忠君報國的火焰始終沒有熄滅，他在等待。後人找不出張籍有過直抒忠君報國胸臆的詩句，不過從他針砭時弊、關注百姓的作品中，能夠看出張籍的拳拳治國心、報國情。眼看國是日非，張籍寫了〈永嘉行〉，對唐王朝的走勢很悲觀：

　　黃頭鮮卑入洛陽，胡兒執戟升明堂。

　　晉家天子作降虜，公卿奔走如牛羊。

　　紫陌旌幡暗相觸，家家雞犬驚上屋。

　　婦人出門隨亂兵，夫死眼前不敢哭。

　　九州諸侯自顧土，無人領兵來護主。

　　北人避胡多在南，南人至今能晉語。

　　永嘉是西晉懷帝的年號。永嘉年間，「五胡亂華」，匈奴和羯族軍隊屠殺、焚燒於黃河中游，洛陽化為灰燼，西晉皇帝被俘、大臣遭殺戮。部分官民逃向江南，建立東晉，史稱「永嘉南渡」。張籍借此想警告世人避免西晉末年的悲劇，避免朝廷傾覆，只能偏安一隅。可嘆的是，唐朝最後連偏安一隅的「待遇」都沒有趕上，直接被藩鎮朱溫推翻。唐皇遇害，宦官群體被清洗，朝臣士人四處投奔新主子，開始了五代的百年紛爭。

這是張籍在官場躊躇不前、萌生退意，又無法瀟灑離開的生活片段。

張籍晚年的歲月無法考證，他約在西元八三〇年逝世。歷史上像張籍這樣，沒有資格列傳、蹉跎一生的文人志士很多。多數人還不如張籍幸運，張籍起碼還留下若干可資後人勾勒其生平的資料。王安石評張籍的詩說：「看似尋常最奇崛，成如容易卻艱辛。」（〈題張司業詩〉）「艱辛」兩字用來概括張籍的生平，可謂恰當。

遺憾的是，張籍的遭遇不是特例，而是中國古代多數文才出眾又堅持獨立人格者的普遍人生軌跡。他們「大隱隱於朝」，仕途困頓、生活窘迫，掙扎在權力和獨立人格之間，猶豫在忠君報國和掛靴而去之間，迷茫徬徨，終其一生。這不得不引發後人思考。

讀書與賺錢！窮秀才娶了富家女以後

一

明朝淮南有位姓莫的富翁。莫翁膝下無子，只有三個女兒。大女兒嫁給土財主蔣大郎，二女兒嫁給本縣縣吏韓提控。莫翁最喜歡第三個女兒。莫家的三小姐容貌出眾，修眉廣額，皓齒明眸，女紅針指無所不工，而且做人乖巧伶俐，人人都說她將來最有福氣。莫翁決定為這個掌上明珠找一個不尋常的婆家。

莫翁覺得自己雖然有錢，但門第不高，所以希望幫三女兒找一個高門大戶子弟。在他心目中，讀書人的門第最高，萬般皆下品，唯有讀書高。莫翁就到縣學裡去找那些年輕的秀才，還真讓他在新進的秀才中找到一位姓蘇的年輕人。蘇秀才的祖父是個孝廉，擔任過通判；父親也是個秀才，蘇家算得上是書香門第。美中不足的是，蘇秀才當通判的爺爺是個清官，沒留給兒孫什麼家產，加上蘇秀才的父親當了一輩子秀才，又不肯經營，蘇家到蘇秀才時，已經囊中羞澀，除了幾本破書，身無長物了。

雖說是個破落的讀書人家，莫翁很喜歡長相端正的蘇秀才。加上蘇家畢竟有人當過官，又是世代讀書人，莫家反倒覺得自己高攀。同樣的，蘇秀才的父親也嫌莫家是俗流，覺得兒子娶莫家三小姐「低就」了。最後是莫家再三要嫁女兒進蘇家，加上媒人從中苦苦撮合，蘇家才答應與莫家聯姻。

於是，窮酸的蘇秀才娶了富家千金莫小姐。一段郎才女貌、才子佳人的婚姻就這麼完成了。

遺憾的是，這段婚姻從一開始就不被許多人看好。現實擺在那裡，蘇家除了破落的「詩書禮儀」招牌外，實在是太窮了。結婚的時候，蘇家連像樣的聘禮都拿不出來。莫翁也不計較，反而打算結婚以後，多資助三女婿，送蘇家田地、房屋。不料，把三女兒嫁出去沒幾天，莫翁就中風去世了。大女兒和二女兒趕到家，大女婿和二女婿把莫家家產一搶而空。蔣大郎霸占了所有田地，韓提控霸占了房屋和現金，兩家還把老岳母趕了出來。老岳母鼓動三女婿，也就是蘇秀才告狀，沒想到親家蘇老秀才說：「書中自有黃金屋，書中自有千鍾粟。爭他做甚？」蘇秀才也就聽任兩個連襟霸占了莫家全部家產。又沒幾天，老岳母和老父親接連去世，蘇秀才操辦喪事，幾乎耗盡家產，蘇家生活更加困難。

蘇秀才除了讀書，壓根不知道怎麼賺錢；而蔣大郎占了莫家田地後，收租、放高利貸，財富翻番；得到現金的韓提控，則花錢買了個兩院書辦的官缺，用錢開路，穩步升遷。兩家鮮車怒馬，不把蘇秀才放在眼裡。旁人也覺得莫翁當年的選擇錯了。

莫家三小姐在結婚之前，也猶豫過要不要嫁給蘇秀才。她最終決定咬牙跟著蘇秀才過苦日子，是看中蘇秀才的「前程」。「原先莫氏初嫁，也曾為蘇秀才算命，道他少年科第，居官極品。」就像投機倒把的人逢低買入一樣，追求的就是日後高升的利潤。富家莫小姐也是抱著日後當

「官太太」的目的，踏入蘇家的。為了丈夫早日高中，也為了盡快實現自己的夢想，莫小姐努力做好蘇秀才的後勤工作。蘇家家徒四壁，生活艱苦，蘇秀才也不追求享受，常說：「糲飯菜羹，儒者之常。」莫小姐卻認為：「體面所在，小葷也要尋一樣。」所以，她盡量做出體面的三餐來。為了讓蘇秀才不為家事分心，家裡少柴、缺米的情況，莫小姐都絲毫不讓丈夫知道。「家中常川衣食，親戚小小禮儀，真都虧了個女人。」

眼看丈夫科舉日子就要到了，莫小姐張羅著為丈夫做衣物、鞋帽，還準備了去南京考試的人蔘、盤纏，都是「掘地討天」、「剜肉補瘡」而來的。蘇秀才赴考前，親戚探望、送禮者變多，連平日關係極冷淡的兩個連襟也熱絡起來。

蘇秀才考試歸來，「莫氏好生歡喜，出場到家，日日有酒吃」。她相信丈夫肯定能高中，開始盤算家裡的房子太小，需要另租房子的問題。莫小姐都開始看房了，雖然每天都滿累的，但滿臉寫著歡喜。約莫到了官差報喜的日子，莫小姐「自去打掃門前，穿件家常濟楚衣服。見街上有走得急的人，便在門縫裡張看，只是扯他不進來」。無奈，幾天下來，高中的都有消息了，蘇秀才顯然是名落孫山了。

蘇秀才不氣餒，決心再等三年，挑戰下一場科舉。莫小姐滿心失落，也咬咬牙，決定再拚三年。一邊準備科考，蘇秀才一邊開始開館授徒，希望賺些薪資，解決家裡的窘迫處境。可惜：

「但好館，人都占住不放。將就弄得個館，也有一個坐館訣竅。第一大傘闊轎，盛服俊童。今日拜某老師，明日請某名士，鑽幾個小考前列，把嚴嚴氣象去驚動主家，壓伏學生，使他不敢輕慢。第二謙恭小心，一口三個諢，奉承主人，奉承學生。做文字，無字不圈，無字不妙。『令郎必定高掇，老先生穩是封翁。』還要在挑飯擔館僮前，假些詞色，全以柔媚動人，使人不欲捨。最下與主人做鷹犬，為學生做幫閑，

為主人扛訟處事，為學生幫賭、幫嫖、幫鑽刺，也可留得身定。蘇秀才真致的人，不在這三行中。既不會兜館，又不會固館，便也一年館盛，兩年漸稀了。」

因此，蘇家的日子過得越來越拮据。

好不容易又熬到科舉之年，蘇秀才和莫小姐「又道機會好，磨拳擦掌，又要望中了」。蘇秀才前往南京趕考前，莫小姐囑咐丈夫：「一遭生，兩遭熟。這遭定要中個舉人，與我爭氣。」蘇秀才承諾：「一定一定。」

蘇秀才在南京鄉試，家中無人，莫小姐央求莫家叔婆前來相伴。一天夜裡，莫小姐做了一個噩夢，夢見丈夫鄉試再次名落孫山，醒來就嗚嗚咽咽哭起來。叔婆寬慰她道：「夢死得生，夢凶得吉。夢不中正是中。」莫小姐還是不快。第二天，蘇秀才回家了，高興地說：「這次考試的三道題目，我都做過，經題兩篇也做過。這回肯定要中了。」莫小姐歡天喜地，只等差役來報喜。不想，這年差役又都跑到別人家報喜去了，蘇秀才再次名落孫山。莫小姐不只在夢裡哭了，醒著也哭個不停，弄得蘇秀才也短嘆長吁。蘇秀才只能說：「再做三年。」莫小姐止住哭聲，剔起雙眉，怒著眼道：「人生有幾個三年！這窮，怎的了！」罵完，又哭起來。

又過了三年，又到了鄉試的時候。為了籌措盤纏，蘇秀才遭遇前所未有的困難。原本還有少數幾個人趨承他，與他來往，現在看蘇秀才連年科舉不中，都笑他了。蘇秀才央求莫家族叔出面疏通關節，族叔大怒道：「他自不下氣，卻叫叔叔來。我身面上已剝光了，哪裡還有！他幾百個人裡面殺不出來，還要思大場裡中？用這樣錢，也是落水的，這斷沒有。」兩個連襟蔣大郎和韓提控更是推託沒有銀子。最後費盡口舌，蘇家才籌措了二、三兩行頭。去時蘇秀才強打精神，莫小姐則是牽腸掛

肚。在等消息的日子裡，莫小姐找人為丈夫算命。莫小姐出嫁前，有術士預測蘇秀才會官居極品，如今術士卻道：「這人清而不貴，雖有文名，不能顯達。」莫小姐最關心：「今科可中麼？」回答是：「不穩，不穩。」莫小姐頓時眼冒金星，差點暈倒，卻還沒有絕望。等見到蘇秀才悶悶而歸，低頭不語，莫小姐這才絕望了。

絕望的莫小姐也不顧顏面了，和蘇秀才大吵起來：「別人家丈夫軒軒昂昂，偏你這等鱉煞，與死的差什麼？別人家熱熱鬧鬧，偏我家冰出。難道是窮得過，不要嫁。」

蘇秀才道：「妳也相守了十餘年了，怎這三年不耐一耐？」

莫氏道：「為你守了十來年，也好饒我了。三年三年，哄了幾個三年，我還來聽你！」

正吵鬧時，二姐夫韓提控破天荒來拜訪了（估計是來刺探蘇秀才考試結果的）。這個韓提控，用金錢開路，上京援納，又在吏部火房效勞，現在已經是江西省新淦縣縣丞了。「油綠花屯絹圓領，鵪鶉補子，紗帽，鑲銀帶；馱打傘、捧氈包小廝塞了一屋。扯把破交椅，上邊坐了，請見。」

窮秀才最怕跟人對比。一對比，莫小姐更生氣了，衝著丈夫就罵道：「如何！不讀書的，偏會做官。戀你這酸丁做甚？」罵完了，莫小姐又尋死覓活，要上吊了。蘇秀才惹不起，跑出家門躲了起來。莫小姐下定決心要離婚，就去尋著個當媒人的遠房親戚，要她幫自己找個好人家。那親戚一開始勸了幾句「結髮夫妻，不該如此」，等莫小姐說了家裡窮苦，過不下去的時候，也與莫小姐一起哭起來，答應幫莫小姐尋個好人家。她幫莫小姐找個開酒店的，那人三十歲了還沒有結婚，家裡小有產業。蘇秀才也不強留，和莫小姐離了婚。莫小姐改嫁酒店老闆，當了老闆娘。

　　動人的開頭不一定有美好的結尾。蘇秀才和莫小姐郎才女貌的故事，並沒有以夫妻恩愛、白頭偕老結尾，而是以夫妻反目，富家女拋棄窮秀才改嫁而收場。

二

　　這則窮秀才和富家女的故事，取自明末話本《醉醒石》，該書講的都是明朝故事。雖然是小說，故事曲折，但都是從現實中來的。因為話本是市民社會的產物，要貼近城市小市民的實際生活，才能吸引讀者和觀眾，所以裡面的故事都是從真實的社會新聞中歸納提煉出來的。也就是說，窮秀才和富家女的婚姻，在明代並不被人看好，而且不乏離異分手的結局。

　　在一個鼓吹「萬般皆下品，唯有讀書高」的社會中，為什麼會出現這樣的情況呢？

　　這個問題得放在明代讀書取士制度的演變，和商品經濟發達的大背景中分析。

　　莫小姐的父親莫翁是富翁，觀念比較守舊，覺得讀書人社會地位高，門第好。的確，讀書人有進入仕途的希望，而且享有多種社會特權，但是在明朝開國不久，讀書人的資格（生員、太學生等）就可以用錢買到了，朝廷將之視為創造收入的管道。原本需要程門立雪、鑿壁偷光、十年寒窗獲得的資格，如今轉瞬間用金錢就能買到。這對真正的讀書人來說，是極大的打擊，並在事實上削弱了讀書人的聲望和地位。到明代末年，各級學校、直至最高的國子監中，花錢入學的富家子弟人數，已經是苦讀入學學生人數的數倍，甚至十幾倍了。同樣是明代話本的《警世通言》第三十二卷〈杜十娘怒沉百寶箱〉中說：

「原來納粟入監的，有幾般便宜：好讀書，好科舉，好中，結末來又有個小小前程結果。以此宦家公子、富室子弟，倒不願做秀才，都去援例做太學生。自開了這例，兩京太學生各添至千人之外。」

這「千人」還是保守的估計，有人估計明朝花錢買來資格的讀書人，數以萬計。

面對來勢洶洶的金錢侵蝕，純粹的讀書人還保留著最後的防線，那就是只有通過科舉才能入仕，才能當官。你再有錢，買的也還是讀書人資格，中不了舉，照樣當不了官。可這最後的防線，在明朝中期也開始崩潰：朝廷開始公開賣官了。隨著財政進一步緊張，朝廷拿出各個品級的官位進行「銷售」。這下子，那些大字不識幾個的人，那些原本被讀書人看扁的販夫走卒、商賈攤販，都可能買到官，一下子躍居讀書人頭上。除了學問上的優勢，讀書人對有錢人的優勢蕩然無存。

用錢買官的人到底有多少呢？皇帝可以不經正常程序，直接傳旨任命官員，稱為斜封官或傳奉官。明代皇帝曾經一次傳旨，大封八百人為官。弘治末年，馬文升任吏部尚書，對濫封傳奉官提出異議，並主持裁去傳奉官七百多人，並加強官員考察，曾一次汰罷官員兩千餘人。馬文升的措施得到了科舉出身官員的支持和天下讀書人的喝采，卻損害了內廷的太監和賣官鬻爵者的利益。馬文升這位明朝五代元老，最後被趕下臺，與他的人事改革大有關係。這也間接反映了明代中期以後，買官現象猖獗到何種程度。

金錢侵蝕仕途，打擊讀書人的社會效應，使「讀書無用論」甚囂塵上。我們的蘇秀才曾去周鴻臚家當伴讀（還不是老師，只是陪太子讀書的角色），他很認真地履行職責，早晚讀書聲不絕，結果讀得周公子都厭了。周公子說：「蘇兄，小弟請你來，不過做表面文章，意思一下就可以了。你這麼認真，倒叫小弟不安了。」周公子的興趣在吃喝嫖賭上，

可惜蘇秀才「酒不深飲，唱不會唱」，最後「不逐之逐，自立不腳住了」。

於是，明朝中後期一個典型的社會場景是這樣的 —— 一個窮酸秀才到親戚家去借貸，親戚閉門不見，或者乾脆痛斥他一頓：「整天就知道死讀書，都讀成書呆子了，也不見你賺一文錢回來！你這麼讀下來，要把親戚朋友都拖累死啊？」當秀才暢快而歸時，街坊鄰居難免指指點點：「看，這就是那個沒出息的書呆子。」「聽說他表弟，開了家山貨鋪，賺了不少銀子，前年捐了個官缺，近年正謀劃著找個實職呢！」「喲！真厲害，不知道這個書呆子讀到什麼年月，能混到他表弟的風光？」

一方面是科舉形式越來越複雜，成本越來越高，走科舉「正途」的難度越來越大；另一方面是科舉之外的「旁門左道」越來越多，兩方夾擊，給真正的讀書人造成了巨大的壓力。經過理性的收益分析，讀書是極不划算的事情，穩妥而有前途的選擇，是去「經商」。於是，明朝很少有大儒家、大學者出現，真正的讀書人少了，大家都去經商做買賣了。還端著架子、放不太開的讀書人，就販賣古董文物或做個書商，搗騰圖書；家中有錢又有管道的，就走南闖北，買空賣空，做大買賣；家中實在貧寒的，就只能開個小攤，賣些針頭線腦；沒有錢又不喜歡拋頭露面的讀書人，就只能幫戲團寫劇本、寫段子，替書商寫通俗小說，低俗的、色情的、暴力的，都沒關係，反正不署真名，除了和他聯絡的編輯，沒人知道他的真實姓名。話本、演義小說在明朝的興起，和這股社會風潮大有關係。

客觀來說，明朝中期以後商品經濟的發展，打擊了讀書人傳統的優勢和地位。而朝廷的賣官鬻爵，像「駱駝背上的一根草」一樣，擊垮了讀書人的清高與自尊。

蘇秀才就非常不幸，生活在「萬般皆下品，唯有金錢高」的時代

裡。他和他的父親蘇老秀才、岳父莫翁一樣，都屬於過去那個讀書高尚的年代，清高正直，還帶有那麼點偏執，很自然在現實的打擊下，成為大眾笑柄。

莫小姐主動甩了蘇秀才，轉嫁酒店老闆後，蘇秀才就成為淮南城中的一樁笑話。大叔、大嫂、地痞、流氓在嘲笑蘇秀才連年科舉失利之餘，又多了一齣嘲笑的戲目：「蘇秀才的老婆跟人跑了！」可憐的蘇秀才，只能低著頭做人，人微言輕，自動終結了嘴巴的言語功能。蘇秀才此後多年未娶，孑然一身。一來因為「臭名昭著」，討不到老婆；二來因為實在是沒有錢。

整個故事似乎要以蘇秀才的悲慘結局收場了，但《醉醒石》的作者、署名「東魯古狂生」（大概也是個為了賺稿費的下海讀書人），還是站在蘇秀才這邊的，他還是推崇清高的讀書人、貶斥見利忘義的商賈小人。所以他不願意蘇秀才在悲慘中沉淪後半生——而現實結果很可能就是這樣——就為蘇秀才設計了一個美麗的後半生：

話說蘇秀才在縣學讀書時的知縣如今升了知府，知道了蘇秀才的遭遇，「聞他因貧為妻所棄，著實憐他，把他拔在前列」。靠著地方官員的可憐和支持，蘇秀才順利通過鄉試，中了舉人。第二年會試，不知道蘇秀才是文曲星附體，還是這幾年夾著尾巴生活的同時拚命讀書，竟然頻頻告捷，殿試過後名列二甲！

這下子，蘇秀才不再是窮酸秀才了，而是「蘇大人」、「蘇老爺」了。淮南滿城轟動，早已不走動的七大姑、八大姨連忙表示自己是新科進士蘇老爺的親戚。蘇老爺衣錦還鄉後，莫家族叔早已為他尋覓一所大房子做府邸，馬上就有兩房人來投靠。隨即，「就有媒人不脫門來說親，道某鄉宦小姐，才貌雙全，極有陪嫁。某財主女兒，人物齊整，情願倒貼三百兩成婚」。

大叔大嫂、大街小巷都對蘇老爺滿口稱羨恭維，而拋棄蘇秀才改嫁他人的莫小姐則成了全城笑柄，「笑莫氏平白把一個奶奶讓與人，不知誰家女人安然來受享」。

這個社會終究還是勢利的商人社會。不知蘇秀才面對截然相反的前後遭遇，作何感想？

戊午科場案：晚清科舉亂象及其「整治」

一

咸豐八年（一八五八），戊午年，九月十六日的順天鄉試揭榜，揭出了一樁大案。

每一年，順天府（今北京）的鄉試，都會出現或大或小的婁子。因為順天府中舉的名額最多，比例遠遠高於中國其他地方，所以各地的考生都會拉關係、找門子來參加順天鄉試。往年多有發生「冒籍」的案件，也有一些落榜考生無理取鬧的小案子，人們都見怪不怪了。但戊午年的鄉試婁子可是大問題，讓京城輿論譁然。除了那些歷史問題外，有人揭露高中鄉試第七名的舉子平齡是京城四九城著名的戲子。按律，娼妓、戲子、乞丐、皂隸等人不得參加科舉。這平齡不僅參加了，而且被人揭發在考試當天尚在登臺演出，根本沒進考場考試。那麼，他的這個「高中」是怎麼中的呢？

鬧到十月初七，御史孟傳金上奏咸豐皇帝，揭露此次鄉試有諸多舞弊行徑，奏請立案審查。孟傳金指出此次科舉主考和同考官相互推薦人選，各自錄取關係人員等問題。整個奏摺最實在的問題，是指出了平齡

的身分和他的考卷有竄改痕跡。

科舉是國家取才大典，關係國家根本。年輕的咸豐皇帝拿到奏摺後大怒。他當時正想嚴查官場腐敗，遂下令由怡親王載垣、鄭親王端華、戶部尚書全慶、兵部尚書陳孚恩組成專案組查辦。戊午順天鄉試，考生超過一千人，錄取三百名舉人。主考官是柏葰，副主考分別是兵部尚書朱鳳標和都察院左副都御史兼戶部右侍郎程庭桂。柏葰，蒙古正藍旗人，歷任刑部侍郎、兵部尚書、戶部尚書、協辦大學士等職，在朝廷的勢力枝繁葉茂，是一派領袖。他在六十三歲的高齡被欽點為主考官，既表示咸豐皇帝對其倚重，也顯示朝廷對老臣的一種恩賞。發榜後不久，咸豐還因為整場科舉順利完成，認為主考官柏葰勞苦功高，升他為大學士，品級從一品升為正一品。沒過幾天，咸豐又任命柏葰為文淵閣大學士。看來，君臣都把柏葰主持科舉視為提拔前的「鍍金」。案子發生後，咸豐帝還專門告訴柏葰，本次科舉是否舞弊，自有公論，在問題沒有查清之前，只管照舊工作，不必擔心。撫慰之餘，咸豐也提醒柏葰為了避免非議，暫且不用入朝覲見。

專案組很快就查明平齡是旗人，並非職業戲子，只是痴迷曲藝，常常技癢登臺，是京劇高級「票友」。平齡完全有資格參加科舉。平齡的身分沒查出問題來，考卷卻查出了大問題。

科舉考生的考卷分朱卷和墨卷。「墨卷」是考生用墨筆繕寫的原始考卷。北宋為了防止考官透過字跡舞弊，發明了密封、糊名和謄錄制度。考生上交原始考卷後，工作人員將考生姓名糊起來，由專人用紅色筆謄抄一份，稱為「朱卷」。墨卷和朱卷必須完全一致，謄抄人員即便發現墨卷中有錯別字、甚至大逆不道的語句，也必須完全照抄。謄抄後，官府還安排他人專門核對糊上姓名的墨卷和新抄的朱卷是否一致，稱為「對讀」。

平齡的墨卷和朱卷就不一致！

墨卷上有七處錯別字，朱卷上都被改正過來。一個人在一篇文章中出現七處錯別字，可見水準很一般，怎麼還會被錄取為舉人呢？這錯別字又是誰改的呢？專案組抓住這個問題不放，審問了包括謄抄人員、對讀人員在內的所有工作人員，又詢問了同考官（協助正副考官的考場官員，一般人數眾多）。負責平齡的同考官，即翰林院編修鄒石麟供認，平齡的朱卷是他改的。鄒石麟在批閱平齡考卷時，以為錯別字是謄抄人員手誤抄錯了，就順手改了過來。但鄒石麟聲明自己並不認識平齡，只是因此前科舉中多有類似情況，且有考官幫考生改過錯別字，就隨手改正了。當事人平齡早已被革去舉人身分，投入獄中。專案組去審問平齡，不料被獄方告知平齡已然在牢中暴斃，死因不明。

好在，基本事實還算清楚，也有人出來供認不諱。專案組據此向咸豐上報了處理意見：平齡登臺演戲「有辱斯文」，諭令士子引以為戒；他才學平常，文章中錯誤連篇，不足以中舉，按律罰停會試三科。因為平齡已死，免去所有懲罰。考生舞弊，同考官負有連帶責任，應降一級調任，而鄒石麟還有擅改朱卷的罪名，擬加重處罰，「革職永不敘用」。報告沒有涉及柏葰。咸豐皇帝同意了專案組的意見，但是認為主考官柏葰和兩位副主考朱鳳標、程庭桂三人也應承擔領導者責任，給予罰俸一年的處罰。

處理後，咸豐皇帝越想越覺得本次科舉有些蹊蹺，覺得還有問題遮擋在那裡。難道整場考試就只有平齡的一份朱卷有問題嗎？於是，咸豐皇帝下令對本場的所有試卷都重新「磨勘」。所謂「磨勘」，指的是發榜後對中舉之人的試卷進行覆核檢查，看是否有遺漏的問題。道光年間，磨勘成為一道例行公事，反正黃榜都已經發了，官員們抱著多一事不如少一事的態度，都懶得看了。到咸豐時，幾乎沒有人執行這道公事了。

結果，中舉的三百份考卷中，磨勘出觸目驚心的結果來，多達五十份考卷存有問題，占總數的六分之一。這其中有三十八本試卷和平齡的考卷一樣，錯別字連篇，甚至還存在謬稱和常識錯誤；另外十二本試卷不僅有各種錯誤，更嚴重的是，錯誤在朱卷中都被人修改了。同時，專案組還發現，考生余汝偕第一場試卷和第二場試卷品質有天壤之別。第一場考試時，署名「余汝偕」的試卷文理不通，第二場考試的「余汝偕」卻寫出了文采飛揚的試卷，不僅彌補了第一場的不足，還中了舉。最大的可能是，有兩個「余汝偕」在考試。

咸豐皇帝龍顏大怒。有人在自己眼皮底下進行明目張膽、肆無忌憚、大規模的科場舞弊！咸豐覺得受到巨大侮辱，他立刻下旨將柏葰革職，在家聽候傳訊，兩位副主考暫行解任，聽候查辦。順天科舉舞弊不再按照個案偵查，而是要徹查整場考試的舞弊情況。

黑暗是經不起任何光亮照射的。晚清科舉歷來黑幕重重，現在皇帝一心嚴查，可有好戲看嘍！

二

戊午順天鄉試的重重黑幕，是從名列第兩百三十八名的中榜舉人羅鴻繹身上打開缺口的。

羅鴻繹的試卷文才平庸，卻得到了考官的一致好評，顯然其中存在蹊蹺。抓羅鴻繹來審問，羅鴻繹如實招供「遞條子」舞弊的實情，並牽涉到主考官柏葰，構成了本次科舉舞弊案的主要案情。

這個羅鴻繹是廣東肇慶府陽春縣人，家境殷實，就花錢捐了個主事的職位，還行賄到刑部任職。按說羅鴻繹要錢有錢，要官有官，應該知足了。但他當了刑部主事後，卻終日懊惱沒有正規的科舉功名。在古代

官場，進士身分是官員仕進的資本。花錢買的官和其他管道入仕的官，在發展前途上都不如進士出身的同僚。所以，羅鴻繹也思索著參加順天鄉試，謀個科舉功名，為日後發展打基礎。

羅鴻繹是當年六月到刑部任職的，七月就開始四處活動——可見他不想扎實當個好官，只想著如何升官發達。羅鴻繹很清楚自己肚子裡沒有多少墨水，就找了與他同鄉的兵部主事李鶴齡，希望老鄉能幫幫忙。李鶴齡是老京官了，很有希望被選為本年度的科舉同考官。當時科舉請託走後門的現象很普遍，李鶴齡考慮到又是同鄉拜託的事情，當場許諾幫忙。不料，李鶴齡並沒有被選為同考官，好在他的同年舉人、翰林院編修浦安被任命為同考官，他就拜託浦安留意幫忙。浦安對這種事見怪不怪，也不好不給同年舉人面子，就答應幫忙，要羅鴻繹遞張「條子」過來。

什麼是「條子」？這是科舉舞弊的專業名詞，全稱「關節條子」，上面寫明作弊者與考官約定的、在試卷上的記號（一般是說明在某處用某些字眼），請考官在閱卷時留意，如果看到條子上的記號，就要錄取該份試卷的考生。當然，條子上也必須注明作弊者承諾給考官的事後「辛苦費」。道光、咸豐年間，科考尚未開始，官場上的「條子」就滿天飛了。考生們四處打關係、找門路，有的繞好幾道關係，想方設法要讓考官接受「條子」。考生以遞不了條子為憾，考官也以收不到條子為恥，彷彿能收到條子就能證明自身的身價，收到的條子越多，就表示自己的聲望越高。所以，條子風靡考場內外，真正僅憑考試成績的考生反而成了另類。一些考官還故意向中意的考生索取條子，要收為門生，拉幫結派。

浦安收了羅鴻繹的「條子」，心裡就有數了。閱卷時，他恰好發現一份試卷記號吻合。儘管這份試卷文不達意、水準低下，浦安還是寫下

了「氣盛言宜，孟藝尤佳」的評語，直接推薦給主考官柏葰。柏葰和兩位副主考看過試卷後，覺得水準離中舉還有段距離，沒有錄取，暫且放入備選名單中。

浦安急了，收了條子沒辦成事情，豈不讓別人覺得自己很沒用？他正思索對策時，發現柏葰的僕人靳祥入場伺候主子，不禁計上心來。靳祥跟隨柏葰多年，是柏葰的心腹，即使主持科考這樣的大事，也讓他隨侍左右。浦安就拉住靳祥，態度誠懇地哀求他勸說柏葰錄取那份試卷。靳祥只是僕人，被堂堂朝廷命官懇求幫忙，虛榮心得到極大滿足，就暗中向柏葰建言，說浦安只推薦了一份試卷，是否考慮錄取，不然有傷老爺和同僚的關係。柏葰覺得靳祥說得有理，就把羅鴻繹列在中舉名單的末尾。

事成後，李鶴齡主動向羅鴻繹索取五百兩銀子，並將銀子全部據為己有。中舉後，羅鴻繹去拜訪本科的主考官和同考官。他先拜訪浦安，因為他送給李鶴齡的五百兩銀子包括了「孝敬」浦安的辛苦錢，所以羅鴻繹心安理得地只帶了十兩銀子給浦安當拜師禮，另有三兩銀子請浦安轉送下人。浦安只拿到十三兩銀子，頓時覺得自己成了冤大頭，很不高興。轉念一想，浦安認定，是李鶴齡在其中「黑吃黑」，馬上跑到李家去，藉口說缺錢急用，從李鶴齡手中拿走了三百兩。李鶴齡也不敢動怒。

之後，羅鴻繹又去主考官柏葰家拜訪，呈上了贄敬銀十六兩，給柏家下人送了六兩。也就是說，在羅鴻繹舞弊中舉案中，柏葰只拿了十六兩銀子，而且還是不算違法的門生見面禮。想必去柏葰家拜謝的舉人很多，柏葰對羅鴻繹也沒有特別的印象。然而就是這十六兩銀子，把柏葰牽涉到了羅鴻繹的案子裡。

刑部嚴格照章辦事，革去羅鴻繹的舉人身分，撤去羅鴻繹的刑部主

事、李鶴齡的兵部主事、浦安的翰林院編修之職，把三個人都關入大牢。柏葰的僕人靳祥已經隨柏葰在甘肅任知府的姪子一起西去了，刑部也發文在潼關攔截靳祥，抓回北京拷問。結果，靳祥在大牢中死了。

案子的最大問題是該如何處理柏葰？

柏葰除了負有領導者責任外，最主要的罪證是收受了羅鴻繹的十六兩銀子。柏葰浸淫官場三十多年，當然不會看上這麼點小錢。他對專案組的解釋是：「向來如此，隨即收下。」可見科場黑暗日久，柏葰對違法存在的舞弊行為已經習以為常了。載垣、端華、全慶和陳孚恩四位專案組大臣，卻沒有將之視為尋常案件大事化小、小事化無，而是聯名向咸豐皇帝詳細匯報了此次科場舞弊情況，建議將柏葰、浦安、李鶴齡、羅鴻繹四人「斬立決」（斬首，立即執行）。

拿到報告的當天，咸豐在勤政殿專門召開親王和大臣會議，討論如何處置柏葰。參加大會的大臣肅順慷慨激昂，搶先發表意見：「科舉乃取士大典，關係至重，亟宜執法，以懲積習，柏葰罪不可宥，非正法不足以儆在位！」需要指出的有兩點：第一，肅順這個人和專案組的四名成員關係密切，幾乎全程參與調查，可算是專案組的「編外成員」；第二，肅順和柏葰都受咸豐的信任重用，但屬於不同的派系。咸豐皇帝原本不想給柏葰判處死刑，事實上柏葰之罪也可以免死，但肅順義正辭嚴的發言，讓他覺得柏葰罪大惡極，應該殺之以示懲戒。刑部尚書趙光是柏葰一派，趕緊站出來為柏葰求情。咸豐猶豫了，認為柏葰「罪無可逭，情有可原」，有意淡化他的罪責。肅順堅定地反駁：「雖說是情有可原，但終究是罪不可逭。」最後，咸豐下旨：「柏葰情雖可原，法難寬宥，言念及此，不禁垂泣。」判決柏葰、浦安、李鶴齡、羅鴻繹四人斬立決，立即押赴菜市口刑場行刑。

清代自開國以來，對於判處死刑的一品大員，都會在開刀問斬之前

加以赦免，改斬首為流配，以示對朝廷重臣的恩待。所以柏葰被押赴菜市口斬首時，還滿心以為這只是往常先緊後鬆的慣例，咸豐赦免自己的聖旨已經開始起草了。於是他吩咐家人打點行裝，聖旨一到，就準備前往流配地。不多時，刑部尚書趙光果然匆匆忙忙跑來，卻是痛哭流涕的模樣。柏葰見狀，知道大事不好。趙光是奉命來監斬的，另一個監斬官就是肅順。柏葰人頭落地，成為清朝歷史上唯一一位因為科舉舞弊被斬首的大學士。

臨死前，柏葰認定自己是被肅順逼死的，惡狠狠地留言：「我死不足惜，肅順他日必跟我一樣。」

三

除了柏葰的主案之外，戊午科場舞弊案還有一個附帶的案子。

浦安被捕後，對自己的舞弊供認不諱，還「主動交代」副主考程庭桂在考場上當眾「燒條子」。咸豐九年正月十三日，咸豐皇帝下旨對副主考程庭桂舞弊一案另案審訊。

程庭桂很快供認自己收到兒子程炳采轉送的許多條子，遞給他條子的人有：工部候補郎中謝森墀、恩貢生王景麟、附貢生熊元培等人。程庭桂上奏自己將這些條子都燒毀了，也沒有錄取遞條舞弊的人。按照這樣的說法，程庭桂不僅沒有違法違規，而且還潔身自好。但是兒子程炳采供出的事實，卻把案子引向了深淵。程炳采收到的那些條子，都不是考生本人親自遞交的，而是透過他人轉遞給他的。向他轉遞條子涉及舞弊的中間人有：刑部侍郎李清風之子李旦華、工部郎中潘曾瑩之子潘祖同、湖南布政使潘鐸之子潘敦儼等人。這些條子都透過程府家人胡升給老爺送鋪蓋、入考場之機，轉交給了程庭桂。另外，程炳采還收到兵部

尚書陳孚恩之子陳景彥送的條子，但沒有送入考場。

兵部尚書陳孚恩是專案組成員，因為舞弊案牽涉到自己的兒子，不得不申請迴避，並自請處分。咸豐令他繼續秉公辦案。

此案的審理，遞條子和轉送條子的人都好處理，問題還是出在如何處理副主考程庭桂上。程庭桂是道咸兩朝重臣，長期擔任左副都御史，在本案中並沒有明顯的舞弊行為。對他的論罪，朝臣存在較大爭議。專案組的建議一如既往的嚴厲，奏請將程庭桂父子斬首。咸豐再次就刑罰問題開會商議。最後，咸豐皇帝將程炳采處死，同時念及程庭桂是兩朝舊臣，且兒子已經被殺，所以「法外施仁」，免去程庭桂死罪，發往軍臺效力贖罪。舞弊的謝森墀、王景麟、熊元培、李旦華、潘敦儼、潘祖同和陳景彥七人都免於死罪，發配新疆（不久以錢贖罪）。陳孚恩、潘曾瑩、潘鐸等人要對兒子傳遞條子負責，降一級調用；李清風已死，免罪。本次科舉的負責官員中，主考和副主考一死一充軍，另外一個副主考、戶部尚書朱鳳標工作失察、管理不善，被革職；同考官鄒石麟已被革職，另一個同考官徐桐也被查出更改朱卷，同樣被革職。戊午科場案總計懲處九十一人，其中斬首五人，流配三人，遣戍改贖罪七人，革職七人，降級調用十六人，罰俸一年三十八人，處理面不可謂不廣，咸豐皇帝懲治科場舞弊的決心，也不可謂不堅定。

四

身為勝利者和公正執法者的肅順，是戊午科場舞弊案的關鍵人物之一。

肅順，滿洲鑲藍旗人，愛新覺羅氏，算是皇室遠支宗室。他的八世祖是清朝開國元勛、世襲鄭親王濟爾哈朗。相傳老鄭親王烏爾恭阿看上

一個回民富商的女兒，強行納為妾，於嘉慶二十一年（一八一六）生下庶子肅順。老鄭親王死後，肅順同父異母的哥哥端華世襲了爵位，肅順則以宗室身分進入仕途，從三等輔國將軍做起，以勇於任事漸受重用，地位不斷升遷。他歷任正紅旗護軍統領、御前侍衛、工部侍郎、禮部侍郎、戶部侍郎、都察院左都御史、兵部尚書、御前大臣，一時握有國相實權。宗室和外官多人前來依附，形成肅順集團。

肅順的興起不是靠阿諛奉承，而是憑藉為政務實、幹練剛毅升遷的。他的上升時期正是清王朝在太平天國打擊下、風雨飄搖的艱難階段。同時英法在俄美的支持下，又發動了第二次鴉片戰爭，矛頭直指北京。朝廷可謂是內外交困，舉步維艱。在這樣的關頭，能者上，庸者下。當時的軍機大臣都是無能之輩，遇事唯唯諾諾，毫無主見，自然難以勝任。年輕的咸豐帝就深感「廷臣習於因循，乏匡濟之略」，因而不得不改弦更張，將軍機大臣棄置一旁，起用勇於任事的肅順。肅順等人受命於危難之際，提出了改革財政、重用漢臣、訓練鄉勇等政策。為鎮壓太平天國，肅順主張重用漢族官僚胡林翼、曾國藩。在對外問題上，肅順雖然盲目自大，堅持陳舊體制，但在維持國家尊嚴和利益方面不畏強敵，奮起抗爭，比那些既無知又畏敵如虎的庸才好多了。基本上，肅順是一個王朝復興觀念比較強，想把事情辦好，雷厲風行的人。

在科場案上，肅順站在幕後，指揮主要由同派中人組成的專案組訪蹤查跡，努力工作，最後牽出主考柏葰來。處罰時，肅順力主從嚴處理。咸豐帝本想對柏葰從輕發落，是肅順力爭，搬出朝廷信義士人典範，要對柏葰「非正法不足以儆在位」。最後，肅順利用年輕的咸豐皇帝立志整頓吏治的決心，處死了柏葰。嘉道以來，吏治敗壞，正如曾國藩所言：「京官辦事通病大要有二：日退縮，日瑣屑；外官之辦事通病有二：日敷衍，日顢頇。……習俗相沿，但求苟安無過，不求振作有為，

將來一有艱巨，國家必有乏才之患。」咸豐帝對此深惡痛絕，從清王朝
的生死存亡出發，針對一件科舉舞弊案鄭重其事地召開御前會議。戊午
科場一案對整治科場積弊和肅清吏治確實收一時之效。《春明夢錄》一
書評論道：「京師場弊，自大學士柏葰正法後，功令為之一肅，數十年
諸弊淨絕。」之後朝廷會試，紀律嚴格。士子入場時，官員搜檢片紙之
字都不許帶入。

　　「戊午科場案」的處理，肅順自然有肅清吏治的考量，但更多的是藉
機排斥異己，打擊頑固守舊派。肅順集團屬於新興、務實的政治力量，
而彭蘊章、柏葰等都是頑固守舊派，雙方一開始就在鎮壓太平天國、應
對外辱方面意見對立。肅順缺乏資歷名望，其政策主張受到頑固守舊派
的反對阻礙。科舉舞弊的發生，剛好為肅順集團打擊反對勢力提供最佳
武器。之後，肅順又透過咸豐九年戶部寶鈔案和十年何桂清脫逃案，
先後打擊了協辦大學士周祖培、體仁閣大學士翁心存和首席大學士彭
蘊章；透過二次鴉片戰爭中的「議約違旨案」，逼守舊大學士耆英「自
盡」。這些大案極度打擊當時的內閣和軍機處勢力，進而削弱了兩大機
構的實權。最高權力逐步由軍機處轉移到御前大臣肅順、載垣和端華手
中。肅順借助權位和咸豐帝的器重，力主重用湘軍，大力支持曾國藩、
胡林翼平定太平軍，在內政外交方面多有建樹。但是肅順此人律己不
嚴，律人過嚴，結果在貪汙成風的官場上，造成人人自危的局面，反對
他的暗潮洶湧不止。一八六〇年，英、法聯軍進攻北京時，肅順隨駕咸
豐，逃往熱河。一八六一年，被臨終前的咸豐任命為顧命大臣，雖在八
大臣中排第四，卻是能力卓著的核心人物，但在辛酉政變中失敗丟權。
十月初六，清廷公開宣布顧命八大臣八條罪狀，而後扔下兩條白絹，令
載垣、端華自盡，肅順則因被慈禧痛恨而被判斬。肅順承繼了馬上得天
下的祖宗硬氣，被押赴刑場時一路破口大罵，行刑時不肯下跪，「劊子

手以大鐵柄敲之，乃跪下，蓋兩脛已折矣」。

值得注意的是，肅順雖然失敗了，但他務實的政治主張，被政敵慈禧太后等人沿用。他的死是因手裡的大權招致的，和政見並無太大關係。這正如柏葰的死，和派系相爭有實質關係，和科場舞弊的關係並不密切一樣。

有趣的是，肅順死後，戊午科場舞弊案迅速「翻案」了。

慈禧太后誅殺肅順的理由，有大權獨攬、欺壓大臣等罪名，受肅順打壓的原柏葰一派人，隨即開始思索復仇翻案。御史任兆堅上奏，認為「柏葰之死，情罪未明，請旨昭雪」。任御史給出三個翻案的理由：第一是關鍵證人靳祥已死，柏葰一案沒有人證，定罪證據不足；第二是此案為載垣、肅順等人挾私報復，柏葰是被奸人羅織罪名害死的；第三，任御史搬出「先帝」咸豐來，說咸豐皇帝並不想殺柏葰，說柏葰「情有可原」，還「不禁垂泣」，是肅順逼迫先帝殺柏葰的。總之一句話，柏葰是好人，是被害死的。最後，任御史緊密連接現實，呼籲對柏葰平反昭雪，消除肅順奸佞的影響，開闢同治新政。他都這麼說了，慈禧自然無話可說，加上其他大臣紛紛見風使舵，上疏為柏葰鳴冤，於是慈禧下懿旨，要禮部、刑部重審戊午科場舞弊案。

同治元年（一八六二）正月，禮部和刑部遞交了重審報告，認為柏葰確有舞弊情形（舞弊案的基本事實有目共睹，影響很廣，兩部官員不敢睜眼說瞎話），但是柏葰按律罪不該死。兩部官員接受了柏葰一派的說法，在奏摺中重申了肅順、載垣等人挾私報復，逼咸豐皇帝下令處斬柏葰。這是一份對柏葰有利的報告。同樣的事實，在不同的環境和政治考慮下，會產生什麼樣不同的結論，兩部的重審報告作了很好的示範。

正月二十四日，年幼的同治皇帝下旨，重新對戊午科場舞弊案下了結論：柏葰不能說無罪，也不能平反昭雪，但之前案子審理過程中，載

垣、端華、肅順等人黨同伐異、妄下結論、擅作威福、量刑過重，利用先帝痛恨科場舞弊的心理，導致柏葰遭罹大辟；先帝有「不禁垂泣」之語，恰恰說明本意不想處斬柏葰；柏葰忠誠國事，樸實謹慎，雖然有罪，我朝仍應法外施仁，特賜柏葰兒子、候選員外郎鍾濂為四品官。

戊午科場舞弊案就此落幕：犯罪事實清楚，對於主犯柏葰要「一分為二」地看待，功大於過。

這樣的結果讓在肅順「廉政」高壓下壓抑多年的官場中人，大吐了一口氣。本來嘛！科場舞弊都舞成了官場的潛規則，肅順等人偏要抓住這些小事不放，讓大家都不高興，何必呢？那個最終揭發舞弊黑幕的御史孟傳金，現在被人指責「多事」，早已升官的孟傳金被退回原衙門重新「歷練」；專案組四名成員已經在辛酉政變中死了三個，剩下原戶部尚書全慶，和肅順關係並不近，之前純粹是被咸豐皇帝指派進入專案組的，現在也被「降一級調用」。而種種被壓制得已經絕跡的科場舞弊手段，又沉渣泛起，「條子」又開始在考場內外滿天飛了。

第三篇　帝國的經濟悖亂

　　日復一日、年復一年在一畝三分地裡艱辛刨
食的自耕農們，為帝國貢獻賦稅、徭役、兵源和
忠誠，節衣縮食、擴大生產，推動著帝國經濟的
平穩發展。不幸的是，經濟發展的主要成果，被
統治階層霸占了。統治階層是經濟發展的最大贏
家，他們良田萬頃、家財萬貫以後，就反過來侵
吞自耕農們的土地家產。帝國經濟越繁榮，統治
階層經濟勢力就越強，對自耕農們的侵害就越嚴
重。這就好像一邊在築造堤壩，另一邊在同時挖
堤，而且挖堤的速度逐漸超出築堤的速度。自然
有一天，決堤了，帝國轟然倒塌。

食利者心理：西晉首富的鬥富人生

一

西晉武帝和惠帝年間，洛陽城裡有一個高調的超級富豪，叫作石崇。

一個人是不是富豪，不是自己說了就算，也不是由他的銀行存款數目決定的。富豪是從比較中產生的。那個襯托出石崇富裕程度的冤大頭，就是晉武帝司馬炎的舅父、貴戚、後將軍王愷。

王愷飯後用糖水刷鍋，石崇就用蠟燭當柴燒；王愷做了四十里長的紫絲布步障，石崇便做五十里的錦步障；王愷用赤石脂塗牆壁，石崇使用花椒砌牆。反正石崇什麼都不求最好，只求比王愷家的「更好」。石崇和王愷長期居住在洛陽同一座城市裡，經常見面，石崇在三個日常生活小事上，長期贏過王愷，讓王愷很不高興。第一件事情是，豆粥很難煮，石崇招待客人的時候，想吃豆粥，只要吩咐一聲，下人就能把豆粥端上來。王愷家就做不到。第二件事情是，即使在冬天，石崇家也能吃到綠瑩瑩的韭菜碎末。石崇家彷彿有現代的蔬菜棚，能夠生產非節令蔬菜。第三件事情是，石崇和王愷出遊的時候，暗中較勁看誰能先返回洛

陽城。石崇家駕車的牛，跑得像馬一樣快，每回都把王愷遠遠甩到後頭。王愷在這三件事情上，老是輸給石崇，覺得非常沒面子，又找不到原因，就暗中買通石崇的一個下人追問原因。石崇的下人揭祕說：「大豆的確很難煮成粥，石家事先將大豆煮熟，研磨成細末保存起來，等客人來的時候，把豆末投入白粥，就成了豆粥。冬天吃的韭菜末，並非全是韭菜，而是混雜了韭菜根末的麥苗碎。牛車的快慢，全靠駕車者，石家的駕車者聽憑牛張開牛蹄跑，所以牛車跑得快。」王愷知道祕訣後，照搬到自己家來，於是在以上三件事上，都能和石崇一爭高低。石崇發現後，非常生氣，查遍所有原因，才發現是下人走漏消息，氣得把下人殺了。

　　晉武帝司馬炎知道石崇和王愷鬥富後，決定幫助舅父王愷打敗已經占據優勢的石崇。

　　司馬炎可是擁有全天下財富的人。他從皇家的珍藏中，挑選了一株珊瑚樹賜給王愷。那珊瑚高二尺許，枝條繁茂，樹幹蔓延，世所罕見。王愷獲得如此珍寶，大肆渲染，遍示眾人。石崇也跟著大家去王家參觀御賜珊瑚，只見他拿起一個鐵如意，就砸向珊瑚樹，珊瑚樹應聲而碎。王愷惋惜極了，認為石崇是妒忌自己的寶貝，聲色俱厲地斥責石崇。石崇漫不經心地回答：「這有什麼可惜的，我現在就還給你。」石崇吩咐下人把自家珍藏的珊瑚樹都搬到王愷家來。結果原本是王愷舉辦的「珊瑚展覽」變成了石崇的「炫富大會」。石崇珍藏的珊瑚樹，單單三、四尺高的就有六、七株，株株絕俗，光彩炫目，像司馬炎賜給王愷那樣的珊瑚樹，都算是小的了。石崇爽快地告訴王愷，看中哪株就搬走，你跟我比什麼呢？

　　經過如此慘烈的一役，王愷不得不承認石崇比自己富裕。其他人更是甘拜下風。石崇「西晉首富」的桂冠，算是摘取了。

　　超級富豪的生活不是一般人能夠想像的。比如他們壓根就不和人群住在一起，而是自己開闢出一片土地來造城堡、建莊園。石崇就在洛陽城外、洛河北邊的「金谷」造了別館，取名「梓澤」，一般的迎來送往和交往應酬，都在裡面舉行。石崇圈了好大一塊地，有山有水有良田，依照地勢高低築臺鑿池，建築了百丈高的崇綺樓，高到「極目南天」的地步。在園子裡，石崇「財產豐積，室宇宏麗」，追求奢華的生活享受，「絲竹盡當時之選，庖膳窮水陸之珍」。總之，晉朝人能夠想到的吃穿住行、山珍海味和樂器玩具，都能在石崇家找到。

　　石崇養了數以百計的美女。這些美女都穿著刺繡精美的錦緞，裝飾著璀璨奪目的珍珠、美玉、寶石。石崇要求侍女都要嘴含異香，以便講話時能夠讓人感覺噴香撲鼻。石崇又在象牙床上灑沉香屑，讓所寵愛的姬妾踏在上面，沒有留下腳印的，賜寶珠一百粒；留下腳印的人，就要節制飲食，以使體質輕弱。

　　石崇這個首富當得太高調了，連晉武帝司馬炎都很好奇，很想到石崇的別館裡看看究竟。為了不至於被石崇比下去，司馬炎在穿著上頗費一番心思。他把外國進貢的火浣布製成衣衫，穿著駕臨石崇家。到了石家，石崇的衣服倒是平平常常，但是石家的下人、家奴五十人，都穿著火浣布做的衣衫。

　　大臣劉寮出身貧寒，小時候砍過柴、餵過豬，長大後位列公卿，還保持樸素的生活習慣，走路上班、騎馬出行，到別人家做客，能自己動手的事，絕不煩勞他人。一天，劉寮去石崇家做客，想上廁所，就自己找了過去。他推開一間看似廁所的屋子的門，差點沒被裡面的香氣給熏出來。劉寮定睛一看，發現自己進入的是一座美輪美奐的建築，裡面擺放著絳色的蚊帳，精美的墊子、褥子和各式香水、香膏、香袋，屋裡還有十幾位穿著錦繡、打扮豔麗奪目的婢女列隊侍候。劉寮還沒反應過

來，這些婢女就拿著漂亮的衣服迎上來，要幫他換衣服。劉寮趕緊退出來。轉身遇到石崇，劉寮苦笑著說：「抱歉抱歉，我誤入了你家的臥室。」石崇回答：「劉大人搞錯了，那是我家的廁所。」

二

現在的問題是：石崇的財富是怎麼來的？

《晉書・石崇傳》只有一句話涉及這個關鍵問題的答案，說石崇在荊州刺史的職位上「劫遠使商客，致富不貲」。想像一下，荊州地區的最大長官，竟然指使人搶劫遠方的使節和過境的客商，以保護者身分行強盜之實，那將是什麼樣的情景？石崇這個荊州刺史都公開上路搶劫了，更別說貪汙、受賄、中飽私囊等小兒科的腐敗行為了。荊州轄有現在的湖北、湖南地區，東漢末年劉表占據這塊富庶之地，割據數十年，如今石崇在荊州搜刮地皮多年，自然是賺飽、賺足了。

除了荊州刺史，石崇一生宦海沉浮，擔任過職務無數，許多還是轄地管人的肥缺，其中不乏撈錢的機會。我們可以看看石崇的為官履歷。他在二十歲出頭就擔任修武縣令，很快就被召為散騎郎，鍍了幾天金，就榮升城陽太守，很快又因為伐吳有功，封安陽鄉侯。不知道石崇在伐吳時立下了何功？城陽在今山東江蘇沿海，距離前線還有段距離，石崇這個城陽太守，可能是西晉水師若干後勤的提供支持者，也可能由於伐吳成功，屬於司馬炎大封功臣中的一員。期間，石崇因病辭去太守職務，沒過幾天，又被任命為黃門郎，很快被提拔為散騎常侍、侍中。晉惠帝司馬衷即位後，石崇擔任南中郎將、荊州刺史、領南蠻校尉，又加鷹揚將軍銜；然後出任太僕，征虜將軍，假節、監徐州諸軍事，鎮守下邳；最後返回朝廷擔任衛尉，與潘岳等人投靠賈皇后。賈氏出行，石崇

只要遇到了，都主動下車讓路，對著賈氏揚起的塵土即拜。《晉書》直指石崇「其卑佞如此」。

像石崇這樣沒有政績又劣跡昭著，沒有操守又人品低下的人，為什麼在西晉王朝屹立不搖、官運亨通呢？

石崇不是一個特例，而是代表了一個群體。那就是西晉的勛貴權戚群體。

石崇的父親石苞，在晉武帝時曾官至大司馬。石崇憑著父親的光環進入仕途。在傳記中，石崇多次提到「先父之恩」、「先父勛德之重」。西晉初年有許多石崇這樣的貴戚子弟。司馬家族出於招攬人心、篡奪天下的考量，對權貴和皇室成員採取寬鬆優厚的籠絡政策，造就了整整一個勛貴權戚群體。石崇只是其中一員而已。

西晉王朝可算是中國歷史上獲得天下最容易的朝代。西晉的建立是司馬家族從一個陰謀走到另一個陰謀的成功過程。從高平陵政變，司馬懿掃除曹爽勢力開始，司馬家族再也沒有遇到過大危機。之後除了忠於曹魏王朝的勢力，在揚州發動了兩次反對司馬勢力的起義外，整個曹魏王朝相對平靜地被司馬家族「接收」了。曹魏的大臣和菁英分子們集體轉向司馬家族，得到的是司馬家族對他們世代高官厚祿的回報。

曹魏的建立者曹丕，和西晉的建立者司馬炎，都是繼承家族遺產，逼前朝把天下禪讓給自己的。不同的是，曹丕親身經歷東漢末年的亂世，本人還在亂世中奮鬥過；而司馬炎則完全是在富貴鄉中塑造出來的，他不知道創業的艱辛和天下疾苦。因此，司馬炎時代是個瀰漫著安樂和享受的時代，是石崇和王愷等貴戚鬥富、皇帝在一旁助陣的時代。盤旋在西晉王朝頂端的是一群和社會現實及普通百姓相互脫節的「食利者階層」。這個群體的典型特徵，就是榮華富貴來得非常容易。許多人含著金湯匙降生，富貴唾手可得。他們沒有經歷過創業的艱辛，沒有在

社會底層掙扎的經歷，甚至沒有經歷過殘酷的權謀鬥爭。但他們卻把持一個朝廷，是西晉王朝開創時期的領導階層。

食利者的榮華富貴得來全不費工夫，這注定他們不會珍惜，只會肆意揮霍。

比如石崇就有兩次看似荒誕的罷官經歷。一次是石崇被徵為大司農，他得知後，沒等徵書到達，就擅自卸除原來的官職，被罷官。還有一次是石崇去徐州監督軍事，到任後與徐州刺史高誕爭酒相侮，被免官。一般人看似再普通不過的職業規則，懶散的石崇都做不到，難怪會被罷官。但人家可不怕，反正過幾天馬上會被官復原職，說不定還會加官晉爵，石崇就是再被罷官幾次也無所謂。誰叫他是「食利者階層」呢！不需辛勞就能坐享其成。

於是，「食利者階層」的奢侈和揮霍也可以理解了。西晉王朝，社會風氣「性奢豪，務在華侈」，權貴人家「帷帳車服，窮極綺麗，廚膳滋味，過於王者」。我們現在能夠看到的西晉墓葬，規格和陪葬品比曹魏時期突然高出一大截，出現了「厚葬」風氣。太康六年，王愷去世，葬在柏谷山，大營塋域，葬垣周長四十五里，松柏茂盛。

晉武帝司馬炎本人就生活奢華。據說司馬炎後宮佳麗數萬人，他難以選擇寵幸哪位佳麗，經常乘著羊車到處漫步，拉車的羊停到哪裡，司馬炎晚上就臨幸哪裡的佳麗。

司馬炎分別和太原王家和瑯琊王家聯姻，把公主嫁給了太原王家的王濟和瑯琊王家的王敦。王濟也是巨富。當時洛陽地價極高，王濟卻有能力在洛陽買地作大型馬場。別人的馬場用黃沙鋪地，王濟則用金銀銅錢鋪地，王家馬場因此被稱為「金溝」。有一次，司馬炎駕臨女婿家，王濟家百餘名婢女穿著綾羅綢緞伺候司馬炎，所有的供饌都盛在琉璃器裡——當時琉璃還只能透過西域從西方進口，普通人家能有一兩件小琉

璃裝飾品就了不得了。司馬炎對這樣的排場都自嘆不如，心裡很不是滋味。吃飯的時候，司馬炎覺得王家的豬肉蒸得非常鮮美，就問女婿是怎麼做的。王濟輕描淡寫地說：「小豬是用人乳餵的。」司馬炎聞言，大驚失色，放下碗筷，拂袖而去。

瑯琊王家的發達晚於太原王家，同是駙馬的王敦當時還比較貧寒。一天，王敦進宮，找廁所方便。他發現廁所裡有一個裝飾漂亮的漆箱，好奇地打開一看，發現裡面裝的是大紅棗，聞起來還有淡淡的香味。王敦大為感慨，到底是帝王之家啊！連廁所都擺放果品。於是，他一邊方便，一邊把箱子裡的紅棗都吃光了。這件事很快傳為洛陽城裡的笑談。原來，那紅棗不是用來吃的，而是用來塞鼻防止異味的。王敦不知道許多富貴人家都在廁所裡放紅棗，專用名是「廁棗」。

西晉社會的豪奢，到達了這樣的程度。

三

西晉王朝的短命，和「食利者階層」的不珍惜、任意揮霍行為大有關係。

當一個社會的統治階層多數是食利者，當人們競相擠入食利者階層的時候，這個社會是不會發展、不能長治久安的。社會正義、社會良心、社會財富遲早會被這些自私、僵化的食利者們揮霍一空。

話說曹魏王朝對皇室成員限制非常嚴格。曹操、曹丕父子都很多疑，對同族兄弟採取嚴格的防範措施。曹丕對弟弟曹植的防範，盡人皆知了。其實不單是曹植，曹魏王朝對所有諸侯王和皇室成員都嚴密控制，不允許他們帶兵、干政。諸侯王圍獵，甚至擴充數量極其有限的衛

隊，都需要報告朝廷。西晉王朝對此不以為然，認為曹魏王朝的覆滅，和對皇室成員的嚴格限制大有關係，因此厚待司馬皇族，廣植諸侯王。西晉的皇室諸王有封地、有軍隊，能發號施令，權力非常大。司馬氏諸王也是典型的「食利者」，他們腦子裡除了享受榮華富貴，就是追求更大的榮華富貴，最後同室操戈，爆發了「八王之亂」。

而石崇最後也死於他高調的富豪生活。石崇原本依附賈氏。「八王之亂」初期，賈皇后被誅，石崇因為是賈氏一派，而被罷官。石崇一點都不擔心，罷官後依然在他的安樂窩裡過著高調的奢華生活。趙王司馬倫、孫秀等人一度專權，孫秀聽說石崇的寵妓綠珠美豔，派人來求。石崇勃然大怒：「綠珠是我的，不能給別人。」孫秀派了幾次使者，石崇都不給。孫秀大怒，剛好石崇的外甥歐陽建和司馬倫有嫌隙，孫秀就勸司馬倫誅殺石崇、歐陽建。石崇則與潘岳、歐陽建暗中聯繫淮南王司馬允、齊王司馬同對付司馬倫、孫秀，事敗被殺。

武士來抓石崇時，石崇還在高樓上歌舞歡宴。武士衝到了門口，石崇還滿不在乎地說：「我不過是流徙交州、廣州而已。」長期的「食利者」心態，讓他連最基本的危險意識都喪失了。結果，石崇全家，包括老母、兄弟、妻子、兒女一共十五人，無論長幼，都被殺。石崇時年五十二歲，他的巨額珍寶、貨賄、田宅、奴僕都被沒收。

臨刑前，石崇嘆道：「這是小人貪圖我的家財。」行刑者反問他：「你既然知道多財害命，怎麼不早散之？」石崇啞口無言。

造反者方臘：農民起義的經濟學考量

一

北宋徽宗年間，睦州青溪縣萬年鄉（今浙江杭州市淳安縣西北）有個年輕人叫方十三，又名方臘。

方臘是一個很能幹、很上進，也很有想法的年輕人。雖然出身貧苦，家徒四壁，方臘從沒有放棄過好日子的追求。他從一個放牛童開始做起，成年後在一戶地主家當傭工，工閒時四處打零工賺錢。青溪縣是浙西的一個山區縣，物產豐富，而且有許多珍貴稀有的特產，交通也比較發達，所以打工賺錢的地方比較多。加上方臘的頭腦很靈活，漸漸的讓他賺到了一小筆錢財，買了幾畝田地，種上漆樹，開辦起小小的漆園。

憑藉著心血與汗水的付出，方臘成功地從一個傭工變成自耕自足的農戶。這是一個不大不小的奇蹟，時間大約在宣和元年（一一一九）左右。

當上自耕農沒幾天，方臘就在宣和二年（一一二〇）揭竿而起，造反了。他為什麼要造反？社會地位的改善，為什麼反讓一個有為青年成

為社會不穩定的因素？

方臘在造反的前夜，曾高調地在自己的漆園裡召集兩百多人開會，詳細解釋了造反的苦衷。他是這麼說的：

「天下國家，本同一理。今有子弟耕織，終歲勞苦，少有粟帛，父兄悉取而靡蕩之；稍不如意，則鞭笞酷虐，至死弗恤，於汝甘乎？」

在方臘和老百姓樸素的思想裡，國和家在本質上是一樣的，應該和和睦睦，成員們各司其事。（事實上，朝廷也是這麼宣傳的。）但方臘指出，宋徽宗時期的天下，卻是兒子和年輕人們終日辛苦勞累，長輩和老人們卻不勞而獲、奢侈浪費。父兄長輩還隨意鞭笞虐待晚輩和年輕人，不顧後者的生死。這裡的受壓迫子弟，就是普天下的老百姓，而不勞而獲的長輩們，就是朝野官吏。方臘對這樣的現實不滿。

「夫天生烝民，樹之司牧，本以養民也。」

方臘認為，上天設立朝廷來管理天下的最初目的是「養民」。官吏們手中的權力，是為了好好地養護百姓，在這個前提下，百姓們認可官府的權力，並提供賦稅供養官府。方臘的這個觀點，類似於近代西方啟蒙運動中的「社會契約論」。官府和百姓訂立自然契約，百姓用承認官府的權力來換取對自己的養護。

「今賦役繁重，官吏侵漁，農桑不足以供應，吾儕所賴為命者漆楮竹木爾，又悉科取，無錙銖遺。」

可北宋朝廷完全違背了設官立制的初衷，賦役繁重，官吏欺壓百姓。

中國的老百姓是最能忍耐的人群。他們承擔了種種苛捐雜稅，默默忍受之餘，寄希望在副業（漆楮竹木）上有所收穫。比如方臘就把過好日子的期望寄託在小小的漆園上。然而可惡的官府，連百姓的副業也不放過，強取豪奪，讓多少人傾家蕩產？

「且聲色、狗馬、土木、禱祠、甲兵、花石靡費之外，歲賂西、北二虜銀絹以百萬計，皆吾東南赤子膏血也。二虜得此，益輕中國，歲歲侵擾不已。朝廷奉之不敢廢，宰相以為安邊之長策也。獨吾民終歲勤動，妻子凍餒，求一日飽食不可得，諸君以為何如？」

把百姓們逼上絕路，年年揮汗如雨，卻眼看著妻子兒女挨餓受凍，吃不了一頓飽飯的，是兩大惡魔：一是官府的靡費，二是朝廷每年付給遼國和西夏的歲幣。北宋每年用數以百萬計的財產來向外敵購買和平，可遼國和西夏還是年年侵略、騷擾北宋。東南地區是朝廷賦稅重地，受到的盤剝最重，也最痛恨這兩大惡魔。

「三十年來，元老舊臣貶死殆盡，當軸者皆齷齪邪佞之徒，但知以聲色土木淫蠱上心爾，朝廷大政事一切弗恤也。在外監司牧守，亦皆貪鄙成風，不以地方為意。東南之民，苦於剝削久矣！近歲花石之擾，尤所弗堪。」

最能忍耐的中國農民只要還有一口稀粥和一簇保暖的稻草，都不會走上武裝暴動的路。他們還寄希望於朝廷能夠撥亂反正、造福蒼生。可三十年來，朝廷政治日非，當權者都是齷齪姦邪的小人，只知道聲色犬馬、大興土木；地方官員貪汙、腐敗成風，毫不顧及百姓死活。尤其是宋徽宗即位後，大興「花石綱」，把享受建立在百姓的膏血骨髓之上。可憐的老百姓只剩下最後的遮羞布了，官吏們徵斂苛捐雜稅後，拉夫出工的鞭子接踵而至。老百姓除了奪下鞭子反抗，還能怎麼做呢？後人已經不知道方臘的漆園經營狀況確切如何。有人說方臘曾被富戶陷害，遭到官府的逮捕虐待；也有人說方臘的漆園馬上要被他人兼併奪走。總之，方臘的這番評論，肯定是有感而發的，官逼民反是也。

「我但劃江而守，輕徭薄賦，以寬民力，四方孰不斂衽來朝？十年之間，終當混一矣。不然，徒死於貪吏爾。諸君其籌之！」

　　方臘提出了造反的「兩步策略」。第一步是占領長江以南，和北宋朝廷劃江而治。第二步就是用十年的時間統一天下。方臘相信造反必定成功，他的自信來自於他確信「輕徭薄賦」的口號能吸引廣大百姓參與造反，吸引四方的志士仁人贊同造反。如果不造反，百姓遲早會被貪官汙吏壓榨而死。

　　方臘的話說出了在場人的心聲。大家紛紛響應起義，很快就有上千人參與方臘起義。這其中還有祕密宗教 ── 摩尼教的功勞。摩尼教為波斯人所創立，唐朝時傳入中國。該教教義是「光明一定能戰勝黑暗」，所以又被稱為明教。摩尼教主張「是法平等，無分高下」，信教者都是一家，同時主張吃素斷葷，節省錢財，教友互助。所以它不為權貴欣賞，卻得到民間貧苦百姓的歡迎，在民間祕密流傳。方臘加入摩尼教，主要是被教義中的節儉和互助所吸引。與其說摩尼教在唐宋的傳播是宗教力量的勝利，不如說是它的經濟主張迎合了平民百姓的需求。所以，許多摩尼教教徒都參加了方臘起義。起義者見官吏就殺，所到之處，廢除苛捐雜稅，開倉濟貧，得到越來越多百姓的響應。「數日有眾十萬，遂連陷郡縣數十，眾殆百萬，四方大震。」起義軍共攻下六州五十多縣，包括今天浙江省全境和安徽、江蘇南部、江西東北部的廣大地區。北宋政府為了鎮壓這場起義，不得不調動對遼作戰的主力部隊，南下對付方臘。

　　值得一提的是，鎮壓方臘起義的宋軍中，有被招安的梁山泊起義軍。《水滸傳》中的梁山泊一百零八將是何等風光威武，卻在征討方臘戰役中，死亡慘重、四分五裂。一樣是起義軍，梁山泊上除了阮氏兄弟等極少數出身農民外，其他都是官吏和市民出身，他們缺乏農民的經濟體驗和由之而來的鬥爭精神，所以才上演了同室操戈的悲劇。

二

以下，我們就從經濟學的角度來詳細分析有志青年方臘是如何被逼上絕路的。

首先，方臘要承擔的稅賦、徭役很重。他大部分的收入和勞動時間都被官府剝削。

北宋田賦分夏、秋兩季徵收，大致按照每畝一斗的標準徵收。江南部分地區的標準遠高於平均水準，畝稅三斗。在北宋之前的五代十國，方臘的家鄉青溪屬於吳越國，吳越國就以暴斂苛稅聞名，宋朝延續了吳越國的許多做法。除了兩次交納田賦外，方臘還要承擔身丁稅、雜變、科配等雜稅。我們找不到方臘每年繳納的各種法定稅賦的具體金額，但總數不會少。南宋朱熹也承認宋朝賦稅繁重：「古者刻剝之法，本朝皆備。」

可怕的是，這些還只是表面上的、「合法」的徵稅。方臘這樣的小民，還要承擔許多額外的負擔。比如官紳人家、豪門大族會採用支移、折變等方法，轉嫁負擔，把自己應繳的稅賦轉攤到貧寒人家頭上。同時，宋朝市場經濟發達，老百姓的吃穿用度難免會和市場產生關係，部分稅賦還要求以錢幣或特定物品上繳。普通的老百姓，在市場的力量面前是何其渺小，不得不和市場產生關係的同時，又多受市場的一道「盤剝」。方臘靠種漆樹、賣漆器維生，和市場的關係比一般農民要密切得多，由此受到的壓榨、盤剝，必然也多。

說完稅賦，我們來看徭役的負擔。宋朝將居民分為主戶和客戶兩大類，劃分的標準是「是否擁有土地資產」。主戶又分五等，上等主要是地主和官僚，下等是自耕農和半自耕農。而客戶則是佃農，約占全國總戶數的百分之三十五左右。宋朝的服役，主要是伕役和職役 —— 服役是

義務，不僅沒有報酬，還要百姓自理衣物糧食。伕役按照人頭徵調，去修濬河道、營建土木、運輸物資等。由於官僚和上等戶有免除伕役的特權，實際承擔伕役的是下等戶和客戶的貧苦百姓。職役由主戶承擔，根據戶口等級，擔任一定的義務職務。比如第一等戶，輪流到衙門負責監督運送管物、看管庫房、擔任里正、維護鄉間治安等；第二等戶可以擔任戶長或維護治安的弓手等；下等戶基本上就是輪流出力，擔任斗子、揀子、庫丁等。上等戶常常因為職役繁重，千方百計逃避，將負擔轉嫁給下等戶，甚至是客戶。時間就是金錢，頻繁徵調徭役就是變相的剝削金錢。

方臘在這麼繁重的賦稅徭役之下，還能從外來的佃戶逐漸奮鬥成有一小份產業的自耕農，著實不易。很多傳說都說方臘和當地官紳的關係很僵、很差，甚至受過豪門大戶的陷害毒打。可見，奮鬥過程中的辛酸苦楚，方臘是沒少過。

其次，宋徽宗的暴斂橫徵、需求無度，加重了百姓壓力，堵住方臘等人透過努力來改善生活的可能性。

北宋王朝存在冗官、冗兵的制度性頑疾，進而產生冗費的財政問題。它就像癌症一樣，隨著時間的推移，在北宋王朝體內蔓延惡化。宋真宗景德年間，在任官員超過一萬人（不包括胥吏、衙役等吃皇糧的人），與宋初比「州縣不廣於前，而官五倍於舊」。僅是支付眾多官員的俸祿，保障他們的待遇，就耗費了大量國家財富。宋真宗天禧五年（一○二一），北宋收入一億五千零八十五萬餘，支出一億兩千六百七十七萬餘。宋仁宗皇祐元年（一○四九），全國收入一億兩千零二十五萬餘，而「所出無餘」。宋英宗治平二年（一○六五），全國收入一億一千六百一十三萬餘，支出一億三千一百八十六萬餘，出現一千五百多萬的缺口。唯一的方法就是盤剝百姓，徵收苛捐雜稅。到北

宋末期的宋徽宗即位時，冗官、冗兵、冗費問題，像山一樣壓到老百姓頭上。宋徽宗將各路每年上繳的錢穀數額，以宋神宗時期的標準往上提高十幾倍，即便如此，朝廷開支還是寅吃卯糧、入不敷出。

偏偏宋徽宗又是個好大喜功的風流才子，想花錢的地方很多，花起來也很隨意，錢財像流水般消失在歌舞、封禪、法事、書畫、選美、造景等事情上。以改革面貌出現的大奸臣蔡京投其所好，藉口「不患無財，患不能理財」，對天下百姓涸澤而漁，殺雞取卵。比如宋徽宗君臣大改鹽鈔法，廢除官買官賣，允許商人出錢買鹽鈔，再到產地去領鹽，然後去指定的州縣販賣。但鈔法頻繁變異，經常是商人剛買到手的鹽鈔，轉眼就作廢了，害許多腰纏萬貫的大商人，頃刻間淪為不名一文的乞丐。朝廷還以賣鹽多寡為州縣官員的考核標準，州縣往往強迫百姓按戶等買鹽鈔。一些富戶每年要無端花費數百萬錢財去完成父母官的賣鹽「任務」。更令人髮指的是，北宋朝廷還建立了一個專門掠奪私人土地的「括田所」，名義上是沒收因為災荒、逃匿和死絕的無主土地，實際上是驅趕百姓，直接強占民田。而貪官汙吏乘機大發橫財。僅在河南，「括田運動」就強占田地三萬四千多頃。這些田地原來的所有者怎麼辦呢？

第三，方臘所在的江南地區還有「花石綱」等額外的橫禍。

宋徽宗，首先是個奢侈的享樂主義者，其次是才華橫溢的藝術家，最後才是皇帝。這可苦了物產豐富的東南地區老百姓。在汴京開封，宋徽宗大修延福宮、建造萬歲山，前者要蒐集全國各地的奇珍異寶，後者要把天下美景都複製到開封來。為此，官府在蘇杭兩州設立「造作局」，召集東南各類能工巧匠數千人，製作象牙、犀角、金玉竹籐、雕刻、紡織等工藝品。所有人力、物力和原料，都取自東南民間。後來，官府又設立「應奉局」，大規模地直接在民間搜刮花草竹木和珍貴稀有物品。應奉局將搜刮的成果，用大船運往開封，每十船為一綱，特稱為

「花石綱」。「花石綱」常年任意徵調民船、糧船和商船，多達兩千多艘。長江至開封這段運河上來來往往的，大多是滿載東南地區民脂民膏的大船，前後相接，絡繹不絕。「花石綱」所經之地，官員迎送、士兵護衛，所需費用都由百姓承擔。運河容納不了，就取道海上，如果遇到海難，船毀人亡，官府也毫不體恤。

在「花石綱」問題上，做得最出名、最過分的，是朱勔。方臘起義就以「誅殺朱勔」為主要口號，結果東南百姓群起響應，可見朱勔「名聲遠播」。

朱勔是蘇州藥鋪掌櫃之子，從小參加藥鋪的經營，有點經濟頭腦。他的發跡，源於結識了被貶途中的蔡京。蔡京掌權後，將朱勔引薦給宋徽宗。宋徽宗看中朱勔的經商方式，授命他負責應奉局，專為自己搜刮奇石異木。從此，朱勔打著皇帝的旗號，在東南鄉里廣徵役夫，挖地三尺，禍害百姓幾十年。他對花草樹木特別痴迷，為了一草一木，千方百計索取，不管是萬丈深淵還是洶湧波濤，都驅趕百姓，誓死要拿到手。至於現成的好東西，不管是在別人家的院子或廳堂，朱勔都率人強闖民宅，能拿走的當場拿走，拿不走的就劃上標記，訓令主人好好看護，如有損壞，便以對皇帝「大不恭」治罪。為了表示對「貢品」的尊重，朱勔等人不顧百姓利益，毀屋拆牆、移樹搬寶。一次，朱勔在無錫看到一座墳墓旁長著幾棵大柏樹，有可看之處，當即指揮人手挖樹，挖到棺柩還不罷休。老百姓們本來家裡有什麼好東西，或院子裡有奇形怪狀的草木，都感到自豪高興，現在卻愁眉苦臉，生怕被官府看到，遭受毀屋挖地，落得傾家蕩產。「民預是役者，中家悉破產，或鬻賣子女以供其須」。

奇瘦多變的太湖石一直受朱勔的青睞。一一二三年，朱勔得到一塊高達四丈的巨大太湖石。為了運送這塊巨石，朱勔建造了巨船裝載，又

徵調了數千名縴夫，歷經數月，送到開封。一路上毀橋梁、鑿城門、拆水門，花掉運費三十萬緡。宋徽宗見石很高興，賜名此石「神運昭功石」，封「磐固侯」。朱勔也獲得了寧遠軍節度使的榮銜。

朱勔畢竟是個商人，不是「大公無私」的好「下屬」，在辦事過程中，中飽私囊、敲詐勒索、貪贓枉法。他的「貢品」都是巧取豪奪的，卻「報價」給宋徽宗，定期從國庫支取錢款，每次以數十萬計。這些錢自然落入他的腰包。在找尋花石過程中，朱勔把數百戶人家的田產房屋據為己有。方臘起義時，朱勔一個人有良田三十多萬畝，田莊十多所，歲收租課十餘萬擔，蘇州一半的田地和房屋都是他的。最可怕的是，朱勔還賣官鬻爵，在東南一帶拉幫結派，子侄都當了承宣觀察使，就連一些家奴也進入仕途。許多太守刺史和朱勔同流合汙，加入朱勔的腐敗鏈條，時謂「東南小朝廷」。方臘起義後，宋徽宗為了平息眾怒，也只是將朱勔罷官而已。平定方臘起義後，朱勔官復原職，繼續到各地為宋徽宗、也為他自己搜刮錢財。

不能忘記的是，朱勔還只是若干騎在老百姓頭上的惡霸中，其中一個而已。

凡此種種，難怪方臘的漆園經營不下去，要走上造反的道路。

三

方臘這樣的自耕農，是中國社會的中流砥柱，也是歷代王朝長治久安的基礎。

方臘有小份產業，能自給自足，不需要租種他人土地，更不必被地主盤剝，是典型的自耕農。中國古代社會的主體由自耕農和佃農組成。為什麼說自耕農是社會的中流砥柱和長治久安的基礎呢？

首先，自耕農的勞動生產率比佃農高。他們種的是自己的土地，產品基本上歸自己所有，生活積極度就高，興修水利和追求技術革新的積極度也高。清代有人說：「小戶自耕己地，種少而常得豐收；佃戶受地承種，種多而收成較薄。」自耕農的勞動生產率和畝產量都超過佃農。從資本運作角度來看，理論上自耕農每年能有若干收益，這部分收益不但可以改善生活，而且可以轉化為生產資源，再投入生產過程。所以，「中國封建社會有大量的自耕農經濟，而自耕農在經濟上又具有明顯的優越性，這同樣是中國封建社會在很長時期內，經濟、文化比西方相應階段遠為進步的主要原因之一。」（胡如雷〈自耕農的經濟地位〉，載於《中國封建社會形態研究》第二編第六章）

其次，自耕農承擔著國家的賦稅徭役，當差、當兵，維持國家的運轉。佃農的勞動力和產品都被地主控制，有時連人身自由都沒有。能為國家提供賦稅、勞役、兵源的人，就是自耕農了。宋代呂大鈞說：「為國之計，莫急於保民。保民之要，在於存恤主戶；又招誘客戶使之置田，以為主戶。主戶苟眾，則邦本自固。」政府為了鞏固統治，必須控制住這個群體。

綜合這兩點，自耕農的多少和他們生活的好壞，是古代社會繁榮昌盛與否、政府統治穩固與否的象徵。自耕農生活安定富足，往往顯示著盛世的來臨；自耕農凋零破敗，流民四起，往往預告著天下即將陷入混亂。所以，歷代王朝都高度重視自耕農，漢代的「賦民以田」，西晉的占田，北朝、隋、唐的均田，明代的移民墾田，就是透過政府力量強行培養、擴大自耕。為保障亂世中的稅源和兵源，後周郭威曾經下令：「應有客戶元佃繫省莊田、桑土、舍宇，便賜逐戶，充為永業。」郭威就是將國有土地分給佃農，希望他們成為自耕農，「既得為己業，比戶欣然，於是葺屋植樹，敢致功力」。

　　然而，自耕農生存不易，很容易破產。他們雖然不必受地主的殘酷剝削，卻要承擔繁重的賦稅徭役——就像方臘那樣。自耕農和地主，都要對國家負責。但地主能把賦稅和徭役轉嫁給佃農，且他們還能透過種種合法、非法方式逃避課役，他們的這部分負擔，就由自耕農承擔了。明人范景文說：「所斂實非真大戶，何也？大戶之錢能通神，力能使鬼，不難倖免；而免脫雜罹，大半中人爾。中人之產，氣脈幾何？役一著肩，家便立傾。一家傾而一家繼，一家繼而一家又傾，輾轉數年，邑無完家矣！」國家加重一點賦稅，在自耕農身上就擴大為一副重擔。因為獨門獨戶的自耕農民，其經濟規模極其有限，基礎薄弱，抗壓能力很低。此外，旱澇、蝗蟲等自然災害也時刻威脅自耕農的經濟地位。「饑荒之年，中產之家，自不給足。」他們只能出賣土地，淪為佃農或流民了。

　　一個矛盾就此產生：國家經濟越發展、越繁榮昌盛，自耕農破產的風險就越大。這是由自耕農的經濟特性決定的，隨著王朝統治的鞏固，國家經濟的發展，地主和官僚的勢力會日益壯大。地主官僚和那些富裕的商人、得到賞賜的軍功階層，會把資金投入購買土地，土地兼併不可避免。兼併誰的土地呢？當然是自耕農的土地了。同時，自耕農內部也互相兼併土地。經營良好、累積資本的自耕農，會兼併那些經營不善的自耕農土地，自耕農群體逐漸萎縮。這個趨勢會隨著國家經濟的發展而延續，到達一定的限度後，會反過來威脅到王朝的統治。那時候，官府徵收稅收、徭役和兵役都很困難，占人口多數的佃農，會受到地主和官府雙重的壓榨，反抗情緒慢慢累積，天下就被推到火山口上了。

　　王朝統治鞏固的目的就是追求經濟發展，而經濟發展的結果卻威脅到王朝的鞏固，這就是歷代王朝不得不進入的「自耕農怪現象」。

　　我們會看到，這個怪現象在古代歷史中反覆上演。新王朝從亂世走

出，剛奪取天下時，手中掌握著許多亂世中的無主土地，可以推行授田、均田等政策，人為擴大自耕農群體，擴大新政權的社會基礎。王朝到達繁榮昌盛的頂峰時期，恰恰是國家經濟發展和自耕農數量達到一個妥協的狀態。過了這個狀態，兼併超過自耕農群體的承受能力，國家醞釀新的亂世。如此反覆循環。「自耕農怪現象」的循環和歷史上的「亂世 —— 治世 —— 亂世」循環基本上一致。方臘和他的同伴們發動的起義，只是這個循環過程中的一環而已。

每個王朝在末期都會出現宋徽宗、蔡京這樣糟糕的君臣，用奢侈荒淫和揮霍無度來推動循環的加速。他們一般成長於深宮和富貴人家，對農民疾苦沒有切身體驗；性情往往輕浮、隨意，追求享受，好大喜功而缺乏苦幹實幹的精神。比如宋徽宗和蔡京提出「豐亨豫大」的口號，各種施政加速了土地兼併和百姓負擔，最終導致北宋末期的亂世和之後的南北分裂局面。

晚清出國熱：帝國殘年如何對待華人華僑

一

咸豐五年（一八五五），二十七歲的廣東青年容閎從美國耶魯大學畢業返回中國。離國數年，容閎剛抵達澳門，第一眼看到的卻是碼頭上成群結隊的華工。容閎看到衣不蔽體、滿身骯髒的同胞們的辮子被人繫在一起，幾十個人結成一串，從囚室中緩緩列隊出來，朝著黑暗的貨船船艙走去 —— 他們將在裡面待幾個月，跨越廣袤的太平洋，前往美洲。很多年後，容閎回憶起和同胞久別重逢後的景象竟會是那般淒涼的一幕，心酸落淚。他寫道：「其一種奴隸牛馬之慘狀，及今思之，猶為酸鼻。」

容閎不知道的是，碼頭上的多數華工，將在漫長難熬的航行途中，因為飢餓、傳染病和虐待死去，少數踏上美洲土地的華工，將過暗無天日的奴隸生活。

進入近代以來，數以十萬計的華工前往美國、古巴、秘魯等美洲地區。官府統計，道光至同治年間「船運華民十三萬八千一百五十六人」至古巴等地。他們吃的是殘羹冷炙，日夜工作，連露宿郊野的「待遇」

都難得享受。甚至西方報紙也承認：「古巴招工，視為奴畜，一切慘毒情形枚舉。」前往秘魯的華工大約有兩萬人，「大率充工役，然相待尤平等，不若古巴之酷虐，唯瀕海取鳥糞為較苦爾」。數百年來，秘魯沿海地區囤積了層層海鳥糞，取之不盡。中國人在秘魯主要從事搬運鳥糞的工役。前往美國的華人後來居上，一八七〇至八〇年代，在美華人超過十萬。此外，東南亞、日本等中國傳統的移民地區，進入近代以後，華人華僑數目也突飛猛進。蘇州布政使丁日昌稱：「查閩粵之人，其赴外洋經商傭工者，於暹羅約有三萬餘人，呂宋約有二至三萬人，加拉巴約有二萬餘人，新加坡約有十數萬人，檳榔嶼約有八、九萬人，新老金山約有二、三十萬人。」在這些華人中，除了日本長崎等地以江浙閩的商人為主外，其他地區的華人以苦力為主。許多人還是被販賣出洋的「豬仔」。

為什麼進入近代以後，中國掀起了「出國熱潮」呢？因為窮。

當時的百姓民不聊生。官府的稅賦原本就比較重，近代以來，又得負擔新增加的對外賠款和外債壓力，老百姓不堪重負，逃荒就成了現實的選擇。沿海地區是逃荒的重災區。在海外經濟勢力的侵略下，本地產業破產，百姓流離失所，自然成了海外移民的生力軍，到海外去討生活。而海外的情形恰好相反，資本主義蓬勃發展，列強大力開拓殖民地，勞動力缺口越來越大。原先黑暗的奴隸貿易臭不可聞，遭到西方世界的譴責，壽終正寢了，廉價的中國工人剛好填補這個空缺。於是，外國僱主、商人，甚至奴隸販子，都把目光瞄準中國，敲鑼打鼓地勸誘中國人遷移海外。

當時美國被廣東勞工稱為「金山」，因為他們被告知美國發現了大批金礦，需要勞力去淘金。天真的中國人相信，只要能吃苦、肯賣力，就一定可以挖到金山銀山，回來買地、造房子，過小日子。他們帶著憧

憬，說著粵語，來到完全陌生的環境，只能靠賣力氣來討生活。最初前往美洲、東南亞各地的華工，幾乎都從事採礦、搬運和種植等低階勞動。美國早期的發展、荷蘭在印尼的墾殖，都灑下了中國人的汗水。慢慢的，中國人向蔬菜販賣、洗衣店、餐廳等行業發展，開始有了小額的不動產，擺脫了最初衣衫襤褸、手無餘糧的窘態。比如廣東省香山縣的年輕人孫眉，在一八七一年踏上前往「金山」淘金的路程，結果發現所謂的「金山」，只是太平洋上的幾座小島而已（檀香山，今美國夏威夷）。孫眉先在檀香山茂宜島上墾荒，後來經營農牧業和商業，竟然發展成當地巨富，人稱「茂宜島王」。晚清幾十年間，海外中國人的汗水一滴滴地掉在異國他鄉，陸續在當地謀得一份衣食。

儘管在經濟上站穩了腳跟，海外華人、華僑地位始終低下，還遭受種種不公正待遇。比如加拿大規定華人入境必須做身體檢查，每人交納五十元「入境費」；美國部分地區禁止華人擁有產業，要把華人控制在洗衣服、挖煤、種菜等低階勞動上；墨西哥則有人煽動對華人的仇恨，將火災、傳染病等責任都推到華人身上。一八七〇年代以後，美國政客、種族主義者明目張膽地反華、排華，許多華僑橫遭迫害，處境十分困難。

至於底層的中國苦力、非法工人，處境完全可以與中世紀的黑奴相比。

光緒初年，廣東青年司徒美堂滿懷希望走出舊金山碼頭，結果臭雞蛋、爛蘋果、馬屎和石頭迎面而來。一八八三年，司徒美堂在華人餐廳打工，看到有白人流氓吃「霸王餐」，氣不過，過去和那個流氓廝打，結果把對方打死了。司徒美堂因此被判了死刑，因為華僑湊錢營救，最後改判十個月徒刑。面對困境，中國人的團結互助精神被激發出來。在美國，許多華僑加入洪門等幫派組織。此時，漂洋過海的幫派組織的

「黑社會」屬性，在華僑心目中已經淡去，其中「忠心義氣、團結互助」的旗號，吸引越來越多的人加入其中。司徒美堂就拜堂盟誓，加入洪門致公堂。後來他自己成立安良堂，打出「鋤強扶弱，除暴安良」的旗號，將組織擴展到全美國三十多個城市，成為一代華僑領袖。當時美國唐人街有很多華工社團，按照國內習慣，稱為「堂口」或「分舵」，各自劃定地盤自我管理，團結對外 —— 當然相互之間難免有些摩擦。

二

海外中國勞工的悲慘遭遇，引起了包括禁買黑奴會等組織在內的西方社會關注。英國駐古巴領事克洛法同情華工，看到中國勞工受到凌辱虐待，常常挺身而出，聲稱這些勞工是香港居民，得到大英帝國庇護，從而制止虐待行為。

然而清王朝在相當長的時間裡，對海外華人、華僑棄之不管，不聞不問。同治九年（一八七〇）年底，美國駐華公使向清朝朝廷轉交了一份秘魯華工的呈訴，其中哭訴了秘魯華工遭受虐待的事實。美國公使在致總理衙門的一份照會中，建議清朝保護所有海外華人。總理衙門就此只給了美國公使一個回覆，表示對美使「愛人如己，無分中外，感佩良深」，並希望美駐秘魯使臣「體察實情，設法援手」。然後，秘魯華工申請保護的事情，就這麼不了了之了。

清朝政府堅持「天朝觀念」。這種觀念建立在中國文明比其他國家先進的基礎上，認為「天朝至尊」、「中華泱泱大國統帥萬邦」，同時負有「懷柔遠人」、「化育四夷」的任務。在這種觀念下，根本就不存在中國人移民海外需要朝廷保護的問題。相反，中國人移民海外是既不道德又違法的行為。首先，海外華人被認為是「自棄王化」，自己跑到

「蠻夷」群中,與鬼為伍,因此「人已出洋,已非我民,我亦不管」。朝廷連海外華人的中國籍都不承認,更談不上保護問題了。其次,歷代王朝「以孝治天下」,認為離鄉背土是不道德的行為。海外華人、華僑捨棄父母、拋妻棄子,「自棄祖宗墳塋」,是「大不孝」。這樣的人,值得保護嗎?第三,清朝奉行「海禁」的基本國策,雖然近代以來大家都不把它當一回事了,但畢竟這項國策沒有廢除,依然有效。「海禁」政策對私自出洋者處以死刑,並且不准華僑回國,對回國的人加以懲罰。一八六〇年代起,官府雖然允許人民出洋謀生,但不准華僑回國的禁令並沒有廢除。直到薛福成上奏〈請豁除海禁招徠華民疏〉,清廷才在一八九三年正式廢除長達兩百多年的海禁,承認海外僑民是「良善商民」,允許海外華僑自由進出中國。

出國越來越熱,出去的(包括被拐騙出去的)人越來越多,上上下下都對「自棄王化」的現象見怪不怪了。但朝廷和地方官府本著多一事不如少一事的態度,對海外華人、華僑不聞不問。第二次鴉片戰爭後,清朝體制內出現了正視華人、華僑力量的聲音。遺憾的是,朝廷並不是想關心、幫助海外華人、華僑,而是瞄準了他們得之不易的錢袋。

晚清出國熱中,出去的中國人大多是單身男子,是抱著「賺錢養家」的目的出去的。每年,他們都將血汗錢透過各種管道匯回中國。晚清名人黃遵憲任清朝駐舊金山總領事時,得知單單舊金山華人「每年匯洋銀回廣東省,多則一千五、六百萬元,少則一千餘萬元」。另一位名人鄭觀應則從海關統計中得知,一八八〇至九〇年代華僑每年寄回國的養家銀約七千萬元。這對財政捉襟見肘、對百姓涸澤而漁的清政府來說,無疑是一筆「可資利用」的巨款。

晚清出國熱中,出去的中國人還有一個特點,那就是出國只是他們的目的,一旦賺了錢,他們大多返回國內投資創業。一八六二

年至一八九五年間，華僑投資國內企業共有六十七家，投資金額達四百四十七萬一千一百元，年平均投資十三萬五千四百八十八元。一八九五年至一九一一年，投資企業兩百八十四家，總金額為五千零六十八萬七千六百零八元，年平均兩百九十八萬一千六百二十四元。中國第一家民族資本創建的近代企業，就是南洋華僑陳啟源在廣東南海設立的繼昌隆繅絲廠。清政府自然也看到了華人、華僑的經濟力量，對繁榮國內經濟、增加朝廷稅收的重大意義。

說來諷刺，清朝官府最初的斂財方式，竟然是在海外華人圈裡「勸捐」，也就是向海外賣官鬻爵。

想想看，海外華人在法律上是違反海禁、連中國國籍都不被承認的罪犯，現在居然可以繳納一筆錢，不但洗去汙點，還可以獲得朝廷的官爵。這怎麼看都是一件荒唐的事情。最先在海外勸捐的是出國熱潮最興盛的兩廣地區父母官——兩廣總督岑毓英，時間是在中法戰爭之後。當時兩廣海防資金缺口巨大，岑毓英不得不「知法犯法」，派人到南洋倡辦「海防捐輸」。只要出錢，京官從內閣郎中到九品小官；地方官從道臺到貢監；武職從游擊到千總，任意選購。這招對海外富裕華人吸引力很大。他們普遍出身低微，多數是在國內混不下去，被迫闖蕩南洋的，如今雖然有了點錢，但頭腦裡光宗耀祖的思維還在，覺得頭上有個頂戴花翎，是很風光的事情。同時，華人、華僑們也迫切需要一身「官服」來保護自己，一方面洗刷因為出洋帶來的違法身分，一方面在和外國政府打交道時，能有個社會地位。所以，產生了爭先恐後的熱鬧局面。

結果，岑毓英很快就收到了超過兩百萬銀元的捐款，原定一年的勸捐，也因為海外華人踴躍認捐而順延一年。岑毓英的成功，激勵了清朝各級、各地政府爭相仿效，紛紛向海外打開賣官鬻爵的大門。對清朝來說，對海外華人勸捐是一宗「無本萬利」的生意，因為賣出去的都是虛

職，加上華人、華僑也不要求回國擔任相應的官位，所以官府根本不需要給買官者任何回報。同時，清朝官府賣出一個頂戴，就在名義上多了一個屬臣。買得頂戴的華人、華僑，就要效忠朝廷。晚清越到後期，就越注重賣官鬻爵的政治意義，將清朝頂戴視為在華人圈子裡對付保皇黨人和革命黨人的武器。

而海外官位的「售價」也相對「低廉」：三品以上頂戴售價兩千兩白銀；四、五品一千兩；藍翎五百兩。只要求買官者「實銀交易」，一手錢，一手頂戴，概不接受支票、債券或金銀珠寶。

於是，我們就看到，每當唐人街慶祝傳統節日或當地有社會活動時，雜貨店的老張或小吃店的老李，就把壓箱底的頂戴、朝服拿出來，穿戴整齊，招搖過市……據統計，一九一一年以前，單新加坡一地，就有九百人買得官爵。

最初賣官鬻爵是從華人、華僑那裡撈錢開始，朝廷中也出現其他「利用」海外華人、華僑的聲音。同治五年（一八六六）廣東巡撫蔣益灃就上奏：「內地閩粵等省，赴外洋經商者人非不多，如新加坡約有內地十餘萬人，新舊金山有內地二十餘萬人，檳榔嶼、加拉巴約有內地數萬人……若得忠義使臣前往各地，聯絡羈縻，居恆固可窺彼腹心，緩急亦可籍資指臂。」那麼該怎麼讓華人、華僑為清朝所用呢？他建議：「設立市舶司赴各國有華人處，管理華人。」同時期的丁日昌，則具體建議招攬華人中的技術人才，回國製造洋槍、洋炮，訓練西洋軍隊：「訪其有奇技異能，能製造船械及駕駛輪船，並精習洋槍兵法之人，給資遣回中國，以收指臂之用。」而薛福成算了一筆經濟帳，指出華人透過美國舊金山銀行匯入中國的白銀，每年幾百萬兩，在海外設置官員、官署管理的成本很低，「收益率」很高。他以清朝最早設置領事的新加坡為例，新加坡設領十三年來，「支銷經費，未滿十萬金；然各省販捐、海防所

獲之款，實已倍之。而商傭十四、五萬人，其前後攜寄回華者，當亦不下一、兩千萬兩」。

因此，基於「利用」的優先考量，清朝政府在國內財政窘迫、政局動盪的情況下，開始尋求向海外派駐外交人員，希望將華人、華僑為我所用，借外力來維護統治。現在，朝野終於意識到華人、華僑同宗同種，要激發他們的「忠義之心」，「有裨大局」。

三

光緒元年（一八七五），近代洋務先驅郭嵩燾因為「馬嘉理事件」，被清政府派往英國「道歉」。郭嵩燾一行抵達倫敦後，受命長駐，建立了近代中國第一個駐外使團。

話說郭嵩燾一抵達英國殖民地新加坡時，先期抵達新加坡的中國「揚武」炮船提督蔡國祥及其弟蔡國喜，引薦了當地華僑胡璇澤。

這個胡璇澤可是當時新加坡赫赫有名的華僑領袖。胡璇澤，又名胡南生，廣東黃埔人。一八三〇年，十五歲的胡璇澤就到新加坡經商。他的發跡得益於和英國海軍的良好關係，胡璇澤向途經新加坡的英國軍艦和一些商船提供食品和日用品，並和英國遠東艦隊司令成為朋友。於是，胡璇澤的黃埔公司蒸蒸日上，他也成為大富翁。富裕後，胡璇澤熱心公益事業，辦學校，造花園，還參與新加坡鐵路和立法院事務，儼然是新加坡華僑領袖。郭嵩燾應邀到胡璇澤家中做客，遊覽胡家花園，目睹了胡璇澤之富。他在日記中詳加描繪：「奇花異草，珍禽異獸，及所陳設器物多所未見。」

新加坡華人社區的秩序井然和胡璇澤的巨富，徹底打消了郭嵩燾對

「自棄王化」的海外華人的偏見。他大膽設想：為什麼不任命華僑領袖為中國駐當地領事官員，來擴展中國利益呢？於是，郭嵩燾向朝廷建議任命胡璇澤為駐新加坡領事：「新加坡十數萬華人，皆聽胡姓號令指揮。計處各國通商碼頭，如胡姓之類，定亦不少，我中國使臣若能聯絡鼓吹，定可欣然效命。蓋中國多得一助，即外國多樹一敵，兄本係中國之民，而中國自用之，有如水之赴壑者乎。」一八七六年，胡璇澤被清廷任命為駐新加坡領事，成為中國第一個駐外領事。兩年後，中國駐新加坡領事館正式成立。初期，領事館經費全靠胡璇澤支撐。

郭嵩燾出使的消息，讓歐洲華工為之歡呼雀躍，視之為權益保護者。一八七八年夏，有七名閩粵籍華工向中國使館求助。他們七人在英國商船上當水手，受到船主欺侮虐待，船主不但不允許他們辭職，還拖欠薪資不給。又有杭州人湯近新也來求助，他是被騙到歐洲打工的，沒拿到一文錢，生活窘迫。郭嵩燾知道後，派使館工作人員去船上查問，還親自與英方交涉。最後，七名華工領到了被欠的薪資，成功辭職了；郭嵩燾對無處謀生的湯近新也作了安排。至此，中國才算是有了比較固定的駐外制度，對華人、華僑可以進行初步的保護和幫助。

在晚清護僑歷史上，除了郭嵩燾，還有一個人值得一書。他就是開頭提到的容閎。

一八七三年，正在美國督導幼童留學事務的容閎回國，適逢秘魯派遣使團來華談判華工移民秘魯的條約。北洋大臣李鴻章就指派容閎去和秘魯使團交涉。容閎非常清楚十多萬被拐騙、販賣到秘魯的華工苦力的悲慘遭遇，會見秘魯使團時，毫不客氣地揭露了秘魯等地迫害華工的事實，明確表示：「君幸毋希望予能助訂此野蠻之條約。不唯不能助君，且當力阻總督，勸其毋與秘魯訂約，而為此大背人道之貿易也。」

在容閎等人的推動下，古巴、秘魯等地華工受迫害事件引起了朝廷

的關注。一八七四年，總理衙門派遣陳蘭彬到古巴、容閎到秘魯查訪華工待遇。古巴虐待華工的行為開始收斂。在調查時，華工林二作證：「因聽華官來，才發米飯，發新衣服。」華工游阿四稱：「原先睡在地下，前幾天聽見中國官來，現在睡木床，又發衫褲一套。」而容閎在美國人的陪同下，在秘魯調查了三個月，蒐集到大量華工遭受殘酷迫害的證據。一八七五年，容閎向清政府提交報告，附上華工的呈狀、陳情書以及見證人的證詞，還有二十四張被鞭傷、烙傷的華工照片。此前一年（一八七四），清政府已經與秘魯使團簽訂了《通商條約》，同意華人自由移民秘魯，現在容閎的報告，促使清朝政府改變主意。李鴻章要求秘魯代表先賠償華工苦力的損失，並同意改善華工在秘魯的待遇，否則條約不能生效。面對確鑿的證據，秘魯代表不得不保證禁止虐待華工，保護華人人身與財產的安全。儘管有了秘魯政府的保證，儘管之後條約還是生效了，但清政府對華工移民秘魯，一直持反對態度，廣東地方政府還警告百姓勿去秘魯務工。之後，秘魯政府在中國就極難招到勞力了。

在談判時，秘魯方曾提出中國如欲保護華工，可以派領事駐紮秘魯。於是恭親王奕訢，在一八七五年十一月奏請派四品銜花翎候選郎中、前刑部主事陳蘭彬和三品銜同知容閎出使美國、西班牙、秘魯等國，「參考各國情形，必須照約於各國就地設領事館，方能保護華工。既欲設領事館，必先簡派大臣出使彼國，方能呼應」。這個事件比郭嵩燾出使英國略晚。到清朝滅亡為止，中國相繼在英、法、日、美、俄、德、奧、荷、西、義、秘等國派駐使臣，先後在二十多個國家設立了四十五個（一說四十六個）領事館。

宣統元年（一九〇九），清朝頒布正式的國籍法，規定父系血統原則，從而承認海外華僑及其子女為中國公民。從晚清開始，血緣原則一直是中國國籍法的基本原則。

　　有了制度保障後，晚清政府的確做了許多護僑的實際行動。清政府不斷派遣專使到各處訪問巡查，派出軍艦巡視，協助各地建立商會，興辦華僑教育，出錢遣返流落異國他鄉的困難華人回國。華人、華僑遭到天災人禍時，清政府也撥款救濟或派專使前往慰問。一八八〇年秘魯動亂，禍及華僑，中國駐秘魯使館交涉後，秘魯政府對華人損失進行了賠償。一九〇六年美國舊金山地震，華僑損失慘重，清政府撥白銀四萬兩予以救濟。美國一八八〇年發生「丹佛排華事件」、一八八五年發生「岩泉慘案」，中國駐美使領館都向當局交涉，要求賠償。比如「岩泉慘案」發生後，美國賠償十四萬七千多元。在中國領事人員的交涉下，美國還對涉及華工的烏盧公司槐花園、姑力煤礦等八案進行了賠償，共二十七萬六千六百一十九元。近代史上，有限的幾次列強向中國賠償，都與中國外交人員的護僑行動有關。

　　值得稱道的是，在晚清統治岌岌可危，王朝即將傾覆的一九一一年，清政府還派軍艦遠赴拉丁美洲護僑。一九一一年，墨西哥爆發革命，國內政局動盪。華人聚居的托雷翁城遭到亂軍血洗，華人損失慘重。中國駐墨西哥代辦沈艾孫就向墨西哥政府提起交涉，要求懲凶、撫卹、護僑並給與經濟賠償。同時，清政府電令正在北大西洋海域的重巡洋艦「海圻號」向排華嚴重的古巴、墨西哥等拉丁美洲國家進發。八月中旬，日後民國的海軍總長程璧光率領「海圻號」抵達古巴首都哈瓦那，受到古巴華僑的熱烈歡迎。古巴政府不得不表示：「古巴軍民絕不會歧視華僑。」清政府隨即通牒墨西哥政府，重申善後要求。最後，墨西哥政府答應向清政府賠禮道歉，償付受害華僑損失，緝捕暴民。「海圻號」也就沒有進軍墨西哥。二十天後，中華民國成立，「海圻號」易幟回國。

　　晚清政府的新姿態和護僑行動獲得不錯效果，「是以各地民商聞有

遣派公使之訊，延首筱望」。

當然，晚清政府派使和護僑的目的是激發華人、華僑的「尊親之念」和「忠義之心」，爭取他們效忠清王朝。

四

晚清的護僑雖然獲得成效，但有明顯的弱點，那就是：弱國護僑。

晚清王朝自身風雨飄搖，即便有心護僑，也是力不從心。對於海外華人，晚清政府是要求多（忠君報國、奉獻財富），付出少（護僑的行為少）。漂泊異鄉的華僑沒有強大的祖國作為後盾，常常「雖群起力爭，無國力為後援，則眾情易渙」。據說「鐵達尼號」郵輪沉沒時，歐美一致譴責那些爭先逃命的人。輿論先後認為「素養低的野蠻人」主要是俄羅斯、義大利、日本等國公民，結果遭到各國的一致否認。最後，部分輿論把譴責矛頭對準中國人，認為華人缺乏素養、在困難面前爭相逃命。由於中國政府申辯無力，導致海外華人因此受到誤解。中國的貧弱，直接導致華人、華僑在海外的地位低下，處境不妙。

成千上萬的中國百姓到海外討生活，做的是最髒、最苦、收入最低的工作，卻絲毫沒有社會地位，還受政治上歧視。他們很自然地反思原因，進而感嘆沒有一個強大的祖國能保障華人的利益。中國為什麼會落後呢？海外華人最先把「國家」和「政府」分離出來，將「國家」的落後歸咎於清朝「政府」的腐敗無能。於是，原始的革命思想萌芽了。海外華人和留學生進行反思後，腦中最濃厚的想法是造反，成為革命的主體。

晚清官府曾派遣大批官費生赴日本留學，結果這批學生都走到王朝

的對立面，成為革命者。原因是留學生眼界大開後，很快就明白國家和政府是兩個概念，清王朝是可以推翻的政府，而「萬世一系」、「君權神授」更是神話。要國家富強，就要更換一個合格的政府，就要推翻清王朝。

孫中山總結革命經歷，感嘆道：「華僑乃革命之母。」孫中山就是這個土壤培養出來的革命種子。以他為代表的革命黨人的活動經費，基本上都靠海外華人捐助。比如革命黨人在香港的龐大開支，就全在本地募集，香港著名華人富商李紀堂、李煜堂等人就是革命黨人的幕後金主。當然，掩護資助革命黨人的主體，還是廣大默默無聞、生活拮据的普通華人勞工。華人、華僑的確是近代革命之母，哺育了孫中山等革命之子。

海外華人、華僑地位的真正提升，是在新中國成立以後。

長不大的苗：近代民營企業的「盆景化」

一

一九一九年夏天，劉鴻生在上海、蘇州碼頭上看到大批難民。這些難民有來自江蘇的，還有從河南不遠千里逃難來的。當時，河南、蘇北發生水災，難民流離失所，露宿街頭。

劉鴻生在社會各界的救災活動中，捐出五萬元，不過他覺得捐款顯然不是長久之計。民國時期，百姓生活艱苦，上海灘上隨處可見食不果腹的窮苦人，單靠劉鴻生這些有錢人捐款，是救濟不過來的。於是，劉鴻生決定開間火柴廠，以工代賑。

劉鴻生為什麼要造火柴呢？

首先，火柴是「勞動密集型」產品，生產工藝簡單，可以安置大批難民和貧民。

其次，當時中國人幾乎都用外國的火柴，稱之為「洋火」。早就感到「外國人瞧不起中國人」的劉鴻生，決定在火柴領域挽回點損失和尊嚴。

　　第三，劉鴻生是靠推銷煤炭、從中抽成，賺到第一桶金的。劉鴻生經手的煤炭充斥長江流域，打破了無數賣柴維生山民的飯碗。「我押著煤船逆江而上，有一次幾乎被成千的、以打柴維生的山民包圍起來打死，因為廉價的煤，奪走他們的生計。這件事使我感到『一人享福、萬人受苦』的日子是不太平的。」所以，他想回饋廣大民眾。

　　基於這三點考量，一九二〇年一月，劉鴻生創辦了他的第一家企業 —— 蘇州鴻生火柴公司。

　　我們會發現，身為企業家的劉鴻生，建廠的這三點考慮都沒有「賺錢」的目的，反而承擔了許多社會責任：安置難民、抵制洋貨、撫慰弱勢群體等。實際上，從經濟角度考量，開火柴廠並不是劉鴻生的最佳投資選擇。劉鴻生之前代理的煤炭生意，利潤很高，他一噸煤炭能抽成四、五兩銀子，從北方運一船煤炭到上海，他就有過萬收入。劉鴻生完全沒有必要為了火柴的蠅頭小利，去分散資金和精力。而火柴的生產和銷售，太瑣碎、太耗費人的精力了。從建廠到一九二四年，火柴廠非但沒有賺錢，劉鴻生還賠了五萬多元。

　　如果說劉鴻生財大氣粗，賠得起五萬元，那麼胡西園生產電燈泡的決定，則完全是一場冒險。

　　一九二一年四月，胡西園在簡陋的實驗室裡成功試驗了中國自製的第一個電燈泡。初夏，他變賣家產，在上海弄堂裡開始電燈泡的規模生產。胡西園並非富豪，而是大學剛畢業的普通人家子弟。對他來說，選擇投資少、見效快的產業，才是穩妥務實之道。胡西園卻把有限的資金投入技術要求高、投資多、國內沒有經驗可循的電燈行業，這絕非明智的決定。現實顯示，胡西園的創業，剛開始幾年就是在燒錢，他變賣了除祖傳房屋以外的所有財產，來支撐電燈泡生產。最終，胡西園在中國推廣了國產的「亞浦耳（Opel）」電燈泡，被譽為中國的「愛迪生」。

　　劉鴻生、胡西園所代表的近代民營企業家，是真正意義上的企業家。他們引進近代科技、管理經驗，像世界上其他企業家一樣，組織、生產、賺錢，然後再組織、生產，同時插手社會事務。但是，他們又不是真正意義上的企業家。在國家積貧、積弱的背景下，他們的許多行為，並不是以營利、賺錢為目的，許多行為不是經濟人應該有的理性行為。最典型的，就是抗日戰爭時期，壟斷長江上游航運的民生公司，在總經理盧作孚的帶領下，不計成本，冒著飛機轟炸的危險，一船船把西遷的難民人口、器械裝備、科學研究院校人員、設備，運送入川。這場史稱「中國敦克爾克大撤退」的壯舉，為中國抗戰保留了元氣，民生公司卻因此大傷，從巔峰狀態跌落。別人問盧作孚為什麼這麼做，回答是「我們要上前線」。

　　盧作孚他們這代企業家，把個人事業和國家復興緊密連結在一起。他們自覺承擔了救國濟民的責任，就像政治領域的革命者一樣。民國時期有許多響亮的口號，比如早期的「打倒軍閥」、中期的「抗日救亡」、晚期的「反飢餓、反內戰、反迫害」，而有一個口號是一以貫之的，那就是「實業救國」。

　　實業救國最終沒有成功。回顧企業家實業救國過程中的辛酸苦楚，後人可以從中看到若干致命原因。

二

　　二十世紀初，外國菸草壟斷了中國市場。南洋兄弟菸草公司開拓市場之際，首領簡照南響亮地提出：「中國人請吸中國菸！」

　　壟斷巨頭英美菸草公司不等南洋菸草上市，就抓住簡照南曾加入過日本國籍（簡照南是中國人，年少在日本經商時加入了日本籍）的把

柄，在報紙上大做文章，誤導消費者南洋菸草是日本貨。英美菸草公司還在香港控告南洋偽造英美菸的商標。最惡毒的手段是，英美菸草公司暗中買進大批南洋香菸囤積，等香菸霉壞了，再在市場上廉價傾銷。凡此種種，南洋菸草的名譽大大受損。簡照南針鋒相對，努力公關。為了塑造南洋菸草的良好形象，他積極參與慈善捐助活動，常年有十艘救濟輪船，上面插滿「南洋兄弟菸草公司救濟」的巨型彩旗，停泊在廣東海濱大道前。同時，簡照南派人到葬禮活動中免費散發英美菸，還特地收買抬棺人叼著英美菸草公司的香菸出殯，敗壞英美菸的形象。

交鋒的結果是，南洋菸草硬是在外國香菸的壟斷中，擠出一小塊地盤，頑強地生存下來。

賣電燈泡的胡西園也是在和外國同行的激烈競爭中求生存的。美國資本的奇異電燈泡廠看到市場上出現亞浦耳品牌，「首先奇異廠俞某向我遊說，要重價收買亞浦耳的商標，不成；後來又要我廠與他們簽署限額生產、分區銷售的產銷協定，也沒有遂願。於是美國奇異廠惱羞成怒，把上海生產的燈泡銅頭，全部包買下來，企圖使我廠有燈無頭，無法銷售。我廠在這種情況下，短期內減少部分生產，暫時收用一批舊銅頭，另請七浦路鑫泰機器廠用最迅速的方法，為我廠代製銅頭。」見此計不成，「美國奇異廠唆使它的附屬廠『天開祥』老闆，帶了中外流氓、包探，到鑫泰廠去嚇唬，聲稱製造銅頭是『天開祥』的專利，未經『天開祥』授權，任何工廠不得製造此銅頭，否則要賠償一切損失。我廠代鑫泰廠請律師登報駁斥，群眾輿論的指責，使美國奇異廠的陰謀未能得逞。」

為了壟斷中國電燈泡市場，奇異廠生產新牌電燈泡，取名「日光牌」，只生產，不銷售。等囤積三十五萬個後，奇異廠通知各商家，「日光牌」電燈泡每個售價一角（市場上的電燈泡批發價就超過兩角了），

允許賒帳六個月。奇異廠準備透過傾銷，擊垮其他生產廠家。中國電燈泡廠緊急聯合起來商議對策，他們抓住奇異廠的「日光牌」尚未註冊的弱點，同時在各大城市報刊上密集刊登廣告，也宣布銷售「日光牌」電燈泡，每個售價五分錢。這些更廉價的「日光牌」電燈泡，其實是各廠家湊來的存貨或劣質品，貼上和奇異廠一樣的商標而已。如此一來，真正的「日光牌」不僅賣不出去，還名聲掃地。中國電燈泡生產廠化解了外資企業蓄謀已久的陰謀。

以上事例顯示，近代企業經營面臨的首要難題，就是外國經濟勢力的壓迫和不法競爭。

外國經濟勢力在華享有種種特權，而且財大氣粗。比如英美菸草公司在中國資本數以億計，雇工幾萬人，頂峰時期在全中國各地開設三十多個分支工廠。對中國來說，這些資本雄厚、技術先進、系統密集，又有外國母公司或政府撐腰的在華外資企業，無疑是龐然大物。更可怕的是，外資企業透過殖民特權、技術優勢、僱傭買辦，乃至傾銷、詆毀等不正當手段，占據著壟斷地位。比如，英美菸草公司看到哪個中國牌子的香菸暢銷，就把自己相同品質的牌子大幅降價，透過價格戰，擊垮對手。一九三四年英美菸草公司用「哈德門」香菸打垮南洋菸草的「飛艇牌」、用「炮車牌」擠掉振勝公司的「黃包車牌」等，就是例子。另外，外資企業還有豐富多樣的行銷活動，大贈杯子、盤子、雨傘、肥皂等日用品，日曆、電影票等消費品，甚至金戒指、金手鐲等貴重物品，來擴大市場。花費幾萬，甚至幾百萬來經營銷售，對外資企業來說是必要的成本，對中國企業來說卻是全部本金（南洋菸草的開辦資本就只有十萬元）。

中國企業家在外資勢力的壓制下，能夠奮勇抗爭，艱難求生，可謂是經濟領域的抗戰。晚清時，鄭觀應在《盛世危言》中就提出「兵戰之

外的商戰」，號召透過商戰奪回利權。民國時，陳光甫到洋行買船票，受到外籍職員的冷落，他便萌生讓中國人享受跟洋人同等旅行服務的念頭，創辦了享譽全中國的中國旅行社。經濟交鋒沒有硝煙，但投入人力、物力、財力更多，持續的時間也更長，不管勝負如何，劉鴻生、陳光甫、胡西園等人的行為，都是值得緬懷的。

必須指出的是，近代企業家和外資勢力的關係充滿矛盾。一方面，他們愛國，和外資勢力針鋒相對；另一方面，他們又在資金、技術、原料等方面依賴外資勢力。多數近代企業家和外國勢力有著千絲萬縷的連繫。陳光甫從小就被在漢口報關行謀職的父親送入漢口報關行當學徒，一九〇九年，他在美國獲得商學士學位。陳光甫的主業是經營上海商業儲蓄銀行，銀行壯大後，他充分發揮自己和美國的良好關係，以此來保全和發展銀行。劉鴻生則是上海聖約翰大學的學生，大學二年級時聖約翰大學校長還想送他去美國學習神學，將來返華做神職人員。劉鴻生拒絕美國人的安排後，被聖約翰大學開除，他就跑去幫英國背景的開灤煤礦當買辦了。

那麼，近代中國企業在和外資勢力的抗爭過程中，是勝或是負呢？

一個例子也許可以說明：一九三二年的「一二八事變」中，日本轟炸了上海商務印書館和東方圖書館。「是時，濃煙遮蔽上海半空，紙灰飄飛十里之外，火熄滅後，紙灰沒熄，五層大樓成了空殼，其狀慘不忍睹。」日本不是「誤炸」，而是有目的地要摧毀中國最大的出版發行公司，就是要炸毀你的圖書和館藏，你能怎麼辦？動盪的年代、蓄意破壞的敵人、虛弱無力的政府，民營企業能怎麼辦呢？

沒有強大的國家，民營企業也就失去了抗擊外資勢力進逼的最有力依靠，怎麼能勝利呢？

三

從美國學成歸來的陳光甫，剛開始是在江蘇省政府任職，在民國初年把江蘇官銀局改造為興業銀行。

身為官辦銀行的創辦人，陳光甫一上任就做了兩個大舉動：將總行遷往上海，放棄鈔票發行權。上海是全國金融中心，興業銀行在上海便於發展業務，同時遠離省府南京，可以少受官府干預和控制。而如果興業銀行繼續發行鈔票，省政府就有理由把銀行當做提款機，同時也不會珍惜興業銀行的資產。陳光甫想把興業銀行發展成現代銀行，卻遭到那些「國企領袖」、官府中人，乃至一般百姓的不理解。辮帥張勳接任江蘇都督後，命令陳光甫「抄報銀行存戶名單」，陳光甫斷然拒絕，結果被勃然大怒的張勳罷免。

政府權力對企業有著巨大影響，這是近代企業家必須面臨的第二大難題。之所以說它難，是因為政府權力的影響，幾乎無處不在，而且都是負面的。小到苛捐雜稅、攤派、敲詐，大到扼制企業發展的各個環節，甚至要霸占民營企業。而在情理之中，支持民營企業發展的舉動，則蹤跡難尋。

南洋兄弟菸草遇到競爭、資金和發展過程中的諸多問題，簡照南很自然地尋求北洋政府的支持。他希望政府能夠扶持南洋菸草的發展，即使透過「官督商辦」的模式，把南洋菸草公司戴上「官帽子」也可以。可惜北洋政府對扶持民營企業沒有絲毫興趣。相反，一九一七到一九一九年間，北洋政府內部興起了一股取消南洋公司營業執照的議論，理由還是簡照南是日本國籍，南洋兄弟公司因此不能算是中國企業。英美菸草公司是這股議論風潮的幕後黑手，它還買通非官方的協會和個人，向北洋政府申請，要求禁止南洋公司營業。一九一九年八月九

日，北京的農商部宣布吊銷南洋兄弟公司的執照，並將其視為日本企業。此舉遭到華人、華僑的激烈反對，國內企業也同情南洋公司。簡照南放棄了日本國籍，重新加入中國國籍，這股風潮方才作罷。經過這麼一折騰，簡照南對政府大失所望，一度想到要接受英美菸草公司的合併邀請。

胡西園的電燈泡廠也遇到諸多不順心的事情。一九二七年，他的亞浦耳廠在上海租界找了塊荒地建築新廠房。因為地處荒遠、交通不便，胡西園「向洋鬼子花了一筆錢」，租界工部局才在新廠門前開出一條遼陽路來。路有了，卻沒有路燈，一到晚上，遼陽路黑燈瞎火的，成為流氓混跡之地，胡西園不得不再次行賄，才在遼陽路上裝了路燈。在晚清民國時期，企業家迫不得已的行賄，不在少數。有時，行賄也無法解決問題。電燈泡廠經常受到上海灘流氓的敲詐，員工時常被流氓騷擾。胡西園的解決之道，是和上海青紅幫元老顧竹軒結拜，打著顧竹軒的名義，對付小流氓。至於流氓大亨，則只能笑臉相迎，破財免災了。舊時的上海灘，企業家很少有不結交大流氓的，比如榮宗敬與黃金榮交好，劉鴻生與杜月笙拜把子。胡西園並不願意和黑社會頭目稱兄道弟，他說：「我平生致力於電燈泡工業，其餘都不是我的志願。」

近代民營企業在外資勢力和政府權力的夾縫中求生存。這兩個力量的削弱之時，就是民營發展的高速期，比如第一次世界大戰期間。當時西方列強忙於戰爭，在華外商企業也深受母國戰火影響，而中國又是軍閥混戰，北洋政府統治不穩之時，所以民營企業在一戰期間獲得快速發展，成就了民營企業家津津樂道的黃金時期。隨著外資力量重新重視中國，更隨著南京國民政府的統治穩固，民營企業迅速受到擠壓。

最讓民間企業叫苦的，是南京國民政府實行經濟統制政策。比如寧夏軍閥馬鴻逵宣布寧夏全省和自己占領的內蒙地區的羊毛、駝毛、

枸杞、甘草等土產，實行統購、統銷，凡私存、私售者，皆嚴辦。幾年間，寧夏土特產經營商家紛紛倒閉，利潤全被馬鴻逵搜刮走了。一九四九年九月，馬鴻逵由寧夏逃往重慶，據說光空運走的黃金，就有五噸（一說是七噸）之多。

抗戰期間，政府權威空前高漲。政府力量對民營企業的暗中侵蝕，也向上提升。抗戰爆發後，劉鴻生在後方開辦了多家火柴廠、化工廠、紡織廠。在他的號召下，蘇南、上海的劉氏企業中，各種熟練工人紛紛不遠千里、艱苦跋涉來到大後方。但是設廠的資本，劉鴻生提供不了，主要是靠國民政府及官僚資本的支持。劉鴻生用從日本占領區辛辛苦苦搬運過來的機器入股。劉氏企業每擴張一次，「每一次增資，劉家的資本就被削弱一次」，各個企業的董事長也都由政府或官僚指定。劉鴻生感嘆：「我們劉家的所有資產等於白白奉送給他們，我們將變成一個微不足道的小股東，我這個總經理變成了他們的小夥計了。」

劉鴻生的遭遇還算是好的，畢竟對企業經營管理還有很大的權力，南洋兄弟公司的命運就悲慘多了。日本人占領東北後，日本菸草迅速覆蓋東三省和華北市場，南洋菸草的市場遭到擠壓。當時簡照南已死，弟弟簡玉階面對困境，只好向國民政府求援，要求將南洋變為「國營企業」，同時也向黑幫老大杜月笙求援，希望能夠躲避黑社會的敲詐勒索。於是，杜月笙和宋子文順理成章地成為南洋兄弟公司的董事。一九三七年，局勢惡化，經營不善的簡玉階找宋子文借錢，宋子文同意貸款，但要求南洋公司讓出百分之二十七的股份。於是當年四月，宋子文「受邀」出任南洋兄弟菸草公司的董事長。簡家人逐漸失去了對南洋兄弟公司的控制和經營。

四

近代民營企業就像是一株株長不大的苗，外資企業卻像是參天大樹，與它們爭奪陽光、水分和養分。自然，民營企業競爭不過外資企業，又缺乏主人的澆灌照顧，只能自生自滅。

偶爾有幾家民營企業茁壯成長為小樹，就立刻引起政府的關注。歷代王朝對待民間財富的思維，就是董仲舒說的：「大富則驕，大貧則憂。憂則為盜，驕則為暴，此眾人之情也。聖人則於眾人之情，見亂之所從生，故其制人道而差上下也。使富者足以示貴而不至於驕，貧者足以養生而不至於憂，以此為度而調均之。是以財不匱而上下相安，故易治也。」（《春秋繁露·度制》）政府不願看到百姓普遍貧困，也不希望看到有些人暴富，暴富以後就會驕橫、不聽政府的話。因此它要灌輸「身體髮膚，盡歸於聖育；衣服飲食，悉自於皇恩」的思想，讓有錢、沒錢的人，都聽政府的話。大凡統治穩固的朝代，都控制著諸多資源，制約富人和民營經濟的手法很多，可以徵稅、攤派款項、壟斷經營，也可以像秦始皇、朱元璋那樣，強制遷徙富戶，或者乾脆就像某些皇帝那樣，徵調富戶來為自己守陵。

當「暴富」在統治理論和實踐中都很危險的時候，「仇富」、「藏富」的思維就隨之發展了。《拍案驚奇》總結的社會通則是：「那富的人，怕的是見官。」即便官府沒找出你「不法經營」的證據，也能讓你承擔更多的「社會責任」。這也是中國人「富不過三代」的一個重要原因。

中國歷史上「國富民窮」的統治思路，到晚清民國時期依然存在。大的民營企業彷彿是一株株盆景，成長規模受到限制。你再怎麼發展，也不能長得和擺放的桌子不成比例，更不能長到天花板上去。政府就像

是拿著剪刀的主人，隨時可以修剪自認為不合適的枝幹。

　　因此，近代民營企業多數是自生自滅的小草，少數則成為一株株盆景，僅供世人觀賞、研究之用。

第四篇 永恆的話題：權力鬥爭

　　權力之爭在帝國內部形成了環環相扣的「圈子」。
不同的人為了同樣的目的（追逐權力），匯聚成不同的
圈子，大大小小的圈子四處疊加。而游離在圈子之外的
人是危險的，只有進入圈子才有好處。在令人眼花撩亂
的圈子內，貪贓枉法、營私舞弊被大事化小、小事化無。

卑鄙者勝出：劉邦是怎麼打敗項羽的？

一

西元前二○四年四月，漢王劉邦披頭散髮，在從彭城（今江蘇徐州）到洛陽的大道上一路狂奔。

他在逃命！年初，劉邦趁西楚霸王項羽在山東忙於征討齊王田榮，遂聯合附和自己的關中、河南諸侯偷襲西楚國都彭城成功，著實風光了一把。不料，項羽親率精兵強將，殺了個回馬槍，把劉邦大軍砍殺得面目全非。劉邦丟盔棄甲，只和將軍夏侯嬰兩個人找了輛馬車倉皇逃命，一大幫楚兵在後面氣勢洶洶地追趕。路上，劉邦遇到同樣驚慌失措逃命的兒子劉盈（劉邦和呂后的長子、日後的孝惠皇帝）和女兒魯元公主。兩個孩子見到父親，趕緊抓住馬車跳上去，劉邦看看擁擠的馬車，又看看越來越近的追兵，竟然把兩個孩子推下車去。夏侯嬰看不下去，下車把兩個孩子抱回來一起逃命。不料劉邦第二次狠狠地把孩子推下車去，夏侯嬰又下車去救兩個孩子，如此反覆了三次。夏侯嬰急了，對劉邦說：「情況再危急，也不能不顧孩子的死活啊！怎麼能拋棄孩子不管呢？」劉邦無話可說，只好同意帶著孩子一起逃命。

　　四個人擠在一輛車上，最終逃命成功，輾轉來到滎陽。項羽帶著大軍隨即兵臨滎陽城下。劉邦收拾殘兵敗將，在滎陽、成皋一帶固守。之後兩年，這裡成為楚漢戰爭的主戰場。

　　劉邦為什麼選擇滎陽呢？滎陽依山傍水，南靠嵩山，北臨黃河，氾水穿境而過，是洛陽的門戶，和通往關中的咽喉要地，策略位置十分重要。鑑於滎陽的重要位置，歷代占領者都修築了相當堅固的防禦工事。秦代在敖山上修建了著名的穀倉「敖倉」，當時敖倉還儲存著大量的糧食，可以保障劉邦部隊一、兩年的糧食供應。劉邦在滎陽城和敖倉之間修築了甬道，專門運輸軍糧，擺出一副死守的姿態。

　　劉邦實在也退無可退了。一旦滎陽失陷，劉邦只能退守函谷關。那就意味著劉邦放棄了整個中原，被堵死在關中一隅了。

　　項羽率楚軍主力對滎陽發動猛攻。漢軍屢次被楚軍打敗，最後連滎陽與敖倉之間的後勤甬道也被楚軍占領了。滎陽城的漢軍缺衣少食，被楚軍團團圍住。滎陽的漢軍原本依靠關中後方的支援，之前，留守關中的蕭何幾乎是涸澤而漁，為了補充劉邦在彭城打敗之後的兵源，已經徵調了二十三到五十六歲間的所有男子從軍，如今實在無力解救滎陽了。在滎陽的劉邦，面臨關中援助枯竭、後勤保障不支、楚軍咄咄逼人的絕境。

　　雪上加霜的是，漢軍在外交上也被孤立了。項羽在圍攻滎陽的同時，對附和劉邦的諸侯展開了統戰工作。塞王司馬欣、翟王董翳反戈加入項羽的大軍，參與圍攻滎陽。西魏王魏豹藉口回國省親，前腳剛走，後腳就封鎖了黃河渡口，與劉邦脫離關係。西魏國在黃河北岸，不僅在地勢上壓迫滎陽，還和劉邦共享黃河水道運輸，等於切斷了劉邦沿黃河西退的道路。劉邦派出辯士勸說魏豹回心轉意，以失敗告終。他只好抽出軍隊，交由韓信率領，征討魏豹。韓信的征討很成功，魏豹的威脅解

決了，但韓信尾大不掉，開始獨立於劉邦陣營之外，變成新的魏豹了。劉邦奈何不了他，只好唉聲嘆氣，自認倒楣。

好在劉邦一直信奉大丈夫能屈能伸的人生信念，自尊心不強，見實在打不下去了，主動向項羽低頭求和。劉邦拋出的和談方案，就一條主要內容：以滎陽為界，以西歸劉邦，以東由項羽統治。劉邦等於是承認項羽對絕大部分天下的統治權，自己甘願居於關中和巴蜀地區 —— 當然這只是暫時的，大丈夫能屈能伸，現在是屈的時候。

項羽覺得劉邦的和談方案對自己有利，有意接受。他的謀臣、歷陽侯范增則堅決反對。范增認為劉邦已經內外交困、無援無助了，現在正是加把勁徹底打垮劉邦及其軍隊的「最後五分鐘」時間。如果此時不消滅劉邦，項羽將後悔莫及。項羽接受了范增的意見，加緊進攻滎陽。

和談沒成功，怎麼辦？

別急，項羽有謀臣范增，劉邦身邊也有個大謀士陳平。

陳平本來是項羽的部下，可惜他名聲不好，很不受項羽的待見 ——據說普通人家出身的陳平，在老家不務正業，而且有「欺嫂盜金」的惡劣行徑，很有流氓習氣。加上項羽部下人才濟濟，陳平覺得在項羽陣營中沒有發展前途，跑出來轉投劉邦。剛好，劉邦和陳平臭味相投，西漢正史《漢書》都毫不客氣地說少年時期的劉邦「好酒及色」。小劉邦在沛縣四處遊蕩，常常醉臥在酒家裡，沒錢就賒酒來喝，喜歡和縣中小吏蕭何、曹參，屠夫樊噲等人廝混。他不讀書、不顧家、不置產業，還把父親劉老太公的教訓當耳邊風，不知悔改。這對流氓味十足的君臣，想出來的政策措施也上不了臺面，往往令平常人難以接受。

議和建議遭到項羽拒絕後，劉邦、陳平開始思索該怎麼從滎陽突圍出去。陳平想出「重金賄賂」和「公關離間」的計謀。他建議劉邦製造

挑撥項羽與謀臣將領之間的矛盾，然後乘虛突圍。「我看可以從內部打亂楚軍。項羽的骨鯁之臣只有范增、鍾離眛、龍且、周殷少數幾個人而已。大王如果能拿出萬斤黃金來離間他們君臣，肯定能讓他們相互猜疑。項羽的為人，容易生疑又容易相信讒言，到時楚軍必然內訌。我們趁亂而動，就能擊破楚軍了。」

流氓在決策時有一大優點，那就是豪爽果斷。看準了的事情，他們敢下血本去做。劉邦很認同陳平的建議，一下子拿出黃金四萬斤交給陳平，放手讓陳平去離間項羽君臣。

陳平離間的第一個目標，是項羽的大將鍾離眛。他先重金收買楚軍，再讓被收買者在楚軍中散布謠言，說鍾離眛擔任大將多年，功勛卓著，卻至今沒能列土封王，對項羽很不滿，正暗中和劉邦聯繫，要聯劉滅項，瓜分西楚的土地呢！謠言越傳越廣，最終流傳到項羽的耳朵裡。項羽果然開始疏遠鍾離眛，在戰鬥中不再重用他了。鍾離眛是當時楚軍裡數一數二的將領，被項羽疏遠後，楚軍的戰鬥力下降了一大截。

首戰告捷，陳平把離間的矛頭對準了主要目標：項羽謀臣范增。范增從項羽叔父項梁時期開始，就是項家陣營的主要謀臣，多次為項羽出謀劃策，深得項羽任用，項羽尊稱他為亞父。范增一直堅決主張除掉劉邦，對劉邦陣營態度凶殘強硬，是劉邦的眼中釘、肉中刺。離間這樣的人物，可不是輕鬆的事情。陳平一時也想不出好的方法，正苦惱著，突然有一天，聽說楚軍派使者來到漢營，頓時計上心來。

於是，漢軍營帳中大擺筵席，僕人們用高檔器具端上美味佳餚，一一呈獻在項羽使者面前。使者受寵若驚，正要大快朵頤，突然僕人們又迅速把使者到嘴的山珍海味搬走了。使者不解地問怎麼了？僕人告訴他們，我們原本以為你們是范增大人的使者，不料你們是項羽的使者，剛才呈上來的美食，是為范增大人的使者準備的，不是給你們的，看，

招待你們的是這些。使者一看，只見幾個老邁的僕人，端著破舊餐具，盛著粗糙的米糧，端了進來，接待項羽使者。如此戲劇性的一幕，項羽的使者回去後怎麼能不一五一十、完完整整向項羽匯報呢？

項羽果然懷疑「亞父」，認為范增與劉邦暗中勾結，雖然沒有確切的證據，但此後不再聽從范增的建議了。范增是滎陽戰場上最堅決的主戰者，他認為滎陽是劉邦防線上的關鍵點，只要攻克滎陽，就能瓦解劉邦的防線，打垮劉邦。所以，他催促楚軍進攻滎陽最積極、最賣力。范增不知道自己遭人陷害，還努力地建議項羽集中兵力，猛攻滎陽。可惜項羽不再信任他了，聽不進范增的任何建議，還收回了范增手中的部分權力。范增的年紀已經很大了，從項梁到項羽，一直輔佐項家，一直受到軍中的尊重和信任，難免有點高傲。感覺到項羽的懷疑後，范增勃然大怒，說：「天下大事已定，君王好自為之！我要退休回家養老了。」項羽也不阻攔。范增於是懷著一肚子的氣，返回彭城，半路上氣急攻心，背疽發作而死。

至此，陳平的詭計大獲全勝，不但讓楚國君臣相疑，還逼退鍾離昧，氣死范增，重重打擊了項羽陣營的士氣。

二

陳平的離間詭計能夠成功實施，項羽「功不可沒」。

項羽是楚國的貴族後裔，在秦末以反對暴秦，號召百姓起兵，之後身先士卒、功勳卓越揚名。秦朝軍隊的主力就是在鉅鹿戰役中被項羽消滅的。項羽因此威震四方，成為秦末最大的實力派。應該說，項羽是在群雄逐鹿過程中，最有希望勝出、再次統一天下的。可惜的是，最後統

一天下的不是項羽，而是勢力較弱、沛縣流氓出身的劉邦。項羽輸在什麼地方呢？

是輸在人品上嗎？肯定不是。就算貴族出身的項羽人品再差，也不會比貪酒好色的流氓劉邦更差。況且，項羽的人品並不差。他沒有為了自己逃命，狠心地拋棄子女；他也沒有劉邦那麼好色，妻妾成群；他更不會在政治上耍流氓手段──相反，項羽頭腦簡單，在政治鬥爭中相當守規矩。項羽會輸，是輸在他的政治思維、政治眼光和領導才能上。

著名歷史學家黎東方在《細說秦漢》一書中列舉了項羽政治舉措之糟糕。首先，在大一統已經被天下人接受的情況下，項羽主持分封諸侯，使天下重新回到戰國紛爭的時代。而且，「項羽分封天下，有欠公平，鑄成大錯。在西方，令章邯、董翳、司馬欣，分王三秦；令劉邦僻處漢中。不僅為劉邦本人所恨，亦為三秦父老所恨。三秦的子弟，未死於討平陳涉之時，亦死於項羽盡坑降卒於新安之時。這筆帳，全算在章邯的身上。董翳、司馬欣無名之輩，毫無聲望，只是項羽的私人，自然也連同章邯為三秦父老所恨。三秦的父老，的確很思念那滅秦而不殺子嬰，取咸陽而不燒宮屠城，除秦苛法而僅僅約法三章的劉邦。」

其次，項羽缺乏全局眼光和統籌兼顧的政治能力，「一碗水端不平」。「在東方，項羽不該遷逐齊王、趙王、燕王。這三位崛起的諸侯，都不曾有罪，都曾經派兵遣將來助項羽入關。現在項羽卻分封這些遣來的將官，田都、張耳、臧荼，各自回國為齊王、常山王、燕王，驅逐原有的國王，使屈身為膠東王、代王、遼東王。這不僅令人不平，而且助長叛亂，提倡叛亂。項羽在山東、河北、遼東，都一一種下了亂苗。在中部，魏王變成西魏王。魏國的東部變成西楚霸王的領域。韓王，項羽不使之國，不令他回任，於是韓國的舊壤，無形中也成為西楚霸王的采邑。」

最能展現項羽「政治水準」的事例，就是殺戮義帝。秦末群雄起義，是在楚國王室後裔楚懷王的名義領導下進行的。秦朝滅亡後，楚懷王被尊為「義帝」。「義帝原都彭城，項羽要他將彭城讓出，作為西楚霸王的都城。義帝被流放到郴縣；走至中途，又遭項羽暗殺。」項羽完全沒有必要公然地驅逐義帝，更不應該殺害義帝。義帝的死，讓項羽成為輿論指責的焦點，聲望大跌。劉邦就勢扛起「為義帝報仇」的大旗，集結諸侯討伐項羽 —— 雖然劉邦不見得真的效忠義帝，如果義帝在他手裡，也不見得會有什麼好下場。

項羽嫉惡如仇，打起仗來，衝鋒在前，奮不顧身。加上「力拔山兮氣蓋世」的個人武功，項羽個人形象完全稱得上是雄姿勃發、氣沖霄漢 —— 這和老是倉皇逃命的劉邦形成鮮明對比。但項羽把愛憎分明的個性，轉移到政治鬥爭上，那就不對了，不能發揮團結中間力量、孤立敵對力量的效果。需要指責的是，項羽極端化了這種愛憎分明，對敵人格殺勿論。

他手刃過阻礙起義的吳郡太守，和不思進取、坐觀成敗的上級宋義，殺害了秦王子嬰和全部嬴氏皇族，更有多次令人髮指的屠城事蹟：第一次是坑殺襄城全城平民；第二次是殺光了城陽輔助秦軍抵抗的全城平民；第三次是在新安坑殺秦軍降卒二十萬（整整二十萬人！）；第四次是占領咸陽後展開大屠殺，殺人之外還放火燒了咸陽和阿房宮，大火三月不滅。對統治殘暴的秦始皇，項羽指揮軍隊，要對他掘墓鞭屍，將秦始皇陵的地面建築破壞殆盡；第五次是打敗齊王田榮後，坑殺了齊軍降卒。以上種種暴行，讓人對項羽避猶不及，即便是同一戰壕中的友軍，也膽顫心驚。

總之，項羽是個勇敢的將軍，也許還是個不錯的同事，但就不是一個合格的政治領袖。

　　歷史挑選領袖人物，並非看一個人的能力與品格，而是看他能否成功地領導一個群體，能否成功地戰勝對手。這是對結果的追認，跟過程與方式無關。在楚漢戰爭中，歷史挑選了劉邦。

　　劉邦的個人品行的確不太好。秦末政治場上還相當講究出身，劉邦的大多數對手和部下，不是戰國諸侯後裔，就是官宦世家子弟。劉邦出身低微，為了在臉上貼金，甚至不惜編造自己母親和神龍交配孕育自己的神話。這個謊言還堂而皇之被正史記載。剛進入咸陽城的時候，劉邦一度飄飄然，他以「關中王」自居，流連於秦朝富麗堂皇的宮殿，和百花爭豔的後宮。劉邦本來就是好色貪玩之人，現在有了這麼好的享樂條件，就準備在此住下，享受勝利果實。然而劉邦的可貴之處，就在於他腦袋複雜，他明白為了達到目的，必須學會克制欲望、改正舊習以及懂得偽裝。謀士張良勸劉邦以事業為重，劉邦馬上意識到問題的嚴重性，能夠毅然封存秦朝府庫，率領軍隊撤退到咸陽郊外的灞上。劉邦能在數不盡的金銀財寶和美女珍饈中不動聲色、秋毫無犯，可見他的自制力之強，志向之大。

　　劉邦從底層打拚上來，了解天下百姓苦於秦朝暴政多年。於是他和關中名士約法三章：殺人者死，傷人及盜抵罪，其他秦朝的苛刻法制一律廢除。關中百姓歡呼雀躍，民心一下就支持劉邦了。當時關中上上下下都唯恐劉邦不做關中王，離開他們。其實，約法三章束縛了劉邦的手腳，讓他不能為所欲為，是不符合劉邦真實心思的。但他畢竟不是項羽，知道不能順著性子來。

　　劉邦本人在勝利之後，曾頗為得意地總結成功經驗。漢高祖五年（西元前二〇二），天下大定，劉邦置酒洛陽南宮，問大臣們：「朕為什麼得到了天下？項氏又為什麼失去了天下啊？」都武侯高起、信平侯王陵回答道：「陛下慢而侮人，項羽仁而愛人。然陛下使人攻城略地，所

降下者因以予之，與天下同利也。項羽妒賢嫉能，有功者害之，賢者疑之，戰勝而不予人功，得地而不予人利，此所以失天下也。」意思是說，與項羽相比，劉邦用人不疑，賞罰分明。劉邦聽後，補充說：「公知其一，未知其二。夫運籌策帷帳之中，決勝於千里之外，吾不如子房；鎮國家，撫百姓，給饋餉，不絕糧道，吾不如蕭何；連百萬之軍，戰必勝，攻必取，吾不如韓信。此三者，皆人傑也，吾能用之，此吾所以取天下也。項羽有一范增而不能用，此其所以為我擒也。」他認為自己勝利最主要的原因，就是得到了眾多人才的輔助，使其各盡其能。善用這些人才，這就是劉邦的第二個優點——雖然他品行惡劣，能力也不強，但能知人善任，使用一群品行好、能力佳的手下。

這麼一對比，劉邦的成功和項羽的失敗，就比較容易理解了。

三

我們再回過頭來看看滎陽的情況。陳平雖然成功地讓項羽君臣猜疑，打擊了楚軍，可楚強漢弱的基本態勢沒有改變。而且，滎陽還被楚軍四面包圍著呢！

到了西元前二〇四年五月，將軍紀信見情況危急，主動對劉邦說：「事急矣，臣請誑楚，王可以間出。」他自願冒充劉邦，出城引開楚軍，讓劉邦乘機逃跑。劉邦很高興，要陳平寫了降書，派人送交項羽，說漢王劉邦某夜要出滎陽東門投降。（另有說法認為偽裝劉邦的計謀是陳平想出來的，他再去找紀信。）

到了約定的日子，陳平施展了一整套花招。他先組織兩千多名女子，讓她們全部武裝待命。到夜裡伸手不見五指時，陳平驅趕女子從滎

陽東門出城。模糊之中，圍城楚軍看到一大群人全副武裝從城裡跑出來，這不是突圍，是什麼？楚軍趕緊前去迎擊，不僅包圍東門的楚軍上前，南邊、西邊和北邊的楚軍也過來圍堵。兩軍一接戰，場面就混亂了。所謂的漢軍，是兩千多名驚慌失措、四散逃命的女子，尖叫、奔跑著。楚軍沒有想到這一幕，也不知道該怎麼處理，結果雙方你追我趕，把滎陽東門外變成一個大遊戲場。

混亂中，紀信假扮的劉邦乘坐著「以黃繒為蓋裹」、車轅左方還插著「氂牛尾纛」的劉邦專用乘輿，也從滎陽東門出來。紀信邊走邊向著楚軍大喊：「我是劉邦，因城中糧盡，出來降楚。」夜幕之中，楚軍看不清「劉邦」的面容，而紀信的身材、相貌，和劉邦有幾分相似，給人的第一印象就以假亂真了。加上紀信的裝扮、乘輿都是貨真價實的，又有降書在前，項羽和楚軍不得不信。楚漢戰爭兩年多了，楚軍士兵們為的不就是抓住劉邦，結束戰爭嗎？現在「劉邦」出來投降了，哪有人會錯過這歷史性的一刻呢？於是，在滎陽的北、西、南三個方位繼續圍城的楚軍士兵，也跑到東門來看熱鬧。這下子，東門算是熱鬧透頂了。

正當楚軍將士們湧向東門，預祝勝利之時，相反方向的西門，出來一列人馬。劉邦在張良、陳平、樊噲、夏侯嬰等數十騎的保護下，從西門逃出，倉皇逃往成皋。

楚軍士兵們把投降的「劉邦」押解到項羽眼前。手下人可能不認識劉邦，但項羽可把劉邦的相貌認識到了即使燒成灰也能辨認的地步。他一眼就認出冒牌的劉邦！項羽知大事不妙，逼問紀信：「劉邦在哪裡？」紀信回答：「漢王已經離開，你們找不到他了。」項羽辛辛苦苦兩年，損耗了無數的軍隊、物資，就換來一個假劉邦。他非常憤怒，把所有失落、氣憤和報復心理，都發洩到紀信身上，把他活活燒死了。

這又是項羽一次不理智的行為，他燒死紀信，反而成全後者的千古

美名。西漢帝國建立後，朝廷特地把紀信的家鄉從四川閬中縣分了出來，劉邦御賜縣名「安漢」（今四川南充）。紀信被稱為「安漢公」，成了忠臣的代名詞。

四

劉邦不怕「從頭再來」，灰頭土臉地跑到成皋，手上有了點蕭何剛從關中送來的新兵後，又開始騷動了。

劉邦不敢與項羽直接交鋒，他把進攻方向指向南邊的宛縣、葉縣地區（今河南南陽地區）。項羽親自來找他算帳，劉邦不肯交戰，只是堅守城池。在正面拖住楚軍主力後，劉邦暗中收買山東江蘇交界一帶活動的江洋大盜彭越為己所用。彭越原本傾向項羽陣營，但推翻秦朝後，項羽卻沒有為他留個位子，既沒有封王封侯，也沒有給他任何相應的地位。劉邦在封爵上一向很慷慨，不管你是強盜還是土匪，只要對他有用，他毫不吝惜高官厚祿。彭越和劉邦一拍即合：劉邦答應給彭越日後帝國的期權，讓他做重要股東；彭越則率領隊伍騷擾項羽的東部領土。

項羽不得不回師對付彭越，劉邦就跟蹤追擊。項羽只得放過彭越，回過頭來對付劉邦。劉邦戰敗，又上演了一齣逃跑大戲，北渡黃河。在黃河北岸，劉邦還得對付他手下不聽話的韓信部隊。劉邦又耍起了流氓手段，詐稱漢王的使者在夜裡走進韓信軍中，趁著韓信酣睡，奪走他的兵符，迅速更換各級軍官。這樣一來，劉邦手頭又有軍隊了，在黃河北岸攻城掠地。他派韓信去進攻山東，又派兩萬人去壯大彭越的隊伍。彭越軍勢大振，攻占了十餘座城池。

項羽意識到自己的戰法太傳統，東西奔波、疲於奔命的，不是個辦

法。他率領在西部的主力軍隊，東征彭越，準備徹底解決這個麻煩。在西部，項羽留下大司馬曹咎防守，臨行前叮囑他切勿與漢軍交鋒。項羽的策略調整很成功，彭越沒幾天就被打得氣息奄奄。無奈曹咎在西部忍受不了漢軍的辱罵，項羽離開五、六天後，就主動出戰，結果兵敗自殺。項羽得到消息後，緊急率軍返回滎陽，穩住西部陣地。彭越勢力死灰復燃。

　　山東的齊國由田氏統治，被項羽打敗過，存在和劉邦合作的可能性。劉邦在派韓信攻取山東的同時，又派了辯士酈食其去遊說齊王田廣附漢反楚。田廣被酈食其的遊說打動了，天天和酈食其縱酒談心。不料，韓信突襲駐紮在歷下（今山東濟南）的齊軍。田廣認為酈食其背信棄義，將酈食其烹殺了。酈食其成了無謂的犧牲品。之後，田廣放棄山東，逃去和楚軍會合。結果，楚齊聯軍也被韓信消滅了，田廣被俘。韓信東山再起，派人要求劉邦封他為「假齊王」震服山東。韓信要官要的不是時候，劉邦正被項羽打得團團轉，見韓信趁火打劫，大罵：「我就是不封他為齊王！」陳平趕緊踢了劉邦一腳，重重地使了個眼色。劉邦「知錯就改」，改口說：「大丈夫要做就做真齊王，做什麼假齊王啊！」韓信就這樣成為齊王，達到了目的，很高興地和彭越占領區連成一片，覬覦項羽的東部土地。

　　情勢對項羽越來越不利。項羽設法派人遊說韓信，勸韓信中立於楚漢之間，三分天下有其一。韓信已經跟定劉邦了，沒有理會項羽。

　　沒辦法，現在輪到項羽主動求和了。他約劉邦到陣前見面，於是有了著名的廣武會面。漢軍在滎陽東部的廣武山上建有軍營，與東邊項羽的軍營對峙。劉邦來到軍前，看到對面的楚軍搭建了一個高臺，臺上豎著一塊長木板，板上綁著一個赤裸裸的老人。劉邦定睛一看，那不是自己的老父親劉太公嗎？再一看，臺上還跪著自己的母親、妻子呂氏和

庶長子劉肥（日後的齊悼惠王）。當年劉邦從彭城大敗而逃的時候，父母、妻子都丟下不管，使他們成了項羽的俘虜，如今被項羽拿出來要挾劉邦。項羽在長木板旁架起一個大鼎，燃起熊熊火焰。長木板上的劉太公早已面無血色；老母親見狀昏死過去，不省人事；呂氏和劉肥則嚇得癱軟在地。項羽衝著劉邦喊：「劉邦趕緊投降，不然我把你父親煮了！」劉邦答道：「我和項羽你當年都受命於楚懷王，約為兄弟，我父親就是你父親。如果你一定要烹了你父親，就請分我一杯羹吧！」項羽大怒，真的就要殺死劉太公。早在多年前的鴻門宴，就被劉邦反正、做了漢軍臥底的項伯，趕緊拉住項羽，說：「天下事未可知，且為天下者不顧家。現在殺劉老頭於事無補，恐怕只會增加禍害。」項羽只好作罷。

　　清代洪亮吉評述這段著名史實說：「烹則烹矣，必高其俎而置之，無非欲愚弄漢王，冀得講解爾。漢王深悉其計，矯情漫語，分羹一言，雖因料敵太清，然逞才太過，未免貽口實於來世。」可見項羽處於窘境，黔驢技窮，除了用老人家要挾對手外，想不出其他更好的辦法了。但劉邦見過的場面可多了，這樣的小問題是難不倒他的。

　　項羽又衝著劉邦喊：「天下混亂多年，都是我們兩個人造成的。我願與漢王決鬥，一決雌雄，不再勞苦天下百姓了。」劉邦心中譏笑項羽頭腦簡單，回了句：「吾寧鬥智，不能鬥力。」的確，政治場上只有匹夫才赤膊上陣呢！接著，劉邦當眾列舉了項羽的十條大罪：違背當年楚懷王先入關中者為王的誓約，把先入關的劉邦封到漢中；濫殺大將宋義，非法奪取兵權；在關中燒富室、掘皇陵，劫掠財寶；殺戮已經投降的秦王子嬰；活埋秦兵二十萬；殺戮楚懷王等。最後，劉邦義正詞嚴地說：「現在，我和諸侯率仁義之師討伐你這個殘暴歹徒，你有什麼資格向我挑戰？」劉邦所列舉的這些罪狀，都是項羽實際的罪狀，沒有虛構誇張，讓項羽啞口無言。由此可見，項羽政策失誤之多，頭腦之簡單。

劉邦正罵得痛快淋漓，冷不防，楚軍中的弓弩手發來一支暗箭，正中劉邦的胸膛。劉邦踉蹌退後，忍住疼痛，又猛地回到陣前，假裝彎腰撫摸腳說：「被暗箭射中了腳，還真痛啊！」

項羽倡議的陣前會面，就此不歡而散。

劉邦回營後，躺在床上養傷。張良勸劉邦出去勞軍，證明自己無事，安定軍心，同時也做給楚軍看。劉邦強咬牙，在漢軍營帳中巡視了一趟。楚漢兩軍長期對峙，劉邦沒有後顧之憂，項羽可是腹背受敵，加上楚國軍糧將盡，難以支撐戰爭。一年前是劉邦主動求和，項羽斷然拒絕；現在是項羽主動向劉邦求和了。

西元前二〇三年八月，項羽和劉邦訂立和約，平分天下：以滎陽東的鴻溝為界，東歸楚，西屬漢。史稱「鴻溝之盟」。

鴻溝之盟約定後，項羽很快依約引軍東歸。他頭腦簡單的弱點再次暴露了出來。一個盟約能否得到遵守，只有定約方自己心中明白。對劉邦這樣的對手，項羽理應多加防備。可他卻輕易地釋放了劉邦的父母、妻子和兒子，在劉邦大軍沒有撤退的情況下，主動撤出了陣地，踏上東歸之路。撤退路上，數十萬的楚軍連設置掩護都沒有，項羽太輕信劉邦的諾言了。

定約的第二天，劉邦就採納張良、陳平的建議，調集兵馬準備追擊項羽。他太了解項羽簡單的思維了，他也深知一旦項羽整頓好內部，那就是放虎歸山、後患無窮了。所以，劉邦安排韓信、彭越的部隊從北邊，叛楚附漢的九江王英布的部隊從南邊，配合劉邦本部兵馬從西邊，三面合圍項羽。

項羽猝不及防，被殺得大敗，前無進路、後有追兵，不得不向東南方向潰敗。當年十二月，劉邦、韓信、彭越、英布等各路漢軍約四十萬

人，與項羽的十萬楚軍，在垓下（今安徽靈璧東南）展開決定命運的大決戰。韓信的一招「十面埋伏」贏得一仗後，劉邦陣營又連施計謀。一天深夜，漢軍營中傳來陣陣楚歌，楚軍將士認為楚地都被漢軍占領，軍心渙散。許多人私自脫離隊伍逃走，當逃兵或投降漢軍。眼看眾叛親離、敗局已定，項羽對比往日的輝煌和眼前的淒涼，慷慨悲歌：「力拔山兮氣蓋世，時不利兮騅不逝。騅不逝兮可奈何，虞兮虞兮奈若何！」他最寵愛的虞姬，為了不拖累項羽突圍，自刎而死。當夜，項羽率八百多騎兵趁夜色向南突圍。五千漢軍騎兵在後緊追不放。項羽且戰且逃，渡過淮河後，身邊只剩百餘人。途中，項羽等人迷路了，向一個老農問路。老農認出了殺戮過重的項羽，故意把他們一百多人騙入沼澤，項羽因此被漢軍追上。在最後的肉搏中，項羽身邊從一百多人減少為二十八人，又再減少為二十六人，最後在烏江（今安徽和縣，一說安徽定遠）全軍覆沒，只剩傷痕累累的自己。當時有一個亭長駕船來請項羽返回江東東山再起，項羽遠眺江東，遙想當年自己叔姪倆率八千江東子弟起兵，如今全軍覆沒，感到無臉見江東父老，在江邊自刎而死。

著名詞人李清照曾讚嘆項羽的最後一幕：「生當做人傑，死亦為鬼雄。至今思項羽，不肯過江東。」後人對項羽為什麼「不肯過江東」存在意見分歧。有人認為項羽是無臉面回去；有人覺得是項羽對前途已經失望；也有人覺得那個亭長的邀請是諷刺、嘲笑項羽。不管怎麼說，只要項羽還是項羽，他就不會忍辱偷生，逃回江東。這是他的性格決定了命運。

自刎前，項羽殺死數以百計的漢軍追兵，血染戰袍。漢軍只敢遠遠包圍他，不敢靠近。項羽看到包圍自己的漢軍中，有老朋友呂馬童。他慘澹地對呂馬童說：「聽說劉邦用千兩黃金、萬戶侯爵的獎賞來徵求我的首級，我就做個人情給你吧！」項羽自殺後，屍體遭到搶奪，漢軍將領

為爭奪屍骸互相殘殺。後來，王翳砍下了項羽的首級，呂馬童、楊喜、呂勝、楊武四人各得四肢。劉邦分封五人為侯。

這裡多說幾句這個砍下項羽一隻手臂的呂馬童。他是項羽的吳中同鄉，原名呂伯子，出身卑微，但從小就夢想：「人生一世，不錦衣玉食，枉為人矣。」旁人都笑話他：「不意貧兒有此痴想。」項梁、項羽起兵的時候，呂伯子參軍相從，曾經在一次戰鬥中斬獲十二個敵兵。項羽很欣賞他，讓他做自己的馬童。所以呂伯子改名呂馬童。呂馬童一開始很感激項羽的知遇之恩，曾對人說自己的一切都是項將軍所賜。他像伺候母親一樣伺候項羽的坐騎。但呂馬童參加起義，是抱著很現實的功利目的的。見項羽不斷勝利，呂馬童很高興，認為自己加爵封侯很有希望。可秦亡後，項羽並沒有為呂馬童封侯（事實上，分封諸侯也輪不到一個馬伕），呂馬童就此怏怏不樂，加上項羽受陳平離間詭計後，楚軍人人自危，呂馬童就投奔劉邦，做了漢軍郎中。西漢建立後，呂馬童受封吳中侯，衣錦還鄉，著實非常風光。沒想到有一天，呂馬童午睡中突然驚醒，大喊：「我有罪，背主忘恩，豬狗不如！」說完，呂馬童氣噎而亡，時年三十五歲。

項羽死後，西楚各地紛紛投降劉邦，只有魯地遲遲不肯降。項羽曾經被楚懷王封為魯公，所以魯地堅持服從項羽。後來漢軍出示了項羽首級，魯地才投降。楚漢戰爭最終以劉邦的勝利結束。

項羽自刎前曾感嘆：「天亡我，非戰之罪也！」他的失敗的確不是戰爭的失敗，可也不是天命所為。項羽輸在自己的頭腦簡單和缺乏領袖特質上，輸給了一個機警多變、務實耍賴的對手。從具體策略上來說，項羽不應該在鴻門宴上放過劉邦，不應該每一次劉邦倉皇而逃的時候，都沒把劉邦斬盡殺絕，更不應該傻傻地遵守「鴻溝之盟」。

鴻溝之盟也許是中國歷史上最短命的盟約，在定約的第二天就遭到

定約方劉邦陣營的背叛。背叛盟約的劉邦收穫豐碩的成果，贏得了整個天下；而按照約定撤軍的項羽陣營卻遭到追殺圍堵，最後上演了霸王別姬、烏江自刎的悲劇。從結果上來看，鴻溝之盟是不平等的，沒有制約違背盟誓者的機制。好好的和約，最後成為偷襲戰的遮羞布。如今，「鴻溝」一詞代表分歧、距離和界限分明；當年，「鴻溝之盟」赤裸裸地詮釋了政治和道德之間的深深界線。

隱蔽的凶手：李煜與小周后的愛情悲劇

一

西元九五四年，金陵城中，南唐司徒周宗十九歲的長女周娥皇出嫁了，夫君是南唐中主李璟的第六子、十八歲的李煜。

周宗的次女周女英當時只有五歲，睜著清澈明亮的大眼睛，看著熱鬧的婚禮，準確地說，她一直目不轉睛地盯著姐夫李煜看。

十年後，已經是南唐皇后的周娥皇重病臥床，周家派周女英去探望姐姐的病情。周娥皇在瑤光殿養病，周女英就被安排住在瑤光殿的畫堂裡。周家派周女英來的原因很簡單，因為李煜的皇后周娥皇很喜愛這個小妹妹。時光流逝，當年混沌未開的小女孩，已出落成十五歲的婀娜少女。周女英身上有少女一切的優點：青春可愛，活潑開朗，純真善良，而且出落得亭亭玉立，就像一朵潔白的蓮花，被一陣風吹入了南唐宮廷，飄入了李煜因為皇后病重而被陰鬱籠罩的心裡。

一個悶熱的午後，在床上輾轉反側、難以午睡的李煜，身著便裝，來瑤光殿看望皇后。經過畫室，李煜決定先去看看小姨子。

　　在這個令人昏昏沉沉的午後，明媚的陽光鋪滿畫室，宮女們各安其位打著瞌睡，室內一片寂靜。周女英午睡未醒。李煜徑直走入畫堂，平靜地來到周女英的床前，悄悄掀起泛著亮光的竹簾，往裡觀看。一位小仙女沐浴著午間的陽光，枕著一塊雲彩，靜靜地躺在蓆子上，發出均勻的呼吸聲。李煜能夠聞到少女身上特有的芳香，香氣襲來，他感到渾身舒暢，彷彿整座畫室都在飄逸著這種微微的清香。周女英也在夢中，不知夢見了什麼，盈盈的笑容在她臉上綻放開來。李煜從這笑容中感受到了無限的愉悅。他想觸摸周女英那散發香味的繡衣，撫摸她那紅撲撲的臉蛋，但他最終還是收回了悄悄伸出的手。李煜端詳了周女英一會，靜悄悄地離開了，就像他靜悄悄地到來一樣。

　　下午，周女英收到皇上的一封詞籤。她略為驚訝地拆開，裡面是一首〈菩薩蠻〉：

蓬萊院閉天臺女，

畫堂晝寢無人語。

拋枕翠雲光，

繡衣聞異香。

潛來珠鎖動，

恨覺銀屏夢。

臉慢笑盈盈，

相看無限情。

　　越往後看，周女英的胸口起伏得越厲害。紅暈不可遏制地爬上了她的臉頰。這分明是一封情書！周女英彷彿能看到姐夫李煜在寫這首詞時興奮起伏的內心——正如她手捧這首詞的心境。她完全明白李煜的心意，尤其是那一句「相看無限情」。朦朦朧朧中，十年前種在小女孩心中的情愫開始展現它枝繁葉茂的一面。

送信的宮女看周女英把詞讀完，附耳告訴她：「皇上今天晚上在御苑紅羅小亭等著妳。」

短短的一句口信，讓周女英的這個下午過得漫長無比。

月亮終於爬上柳梢頭，這是一個飄著花香的夜晚，月光朦朧，萬籟俱寂。周女英在送信宮女的引導下，躡手躡腳地走出畫堂，匆匆向御苑走去。腳下的金縷鞋在石板上發出有規律的響聲，敲得周女英心驚肉跳，生怕它破壞了這次幽會。她索性脫下金縷鞋，提在手上，小腳盡量輕地踏著石板，奔向目的地。走近建在御苑花叢之中的紅羅小亭，周女英發現整個亭子罩以紅羅，裝飾著玳瑁象牙，雕鏤得極其華麗；亭內有一榻，榻上鋪著鴛綺鶴綾，錦簇珠光，生輝煥彩。美中不足的是，亭子面積狹小，只可容兩人休息。周女英看到金碧輝煌的榻上放著床上用品，頓時面紅耳赤，呆立著不知如何是好。

突然，一個男人悄然從紅羅裡面出來，從後面抱住周女英。周女英回頭一看，正是李煜！李煜正含情脈脈地看著她，周女英害羞地低下頭去，身體禁不住微微發抖……恩愛一晚，李煜寫下了〈菩薩蠻〉來追憶紅羅小亭的美妙時光：

花明月暗籠輕霧，

今宵好向郎邊去。

剗襪步香階，

手提金縷鞋。

畫堂南畔見，

一向偎人顫。

奴為出來難，

教郎恣意憐。

李煜傳神地道出了周女英既愛又羞且怕的心理。一句「奴為出來

難，教郎恣意憐」，對墜入情場之中的男女，具有百分之百的殺傷力。

　　當年，周娥皇病逝於瑤光殿。四年後，李煜正式迎娶周女英，立她為后。

二

　　在李煜正式迎娶周女英之前，北方的宋太祖趙匡胤曾經派人來提親，希望李煜能夠迎娶宋朝女子。當時的情勢是，崛起的北宋在對南唐的戰爭中節節勝利，南唐不得不臣服北宋。現在宋太祖欣賞李煜，希望唐宋和親，南唐大臣們都希望能促成此事，保境安民。李煜也深知此事重要，但身為風流天子的他，豈能捨棄愛情、背叛周女英，而和來自北方的女子同床共枕呢？所以，李煜拒絕了和親。說到底，在李煜心裡，江山社稷遠不如風流愛情重要。

　　李煜和周女英的愛情修成正果，舉行了盛大的婚禮。婚禮後的第二天，李煜大宴群臣。皇帝結婚，做大臣的肯定要寫文章賀喜，寫不出來，起碼也得說幾句祝福的話。可群臣對李煜的第二次娶后都心懷不滿：李煜拒絕北宋和親，是一錯；結婚前，李煜已經和周女英在宮廷中過了四年夫妻生活，還流傳出「手提金縷鞋」之類聞名遐邇的多情詩句，又是一錯。因此，群臣都不情願參加宴會。在宴會上，眾人不寫賀詞不行，只好說些怪腔怪調的話，與其說是恭賀，不如說是諷刺。李煜也不在意。

　　由於李煜娶了周家兩姐妹為后，歷史上稱周娥皇為大周后，周女英為小周后，以示區別。

　　婚後，李煜更和小周后一頭栽進鶯歌燕舞的後宮。「笙簫吹斷水雲

間，重按霓裳歌遍徹。」小周后能歌善舞，能像大周后那樣和李煜夫唱婦隨。同時，小周后在追求精緻生活方面，更勝大周后一籌。周女英偏愛青碧色，所穿衣裝均為青碧色，飄飄然有清新脫俗的氣質。後以此為時尚，都仿效小周后的青碧色衣裳。宮女們嫌民間所染的青碧色不純正，就自己動手染絹帛。據說有一個宮女染絹的時候，夜間曬在室外，忘記收回，絹暴露空中一夜，被露水所沾溼，第二天顏色分外鮮明，贏得普遍讚譽。後來妃嬪宮女都用此法染衣，稱為「天水碧」。周女英喜好焚香，常常垂簾焚香，坐在滿殿的氤氳芬芳中，外人望去，猶如煙霧縈繞裡，隱約端坐著一位仙女。古代宮廷是木結構的，帷帳紗簾之類的很多，晚上睡覺時，在殿中焚香有失火的危險。小周后就發明了「蒸香」：用鵝梨蒸沉香。此法不僅大大降低火災危險，還讓香氣夾雜著沁入心脾的清、甜味。陳香混著熱氣，瀰漫宮廷中，小周后為其取名為「帳中香」。

李煜在生活如此精緻的妻子的帶動下，也有些「小發明」。他將茶油花子製成各種形狀的花餅，令宮嬪淡妝素服，縷金於面，用花餅施於額上，取名「北苑妝」。北苑妝的特點就是樸素，李煜創立此妝後，嬪妃宮女紛紛改掉濃妝豔抹，用花餅打扮，穿起樸素的青碧裝，反而別具風韻。李煜還喜歡蒐集外國食材，利用中國菜的烹飪方法製作成新的菜餚。他一共研製了數十種新菜，都清新芳香。在此基礎上，李煜整頓了南唐宮廷御膳，把每道菜都取了名，載入食譜，取名「內香筵」。他把這個當成自己的「重要政績」，常常備盛筵，召宗室大臣入宮品嚐。

李煜與小周后就這樣，一個做花餅、做菜，一個染衣服蒸香，還很樂意與外人分享成果，生活得相當瀟灑。

三

李煜夫妻生活在現實之外，可世俗社會的殘酷不會放過他們。

李煜生活的五代十國戰亂頻繁，是個「王侯將相寧有種乎？兵強馬壯者為之爾」的年代。弱肉強食是這個年代的生存法則，李煜注定不適應生活在這樣的現實社會中。在北方，篡奪後周帝國的趙匡胤，建立了北宋王朝，以翦滅群雄、統一全國為目標。宋軍不斷侵略、蠶食南唐領土，對南唐形成策略壓迫之勢。南唐則積弱不振，在李煜即位時，即已奉宋正朔，向宋朝進貢，只能在江南苟安。李煜在宮廷逍遙的時候，趙匡胤正一個個消滅割據政權，漸漸把刀子架到了南唐身上。北宋開寶七年（九七四），趙匡胤屢次命令李煜北上，想在汴梁安排李煜做寓公，和平吞併南唐。李煜當然是推辭不去，但也不作任何應變措施。趙匡胤軟的不行來硬的，集結大軍南下總攻。第二年，金陵城破，李煜不得不肉袒出降，被押到汴梁做了違命侯。

「四十年來家國，三千里地山河。」境遇的改變，讓李煜從理想的天堂中，頓時墮入現實，開眼看到了宮牆外淪落的南唐江山，他終於看到了生活殘酷的一面。「最是倉皇辭廟日，教坊猶唱別離歌，垂淚對宮娥。」李煜畢竟是風流天子，即便在被俘北上的時候，還有歌伎舞女唱著離歌送別。面對往日的宮娥舞女，李煜唯有流淚。失去了才知道珍惜，為什麼身在福中的時候，不知道珍惜呢？

小周后和丈夫一起被俘，來到汴梁的違命侯府。小周后被封為鄭國夫人，夫妻倆開始了長吁短嘆的淒涼後半生。值得慶幸的是，兩人都還有相愛的人在身邊。

「往事已成空，還如一夢中。」往日的逍遙，成了美好的回憶。好在李煜夫妻生命無憂，生活得相當安逸。趙匡胤對投降的各割據政權君

主，還是很優待的。宋太宗趙匡義即位後，情況就不一樣了。趙匡義雖然加封李煜為隴西郡公，升了他一級封爵，卻在暗中監視他，對他下了殺心。

趙匡義要殺李煜，有兩大原因。

第一是風流天子李煜在亡國後，反而愛國憂民起來。李煜寫過一首〈相見歡〉：

> 無言獨上西樓，
> 月如鉤，
> 寂寞梧桐深院鎖清秋。
> 剪不斷，
> 理還亂，
> 是離愁，
> 別是一番滋味在心頭。

李煜一改文風，愁的不再是兒女情長，不再是風花雪月，而是國家和人民，是故國的江山社稷。如果他是皇帝，憂國憂民或者奮發圖強，都沒有問題；問題是李煜現在是寄人籬下的亡國之君了，他的憂國憂民來得太晚、太不是時候了。這也恰恰是李煜天真浪漫的一面，雖然身陷囹圄，還是沒看清楚現實，沒學會說話辦事。

南唐宮女慶奴，在金陵城破的時候隱身民間，後來做了宋軍將領的妾侍。慶奴不忘舊主，寫問候信給李煜。李煜本是多愁善感的人，見了慶奴的信，更加傷感，懷著滿心的哀怨，回了一封書信。信中有「此中日夕只以淚眼洗面」一句。這件事和這封信，都被暗中監視李煜的密探報告給了宋太宗。宋太宗看了「此中日夕只以淚眼洗面」這句，勃然大怒，認為李煜暗中聯繫舊人，心懷怨望。北宋王朝高官厚祿養著這些投

降的君主，李煜竟然還和往日的宮女通信，心懷對新政權不滿。這怎麼能不讓小肚雞腸的趙匡義憤怒呢？

第二，趙匡義看上了周女英，李煜成了他的情敵。宋朝慣例，朝廷命婦常常入宮，做「夫人外交」或和皇室聯絡感情。這是不成文的規定，小周后也常常入宮。趙匡義登基後，小周后一入宮就好幾天時間，回到家後大哭大鬧，打罵李煜。她罵得很難聽，說李煜無能、懦弱，聲聞於外。是什麼原因讓恩愛夫妻反目？周女英入宮那麼多天，又發生了什麼？汴梁城裡半公開的祕密是：趙匡義在周女英入宮時，多次強行玷汙了小周后。小周后自然百般反抗，無奈柔弱的她怎能敵得過趙匡義呢？宋朝有人畫畫記錄了汴梁宮廷中不堪入目的場景：四、五個宮女抓住周女英，托著她的身子，方便趙匡義行禽獸之舉。如花似玉的周女英慘遭摧殘後，回家把所有的委屈和憤怒都向丈夫發洩。面對橫遭凌辱的妻子，李煜只能長吁短嘆。他本性就是柔弱的人，掌權時也是如此，現在寄人籬下，更不知道該怎麼處理這個難題了。

趙匡義對小周后越來越喜歡，恨不能長相廝守，李煜也就越來越是趙匡義的眼中釘、肉中刺了。

太平興國三年（九七八），七夕，李煜四十二歲生日。李煜和小周后苦中作樂，在庭院中自備薄酒，慶祝生日。

月色朦朧，微風泛起，李煜夫妻相對而坐，感受著月夜的靜謐和蒼涼。酌了幾杯酒後，李煜又一次想起了江南往事，想起了以前的美景和歌舞。往年自己誕辰，群臣祝賀，宮中賜酒賜宴，酒筵是內香筵；歌舞聲起，宮女們魚貫而出，穿的是天水碧的服裝，梳的是北苑妝。而如今，院子裡只有他和小周后孤零零的兩人，此情此景，好似囚犯，只是監牢更大、枷鎖無形而已。故國消亡、物是人非，巨大的心理落差，讓李煜心力交瘁，愁緒滿懷。他寫下了一首〈虞美人〉：

春花秋月何時了，

往事知多少。

小樓昨夜又東風，

故國不堪回首月明中。

雕欄玉砌應猶在，只是朱顏改。

問君能有幾多愁，

恰似一江春水向東流。

寫完後，李煜興致很高，要小周后配曲唱出來。小周后本不願唱，挨不過李煜的再三要求，輕啟朱脣，將〈虞美人〉一字一字依譜循聲唱了起來。歌聲飄揚，讓他們倆的思維短暫回到了歌舞昇平的往日。

突然，趙匡義的聖旨到了。他派人送來了祝賀李煜生日的御酒。李煜沒有懷疑，謝恩喝下御酒。不多時，李煜的身體就失去了控制，尤其是腦袋或俯或仰，好似織布梭子牽機一般，無法停止。小周后抱著他，看著丈夫痛苦的樣子，無能為力，只能悲聲大哭。李煜的腦袋越搖擺越快，然後漸漸慢下來，殷紅的鮮血從耳鼻中湧出，最後躺在愛妻的懷裡無法動彈。原來，狠毒的趙匡義，在御酒中下了「牽機毒」。

作為掩飾，趙匡義下詔追贈李煜為太師，追封吳王，並廢朝三日。李煜被葬於洛陽邙山。宋朝將李煜的葬禮辦得很體面，一切按照形式進行，派人護喪，賜祭賜葬，禮節一點不差。可見，哀榮和李煜生前的現實存在多大的差距。

四

一代文豪和風流天子就這麼走了。後人沒有不為李煜的悲慘結局惋

惜的。李煜天資過人，又是帝王貴胄，原本可以有更好的結局，最起碼可以自然死亡。李煜的悲劇是他自己造成的，他才華橫溢，卻沒有用在權力鬥爭和列強爭霸上，而花費在花前月下和舞文弄墨上。李煜「生於深宮之中，長於婦人之手」，生性柔弱，就是個權力的門外漢，卻肩負著帶領南唐王朝在亂世求生存、求發展的重任，不失敗才怪。

身為南唐排名第六的皇子，李煜原本是個與皇位很近、卻又無緣的孩子。尷尬的地位，讓李煜必須小心謹慎，防範說不定來自哪個角落的明槍暗箭。李煜最大的威脅，來自於長兄、即太子李弘冀。李弘冀文武全才，又性格強硬，一心要振興南唐，毫不猶豫地剷除任何存在的、或潛在的障礙。即便是骨肉同胞，也在他的猜忌防範範圍之內。李弘冀的叔父、齊王李景遂和李弘冀政見不合，加上李璟曾立有「兄終弟及」的誓言，並一度將政務交由齊王處理，李弘冀於是派人將叔父毒死。李煜出眾的外表，自然也引起了李弘冀的「特別注意」。於是，李煜走上了一條瀟灑隱逸、不問世事的退隱之路。他自號鍾隱，又取名蓮峰居士，閒雲野鶴、醉臥花間，清醒時全副精力鑽研經籍文章。

李煜根本沒有準備要當國君，壓根沒受過執政需要的文武準備。他覺得此生當一個自由自在的風流公子，足矣。

命運便是這般多變，越是你不想要的東西，往往越要塞給你。

李煜的大哥、太子李弘冀在謀殺親叔叔、齊王李景遂後，被強大的心理壓力擊垮。骨肉相殘的道德譴責，讓李弘冀精神分裂，他常常看到死去的李景遂變成猙獰的惡鬼糾纏自己。最終，不堪精神壓力的李弘冀不治身亡，變成了宗廟牌位上的「文獻太子」。李煜的命運因此發生了重大的轉折。李璟的二兒子、三兒子、四兒子和五兒子此時都已死去，於是六子李煜成了他最大的兒子。李煜很快就被李璟立為太子。從此，李煜不得不告別無憂無慮的隱逸世界，回到現實中。西元九六一年六

月，南唐中主李璟去世，太子李煜即位，當了南唐國君。

周女英的政治能力也不高。身為大家閨秀的她，沒有接受過系統的政治訓練，只醉心於追求完美的愛情。優越的生活和對愛情的痴迷，讓周女英沒有大局意識，沒有勵精圖治、逆境奮鬥的準備，只滿足於小夫妻的兒女情長。

權力鬥爭的失敗，造成了李煜和周女英兩人命運的悲劇。權力是造成李煜和周女英悲劇的幕後黑手。

有一件小事可以說明李煜和小周后的政治幼稚程度。兩人都崇信佛教，他們下令在境內大興土木、建造寺廟。北宋為了消耗南唐國力，派披著袈裟的間諜來南唐宣講佛法，鼓動李煜夫婦大修佛寺，大興佛事，引導他倆在崇佛的道路上越走越遠。據說，宋軍兵臨金陵城下，李煜首先想到的，是請佛教「大師」來退敵。結果敵人沒被擊退，倒是空餘了許多江南寺院，在煙雨中自生自滅。

命運的戲劇性突變，深深影響了李煜的文學創作風格。他前期的作品以兒女情長、春花秋月為主，風格柔靡；亡國之後，「國家不幸詩家幸，話到滄桑句始工」，李煜作品題材和意境大為擴展，亡國之恨、人生深悟都入詩入詞。在後期作品中，身陷囹圄的李煜，靈魂脫離了苦難的軀殼，吟誦著淒涼悲壯的文字，一路飛奔回江南大地，以磅礴的氣勢巡視著往日的疆土。王國維在《人間詞話》所言：「詞至李後主而眼界始大，感慨遂深。」這讓李煜成了承前啟後的一代文豪。

小周后辦理完丈夫的喪事後，趙匡義屢次催促她入宮。小周后拒絕多次無效後，在當年年底自殺身亡，追隨丈夫去了。

亂判女屍案：一個案子，多種解讀

一

　　明代嘉靖年間，鼓樓一帶是北京城最繁華的商業區。鼓樓西側有一條街市，名叫西斜街。街中間的一條小胡同中住著以賣小吃「四冰果」為生的小販張柱。張柱老實憨厚，與老母親相依為命，因為家境貧寒，年近三十尚未娶親。

　　製作「四冰果」要求原料新鮮，張柱常常凌晨三、四更就得起床，趁著大地沾染露水之時，趕到後海採集鮮蓮蓬、鮮茨菰（慈姑）等植物。

　　一個夏日的凌晨，張柱背著筐，踩著四更天的露水，往後海趕去。天還沒亮，張柱只顧著趕路，突然被地上什麼東西絆了一跤，跌倒在地。張柱爬起來，仔細辨認，發現地上有個黑影，往前一看是個人。他以為是醉漢，就用手碰碰那人，這才發現那人身體已經冰涼，張柱心中暗叫不好。只見那人是個五十歲左右的女子，身穿粗布衣服，倒在血泊之中。張柱被她散發出來的血腥味逼得連連後退，剛想用手摀住鼻子，

突然發現自己的手上沾滿了鮮血。他大叫一聲、跳起來，慌忙中丟下筐子和採集植物用的鐮刀，拚命往家跑去。跌跌撞撞進了家門，母親問他出了什麼事，張柱嚇得渾身發抖，說不出話來，脫下沾滿鮮血的靴子，就上床躺著去了。

沒多久，張家響起了劈里啪啦的敲門聲，一聲緊似一聲。原來早晨出來巡邏的東廠差役，在胡同口發現了無名女屍，經人辨認，死者是住在胡同裡的張孫氏，死亡時間是凌晨時分。現場散落著寫有「四冰果」三字的筐子，和一把鋒利的鐮刀，還有一串血腳印延伸到張柱家中。於是，張柱有重大殺人嫌疑。東廠差役蜂擁而來，又在張家搜出了沾滿鮮血的靴子和驚魂未定的張柱，當場就拿出鐵鍊將張柱抓回東廠審問。在東廠，張柱將事情的來龍去脈都說了，一再申辯自己只是發現女屍，不是凶手。差役們聽他說得合情合理，看他的模樣也不像是殺人越貨的歹徒，就把案子上報給當值的理刑百戶李青。李青查問了案情，認定張柱就是凶手，吩咐上重刑嚴刑逼供。東廠可是一個可怕的地方，凡是人們能想到的刑具和逼供方法都有，人們想不到的變態刑罰也有。但張柱忠厚老實，一就是一、二就是二，拷問許久還是那麼幾句話。老虎凳也坐了，辣椒水也灌了，十個手指也被夾爛了，張柱就是不承認殺人。最後李青受不了了，感到棘手，乾脆在沒有張柱招供畫押的情況下，把張柱殺張孫氏的情況寫了一個案卷，連同人犯發給刑部，讓刑部依法處理。

這裡要介紹一下東廠和刑部的關係。東廠和刑部其實沒有業務關係，前者是直屬皇帝的監察機構，後者是司法審訊機構；也沒有上下級關係，前者屬於內廷，由太監負責，後者是傳統的六部之一。可在明代，東廠勢力如日中天，不僅包辦偵查、審訊、行刑、監察百官、掌握部分武裝力量，還對六部百官頤指氣使。東廠的百戶李青，就把一個想當然的案子發給刑部，要刑部趕緊辦理。刑部不敢怠慢，結下案子，交

給刑部郎中魏應召負責。

　　而在西斜街胡同的張家，張柱的母親早哭得昏天黑地了。她不相信兒子會殺人，可現有證據都對張柱不利，張柱也沒有告訴她什麼情況。眼看兒子身陷牢籠，老人家卻也無能為力，只能乾著急。正在老人家痛苦的時候，一個身穿孝衣的女子衝進屋來，撲通一聲，就跪在張柱母親面前，哭了起來，說是自己害了張柱。

　　來者正是遇害者張孫氏的女兒張秀萍。張秀萍說自己有個哥哥叫張福，好吃懶做，還沾染了賭博的惡習，賭輸了就回家逼母親張孫氏給錢，母子倆不知道吵了多少回架了。昨天晚上，張秀萍熬夜織布，又聽到母親和哥哥發生激烈爭吵，後來聲音止住了，她也就沒放在心上。今天凌晨，張秀萍發現母親不見了，家中祖傳的碧玉珮也不見了。正在她焦急的時候，張福慌慌張張地回來了，脫下一身血衣，就上床睡覺，也不搭理妹妹張秀萍的問話。後來，張秀萍聽到母親遇害的噩耗，連結案情和哥哥的表現，覺得哥哥就是殺害母親的凶手。她剛開始還不願指認哥哥，後來聽說胡同裡老實的張柱蒙受不白之冤，就先跑到張家來謝罪了。

　　張柱母親連忙扶起張秀萍，說服她到刑部救人。到了刑部，張秀萍大義滅親，指證哥哥張福是殺害母親張孫氏的重大嫌疑人。

　　卻說刑部郎中魏應召接手張柱案子後，憑著職業敏感度，立刻就發現東廠轉來的卷宗漏洞百出、疑點重重。先不說卷宗沒有被告張柱的供詞和認罪，單在情理上就說不過去：第一，作為殺人凶器的鐮刀光亮如新，沒有任何血跡；第二，死者張孫氏胸部身中三刀，血流如注，張柱穿的衣服卻沒有大片血漬，而且他靴子上的血跡，是略已凝固的血塊，不是新鮮的血液。這符合張柱發現屍體後沾染到血跡的說法；第三，最大的邏輯漏洞是，張柱殺了人以後，為什麼還留下血腳印，一直連到家

中，還把寫著「四冰果」的筐子留在現場，好像生怕別人不知道他是凶手似的？現在聽了張秀萍的陳述後，魏應召為了慎重起見，決定微服去西斜街查訪情況，再作決斷。

西斜街一帶的街坊，無人不說張柱忠厚老實，誰也不相信他會殺人；而張福劣跡昭著，且當日表現十分可疑。魏應召從一個後海的採藕人那得知，凶案發生當天凌晨，曾看到張福慌慌張張地把一件東西投入後海之中。魏應召派人假扮成種藕人，潛入後海中，果然在湖底找到了一柄牛角尖刀。刀上帶有血跡，極可能是殺人凶器。

盤查各個當鋪的刑部差役，也有重大收穫。他們在德勝門內「亨盛當鋪」發現了碧玉珮的典當單存根。典當單的日期是張孫氏被殺後的第三天，當主是一個賭棍。這名賭棍一被抓進刑部衙門，就全盤招供，說碧玉珮是張福以五百兩銀子的價格賣給他的。

魏應召決定捉拿張福，又在張家搜出了血衣。審訊開始時，張福還裝作無辜的樣子，拒絕承認殺害母親。可是面對妹妹張秀萍、看到他拋凶器的採藕人、買他碧玉珮的賭徒……這些人證，又看到碧玉珮、牛角尖刀和血衣等物證，張福不得不供認殺害母親的事實。原來當天晚上，張福又輸了個精光，回家逼母親把祖傳的碧玉珮拿出來供自己翻本。母親張孫氏不肯，張福就搶了碧玉珮，奪門而逃。張孫氏跟著跑出門來，張福急火攻心，竟然拿出牛角尖刀對著母親捅了三刀。等發現母親已經氣絕身亡後，張福慌忙逃離現場，把牛角尖刀扔入後海，回到家中。兩天後，張福發現張柱當了替罪羔羊，就出來把碧玉珮換了錢，繼續沉迷於賭場。

在古代，「殺父弒母」是「大逆」之罪，張福自知罪孽深重、天地不容，對犯罪事實供認不諱，追悔莫及，只求速死。胡同女屍案至此真相大白，案情明白無誤。

就在魏應召對張福的禽獸行為痛恨之時，一旁的老書吏悄悄遞過來一張紙條，上面寫著：「張福是東廠李青的『打樁』，切切慎重！」

二

本案真正的精彩內容才剛剛開始！

前面的案情介紹只是一個情節鋪墊，或者說是可有可無的事實而已。

魏應召得到了判決案件所需的所有東西：人證、物證、罪犯的認罪畫押。但他就是不敢判決。

老書吏精於世故，提醒魏應召，張福是東廠的「打樁」。所謂「打樁」，類似現在所說的「線人」、「臥底」等。東廠定期向他們支付薪水。上面我們已經說過，明代的東廠組織膨脹，勢力猖獗。東廠工作人員各自發展了若干耳目、爪牙，刺探情報，必要的時候也充當打手。這些人半明半暗地在市面上行事，禍害百姓，被百姓稱為「二狗子」。張福就是其中的一個「二狗子」，而且恰好是跟著李青的「二狗子」。打狗也要看主人啊！魏應召很清楚，殺不殺張福不是他一個人能決定的事情，還要看東廠的臉色行事。

這個案子更複雜的情況是，胡同女屍案在東廠「已經審理」過了，主審的百戶李青已經對案子有了結論：張柱殺死了張孫氏。東廠把案子轉給刑部的本意，其實就是要刑部照抄他們的審理結果，盡快結案，讓東廠、李青增加一樁政績 —— 東廠經常要求刑部這麼做。魏應召的重審其實就是走走形式而已，誰想到竟然審出一個與東廠截然相反的結果。如果魏應召要按照實情改正，就等於明白無誤地告訴世人：東廠審錯案

子了！東廠刑問逼供，草菅人命！到時候，東廠的顏面何存？李青的顏面何存？更何況真凶張福還是李青的「打樁」，李青會答應案子改判，處決自己的爪牙嗎？

怎麼判？魏應召思考再三，決定還是實事求是，根據案情，把東廠的結果改正過來，申請判決張福斬立決。

畢竟法官不能睜著眼睛說瞎話，畢竟在偵查和審訊過程中，案情已經傳播出去，魏應召不得不顧及民間議論。

當然魏應召也不是初入官場的楞頭青，他混跡官場多年，大小也是個五品官，知道改判一事要做許多「小動作」。魏應召謙恭地主動拜訪東廠，把胡同女屍案的詳細偵查、審理過程，向李青和相關人等通報了一遍。在通報的過程中，魏應召上自李青、下至普通差役，都塞了厚厚的紅包。最後，魏應召懇求東廠各位允許他改判胡同女屍案。普通差役們拿了魏應召的好處，都沒有反對。李青掂量了一下紅包，臉上慢慢浮起了笑容，說辛苦刑部各位大人了，那就按照魏大人的意思改正吧！魏應召緊張的心這才安穩下來，再三表示感謝。這一次拜訪，賓主盡歡而散。

魏應召覺得改判的事情就這麼完成了，把奏摺往宮裡一遞，就等著最終判決下來，將張福開刀問斬。

不料第二天，宮中傳來聖旨，專就胡同女屍案痛斥刑部罔顧實情，痛責郎中魏應召草菅人命，罪不容誅。聖旨命令將魏應召逮捕入獄，等待發落。胡同女屍案也不讓刑部再管了，移往都察院，令右都御史熊浹覆審。

這一悶棍不僅打得魏應召癱倒在地，也把刑部上上下下打得丈二金剛，摸不著頭腦。難道案子審理出現了什麼錯誤，還是案卷沒有把證據和供狀陳述清楚？都不可能啊！就算魏應召處理此案失誤，也不至於受

到如此重罰啊！

　　真正的原因，還是魏應召把東廠的李青想得太簡單了。魏應召去陳述要改判李青的決定時，李青就懷恨在心。他覺得自己怎麼也是東廠高官，自己審理的案子，竟然輕易就被刑部郎中大庭廣眾之下否決了，不僅沒面子，而且權威受到挑戰。尤其是李青知道魏應召要判決爪牙張福死刑的時候，更是恨得牙癢癢。他笑咪咪地把魏應召打發走後，就馬上寫了一封密奏，趕在刑部的案卷之前，送入了宮中。在密奏中，李青誣陷張柱與張秀萍通姦，姦情被張孫氏發現後，張柱殺害了張孫氏；刑部郎中魏應召收受張柱賄賂，要栽贓張孫氏之子張福。

　　在位的嘉靖皇帝痴迷於煉丹求仙，對朝廷政務不甚關心，但對東廠、西廠和錦衣衛的密奏卻很上心。他雖然昏庸懶惰，卻也知道依靠特務系統鞏固統治的「王道之術」。李青的密奏如願被嘉靖皇帝先看到了。嘉靖皇帝見密奏寫得斬釘截鐵、大義凜然，腦中重東廠輕朝臣的固定思維，讓他相信了李青的鬼話。於是，嘉靖皇帝決定讓都察院重審此案。

　　都察院負責此案的熊浹是官居二品的都御史，級別比魏應召高多了，看問題也比魏應召高得多、遠得很。他瀏覽了所有案卷，就發現此案的癥結不在具體案情和證據，而在於東廠和朝臣們之間的權限、顏面之爭。舉凡到了需要正二品的都御史親自審問的案子，都不是具體的細節問題，而是牽涉政治問題或權力鬥爭了。

　　在胡同女屍案上，熊浹站到了刑部的立場上。他隔天就回覆給嘉靖皇帝，先是詳細陳述了此案的疑點，指出東廠審理的漏洞，肯定了刑部的審判。接著，熊浹專門提到朝廷司法大權的歸屬問題，指出東廠等特務機構已經侵犯了司法大權，出現許多違法行為。熊浹認為朝廷司法大權應該專屬三法司（刑部、都察院、大理寺），不應讓其他機構染指。

整個回覆，有事實、有分析、有議論，高屋建瓴。

嘉靖皇帝看到熊浹的回覆，讀了前半部分後，基本上認同熊浹的觀點，也認為刑部的審理是正確的，是東廠搞錯了。讀到後半部分時，嘉靖皇帝皺起了眉頭。東廠由太監控制，直接聽命於皇帝，是嘉靖的耳目手腳。指責東廠干涉司法，有不法行徑，不就是指責嘉靖皇帝干涉司法，行為不當嗎？嘉靖皇帝本來就是靠東廠來制約朝臣的，現在朝臣熊浹要求限制東廠，讓朝臣專掌司法，觸動了嘉靖皇帝的敏感神經。他絕不允許司法大權落入朝臣手中，脫離自己的控制。

於是，嘉靖皇帝不顧事實，下令將刑部郎中革職查問，解除熊浹都御史之職。胡同女屍案進行第四次審訊，由刑部給事中陸粲、劉希簡兩人重新審理，命其盡快審清回報。如此反覆，嘉靖皇帝的意思很清楚了，就是要按照東廠的結論結案，唯有這樣，嘉靖皇帝覺得才能震懾朝臣，維護皇權。可偏偏給事中陸粲、劉希簡兩人毫不畏懼地再次站在朝臣那邊，很快給出了和熊浹一樣的回覆，將魏應召找到的證據一件件、一樁樁詳細說明，案情來龍去脈一目瞭然。

嘉靖皇帝勃然大怒。小小的胡同女屍案的結論已經和事實無關了，而與皇帝的權威有關。嘉靖皇帝第三次專門就此案下旨，將刑部給事中陸粲、劉希簡兩人革職，投入監獄，將胡同女屍案發回進行第五次審訊。聖旨命令刑部督審，要由侍郎許贊親自主持。

皇上為了北京胡同裡的一樁普通殺人案，十天之內連降三道專旨，撤換了一名二品、兩名四品和一名五品官員，不厭其煩地要求重審，真是怪事。嘉靖皇帝可是出奇懶惰的皇帝啊！可以連續幾十年不上朝，怎麼現在親自過問一樁小小的謀殺案呢？疑問在北京城不脛而走，人們很快都知道了其中緣由。大家關心的是，這樁案子現在該如何收場了。

刑部侍郎許贊是一名三朝元老了，早在明孝宗弘治九年就中了進

士，擔任過河北大名推官、陝西道監察御史。他的仕途並不順利，其父遭到前朝大太監劉瑾的迫害，許贊受牽連降任浙江臨海知縣，現在年紀一大把了，才當上刑部侍郎。許贊詩文寫得不錯，算是文人，別的文人遭受現實的坎坷，往往憤世嫉俗，不是和現實抗爭，就是躲避現實。許贊則選擇了與現實妥協。他特別珍惜來之不易的刑部侍郎職位，魏應召倒下了，熊浹接著倒下了，陸粲、劉希簡兩人也倒下了，許贊不想倒下。

許贊看了案卷，組織二十多人的專案組，然後煞有介事地作了十多天的「調查研究」。拖到入秋時分，許贊正式宣布重審胡同女屍案。開庭當天，張柱的母親來了，被革職官員的家眷也來了，關心此案的朝廷官員、士人商賈和普通百姓都來了。

許贊與其說是在審案，倒不如說是直接審判。他命令將張柱等人提上庭來，當庭宣布張柱殺害張孫氏，判處斬立決；被害人張孫氏之子張福無辜入獄，賞銀五兩，當堂釋放；被害人之女張秀萍，與凶犯張柱通姦，又誣陷其兄，杖責一百棍，趕出京師；原刑部郎中魏應召受賄枉法，草菅人命，即刻發往雲南充軍。

整個案子不到半個時辰就「審理」結束了。輿論譁然。

三

胡同女屍案就此結案。我們來看看相關人等的最後命運。

張柱當天就被拉到法場斬首了，從此鼓樓一帶沒有「四冰果」賣了。據說嘉靖皇帝拿到「凶手張柱已經伏法」的回報後，說了一句：「可惜了，二十幾歲的年紀啊！」嘉靖皇帝最清楚案子真相和其中波折。

張柱的母親悲憤不已，跳入護城河自盡了。西斜街的胡同裡又少了一位「張大媽」。

真凶張福原本一心求死，如今拿著許贊給他的五兩「國家賠償金」，消失在北京城的人流中，不知所蹤了。

張秀萍受了杖責後，也悲憤不已，當天在家中懸梁自盡了。

魏應召收拾行裝，和家眷一起去雲南充軍。出城當天，昔日同僚和許多不相識的朝廷官員都來相送，場面甚為壯觀。

李青、熊浹、陸粲、劉希簡等人的命運不詳。倒是許贊，在作出「正確的政治判決」、站對了隊伍之後，官運亨通。很快，嘉靖皇帝就提拔許贊擔任吏部尚書。嘉靖二十二年（一五四三），許贊再上一層樓，進入內閣與嚴嵩等人一同參與機務。當了內閣大學士後，許贊「政事盡決於嵩」，沒有什麼作為，再三請求退休。退休後，許贊回到河南老家，即現在鄭州北郊的黃河岸邊，他在此地修築了規模巨大的「許家花園」。後人據此將該段地區取名為「花園口」 —— 民國時期黃河大決口，就發生在此處。

安德海之死：殺個太監也不容易

一

同治八年（一八六九）七月初，兩艘太平船沿京杭大運河揚帆南下。

兩面大旗在船舷兩側獵獵作響，一面寫著「奉旨欽差」，另一面是「採辦龍袍」。此外，船上還有迎風招展的使者旗幟、龍鳳彩旗多面，還不時傳來絲竹音樂之聲。一路上，船隊經北京、天津，取道河北入山東，緩緩而行，準備去江南。船隻逢州遇縣必停，驚擾地方官吏，要錢要物。沿途一些趨炎附勢的地方官，爭先恐後前去逢迎巴結。到底是哪位欽差大人如此「高調」地出行呢？原來是慈禧太后最寵信的總管太監 —— 安德海。

安德海是河北河間人，年輕時自宮後，入宮當了太監。民間傳說慈禧太后能得到咸豐的寵幸，是靠安德海幫的忙；又傳說辛酉政變初期，慈禧和恭親王奕訢都不確定對方的心思，安德海就充當探路石的角色。慈禧假裝痛責安德海，把他趕出承德行宮。安德海趁機逃往北京聯絡奕

訴，探聽風聲，之後往來北京和承德之間，為政變成功立下了汗馬功勞。這些傳說亦真亦假，只是慈禧發達以後，很器重安德海，似乎這些傳聞確有其事了。慈禧的生活起居全部由安德海照料，不管遇到什麼事情，都會詢問安德海的意見。安德海「以柔媚得太后歡」，使慈禧太后逐漸有點離不開他了。

民間傳說安德海是一個淨身不乾淨的「假太監」，和慈禧有曖昧關係，所以得到寵信。這個傳說流傳甚廣，因為沒有根據，不予採信。

安德海有了慈禧的寵信後，開始自大起來，不僅貪汙腐化，還交接朝臣。慈禧多少也知道安德海的劣跡，但也不真正遏制，反而把一些自己不方便出面的事情，都交給安德海去做。安德海行事更加囂張了。清朝對太監限制很嚴格，嚴禁太監干政，還規定太監只能待在宮中，私自出宮者殺無赦。自我感覺良好的安總管哪受得了這個，他早就厭煩了宮中清規戒律，就藉口要替同治皇帝採辦龍袍和大婚器物，請得慈禧同意後，直奔江南而來了。

別看安德海只是個四品的太監總管，出北京城後，沿途州縣官員都捧著他、哄著他，讓他很有傲視群雄的感覺。七月二十日，船隊到達山東北部的德州。安德海說第二天是他生日，要在船上慶壽。隨從們趕緊忙起來，置辦酒宴、請戲團隊，把碼頭弄得烏煙瘴氣。二十一日，安德海把從宮中帶出來的龍袍和翡翠朝珠擺在一把太師椅上，自己並排坐在另一把太師椅上，整個慶壽活動正式開始。徒子徒孫們為他磕頭拜壽，戲團隊在船上演「八音聯歡」，引來運河兩岸聚滿了密密麻麻看熱鬧的百姓。

安德海弄出的大動靜，很快就傳到德州知州趙新的耳朵裡。趙新很詫異：「我從來沒有接到內閣或軍機處的公文，不知道有欽差大臣過境啊！」

　　事關重大，趙新不敢怠慢，親自帶上衙役，前往運河碼頭察看。但他來晚了一步，趕到時，安德海已經辦完壽筵，繼續南下了。趙新連忙把事情的來龍去脈上表呈文給山東巡撫丁寶楨。

　　丁寶楨接到趙新稟報後，立即召集幕僚商議。丁巡撫科舉正途出身，清正剛直，早就對狐假虎威、胡作非為的安德海不滿了。傳統士大夫原本就不齒於宦官太監，對跋扈的太監更是深惡痛絕。如今安德海來了，丁寶楨和幕僚們很快就商定了「嚴肅處理」的意見。丁寶楨一面寫了道密摺，以六百里速度送往北京；一面派東昌府（今聊城）知府程繩武尾隨安德海的船隊，命令他一遇到安德海有僭越或不法行徑，立即捉拿嚴辦。

　　程繩武過去一看，這還需要看嗎？安德海僭越和違法的罪狀都清清楚楚地擺在那裡呢！嚴格依法辦事的話，早就該抓了。可程繩武不敢捉拿安德海，打狗要看主人啊！安德海之所以如此囂張，是因為他後臺硬得很，有恃無恐啊！

　　丁寶楨見程繩武沒有動靜，加派總兵王正起帶上軍隊追趕，務必將安德海緝拿。王正起追到泰安縣，終於將安德海一行攔截逮捕。

　　卻說王正起抓安德海的時候，是在一個夜裡，兵丁衙役們把安德海一夥人下榻的客棧團團包圍起來，泰安知縣和守備親自衝進客棧抓人，很快就逮住安德海的隨從們了，但獨獨不見安德海。安德海不見了，事情就不好辦了啊！如果他跑回京城去，反咬一口，山東的這一干人等可就慘了。總兵、知縣、守備慌忙命令手下仔細搜查客棧周邊地區。最後終於在後院的水井中發現了安德海。原來，安德海警覺性很高，他聽到動靜後，馬上抓起金銀珠寶，跳進後院的水井，藏了起來。人贓俱獲後，眾人不敢懈怠，把安德海等人連夜押送濟南，天明時分抵達濟南，把人犯關進歷城監獄。

丁寶楨親自來會安德海。安德海起初還很囂張，見到丁寶楨還趾高氣揚，不肯下跪。丁寶楨一示意，就有一個軍官過來狠狠地壓住安德海的頭，把他給壓跪在地。

安德海質問：「丁寶楨，你認不認得我？」

丁寶楨說：「當然認得，抓的就是你，安總管。」

安德海反問：「憑什麼抓我？」

丁寶楨說：「就憑你『私自出宮』一條，我不僅要抓你，而且還要殺你呢！」

安德海辯解：「我可是奉旨出宮，為皇上採辦龍袍。」

丁寶楨說：「聖旨在哪裡？你說你是奉旨欽差就真的是欽差啊？」

安德海咬咬牙，狠狠地說：「丁寶楨，你殺不了我。你等著。」

丁寶楨肯定地說：「安德海，你這回是死定了。不僅是我要殺你，還有許多人早就想殺你了；單憑我一個人的確殺不了你，但其他人會幫我殺掉你的。」

二

丁寶楨為什麼這麼說？他說的「其他人」又是誰呢？

首先是恭親王、首席軍機大臣奕訢，就對安德海恨之入骨，早就想除掉他了。

宮廷政治布局錯綜複雜。安德海以為抱住慈禧太后的大腿就可以了，不想他的飛揚跋扈和無所顧忌，早就得罪了其他政要。安德海仗著慈禧的寵信，貪得無厭，多次向朝臣們索要金銀錢財、幫人買官求官。

奕訢一概不買安德海的帳，有回還搬出祖宗禁止宦官干政的規矩，對安德海有所訓斥。安德海就對奕訢充滿怨恨，在慈禧面前進讒言，暗中給奕訢難堪。一次，奕訢請見慈禧，看到太后正與安德海閒聊。安德海談天論地，神態輕浮，甚為隨便；慈禧也與之親暱忘形，竟然沒有接見恭親王。奕訢非常惱怒，退下來後，就對他的親信說：「非殺安，不足以對祖宗、振朝綱也。」同治四年，慈禧廢黜了奕訢的「議政王」資格，使奕訢在朝野面前大大出了醜。據說這次巨大矛盾的產生，和安德海從中搗鬼有很大關係。

所以奕訢早就想除掉安德海了，只是忌諱慈禧對安德海的庇護，也苦於沒有機會。

當然了，奕訢沒有殺死太監總管的權力，所以即使有機會，也需要請來聖旨才行。辛酉政變後，政令須由兩宮太后認可，再透過小皇帝同治的玉璽蓋章，方可生效。所以，奕訢要殺安德海除了要找到確鑿的證據，還需要太后與小皇帝的協助。

也怪安德海的人緣實在太差。同治小皇帝是第二個對安德海恨之入骨、必欲除之而後快的人。慈禧太后對同治皇帝的要求很嚴格，安德海狐假虎威，對同治的要求也很嚴格。安德海常跑到慈禧面前說同治的壞話，惹得同治被慈禧責罵多次。同治恨死安德海了，曾做了個泥人，然後一刀砍下它的腦袋。旁人就問：「皇上這是何意呀？」同治毫不掩飾地說：「殺小安子！」

安德海出京採辦之前，依制度，要請示同治皇帝。慈禧太后替安德海在同治面前打了聲招呼，同治口頭應允，既沒有正式同意，更沒有給安德海詔書或者證物。同治一和慈禧分開，就把這個消息告訴了慈安太后。

為什麼告訴慈安呢？因為慈安是第三個想剷除安德海的人 —— 您看

看，安德海的仇人都是什麼人啊？怎麼可能會倖免呢？

我們知道慈安是個好脾氣的太后，就連她也對安德海的行徑看不下去，可見安德海得罪了多少人。安德海仗勢慈禧的寵信，竟然也不把慈安太后放在眼裡。慈安太后看他行為跋扈，不守朝廷規制，極為不滿。安德海離京後，慈安、奕訢和同治就開始想辦法，怎麼繞開慈禧，把安德海正大光明地正法。剛好安德海離京前後，慈禧生病，休養期間不處理政務了。慈安趁機建議讓同治皇帝學習處理政事，慈禧也同意了。於是，地方的奏章和每天的廷議，都送給同治皇帝，由慈安和奕訢協助著處理。這下子，「殺安三人組」可以繞開慈禧，直接處理安德海了。

奕訢從安德海必經的各省督撫中，挑中了清正剛直的山東巡撫丁寶楨，把他召進了京城，特地提到安德海的事情，暗示一旦安德海行為不法，可以就地拿辦。

所以，當安德海被緝拿後，丁寶楨才會那麼肯定安德海這回必死無疑。

丁寶楨的奏章送抵朝廷，朝廷很快發回意見：「該太監擅自外出，不用審訊，就地正法。」

朝廷處理奏章，其中有什麼波折呢？民間有兩種說法。第一種說法是，慈禧還在生病（也有人說慈禧正在看戲），並不知道安德海被緝拿的消息。恭親王奕訢察報同治皇帝和慈安太后，三人召見軍機大臣，很快討論出就地正法的意見 —— 正如「殺安三人組」之前設想的一樣。

第二種說法是，丁寶楨奏章到達時被慈禧看到了。慈禧大吃一驚，可安德海罪狀確鑿，慈禧一時不知道怎麼搭救，只好與慈安、同治一起召見奕訢等大臣商量辦法。結果，同治說自己沒有派遣太監出去採辦龍袍，慈安接著說祖制嚴禁太監私自出京，奕訢就要求按照規定將安德海殺無赦。大臣們也紛紛贊同。慈禧被孤立了，不得不同意處決安德海。

　　如果說慈禧對處決安德海的命令一無所知，肯定是不符合情理的。她執掌朝政多年，不可能錯過朝堂上的任何政治訊息。最大的可能是，慈禧知道安德海遇險，雖然有心搭救，卻無力回天。首先，安德海「私自出京」這條最要命的罪行，單憑慈禧一個人，無法為他洗刷。當初慈禧疏於防備，沒有給安德海正式的任命，沒有經過朝廷手續，更沒有得到同治皇帝的詔書。現在同治、慈安都否認曾派安德海出去採辦龍袍，慈禧不可能在朝堂之上批駁慈安和同治的說法。第二，安德海其他罪行累累，沿途僭越之舉、擾民之事、中飽私囊和囂張氣焰，人所共知，難以否認。丁寶楨還從安德海的兩艘船上，搜出黃金一千一百五十兩、元寶十七個、極大明珠五顆、珍珠鼻煙壺一個、碧霞犀數十塊、駿馬三十餘匹和其他珍寶玩物。這些罪證如何銷毀？最後，也是安德海的人緣實在太差，除了慈禧會救他外，其他人都說安德海該死。你說慈禧該怎麼辦？安德海的人緣哪怕好那麼一點點，出京前就會有人提醒他注意太監私自出京的規矩。總之，慈禧是中了奕訢等人的埋伏，無力回天了。

　　表面上看，這是奕訢、慈安、同治三人設計整死安德海，實質上是三人在發洩對慈禧的不滿。慈禧大權獨攬，讓三人都不舒服。安德海只是慈禧強勢的一個衍生物而已。安德海的死，是三人對慈禧的一個打擊。

　　也有人分析說，慈禧清楚奕訢、慈安、同治三個人聯合起來對付自己。她不想弄僵和三位親人的關係，加上如果任由安德海胡鬧下去，也不知道會造成什麼大麻煩來，所以她決定「棄車保帥」，計劃用安德海的死來緩和與三人的關係。安德海疏於防範，自請出京的時候，慈禧就沒有阻止。慈禧一開始就知道安德海只要出京就會被殺。據說，丁寶楨的奏章到的時候，慈禧故意繼續裝病休息，或者裝作沉迷看戲，實際上在為奕訢三人處決安德海創造機會。事後，慈禧多次公開強調，安德海

私自出京，違制被殺，罪有應得，命令太監們引以為戒。所以，在安德海之死這件事情上，奕訢三人是勝利者，裝糊塗的慈禧也是勝利者。只有自大到忘記自己是誰的安德海，才是徹徹底底的失敗者，丟了腦袋。

實際上，山東的丁寶楨為防夜長夢多，沒等接到朝廷諭旨，就先把安德海斬首了。隨從的太監也一併處決，其他人分別處以刑罰。丁寶楨並沒有因此受到慈禧太后的刁難，反而被認為是能臣幹才，升任四川總督去了。

三

殺一個太監竟然這麼難？這也是中國歷史的一大特色了。太監的真實能力和地位微不足道，但是因為他的特殊身分，讓他在政治場上，代表的不是他自己，而是各自身後的主子。為什麼一、二品的朝廷大員對最高不超過四品的太監言聽計從？為什麼勇冠三軍的大將們，在監軍的太監面前俯首帖耳？就是因為太監代表著最高的皇權。

安德海的死，除了他飛揚跋扈太過頭之外，主要是因為他牽涉到了宮廷派系的政治鬥爭。安德海不幸遭到了各方的一致拋棄。也許，只有這樣的太監，地方官員 —— 大膽如丁寶楨者 —— 才敢「嚴格執法辦事」，才能夠執行成功。

第五篇　憲政在中國

　　在近代，平穩行駛了幾千年的中華帝國這條大船，突然和風風火火闖進東方世界的西方文明迎頭相撞，船體自然毀損嚴重、傷痕累累。於是，向西方學習，成為多數志士仁人的一致看法。可學習了西方的語言，引進了西方的機器，建造了西方的樓房，甚至追捧起西方「更圓更亮」的月亮之後，近代中國社會依然沒有起色。這是因為：近代中國不存在容納、消化西方各項制度的社會基礎。

宋教仁遇刺：民國初年議會夢的夭折

一

民國二年（一九一三）三月二十日，晚上十點左右，上海滬寧火車站。

沿津浦路北上北京的列車即將開車。一身西裝、身材消瘦的國民黨領袖宋教仁，在黃興、于右任、廖仲愷等人的陪同下，走出候車室，前往剪票口，準備進站上車。

深夜趕來為宋教仁送行的人很多。因為在年初的全國大選中，國民黨獲得了國會多數席位，宋教仁到處鼓吹建立議會內閣政體，實行政黨政治，他的言論在當時引起了極大回響。現在國會開幕在即，國民黨當選議員紛紛北上赴任。總統袁世凱更是電催宋教仁北上共商國是。很多人認為宋此行極可能入閣拜相。宋教仁平素民主作風濃厚，加上如今尚是一介平民，因此身邊並無警衛人員護駕。當毫無阻攔的送行者紛紛湧向剪票口，與宋告別時，場面出現了混亂。

剪票口對面的一個小吃攤上，一個黑影拍拍旁邊已經半醉的壯漢，

指著宋教仁的身影，嘀咕了幾句。隨後，那個醉漢慢慢向剪票口走去，擠進人群後，突然拔出手槍，朝著宋教仁連開了三槍。

犀利的槍聲打破了夜空的寧靜，火車站內一片慌亂，人們四散而逃，凶手也夾雜在人群中逃逸。

槍響後，黃興略為遲疑，隨即轉向宋教仁，只見他倒在地上，鮮血正從腰間汩汩溢出，染紅了剪票口前的土地。一旁的于右任急忙叫車，把宋教仁送往附近的鐵路醫院搶救。

在醫院裡，宋教仁一度清醒過來，知道自己為時不多了，便囑咐黃興代筆致電袁世凱：「北京袁大總統鑑：仁本夜乘滬寧車赴京，敬謁鈞座。十時四十五分在車站突被奸人自背後施槍彈，由腰上部入腹下部，勢必至死。竊思仁自受教以來，及束身自愛，雖寡過之未獲，從未結怨於私人。清政不良，起任改革，亦重人道，守公理，不敢有一毫權力之見存。今國基未固，民福不增，遽爾撒手，死有餘恨。希冀大總統開誠心，布公道，竭力保障民權，俾國家得確定不拔之憲法，則雖死之日，猶生之年。臨死哀言，尚祈鑑納。」至死，宋教仁都在思考如何制定神聖憲法保障民權，正如民國建立以後，他一直思考如何建立責任內閣制度、實行議會政治一樣。他相信，西式的議會民主制度，能帶給蹣跚前行的民國穩定和富強。就在全國普選圓滿結束、他傾注全副心血組建的國民黨成為多數黨、離組建清一色國民黨內閣大展身手的目標近在咫尺時，一九一三年三月二十二日凌晨，宋教仁傷重而死。他被暗殺奪走了生命，他的政治夢想也因此徹底終結。

宋教仁的死，打亂了國民黨的政治布局，沉重打擊了南方革命力量。而且刺殺案發生在國民黨經營多年的上海，發生在國民黨人的眼皮底下，這給國民黨極大的刺激。曾任滬軍都督的陳其美，就在宋教仁遺體旁憤憤地反覆說：「此事真不甘心！」

　　國民黨迅速展開行動，緝拿凶手。黃興在宋教仁遇刺和逝世時，都致電報告總統袁世凱，且請求江蘇都督程德全到上海親自處理此案。袁世凱接報後，飭令程德全「目前總以購線緝凶、限期破案為第一要義」。宋教仁去世後，袁世凱當天即鄭重發布命令，下令從優撫卹，料理後事，同時譴責暗殺之風違背人道，責成江蘇政府「迅緝凶犯，窮究主名，務得確情，按法嚴辦，以維國紀而慰英魂」。程德全則嚴令江蘇軍警緝拿凶手。黃興、陳其美還聯名，分別致函上海閘北巡警局和公共租界總巡捕，懸賞一萬銀元，緝拿凶手。

　　凶訊一經傳播，社會就開始猜測幕後黑手是誰。北京政府判斷宋教仁死於國民黨內訌，比如袁世凱本人就在和章士釗的談話中，認為宋教仁遇刺是國民黨內黃興、宋教仁兩派爭奪內閣總理的結果。也有人認為宋教仁是被盤踞上海多年、與會黨關係密切的陳其美殺的。陳其美有暗殺陶成章的前科，難免不再犯案。比如梁啟超就斷言：「真主使者，陳其美也。」但是梁啟超本人也被列為嫌疑人之一。因為鼓吹「開明專制」的梁啟超，和堅持「責任內閣」的宋教仁，存在巨大的政治分歧。而梁啟超一派在年初大選中落敗，難免不心懷怨恨。

　　當然，國民黨內部絕大多數懷疑袁世凱是幕後主使者。

　　這一切都得緝拿凶手後，才能一探究竟。

二

　　緝拿凶手的懸賞公告公布後，上海灘有個販賣古董的小商人王阿發突然回憶起一件事來。

　　多日前，王阿發曾去應桂馨家兜售字畫。應桂馨拿出一張商務印書

館印製的明信片給王阿發看。王阿發看清楚，明信片上印著的是宋教仁的照片。應桂馨就對王阿發說：「我要辦這個人，你要是能辦到，我就給你一千銀元。」王阿發沒有答應，回去後，和在別人家幫傭的朋友鄧某談起了這件事。鄧某對此事很有興趣，答應要接這個工作。王阿發就把他帶到應桂馨的住處。面談細節時，鄧某卻又打退堂鼓，說：「我是一個外鄉人，為什麼要無故殺人呢？」事情沒談成，王阿發也就把這件事淡忘了，繼續兜售他的古董字畫。

宋教仁被殺一事在十里洋場傳得沸沸揚揚後，鄧某先回憶起這件事，趕緊把經過告訴主人張秀泉。張秀泉找到王阿發核實。王阿發這才意識到問題嚴重，找到與會黨關係密切的何海鳴商量對策。何海鳴馬上將他們都帶到陳其美那裡。

國民黨不敢怠慢，帶王阿發到租界巡捕房報案。

總巡捕核實案情後，和國民黨人陸惠生、王金發，帶人直撲應桂馨家。誰料應桂馨不在家，家人說去妓女胡翡雲家抽鴉片了。於是，巡捕和國民黨人又趕到胡家，不料又撲了個空。應桂馨抽完鴉片，去妓女李桂玉家喝酒去了。一行人再次衝到李家。到了李家，陸惠生、王金發兩人先上樓問：「應桂馨在嗎？」應桂馨毫無防備，應聲答道：「是我。」陸、王就說：「有人在樓下等你，要和你說話，請你下來一下。」應桂馨跟著兩人下樓後，立刻被等候多時的巡捕逮捕。

這是宋教仁死後第三天，二十四日凌晨零點三十分的事情。

巡捕馬不停蹄押著應桂馨到他在法租界的家中搜查，只見應家門口掛著兩塊牌子，一塊是「江蘇巡查長公署」；另一塊是「中華民國共進會機關部」。原來，應桂馨還是江蘇省巡查長和共進會的負責人。巡捕在應家查獲了一批公文信件和一個鐵箱，還扣留了一位身材短矮，神色可疑的來訪人員，此人恰好與凶案目擊證人描述的凶手特徵相符。目擊

證人辨認後，確定此人就是刺殺宋教仁的凶手。法租界巡捕立即逮捕此人。此人名叫武士英，對刺殺宋教仁一事供認不諱，並簽字畫押。宋教仁刺殺案就此告破。

根據相關人等的供述和從應家搜出來的資料，整個案子的過程如下：

應桂馨（又名應夔臣、應夔丞），浙江寧波人，其父輩在上海從事地產起家。應桂馨參加過辛亥革命，曾在南京臨時政府擔任庶務科長，負責機關伙食，後來因為貪汙伙食費而被革職。回到上海後，應桂馨組織了帶有會黨性質的共進會，並一度得到陳其美的支持。共進會曾參與策劃武漢馬隊暴動，應桂馨的名字為此上了黎元洪的通緝令；但會黨的落後性，讓共進會在江浙一帶逐漸轉向革命的對立面，並對社會秩序多有擾亂。北京內務部為了處理共進會問題，就讓祕書洪述祖南下鎮壓。

洪述祖，江蘇常州人，秀才出身，曾在前清當過多年幕僚，是袁世凱六姨太的近親。唐紹儀出任總理時，曾一度想舉薦洪述祖為祕書長。但深入接觸後，唐紹儀發覺洪述祖趨炎附勢，人品不好，遂棄而不用。但內務總長趙秉鈞卻喜歡洪述祖，讓他在內務部掛職祕書。南下時，洪述祖年近六十，這個年齡在仕途上幾乎沒有什麼發展前景了，但是他還想謀求進步，特別是與應桂馨打交道後，意識到應桂馨和共進會勢力可以為己所用。於是，洪述祖表示願意為應桂馨除罪，但要求應桂馨要安撫共進會，聽命中央。應桂馨答應了。一九一二年十月十六日，洪述祖將應桂馨引見給江蘇都督程德全。會面後，程德全向袁世凱報告了安撫共進會的措施：任命應桂馨為駐滬江蘇巡查長，控制共進會成員要遵守法律，不許滋事；每月給共進會三千元活動經費（江蘇財政緊張，要求中央每月承擔兩千元）。袁世凱表示同意。一九一二年十二月，洪述祖安排應桂馨進京。應桂馨在北京先後受到總理趙秉鈞、總統袁世凱的召

見。袁世凱在財政極為緊張、連軍餉都發不出去的情況下，親自發給應桂馨活動經費五萬元。一個區區會黨頭目，受到總統如此器重，令人生疑。加之應桂馨小人得志，頓時輕狂起來，在北京出入酒館、妓院，舉止異常闊綽，漸漸引起革命黨人的側目。

一九一三年一月二十三日，洪述祖和應桂馨一起返回南京。一九一三年二月六日，應桂馨在南京又一次見到了程德全。令程德全驚訝的是，以前印象中那個言辭謙恭、誠惶誠恐、有問必答的應桂馨，現在卻變得趾高氣揚、言詞閃爍。應桂馨還拿出自己與中央的來往電文給程德全看，程德全莫辨真偽。對應桂馨的狂妄和炫耀，程德全很不高興，趕緊打電報給總統府祕書張一麐，提請中樞注意：「應夔臣……萬不可靠，從前電請大總統赦免，令其戴罪圖功，乃是當時一種政策。近來頗有招搖僭妄情形……請中央注意。」事實上，洪述祖和應桂馨此行攜帶巨款，行動隱祕，此行是一個陰謀。

回到上海後，應桂馨四處物色刺殺宋教仁的凶手，最後透過一個叫陳玉生的人，找到了武士英。武士英曾在雲南新軍中擔任過營長，革命勝利後遭到裁撤，當時正在上海灘遊蕩，生活窘迫。陳玉生騙武士英加入共進會，並鼓動他「辦一個無政府黨的人，替四萬萬同胞除害」。武士英身陷困境又利令智昏，滿口答應。陳玉生就將他帶到應桂馨家，應桂馨向武出示了宋教仁的照片，並給了他一千元和一支手槍。

一九一三年三月二十日夜，陳玉生陪武士英來到滬寧車站，等宋教仁在眾人簇擁下準備進站時，陳玉生向武士英指明宋教仁，武士英隨即上前開槍行凶，並趁人群慌亂之際逃逸。四天後，武士英到應家送信，不想自投羅網。

三

案情明晰了，接下來的問題是：誰是幕後主使者？

洪述祖是趙秉鈞的屬下，而趙秉鈞是袁世凱的親信。考量到宋教仁的責任內閣制度和國民黨的選舉大勝，最大的受害者都是現任總統袁世凱，袁世凱是幕後主使者的嫌疑大大增加。而巡捕從應桂馨家中搜出來的書信和電報，很多也指向袁世凱和趙秉鈞。其中最關鍵的是三份資料：

一，一九一三年二月二十二日洪述祖給應桂馨的信。內容是：「（一）來函已面陳總理、總統閱過；（二）以後勿通電國務院，除巡緝長公事不計。因趙智老（趙秉鈞）已將密電本交來，恐程君（內務部祕書程經世）不機密，純全飭兄一人經理……；（三）請款總要在對象到後，國會成立之時，不宜太早太遲。為數不可過三十萬，因不怕緊，只怕窮也。」

二，一九一三年三月十三日洪述祖給應桂馨的密電。內容是敦促應桂馨趕緊下手：「毀宋酬勛位，相度機宜妥籌辦理。」

三，一九一三年三月二十一日九點三十分，應桂馨給洪述祖的電報。「匪魁已滅，我軍一無傷亡，堪慰。望轉呈報。」

由資料一可以知道，應桂馨刺殺宋教仁是與洪述祖聯繫，由洪述祖下令的。那麼，洪述祖是傳遞更高層意思（趙秉鈞、袁世凱）的中間人，還是本身就是幕後主使呢？根據資料一，洪述祖似乎只是個中間人。原因有三點：第一點，洪述祖說，應桂馨的「來函已面陳總理、總統閱過」。第二點，是趙秉鈞要洪述祖和應桂馨保持聯繫的。第三點，洪述祖對應桂馨許下的許多諾言，不是他這個等級（內務部祕書）的人能夠操辦的，比如賞錢三十萬元（資料一）、授予應桂馨勛位（資料

二）。沒有更高層的人點頭，洪述祖的諾言只會是空頭支票。由資料三可知，應桂馨認為自己是在為更高層的人辦事，所以要求洪述祖將「戰果」「望轉呈報」。

假設應桂馨知道刺殺宋教仁僅僅是洪述祖的意思，那麼借他一百個膽子，他也不敢下手──因為他辦完事後還要保命，沒了命怎麼去享受洪述祖的承諾呢？好在洪述祖將他引見給了趙總理和袁總統，應桂馨有理由相信是在為總統和總理辦事──出了事，上面有人罩著。

一九一三年三月三十日，北京國民黨本部召開宋教仁追悼大會。趙秉鈞派北京警察總監王治馨出席。王治馨在會上發言，為袁趙兩人辯解。他認為洪述祖是刺殺宋教仁的主謀，與趙秉鈞、袁世凱無關。但「袁總統不免疑趙，而趙以洪時往袁府，亦疑袁授意」。總統和總理都以為是對方授意洪述祖殺害宋教仁，「前日趙與袁面談，彼此始坦然無疑」。那麼洪述祖為什麼要痛下殺手呢？王治馨提供了一個解釋：洪述祖見袁世凱受到行政權力的諸多掣肘，他認為總統無法管理好國家，全都因為反對黨政見不同。他曾建議袁世凱「何不收拾一二人」，殺幾個反對黨人威懾其餘。袁世凱沒有答應：「反對者既為政黨，則非一二人，故如此辦法，實屬不合理。」現在洪述祖刺殺反對黨領袖宋教仁，「難保非洪藉此為迎合意旨之媒」。王治馨這個看法是私人觀點。但身為政府高官，他的發言透露了一點：袁世凱事先知道洪述祖有刺殺宋教仁的念頭。

如此一來，袁世凱成了殺害宋教仁的最大凶嫌，這也是輿論普遍的看法。黃興在一九一三年四月十三日寫給宋教仁的輓聯就很有代表性：

前年殺吳祿貞，去年殺張振武，今年又殺宋教仁；

你說是應桂馨，他說是洪述祖，我說確是袁世凱。

案件偵破後，袁世凱為案件的審判設置了種種障礙，這些更使人懷

疑他做賊心虛。江蘇都督程德全指出，宋教仁案引起社會非議，暗潮洶湧，最好的解決方法，就是進行公正的審判。但袁世凱政府在形式上「高度重視」。司法總長許世英認為此案件關係重大，要求將人犯和證據提京，交大理院公開審判。總統府祕書也致電程德全，希望迅速向上海方索要證據，送入北京。「提京審理」的要求遭到國民黨的強烈反對。袁世凱和趙秉鈞都有重大嫌疑，怎麼能將證據和人犯交給他們呢？而審判一旦轉移到北京，袁世凱政府就掌握了主導權。所以，國民黨堅持案子要在上海審判。

一九一三年四月十三日晨，程德全即電袁世凱及內務、司法兩部，要求組建特別法庭，提議由伍廷芳為主任。袁世凱回電：「所擬組織特別法庭，望速籌辦。」但許世英認為特別法庭與約法和政府編制不符，強烈反對組建。袁世凱於是再電程德全，說司法總長許世英拒絕副署組織特別法庭的命令，他無法下令組建。而許世英和司法部提出了一個折中方案，就是由伍廷芳暫時署理上海地方審判廳廳長，負責審理宋案。但是國民黨沒有接受這個方案。

一九一三年四月二十四日，監獄裡的武士英暴斃。懷疑袁世凱的人情緒激動，對袁世凱政府阻撓案件審判更加不滿。江蘇都督程德全、民政長應德閎在強大輿論壓力下，不得不影印、公布了應桂馨和洪述祖的來往密電。輿論更加不利於袁世凱。

面對越來越不利的局面，趙秉鈞和洪述祖分別公開為自己辯護。一九一三年四月二十八日，趙秉鈞公開通電，逐一洗刷自己和應桂馨家中電訊的關係。

趙秉鈞的說法主要是兩點：第一，自己的確認識應桂馨，但都是處理共進會的公事；第二，洪述祖做的事情，自己完全不知道，洪述祖沒有將任何電文呈送給自己看過。洪述祖答應給應桂馨的酬勞（勳位和巨

款），都是洪述祖私自承諾的，與趙秉鈞無關。趙秉鈞在通電中說，授予勛位是大總統特權，形式上要先由各機關呈請，再開會評議，不是一般人能夠獲得的。洪述祖是在「誆騙」應桂馨。至於巨款，那是國務院提供給共進會的經費，用來「由日本購買孫黃宋劣史，警廳供抄宋犯騙案刑事提票」。（查：應桂馨的確在日本印刷了許多攻擊孫中山和宋教仁等人的資料，運回國內散發。）所以，趙秉鈞發誓：政府絕沒有暗殺宋教仁之心，一切都是洪述祖個人「假政府名義，誆誘應犯，絕非受政府之囑託，以其毫無政府委任之憑證故也」。在將自己洗刷乾淨後，趙秉鈞根據公布的一九一三年三月十三日應桂馨致洪述祖的電報，為洪述祖說情。應桂馨在那天的電報中有「若不去宋」四個字，「係屬反挑之筆，尤見去宋之動機起於應之自動，而非別有主動之人，文理解釋，皎然明白。此證明中央政府於宋案無涉者也」。他判斷，暗殺之心起於應桂馨。趙秉鈞最後說，雖然宋教仁遇刺出乎政府意料，但是洪述祖畢竟是內務部祕書，內務部總長是他的上級，即便沒有「代為受過之理由」，也有「怠於監督之責任」。

趙秉鈞的電文表面上看起來合情合理，把自己洗得乾乾淨淨，但是透露出政府早有反宋、仇宋的行為，承認了應桂馨的「過激」行為多少是受政府反宋情緒的引導。

一九一三年五月三日，逃到青島租界的洪述祖也發出公開電報，自我辯護。

洪述祖在電報中猛烈抨擊宋教仁鼓吹議會民主、實行責任內閣是植營私、黨派專制，比晚清腐朽權貴還要壞，對社會破壞極大，說宋教仁的主張會讓中國亡國滅種。所以，他要讓國民看到宋教仁的真實面目，不被他的主張所「迷惑」。洪述祖承認利用了應桂馨，但是怕自己「人微言輕，不得不假托中央名義，以期達此目的」。一切都是自己的意

思，沒有牽涉趙秉鈞或者袁世凱。他稱，利用應桂馨是為了「暴宋劣跡，毀宋名譽」，並沒有要殺害宋教仁。至於被輿論認為是殺人證據的來往電函，洪述祖也說，是要應桂馨趕緊購買宋教仁「劣跡證據」，詆毀孫宋等人。關鍵的「毀宋」二字，洪述祖說：「毀人二字是北京習慣語，人人通用，並無殺字意義在內，久居京中者無不知之，豈能借此附會周內。」

也就是說，趙秉鈞把所有事情推到洪述祖頭上，洪述祖又把全部責任推到應桂馨頭上。

輿論熱議，指責和自辯交叉進行，但是審判工作卻一拖再拖。一九一三年五月三十日，上海審判廳決定進行缺席審理。但開庭後，原告和被告雙方律師都表示反對，要求緩期開庭公判。原告律師強烈要求拘傳趙秉鈞、程經世、洪述祖等人到案。被告律師指出，法庭沒有獲得大總統和司法總長任命，沒有開庭的資格。法官不得不宣布退庭。從此，宋案陷入了「公判不成，律師抗告，法庭延擱，政府抵制，不但事實不進行，連新聞都沒有」的尷尬局面。

趙秉鈞等人為了抵制南方的審判，炮製了所謂的「血光團事件」來混淆視聽。事件起因是宋教仁案遲遲得不到公正審判，宋教仁祕書周予覺和革命黨人黃復生、謝持一起，攜帶炸藥和黃興資助的三千元，來到北京企圖暗殺袁世凱。不料事機不密，被政府偵破入獄，周予覺叛變。在政府的策劃下，周予覺的妹妹出面，謊稱黃興組織了血光團，給她四萬元，潛入北京實行暗殺。北京方對「血光團事件」大肆渲染，京師檢查廳還向黃興發出傳票，企圖在輿論上與宋教仁案相抗衡。黃興毅然前往上海租界會審公廨，表示願意赴京對質。最後租界當局以北京方證據不足，沒讓黃興到案。

如此一拖，等到一九一三年七月十二日二次革命爆發後，宋案的審

判工作也就不了了之。宋教仁案就成了一個「懸案」。

二次革命中，應桂馨越獄逃往青島，年底還公開揚言要進京向袁世凱邀功領賞，要求「平反」。一九一四年一月二十九日，人們在火車上發現了應桂馨的屍體。在宋教仁案鬧得沸沸揚揚之時，趙秉鈞不得不去醫院「養病」。袁世凱派人轉告他「放心住醫院就是了」，並在一九一三年五月一日任命段祺瑞代理內閣總理，取代趙秉鈞。出院後，趙秉鈞出任直隸都督。聽到應桂馨的死訊後，趙秉鈞喃喃自語：「以後誰肯為總統做事。」二十九天後（一九一四年二月二十七日），趙秉鈞在督署中毒身亡。人們普遍相信應桂馨、趙秉鈞都是被袁世凱暗殺的。袁世凱殺害關鍵證人，似乎是「此地無銀三百兩」，更被人認定是刺殺宋教仁的幕後主使者。

洪述祖年紀最大，閱歷最深，一直隱姓埋名，可還是在一九一七年四月三十日被革命黨人在上海誘捕，一九一八年九月七日被公審。當時袁世凱、趙秉鈞都已經死了。洪述祖在法庭上堅稱沒有授意刺殺宋教仁，更不是袁世凱或者趙秉鈞要他做的。他還提到一個細節。案發後趙秉鈞對他說：「你在京恐怕毀了。」他心中不甘，求見了袁世凱。袁世凱問他，宋教仁到底是什麼人暗殺的？洪述祖說：「還不是我們的人替總統出力！」袁世凱聽了，臉一下子拉了下來。洪述祖見狀，趕緊從總統府跑出來，溜出京城，四處躲藏。一九一九年四月五日，洪述祖被絞死。

四

宋教仁案永遠成了謎：刺殺宋教仁的幕後主使到底是誰？

袁世凱是頭號嫌疑人。雖然沒有直接的有力證據，但宋教仁之死最

大的受益者就是袁世凱。當時袁世凱一心想當正式大總統，擴充權力，但宋教仁率領著議會最大黨派，要組成清一色的政黨責任內閣。之前，袁世凱曾經用巨款賄賂宋教仁，希望為己所用，但遭到宋教仁的堅決拒絕。後來，宋教仁要進京建立內閣，限制總統權力，袁世凱即便當選正式大總統，也是一個橡皮圖章而已。更何況宋教仁堅決反袁，還去勸說黎元洪出面競選總統，想徹底終結袁世凱的政治生命。這是嗜權的袁世凱萬萬不能容忍的。蔡元培為宋教仁日記《我之歷史》作序說：「宋教仁組織國民黨，以為多數黨足以操縱袁世凱，後來又覺得很難，就想放棄袁世凱，推舉黎元洪，結果觸犯了袁世凱，導致被殺。所以說，袁世凱有殺宋教仁的強烈動機。」

然而，袁世凱對付宋教仁，必須採取謀殺方式嗎？這種方式並不高明，而且會觸犯眾怒，置他自己於千夫所指的困境。

事實上，袁世凱的政治手腕高超，手段很多。臨時參議院要他到南京就職，他拋了一個「兵變」，不僅在北京就職，而且把參議院搬到了北京。對宋教仁尚在醞釀中的國民黨內閣，他可以使用的方式很多。他可以運用議會中傾向自己的統一民主黨，拉攏議會中的官僚和士紳議員，阻撓國民黨清一色內閣的成立；如果不行，他可以派軍隊包圍議會，議員不滿足他的要求就不准吃飯，不准回家；實在不行，強大的北洋軍始終是他權力的基礎和政治依靠。袁世凱沒必要去刺殺宋教仁，徹底激化和革命勢力的矛盾。結果，雙方兵戎相見，爆發了二次革命。所以說刺殺宋教仁絕非是最佳選擇。

那個京師警察總監王治馨曾對國民黨元老張繼說過：「洪述祖南行之先，見總統（袁世凱）一次，說現在國事艱難，總統種種為難，不過二三人反對所致，如能設法剪除，豈不甚好！」袁世凱笑著說：「一面搗亂尚不了，況兩面搗亂乎？」當時袁世凱正被財政問題、列強承認問

題、沙俄入侵問題、西藏和外蒙古問題，攪亂到昏天黑地的，政令不通，不想再和革命黨人撕破臉，大戰一場。所以，袁世凱並不想刺殺宋教仁。

袁世凱無意，部下卻有心。不要忘記了，趙秉鈞也好，洪述祖也好，都是從前清政壇的大染缸中走出來的，「權心權意」，學會一身陰招。為了榮華富貴，他們做得出刺殺宋教仁的事情來。宋教仁組織清一色國民黨內閣，第一個失業的就是趙秉鈞；洪述祖年近六十了，人生還有幾回搏？個人利益讓他們沒有袁世凱那樣的大局眼光，他們以為刺殺宋教仁，就能保持或博取榮華富貴。像他們這樣投機取巧、邀功領賞的小人，在中國歷史上太多了。

這可苦了醉心議會民主、胸懷遠大理想的宋教仁了。與許多革命黨人醉心於純粹的革命不同，宋教仁留學日本時，專門花心思研究過西方政治理論，他認定議會民主是解決中國政局、謀求富強的良藥。回國後，他一心宣傳、推行議會民主理論。為了大選，宋教仁在南方到處演說，抨擊袁世凱政府，進行「光天化日下的政客競爭」。他的批判毫不留情，演講時激情澎湃，言詞犀利，是沉悶千年的中國政壇從沒見過的。政治熱情和書生脾氣（比如對自己的「總理夢想」半遮半掩，讓他人猜疑），使他對政治的潛流暗潮視而不見。在武漢時，革命黨人譚人鳳曾轉告宋教仁一件事，說譚的部下陳猶龍一九一二年十二月曾去北京，正好與應桂馨同住在西河沿中西旅館。陳猶龍發現應桂馨從中央政府領到巨額經費，在京城揮霍。譚人鳳因此告誡宋教仁：「高明的人家，鬼是要盯著他的；現在會黨分子和中央政府勾結，是很不好的現象；你在社會上很有聲望，袁世凱必然忌恨你，你還是低調隱蔽一點，作一些戒備。」但宋教仁沒放在心上。就在遇刺的當天，宋教仁還愉快地去「民立報社」話別。民立報社編輯囑咐宋教仁要慎重防衛，宋教仁卻說：「無

妨，吾此行統一全局，調和南北，正正堂堂，何足畏懼？國家之事，雖有危害，仍當併力赴之。」

理想主義的現代西方政治家宋教仁，就這樣坦然地前往火車站，被黑暗勢力謀殺了。

宋教仁和他的思想都和變革時期的中國政治不合拍，所以他注定成功不了。

議會民主的基礎是一個活躍的現代社會。在這個社會中，人們關心政治、言論自由，熱衷於組織政黨進行政治活動。一九一三年的中國社會，雖然通電、演講滿天飛，組黨熱潮此起彼伏，熱鬧得很，但都是東施效顰的假象。通電的內容五花八門，許多人以能夠署名「露臉」為榮；政黨千奇百怪，三五好友就能聲明組成，分別擔任主席、總理和主任。趙秉鈞就曾說：「我本不曉得什麼叫作黨，不過有許多人勸我進黨。統一黨也送什麼黨證來，共和黨也送什麼黨證來，同盟會也送過來。我也有拆開來看的，也有摺開不理的。我何曾曉得什麼黨來。」歸根究柢，中國尚不具備議會民主的社會基礎。

一是參與政治的人口比例太少，議會民主缺乏依靠力量。孫中山曾環顧左右，革命同志寥寥無幾：「士大夫方醉心功名利祿，唯所稱下流社會，反有三合會之組織，寓反清復明之思想於其中。雖時代湮遠，幾於數典忘祖，然苟與之言，較縉紳為易入，故余先從聯絡會黨入手。」知識分子醉心仕途，那麼新興的民族資本主義力量，是否可以依靠呢？我們來看一組數據：到一九一三年為止，甲午戰爭後民族資本工礦業投資，估計為七百零六家，資本額一億一千七百七十五萬多元。可見，辛亥革命可依靠的力量極其薄弱。這其中，占據經濟命脈和優勢地位的，還是官僚資本，比如像盛宣懷那樣的官商。辛亥革命很大程度上是由一群知識分子發動的，民國建立後活躍在政治舞臺上的，也是這群沒有明

確階級歸屬的知識分子。依靠這群占人口比例極少數的知識分子，是建立不了政權的。

二是中國社會沒有出現分化。與議會孿生的政黨，是建立在不同群體之上的。而民國初年的中國，基本是農業社會，沒有出現群體分化。觀察一個社會分化的重要象徵，是看受教育人群的職業選擇。那民國初年中國大學生的職業選擇如何呢？北京大學一九一八年在校學生總數一千九百八十人，法科八百四十一人、文科四百一十八人、理科四百二十二人、工科八十人，法科學生人數將近一半。七月文科有五十八人畢業、理科九十人、工科十七人，而法科為一百七十三人，超過了畢業生的一半。大部分年輕菁英選擇政法道路（也就是仕途），而選擇工礦實業或者商貿物流的菁英（理工科），不到四分之一。與之相對應，民初各政黨只能是從政者內部的分化組合而已。

民國初年，黃炎培曾調查江蘇全省中學校學生畢業後的職業選擇，「大抵一百分中有二十五分升學，三十分得有相當職業，而其餘則皆失業之人，可嘆之至。若再細細研究，則升學者不能作為有職業觀也，即大學畢業生中亦何嘗無失業者，故此等學生最後之結果，失業與否仍屬一問題。若再調查其有事者，所就者究是何等事業，大抵為教育者居大多數，其次為各行政機關人員，而為生利之農、工、商者，竟無一人」。即便民主共和的形式已經確立，讀書人依然把讀書視為當官的敲門磚，而不願意去從事「生利之農、工、商」行業。

三是議會權威沒有得到尊重，即便是知識分子，也沒有樹立議會概念。中國傳統的士大夫觀念中，是沒有「議會」概念的，因此即便民國建立了，知識分子依然擁堵在各級行政機關和軍隊中，很少有人去競選議員。「那些入黨的人，大多是想謀得一個官位。當時的中國人，絕大多數還是士大夫，現代意識還只停留在理論或口頭上，行動上只是在尋

找當官的門徑。」議員最多被視為是「閒官」，不管錢、不管人，自然沒人去競爭了。

在這樣的社會基礎上，一九一三年的全國大選雖然舉行，但是和西方的選舉完全不一樣。

共和黨眾議員王紹鏊回憶說：「我在江蘇都督府任職期間，曾抽空到江蘇的蘇、松、太一帶作過四十幾次的競選演說。競選者作競選演說，大多是在茶館或在其他公共場所裡。競選者帶著一些人，一面敲著鑼，一面高聲叫喊：『某某黨某某某來發表競選演說了，歡迎大家來聽呀！』聽眾聚集後，就開始演說。有時，不同政黨的競選者在一個茶館裡同時演說，彼此分開兩處，各講各的。聽講的人大多是士紳和其他中上層人士，偶爾也有幾個農民聽講；但因講的內容在他們聽來不感興趣，所以有的聽一會就走開了，他們坐在那裡也不聽。」西方式的政見宣傳和爭辯，在中國被省略了。對普通百姓來說，議員競選就是看到茶館裡多了個高談闊論者。殊不知，王紹鏊所在的江蘇地區的選舉情況，還算是最好的了。各地方因為競爭選舉，激起風潮，有的強奪票匭，有的搗毀投票所，有的暴行脅迫，種種壞法亂紀的事情，層出不窮。難怪袁世凱擔心：「誠恐我國民欲藉此選舉以求幸福者，將因此選舉而得奇禍。」

宋教仁臨終前曾感嘆：「我調和南北之苦心，世人不諒，死不瞑目矣！」可悲的是，不僅是他調和革命和保守勢力的苦心，不被世人所理解；他付出生命追求的議會民主、和責任內閣的雄心壯志，在中國也實現不了。

宋教仁的奔走疾呼、宋教仁的議會夢想，在社會劇烈變革的民國初年，如流星般，只是一瞬間的絢爛，而後就迅速地消逝了。

曹錕賄選案：誰該為選舉黑幕負責？

一

　　一九二三年十月五日，當晨曦剛剛降臨北京宣武門，附近的國會街一帶就出現了很多荷槍實彈的軍警，城牆上密布瞭望兵，還有五、六百名便衣警察混雜在百姓當中、散布在宣武門一帶。現場還出現了北京的衛戍和警務頭目，如王懷慶、聶憲藩、薛之珩、車慶雲等人的身影。

　　這天，重新召開的一日國會，要選舉新總統。

　　除了國會附近嚴密布防外，北京的東西車站和各交通出口，都游弋著軍警。他們不是維持治安，也不是防止亂黨破壞選舉，而是防堵國會議員出逃。原來，控制中原和京畿地區的新直系軍閥首領曹錕，對總統職位志在必得，對國會議員軟硬兼施，以每張五千元的價格購買選票，妄想在當天成為民國第六位總統。不少國會議員不願違心投票，又不堪其擾，只好希望能逃出北京，躲過一劫。不想，在各口岸布防的軍警們，已經事先熟悉議員特徵外貌，只要發現有出逃議員，便衣就上前揪住吵鬧，大聲誣賴議員逃債或者宣稱雙方有仇，接著軍警過來干涉，以帶回警局盤問為名，直接把議員押回國會總統選舉現場。

　　總統選舉原定上午十點舉行，但到了下午一點二十分，國會還沒有湊足投票的法定人數。

　　曹錕等人當機立斷，要求手下施展一切手段，到處拉人頭湊數。於是，議員俱樂部向不願意投票給曹錕的議員承諾，只要列席會議，就能領取五千元，選不選曹錕都沒關係。這一招很管用，當即有十餘名議員趕到國會，準備投票賺錢。即便如此，還是缺人。議員俱樂部到醫院，把那些臥病在床的議員抬到國會，又發動議員的妻妾友人「陪送」幾十個議員趕到國會，總算是讓議員人數大增。此時的國會內已經人聲鼎沸，許多等了大半天、急著投完票向曹錕拿錢的議員，強烈要求趕緊投票。偏偏在這時，有一位蒙古議員，指認在場的一位蒙古席位參議員和另一位蒙古席位的眾議員並非真身，而是冒牌貨。隨即，各有一名山西和江西議員被指出濫竽充數。負責議員身分確認和簽到的「簽到處」職員萬分緊張，趕緊護住簽到處，不讓其他人靠近。而一些擁護曹錕的議員，環繞簇擁著簽到處，也不讓外人靠近。「簽到簿」在散會後馬上被密封，嚴誡相關職員不得洩漏情況。所以，一九二三年十月五日到底有幾個議員參加總統選舉，其中又有幾個是貨真價實的議員，外人不得而知。

　　國會公布的情況是：簽到參議員一百五十二人，眾議員四百四十一人，共五百九十三人，實際出席五百八十五人，超過法定出席人數（五百八十三人）兩人。總統選舉可以進行，下午兩點，投票正式開始。

　　參議院院長王家襄已經辭職，眾議院院長吳景濂主持選舉。第一步程序是公推檢票員十六人。檢票員從議員中抽籤得出。吳景濂派專人把簽到簿藏在國會後的大樓內，暗箱操作，抽籤抽出十六名檢票員，除參議員呂志伊、眾議員李肇甫外，其他十四人都是擁曹分子。而呂、李兩人恰恰未來參會，另外兩名擁曹議員隨即取代了他們的位置。也就是

說，本次投票是在擁曹派的監視下、統計下進行的。

　　據說大選當日，曹錕親臨現場督選。他走到國民黨議員呂復跟前，發現他沒有選自己，心急得竟然附耳輕語：「為何不選曹某？」呂復馬上指著曹錕怒喝道：「你要是能當總統，天下人都能當總統了。你要是當了總統，總統也就不是總統了。」說罷，情緒激動的他，還拿起桌上的硯臺向曹錕擲去。一場風波過後，曹錕公然引導議員們說：「誰又有名又有錢，誰就可以當總統。」人群中馬上有人提議：「大帥，梅蘭芳既有名又有錢，我看可以當總統。」引來哄堂大笑。

　　下午四點，投票完畢，當眾開票。結果總票數為五百九十票，曹錕得四百八十票，以絕對優勢當選為民國第六位總統。其他得票情況是：孫中山三十三票，唐繼堯二十票，岑春煊八票，段祺瑞七票，吳佩孚五票，王家襄、陳炯明、陸榮廷各兩票，吳景濂、張紹曾、張作霖、陳遐齡、唐紹儀、汪精衛、王士珍、谷鍾秀、譚延闓、盧永祥、李烈鈞、姚桐豫、胡景翼、歐陽武、陳三立、嚴修、高錫、符霈升、孫美瑤各一票，另有「五千元」一票，「三立齋」三票，廢票若干。

　　根據選舉法，普通百姓可以旁聽選舉，充當會議監督。但選舉當日，國會對旁聽者嚴格控制，必須有議員出面擔保，並經過搜身，才能進入國會。五日一大早，大約有一百多人來旁聽，被告之在國會院子裡臨時搭蓋的棚子內等候。由於現場混亂，人員眾多，加之人們長時間站立，又沒有飯吃、沒有水喝，等到下午三點多，選舉到達尾聲，人們被允許入場旁聽時，這些旁聽者早已經疲憊不堪，哪裡還有監督的力氣，又能監督什麼呢？

　　曹錕賄選，看似環環相扣，實則手法拙劣，惹人笑話。第二天（一九二三年十月六日），《北京報》就詳細報導了賄選新聞：

　　諺云「有錢能使鬼推磨」，矧在「見金夫，不有躬」之議員，派人

南下拉人，又加以蘇督之協助，當然議員多有北上者。票價名為五千元，然實為起碼數，有八千者，有一萬者，所簽支票，自邵瑞彭舉發之大有銀行以外，有鹽業、有勸業，並聞有特別者則為匯業麥加利之支票。所簽之字，潔記（邊潔卿）以外，尚有蘭記（王蘭亭）、秋記（吳秋舫）、效記（王效伯）等。本月二、三兩日，頗有議員持票至銀行對照者，然自邵瑞彭舉發，而三、四兩日之夜，甘石橋（賄選的總辦事處）大著忙，將前發支票收回，另換其他式樣之票，以不示人、不漏洩為條件，且聞已書明日期。至於昨日上午，直派議員四處拉人，亦有付現者，又有五千元以外增價者，並聞對於前拆臺而昨出席之議員，許以投票自由，票價照付。而兩院員役，由祕書長以至打掃夫，各另給薪工兩月，由吳景濂發出，共八萬元，以為犒賞，此賄選之大概情形也。

據統計，起碼有四百八十名參會議員收受了曹錕的賄賂。原則上五千元一票，實際操作過程中，直系根據議員地位和功能的不同，「開價」也不相同。多的超過一萬元，低的還不足兩千元。少數議員不在乎金錢，直系就成立議員俱樂部，拉攏議員吃喝玩樂，用官職代替金錢行賄。結果一些議員在金錢和官職之間搖擺，既有已經收了錢的、跑來退錢要官；也有已經當了官的，來退官要錢。曹錕等人聽之、任之，一共為賄選花費了一千三百五十六萬元。這些錢是在一九二三年十月一日以支票形式發放的，為此引起了軒然大波。有議員懷疑曹錕開的是空頭支票，萬一曹家在銀行沒有這麼多錢怎麼辦？直系專門派人拉著議員去銀行看曹錕的戶頭金額，又帶他們去參觀曹錕的產業，這才平息了議員們的懷疑。還有一些議員糾結於支票是即期還是遠期，出票人是誰，支付銀行是哪家等問題，爭吵不休。

其中也有正直的議員，主動出來揭露曹錕的醜行。浙籍議員邵瑞彭，假意接受賄賂後，在大選前將拿到的五千元支票照相製版公布，並

向北京地方檢察廳檢舉高凌霨、王毓芝、邊守敬、吳景濂行賄，控告曹錕「騷擾京師，詡戴洪憲」、「遙制中樞、連結疆吏」、「不自斂抑，妄希尊位」、「勾通軍警、驅逐元首」、「收買議員、破壞制憲」、「多方搜括、籌集選費」等諸項大罪。選舉尚未開始，輿論已經大嘩。曹錕當選的消息傳來，社會各界紛紛抗議選舉結果。被曹錕打敗的奉系張作霖叫嚷：「曹錕是三花臉，是小丑，我們東北人絕不捧他！」張作霖宣稱議員若能拒絕曹錕的賄賂，可以向自己領取相同數目的金錢，美其名曰「反賄選」。在廣州護法的孫中山下令討伐曹錕，通緝受賄議員，並聲明曹錕為僭竊叛逆。各省官紳也聲討本省的參選議員，個別省分甚至開除議員的省籍，讓他們無臉面還鄉。

不過，獨霸中原的曹錕，推翻國會易如反掌，自我加冕為總統也未嘗不可，為什麼還要如此麻煩地賄選總統？曹錕的部下王坦就說：「花錢買總統當，比要了錢得貪汙之名的人強多了，也比拿槍命令選舉的人強多了。」此話道出曹錕和多數軍閥對選舉、對議會政治的看法。「這對一個大軍閥來說，並不是最壞的表現。」起碼他心目中還有總統、還有國會。

事實上，曹錕賄選不是個人行為，而是軍閥集團支持的集體行為。曹錕家產數千萬，位列北洋軍政人物之首，但賄選經費並非出自私囊。直隸省長王承斌替他籌集了大量經費。王承斌逮捕境內製毒、販毒的奸商，勒令他們以錢贖身，斂財數百萬，又向直隸一百七十個縣強迫性借款數百萬元，全部用來供曹錕賄選。各省督軍、省長也多有「報效」，數目最多的為山西督軍閻錫山、湖北督軍蕭耀南、江蘇督軍齊燮元，每人五十萬元。賄選固然令人痛心，賄選背後透露的民國人物的政治觀，更令人深思。他們心目中的議會政治和選舉操作，就是大張旗鼓的曹錕賄選這個樣子。

二

一九二三年十月十日，民國國慶節，吳景濂捧著新總統的當選證書，乘坐專車到保定迎接曹錕。直系治下的保定，全城慶祝，家家懸掛五色旗，歡呼聲不斷。曹錕形式性地謙讓幾次後，踏上總統專車，開始了總統生涯。

後人對曹錕總統合法性發出的質疑聲比較多，但在當時，僅局限於京、滬兩地的知識分子、菁英階層有這樣的質疑。賄選一事影響十分有限。倒是西方媒體對西方議會民主在中國的「水土不服」，表現出濃厚的興趣，跟蹤報導了賄選情況。一九二三年九月二十四日，美國《時代》雜誌發布了曹錕賄選的專題，並配有照片，題目是「今日仍無總統」。曹錕賄選似乎又是一件典型的、供西方鑑賞的中國出口商品。不管西方人怎麼看，賄選只在當時引起了並不算大的風波，隨著時間的推移，曹錕的總統位置似乎越坐越穩了。

這其中肯定有什麼地方出了問題！是的，議會民主制度和清末民初的中國結合，產生了大問題。

議會民主制度初行於神州大地，中國無論在社會基礎、人民普遍心理、還是新舊思想交融等方面，一時都難以適應。頻繁出現的總統制和內閣制度的糾紛、行政權力和立法機關的糾紛、紛繁錯亂的政治制度等，都是這種不適應的表現。曹錕公然賄選成功的鬧劇，將這種不適應推到了頂點。種種政壇糾紛和衝突，並非是人們對國家利益的理解不同，相反，這些糾紛和衝突帶有濃厚的黨同伐異，甚至是個人利益的色彩。民國政府成立不久，袁世凱即對當時形形色色的政黨派系表示憂慮：「無論何種政黨……若仍懷挾陰私，激成意氣，習非勝是，蜚短流長，藐法令若弁髦，以國家為孤注，將使滅亡之禍，於共和時代發生，

揆諸經營初造之心，其將何以自解。」果然如他所料，黨爭混雜著私利，讓西方議會民主制度在中國完全走了樣。人們圍繞議會，不斷出現衝突。江西臨時省議會本來支持李烈鈞出任都督，後來因督軍和議會的權限產生分歧，雙方分道揚鑣。李烈鈞要改選議員，而反對議員要求更換都督。江西輿論則關注江西參議員郭同回鄉後大賭大嫖，大抽鴉片。廣東省議會和都督胡漢民的關係也很不好，指責胡漢民「屬行軍政，蹂躪法權」，對省議會的法律文件不照樣執行。而胡漢民則否認省議會有立法權限，指責議會干涉行政。至於中央政府和參眾兩院的矛盾，在這裡就不贅述了。

而政黨的問題就更多了。民國初期著名記者黃遠庸曾報導某省的都督是屬於某個黨的，不是這個黨的人，就不能當官。該都督對下屬進行甄別，不是看人好不好，能幹不能幹，而是看這個人是屬於哪個黨。有某省的都督則下指示說：「查某人不是我們黨的人，立即把他的職務撤了。」更有人看不慣政黨的亂象，覺得這樣搞下去，就要亡國了。江蘇都督程德全說得一針見血：「近日實無所謂政黨，不過一二沽名之士以黨名為符號，而一般無意識之人從而附和，自命政黨，居之不疑，叩以政見，毫無所有……智識幼稚，如吾國是，則黨派實不應發生太早，由此點思之，吾國至少非有五年或十年之預備，不可言黨也。」

因此，民國初年的社會，對議會民主普遍感到失望。章太炎憤憤地發表宣言說：「政黨已經為天下人鄙棄了，參議院也已成為培養壞蛋的地方。」一九一三年初，河南都督張鎮芳寫信給陸軍總長段祺瑞：「竊謂刻下大局雖在外患，尤在內憂。上海歡迎國會團聞已解散，而意存破壞可慮者甚多。如遷都也，憲法也，用人之同意也，省長之民選也，政黨之內閣也，地方之分權也，假公濟私，爭名奪利，但知運動，不顧危亡。開會前途，可以逆料，非武力解決，恐不能息此風潮。閣下智勇深沉，

想有善策，如何計劃，尚祈密示南針。」段祺瑞回信表示認同，認為「黨派競爭，不顧大局，非武力震懾不可，自當密為籌備。」段祺瑞等實力將領，對議會民主失望了，完全回到武力震懾的老路。而對議會民主抱有希望的人，又找不到改良議會的方法。於是乎，議會越來越糟糕。

我們再來看選舉曹錕為總統的舊國會的具體情況。舊國會是一九一三年成立的，就是宋教仁寄予厚望，希望依託它實現政黨政治和議會民主的那屆國會。從職業來看，議員大多數是官僚和職業政治家，其中前清官僚和有功名的人，占總數的三分之一左右。剩下的議員中，主要是教育工作者和自由職業者（律師、記者、醫生等），真正實業家或商人出身的議員，只是個別現象。從教育來看，大多數議員都在國內外接受了新式教育，在一定程度上知道議會民主為何物。但他們所學的專業，幾乎不是政治就是軍事，對微觀（個體）經濟和自然科學極少了解；留洋歸來的議員，多數是留學表面立憲、實則君主獨裁專制的日本學生，極少有留學英、美等成熟民主國家的學生。他們不知道真正的議會民主該如何操縱，如何與社會公眾保持連繫，如何在中國推行真正的民主。「從傳統的四民社會來看，他們還很難脫離士的範疇」。從人員組成來看，就不像是個成熟、穩健的議會。到曹錕想當總統的時候，民國元年選舉產生的舊國會議員們飽經波折。先是袁世凱時期壓制議會、迫害議員，接著是黎元洪解散議會，然後是段祺瑞主政拒絕恢復議會，部分議員南下導致舊國會分裂；段祺瑞、徐樹錚等乾脆成立安福國會取代舊國會。等曹錕、吳佩孚等恢復國會，捧出黎元洪來「法統重光」，多數議員才哆哆嗦嗦地重新聚攏。可是當年三、四十歲的中年人，如今早已在坎坷和困頓中，不思報國而只顧私利了。

舊國會議員們最大的問題是：窮。因為窮，所以舊國會恢復後，「買賣立法權」逐步從私下轉向公開。誰想透過有利於本行業、本地區，甚

至本人的法案；誰想獲得內閣或地方上的職位；誰想借助議會影響行政或者司法，都可以買通議員，如願以償。於是，賄賂議員興起，成為一個專門的行業，有中間人、有價目表，形成了產業鏈。甚至有人為此發生財產糾紛、對簿公堂的。有人要收買國民黨議員鄧元，委託屈榮崇、梁福通、何承卿三人引見、溝通。結果事成後，賄賂和受賄雙方都沒有給三個中間人中費（介紹費）。三個中間人聯名向京師地方審判廳提起訴訟，其中陳述理由為：「竊買賣房產，中費多寡各方習慣不同，以動物而論，如賣豬買羊，各地亦有成規，斷無霸吞行錢之理。豈議員而獨不然耶？況豬羊價賤，尚且優待行戶，議員價昂，何得刻苦中人。」將賄賂議員與豬羊買賣相提並論，議員和豬羊何異？老百姓毫不客氣地稱議員是「豬仔議員」。

回顧清末民初的中國政治亂象，宋教仁的死和民國元年議會政治夢想的破滅，已經證明了當時不存在議會政治的社會基礎。值得深思的是，辛亥革命本應該是在共和民主旗幟下進行的全新革命，而不是中國歷史血腥定律的重複。理想中的革命應該涉及社會各個方面的轉型，而面對政黨政治、議會民主和媒體紛爭，也應給它開放的環境。可在袁世凱、趙秉鈞、曹錕等人和新式革命之間，橫亙著巨大的壕溝。壕溝的一邊是裹挾著西方民主政治風氣的革命派，一邊是掌握軍隊、信奉中國傳統政治規律的實力派。兩派交鋒的結果，就是兩種政治思潮的奇怪混搭。比如曹錕已經獨霸中原，完全有憑藉武力獲得黃袍加身的可能，卻還要拿出幾千萬銀元來「買」個總統。這不是曹錕一個人的行為，而是整個軍閥集團的行為——他們都向曹錕湊「分子錢」，有人還忙前忙後張羅選票。在他們看來，議會和民主是需要的，但可以操作；總統職位是神聖的，但可以購買。這不是軍閥集團單個群體的認知悲哀，是代表了當時中國社會的總體認知缺失。

　　因此，曹錕賄選醜聞的出現，也就不足為奇了。曹錕固然要對賄選案負主要責任，但是支持曹錕的各個軍閥、選舉曹錕的議員們，甚至是那些出於各種目的批判曹錕的人們，也應該承擔次要的責任。

　　一九二四年十一月三日，「賄選總統」曹錕被迫辭去總統職務。

　　曹錕的倒臺，並非法律的勝利，也不是公正和正義的勝利，更談不上民主的勝利，而是被發動政變的部將馮玉祥推翻的。曹錕成了軍閥內訌的階下囚。曹錕倒臺是一件好事，可推翻曹錕的手段卻是非法的。用一種非法手段（軍事政變）來推翻之前的犯罪者（賄選總統），這到底是好事，還是壞事呢？

　　政變後，馮玉祥和奉系張作霖兩派共同控制了北京政權。他們公推已經失勢的皖系首領段祺瑞出任「臨時執政」，組織執政府。段祺瑞政府下令將曹錕「著內務、陸軍兩部嚴行監視，聽候公判」。公判尚未開始，曹錕部將吳佩孚聯合直系殘餘力量，又打敗了馮玉祥。馮玉祥被迫下野，留守北京的馮玉祥部下鹿鐘麟等人趕緊主動釋放曹錕，以求緩和與吳佩孚等人的矛盾。曹錕隨即恢復了自由，並沒有因為賄選案受到懲罰。

最後的內訌：張學良殺楊宇霆、常蔭槐事件

一

　　一九二九年一月十日晚上七點多，瀋陽城已經漆黑一片。東三省兵工廠督辦楊宇霆、黑龍江省政府主席常蔭槐來到大帥府，拜見少帥、東北保安總司令張學良。

　　楊宇霆、常蔭槐是來請示成立東北鐵路督辦公署事宜的。當天下午，楊常兩人已經向張學良要求盡快成立鐵路署了。發達的鐵路，在東北有著重要的作用，但面臨蘇聯和日本勢力的南北威脅。十一天前，東北宣布易幟，服從南京國民政府號令。楊常兩人建議趁機收回路權，楊宇霆還建議由常蔭槐兼任東北鐵路督辦。張學良指出，東北局勢複雜，鐵路督辦一事需要請南京中央政府定奪，邀請他倆晚上來進一步商討。楊宇霆、常蔭槐就起身回家吃晚餐。張學良客氣地邀請兩位叔叔輩的部下留在府上一起吃飯，楊常兩人客氣地謝絕了。三人約定，晚上再見。

　　晚上，楊宇霆、常蔭槐如約而來。兩人帶來的一連隊的警衛被攔在府外，引入客房取暖吃飯；有專人把兩人帶過帥府的四合院，引到西洋

風格的大青樓。大青樓一層有個大會客廳，是張作霖、張學良父子和東北軍政高層論政的地方。楊宇霆、常蔭槐兩人說笑著，走進會客廳落坐，接受傭人送上來的茶點，靜靜等待張學良的到來。

會客廳裡有兩個巨大的老虎標本，立在沙發背後，多年來一直冷冰冰地注視著客廳的一批批來客。那是熱河省政府主席湯玉麟獻給張作霖的禮物。楊宇霆剛坐下，就被一根虎鬚刺到脖子，他揮揮手，折不掉虎鬚，只好挪了挪身子，躲開虎鬚。

突然，會客廳的大門被人踢開。沒等楊常兩人反應過來，警務處長高紀毅和侍衛副官長譚海率領六名士兵破門而入，六個黑洞洞的槍口頓時對準楊常的腦袋。高紀毅宣布：「奉長官命令，因為你們反對易幟，阻撓國家統一，所以將你們兩人處死，立即執行。」隨即，四名士兵分別扭住楊宇霆、常蔭槐的雙手，剩下的兩名士兵從背後按下兩人的腦袋，將手槍對準他們的後腦杓，扣動了扳機。兩聲清脆的槍聲過後，楊宇霆、常蔭槐血濺沙發，命歸黃泉。

整個槍決過程不到一分鐘。

血腥的殺戮過後，立刻有人進來清理現場。沙發很好清洗，但是被鮮血浸透的地毯，一時不好處理，就成了裹屍布，用來包裹兩具屍首。十日晚至十一日清晨，楊常兩人的屍體在會客廳停放了一夜。

十一日清晨，東北當局主要官員張作相、翟文選、王樹翰、臧式毅、鄭謙等人，和寄居瀋陽的東南軍閥孫傳芳等人，接到張學良的通知，進張府來開會。張學良平淡地向大家宣布槍決楊常兩人的經過。眾人突聞血案，而且死的就是前天的江湖兄弟、昨天的官場同僚，無不「驚恐萬分」、「面面相覷」。最後還是老資格的奉系老將張作相小聲問張學良，這件事是否做得有點過頭了？張學良在辦公桌上捶了一拳，回答：「此事如果辦得不對，當向東三省父老請罪，但我自信沒有辦

錯！」在眾人的注視下，包裹著楊常兩人屍體的地毯被抬出了會客廳和大帥府。

為了善後，張學良要祕書長鄭謙草擬電稿，羅列楊常的罪狀和必須被處決的理由。當然，也得在「法律形式」上做一點潤色。鄭謙雖然是張學良的祕書長，卻是楊宇霆的支持者，他提起筆來，只是搖頭沉吟，一個字也寫不出來。其間鄭謙要棄筆而走，高紀毅說，沒有他的同意，任何人都不得離開。鄭謙等於被軟禁了，並在三天後「暴卒」，追隨楊宇霆而去。張學良的機要祕書劉鳴九執筆，草擬了槍決楊常的電稿。瀋陽陸續發出了〈東北三省保安總司令布告〉、〈張學良致中央政府通電〉、〈張學良致三省父老電〉、〈追述楊常伏法經過詳情〉、〈楊常伏法之判決書〉等文件。

十一日晚上，天寒地凍，大帥府中舞廳的後門被偷偷打開了。孫傳芳鬼鬼祟祟地探出腦袋，見四下無人，就彎腰低頭、倉皇而逃，一會就消失在伸手不見五指的夜幕中。

孫傳芳曾經雄踞東南五省，手握數十萬重兵，但在國民政府北伐戰爭中輸得精光，不得已到白山黑水來投靠奉系，寄人籬下。奉系上下尊稱他一聲「孫聯帥」，實際上他被安置在大帥府舞廳的客房中，整天無所事事。他和楊宇霆交情過密，楊宇霆的死讓他驚恐不已，不得不逃往大連，從此徹底退出政治舞臺。

幾天後，張學良收到孫傳芳發來的「解釋信」。孫傳芳說在瀋陽打擾多日，深感不安，現在不辭而別，前往大連養病，請張學良諒解。

二

回到一九二九年一月十日的晚上，楊宇霆和常蔭槐在會客廳等候張

學良的時候，張學良就在二樓的臥室裡，焦躁不安，猶豫不決。

到底要怎麼處置楊常二人呢？張學良曾想過，先把他們抓起來再說。妻子于鳳至提醒他說，楊常被抓，馬上會有一長串的人來求情施壓，到時候怎麼辦？張學良無奈，只好透過拋銀元來決定兩人的命運。如果袁世凱頭像那面朝上，就殺楊常二人；反之則放過他們。他拋出一枚「袁大頭」銀元，第一次，頭像朝上。張學良還是下不了決心，就打算再拋兩次，來個「三局兩勝」。第二次、第三次，頭像還是朝上。張學良這才下了處決令。

現今張學良的府邸已經被開闢為瀋陽張學良紀念館。聰明的管理人員在張學良臥室桌子上放著醒目的「袁大頭」銀元，用玻璃罩罩起來，還把上面的故事煞有介事地介紹一番。不過，一九六八年，有人曾當面詢問已身陷囹圄的張學良，此事是否存在？張學良予以否認。他說：「沒有擲過洋錢，不過對殺楊宇霆確實猶豫過。」

張學良不能不猶豫，因為楊宇霆、常蔭槐不是一般的東北高官，而是東北政局的關鍵人物。動他們，就是動整個東北政局；但張學良又不得不動他們。

楊宇霆是東北法庫縣人，比張作霖小十歲。和奉系軍閥老人大多出自綠林土匪不同，楊宇霆在前清考取過秀才功名，科舉廢除後，還曾留學日本，畢業於日本士官大學，是正經的「身世清白」。在腐朽黑暗成風的軍閥世界中，楊宇霆也是一個另類。當時媒體公認楊宇霆胸有大志，不溺聲色，勤於政務。當年楊宇霆只是東北兵工廠的一個中級軍官，後來因為把廠子裡的警衛連管理得紀律嚴明、軍威浩然，讓張作霖耳目一新，才被張作霖提拔到身邊。楊宇霆並不是跟隨張作霖最早的人，卻是為張作霖立功最多的人之一。他歷任張作霖的總參議、東北軍軍統帥、東三省兵工廠督辦等職，為張作霖出謀劃策、保障後勤、訓練

軍隊，曾一度大權在握。他有些剛愎自用，政治手腕高超又無情，黨同伐異，插手軍隊和地方政府的人事，在各方面難免和其他奉系要人存在矛盾，得罪人。張作霖出身土匪，很講交情，在世時始終支持楊宇霆，也能容忍楊宇霆的缺點。

一九二八年底，張作霖被炸死了，楊宇霆支持張學良子承父業。可他忽視了，年輕的張學良和老爸張作霖的性格、秉性存在很大的不同。失去了堅強後盾的楊宇霆，最現實的方法是搞好與張學良的關係。可他絲毫沒有意識到這一點，絲毫不改之前的行事作風，還對「小六子」張學良以父輩自居，動不動就擺出長輩的姿態教訓張學良。有一次某處長求見張學良不得，找到楊宇霆，楊宇霆怒道：「漢卿（張學良的字）已承先業，還是這樣懶怠，這怎麼得了，我去告誡告誡他。」說完，他帶著那位處長來到帥府問衛兵：「司令起床了嗎？」衛兵答：「未起床。」楊宇霆竟然直奔張學良臥室，敲門大喊：「我是楊宇霆，快起來，有公事需要處理。」張學良醒了，很忌憚楊宇霆，慌忙披上衣服，開門請楊宇霆入座。楊宇霆也不見好就收，反而教訓張學良：「各位廳處長有公事待決，等你數日不見，這怎麼成。老帥在時，可不是這樣。」身為晚輩的張學良，起初只能唯唯諾諾，時間久了，心裡也生氣了起來。一次，張學良就對楊宇霆說：「東北事情這麼多，我做不了，還是請楊叔來做吧！」楊宇霆聽了，沒有請罪，也沒有收斂一些，卻說：「你還別說，這東北的事情你小六子辦不了的，還真得由我來辦。」聽聞此言，張學良對楊宇霆的態度馬上從埋怨、忌憚轉為仇恨。

常蔭槐的情況與楊宇霆相似。他也是東北本地人，歷史清白，政府科員出身。常蔭槐在奉系陣營中，地位不如楊宇霆，但在司法處長和東北鐵路局長兩任職位上很出色。在司法處長任內，常蔭槐執法公正，團營長以下的軍官犯事，直接脫去軍裝，當場痛打；在鐵路局長任內，常

蔭槐掌握鐵路效益，且從不幫別人走後門。日後負責槍決常蔭槐的高紀毅，當時還在當團長。一次，高團長沒買票乘車，就被常蔭槐硬生生地從車上拉下來，大大地出了一回醜。結果，常蔭槐除了和楊宇霆關係不錯外，與奉系各派系的許多人都有仇怨。其中，常蔭槐最不應該得罪的人就是張學良了。常蔭槐曾公開說：「小六子（張學良）少不更事。」的確，年輕的張學良有許多不成器的表現。比如開會開著開著，毒癮上來了，就跑到臥室裡注射毒品，要楊宇霆替他主持會議；上午愛睡懶覺，常常讓部屬們無法找他辦事等。這些都被常蔭槐視為很有三國時期劉阿斗的遺風。但有看法，自己心裡有數就好了，常蔭槐不應該把這些感覺都寫在臉上，還公開宣揚。

東北易幟後，常蔭槐被任命為黑龍江省政府主席。不想，主席僅僅當了十一天，腦袋就掉了。楊宇霆則在東北易幟後拒絕張學良委任他的一些職務要求，只保留東三省兵工廠督辦的職務。

張學良掌權東北沒幾天，就和楊宇霆、常蔭槐在許多問題上矛盾重重。比如張作霖死後，原屬奉系的張宗昌、褚玉璞的部隊，還與國民黨軍在唐山秦皇島一帶膠著對峙，情況很不妙。張褚兩人請求出關謀生。張學良不願意接納這支部隊：一來東北局勢也很複雜；二來張宗昌這個人野性難馴，曾經在山東獨立於奉系。所以張學良不願讓直奉聯軍來東北。楊宇霆則主張：「效坤（張宗昌的字）他們跟隨老帥多年，今勢窮力蹙，我們不能不管。」不僅如此，楊宇霆在與國民政府的關係、歸還冀東地區等問題上，和張學良意見相左。而常蔭槐則在黑龍江編練山林警察，還一口氣組建了二十個營的兵力。楊宇霆為他提供軍火，而且還是比東北軍更先進的進口捷克武器。他們本意可能是要加強黑龍江的邊防，防備俄國勢力侵犯，但事先對此一無所知的張學良，會怎麼想呢？

新中國成立後，楊常事件當事人之一的高紀毅曾寫了〈楊常事件的

前因後果〉。他在文章中還提到了楊宇霆的狂妄性格和他的一些奇聞軼事。現在摘錄如下，與讀者共欣賞：

（楊宇霆的狂妄）與江湖術士的慫恿也有關係。當他盛極一時之際，在修造法庫家鄉的祖墳時，曾發現一個石像。他的四名術士異口同聲告訴他說，這是有「九五之尊」的徵兆。

這時日本人在瀋陽所辦的《滿洲報》，突然想出一個舉辦東北民意調查的花樣，將張學良、楊宇霆、張作相、萬福麟、常蔭槐等數十人列為一表，下面印有選票，要讀者每日填寫東三省軍政長官一人，及遼、古、黑三省主席一人，剪下寄該報館。楊宇霆利用這一機會，派人大量購買該報，將選票填上楊的名字，陸續寄給報館，每日幾達數千份之多。楊之所以這麼做，是為了要借此表示他是民意所歸的人。事後，由楊府賣出的廢報紙達數千斤之多，這個祕密始為外界所知曉。張學良知道這件事後，心情如何，可想而知了。

東北軍退返關外之後，因兵員眾多，經費維持大為不易，張學良為了緊縮開支，首先將軍長以上的將官，一律改為軍事參議官，成立參議官會議，決定裁減兵員辦法。張學良這時已染有嗜好，參議官會議開會，他無法一直坐在會議席上，離開時均由楊宇霆擔任主席。每當張學良準備下樓詢問情況或有所主張之際，楊輒加以制止，說：「你不知道，你不要管。」這樣喧賓奪主的情況，實在到了「是可忍，孰不可忍」的地步了。此外，楊經常在背後對人說：「他每天注射毒針甚多，將來必會自斃。」張對此豈能容忍，可能因此就種下了對楊的殺機。

高紀毅和楊宇霆、常蔭槐的關係差到怒目相視的程度 —— 楊常兩人和同僚的關係普遍不好。所以，高紀毅回憶楊宇霆的負面訊息時，可能有誇張的成分，但基本上可以看出楊宇霆在為人處世上的不妥之處。

簡單地說，楊宇霆也好、常蔭槐也好，都犯了一個大錯：做事有

餘，做人不足。

　　張作霖死後，面對年少氣盛的張學良，楊宇霆絲毫沒有收斂的意思，非但我行我素，還變本加厲，最終激怒了張學良。東北宣布易幟一個星期後、楊宇霆被殺五天前（一九二九年一月五日），是楊宇霆的父親生日。楊宇霆決定為老父親大辦壽宴，高調地邀請東三省各級長官，同時把請束發到了北京、天津等地。有同鄉好心勸楊宇霆事情做得有點過頭了，建議他帶著老父親回老家法庫縣慶壽。楊宇霆堅持在瀋陽公館裡舉辦。

　　楊宇霆的公館在張學良帥府的東邊。現在遊客們從大帥府出來，搭一站公車就能參觀楊公館，更多的人則是直接走過去。當年，楊老太爺生日時，一輛接著一輛的小汽車、馬車，一群群提著禮物的賓客們，從張學良門前走過，向東去為楊宇霆的父親祝賀生日。當天，楊公館燈火輝煌，鑼鼓喧天，震動了半個瀋陽城。張學良看在眼裡，聽在耳裡，又是什麼感想？

　　張學良很有涵養，和妻子于鳳至一起提著禮盒，夾雜在祝賀的人群中，前往楊公館祝賀。一到楊公館，只見門前車水馬龍，裡面高朋滿座。東北各省軍政長官幾乎都到楊府祝賀了，無所事事的前東南五省聯軍總司令孫傳芳「孫聯帥」，屈尊擔任總招待，招呼客人；曾任國務院總理的潘復，親自從大連請來京劇名角程硯秋到楊府演戲，好不熱鬧。張學良進屋看到一群東北高官正圍成一桌賭錢。楊宇霆的副官喊：「總司令到！」賭錢的高官們，只有少數人起身致敬，多數人只動了一下身子，或者乾脆視而不見。一會，楊的副官又高喊：「督辦下來啦！」賭錢的一幫官員立即不約而同地肅然起立。楊宇霆進場和各位來客一一寒暄後，大家才就座。

　　回家的路上，于鳳至向張學良抱怨：「你哪裡像東北的主人，楊宇

霆才是東北的真正主人！看看他那副德行，他眼裡還有你嗎？」

許多分析楊常事件的文章，還提到了日本人在其中的挑撥離間。日本關東軍對東北覬覦已久，表面上和奉系保持良好關係，實際上巴不得奉系內訌、消耗實力，以便日本漁翁得利。張作霖逝世，日本方有多人前來弔唁。關東軍將領在弔唁的時候，就提醒張學良要注意鞏固權力。而日本特使林權助則委婉得多，透過講述豐臣秀吉遺子被德川家康殺身篡權的故事，來告誡年輕的張學良要留心大權旁落。當時，東北老一輩實力派中，最可能威脅張學良權力的，就是楊宇霆這幫人了。張學良曾回憶自己受到的日本影響：「我任東北邊防軍司令長官時，未安排他（楊宇霆）任何職位，一則因為他是老將重臣，地位很高；二則是我對他確有戒心。看到林權助在記者會的講話，和我翻閱日本歷史有關德川幕府的史實，聯想東北當時情況，我有些不安。楊雖無任何職務，但東北政要多是他門下故舊，趨承奔走、門庭若市，甚至國內各省代表也多往拜謁。他是一個在野人物，居然跟我分庭抗禮。尤其他為其父祝壽時鋪張揚厲，車水馬龍盛極一時。當時我也參加祝壽，不斷在想，假如楊常取我而代之，可以兵不血刃掌握東北政權。莫非林權助就是針對這種情況說的嗎？我該怎麼處理，是等待被殺，還是先把他們除掉？」

希望有所作為，又年輕自信的張學良內心，恰恰潛伏著沒自信的陰影：害怕大權旁落，甚至不允許權威受到挑戰。這是所有掌權者的通病。各方面因素綜合作用的結果是，張學良猶豫之後，下定了殺心。

三

在天寒地凍的十一日清晨，楊常兩人的屍體被抬出大帥府，楊常兩家家人接到通知來認領裝殮屍體時，才知道噩耗。

239

　　張學良派人給楊常兩家各送了一萬銀元處理後事。他還寫給楊宇霆夫人一封信。在信中，張學良解釋槍決楊宇霆的苦心，自比是在玄武門事變中，殺死兄弟的唐太宗李世民，表示事出無奈。張學良還表達了悲痛之情：「弟昨今兩日，食未入口、寢未安寐，心中痛爾！」很多人回憶，張學良槍決楊常兩人後疲憊不堪，癱倒在床，不斷感嘆，面露愧色。這畢竟是張學良第一次操縱政變，第一次在家裡殺人，就算他素養再高，也做不到若無其事。張學良侷促不安還有一層原因，那就是他對槍決楊常感到內疚。他曾對旁人說：「我們可得好好做啦！要不然太對不起鄰葛（楊宇霆的字）、漢湘（常蔭槐的字）於地下了！」

　　後人對楊常事件的原因、如何評價楊常兩人，都議論紛紛，意見分歧。楊常事件的發生有「功高震主說」，有「派系鬥爭說」，甚至有楊宇霆和常蔭槐陰謀發生軍事政變、取代張學良主政東北的說法。這些說法可能都有合理的成分，卻都無法完全解釋事件的前因後果，也都找不出令人信服的證據。有一段時間，為了突出張學良的形象，楊常兩人的形象受到了貶低，被塑造成反對東北易幟、阻攔國家統一、勾結日本軍國勢力的反派。由此出發，楊常事件被部分人描述成少帥張學良為了鞏固易幟成果、遏制日本勢力擴張的「正義」政變。然而，越來越多的研究顯示，楊常兩人並沒有反對東北易幟、反對南京國民政府，更沒有勾結日本勢力，相反，他倆支持張學良東北易幟，大力抵制日本在東北擴張勢力。層出不窮的觀點和爭論，讓楊常事件的真相變得迷霧重重。

　　拋卻感情因素，楊宇霆、常蔭槐的政績是有目共睹的。楊宇霆是個現實的政治人物，幹練、勤勉。「父親是個菸酒不動，沒有什麼嗜好的軍人，每天天未明時，就到兵工廠去上班，天黑後才回來。每日在家中只吃一頓晚餐，伙食很是一般。我與父親同桌吃飯，飯後父親一定吃一兩個蜜橘，夏天是半個西瓜，不吃其他零食。休息一會，便自己去書房批看文件，有時一直到深夜。他有祕書，卻很少用，完全親自批閱。

記得我常用剪刀幫他剪來信的封口，大約每天都有十幾封至幾十封。」
（楊茂元〈回憶先父楊宇霆將軍〉）正是因為楊宇霆的努力，東北軍在
一九二○年代軍備發展扎實，隊伍編練迅速。奉系入關奪權期間，楊
宇霆也做出了很大貢獻。常蔭槐也是個認真幹練的人。他雖然是奉系要
人，但對官場饋贈往來、酬酢的習氣不以為然。

　　正因為如此，常蔭槐擔任了最容易得罪人的軍法處長、鐵路局長的
職務。他當軍法處長時，瀋陽城內駐軍軍紀很差，打架鬥毆、危害城市
公共秩序的事情時有發生。常蔭槐嚴正軍紀，毫不留情面地維持社會治
安。他接任鐵路局長時，東北鐵路交通運輸管理混亂，乘客沒有購票乘
車的習慣，還有官兵和軍政單位破壞鐵路設施、干擾交通。常蔭槐不怕
得罪人，揚正抑惡，連張作霖姨太太娘家的人，都照罰不誤，硬是在短
期內讓東北鐵路經營好轉，利潤節節攀升。值得一提的是，常蔭槐主管
鐵路時，在日本人的眼皮底下，修築了大通鐵路，和日本人控制的南滿
鐵路進行競爭，讓日本人輸了一招。楊常兩人死後，有人就感嘆奉系自
毀長城，讓整個東北政務受到影響。更有人樂觀地估計，如果楊常兩人
還在，三年後的「九一八事變」，也許可能有另外的解決方式，東北會
是另外的前途了。

　　但是楊常兩人已經死了，張學良和奉系必須妥善處理後事。

　　張學良在事後發表的通電中，列了楊常兩人種種罪狀。先是總說
「楊常朋比，操縱把持，致使一切政務受其牽制，各事無從進行」，接下
來再細說「溯自民國十三年後，屢次戰禍均由彼二人慫恿撥弄而成。跡
其陰謀私計，世或未知，自我先大帥佳電息爭，倡導和平，信使往來，
南北協洽，獨彼二人遲回觀望，陰事阻撓。近如，灤東五縣不肯交還，
其阻撓者一；平奉車輛學良已商允交還，唯彼二人從中作梗不放行，使
中外人士感受苦痛，而車輛廢置破壞，公私損失，何可紀極，其阻撓

者二；灤東撤兵，順應世局，正協人心，而楊常堅持異議，其阻撓者三」。這些罪狀主要有：阻礙和平，破壞全國統一（很大的帽子）；破壞冀東地區撤軍；破壞平奉鐵路（北京到瀋陽的鐵路）交通。

在通電中，張學良也披露了楊常兩人在東北攬權的事實。「彼二人包藏禍心，事事陰謀破壞，處處竭力把持」，包括把兵工廠和交通事業視為個人私利貪汙收入，且向省府逼索巨款的事。通電說楊常兩人有兩億元「既無長官批示，亦無部處核銷」的錢款，被塞入私囊。同時，楊常兩人還拉幫結派，「所用多其親屬，政府歸其操縱，出門者，每予袒庇，非其私黨，加以摧殘」。與破壞和平的罪名比起來，楊宇霆和常蔭槐的這些罪狀雖然小得多，但每樣都直刺張學良的敏感神經，讓他無法容忍。

最後，張學良把槍決楊常的決定，說成是「經過合法形式」的「集體決定」。張學良「與同人再四籌商」（事實上，張學良事先只和高紀毅等少數人說了此事），大家都「認為」「非去此二人，東省大局非徒無建設之望，且將有變亂之萌」。因此，張學良「大義滅親」，在十一日「召集會議」（事實上，十一日開會時楊常已經陳屍會客廳了），「並邀彼二人列席，當眾按狀考問，皆已俯首服罪，詢謀僉同，即時宣布罪狀，依法執行」。（死人怎能再次「俯首服罪」呢？）

當時中國畢竟進入民國十多年了，人們多少也有些法制觀念，張學良不得不在這樁陳舊血腥的政變上，塗抹一層法律的油彩。為了平息外面對楊常之死的非議，張學良在五天後接受記者提問時宣稱：「關於楊常正法事，外間多有不明真相者，以故揣度臆疑在所難免。兩人確有犯罪證據，且當處置之前，經歷十五小時訊問，一切法律手續完備，始為施刑。因我們正在改良司法時代，鄙人萬不能做出不合法事情。」他所處的時代，的確是「改良司法」的時代，但他做的事情，依然是中國古代

官場上的血腥政變，絲毫沒有法律可言。楊宇霆和常蔭槐的死，沒有經過任何法律程序，公布的所有資料，都是事後由祕書人員炮製的。張學良的機要祕書劉鳴九就承認：「以『叛亂』罪名加諸死者，實無根據。」

跳出事件本身來看楊宇霆和常蔭槐的死，這是一樁簡單的軍閥集團內部權力鬥爭。一個年輕的首領，為了維護權威和統治，祕密處決了精明能幹卻不知道韜光養晦的前朝重臣。在中國歷史上，這樣的事情還少嗎？春秋時期晉靈公「鬧朝擊犬」事件、曹魏末年曹髦刺殺司馬昭事件、康熙時的剷除鰲拜行動、嘉慶即位後的「和珅跌倒」等，歷史上比比皆是。權力之爭是不帶有感情色彩的，對楊常兩人同情也好、譴責也好；對張學良支持也好、反對也好，這些論述都沒有涉及這樁事件的本質。一九二九年的中國，尚未脫離權力惡鬥的陋習。但惡鬥越來越少了，張學良槍決楊常兩人是中國擺脫陋習過程中的最後幾次權力內訌之一，這次內訌對江河沒落的奉系、對法制逐漸發展的中國來說，都稱得上是「最後的內訌」。

楊宇霆、常蔭槐出殯之日，張學良親送輓聯，以示悼念。他給楊宇霆的輓聯是這麼寫的：「距同西蜀偏安，總為幼常揮痛淚；淒切東山零雨，終憐管叔誤流言。」上聯中的幼常是三國馬謖的字，這裡用的是諸葛亮揮淚斬馬謖的典故（當然張學良是諸葛亮，楊宇霆是馬謖了）；下聯用的是周公征討周武王之弟管叔的典故，張學良自比是為國殺人的周公了。

張學良給常蔭槐的輓聯是：「天地鑑余心，同為流言悲蔡叔；江山還漢室，敢因家事罪淮陰。」這上聯用的典故與楊宇霆輓聯的下聯相同；而下聯中的淮陰是西漢功臣韓信，張學良在這裡明確說自己殺常蔭槐是為了國家考量（江山還漢室）。

這兩副輓聯倒是很能說明問題。

全民看大戲：一九四七年「國大代表」誕生記

一

有一則民國政治笑話，說的是某地方官員（有說是省主席，有說是國民黨某黨部主任）「理論水準」之低，毫無「信仰」可言。民國時期官方集會或者慶典，有振臂呼喊「國父精神不死」口號的傳統。一次，輪到該官員帶頭喊口號。此公振臂高呼：「國父不死。」旁邊的祕書聽見，趕緊小聲提醒：「還有精神啊！」此公馬上再把手臂抬起來高呼：「還有精神啊！」臺下的人也跟著振臂高呼：「國父不死，還有精神啊！」

國父孫中山先生帶給中國的一大「不死精神」就是民主。民主選舉和權力制衡是其中重要內容。為了貫徹「國父遺訓」，南京國民政府在一九三六年組織了第一屆「國民大會」的代表選舉，之後因為抗戰延誤了十年，直到一九四六年底才遲遲召開「國民大會」，制定了一部「偽憲法」。按照這部「偽憲法」的規定，一九四八年要召開第二屆「國民大會」來「行憲」。於是，一九四七年十一月二十一至二十三日，中國

舉行了第二次「國民大會代表」選舉。

而主持競選、參加競選的人就是高呼「國父不死，還有精神啊！」的各級官員。可想而知，一九四七年的「國大代表」選舉，會多熱鬧，多麼富有喜劇效果！

既然有選舉，就得先從選舉的規則說起。

國民政府把歐美各國選舉制度抄抄寫寫、拼湊了一番，弄出一套看似光鮮亮麗的規則。規則規定到一定年齡，不分性別、貧富、民族、尊卑，只要沒有精神病，都可以去投票。代表名額按縣分配，每縣選出一人，人口超過五十萬的縣，每超過五十萬人增補一個代表名額。為了照顧偏遠民族、海外僑胞、流亡居民的「權益」，選舉規則都做了相應的照顧。中國人如果想成為「國大代表」候選人，有兩種途徑：第一種是由黨派提名，第二種是經五百名以上選民簽署推薦。

這規則看起來沒有任何理論缺陷。但在一開始就遭到了質疑。

國民黨曾在選舉前表示：「這次國民代表選舉的結果，如果本黨同志只占半數，則可以說是我們的成功，若是超過半數甚遠，甚至占百分之八十或九十，則是本黨的失敗，而非建國的成功。」表面看來，國民黨只追求簡單多數的選舉目標，對絕對多數的選舉結果表示排斥。因為它要給外界一個「民主」、「寬容」的形象，這就是國民黨主持本次選舉的目標。既然要「民主」，國民黨就不能「包攬」選舉，起碼要拉幾個「友好政黨」來「競爭」。

遺憾的是，環顧全中國，捧國民黨的場、願意參與選舉的，只有兩個小政黨：民社黨、青年黨。而這兩個黨的參選，還是有條件的，那就是要求國民黨「分配」給他們多少多少個國大代表名額。誰叫你是求人辦事呢？對方坐地起價也在情理之中。但國民黨認為這兩個花瓶黨「開價太高」，一心要平價。談妥後，兩黨又要求國民黨保證承諾的名額。

國民黨不願意保證白送的名額，藉口說這麼做「有欠民主」──畢竟是民主選舉，國民政府怎好公開保證某人一定會當選？而民、青兩黨則認為，捨此即非「民主」。於是你說你民主，我說我民主，雙方開始拉來扯去。見民主法寶失效，民社黨和青年黨就像小媳婦一樣，一哭二鬧三上吊。民社黨還急中生智使出了「看家法寶」，以抵制選舉為要挾。最終，三黨兩方總算以「合理的價目」成交。

大的利益分配談妥了，各個黨派內部鬥爭又開始了。政黨提名誰參加選舉，就成了大問題，於是產生「圈選」爭議。

「圈選」又名「欽定」，被圈在圈圈裡的，當然樂不可支，而被排擠在圈圈外的，則無不氣憤填膺，大有痛不欲生之慨。一時間，開會也，請願也，一大群一大群的人，像無頭蒼蠅一樣，東跑西鑽、熙熙攘攘、拖拖拉拉、喊喊叫叫，還未「競選」先「競圈」，不問「民意」問「黨意」，想不到小小的圈圈，到了大人先生筆下，竟會有如此巨大的威力。（《京話‧首都之「大選」前夕》）

各黨有頭有臉的人請願的請願、開會的開會、拉幫結派，甚是熱鬧。由於國民黨內部派系矛盾重重，國民黨與民社黨、青年黨之間明爭暗鬥，致使各地黨派推舉人選和選舉日程都被延誤了。

本次選舉沒有政見的爭論，沒有政策的爭論，只有權力之爭。

等選舉結果出來，一場更大的風波爆發了！

各地選舉結果出乎國民黨中央的意料之外。原本以為「黨派提名」候選人當選沒有問題，所謂的「簽署推薦」只是用來點綴門面的。各級政府和國民黨組織也命令地方保證黨派候選人當選，可各地未經國民黨、民社黨和青年黨提名而「簽署」當選的國大代表，就有六百多名。不要說許多國民黨提名的代表落選，民社黨和青年黨提名參選的黨員，更是損失慘重，青年黨按原計畫，有三百名代表名額，結果僅當選了

七十六名；而民社黨以為能確保的兩百六十名代表，僅當選了六十八名。在一些地區，兩個小黨代表全軍覆沒。

國民黨不願意了，自己提名的代表沒能當選，總覺得對「國民大會」控制不了。民社黨和青年黨更有意見了，覺得國民黨言而無信，明明答應保證兩黨代表名額的，現在卻讓兩黨顏面盡失。既然要營造「民主」的色彩，自然不能讓其他政黨在「國民大會」上絕跡。好在透過「簽署」當選的代表，大多是國民黨員，國民黨中央就搬出「黨紀」來，命令這些「意外」當選的國民黨員，把代表資格讓給國民黨、民社黨、青年黨三黨落選的提名代表，還要求尤其要保證地方上民社、青年兩個小黨的當選代表比例。

那些「簽署」代表更不願意了，憑什麼要我把代表資格讓給別人啊！況且我為了這個代表資格，花了血本、砸下重金了。你要我讓位，不是讓我血本無歸嗎？國民黨不是有「黨紀」嘛！「簽署」代表就搬出「國法」，再扯出「民主」大旗，要求領取資格證書。他們聯合起來，湧到南京請願。另一邊，落選的提名代表也聯合起來，請願的請願，遊行的遊行，向國民黨施加壓力，要求出席國大。兩派不斷集會，發表宣言，互相攻擊、指責，並圍攻國民黨中央要人。南京城政治圈內著實相當熱鬧。

最後，深得中國「和稀泥」傳統精髓的選舉委員會，兩邊都不得罪，宣布簽署代表當選有效，又向落選的提名代表承諾，以其他方法予以安排。這樣，兩幫人的糾紛才漸漸平息。

這就是一九四七年「國大代表」選舉的基本經過。全國四點七億人口，有一點六五億人登記參加選舉，十一月二十四日回收有效選票為兩千萬張，投票率僅為總人口的百分之四。對本次選舉有一個概括的了解後，我們再來看看選舉過程中一些光怪陸離的現象。

二

（一）最文明的舞弊方法：臨時抱佛腳，到處拉票

決定選舉成敗的關鍵，就是支持自己的選票有多少，因此拉票就成為候選人的必修課。可選舉到底是「民主」的玩意，不能像「國軍」徵兵那樣，看到壯丁拿根繩子，一拴就是，只能「軟拉」。其中最直接、最誘人的方法，就是「買票」。於是，選票的價格從一萬、兩萬逐步提高，最多有出五萬一張的；對法幣不信任的，可以用選票換麵條，麵條也從素麵、肉絲麵，逐漸變成四喜面。但是一般的紳士和太太、小姐們，對大冷天的出去領一碗麵沒有興趣，商人、公務員們對這點區區的「民主禮物」也看不上，拉票的目標就集中在棚戶區的貧民身上了。

南京的貧民們破衣爛衫，身上臭味熏天，放在平時競選的老爺們避猶不及，現在「民主選舉」把兩者連繫在了一起。在棚戶區，有人來「訪問」，有人來「邀宴」，有人來「徵詢意見」，貧民們頓時紅得發紫。於是在投票當日，投票所前多是些身上拖一片、掛一片的老太婆、誰的媽媽、爹爹之類的人。這些選民不但不識字，有的甚至看到筆就發抖了，可憐他們在畫圈圈的時候，越想畫得像樣一點，手卻抖得越厲害，圈歪的、圈橫的、圈成尖角的都有。

（二）最西式的舞弊方法：突擊組黨

針對黨派提名候選人的選舉規則，再加上國民政府要求保證民社黨和青年黨的代表名額，於是以兩黨名義參選，就成了一些人的終南捷徑。一些人在沒有上述兩黨組織的地方突擊發展組織，藉著選舉的春風，民社黨和青年黨的地方組織迅速發展蔓延。一時間不知哪裡來的候選人們，不問黨章政見，爭先加入兩黨組織。四川第二行政督察專員兼保安司令公署曾密令所轄各縣：「特密，國大立委選期將屆，青年、民

社兩黨為競選，紛向各地吸收黨員，難免共及漢奸歹徒乘機滲入，仰飭屬確切注意，如有上項情事，務須據實詳報核辦。」這則小史料，讓我們看到民社黨和青年黨在一些地區發展黨組織，幾乎到了來者不拒的荒唐地步。

選舉結束，許多地方新興的民社黨、青年黨組織頓時煙消雲散。民社黨和青年黨只是兩塊用來選舉的牌子，選後落選者自然棄之不用，當選者忙著耍威風、準備赴任，也沒時間理他們了。

（三）最簡單的舞弊方法：現場舞弊，循環投票

拉票勞神費力又花錢，組黨更是麻煩得很。一些人乾脆在選舉之日霸占投票站，讓安排好的選民反覆投票，直到雙手抽筋為止。南京國民政府新聞局長董顯光曾率工作人員到南京各投票場調查，他在報告中寫道：「少數不法之徒……事前大量蒐集選舉證，甚至……竟將選舉權證扣留不發，待投票時利用中小學生，輪流投票，常有一人投票至十次以上者。」「當日大行宮、火瓦巷、中華路等投票所幾全為市立第一、第二女中學生所包辦，二條巷投票所竟有某報記者夏某，臨時僱傭貧苦婦女二十餘人，輪流投票，每次給錢若干。」

一位觀察一九四七年選舉的外國記者說：「我真想加入中國籍，在我們那個鬼地方，最長壽的人也絕沒有這麼多投票的機會呀！」

（四）效率最高的舞弊方法：組織集體投票

想投入少、效果好、效率高，要屬「集體投票」行為。一些掌握政治實權的人，命令下屬、軍隊、學生等集體投票，投指定候選人的票。因為有上下級或利害關係，受到脅迫的人不得不照辦。這種舞弊方法最受各級部門長官的喜歡，使用也最廣泛。

比如廣東人劉維熾參選上海市區代表。同鄉、國民黨整編第一五二旅旅長雷秀民正好帶領部下官兵約兩千人駐防上海遠郊的南匯縣。他們

既無上海市戶籍，又不駐防在上海市區範圍內，按規定是不能參加上海市區代表投票的。然而，劉、雷等人串通上海市區選務負責人，把南匯縣列入上海市選區之內，又將第一五二旅兩千名官兵登記為上海市區選民。雷秀民拿到選民證和選票後，先安排副官室工作人員事先寫好選票（全部投劉維熾），然後派副官代表全體官兵去投票（實際上是「交票」）。結果劉維熾當選。因此，一九四七年出現整個建制的軍隊、整個學校的學生，排著整齊的隊伍走進投票站，投給特定候選人的現象，一點都不奇怪。

（五）最大膽的舞弊方法：根本就不投票，直接公布當選者

選票盛事的宣傳工作弄得敲鑼打鼓，可有些地方，壓根就沒有舉行投票。而是有人炮製出選民冊，然後照數領取選票，接著安排兩三個人關在小黑屋裡「寫票」。這樣的安排，當地政府完全可以控制選舉過程，想達到多少投票率，就有多少投票率；連哪個候選人勝出、哪個候選人慘敗、哪個候選人得幾票等細節，都能夠實現。有的時候，寫票的人成千上萬遍地寫同一個人的名字，難免無聊鬱悶，於是信筆把票「投」給一些名人：黃帝、曹操、李蓮英、汪精衛、王小二、李老漢……等。不過沒關係，反正這些選票幾乎不太可能公諸於世，當地政府只會在東窗事發後迫於壓力，才拿它們出來作為本次選舉「公正、公平、公開」的原始證物。

於是，當選代表中，有不是本地人的，有冒名頂替的，有文憑造假的，有剛接受監獄改造的，有給皇帝磕過頭、給日本人辦過事的，有把代表理解為當官的，也有壓根不知道自己是什麼代表的。

三

話說湖北宜昌縣的「國大代表」選舉，主要在縣參議會議長龍匯東、縣黨部書記長陳家誥和縣簡易師範校長魏金聲三個候選人之間進行。這三個候選人中，前兩人都是縣裡的頭面人物，又都是宜昌選舉事務所的副主任（縣長擔任主任）。龍匯東六十二歲，資歷最深，在宜昌耕耘多年；陳家誥三十三歲，是宜昌政界的少壯派人物；魏金聲五十歲，教了二十多年書，學生遍布宜昌各地。三人可謂各有優劣，鹿死誰手，不得而知。

先說龍匯東志在必得，聲勢最猛。他曾直接、間接地開導陳、魏兩個對手，希望他們退出競選，遭到兩人的拒絕。於是，龍匯東利用縣議會的舞臺，召集各鄉鎮長及部分參議員開會，請來湖北第六區行政督察專員在會上講話，勸說大家支持龍匯東。魏金聲表示：「別人要投我的票，我不能叫人不投，但我絕不阻礙投票人的自由。」再次拒絕了龍匯東。陳家誥也不支持龍匯東，無奈他有個乾兒子當了土匪，遭到專署通緝。陳家誥競選半路被這麼一鬧，洩了氣，就轉而支持龍匯東。這下龍匯東以為穩操勝券，再經過一番上下打點，覺得宜昌縣代表非他龍氏莫屬了。宜昌多數人也這麼認為。

到了唱票那一天，結果讓人大吃一驚。當選者既不是龍匯東，也不是魏金聲或陳家誥，而是根本沒有參加競選的全敬存！

原來，在投票前一天，湖北省打了一通緊急電話給宜昌縣長，要求宜昌縣的代表必須由青年黨黨員出任。宜昌縣沒有青年黨組織，只有屈指可數的幾個青年黨員。其中的一個黨員全敬存年逾花甲，相比其他黨員最適合擔任代表。當時，宜昌縣各鄉鎮已經開始大量填寫選舉龍匯東的選票，就等著第二天時間一到塞到票箱。沒辦法，縣長緊急召集城區

四個鎮的鎮長和附近幾個鄉的鄉長祕密會議，布置「改票」，把「龍匯東」改成「全敬存」。於是，第二天，全敬存在不知情狀態下，以最高票當選「國大代表」。

而全敬存都六十多歲了，怎麼加入「青年」黨的呢？他對青年黨的理念根本不理解，只是偶然被一個好友拉進青年黨的。

至於花了大把力氣，結果一無所獲的龍匯東，只好自認倒楣。

離宜昌不遠的當陽縣也有一個「國大代表」名額，競爭主要在黃蓮仙、鄭耀漢兩人之間展開。黃蓮仙是國民黨中央指定的「國大代表」候選人。但鄭耀漢不甘後人，仗著自己是省黨部委員，在地方上幫手眾多，對黃蓮仙發動了猛烈進攻。

鄭耀漢拿出七千多萬元專門用來「買票」。他派人分赴各選區，請客送禮，到處撒錢。黃蓮仙見勢不妙，也拿出兩億元「買票」。無奈他的動作慢了一步，鄭耀漢在許多選區的支持度都超過黃蓮仙。黃蓮仙惱羞成怒，竟然派侄子帶領民兵，提著手槍、扛著步槍，在城區強拉上街的農民填寫選票支持自己。一時間，當陽城裡烏煙瘴氣。

當陽縣黨部急電省黨部請示。省黨部覆電：「中央核定的縣國大代表候選人黃蓮仙，須全力支持其當選。中央核定的國大候補代表，只能當選為候補，如得票較多，當選為正式代表時，應勸其放棄，否則由黨部撤銷其候選資格。」電文傳到，鄭耀漢只得忍氣吞聲，把部分選票讓給黃蓮仙。最後，黃蓮仙以六萬兩千零七十七票當選「國大代表」，鄭耀漢得到五萬零九百零八票，當選「候補代表」。

宜昌和當陽的情況儘管不堪入耳，起碼還屬於「文鬥」。安徽省含山縣的選舉則上演了一場「武戲」。

含山縣也有一個「國大代表」名額。本來是毫無懸念的，因為在國民黨政府中任職多年的老官僚李立民，放棄國民黨中央監察委員一職，

從南京風塵僕僕返回含山老家競選。在如此重量級的人物面前，其他有意競選者自知不敵，紛紛偃旗息鼓。因此李立民當選沒有懸念，他本人也在選舉前返回南京，就等著最後的結果了。不料，一九四七年六月，李立民在南京被汽車撞死了。李立民一死，含山縣風雲驟起，失去了平靜。

競爭主要在過效六、宮懷素兩人之間展開。過效六在含山有「過小爺」之稱，吃、喝、嫖、賭無所不為。此人在含山交遊廣闊，在含山南鄉一帶頗有勢力，還是安徽省參議員。宮懷素是醫生出身，在外省政界混跡多年，可惜官運不甚亨通，抗戰勝利後返回含山。他的優勢是家族大、人口多，在清溪、林頭、陶廠等鄉鎮擁有較大的優勢。兩人發動各自一派的官僚士紳，四處拉選票。

過效六在含山南鄉勢力較大，但當時南鄉運漕區黨部書記、運漕鎮代理鎮長凌國英卻是宮懷素的人。凌國英拉攏周邊的鄉鎮長，一起為宮懷素助選，分割蠶食過效六的選票。

過效六心中一計，決定拿宮懷素、凌國英一邊的廟趙鄉鄉長羅品一開刀，打壓宮懷素一夥。於是，他向縣長推薦親信田世慶為廟趙鄉鄉長，以接替羅品一。羅品一被撤職後，拒絕辦理移交手續，致使田世慶無法就職。過效六就授意田世慶到處張貼標語，發動輿論，逼迫羅品一下臺。羅品一被弄得狼狽不堪，一氣之下，帶了幾個民兵到田家鬧事，結果導致田世慶的妻子流產。事情鬧大了，羅品一被判處有期徒刑一年，緩期執行。

廟趙鄉鄉長易人，宮懷素、凌國英勢力受到重挫。過效六同時展開密集競選活動，終於在十一月當選「國大代表」。宮懷素為候補代表。

過效六當選後，繼續盤算該如何撤掉凌國英在運漕鎮的職務，兩人矛盾也因此而加劇。落選的宮懷素也不甘心，思索著如何把「候補代

表」的「候補」兩字去掉。於是，過效六一夥，宮懷素、凌國英、羅品一是一夥，雙方都醞釀著更大的動作。宮、凌、羅等人決定殺掉過效六。怎麼殺呢？他們先想到用毒藥。宮懷素原本是醫生，親手把藥交給羅品一，要羅伺機下手。結果羅品一找不到下毒的機會。他們又謀劃著在夜間製造混亂，讓過效六死於「事故」。可是，宮懷素等人再次希望落空。原來，過效六預感到了什麼，帶著小老婆移居到含山城內南街，自我保護。這樣，宮懷素等人不得不另作安排，他們決定採取最直接的暗殺方法：用手槍。

凌國英提供給羅品一手槍和子彈，羅品一跟蹤城內的過效六，伺機下手，宮懷素等人在外接應。為了趕在「國大」召開之前殺掉過效六，他們決定在一九四八年春節期間下手。也怪過效六好大喜功，他在春節期間大擺宴席，宴請含山大小頭面人物，一來慶祝競選勝利，二來也為進一步擴大影響。南街過家一帶熱鬧非凡，人流複雜。凌國英也在邀請之列——雖然有過節，表面上雙方還是禮尚往來。一九四八年三月十五日晚上，凌國英到過家吃酒。酒後，過效六在家裡開了牌局，招呼客人打牌。十時許，凌國英告辭離開，出去就向羅品一報信。羅品一來到過家門外，看到裡面燈火通明，一群人賭得興起，過效六背靠窗前、站在板凳上觀賭。羅品一掏出手槍，對著過效六開了一槍，過效六應聲倒地……

宮懷素一夥天真地以為殺了過效六就大功告成，可過效六一夥也不是省油的燈。過效六十六日早晨才死，可警察局在十五日深夜就抓走了羅品一，第二天又軟禁了凌國英。羅品一的手槍被查證為殺人兇器，又透過槍上號碼，查到該槍為凌國英所持有，於是凌、羅被以殺人罪判處無期徒刑。宮懷素事先逃脫，下落不明，遭到通緝。含山縣的「國大代表」，最後落到了得票第三的候選人頭上。

四

在「首善之區」南京，宋美齡在記者螢光燈下參加投票，不料引出一場風波。

《京話》是一本民國時期描寫南京政治和社會情形的新聞集，裡面有許多抨擊世態，讓後人可觀歷史原貌的文章。根據《京話》的描寫：

「大選」前夕，寒流襲京，晚間走過街頭，適逢停電，黑影搖曳如在鬼域，市民們在溫飽難顧之餘，對此「民主」實不感興趣，無怪當我問及路旁兩個小販對「大選」有何感想時，他們不肯相信，曾有如此重大的「民主」情事，將在明天的首都發生。

十一月十五日以後，眼看著二十一、二十二、二十三這三天就要投票了，以為一定是一天比一天緊張，大有好戲可看。卻不意一直到二十日，依然還是冷冰冰的，未見若何動靜。這實在是「首都人」的聰明之處，反正「試題」雖未發下，而那裡考生「錄取」名單早就寫好了，誰是狀元，誰是翰林，誰是進士，已成定案，只等著到時候掛榜「揭示」即可。如果這樣，在未進「考場」之前，還拚命看書，開夜車，豈不是大傻瓜一枚？

十一月二十一日，投票日。一大早，南京全市掛起了國旗，牆上那些「根治白濁」、「包愈淋病」的廣告，一夜之間都全被五顏六色的競選標語吞沒了。有的標語寫明「請投 XXX 一票」，第二天早上一看，「XXX」上面貼了一隻又肥又胖的大烏龜。當然，馬上有人把大烏龜扯下來，重新貼上「XXX」的大名。有的標語大吹大擂，很有捨我其誰的氣概，轉頭一看，上面出現了「空頭支票，幾時兌現」之類的批語。更有的人專門喜歡和別人搶地盤，把別人剛貼上的標語扯掉，換上自己的廣告。於是，扯扯貼貼，貼貼扯扯，競選人不惜花錢，印刷店的老闆笑口

常開。

　　宣傳卡車出現在各條大街，花花綠綠的小傳單，從汽車屁股裡往外到處亂飛，惹得一大群一大群的孩子、車伕、小販，都跟在後面追逐著搶「手紙」。儘管傳單標語滿街都是，可選民們一點投票熱情都沒有，最積極的也只是停下來觀望。於是，競選者就展開了「拉人」戰。

　　投票第一天，先選婦女國大代表。上午，宋美齡前往南京珠江路國民學校投票所投票。事前，工作人員將選票陳設在一張鋪有藍色臺布的課桌上，免去宋美齡用選舉權證換選票及蓋手印等的麻煩。

　　桌上硯臺裡面的墨磨好了，筆濡飽了，記者們手上的開麥拉（照相機的英文音譯）對準了鏡頭。十一點一刻，蔣夫人從黑色的小轎車裡走下來，在這個富有戲劇性的場面上，與大家見面了，一時間鎂光閃閃，開麥拉絲絲之聲大作。夫人步入投票所，前國大代表包德明女士趕緊一個箭步跳到夫人旁邊，靠近她的耳朵說「王湧德」。夫人當時要看看候選人名單，包德明立刻又提起嗓門，大喊：「你們讓夫人看看名單啦！」夫人凝視候選人名單良久，在粉紅色的選票上寫下「王湧德」（民社黨）三個字。哪知正在這個節骨眼上，突然轟然一聲，把在場的人都給嚇住了，夫人忙問：「做什麼？」結果一看才曉得，是一個攝影記者因為爬得太高，不曉得從哪裡摔了下來，硬生生地把一張臺子給摔碎了。夫人把選票寫好後，親自投入票匭，照著路線走出，這時，大家才總算鬆下了這口民主氣。（《京話‧包德明罪該萬死》）

　　宋美齡投票後，電話通知南京市長，多所「指示」，對投票所秩序紊亂、影響投票人情緒的事情，尤其不滿。然而新聞界對狐假虎威的包德明更加不滿。事後獲悉，宋美齡的選舉證是「全國性」的，而王湧德是民社黨提名的南京市婦女團體候選人，因此王湧德雖然獲得宋美齡的「寶貴一票」，但根據法令依然無效。各報館對包德明跳出來混淆宋美齡

投票意志一事，大表痛恨，紛紛將此事作為投票重大新聞報導。最後逼得社會部長谷正綱出面表示：「依照黨綱，只有黨的自由，沒有個人自由，包德明引導夫人投友黨提名候選人的票，對外可說是開明，對內卻是違反黨綱，蓋黨員應服從黨綱，本黨黨員應支持本黨黨員。」

在新聞報導中，南京的投票場面相當冷清。工作人員坐在投票所的冷板凳上傻等，半天也看不到一個人來投票。根據非正式估計，區域選舉城區棄權者，在百分之七十至八十以上。當然也有一些「熱心選民」，一天中去投了上百張、甚至是幾百張選票。所以，投票場面雖然不踴躍，開出來的票數卻相當驚人。比如南京中華路育群眾學投票所，正式登記在冊的選民是一千兩百七十九人，開出來的票卻有一千兩百九十九張；而憲光小學的選舉更加「富裕」，僅在一個票匭中，就憑空多出了一百五十多張選票。

開票結果，南京各投票所都有人投「王八蛋」的票。綜合起來，這位名叫「王八蛋」的候選人，得票名列前茅，足以衝擊國大代表資格。

華麗的猴戲：民國記者筆下的「國民大會」

南京國民政府一共召開過兩次「國民大會」。第一次是在一九四六年十一月十二日至十二月二十五日舉行，中心任務是制定《中華民國憲法》，故又稱為「制憲國大」。第二次是從一九四八年三月二十九日開到五月一日，任務是行使一九四六年《憲法》的相關權力和規定，因此被稱為「行憲國大」。這兩次「國民大會」，都是在南京召開的，都是在國內炮聲隆隆、民生淒涼的背景下召開的。

「國民大會」本應該是莊重嚴肅的行使國家權力，謀求國家發展和百姓福祉的會議，但在民國記者的眼中，則如同兒戲，也成為後人茶餘飯後的笑柄，更讓後人深思警醒。

一

一九四六年民國「制憲國大」剛剛結束，一九四七年初南京《婦女週刊》就刊登了「北平不快事件」（一九四六年底，美軍士兵強姦北京大學女學生沈崇事件）。南京的學生也學其他城市的學生示威，人數達六、七千人，大都義憤填膺，高呼：「美軍滾出去！」京城的老百姓們在隊伍兩旁觀看，一副見慣政治風波、淡然的樣子。只有兒童們不知高

低，跟著遊行隊伍嚷嚷：「美軍滾出去！」就像一年多來，他們見到美軍叫「頂好」，學美國人東倒西歪的怪樣子一樣。不一會，小孩子們又大喊：「憲兵來了，憲兵來了！」大批南京憲兵、警察裝備著「友邦」贈送的汽車、武器，戴著刺眼的「憲」字袖章，迎面而來……自然，《婦女週刊》等雜誌第二天又有新聞素材了。

第二天，《中央日報》刊登的頭條卻是「冀南國軍進駐大名」。官方消息稱：「民眾沿街歡呼，共軍狼狽西竄」，就像昨日遊行隊伍被憲兵們沖得四散一樣。

南京的袞袞諸公，是不看《中央日報》或《婦女週刊》的。「南京為政治中心，消息雖多，然而關涉政治，常有不便說、不能說、不忍說之苦衷。」他們關心的是新聞背後的新聞，忙碌的是政治背後的政治。

按照新通過的《憲法》規定，一九四七年要選新的「國大代表」、「立法院委員」、「監察院委員」，還要籌備新一屆「國民大會」。這些才真正關係到南京城達官貴人們的吃穿用度。加上還有北方的戰爭、日益惡化的經濟形勢、越來越難以爭取的外國援助，一九四七年的官場中人，忙得熱火朝天。

一九四七年的選舉，有些人空歡喜，有些人毫不在乎，有些人撕破臉鬧到最後，幾家歡樂幾家愁。而戰場上的糜爛、經濟瀕臨崩潰、軍援逐漸縮小……這些樣樣都刺激著達官貴人們的神經。

一九四七年的聖誕節，南京市民耳朵裡又被塞進了一則「大新聞」：十二月二十五日，安徽無為縣參議員四十一人逃難來到南京。無為縣參議會議長盧瑞麟、副議長許岱冰及參議員范嘯谷等人，在三十日午後於南京社會服務處舉行記者招待會，稱：安徽無為縣縣長李健文，縱屬營私舞弊，違法殃民，經縣參議會建議徹查縣長，並要求縣政府精簡機構、公開帳目。從而引起李健文報復，用對付「奸匪」的方法，對付參

議員，唆使士兵對參議員肆意謾罵，還將參議會會牌插入糞坑。參議員們將牌匾從糞坑中撈出重新掛上，但是已經臭氣四溢，難以近前了。無為縣縣政府軍事科長兼城防副司令孫立定對士兵公開宣布，每晚戒嚴鐘聲響過後，普通行人詢問後可以放行，如果遇到參議員，可以不問情由，一律捆綁入獄。所以，該縣參議員為「保全性命起見」，祕密出逃，趕往安徽省政府請願，碰釘子後集體來南京避禍，同時向各方呼籲。

　　一九四七年終於熬過去了，國民政府興沖沖地宣布一九四八年是「行憲年」，政府控制的媒體也大肆宣傳、鼓吹新年行憲，這些舉動博得外國友人零零星星的掌聲。政府希望執行《憲法》以整治亂象。可剛進入一九四八年，社會各個方面更加混亂了。

　　臨近新年，南京郵電、公車、火車同時加價，柴米油鹽價格跟著飛漲，集體「辭舊迎新」。《京話》的作者在南京算是吃得起豬肉的一小群人，到一九四七年底，也感到豬肉的價格難以承受了。十一月中旬以來，南京豬肉單價由八千元，漲到一萬兩千、一萬六千元，再一路飆升到兩萬四千元。為了不得罪「肉食者」階層，南京市社會局長宣稱「已抱定犧牲到底的決心」，「有豬無我，有我無豬」，承諾要把豬肉價格壓下來。

　　新年時，南京人最常用的喜慶標語是「憲章開國」。話說有一商家，不小心將這條主旋律標題寫成了「憲章開國軍」。旁人就問了：「開國軍？你要將國軍開往哪裡啊？」商家機靈，回答說：「開到延安打共軍去！」眾人嬉笑而散。

　　元旦前後，點綴在街頭國旗和彩坊之間的，是冬令救濟聯合廣播車呼籲南京市民向難民捐款的聲音，聲音婉轉淒涼。中央大學送給學生們的「新年禮物」，是除了下令解散學生自治會外，還將常委劉富國等八

人開除學籍，以示慶祝。除夕前日，中央大學各個院系學生在校園內遊行請願，並有七院三十二個系的學生罷課，所以除夕夜中央大學很安靜。

除夕夜，南京軍政要人們紛紛舉行家庭舞會，為表示「官民同樂」，南京政府特下令拆除下關鐵路兩旁的棚戶區。在淒風冷雨中，貧民們都跪地哀號，行人無不落淚。

一月一日下午四點，三個美國僑民在中山橋附近水塘打獵，一共開了三槍，一槍擊中南京市民郭張氏的左腿；一槍擊中市民孫明盛的左背；另一槍擊中市民魏守奎右胸。彈無虛發，連中三元。

二

告別了難忘的一九四七年，度過了禮尚往來的春節佳期，很快就到了南方草長鶯飛的時節了。之前公務纏身的南京政要們，趁著國大開幕前的短暫空閒，照常享受起來。「一般要人們，不是遠赴西湖，便是近遊牛首，而且公餘有聯歡之社，跳舞有國際之場，沐浴有湯山溫泉，實深得聖人政治與春遊兩者兼重之意！」但要人們享受的管道看似很多，實則很少。

先說不知亡國恨的商女們。南京妓女大本營石壩街，由秦淮河一水中分，與南京市政府所在地遙遙相對。朱顏媚眼整日飛舞在南京市政府公務員四周。令人欣慰的是，官員們在商女四歌的環境中，始終沒有爆出嫖妓的醜聞來。

南京市長對將市政府團團圍住、對政府職員拉拉扯扯的秦淮妓女極看不慣，指令南京警察廳設法改善。南京警察廳設法清查、改善多次，也不見成效。

　　警察廳飭令南京南區警察局加以「圍剿」，一時間「鶯啼雞飛」，南區警察局立即「客滿」。自此後，市政府四周遂告清靜，不見妓女芳蹤達一百零八小時之久。然而大選期近，南京各黨各派人士和社會名流四處拉票。南京城裡「全城皆在拉扯」，誰是在拉「票」，誰是在拉「人」的，肉眼難辨。秦淮妓女見有機可乘，再次大肆活動，圍堵市政府。市長對「拉的自由」不便干涉，而且「同是廟上迎送人，相見何必又相抓」。南京市政府又陷入了妓女大包圍之中。

　　再說說與民同樂。先說看電影吧！要人們怕遇到血氣方剛的丘九（南京人將學生稱為丘九），強迫你寫伏辯，還要公諸報章，臉面難堪。或者，出遊吧！之前有某部長，某日坐黃包車遊覽雨花臺，次日各報競相轉載「某部長視察民間疾苦」。細細想來，部長也許是坐慣轎車，只想換換交通工具而已，誰知鬧出這麼大動靜來。為官最怕槍打出頭鳥，部長們自然再也不敢在南京城微服出現了。

　　剩下的，只能是出南京城找樂子了。當年國民政府主席林森，有病必風塵僕僕遠赴上海，請教陸仲安（上海名醫）。要人們都繼承了先主席的這個優良傳統。又有未經證實的小道消息說，當年林森主席是被草菅人命的中央醫院嚇得不敢在南京看病的。據說經常有六歲小孩因牙痛，竟被中央醫院大夫野蠻開刀，幾分鐘就慘死醫院的先例。（見《京報》「已故革命老黨員安舜卿先生六齡幼子之慘亡」）

　　真也好，假也好，反正南京的要人車隊，在週末往來於南京、上海之間，絡繹不絕。上海不僅是冒險家的樂園，也是南京要人休閒娛樂的後花園。上海有江湖三大亨，有「大世界」，有三教九流，偏偏沒有令要人們頭痛的熱血青年和小報記者。

　　隨著江南的春天漸入佳境，各報的廣告欄裡漸漸熱鬧起來，除了「我倆情投意合……」和「寒門不幸禍延……」的例行公事外，又多了一

批「民主」玩意，如像「民選國大代表 XXX 告全國同胞書」、「本人得票最多，選舉總所竟扣發當選證書，迫令讓與本縣漢奸 XX，剝奪民權，莫此為甚⋯⋯維護《憲法》絕不退讓，現在國民大會堂絕食，謹告全國同胞⋯⋯」，又如像「XX 縣當選國大 XXX，被縣選所舞弊，冤不得申，瑾於 X 月 X 日赴陵園總理陵前自殺，以蘄總理陰判，此啟」⋯⋯（《京話・近佳期京都天地人》）

各地代表陸續來南京報到，其中就有那些沒有獲得當選證書、卻鑽牛角尖的當選代表們。儘管「國民大會」會場四周憲警林立，凍結交通，還是有十個這樣的當選代表在大會堂二樓，開始絕食。大會招待處原本有「國大特約食堂」，現在應絕食代表的需求，增設了「國大特約醫院」。「候補民主烈士」趙遂初則停棺碑亭巷口，吸引不少眼球。為了預防代表自殺或絕食而死，據說大會招待處開始私下接洽「國大特約殯儀館」。（《京話・開大會猗歟盛哉》）

三

一九四八年三月二十九日，「國民大會」開幕。

原定十一點開始的開幕典禮，因為會場秩序混亂，推遲了將近半小時才舉行。與會的代表們也許是見到朋友太多或是過於熱情，不斷寒暄，四處握手，就是不坐到位置上來。大會祕書長洪蘭友不斷要求會場安靜，好不容易招呼代表們就座後，才宣布開會。本次「國大」應有「代表」三千零四十五人，開幕時實到不足兩千人。

「國大」的帷幕拉開後，每天都有連臺「好戲」上演，不僅是代表三千集於一堂，會場四壁裝飾華麗，布景堂皇，場面宏大。而現場的情景則猶如表演，尤使人「感動」：香豔的有──「國大之花」天香

國色，「國大牡丹」能歌善舞，「國大之鶯」嗓音悅耳，並有「護花使者」、「聞香社」、「捧鶯團」等小組。某代表對「國大之花」特別感興趣，填詞一首曰：「君坐樓下頭，我坐樓上頭，日日思君君不知，共開國大會……」纏綿、熱烈，蕩氣迴腸。悲慘的有 —— 東北國代孔憲榮憂國自縊，「民主烈士」抬棺赴會，絕食代表進入第二十日後，血液凝固，垂垂欲死。緊張的有 —— 修憲之爭，對麥克風發生「爭奪戰」，指鼻互罵，揮拳喊打，眾代表推推拉拉，混戰一團……會場中更加熱鬧，由「噓」進展到呼「打」，由「滾下來」發展到「國罵」 —— 「混蛋」、「媽的 X」，由「君子動口」的協商，到「小人動手」的全武行，怪狀百出，其態萬般。

一位友邦人士在參觀了國大會堂以後說：「這是一個很好的歌劇院。」

大會的混亂情景，在一九四八年四月十二日以後，越來越激烈。當天，「國防部長」白崇禧應代表要求，前來做軍事報告及檢討。按照制度設計，「國民大會」僅僅是制憲、行憲和選舉機構，並沒有質詢行政長官的職權。蔣中正也要求代表們「切不可議論紛紛，爭持不決」，命令「形式越簡單越好，議程進行得越迅速越好」。無奈代表們群情激昂，表現出強烈的「議政熱情」，強硬要求行政長官就國家形勢和政策走向做出說明。蔣中正只好做了施政報告，白崇禧也硬著頭皮做了軍事報告。白崇禧在報告時，臺下噓聲四起，不時有代表大喊大叫，最後發展成代表們一起起鬨跺腳。國民政府在各條戰線上都節節敗退，尤其是在東北戰場上損失慘重。指揮東北的「參謀總長」陳誠成了眾矢之的，有代表大喊「殺陳誠以謝國人」。還有代表七嘴八舌，兜售自己的禦敵良策，會場秩序大亂。

洪蘭友到處張羅，也控制不了局勢，最後想出了一招：截電線。電

線一截，電燈突然全部熄滅，會場一片黑暗。洪蘭友就說是「電燈線路壞了」，宣布今天休會。截電線的招數在剛開始時很有效果，但用多了之後，效果大打折扣，代表們都明白洪蘭友的花招，在黑暗中照罵不誤。

一九四八年四月十七日，會議在進行中發生了激烈爭執。有代表跳到椅子上謾罵，有代表衝到臺上搶麥克風，有代表嚇跑了想維持秩序的洪蘭友，更有代表揮拳動手對打。洪蘭友只好再次熄滅全場電燈，可並不奏效，會場裡打罵依舊，烏煙瘴氣。過了一會，會場電燈突然都亮了。瘦瘦的蔣中正臉色蒼白，出現在主席臺上。臺下的人發現蔣中正來了，陸續坐回椅子上。會場鴉雀無聲。蔣中正開始對「國民代表」訓話：「今天見到大會這種情形，我覺得很不像話！很不像話！……我認為不配做憲政模範！」他說完拂袖而去，沒有人鼓掌，會場裡一片寂靜。

本次「行憲」最熱鬧、最混亂的，還是總統選舉。在絕大多數當時中國人的頭腦裡，所謂「行憲」，首要的、甚至是主要的內容，就是選舉正、副總統。

國民黨蔣中正擊敗同樣來自國民黨的元老居正，毫無懸念地當選總統。其中出現過一點小小的波折。「國大」開幕時，蔣中正明確表示不參加總統選舉，而是推薦著名學者胡適出任總統，自己願意出任行政院長。蔣中正為什麼這麼做呢？原來一九四六年，《憲法》將國家行政實權賦予行政院，總統沒有實權。習慣大權在握的蔣中正，自然是將行政院長看得比空有其名的總統重了。於是，下面的一幫人，就開始想如何幫蔣中正克服《憲法》的制約，既握有實權、又能坐上國家元首的寶座。一九四八年四月五日，國民黨召開中央常委會，討論總統候選人問題。張群直言不諱：「並不是總裁不願意當總統，而是依據《憲法》規定，總統是一個虛位元首，所以他不願意處於有職無權的地位。如果常

委會能想出一個補救辦法，規定在特定期間，賦予總統緊急處置的權力，他還是會要當總統的。」於是，國民黨通過了張群提出的「賦予總統緊急處理權」的建議，商議出一套辦法。很快，七百多名「國大代表」提出「請制定動員戡亂時期臨時條款案」，竟然取消了《憲法》對總統權力的限制，賦予總統全面處置、生殺予奪的大權。蔣中正聞訊，也不再推薦胡適了，親自出馬競選總統。最終，蔣中正以百分之八十八點九的得票率，擊敗得票率百分之九點八的居正，當選總統。

真正有看頭的是副總統選舉。大家都沒有和蔣中正競爭總統的實力和勇氣，又沒有居正那樣「陪太子讀書」的瀟灑和超脫，於是都聚焦在副總統選舉上。一共有六個人競爭副總統職位，分別是行政院長孫科、北平行轅主任李宗仁、武漢行轅主任程潛、社會賢達莫德惠、監察院長于右任和民社黨員徐傅霖。其中孫科和李宗仁是熱門競爭人選。

李宗仁最先表露競選意向，會議開幕前就在北平發表了競選談話，同時在南京成立競選事務委員會。李宗仁最大的優勢，在於他是桂系首領，掌握和影響數十萬軍隊，控制著幾個省的地盤。而這恰恰是蔣中正提防他的地方，很不願意李宗仁選上副總統，於是支持孫科出來競選。遺憾的是，孫科看不上副總統的職位，認為那完全是個可有可無的虛職，相反，他正在四處打點競選立法院院長。蔣中正親自做孫科的工作，表示承擔全部競選費用，而且許諾副總統可以兼任立法院院長──《憲法》沒有允許副總統兼任立法院院長。孫科這才宣布競選，他得到了國民黨黨務系統和廣東勢力的支持。

激烈的拉票活動開始了。李宗仁、孫科分別包下南京安樂酒家、龍門酒家，大宴各省「國大代表」。凡佩戴代表徽章的人，進入酒家一律免費招待。短短幾天，李宗仁花費的招待費用超過黃金一萬兩。程潛、于右任、莫德惠、徐溥霖四人沒有那麼多錢，也勒緊褲帶，宴請了各省

頭面人物拉票。于右任是著名書法家，就寫了許多「為萬世開太平」的
條幅，贈送各位代表。

　　一九四八年四月三日，蔣中正召見李宗仁，勸說李宗仁退出競選。
蔣中正的理由是：國民黨中央支持孫科，不支持李宗仁。李宗仁表示絕
不退出，他在《李宗仁回憶錄》中，記錄了兩人之間劍拔弩張的對話：

　　我說：「委員長（我有時仍稱呼他委員長），我以前曾請禮卿、健生
兩兄來向你請示過，你說是自由競選。那時你如果不贊成我參加，我是
可以不發動競選的。可是現在就很難從命了。」

　　蔣先生說：「為什麼呢？你說給我聽。」

　　我說：「正像個唱戲的，在我上臺之前，要我不唱是很容易的。如
今已經粉墨登場，打鑼鼓的，拉弦子的，都已叮叮咚咚打了起來，馬上
就要開口而唱，臺下觀眾正準備喝彩。你叫我如何能在鑼鼓熱鬧聲中，
忽而掉頭逃到後臺去呢……」

　　蔣先生說：「你還是自動放棄的好，你必須放棄。」

　　我沉默片刻說道：「委員長，這事很難辦呀！」

　　蔣先生說：「我是不支持你的。我不支持你，你還選得到？」

　　這話使我惱火了，便說：「這倒很難說！」

　　「你一定選不到。」蔣先生似乎也動氣了。

　　「你看吧！」我又不客氣地反駁他說，「我可能選得到！」

　　為了支持孫科、打擊李宗仁，蔣中正不遺餘力地助選。除了提供資
金外，國民黨黨務系統還四處做代表工作，拉抬孫科。這樣，就把同是
國民黨員的候選人程潛、于右任推到了李宗仁那邊。李宗仁、程潛和于
右任結成了聯盟，進而得到國民黨內對蔣中正不滿、對黨務系統不滿勢
力的支持。蔣中正召開國民黨中常會臨時全會，本想提議副總統候選人

由黨中央提名，結果遭到了聯合抵制，改為黨內連署提名候選人。

一九四八年四月二十三日，副總統選舉開始。李宗仁得七百五十四票，孫科五百五十九票，程潛五百二十二票，于右任四百九十三票，莫德惠兩百一十八票，徐傅霖兩百一十四票。由於無人得票過半，得票靠前的李宗仁、孫科和程潛，進入第二輪投票，其餘三人被淘汰。

當天，南京《救國日報》披露了孫科私生活醜聞。張發奎、薛岳等廣東勢力，率領六十多名代表，分乘兩輛國大專車，湧入報社打砸，毀壞所有門窗、家具和文具，還打傷報社工作人員多人；接著又衝到報社的印刷所，再一次打砸。最後，《救國日報》社社長龔德柏拔出手槍守住樓梯口，聲稱有人膽敢上樓，就和他同歸於盡。對方隔著樓梯對罵後，恨恨離去。

一九四八年四月二十四日，副總統選舉進行第二輪投票。李宗仁得一千一百六十三票，孫科九百四十五票，程潛六百一十六票，還是沒有人過半數。三人需要進入第三輪投票。

當天，蔣中正示意程潛退選，要他勸說支持者將票投給孫科。作為補償，蔣中正承諾支付程潛的全部競選費用。程潛表示拒絕，不僅拒絕，還在第二天（二十五日）和李宗仁在南京各報發表聲明，揭露國民黨當局破壞民主、操縱選舉，聲明退出競選。李程兩人棄選，迫使孫科也只能退出競選，國民大會不得不休會。幕後活動被曝光到臺前，李宗仁和程潛得到了輿論的支持。這次選舉遭到質疑，蔣中正在一九四八年四月二十六日發表聲明，強調絕對沒有控制選舉，並親自動員李宗仁復出。國民黨中常會和國民大會主席團也先後派員「勸請三位副總統候選人繼續競選」。李宗仁、程潛和孫科這才重回競選場。

一九四八年四月二十八日，副總統選舉舉行第三輪投票。李宗仁得一千一百五十六票，孫科一千零四十票，程潛五百一十五票，還是無人

得票超過半數。程潛由於得票過少，退出競選。

當天晚上，李宗仁、孫科分別宴請擁護程潛的湖南、湖北代表，爭取關鍵性的中間選票。報紙戲稱為「兩廣決戰，爭取兩湖」（李宗仁和孫科分別是廣西、廣東人）。在此關鍵時刻，程潛支持李宗仁，加上出於對蔣中正的反感，兩湖的代表多數轉向支持李宗仁。

一九四八年四月二十九日，副總統選舉進行第四輪投票。九點開始投票，十一點結束，開始唱票。每唱孫科的票，孫科一派的代表就鼓掌；唱到李宗仁的票，李宗仁一派的代表也響起一陣掌聲。起初，孫李兩人票數相差不多，漸漸的，李宗仁拉開了和孫科的票數。唱到李宗仁一千四百票的時候，孫科和他的支持者知道大勢已去，陸續離開了會場。

當天，蔣中正沒有到會場，在官邸收聽電臺的選舉直播。最終，李宗仁以一千四百三十八票擊敗了得票一千兩百九十五票的孫科，以微弱多數當選副總統。結果一播出，蔣中正一腳踢翻了收音機，吩咐立即備車外出。侍從見蔣中正怒氣衝衝，不敢問他前往哪裡，就將車從官邸開出，駛向中山陵；還沒到陵園，蔣中正又吩咐返回官邸；回到官邸，蔣中正又吩咐外出，侍從只好再開向陵園；中途，蔣中正又命令汽車調頭駛往湯山。

一九四八年五月一日，「行憲國大」閉幕。這次大會開了三十四天，花費金圓券九百九十九億多元，僅選出了總統而已。

閉幕後，松江省安圖縣代表孔憲榮，寫下「為東北人受氣而屍諫」的遺書，在下榻的南京夫子廟自縊身亡。孔憲榮曾擔任吉遼安邊區總指揮兼第二支隊司令、國民黨東北黨務特派員，參加大會時曾興沖沖地向國民政府進言軍事，希望挽救東北「危局」，結果受到冷落，想不開就上吊自殺了。

後記

感謝大家閱讀本書。

每一回寫後記，都是我最為愉悅的時刻。因為到了寫後記的階段，就意味著這本書馬上就要完工，交到編輯那裡去「敬請斧正」了。這種即將收穫的愉悅，想必每個排版人員都能感受到。

有一位排版的老前輩告訴我，幾十年來他最高興的時刻，就是瀏覽自己剛剛完成的稿件，並做收尾工作的時刻。而他最不滿意，或者說最遺憾的事情，則是自己的「代表作」遲遲無法誕生。想必，每部作品都不是作者最滿意的作品。寫作本身就不是一個能夠實現完美的活動。

展現在大家面前的這本書也有諸多遺憾：首先，我自覺沒有把中華帝國的五大頑疾說深、說透。歷史本來就是一門看不透、說不清的學科，因為它深入人性和社會的最深處。它介乎藝術和科學之間，既不能憑感覺推測揣摩，自由抒發；也不能像物理、化學那樣追求百分之百的精確。如何在歷史中保持心態平衡，如何看透人心世道，和研究者的年齡關係極大。在我這個年齡、這樣的閱歷，只能盡力而為，能解讀到哪一步是哪一步。本書草就後，多位老師和朋友給予過高的評價，實在是過譽了，令我惶恐不已。

其次，歷史解讀的成敗與占有史料的程度息息相關。歷史要言之有據，這一點，在近代歷史研究上表現尤其突出。近代史料汗牛充棟，任何史料方面的疏忽，都可能導致分析的淡薄，進而動搖立論的客觀、公正和權威。國外一些歷史學家把持部分與中國有關的原始史料，不讓中國學者染指，結果導致在部分近代歷史研究上，落後於國際水準。古代史料與近代史料相比，少了太多，許多問題的史料有限，大家都憑藉分析這些史料來解讀歷史。可惜，我並非歷史科班出身，寫起歷史，純憑興趣。近代史料我掌握得很少，古代史料也掌握得不全，所以我對《帝國的壞脾氣》的解讀也不敢保證完全精細、正確。

說到史料問題，我「坦白交代」本書引用的史料和文獻情況。本書參考的圖書有：黎東方著的《細說秦漢》（上海人民出版社，2002 年 10 月版），朱宗震著的《真假共和 —— 一九一二的中國憲政實驗的臺前幕後》（山西人民出版社，2008 年 7 月版），朱宗震著的《真假共和 —— 一九一三的中國憲政實驗的困境與挫折》（山西人民出版社，2008 年 12 月版），朱宗震著的《大視野下清末民初變革》（新華出版社，2009 年 4 月版），夏雙刃著的《亂世掌國 —— 平議民國大總統》（九州出版社，2006 年 2 月版），張憲文主編的《中華民國史綱》（河南人民出版社，1985 年 10 月版），姚穎著的《京話》（上海書店出版社，2000 年 6 月版）等。另外周一良、鄧廣銘、唐長孺、李學勤等名家編的《中國歷史通覽》（東方出版中心，1994 年 1 月版）是本書全局性的參考資料。

本書參考的文章有：許肇琳的〈略論清代後期的設領護僑政策〉（載於《八桂僑史》1995 年第一期）、羅金財的〈淺談一八六〇年以後晚清政府外交護僑的表現〉（載於《福建論壇·社科教育版》2008 年專刊）、楊國標的〈容閎的護僑事跡〉（載於《嶺南文史》1988 年 01 期）、高中華的〈肅順與戊午科場案考論〉（載於《廣西師範大學學報（哲學

社會科學版）》2003 年 02 期）、王春華的〈張學良槍決楊宇霆、常蔭槐內幕〉（載於《文史天地》2006 年 11 期）、朱慶榮的〈張學良與楊宇霆〉（載於《人民文摘》2008 年 02 期）、任方明和蔡銀華的〈楊宇霆事略〉（載於《文史精華》1994 年 02 期）、王海晨和郭俊勝的〈張學良「槍殺楊常事件」評析〉（載於《東北大學學報（社會科學版）》2008 年 05 期）、郭漢民和劉蔚的〈簡論郭嵩燾的護僑思想與活動〉（載於《雲夢學刊》2000 年 03 期）、〈國大代表過效六之死〉（來源於《含山文史資料（第一輯）》，祁家振、谷天平根據口述整理）、文振宜的〈宜昌「國大代表」選舉紀實〉（載於《湖北方志》2004 年第 5 期）、陳漱渝的〈「我這個人，可以當皇帝，但不能當宰相」〉（載於《百年潮》2009 年第 4 期）、〈抗戰勝利後民國官場的腐敗〉（載於新華網理論頻道）、秦立海的〈一九四八年李宗仁競選「副總統」始末〉（載於《縱橫》2009 年第 2 期）、雷秀民的〈國民黨選舉「國大代表」黑幕一例〉（載於《廣州文史資料存稿選編》第一輯）、趙書願的〈江川縣競選「國大代表」逸聞〉（載於《江川文史資料》第一輯）、程巢父的〈國民政府行憲之初的選舉糾紛〉（載於《南方週末》2008 年 1 月 31 日第 23 版）、孫宅巍的〈南京國民黨政權的腐敗與覆亡〉（載於《大江南北》2006 年第 6 期）、王輝斌的〈關於王維的隱居問題〉（載於《周口師範學院學報》2003 年 11 月）、王輝斌的〈王維婚姻問題四題〉（載於《漳州師院學報》1996 年第 3 期）、譚優學的〈王維生平事跡再探〉（載於《西南師範學院學報》1982 年第 2 期）、沈景柏的〈略話「英美菸公司」〉（載於

《上海煙業》2000 年第 1 期）、陳鐵民的〈也談王維與唐人之「亦官亦隱」〉（載於《東南大學學報（哲學社會科學版）》2006 年 3 月）、陳明寶的〈王維人格另議〉（載於《溫州職業技術學院學報》2004 年 9 月）、鄒高的〈「中國摩根」陳光甫〉、薛芳的〈南洋兄弟的菸草戰爭〉、劉欣然的〈劉鴻生：從洋買辦到實業大亨〉、楊瀟的〈胡西園：「愛迪生」的中國遭遇〉（以上三篇都載於《南方人物週刊》2009 年第 16 期）等。

　　書中在史料遴選和觀點論述上，難免存在錯誤。我對所有錯誤負責，並歡迎各位讀者批評指教。需要指出的是，書中有關一九四七年偽國大代表選舉和兩次偽國大的描寫，大量參考了《京話》的原文。原文充滿嬉笑怒罵，筆者覺得正能展現觀點，便照搬照用。

　　我要特別感謝唐琳娜。在我長期寫作過程中，她承擔了繁重的家務，還常常是我的第一讀者。這本書不僅是我的創作，也是她的作品。

張程

從天朝大國到瓜分中國，只需要走錯「五步」！

官場肥缺、科考舞弊、權力鬥爭……深藏在體制下千年的劣根性，不會馬上致命，只會慢慢瓦解帝國而已！

作　　者：張程

發 行 人：黃振庭

出 版 者：崧燁文化事業有限公司

發 行 者：崧燁文化事業有限公司

E-mail：sonbookservice@gmail.com

粉 絲 頁：https://www.facebook.com/sonbookss/

網　　址：https://sonbook.net/

地　　址：台北市中正區重慶南路一段六十一號八樓 815 室

Rm. 815, 8F., No.61, Sec. 1, Chongqing S. Rd., Zhongzheng Dist., Taipei City 100, Taiwan

電　　話：(02)2370-3310

傳　　真：(02)2388-1990

印　　刷：京峯數位服務有限公司

律師顧問：廣華律師事務所 張珮琦律師

-版權聲明

定　　價：380 元

發行日期：2023 年 11 月第一版

◎本書以 POD 印製

國家圖書館出版品預行編目資料

從天朝大國到瓜分中國，只需要走錯「五步」！官場肥缺、科考舞弊、權力鬥爭……深藏在體制下千年的劣根性，不會馬上致命，只會慢慢瓦解帝國而已！/ 張程 著 .-- 第一版 .-- 臺北市：崧燁文化事業有限公司 ,2023.11

面；　公分

POD 版

ISBN 978-626-357-831-9(平裝)

1.CST: 中國史 2.CST: 官制

610　　11201827

電子書購買

臉書

爽讀 APP